KB253077

현대성의 철학적 담론

현대성의 철학적 담론

위르겐 하버마스 지음

이진우 옮김

文藝出版社

Der philosophische Diskurs
der Moderne

Zwölf Vorlesungen

Jürgen Habermas

옮긴이의 말

"유토피아의 오아시스가 말라 버리면, 진부함과 무력함의 황폐한 사막이 펼쳐진다." 하버마스는 우리가 직면하고 있는 세기전환기에 드리워진 "새로운 불투명성"을 이렇게 구상적으로 서술하고 있다. 계몽주의를 분기점으로 갈라지고 있는 현대가 유토피아적 사유로 특징지워진다는 사실을 상기한다면, 우리를 억누르고 있는 역사적 불투명성이 "현대는 이미 끝났다"는 포스트모던적 인식에 근거하고 있음을 쉽게 알아차릴 수 있다. 그러나 현대의 기획은 미완성이라고 주장하는 하버마스를 포스트모더니즘의 반대자로만 이해한다면, 우리는 그의 사상적 깊이를 가늠하기는커녕 문제의식조차 이해할 수 없을 것이다. 그가 21세기의 방향을 제시하는 현재의 대표적 사상가로 손꼽히는 이유는 오히려 우리가 처해 있는 포스트모던적 현상을 정확하게 진단하고, 이를 토대로 미래사회의 이념적 방향을 제시한다는 데 있다. 포스트모더니스트들이 천명하는 "전체성으로부터 다원성으로"라는 표어는 하버마스에게도 역시 피할 수 없는 전제조건이다. 현대의 생활세계는 의심할 여지 없이 다양한 영역으로 분화되어 있으며, 또 분화된 영역들을 통합할 수 있는 하나의 힘이 존재하지 않는다. 그렇다면 왜 하버마스는 포스트모더니즘을 반대하는가? 하버마스가 포스트모더니즘의 전제조건을 받아들인다면, 어떤 점에서 그는 여전히 모더니스트인가? 이 물음에 답할 수 있을 때 우리는 비로소 그의 문제의식을 정확하게 파악할 수 있으며, 동시에 그의 사회이론을 정당하게 자리매김할 수 있다.

이 물음에 답하기 위해서는 우선 현대성의 핵심이 무엇인가를 알 필요가 있다. 하버마스에게 있어 "현대성"은 새로운 시대로 이행해가는 과정으로서 스스로를 이해하는 시대의 의식이다. 기독교적 전통의 서양에서 최후의 심판과 도래한다고 믿었던 미래의 "새로운 시대"가 세속화 과정을 통해 이제는 현재가 된 것이다. 현대는 역사적 사건과 과정이 가속화된다는 의식과 미래는 전혀 다를 것이라는 의식 속에서 살고 있는 시대라고 할 수 있다. 현대는 미래를 향해 열려져 있으며, 미래는 현재의 문제들을 해결하면 도달하게 될 이상의 지평이다. 그러므로 현대가 방향설정의 척도를 과거의 다른 시대로부터 빌려올 수 없고, 스스로 창조해야 한다는 것은 명약관화한 일이다. 이렇게 현대성은 두 가지로 특징지워진다. 한편으로 현대의 시대의식은 과거가 우리에게 남겨준 문제들을 미래지향적으로 해결하는 데 있어 시간을 희귀자원으로 파악하고, 다른 한편으로 현대는 규범적 척도를 스스로 창조해야 하는 과제를 떠맡는다. 이렇게 현대성에는 유토피아적 기획들을 현실적 조건에서 비판하는 "역사적 사유"와 현실적 조건을 넘어서는 행위의 대안과 가능성을 열어놓는 "유토피아적 사유"가 결합되어 있다고 하버마스는 주장한다. 프랑스 대혁명 이래로 시도되었던 모든 정치적 이념들에서 알 수 있듯이 현대적 시대의식은 사실 유토피아적 사유와 역사적 사유를 융합시켰다.

유토피아는 역사적 진보와 완성된 미래를 추구하는 현대의 추진력이었다. 그렇지만 포스트모더니즘은 바로 이와 같은 유토피아적 에너지가 고갈되었다는 것을 알려주는 징후이다. 21세기의 문턱에 서 있는 우리에게 미래는 이제 부정적인 것으로 묘사된다. 군비경쟁, 통제되지 않는 핵확산, 개발국가의 구조적 빈곤, 실업, 증대되는 불평등, 파국을 예고하는 환경문제 등은 대중매체를 통해 이미 우리의 의식을 점령하고 있다. 사회의 체계들이 복잡해지면 해질수록, 역기능적 부작용의 개연성은 더욱더 커진다. 생산력이 파괴력으로, 기획의 능력이 장애의 잠재력으로 변하고 있음을 우리는 날마다 경험한다. 따라서 미래지향적 계몽의 기획들이 점차 허무주의적 무력감에 의해 구축되고 있다는 사실은 그리 놀라운 일이 아니다. 현대에게 오만한 자기의식과 유토피아적 기대를 부여하였던 바로 그 힘들이 자율을 타율로, 해방을 억압으로, 합리성을 비이성으로 변화시키고 있다는 이론들이 점차 "포스트모더니즘"이라는 이름으로 확산되고 있다. 니체, 하이데거, 바타이유, 데리다, 푸코 등으로 대변되는 포스트모던적 사유의 공통점은 이성비판이라는 명목 아래 이루어지는 이성의 부정이다. 그들은 진보의 부정적 현상을 보고 역사와 유토피아를 부정하고, 현대화의 논리인 목적합리성을 비판하면서 동시에 이성을 부정한다는 것이다. 18세기말에 낙원에 대한 종교적 희망이 유토피아의 시간화를 통해 현세 속으로 세속화되었다면, 21세기를 바라보는 오늘날에는 유토피아적 기대들이 세속적 성격을 상실하고 다시 종교적 형태를 띠게 되었다는 것이다. 포스트모더니즘은 이렇게 유토피아적 사유를 부정하고 동시에 유토피아를 실현할 수 있는 인간의 실천능력을 회의한다.

그렇지만 포스트모더니즘과는 반대로 하버마스는 끝난 것은 특정한 형태의 유토피아이며, 비판되어야 하는 것은 특정한 형태의 합리성이라고 주장하면서, 서양 합리주의의 전통인 유토피아적 사유와 합리성을 견지한다. 하버마스는 이렇게 모든 것이 철저하게 분화된 포스트모던 사회에 역사적, 이념적 방향을 제시하기 위하여 합리성과 규범성을 결합할 수 있는 새로운 이론을 모색한다. 그의 주된 관심은 어떻게 하면 사회의 분화로 축적된 인간의 능력을 폐쇄적, 단선적 형태로부터 해방시켜 인간세계를 이성적으로 만드는 데 사용할 수 있는가 하는 문제이다. 현대의 사회적 분화로 산출된 인간소외가 반이성적이었다면, 새로운 합리성은 분화를 통해 의사소통적 유대성을 실현해야 한다는 것이다. 만약 우리가 현대성으로부터 탈현대로 이행해가고 있다면, 오직 유토피아적 사유의 중심축이 옮겨갈 뿐이라고 하버마스는 단언한다. 자연과 인간본성을 억압하는 노동사회로부터 자연과 사회와 자기자신에 대한 인간의 관계를 이성적으로 만드는 의사소통의 사회로 패러다임의 변화가 이루어져야 한다는 것이다. 어쨌든 유토피아가 없다면 우리는 불투명한 현실세계에 대해 역사적 거리를 유지할 수 없고, 합리성이 없다면 유토피아를 실현할 방법이 없다. 아무리 포스트모던 사회가 암울한 사막이라고 할지라도 우리가 인간인 한 걸어야 한다면, 오아시스는——그것이 비록 신기루에 불과할지라도——걷는 자에게 희망을 주고 방향을 제시한다. 이런 의미에서 하버마스는 유토피아적 사유를 부활시킴으로써 포스트모던적 불투명성을 극복하고자 하는 탈현대의 계몽가이며, 의사소통적 합리성을 통해 거의 자동적으로 굴러가는 사회에 규범적 척도를 제시하고자 하는 비판적 사회이론가이다.

『현대성의 철학적 담론』은 현대에 내재하고 있는 계몽의 변증법에 대한 하버마스의 의지를 읽을 수 있는 대표적 저서이다. 히비마스가 지적인 도전으로 받아들이고 있는 신구조주의적 이성비판은 그가 현대성의 담론을 재구성하는 관점을 형성한다. 아직도 우리의 삶과 행위를 규정하는 현대성이 문제가 있다면, 우리는 현대성의 담론이 시작하는 출발점으로 돌아가 당시 선택하였던 담론의 방향이 왜 잘못되었는가를 되짚을 필요가 있다고 하버마스는 주장한다. 그는 현대적 이성이 왜곡되고 소외되는 과정을 재구성함으로써 바로 이 왜곡과 소외를 극복할 수 있는 길을 찾고자 한다. 그러기에 그는 "우리가 여전히 청년헤겔파의 동시대인으로 남아 있다"고 단언한다. 하버마스는 이성비판의 이름으로 이성을 부정하는 포스트모더니즘과는 달리 엄격한 담론을 통해 이성을 제한하고 규명하려는 전략을 쓴다. 물론 이러한 전략은 의사소통적 이성의 잠재력이 자본주의의 발전과정을 통해 전개되고 동시에 왜곡된다는 현대의 이중성을 전제한다. 그러므로 하버마스는 성급하게 현실세계의 밖으로 도피하려는 반동적 시대정신을 정면으로 거부하면서 "현대의 생활세계는 분화되어 있으며 또 더욱더 분화되어야 한다"고 주장한다. 하버마스는 스스로 자신의 철학적 관심과 동기는 "현대(성)의 이론"이라고 밝히고 있다. 그러나 현대성에 관한 하버마스의 접근은 이중적이다. 그는 현대의 과정을 한편으로는 역사 속에서 이성이 어떻게 실현될 수 있는가를 궁구하고자 하면서, 다른 한편으로는 역사 속에서 이성이 왜 왜곡된 형태로 변형되었는가를 분석하고자 한다. 하버마스에게 현대성의 이론은 동시에 "현대의 병리학"이기도 하다. 마찬가지로 하버마스는 포스트모더니즘과의 대결을 현대성을 반성하는 출발점으로 삼으며, 현대의 역사적 재구성을 통해 포스트모던적 도전에 응답한다.

이 책을 통해 우리는 시대적 도전에 결연히 맞서지만 균형을 잃지 않는 한 지성의 냉철함, 분명한 문제의식과 시대정신의 정치한 서술에 커다란 충격을 받을 것이다. 물론 이 책을 소화하는 것은 그렇게 간단하지 않다. 우선 이 책을 받치고 있는 문제의식이 무겁고, 또 여러 색깔의 지성들과 대화하는 분위기가 진지하기 때문이다. 그러나 여기에 실려 있는 글들을 씹으면 씹을수록 서양이성의 맛을 서서히 느낄 수 있으리라. 가리사니를 잡을 수 없는 현대의 불투명성을 헤쳐 나가기 위해서는 우선 문제의 핵심을 포착할 수 있는 지적인 촉수가 필요하다. 만약 서양이성에 문제가 있다는 감각으로부터 출발한다면, 독자는 곧 하버마스가 철저하게 서양중심주의적 태도를 취하고 있음을 알 수 있다. 그는 다른 곳 아닌 서양에서 합리화가 시작하였다는 베버의 보편사적 문제로부터 시작하여, "서양이 아니라면 누가 자신의 전통으로부터 비전을 지닌 통찰과 에너지와 용기를 길어낼 수 있겠는가?"라는 물음으로 이 책을 끝맺는다. 그러기에 『현대성의 철학적 담론』은 우리의 전통을 진지하게 생각하는 모든 사람에게 진정한 도전이 될 것이다.

이 책이 탄생하게 된 배경을 이해할 수 있도록 하버마스가 이 강의를 하게 된 동기를 설명하고 있는 글을 본문 앞에 덧붙였다. 이 글은 『새로운 불투명성(*Die Neue Unübersichtlichkeit*)』(Frankfurt a.M., 1985, pp. 209~12)에 실려 있음을 밝혀둔다. 이 책의 말미에는 독자들의 이해를 돕기 위하여 옮긴이의 해설을 첨부하였다. 하버마스를 처음 대하는 독자들은 우선 해설을 읽고 다음에 본문으로 들어가는 것이 좋으리라 생각된다. 이 책은 부제가 말해 주고 있듯이 열두 편의 강의로 이루어져 있다. 이 강의들에서 하버마스의 대화 또는 대결의 상대자는 현대성의 철학적 담론을 개시한 헤겔과 청년헤겔파, 니체, 호르크하이머와 아도르노, 하이데거, 데리다, 바타이유, 푸코, 루만 등을 망라한다. 하버마스는 매 강의마다 문제점을 명료하게 서술하는 까닭에 필요에 따라서는 관심있는 강의를 선택하여 읽는 것도 무방하다. 가능한 한 내용이 잘 전달될 수 있도록 옮기려 노력하였으나 제대로 되었는지 두려움이 앞선다. 그럼에도 불구하고 이렇게 번역하여 내놓게 된 것은 이 책이 우리 시대를 파악하는 데 없어서는 안 될 중요 저서이며, 『의사소통행위이론』과 더불어 하버마스 사상의 진수를 보여주는 명저라는 생각에서이다. 옮긴이는 이 책을 1994년도 여름학기에 계명대학교 대학원 석/박사과정의 세미나 교재로 사용하였다. 이 자리를 빌려 토론에 열정적으로 참여한 모든 학생들에게 고마운 마음을 전하고 싶다. 글을 다듬는 데 커다란 도움을 준 석사과정의 김현주 양과 내용찾기, 이름찾기를 만드는 데 수고를 아끼지 않은 박사과정의 박홍기 군에게 감사한다. 그리고 이 책이 제 모습을 갖추고 나올 수 있도록 정성을 다한 편집부 직원들에게도 고마운 마음을 전한다. 끝으로 외롭게 학문하는 사람들의 마음을 잘 이해하고 협조를 아끼지 않는 전병석 사장님께 진심으로 감사한다.

1994년 무더운 여름에 대구에서
이진우

현대성의 철학적 담론
차 례

머 리 말

"현대성 — 미완의 기획"은 내가 1980년 9월 아도르노상을 수상하였을 때 행한 강연의 제목이었다.[1] 논의가 분분하며 다양한 관점을 지니고 있는 이 주제는 나를 내버려두지 않았다. 이 주제가 가지고 있는 철학적 측면들은 프랑스 신구조주의가 수용되는 과정에서 더욱 강하게 일반의 의식을 점하게 되었다. 리오타르의 저서 『포스트모던적 조건』과 결합된 유행적 표제어 "포스트모더니즘"도 마찬가지로 공공의 의식 속으로 침투해 들어왔다.[2] 그러므로 신구조주의적 이성비판에 의한 도전은 현대성의 철학적 담론을 단계적으로 재구성하려는 나의 시도의 관점을 형성한다. 이 담론을 통해 현대성은 18세기말부터 철학적 주제로 발돋움하였다. 현대성의 철학적 담론은 여러 면에서 심미적 담론과 만나며 중첩된다. 그럼에도 불구하고 나는 주제를 제한할 수밖에 없었다. 나의 강의들은 예술과 문학에서의 모더니즘을 다루지 않을 것이다.[3]

---

1) J. Habermas, *Kleine politische Schriften I-IV* (Frankfurt, 1981), pp. 444~64.

2) J. F. Lyotard. *La condition postmoderne* (Paris, 1979). 이에 관해서는 A. Honneth, "Der Affekt gegen das Allgemeine", *Merkur* 430, Dez. 1984, p. 893 이하와 R. Rorty, "Habermas and Lyotard on Postmodernity", *Praxis International,* Vol. 4, No. 1 (1984), p. 32 이하, J. Habermas, "Questions and Counterquestions", *Praxis International,* Vol. 4, No. 3 (1984)를 참조할 것.

14

프랑크푸르트 대학으로 돌아오고 난 다음인 1983년 여름학기와 1983/84년 겨울학기에 나는 이 주제에 관한 강의를 하였다. 이미 출판된 텍스트를 수용한 다섯째 강의는 추후에 끼워넣은 것이고,[4] 이런 의미에서 허구적이라고 할 수 있다. 마찬가지로 마지막 강의도 최근에 작업해 넣은 것이다. 앞의 네 강의들은 1983년 3월에 파리의 콜레주 드 프랑스에서 처음으로 강연하였던 것이다. 다른 부분들은 1984년 9월 코르넬 대학의 메신저 강좌에서 다루었다. 가장 중요한 논제들은 보스턴 대학의 세미나에서도 다루었다. 이 모든 기회들을 통해 동료와 학생들과 이루어졌던 활발한 논쟁에서 나는 가주에서 회고적으로 확인할 수 있는 것보다 훨씬 더 많은 자극을 받았다.

동시에 출간되는 수어캄프 출판사의 다른 책에는 현대성의 철학적 담론을 정치적 관점에서 집중 조명한 보충들이 담겨 있다.[5]

1984년 12월 프랑크푸르트에서

위르겐 하버마스

---

3) 이에 관해서는 P. Bürger, *Zur Kritik der idealistischen Ästhetik* (Frankfurt, 1983), H. R. Jauß, "Der literarische Prozeß des Modernismus von Rousseau bis Adorno", L.v. Friedeburg, J. Habermas (Hrsg.), *Adorno-Konferenz 1983* (Frankfurt, 1983), p. 95 이하와 A. Wellmer, *Zur Dialektik von Moderne und Postmoderne* (Frankfurk, 1985) 를 참조할 것.

4) 이 글은 K. H. Bohrer(Hrsg.), *Mythos und Moderne* (Frankfurt, 1982), pp. 415~30 에 실려 있음.

5) J. Habermas, *Die Neue Unübersichtlichkeit* (Frankfurt, 1985).

강의를 시작하며

강의의 주제를 시작하기 전에 몇 마디 언급을 하는 것을 허락해 주시면 좋겠습니다. 나는 프랑크푸르트에 되돌아오게 된 까닭에 관해 말하고자 합니다. 다른 대학에서, 그것도 명예교수라는 주변적 지위로도 받아들여지지 않는다는 우스꽝스러운 상황도 내가 왜 이 대학에서 교수활동을 다시 시작하고 싶어하는지 설명해 주지 않습니다.

부정적인 것으로 시작하는 게 더욱 간단할 것입니다. 나는 한 학파의 전통을 지속하려는 의도를 가지고 있지 않습니다. 그것은 내가 아도르노라는 인물과 그의 영향사를 기억하지 않고서도 이 강단에 설 수 있다는 것을 뜻하지는 않습니다. 나는 아도르노의 사고와 그의 저작을 논쟁적-정치적 파편이 널려 있는 폐허로부터 해방시키는 것이 정말 긴박하게 필요하다고 생각합니다. 물론 그것은 판에 박힌 상투적 언론이 ——물론 이들만은 아닙니다——지난 15년 동안 이 천재적인 사상가에 관해 유포시킨 폐허입니다. 이런 맥락에서 저는 9월 9일과 10일 양일간 탄생 80주년을 기념하여 이 대학 공간에서 국제 아도르노 학술회의가 개최됨을 예고할 수 있는 것을 기쁘게 생각합니다. 이로써 제가 알리고자 하는 것은 프랑크푸르트의 다른 동료들과 결합되어 있다고 느낄 수 있는 저의 충성스러운 태도와 노력뿐입니다. 그렇지만 이 태도는 그 철학적 동기에 있어 다른 시대에 속해 있는 문제를 교조적으로 지속시키고자 하는 그릇된 야심과 혼동되어서는 안 됩니다. 우리가 돌이켜 보면 프랑크푸르트 학파에 속한다고 생각하는 사유는 파시즘과 스탈린주의라는 시대사적 경험들에 대해, 특히 파악할 수 없는 대학살에 대응하였습니다. 한 사유의 전통은 그것의 본질적 의도가 새로운 경험의 맥락에서 증명될 때에만 살아남을 수 있게 됩니다. 그것은 낡디낡은 이론적 내용들을 희생하지 않고서는 이루어지지 않습니다. 사람들은 이렇게 일반적 의미의 전통과 관계를 맺으며, 또 자신의 고유한 발생 맥락을 반성하는 이론에 대해 이렇게 태도를 표명합니다. 호르크하이머는 비판이론이 동시에 설명해야만 하는 역사적, 사회적 과정의 구성요소로서 파악된다는 점에서 "비판이론"과 "전통이론"을 구별하였습니다. 아도르노는 "진리의 시대핵심"에 관해 말한 바 있습니다. 그러므로 설명과 가차없는 수정주의는 더욱 적절한 태도입니다. 즉 추상적 전이 또는 단순한 보존보다 적절한 태도입니다.

내가 왜 기꺼이 그리고 거듭해서 한 번쯤은 미국 대학에서 강의하고 싶은 이유 중의 하나는 내가 무엇을 말해야 할지를 그곳에서는 아무도 미리 알지 못하며 또 나에게 주입시키지 않는다는 것입니다. 오늘날 나는 본질적인 문제에 있어서 다른 동료들과 마찬가지로——그들이 고백하는 한에서——적지 않게 곤혹스러운 처지에 있습니다. 돌아올 이유가 내게 있다면, 그것은 이곳에서는 학문적 교수활동의 제한된 공론영역이 명목상으로만 지속되고 있는 것이 아니라 그 생동력이 끊어지지 않았다는 느낌과 기대 때문입니다. 학문적 대화와 학문적 논쟁이 개방성과 관용성을 가지고, 즉 여러분들이 이 말을 사용한다면 시민적 관심과 편견이 없는 공평함을 가지고 실행된다는 희망을 나는 가지고 있습니다. 그리고 나는 이 공론영역이 프랑크푸르트와 같은 도시가 가지는 최상의 전통의 품위에 맞갖는 정신으로 충만되리라는 희망을 가지고 있습니다. 여기서 우리는 역사적으로 멀리 되돌아가 자유로운 제국도시의 역사를 생각할 필요 없이 비교적 젊은 이 대학의 시원을 생각하기만 하면 됩니다.

여러분들이 알고 계시다시피 우리 대학은 이 세기초에 프랑크푸르트 시민,

특히 유대인 상인과 은행가들이 설립한 상업대학으로부터 생겨났습니다. 한 때 주건물의 현관으로 이어졌던 메르톤가가 이 점을 상기시켜주고 있습니다. 어느 누구도 인종과 신상으로 말미암아 차별을 당해서는 안 된다는 것이 왜 대학의 첫째 정관에 들어 있는가 하는 점은 바로 이 대학의 시원으로 설명됩니다. 그것은 제1차 세계대전 이전의 당시에는 그렇게 자명한 것이 아니었기 때문에——이 점에서 우리는 게오르크 짐멜의 학문적 편력만 기억해도 됩니다——프랑크푸르트는 오펜하이머, 헬러, 신츠하이머, 그륀베르크, 만하임, 틸리히, 부버, 셸러, 호르크하이머와 같은 학자와 다른 많은 사람들을 끌어 들였습니다. 이들은 20년대 이 대학에 비교할 수 없을 정도의 지성적 광채를 주었고, 다시 이룩할 수 없는 학문적 지위를 부여하였습니다. 그러나 이 유일무이한 정황의 이면은 1933년 프랑크푸르트는 망명을 강요받는 대학교수들의 비율이 가장 높은 대학이었다는 사실입니다. 이런 유형의 교수들은 면면히 이어지는 지적 분위기를 각인시켰습니다. 이 분위기 덕택에 프랑크푸르트 대학은 50년대와 60년대에도 역시 뛰어났습니다. 내가 말하고자 하는 것은 고독과 자유에 집착하는 소도시적이고, 다소는 억압된 분위기로부터 이 대학을 보호한 저 지성과 도시성의 흐름입니다. 학문성과 연구가 시대정신과 의사소통을 하는 이 분위기가 어느 정도는 보존되어 있다고 저는 믿습니다. 예를 들면 사적인 이니셔티브로 시작한 시학강의들은 여전히 창립정신을 반영하고 있습니다.

내가 이런 기대감을 표현하면, 여러분들은 아마 내가 왜 『현대성의 철학적 담론』에 관한 강의로 시작하고자 하는가를 조금 더 잘 이해할 수 있을 것입니다. 나는 현대(성)가 오늘날 하나의 끝장난 기획으로 파악되어야 하는지, 아니면 여전히 미완의 기획으로 파악되어야 하는지의 문제를 다루고자 합니다.

내가 착각하지 않는다면, 우리는 오늘날 정신과학적, 사회과학적 학과에서 사고방식의 독특한 양극화를 경험하고 있습니다. 독일적 전통이 30년대를 거쳐 50년대까지 중단되지 않고 지속되고 난 다음, 예전 철학부에 소속되었던 많은 학과들은 배척된 계몽의 전통들을 어느 정도 철저하게 혁신하라는 압박을 받았습니다. 분석철학과 미국에서 발전된 심리학과 같은 사회연구 방법의 수용 또는 서구 마르크스주의의 혁신과 영미권 국가에서 지속된 정신분석학적 연구의 혁신 등을 생각할 수 있습니다. 뒤늦기는 하지만 영향력있는 이와 같은 계몽의 물결에 대한 반응으로서 다시 그 경중을 쉽게 평가할 수 없는 두 가지 경향들이 두드러집니다. 하나는 약간은 주변부로 밀려난——제가 이렇게 말해도 된다면——독일의 지방적 학문전통을 자유보수주의적으로 재수용하는 것이고, 다른 하나는 니체의 이성비판의 모티브들을 활성화하는 것입니다. 하여튼 오늘날 다양한 학제(學制)들에서 철학적 배경에 관한 전제조건을 깔고 있는——심정적 믿음이라고 말하지는 않더리도   상반된 방향설정들이 다시금 서로 충돌하고 있습니다. 현대가 18세기말 이래로 자기자신과 해왔던 철학적 담론에 대한 역사적 기억이 이 혼돈스러운 상황을 밝히는 데 기여할 것을 저는 바라마지 않습니다. 여기서 저는 자기이해의 과정이 아직 자기도취적으로 독립하지 않고 기생적으로 되지 않는 담론들에 국한하려고 합니다.

내가 이 주제를 끄집어내어 시대정신에 자신을 열어놓는 심정적 태도를 일깨우는 말과 결합시키면, 물론 잘못된 인상이 생겨날 수도 있습니다. 그러므로 자기이해, 정치, 학문의 관계에 관해 한 마디 말을 하는 것을 양해해 주시기 바랍니다. 저는 가치중립성에 대한 막스 베버의 요청이 엄밀한 과학적 의미에서 유지될 수 있다고 생각하지 않습니다. 그렇지만 이 요청은 제도적 의미에서는 자명하고, 진부하기까지 합니다. 연구자의 역할과 학문적 교사의 역할은 지극히 정당한 이유에서 일상생활로부터 분화되었습니다. 이 역할들은 정치적으로 직접 참여하는 시민 또는 언론가의 역할과는 달라야 합니다. 강단과 강의실은 정치적 분쟁의 장소가 아닙니다. 이곳은 모든 논증이, 그것이 어떤 측에서 오든지 간에, 똑같이 세밀하게 고려될 수 있는 과학적, 학문적 논의의 장소입니다. 이를 존중하는 데 더욱 커다란 노고가 필요하였던 시절에도 저는 이 입장을 주장하였습니다.

현대의 시대의식과 자기확인의 욕구

1

종교사회학적 논문들의 모음집에 붙인 유명한 머리말에서 막스 베버는 학문적 작업을 통해 평생 몰두하였던 "보편사적 문제"를 발전시키고 있다. 왜 유럽 이외의 지역에서는 서양에 고유한 특성인 합리화의 궤도에 따라 과학적, 예술적 발전과 국가적, 경제적 발전이 이루어지지 않았는가 하는 물음이 그것이다. [1] 현대와 그가 합리주의라고[2] 명명한 것 사이에는 우연적이지만은 않은 내면적 관계가 있다는 것이 막스 베버에게는 당연한 사실이었다. 유럽에서 무너진 종교적 세계상들로부터 세속적 문화가 생겨나는 결과를 가져왔던 탈마법화 과정을 그는 "합리적"이라고 서술한다. 현대적 경험과학, 자율적이 된 예술, 원리에 의해 정당화된 도덕이론, 법이론들과 함께 문화적 가치영역이 형성되는데, 이 영역들은 각자 이론적, 예술적 또는 도덕적-실천적 문제들이 가지고 있는 내면적 법칙성에 따라 학습과정을 가능하게 하였다.

그러나 막스 베버는 서양 문화의 세속화뿐만 아니라 특히 현대 사회의 발전

---

1) M. Weber, *Die protestantische Ethik*, Bd. I (Heidelberg, 1973).
2) 이에 관해서는 J. Habermas, *Theorie des kommunikativen Handelns* (Frankfurt/ M., 1981), Bd.1, 225쪽 이하를 참조할 것.

을 합리화의 관점에서 서술하였다. 새로운 사회구조들은 기능적으로 상호 작용을 하는 체계들의 분화라는 특징을 가지는데, 이 체계들의 모습은 핵심조직인 자본주의적 경영과 관료제적 국가장치를 중심으로 형성되었다. 이러한 과정을 베버는 목적합리적 경제행위와 경영행위의 제도화로 이해한다. 이와 같은 문화적, 사회적 합리화가 일상생활을 장악하는 정도에 따라 현대 초기에 특히 직업신분으로 분화되었던 전통적 생활형식들이 해체된다. 생활세계의 현대화는 물론 목적합리성에 의해서만 규정되지 않는다. 에밀 뒤르켕과 조지 허버트 미드는 합리화된 생활세계들이 오히려, 자생성을 잃어버린, 전통에 대한 반성적 태도에 의해 규정될 뿐만 아니라 보다 확장된 가능성의 공간에서 이루어지는 의사소통적 행위를 좁은 맥락으로부터 해방시키는 행위규범들의 보편화와 가치들의 일반화에 의해 규정되어 있다고 보았다. 마지막으로 생활세계를 규정하는 것은 추상적 자아-동일성들의 형성을 목표로 하고, 또 성장하는 사람들의 개인화를 강요하는 사회화의 표본이었다.

오늘날 막스 베버의 주제는 다른 각도에서 조명된다. 베버를 추종하는 사람들의 작업에 의해서뿐만 아니라 그의 비판자들의 작업에 의해서도 적지 않게 재조명되고 있다. "현대화"라는 낱말은 50년대 들어와서 비로소 하나의 용어로서 도입되었다. 이때부터 이 용어는 막스 베버의 문제설정을 수용하면서 동시에 사회과학적 기능주의의 방법으로 작업을 하는 이론적 접근방식을 지칭한다. 현대화라는 개념은 점진적, 상호적으로 강화하는 작용을 하는 한 묶음의 과정들과 관련이 있다. 그것은 자본형성, 자원의 동원과 아울러 생산력 발전과 노동생산성 증대와 관련이 있으며, 정치적 중앙권력의 관철과 민족적 정체성의 형성과도 연관된다. 정치적 참여권과 도시적 생활형식, 형식적 학교 교육의 확산과 관련이 있으며, 가치와 규범의 세속화 등등과 관련이 있다. "현대"라는 베버의 개념으로부터 현대화 이론은 중차대한 추상화를 실행한다. 현대화 이론은 현대라는 낱말을 현대의 근대-서양적 원천으로부터 분리시켜서, 시간-공간적으로 중립화된 사회적 발전과정의 표본으로 양식화한다. 더 나아가 현대와 서양 합리주의의 역사적 상관관계 사이에 있는 내면적 결합을 단절시켜, 현대화 과정을 더 이상 합리화 과정으로, 즉 이성적 구조가 역사적으로 객관화되는 과정으로 파악될 수 없도록 만든다. 이러한 사실에서 제임스 콜맨은, 현대화의 개념을 진화론적으로 일반화하면 더 이상 현대성의 완성이라는 생각으로 부담을 가질 필요가 없다는 이점이 있다고 생각한다. 즉 현대를 그 이후에 "포스트모던적" 발전이 시작해야 하는 목표상태로서 간주할 필요가 없다는 것이다.[3]

물론 50년대와 60년대 이루어진 현대화에 관한 연구는 "포스트모더니즘"이라는 표현이 사회과학자들 사이에서 통용될 수 있는 전제조건을 만들었다. 왜냐하면 사회과학적 관찰자들이 진화론적으로 독립된, 즉 자동으로 흘러가는 현대화의 관점을 가질 때 현대를 발생시킨 서양 합리주의의 개념적인 지평과 한층 쉽게 결별을 고할 수 있기 때문이다. 서양 이성의 지평으로부터 획득한 현대의 자기이해와 현대의 개념 간의 내면적 결합이 일단 해체되고 나면, 자동적으로 계속 진행되고 있는 현대화 과정들은 거리를 둔 포스트모던적 관찰자의 망루로부터 상대화된다. 아놀드 겔렌은 이를 인상깊은 정식으로 표현하고 있다. 계몽주의의 전제조건은 죽었다, 오직 그 결과만이 계속 진행될 뿐이다. 이런 시각에서 보면 자족적인 방식으로 계속 진행되고 있는 사회적 현대화는 표면적으로 진부해 보이는 문화적 현대의 동인들로부터 분리되어 있다. 사회적 현대화는 소위 어떤 영향에도 끄떡없는 하나의 체계로 결합하였다고 하는 경제와 국가, 과학과 기술의 기능법칙만을 집행할 뿐이다. 그러므로 사회적 과정이 계속적으로 가속화하는 것은 이미 소진되어, 움직이지 않는 결정(結晶)의 상태로 변화된 문화의 이면처럼 보인다. 겔렌은 현대문화를 "수정화되었다"고 명명한다. "왜냐하면 현대문화에 주어진 가능성들은 근본품목들에서는 모두 발전되었기 때문이다. 사람들은 반대가능성과 반대명제들까지도 발견하고 받아들인 까닭에 전제조건의 변화는 이제 점점 더 불가능해진다. (……) 이런 생각을 하면, 당신은 현대 회화와 같이 놀라울 만큼 활발하고 다채로운 영역에서조차 결정화를 발견하게 될 것이다."[4] "이념사가 완결되었

---

3) Art. Modernization, in : *Encycl. Soc.* Science, Vol.10, 386쪽 이하, 여기서는 397쪽.

4) A. Gehlen, Über kulturelle Kristallisation, *Studien zur Anthropologie und Soziologie* (Neuwied, 1963), 321쪽.

22

기” 때문에 겔렌은 안도의 숨을 내쉬며 “우리는 역사 이후(Posthistoire)의 상태에 도달하였다”는 사실을 확인한다(같은 책, 323쪽). 고트프리드 벤의 말을 빌려 그는 다음과 같이 조언한다. “네가 가지고 있는 잔고를 계산하라.” 그런데 이와 같은 현대와의 신보수주의적 결별은 제어되지 않은 사회적 현대화의 역동성에 해당하는 것이 아니라, 이미 낡아 버린 것처럼 보이는 현대의 자기이해가 남긴 껍데기에 해당하는 말이다. [5]

전혀 다른 정치적 형태, 즉 무정부주의적 형태로서 나타나는 포스트모더니즘의 이념은 이와는 반대로 현대성과 합리성의 분리가 일어났다는 사실을 고려하지 않는 이론가들에서 등장한다. 그들도 역시 계몽주의의 종말을 선언하고, 서양의 현대가 스스로를 이해하였던 이성전통의 지평을 넘어선다. 그들도 역시 역사 이후에 발을 딛고 있는 것이다. 그러나 신보수주의적 결별과는 달리 무정부주의적 결별은 현대 전체와 관련되어 있다. 막스 베버의 서양 합리주의에 담겨 있는 저 근본개념의 대륙이 침몰하고 있는 동안에 이성은 진정한 모습을 드러낸다. 이성은 이제 억압하고 동시에 스스로 억압되는 주체성으로서, 도구적 점령의 의지로서 폭로된다. 순수한 권력의지 앞에 드리워져 있는 이성의 베일을 걷어 버리는 하이데거와 바타이유 식의 반혁적(反革的) 비판의 힘은 동시에 현대의 정신이 사회적으로 객관화되는 데 토대가 되었던 일종의 강철의 집을 뒤흔든다는 것이다. 이러한 시각에서 보면 사회적 현대화는 바로 자신의 발생원천인 문화적 현대가 종말을 맞은 후에는 더 이상 생존을 이어갈 수 없다. 사회적 현대화는 “미리 생각할 수 없는” 무정부주의를 견디어낼 수 없다는 것이다. 그런데 포스트모더니즘은 바로 이 무정부주의의 표식을 가지고 시작한다.

포스트모더니즘의 이론을 읽어내는 이러한 방식들이 어떤 차이가 있던 간에, 양자는 모두 서양 현대의 자기이해가 형성되었던 근본개념적 지평에 대해 거리를 둔다. 포스트모더니즘의 두 이론들은 모두 이 지평으로부터 벗어나 있

---

5) H.E. Holthusen, Heimweh nach Geschichte, *Merkur*, H. 430(1984. 12), 916쪽. 이 논문으로부터 나는 겔렌이 “역사 이후”라는 표현을 심정적 친구인 헨드릭 드 맹(Hendrik de Man)에서 차용하였을 수도 있다고 추정한다.

으며, 이 지평을 이미 지나간 시대의 지평으로서 극복하였다고 주장한다. 그런데 명확한 현대개념을 발전시킨 최초의 철학자는 바로 헤겔이었다. 그러므로 막스 베버에 이르기까지는 자명하였지만 오늘날에는 문제시되고 있는 현대성과 합리성 사이의 내면적 관계가 무엇을 의미하는지 우리가 이해하고자 한다면, 헤겔에게로 되돌아가야 한다. 다른 전제조건하에서 분석하는 사람들의 주장이 과연 정당한가를 판단할 수 있기 위해서는 헤겔의 현대개념을 확인해야 한다. 아무튼 우리는, 포스트모던적 사유가 사실은 헤겔에 의해 타당성을 부여받은 현대적 자기이해의 전제조건들에 여전히 묶여 있으면서도 단지 초월적 입장을 주장하고 있다는 의심을 선험적으로 떨쳐 버릴 수 없다. 우리는 신보수주의 또는 심미적 색채를 띠고 있는 무정부주의가 현대와 결별한다는 명목하에 새롭게 현대에 대한 봉기를 감행한다는 점을 처음부터 배제할 수 없다. 그들은 반계몽주의의 신성한 전통과의 공모관계를 단지 계몽 이후로 가장하고 있을 수도 있다.

2

헤겔은 현대의 개념을 우선 역사적 맥락에서 일단 시대개념으로 사용한다. "새로운 시대"가 "모던 시대이다".[6] 이는 당시 영국과 프랑스의 언어사용과 일치한다. 현대에 해당하는 영어 "모던 타임스(modern times)"와 프랑스어 "텅 모데른느(temps modernes)"는 1800년경을 중심으로 이전의 3세기를 서술한다. "신세계"의 발견과 르네상스와 종교개혁은——이들은 1500년경에 일어난 3대 사건들이다——근대와 중세 사이의 시대적 전환기를 형성한다. 헤겔 역시 자신이 행한 역사철학 강의에서 이러한 표현을 사용하여 그 자체 로마적 고대와 그리스적 고대로부터 발생한 기독교적 게르만적 세계를 경계짓는다. 오늘날에도 여전히 (예컨대 역사학과의 명칭으로 사용되는 바와 같이) 통상적

---

6) 아래의 서술에 관해서는 R. Koselleck, *Vergangene Zukunft* (Frankfurt/M., 1979)를 참조할 것.

으로 이루어지는 근대, 중세, 고대의 분류는, "새로운" 시대 또는 "모던 시대"라는 ("새로운" 세계 또는 "현대" 세계의) 표현들이 연대기적 의미를 상실하고 신시대의 "새로운"이 강조되는 반대의미를 획득하고 난 뒤에야 비로소 형성될 수 있었다. 기독교적 서양에서 "새로운 시대"는 최후의 심판과 더불어 비로소 등장할, 그러나 아직은 도래하지 않은 미래의 시대를 의미하였다면──셸링의 『세계시대의 철학』에서는 여전히 이런 의미로 사용되고 있다──근대라는 세속적 개념은 미래가 벌써 시작하였다는 확신을 표현한다. 근대는 미래를 향해 살고 있으며, 미래의 새로운 것에 개방되어 있는 시대를 의미한다. 이렇게 새로운 시작의 시점은 과거로, 즉 근대의 시초로 옮겨졌다. 18세기가 진행되는 과정에서 비로소 1500년경의 시대 전환기가 근대의 시작으로 파악되었다. 이를 검증하기 위한 실험으로서, 코셸렉은 "라틴어로 '고유한 시대(nostrum aevum)'라는 낱말이 언제 '새로운 시대(nova aetas)'라는 말로 바뀌어 불리게 되었는가?"라는 질문을 사용한다. [7]

코셸렉은 "모던" 시대 또는 "새로운" 시대의 개념으로 표현되는 시대적 의식이 어떻게 역사철학적 시각을 구성하였는가 하는 점을 보여주고 있다. 이 시각은 전체 역사의 지평으로부터 자신이 서 있는 위치를 반성적으로 그려보는 것이다. 헤겔이 이미 당연한 것으로 사용하고 있는 "역사"라는 집단적 의미의 단수명사는 18세기의 특징적 표현이다. "'근대'는 과거 전체에 세계사적 성격을 부여한다. (……) 새로운 시대의 진단과 과거 시대의 분석은 서로 일치한다."[8] 이에 부합하는 것은 진보와 역사적 사건의 가속화에 대한 새로운 경험과, 또 역사적으로 비동시적인 발전들의 연대기적 동시성에 대한 통찰이다.[9] 당시 역사는 문제를 산출하는 통일적 과정이라는 생각이 형성된다. 동시에 시대라는 것은 발생하는 문제들을 해결하는 데 있어 희소한 자원으로서, 즉 시간의 압박으로서 경험된다. 헤겔에게 영감을 주었던 새로운 낱말들 중의 하나인 시대정신은 현재를 일종의 과도기로서 특징지우는데, 이 과도기는 과

---

7) R. Koselleck, Neuzeit, 앞의 책, 314쪽.

8) Koselleck, 앞의 책, 327쪽.

9) Koselleck, 앞의 책, 321쪽 이하.

정에 속도가 점점 더 붙을 것이라는 가속화의 의식과 미래가 전혀 다른 종류일 것이라는 기대 속에서 소모되어 버린다. 헤겔은 『정신현상학』의 머리말에서 다음과 같이 생각한다. "우리 시대가 탄생의 시대이며 새로운 시대로 넘어가는 과도기라는 사실은 어렵지 않게 알 수 있다. 정신은 이제까지 있어 왔던 자신의 실존과 표상의 세계와 단절하였으며, 막 그것을 과거로 묻어두려 하고 있다. 정신은 자신의 형태를 변화시키는 작업을 하고 있는 것이다. (……) 존립하고 있는 것을 침식하고 있는 경박함과 권태, 그리고 무지의 것에 대한 불확실한 예감은 무엇인가 다른 것이 다가오고 있다는 사실의 징조이다. 이러한 점진적 붕괴는 번개와 같이 단숨에 새로운 세계의 구조를 세워놓는 출현으로 중단될 것이다."[10]

현대세계가 미래를 향하여 열려 있다는 점에서 새로운 현대세계가 예전의 세계와 구별되기 때문에, 새로운 시대의 시작은 "새로운 것"을 스스로 탄생시키는 현재라는 계기를 통해 반복되고 계속된다. 그러므로 현대의 역사적 의식에는 근대와 "가장 새로운 시대"를 경계지우려는 경향이 들어 있다. 현재는 근대의 지평 안에서 시대사로서 아주 중요한 지위를 향유하고 있다. 헤겔도 역시 "우리 시대"를 "가장 새로운 시대"로 이해한다. 그는 현재의 시작을, 18세기말과 19세기초에 조금 더 사유적인 동시대인들에게 계몽주의와 프랑스 대혁명이 의미하였던 그런 휴지기(休止期)로 설정한다. 노년의 헤겔은 여전히 이 "장엄한 일출"과 더불어 우리는 "역사의 마지막 단계라고 할 수 있는 우리 세계와 우리 시대에 도달하였다"고 생각한다.[11] 새로운 시대의 지평에서 자기 자신을 가장 새로운 시대의 실제적인 현실화로 이해하는 현재의 시대는 근대가 과거에 대해 실행하였던 단절을 지속적인 혁신으로 수행해야만 한다.

18세기에 "모던" 또는 "새로운" 시대라는 표현과 함께 같이 등장하였거나 아니면 오늘날에도 여전히 타당한 의미를 가지는 운동의 개념들이 이러한 사실과 맞아떨어진다. 혁명, 진보, 해방, 발전, 위기, 시대정신 등등.[12] 이러한

---

10) G.W.F. Hegel, Suhrkamp-Werkausgabe, Bd. 3, 18쪽 이하. 아래에서는 헤겔로 인용함.
11) 헤겔, 전집, 12권, 524쪽.

표현들은 또한 헤겔의 철학을 이해하는 데 있어 열쇠가 되는 낱말이 되었다. 그것들은 "근대"라는 반대개념을 수단으로 하여 밝혀진 서양문화의 현대적 역사의식과 더불어 제기되는 문제를 개념사적으로 조명해 준다. 현대는 방향을 설정하는 자신의 척도를 더 이상 다른 시대의 모범들로부터 차용할 수 없으며, 또 그렇게 하려고 하지 않는다. 현대는 자신의 규범성을 자신으로부터 스스로 창조해야만 한다. 현대는 어떤 도주의 가능성도 없이 자기자신에 의존해 있다고 스스로를 파악한다. 이러한 사실은 현대의 자기이해의 오류가능성을 설명해 주며, 또 우리 시대까지 쉼없이 계속되는 시도, 즉 자신을 스스로 "확정"하려는 시도를 설명해 준다. 한스 블루멘베르크는 몇 해 전만 해도, 기독교와 고대의 유산을 물려준 유증자들에게 문화적 빚을 지고 있다고 주장하는 이론들에 대해 근대의 정당성과 고유한 권리를 변호할 필요가 있다고 생각하였다. "어떤 시대가 자신의 역사적 정당성의 문제를 스스로 제기하는 것은 자명한 일이 아니다. 마찬가지로 어떤 시대가 스스로를 하나의 시대로 이해하는 것도 자명하지 않다. 그렇지만 전통과의 철저한 단절을 실행하고, 또 실행할 수 있다는 근대의 요구에는 이 문제가 잠재하고 있다. 또 결코 근본으로부터 새롭게 시작할 수 없는 역사의 현실에 대한 이 주장의 오해 속에도 이 문제가 잠재적으로 들어 있다."[13] 블루멘베르크는 이 발언에 대한 논거로서 청년 헤겔을 끌어댄다. "이전의 노력과는 달리 하늘에 내던져졌던 보물들이 인간의 소유라고, 적어도 이론적으로, 증명하는 것은 주로 우리 시대에 유보되어 있는 일이다. 그러나 어떤 시대가 도대체 이 권리를 주장하고 소유할 수 있는 힘을 가질 것인가?"[14]

현대를 그 자체로부터 정당화하고자 하는 문제는 우선 심미적 비판의 영역에서 처음으로 의식화된다. 이 점은 우리가 "모던"이라는 표현의 개념사를 추적해 보면 분명히 나타난다.[15] 고대 예술의 모범으로부터의 분리과정은 18세

---

12) R. Koselleck, Erfahrungsraum und Erwartungshorizont, in : Koselleck, 앞의 책 (1979), 349쪽 이하.

13) H. Blumenberg, *Legitimität der Neuzeit* (Frankfurt/M., 1966), 72쪽.

14) 헤겔, 전집, 1권, 209쪽.

15) H.U. Gumbrecht, Art. Modern, in : O. Brunner, W. Conze, R. Koselleck (Hrsg.),

기초에 저 유명한 "고대인과 현대인의 논쟁"을 통해 시작된다. [16] 현대인의 파당은 완성이라는 아리스토텔레스의 개념을, 현대 자연과학으로부터 암시를 받은, 진보의 개념에 동화시킴으로써 프랑스 고전주의의 자기이해를 거부한다. "현대인"들은 고대의 모범적 전형들을 모방하는 것을 역사적 비판적 논증을 통해 문제삼으며, 시간을 초월한 것처럼 보이는 절대적 미의 규범에 대적하기 위하여 시간의 제한을 받고 있는 상대적인 미의 척도를 만들어낸다. 이렇게 함으로써 그들은 스스로를 새로운 시대의 시작으로 파악하는 프랑스 계몽주의의 자기이해를 표현한다. 반대적 의미의 형용사 "고대적/현대적"과 함께 명사 "모데르니타스"가 이미 후기 고대부터 연대기적 의미에서 사용되기는 하였지만, 근대 유럽의 언어에 있어서 "현대적(모던)"이라는 형용사는 아주 늦게, 즉 19세기 중엽에 들어서야 비로소 명사화되었으며, 그것도 아름다운 예술의 영역에서 처음 사용되었다. 이 점은 "현대", "현대성", 모데르니테라는 표현들이 왜 오늘날까지 전위주의적 예술의 자기이해에 의해 영향을 받은 예술적 핵심 의미를 가지고 있는가를 설명해 준다. [17]

보들레르에게는 당시 현대성의 예술적 경험과 역사적 경험이 융해된다. 현대에서 시간경험의 지평은 일상적 규약으로부터 벗어나는 탈중심화된 주체성으로 수축되기 때문에 예술적 현대의 근본경험을 통해 자기정당화의 문제는 한층 첨예하게 대두된다. 그러므로 현대적 예술작품은 보들레르의 눈에 현실적 작용성과 영원성의 축이 교차하는 점에 기이하게 자리잡고 있는 것처럼 보인다. "현대성은 덧없는 것, 사라지는 것, 우연적인 것이다. 이것이 예술의 반을 차지하며, 다른 반쪽은 영원한 것, 변화하지 않는 것이다. "[18] 따라서 자

Geschichtliche Grundbegriffe, Bd. 4, 93쪽 이하.

16) H.R. Jauß, Ursprung und Bedeutung der Fortschrittsidee in der "Querelle des Anciens et des Modernes", H. Kuhn, F. Wiedmann(Hrsg.), *Die Philosophie und die Frage nach dem Fortschritt*(München, 1964), 51쪽 이하.

17) 이 점에 관해서 나는 다음의 야우스의 저서에 의존한다. H. R. Jauß, "Literarische Tradition und gegenwärtiges Bewußtsein der Modernität", *Literaturgeschichte als Provokation*(Frankfurt/M., 1970), 11쪽 이하. 이에 관해서는 H. R. Jauß in : Friedeburg, Habermas(1983), 95쪽 이하를 참조할 것.

18) Ch. Baudelaire, Der Maler des modernen Lebens, in : Gesammelte Schriften ed. M.

기자신을 소모하는 현실적 작용성은 현대와 관련된 핵심적 관점이 된다. 그런데 이 현실적 작용성은 근대의 핵심에서 구성된 가장 새로운——몇 십 년 동안 계속되는——시대, 즉 과도기의 범위를 상실한다. 지금 실제로 작용하는 현재는 자신의 자아의식을 이제는 배척되고 극복된 시대와의 대립, 즉 과거의 어떤 형태와의 대립으로부터는 얻지 못한다. 현실성은 오로지 시간과 영원의 교차점으로서만 구성된다. 현실과 영원의 이와 같은 직접적 교류를 통해 현대는 비록 과도기적 성격으로부터 벗어나지는 못하지만, 비속한 평범성은 떨쳐버린다. 보들레르의 이해에 따르면 현대는 미래에 올 현재의 진정한 과거로서 과도기적 순간이 인정될 것인가에 중점을 둔다.[19] 현대는 언젠가 고전적이 될 것으로서 타당성을 인정받는다. "고전적"이라는 말은 그런데 번개와 같이 등장하는 새로운 세계의 출현이다. 물론 이 세계는 어떤 지속성도 가지지 못할 뿐만 아니라 오히려 처음 등장할 때에 이미 붕괴의 낙인이 찍혀 있다. 초현실주의를 통해 다시 한 번 철저해지는 이 시대 이해는 현대와 유행, 즉 모던과 모드의 친화관계를 정당화한다.

보들레르는 저 유명한 고대인과 현대인의 논쟁 결과를 따르지만, 특이한 방식으로 중점을 절대적 미와 상대적 미의 중간으로 옮겨놓는다. "미는 변하지 않는 영원한 요소와 제약되어 있는 상대적 요소로 형성된다. 이 요소는 시간의 단편인 모드와 정신적 삶인 열정으로 서술된다. 신의 케잌을 소화할 수 있도록 만들어주는 흥미롭게 반짝거리는 크림장식들과 같은 이 둘째 요소가 없다면, 첫번째 요소는 인간의 본성에 도움이 되지 않을 것이다."[20] 예술비판가 보들레르는 현대의 회화에서 현재적 삶의 덧없고 무상한 아름다움의 측면을 부각시킨다. 즉 "우리가 '현대성'으로서 표현해도 좋다고 독자가 허용한 것의 성격"을 부각시키는 것이다.[21] 보들레르는 "현대성"이라는 낱말에 따옴표를

Bruns(Melzer) (Darmstadt, 1982), Bd. 4, 286쪽. 여기서는 야우스의 글에 따름, Jauß(1970), 50쪽 이하를 볼 것.

19) "모든 현대가 고대가 될 가치가 있으려면, 인간의 삶이 비자의적으로 설정한 비밀스러운 아름다움이 현대로부터 박탈되어야 한다"(Baudelaire, Gesammelte Schriften, Bd. 4, 288쪽).

20) Baudelaire, 앞의 책, 271쪽.

붙이고 있다. 그는 이 단어가 전문용어로서 아주 새롭고 독특한 방식으로 사용된다는 것을 알고 있다. 이에 따르면 진정한 작품은 철저하게 생성의 순간에 사로잡혀 있다. 바로 현실성을 통해 자신을 소모하고 있는 까닭에 예술작품은 비속한 평범성의 물결을 멈추게 할 수 있으며, 정상성을 타파하고, 영원한 것이 현실적인 것과 일시적으로 결합하는 순간에 이루어지는 미에 대한 불멸의 욕망을 충족시킬 수 있는 것이다.

그런데 영원한 아름다움은 시대의상이라는 가장을 통해 자신을 드러낸다. 이러한 특성에 벤야민은 훗날 변증법적 형상이라는 표현을 붙인다. 현대적 예술작품은 본래적인 것과 일시적인 것의 결합이라는 표식을 달고 있다. 모드, 새로운 것, 여유로운 사람의 시각, 아이와 천재의 시각과 예술의 친화성은 이와 같은 현재성의 예술에 근거를 두고 있다. 관습적으로 새겨진 지각방식을 통해 자극을 보호하는 장치가 천재와 아이들에게는 결여되어 있는 까닭에, 아름다움의 공격과 가장 일상적인 것들에 숨겨진 초월적 자극에 무방비 상태로 내맡겨져 있다. 그러므로 댄디의 역할은 이렇게 고통스럽게 받아들인 비일상성의 유형을 냉담하게 공격적인 것으로 전환시키고 또 비일상성을 선동적인 수단을 통해 드러내 보여주는 데 있다. [22] 댄디는 덧없는 것과 유행적인 것을 사람들을 놀래키는 즐거움과 결합시킨다. 그러나 그들 자신은 결코 놀라지 않는다. 댄디는 이렇게 덧없는 순간의 오락 전문가이다. 그런데 새로운 것은 바로 이 찰나적 오락으로부터 흘러나온다. "그는 내가 감히 '현대성'으로 표현하고자 하는 것을 찾는다. 왜냐하면 지금 거론되고 있는 이념을 표현할 수 있는 더 좋은 낱말이 없기 때문이다. 댄디에게 중요한 것은 역사적인 것임에도 유행에 담겨 있을 수 있는 시적인 면, 찰나적 유행 속에 내포되어 있을 수도 있는 영원성을 바로 유행으로부터 분리하는 일이다. "[23]

---

21) Baudelaire, 앞의 책, 325쪽 이하.

22) "동일한 대립적, 혁명적 성격이 모든 것들에 공통적이다. 그것들은 모두 인간의 자만과 오만에 있어 최상의 것들에 대한 대변인들이다. 다시 말해 오늘날은 아주 드물지만 비속적 평범성을 싸워 이기고 파괴하고자 하는 욕구의 대변인들이다" (Baudelaire, Gesammelte Schriften, Bd.4, 302쪽).

23) Baudelaire, Gesammelte Schriften, Bd.4, 284쪽.

과도적인 것으로 되어 버린 현대의 우연성으로부터 현대의 고유한 척도를 획득할 수 있는가 하는 역설적 과제에 대한 해결책을 발견하기 위하여 발터 벤야민은 이 모티브를 받아들인다. 보들레르가 시간과 영원의 관계양상이 진정한 예술작품 속에서 이루어지고 있다는 생각에 만족하였다면, 벤야민은 이와 같은 예술적 근본경험을 역사적 관계로 다시 전환시키려고 한다. 그는 "지금-시간(Jetztzeit)"이라는 개념을 만들어낸다. 유행의 현상들에서 탐지될 수 있는, 이제는 아주 얇아진 모방의 모티브를 수단으로 하여 메시아적 시간 또는 완성된 시간의 파편들이 이 지금-시간 속에 박혀 있다는 것이다. "프랑스 대혁명은 재현된 로마로 이해된다. 유행이 지나간 의상을 인용하는 것과 마찬가지로 프랑스 대혁명은 로마를 인용한다. 과거의 숲속에서 움직인다고 할지라도 유행은 언제나 현실에 대한 예리한 후각을 가지고 있다. 유행은 과거의 것으로 뛰어드는 호랑이의 도약과 같은 것이다. (……) 역사라는 자유로운 하늘 아래에서 이루어지는 동일한 도약은 바로 마르크스가 혁명이라고 파악하였던 변증법적 도약이다."[24] 벤야민은, 전형들의 모방에서 얻어진 역사이해의 차용된 규범성에 대해서만 저항하는 것은 아니다. 현대적 역사이해의 토대 위에서 새로운 것과 전혀 기대하지 못한 것의 도전을 받아들여 중성화해 버리는 두 가지 착상들과도 싸운다. 한편으로 그는 진화주의와 역사철학의 "경직된 신앙"으로 채워진 공허한 동질적 시간이라는 관념을 거부한다. 다른 한편으로 그는, 역사주의가 역사를 박물관 안으로 가두어놓고, "마치 장미다발을 묶듯이 사실들의 인과관계를 손가락 사이로 걸러내면서"[25] 모든 척도들을 중성화하는 행위도 거부한다. 고대 로마에서 지금-시간으로 충만되고 지금-시간과 교감하는 과거를 불러내어 인용한 로베스피에르가 표본이다. 그가 완만하고 지루한 역사의 과정을 마치 초현실주의적으로 생산된 충격을 통해 정지시키려고 시도하는 것과 같이, 현실성으로 증발해 버린 현대는 진정한 지금-시간의 성격을 성취하면 곧바로 끌어댄 과거의 표본들로부터 자신의 규범성을 참조해야 한다. 이러한 모범들은 더 이상 원래 표본적인 과거로 인지되지 않는다.

---

24) W. Benjamin, Über den Begriff der Geschichte, Gesammelte Schriften, Bd.I, 2, 701쪽.
25) 같은 책, 704쪽.

보들레르의 유행창조자 모델이 오히려 창조성을 보여주는데, 이는 그와 같은 (과거와 현실의) 일치성을 통찰력있게 찾아내는 행위를 고전적 전범들의 모방이라는 예술적 이상과 대립시킨다.

벤야민의 역사철학적 명제에 관한 부언설명

벤야민의 역사철학적 명제에 표현되고 있는 역사의식은 쉽게 분류할 수 없다.[26] 오인할 수 없을 정도로 분명하게 초현실주의적 경험과 유태교적 신비주의가 "지금-시간"이라는 개념에서 독특하게 결합되어 있다. 혁신적 현재의 진정한 순간은 역사의 연속을 중단시키고 동질적인 진행과정으로부터 벗어난다는 생각은 두 가지 원천을 토대로 한다. 충격에 의한 세속적 깨달음은 메시아의 현현과의 신비적 결합과 마찬가지로 순간적 사건의 결정화(結晶化), 즉 정지를 강요한다. 여기서 벤야민에게 중요한 것은 "모든 순간은 메시아가 들어올 수 있는 작은 문"(열여덟번째 명제)이라는 의식을 강조하여 반복하는 것은 아니다. 벤야민은 오히려 근대의 특징인 철저한 미래지향적 방향설정을 "지금-시간"이라는 축을 중심으로 되돌려놓아, 그것이 더욱 철저한 과거지향적 방향설정이 되도록 전환시킨다. 미래에 올 새로운 것에 대한 기대는 오로지 억압된 과거의 것에 대한 반성적 회상(Eingedenken)을 통해서만 충족된다. 사건의 메시아주의적 정지의 표식을 벤야민은 억압된 과거를 위한 투쟁에 있어 혁명적인 기회"(열일곱번째 명제)로 이해한다.

라인하르트 코셀렉은 개념사적인 연구의 틀 안에서 현대적 시대의식을 특히 "경험공간"과 "경험지평" 간의 증대된 차이로 특징지운다. "근대에 들어와서 경험과 기대 사이의 차이가 점점 더 커졌다는 것이 나의 명제이다. 더 정확하게 말하면, 기대가 그때까지 겪었던 경험들로부터 점점 더 멀어지고 난 다음에야 비로소 근대가 하나의 새로운 시대로 파악될 수 있었다는 것이다."[27] 사

---

26) Benjamin, Gesammelte Schriften, Bd.I, 2쪽.
27) R. Koselleck, Erfahrungsraum und Erwartungshorizont, in : Koselleck(1979), 359쪽.

회적 현대화가 농업과 수공업에 의해 규정된 고대 서양적 생활세계의 경험공간을 타파하여 역동적으로 만들고, 또 경험공간이 인간의 기대를 통제하는 규정으로서 가지는 의미를 평가절하함으로써 비로소 근대의 특이한 미래지향적 방향설정이 형성된다. 지나간 세대의 전통적 경험이 차지했던 지위를 이제는 진보의 경험이 차지한다. 이 경험은 그때까지 확고하게 과거에 토대를 두고 있었던 기대지평에 "역사적으로 새롭고, 유토피아적 관점에서 계속해서 상승될 수 있는 성격"을 부여한다. [28]

물론 코셀렉은, 진보개념이 종말론적 희망을 현세화하고 기대지평을 유토피아적으로 열어놓았을 뿐만 아니라 불안의 원천으로서의 미래를 목적론적 역사관을 수단으로 하여 다시 채우는 데도 역시 기여하였다는 상황을 인지하지 못하고 있다. 유물론적 역사관을 사회진화론적으로 평면화시키는 데 대한 벤야민의 항변은 현대의 미래개방적 시대의식을 변질시키는 데 대해서도 해당한다. 진보가 역사적 규범으로 응고되면, 현재의 미래연관성으로부터 새로운 것의 성격은 제거되고, 예측할 수 없는 시작에 대한 강조도 사라진다. 이러한 시각에서 보면 역사주의는 벤야민에게 역사철학에 대한 기능적 등가물에 불과하다. 감정이입을 하여 모든 것을 이해하는 역사가는 사실들 더미를 수집할 뿐이다. 다시 말해 이상적인 동시성의 형태로 객관화된 역사의 과정을 종합하여, "동질적이고 공허한 시간"을 가득 채울 뿐이다. 그렇게 함으로써 역사가는 현재가 가지고 있는 미래연관성으로부터 과거를 이해하는 데 중요한 의미를 박탈한다. "과도기가 아니라 시간 속에서 자신의 위치를 책정하고 정지해 있음을 의미하는 현재 개념을 역사적 유물론자는 포기할 수 없다. 왜냐하면 이 개념은 역사가가 자신을 위해 역사를 기술하는 바로 그 현재를 정의하기 때문이다. 역사주의는 영원한 과거의 상을 설정하고, 역사적 유물론자는 유일하게 존립하는 과거와의 경험을 설정한다"(열여섯번째 명제).

현대적 시대의식은 그것이 문학적으로 서술되면 항상 긴장을 풀게 되고, 그래서 그 생동성은 철저하게 역사적인 사유를 통해 다시 일깨워져야 한다는 점

---

28) 앞의 책, 363쪽.

을 우리는 알게 될 것이다. 이러한 혁신의 과정은 청년헤겔파로부터 시작하여 니체와 요르크 폰 바르텐부르크를 거쳐 하이데거에까지 이른다. 동일한 충동이 벤야민의 명제들을 규정하고 있다. 이 명제들은 현대적 시대의식을 혁신하는 데 기여한다. 그러나 벤야민은 그때까지 철저한 것으로서 타당성을 가졌던 역사적 사유의 유형에 만족하지 않는다. 철저하게 역사적인 사유는 영향사의 이념을 통해 성격지워질 수 있다. 니체는 이러한 사유에 "비판적 역사고찰"이라는 이름을 부여하였다. 『브뤼메르 18일』을 쓴 마르크스는 이러한 유형의 역사적 사유를 실천하였으며, 『존재와 시간』의 하이데거는 이를 존재화하였다. 물론 역사성이라는 실존범주로 응고된 구조에 있어서조차 한 가지 사실은 분명히 인식할 수 있다. 즉 미래를 향해 개방된 현재가 규정한 기대의 지평은 과거에 대한 우리의 접근방식을 지시한다. 우리가 과거의 경험들을 미래지향적으로 습득함으로써 진정한 현재는 전통의 계승과 혁신의 장소로 실증된다. 하나는 다른 하나 없이는 불가능하다. 양자는 영향사적인 상관관계의 객관성으로 융해된다.

이 영향사의 이념을 읽는 데는 다양한 방식이 있다. 보장되거나 또는 생산되어야만 하는 연속성과 비연속성의 정도에 따라서 보수주의적 읽기방식(가다머), 보수주의적-혁명적 읽기방식(프라이어), 혁명적 읽기방식(코르쉬)이 있다. 그렇지만 미래지향적 시각은 항상 현재로부터 출발하여 과거로 향한다. 일종의 전(前)역사(Vorgeschichte)로서 과거는 관통하는 운명의 연쇄고리를 통해 그때그때마다 우리의 현재와 결합되어 있다. 이 의식에 있어서 두 가지 계기들이 구성적이다. 하나는 지속적 전승사의 영향사적 결합의 고리로서, 이 연쇄고리 속에는 혁명적 행위도 역시 꿰어 있다. 다른 하나는 습득해서 소유해야 할 역사적 경험들의 잠재력에 대한 기대지평의 우월성이다.

벤야민은 이와 같은 영향사적 의식과 명시적으로 대결하지 않는다. 그러나 그가 양자를 모두 불신하고 있다는 사실이 그의 텍스트를 통해 밝혀진다. 현재의 소유로 옮겨져야 할 전래된 문화재의 보물도 신뢰하지 않으며, 미래지향적 현재의 소유활동과 소유된 과거대상들 사이의 관계가 불균형을 이룬다는 사실에 대해서도 미심쩍어한다. 그렇기 때문에 벤야민은 기대지평과 경험공간

사이의 관계를 급격하게 전도시킨다. 그는 과거의 모든 시대들에게 충족되지 않은 기대의 지평을 부여한다. 그리고 미래지향적인 현재에 대해서는 우리가 가지고 있는 약한 메시아적 힘으로 과거의 기대들을 실현할 수 있도록 과거를 반성적 회상을 통해 경험하라는 과제를 부여한다. 이와 같은 관계의 전도에 따르면 두 가지 사상이 서로 결합하여 작용할 수 있다. 전승이라는 상관관계 의 연속성은 문화에 의해서만 아니라 야만에 의해서도 역시 이루어질 수 있다 는 확신이 그 하나이다.[29] 그때그때마다 현재의 세대는 미래 세대의 운명에 대해서 책임을 질 뿐만 아니라 아무런 죄도 없이 고통을 당한 과거 세대의 운 명에 대해서도 책임이 있다는 이념이 다른 하나이다. 항상 우리 자신에게 기 대를 걸고 있는 과거 시대들을 구원해야 할 필요성은 유대교적 신비주의와 청 교도적 신비주의로 인해 우리에게 익숙해진 생각, 즉 신의 운명에 대해 책임 이 있다는 생각을 상기시킨다. 여기서 신은 창조 행위 속에서 동일한 모습을 가지고 있는 인간의 자유를 위해 자신의 전능을 포기하였다는 것이다.

그러나 그와 같은 정신사적 서술은 그리 많은 것을 설명해 주지 못한다. 여 기서 벤야민의 뇌리를 떠나지 않는 사상은, 윤리적 보편주의가 표면적으로 보 면 돌이킬 수 없는 것처럼 보이는 이미 일어난 불의도 역시 진지하게 다루어 야 한다는 지극히 세속적인 통찰이다. 그것은 후세대의 사람들과 선조들 사이 에는 유대성이 존립하고 있으며, 또 인간의 손에 의해 신체적, 인격적 통합성 을 침해받은 모든 사람들에 대한 유대성이 존립한다는 생각이다. 그리고 이 유대성은 오직 반성적 회상을 통해 만들어지고, 효력을 발휘할 수 있다는 생 각이 벤야민의 뇌리를 떠나지 않고 있는 것이다. 여기서 기억의 해방적 힘은, 헤겔에서부터 프로이트에 이르기까지, 현재를 짓누르고 있는 과거의 힘을 해 제하는 데 사용되는 것이 아니라, 과거에 대한 현재의 빚을 갚는 데 쓰인다는 것이다. "왜냐하면 현재와 더불어 사라질 위험에 처해 있는 것은 돌이킬 수 없는 과거의 모습이기 때문이다. 그것은 이 모습 속에 본래 의도된 것으로서

---

29) "동시에 야만의 기록이지 않고서는 결코 문화의 기록일 수 없다. 그것 자체가 결코 야만으로부터 해방되지 않은 것과 같이, 어떤 것이 다른 것에 의해 파괴되 는 전승의 과정도 역시 야만으로부터 벗어나 있지 않다"(일곱번째 명제).

자신을 인식하지 못한 과거이다"(다섯번째 명제).

첫째 강의의 맥락에서 이 부언 설명은 벤야민이 영향사적 의식을 다시 한번 철저하게 강화하기 위하여 전적으로 다른 출처를 가지고 있는 다양한 모티브들을 어떻게 결합하고 있는가를 보여주어야 한다. 전승된 경험의 잠재력과 기대지평의 분리는 우선, 코셀렉이 보여주는 바와 같이, 독자적 권리로 살아가는 새로운 시대가——근대가 막 떨쳐 버린——과거의 모든 시대와 대립할 수 있게 한다. 이로써 과거와 미래에 대한 관계에 있어서 현재가 차지하는 관계양상이 특이하게 변화한다. 역사적으로 책임있는 활동을 하도록 요청을 받은 현재는 미래로부터 우리에게 닥쳐오는 문제들의 압박을 받고 한편으로는 자신의 이익을 위해 습득해야 하는 과거에 대해 우위를 점한다. 다른 한편으로 순전히 일시적인 것으로 되어 버린 현재는 미래에게 간섭과 중지에 대한 설명을 해야 할 의무가 있다고 생각한다. 그런데 벤야민이 이 미래지향적인 책임성을 과거의 시대로 확장함으로써 관계양상은 다시 한 번 변화한다. 근본적으로 열려 있는 미래의 대안들과의 긴장관계는 이제 기대로 인해 그 자체 가동화된 과거에 대한 관계와 직접적으로 접촉한다. 미래의 문제가 주는 압박은 과거의 (충족되지 않은) 미래로 인해 가중된다. 그러나 이와 같은 축의 회전으로 말미암아 영향사적 의식에 비밀스럽게 내재하고 있는 자아도취가 수정된다. 이제는 미래의 세대들만이 아니라 과거의 세대들도 역시 현재 세대가 가지고 있는 약한 메시아적 힘을 요청할 권리를 가지는 것이다. 비록 없었던 일로 만들 수는 없지만 반성적 회상을 통해 적어도 잠재적으로 화해될 수 있는 불의에 대한 아남네시스적 보상은 현재를 보편사적 유대성의 의사소통적 상관관계 속으로 묶어놓는다. 이 아남네시스, 즉 상기(想起)는 책임의 위험한 집중에 대한 탈중심적 평형을 이룬다. 그런데 이 책임의 집중은 오직 미래만을 지향하는 현대적 시대의식이——매듭처럼 얽혀 문제점을 많이 함축하고 있는——현재에 부담을 지운 것이다. [30]

---

30) 이에 대해서는 "아남네시스적 유대성의 논리적 곤란"에 관한 연구를 참조할 것. H. Peukert, *Wissenschaftstheorie, Handlungstheorie, Fundamentale Theologie* (Düsseldorf, 1976), 273쪽 이하. 또한 H. Ottmann에 대한 나의 답변을 볼 것. J.

3

헤겔은 현대의 영역 밖에 놓여 있는 과거의 규범적 암시로부터 현대가 분리되는 과정을 철학적 문제로 부상시킨 최초의 철학자이다. 종교개혁과 르네상스의 경험들을 받아들이고 현대 자연과학의 시작에 반응하는 전통비판의 맥락에서, 후기 스콜라철학으로부터 칸트에 이르기까지의 근대 철학은 이미 현대의 자기이해를 표현하고 있다. 그러나 18세기말에 이르러서야 비로소 현대의 자기확인의 문제가 첨예화되어, 헤겔은 이 문제를 철학적 문제로서, 그것도 자기철학의 근본문제로서 인지할 수 있게 된다. 아무런 모범을 가지고 있지 않은 현대가 스스로 산출한 이중화로부터 안정을 확보해야 한다는 불안을 헤겔은 "철학의 욕구의 원천으로"[31] 파악한다. 현대가 자기자신에 대한 의식을 깨우칠 때, 헤겔이 철학에 대한 욕구라고 이해한 자기확인의 욕구가 분출된다. 그는 철학이 자신의 시대를——그것은 헤겔에게는 현대이다 ——사상으로 포착하라는 과제에 직면해 있다고 본다. 헤겔은 철학이 스스로에 대해 만들어내는 개념을 현대의 철학적 개념에 의존하지 않고서는 전혀 획득할 수 없다고 확신한다.

우선 헤겔은 새로운 시대의 원리로서 주체성(Subjektivität)을 발견한다. 이 원리로부터 그는 동시에 현대세계의 우월성과 위기성을 설명한다. 현대세계는 스스로를 진보의 세계로 이해하고 동시에 소외된 정신의 세계로 이해한다. 그러므로 현대를 개념화하고자 하는 첫번째 시도는 현대에 대한 비판과 동시근원적으로 결합되어 있다.

헤겔은 그가 주체성이라고 명명하는 자기관계의 구조가 일반적으로 현대를 특징짓는다고 보고 있다. "새로운 세계 자체의 원리는 정신적 총체성 속에 존립하고 있는 모든 본질적 측면들이 자신의 권리를 획득하여 발전한다는, 주체

Habermas, Vorstudien und Ergänzungen zur Theorie des kommunikativen Handelns (Frankfurt/M., 1984), 514쪽 이하.

31) 헤겔, 전집, 2권, 20쪽.

성의 자유이다."[32] 헤겔은 새로운 시대(또는 현대세계)의 인상을 특징적으로 서술하면서, "주체성"을 "자유"와 "반성"을 가지고 설명한다. "정신의 소유라고 할 수 있는 자유가, 즉 정신이 자기자신에게서 스스로 존재하고 있다는 점이 인정되었다는 사실이 바로 우리 시대의 위대함이다."[33] 이러한 맥락에서 주체성이라는 표현은 특히 네 가지 함의를 수반한다. (1) 개인주의: 현대세계에서는 무한히 특수한 고유한 성격들이 자신의 요구를 주장할 수 있다.[34] (2) 비판의 권리: 현대세계의 원리는 모든 사람이 인정해야만 하는 것이 자신에게도 역시 정당한 것으로 나타날 것을 요구한다.[35] (3) 행위의 자율: 우리가 행위하는 것에 대해 책임을 져야 한다는 것은 현대의 특성이다.[36] (4) 끝으로 관념주의적 철학: 자기자신을 아는 관념을 철학이 파악한다는 것은 바로 현대의 작품이라고 헤겔은 본다.[37]

주체성의 원리가 관철되도록 만든 역사적 핵심사건들은 종교개혁, 계몽주의와 프랑스 대혁명이다. 루터와 함께 종교적 신앙은 반성적이 되었으며, 주체성의 고독 속에 있는 신(神)적인 세계는 우리가 정립한 것이 되어 버렸다.[38] 예고와 전승의 권위에 대한 신앙에 반대하여 청교도주의는 자신의 통찰을 고집하는 주체의 지배를 주장한다. 성체(聖體)는 단지 밀가루에 불과하고, 성유물(聖遺物)은 단지 뼈일 뿐이다.[39] 그리고 나서 인권선언과 나폴레옹 법전은 역사적으로 이미 존립하고 있는 법에 대항하여 의지의 자유라는 원리를 국가의 본질적 토대로서 주장하였다. "사람들은 법과 인륜성이 현존하는 인간의지의 토대 위에 기초하고 있는 것으로 보았다. 그런데 과거에 법은 신의 명령으로서 외면적으로 부과되어 신약과 구약 성서에 쓰여졌거나, 아니면 양피지에 기

---

32) 헤겔, 전집, 7권, 439쪽. 이에 관해서는 Hegel, Werkausgabe, Registerband, 417쪽 이하의 "현대세계"라는 항목을 참조할 것.
33) 헤겔, 전집, 20권, 329쪽.
34) 헤겔, 전집, 7권, 311쪽.
35) 헤겔, 전집, 7권, 485쪽.
36) 헤겔, 전집, 18권, 493쪽.
37) 헤겔, 전집, 20권, 458쪽.
38) 헤겔, 전집, 16권, 349쪽.
39) 헤겔, 전집, 12권, 522쪽.

록된 특수법의 형식이나 또는 논고 속에 들어 있는 특권으로 존립하였다."[40]

주체성의 원리는 그밖에도 현대문화의 형성을 규정한다. 그것은 우선 객관화하는 자연과학에 타당한데, 자연과학은 자연을 탈마법화함으로써 동시에 인식하는 주체를 해방시킨다. "이렇게 모든 기적들은 부정되었다. 왜냐하면 자연은 이제 이미 알려지고 인식된 법칙들의 체계이기 때문이다. 인간은 또한 자연 속에서 집을 짓고 산다. 그리고 집 안에 있는 것만이 타당성을 가진다. 그러므로 인간은 자연의 인식을 통해 자유롭게 된다."[41] 현대의 도덕개념은 개인들의 주체적 자유의 인정을 지향하고 있다. 그것들은 한편으로 개인이 행해야만 하는 당위를 타당한 것으로 보아야 하는 개인권에 토대를 두고 있으며, 다른 한편으로 모든 개인은 자신의 특수한 복지라는 목적을 다른 모든 사람들의 복지와 조화를 유지하면서 추구해야 한다는 요청에 토대를 두고 있다. 주관적 의지는 일반적 법칙 밑에서만 자율을 획득한다. 그러나 "주관적인 것, 즉 의지를 통해서만 자유 또는 즉자적으로 존재하는 의지가 현실화될 수 있다."[42] 현대예술은 낭만주의에서 그 본질을 드러내고 있다. 낭만주의적 예술의 형식과 내용은 절대적 내면성으로 규정되어 있다. 프리드리히 슐레겔에 의해 개념화된 신적인 역설은 탈중심화된 자아의 자기경험을 반영한다. "이 자아에게 있어 모든 관계의 끈들은 끊어졌으며, 이 자아는 오직 자기향락의 신성성 속에서만 살 수 있을 뿐이다."[43] 표현적 자기실현은 생활형식으로서 등장하는 예술의 원리가 된다. "나의 행위와 표현이 모두 나에게는 하나의 가상에 불과하며 또 전적으로 나의 권력에 예속되어 있는 형태를 띤다면, 나는 예술가로서 이 원리에 따라 살고 있는 것이다."[44] 현실은 예민한 영혼의 주관적 단절 속에서만 예술가적으로 표현된다. 현실은 간단히 말해 "자아를 통해 나타나는 단순한 허구적 현상"이다.

현대에 들어와서 종교적 삶, 국가와 사회, 과학, 도덕, 예술은 주체성의 원

---

40) 같은 책, 같은 곳.
41) 헤겔, 전집, 12권, 522쪽.
42) 헤겔, 전집, 7권, 204쪽.
43) 헤겔, 전집, 13권, 95쪽.
44) 헤겔, 전집, 13권, 94쪽.

리가 구체화된 수많은 형태로 변신한다. [45] 이 주체성의 구조는 철학에서 파악되었는데, 데카르트의 "나는 생각한다, 고로 나는 존재한다(Cogito ergo sum)"의 추상적 주체성으로 또 칸트에 있어서는 절대적 자기의식의 형태로서 파악되었다. 자기자신을 마치 거울에 비추어진 모습처럼, 다시 말해 "사변적(spekulativ)"으로 파악하기 위해 스스로를 객체로 설정하여 자기자신을 되돌아보는 인식주체의 자기관계 구조가 여기서는 중요하다. 칸트는 이와 같은 반성철학적 관점을 세 "비판들"의 근거로 설정한다. 그는 이성을 최고의 법정으로 설정하는데, 도대체 무엇이 타당성 주장을 할 수 있는가를 이 법정 앞에서 정당화해야 한다.

순수이성비판은 인식토대의 분석을 통해 현상들에 맞추어져 있는 우리 인식능력의 오용을 비판하는 과제을 떠맡는다. 칸트는 형이상학적 전통의 실체적 이성개념 대신에 다양한 계기들로 분화된 이성의 개념을 설정한다. 이 이성의 통일성은 이제 형식적 성격을 갖게 된다. 그는 실천이성의 능력과 판단력의 능력을 이론적 인식과 분리시키고, 그들 각각을 자신의 고유한 토대 위에 정립한다. 객관적 인식의 가능성, 도덕적 통찰의 가능성과 심미적 가치평가의 가능성을 정당화함으로써 비판이성은 자신의 고유한 주관적 능력을 확신할 뿐만 아니라——즉 비판이성은 이성의 건축술을 투명하게 보여주는 것만이 아니다——문화 전체에 대한 최고의 재판관의 역할을 수행한다. 철학은 문화적 가치영역들을 배타적인 형식적 관점하에서, 훗날 에밀 라스크가 말하듯이, 과학과 기술, 법과 도덕, 예술과 예술비판으로서 각각 경계를 짓고, 이 경계 안에서 그들을 정당화한다. [46]

---

45) 이에 관해서는 『법철학』, §124의 요약문을 참조할 것. "주관적 자유의 권리는 고대와 근대의 차이에 있어 전환점과 핵심점을 형성한다. 무한한 이 권리는 기독교에서 천명되었으며, 세계의 새로운 형식의 일반적, 현실적 원리로 만들어졌다. 이 원리에 가까운 형태들에는 사랑, 낭만적인 것, 개인의 영원한 신성이라는 목적 등등이 속한다. 그리고 도덕성과 양심이 속하며, 그밖에도 일부분은 시민사회의 원리와 정치적 헌법의 계기로서 등장하고, 또 일부분은 역사에 있어서, 특히 예술, 과학, 철학이 역사에 등장하는 다른 형식들이 이에 속한다"(헤겔, 전집, 7권, 233쪽).

46) I. Kant, *Kritik der reinen Vernunft*, B 779쪽.

18세기말까지 과학, 도덕, 예술은 활동영역으로서 제도적으로도 분화되었다. 이 영역들 내에서 진리의 문제, 정의의 문제, 취미의 문제들은 자율적으로, 즉 각기 특수한 타당성의 지배를 받으며 작업되었다. 이 지식의 영역 전체는 한편으로는 신앙의 영역과 분리되었으며, 다른 한편으로는 법적으로 조직된 사회적 교통의 영역과 일상적 공동생활의 영역으로부터 분리되었다. 여기서 우리는 헤겔이 훗날 주체성의 원리가 객관화된 것으로 파악하는 바로 그 영역들을 재인식할 수 있다. 주체성의 원리가 아무런 가장 없이 등장하는 초월적 반성이 이 영역들에 대해 동시에 재판관적 권한을 주장하기 때문에 헤겔은 현대세계의 본질이 비판철학을 중심으로 모여 있다고 본다.

4

칸트는 현대가 사상의 집 속에 들어 있다고 표현한다. 그것은 칸트가 현대를 현대로서 파악하지 않았음에도 불구하고 칸트의 철학에서 시대의 본질적 특성들이 마치 거울에 비치듯이 반영된다는 사실을 의미한다. 회고적 관점을 택할 때에 비로소 헤겔은 칸트의 철학을 현대의 결정적인 자기해석으로 이해할 수 있다. 헤겔은 시대의 이와 같은 가장 반성적인 표현 속에서도 여전히 파악되지 않은 것을 인식하였다고 믿는다. 칸트는 이성 내에서의 분화, 문화 안에서의 형식적 분화, 간단히 말해서 이 영역들의 분열을 아직 이중화로서 파악하지 않는다. 그렇기 때문에 칸트는 주체성의 원리에 의해 강요된 분리들과 함께 등장하는 욕구를 부정한다. 현대가 스스로를 하나의 역사적 시대로서 파악하고, 표본적 과거로부터의 분리와 모든 규범적인 것을 스스로 창조해야 한다는 필연성이 역사적 문제로서 의식되면, 이 욕구는 곧바로 철학을 압박한다. 그렇게 되면 과연 주체성의 원리와 이에 내재하고 있는 자기의식의 구조가 규범적 방향설정의 원천으로서 충분한가 하는 물음이 제기된다. 또 과학, 도덕, 예술을 "근거지우기" 위해서뿐만 아니라 우리를 구속하는 모든 역사적 규범들로부터 분리된 역사적 구성체를 안정시키기에도 과연 그것들이 충분한가 하는 문제가 제기된다. 현대세계로부터 얻었으면서도 동시에 현대세계 내에서의 방향설정에 기여할 수 있는 척도들을 과연 주체성과 자기의식으로부터 획득할 수 있는가 하는 것이 이제 중요한 물음이다. 다시 말해 그것은 자기자신과의 불화 속에 있는 현대의 비판을 위해 유용한가 하는 물음이다. 현대의 정신으로부터 어떻게 현대의 다양한 역사적 현상형식들을 모방하지도 않고 또 외부로부터 끌어대지 않으면서 내면적 이상 형태를 구성할 수 있는가?

물음이 그렇게 제기되면, 주체성은 일면적인 원리라는 사실이 증명된다. 이 원리는 물론 주관적 자유와 반성을 형성하고, 그때까지 통일적인 힘으로서 작용하였던 종교를 위태롭게 만드는 전대미문의 힘을 가지고 있다. 그렇지만 이 원리는 종교적 통일의 힘을 이성의 수단으로 다시 재생시킬 수 있을 만큼 강력하지는 않다. 계몽주의의 당당한 반성문화는 종교와 "둘로 분리하여, 종교를 자신의 곁에 또는 자신을 종교의 곁에 병렬시켰다."[47] 종교의 퇴락은 계몽주의가 자신의 힘으로 극복할 수 없는 신앙과 지식의 분열을 야기한다. 그러므로 이러한 분열은 『정신현상학』에서 자기소외된 정신의 세계라는 제목으로 등장한다.[48] 교양의 형성이 더욱 성공하고, 이중화가 복잡하게 얽힐 수 있는 삶의 표현이 더욱 다채롭게 발전되면 될수록 이중화의 힘은 더욱더 커지고, 조화롭게 다시 태어나려고 하는(예전에는 종교를 통해 고양되고 보존되었던) 삶의 노력들은 교양(형성) 전체에 더욱 낯설어지고 더욱 의미없게 된다."[49]

이 문장은 라인홀트에 반박한 논쟁의 글에서 유래한다. 다시 말해 헤겔이 파열된 삶의 조화를 실천적인 도전과 철학의 욕구로서 파악하는 1801년의 『차이』에 관한 논저에서 유래한다.[50] 시대의 정신이 총체성으로부터 벗어나고,

---

47) 헤겔, 전집, 2권, 23쪽.

48) 헤겔, 전집, 3권, 362쪽 이하.

49) 헤겔, 전집, 2권, 22쪽.

50) "통일의 힘이 인간의 삶으로부터 사라지고, 대립들이 생동적인 관계와 상호작용을 상실하고 독립성을 획득한다면, 철학의 욕구는 발생한다. 그것은 비록 우연이기는 하지만, 이중화가 주어진 상황에서는 확고해진 주관성과 객관성의 대립을 지양하고, 지성적 세계와 실제의 세계가 만들어졌다는 사실을 하나의 생성과정으

정신이 자기자신으로부터 소외되었다는 정황은 헤겔에게 있어 바로 그 시대에 할 수 있는 철학함의 전제조건이다. 철학 자신의 직무를 수용할 수 있는 또 다른 하나의 전제조건은 셸링에 의해 처음으로 도입되었던 절대자의 개념이라고 헤겔은 파악한다. 절대자를 통해 철학은 처음부터 이성을 통일의 힘으로 증명해야 한다는 목표를 다시 한 번 확인할 수 있다. 주체성의 원리가 "생활관계의 전체 체계"뿐만 아니라 이성 자신까지도 몰아넣었던 이분의 상태를 이성은 지양해야만 한다. 헤겔은 칸트와 피히테의 철학체계를 겨냥한 비판을 통해 동시에 이들의 철학에서 표현되는 현대의 자기이해를 정확하게 파악하고자 한다. 헤겔은 자연과 정신, 감성과 오성, 오성과 이성, 이성적 이성과 실천적 이성, 판단력과 상상력, 자아와 비자아, 유한자와 무한자, 지식과 신앙의 철학적 대립들을 비판함으로써 삶의 이중화라는 위기에 대답하고자 한다. 그렇지 않다면 철학적 비판은 철학을 객관적으로 요청한 욕구를 충족시킬 수 있는 전망을 전혀 제기할 수 없을 것이다. 주관적 관념론에 대한 비판은 동시에 이러한 방법을 통해 자신을 확인하고 안정시키고자 하는 현대에 대한 비판이다. 이러한 과정에서 비판은 반성 이외의 다른 어떤 수단도 사용할 수 없으며 또 사용해서도 안 된다. 왜냐하면 반성은 비판을 새로운 시대 원리의 가장 순수한 표현으로 생각하기 때문이다.[51] 현대가 자기자신을 스스로 정당화해야 한다면, 헤겔은 현대의 개념을 계몽주의의 원리에 내재하고 있는 변증법을 통해 발전시켜야 한다.

우리는 헤겔이 이 기획을 어떻게 실행하고, 또 그 과정에서 어떻게 딜레마에 빠지게 되는지를 보게 될 것이다. 계몽의 변증법을 실행하고 난 다음, 그는 이 변증법을 가동시켰던 시대비판의 동기를 다 소모하게 된다. 헤겔이 "절대자의 전제조건"을 설정하였던 장소인 "철학의 앞마당"에 무엇이 숨겨져 있는가를 우리는 우선 보게 될 것이다. 통일철학의 모티브들은 청년 헤겔의 위기경험으로 거슬러 올라간다. 분열된 시대의 실증주의자들에 대항하여 화해의 힘으로서 이성을 내세워야 한다는 확신 뒤에는 바로 이와 같은 위기경험들이

로 파악하고자 하는 필연적 시도이다"(헤겔, 전집, 2권, 22쪽).

51) 헤겔, 전집, 2권, 25쪽 이하.

숨겨져 있다. 횔덜린, 셸링과 함께 헤겔도 가지고 있는 현대의 화해에 관한 신화적-시(詩)적 관점은 물론 원시기독교와 고대의 표본적 과거들에 여전히 묶여 있다. 예나 시절을 지내면서 헤겔은 비로소 자신의 고유한 절대지의 개념을 통해 낯선 표본들에 의지하지 않고서도 계몽주의의 산물을──낭만주의적 예술, 이성종교, 시민사회──극복할 수 있는 입장을 정립한다. 그렇지만 이 절대자의 개념으로 인해 헤겔은 다시 청년시절에 가졌던 직관의 수준 밑으로 떨어지게 된다. 그는 주체성 철학의 한계 안에서 주체성의 극복을 생각하는 것이다. 그가 결국에는 현대의 자기이해가 현대에 대한 비판의 가능성을 가지고 있지 않다고 부정해야만 하는 딜레마가 이로부터 발생한다. 절대적 폭력으로 확장된 주체성에 대한 비판은 역설적으로 철학자와 역사의 과정을 제대로 파악하지 못한 주체들의 편협성에 대한 철학자의 비난으로 변하게 된다.

둘째 강의

헤겔의 현대성 개념

1

주체성의 철학을 내부로부터 해체하기 위하여 헤겔이 1802년 칸트, 피히테, 야코비를 신앙과 지식의 대립이라는 측면에서 다루었을 때, 그의 접근방식이 아주 엄격하게 내재적이지는 않았다. 이 과정에서 그는 암암리에 계몽주의 시대에 대한 자신의 진단에 의지한다. 이 진단만이 그에게 절대자를 전제할 수 있는 정당성을 부여한다. 다시 말해 그로 하여금(반성철학과는 달리) 이성을 통일의 힘으로 설정하도록 한다. "문화의 발전으로 인해 전통적 시대는 고양되어 철학과 실증적 종교의 대립을 넘어서게 되었다. 그래서 이제 신앙과 지식의 대립 자체가 철학 내부로 옮겨졌다. 그렇지만 예속된 문화민족의 허약한 힘에 대항하여 승리한 야만 민족의 힘이 가지곤 하는 운명을 바로 이 승리자라고 할 수 있는 이성이 그대로 답습하지는 않는가 하는 물음이 제기된다. 즉 외면적인 지배관계에 의하면 통제권을 장악하고 있는 것 같지만 정신적으로는 피지배자에 예속되어 있다는 운명을 말이다. 계몽의 이성은 신앙이라는 종교적 파악방식에 의거하여 대상을 자기자신과 대립된 것으로 파악한다. 그런데 대상에 쟁취한 영광스러운 승리를 자세히 들여다보면, 이 이성이 투쟁해야만 하는 실증적인 것은 이성일 수 없으며, 또 이 이성이 싸워 이긴 종교도 이성이 아니라는 사실에 다름 아님을 알 수 있다."[1] 헤겔은 칸트와 피히테에서 정점을 이루는 계몽주의 시대가 이성 속에 단지 하나의 우상을 세워놓았다고 확신한다. 이 시대는 그릇되게도 오성 또는 반성(反省, Reflexion)을 이성의 자리에 세워놓았으며, 그렇게 함으로써 유한자를 절대자로 올려놓은 것이다. 반성철학의 무한자는 사실 오성에 의해 설정된 것이며, 유한자의 부정을 통해서 고갈될 이성이다. "오성은 무한자를 고정시킴으로써 유한자와 무한자를 절대적으로 대립시킨다. 그리고 유한자를 지양함으로써 스스로 이성으로 올라선 반성은, 이성의 행위를 대립으로 고정시킴으로써, 다시금 오성으로 전락한다. 이 반성은 이러한 퇴보를 통해 이성적이고자 하는 의도를 가지고 있는 것이다."[2] 그렇지만 대수롭지 않게 내뱉는 "퇴보"라는 말이 보여주듯이, 헤겔은 여기서 자신이 증명하고자 하는 것을 몰래 손에 넣고 있다. 절대화된 오성 이상의 것인 이성이 자신이 담론적으로 분리해야 하는 그 대립을 필연적으로 다시 통일시킬 수 있다는 사실을 헤겔은 우선 보여주어야 하지, 단지 전제해서는 안 될 것이다. 헤겔로 하여금 절대적 통일 권력의 전제조건을 설정하도록 북돋아준 것은 논증이라기보다는 오히려 생애의 경험들이다. 다시 말해 그가 튀빙겐, 베른, 프랑크푸르트에서 모으고, 평가하여, 예나에까지 끌고 간 동시대적 위기경험들이다.

우리가 알고 있는 바와 같이 청년 헤겔과 튀빙겐 수도원의 친구들은 당시 자유운동의 지지자들이었다. 그들은 종교적 계몽이 첨예화된 긴장의 영역에서 직접적으로 살았으며, 특히 신학자 고틀립 크리스티안 스토르에 의해 대변되는 프로테스탄트 정교와 대결하였다. 그들은 철학적으로 칸트의 도덕철학과 종교철학의 방향을 따랐으며, 정치적으로 프랑스 대혁명에 의해 선포된 이념들을 추종하였다. 게다가 엄격하게 규제된 수도원의 생활질서가 시발적 기능을 하였다. "수도원과 국가의 보호막 역할을 하고 있는 스토르의 신학, 수도원 수칙, 국가의 헌법은 (수도원의) 대부분의 원생들에게 혁명의 대상으로 가치가 있다고 여겨졌다."[3] 헤겔과 셸링이 당시 몰두하였던 신학적 공부의 틀

---

1) 헤겔, 전집, 제2권, 287쪽 이하.
2) 헤겔, 전집, 제2권, 21쪽.

안에서 이 반혁적 충동은 종교개혁적으로 원시기독교와 결합하는 절제된 형태를 띠었다. 그들이 주장하였던 예수의 의도——즉 자기민족의 신앙성에 도덕성을 도입하려는 의도는[4]——바로 자신들의 의도였다. 여기서 그들은 계몽주의의 당파에 반대하였으며, 정교의 당파에 반대하였다.[5] 양당파들은 상반된 목표를 추구함에도 불구하고 성경해석이라는 역사적-비판적 도구를 사용하였다. 즉 양당파의 목표는 레싱 이래로 흔히 말하는 이성종교를 정당화하거나 아니면 이에 대항하여 엄격한 루터의 교리를 변호하는 것이었다. 정교는 궁지에 몰렸으며, 상대방의 비판적 방법을 사용해야만 하였다.

헤겔의 입장은 이와 같은 두 전선에 정반대였다. 칸트와 더불어 헤겔은 종교를 "이성이 부여한 권리를 실행하고 주장하는 권력"으로 파악한다.[6] 그러나 그러한 권력이 신의 이념을 성취하기 위해서는 종교가 한 민족의 정신과 도덕에 젖어들고, 국가의 제도와 사회의 실천 속에 현재 실제로 존재하고 있으며, 인간의 사고방식과 동기로 하여금 실천적 이성의 지시명령을 수용하도록 만듦으로써 사람의 마음에 각인되어야만 한다. 공론적 삶의 요소로서만 종교는 이성에 실천적인 영향력을 부여할 수 있다. 루소에게서 영감을 받아 헤겔은 진정한 민족종교에 대해 세 가지 요구조건을 제시한다. "종교의 교리들은 일반적 이성에 근거하고 있어야만 한다. 환상, 마음, 감성들이 홀대를 받아서는 안 된다. 일반이성은 삶의 모든 욕구와 공론적 국가행위들이 의지할 수 있는

---

3) D. Henrich, "Historische Voraussetzung von Hegels System", in : ders., *Hegel im Kontext* (Frankfurt/M., 1971), 55쪽.

4) 헤겔, 전집, 제1권, 107쪽.

5) 헤겔은 다음과 같이 언급하면서 이 점을 암시하고 있다. 우리 시대에 유행하고 있는 기독교의 접근방식, 즉 이성과 도덕을 자신을 시험하기 위한 토대로 삼고 또 설명함에 있어 민족과 시대의 정신의 도움을 받는 접근방식은 지식, 명쾌한 이성, 선한 의도에 있어 존경할 만한 일부 우리 동시대인들에 의해 선의의——인류의 목표, 진리, 덕성으로 우리를 인도하는——계몽으로 간주되고 있다. 반면 마찬가지로 지식과 선의의 목적에 있어 존경을 받을 뿐만 아니라 여러 세기에 걸친 명망과 공공적 권력에 의해 지원을 받고 있는 다른 사람들은 그것이 순전한 악화에 불과하다고 외쳐대고 있다. 헤겔, 전집, 제1권, 104쪽. 이에 대해서는 Henrich (1971), 52쪽 이하를 참조할 것.

6) 헤겔, 전집, 제1권, 103쪽.

것이어야 한다."7) 프랑스 대혁명 시대에 있었던 이성 숭배가 여기서 반향되고 있다는 사실은 분명하다. 정교와 이성종교에 대항하는 젊은 시절의 신학적 초기 저서들의 방향은 이러한 세계관으로부터 설명된다. 양자는 여기서, 물론 자신의 한계를 넘어서는, 계몽주의의 역동성에 의해 만들어진 산물들로서 지나치게 한 면이 부각되기는 하였지만, 상호보충적인 것으로 여겨진다.

청년 헤겔에게는 도덕성의 실증주의가 시대의 표식인 것처럼 보인다. 헤겔은 오직 권위에 토대를 두고 도덕에서 인간의 가치를 설정하지 않는 종교들을 "실증적"이라고 명명한다.8) 신앙인들이 도덕적 행위 대신에 작업을 통해 신의 선의를 획득할 수 있어야 한다는 규정들이 실증적이다. 이승에서의 보상에 대한 희망도 역시 실증적이다. 몇몇의 손에 있는 교리를 모든 사람의 삶과 소유로부터 분리시키는 것도 실증적이며, 성직자의 지식을 대중의 물신신앙과 분리시키는 것도 실증적이다. 그리고 오직 한 개인의 권위와 기적행위를 통해서만 도덕성에 도달한다는 우회적 방법도 실증적이다. 행위의 합법성만을 목적으로 하는 모든 보증과 위협도 역시 실증적이다. 끝으로 실증적인 것은 무엇보다도 사적 종교와 공적 삶의 분리이다.

이 모든 것이 정교적 당파가 변론하는 실증적 신앙을 특징지운다면, 철학적 당파는 대적하기가 쉬울 것이다. 철학적 당파가 고집하는 원칙은, 종교는 그 자체 실증적인 것은 아무것도 가지고 있지 않으며 일반적 인간 이성을 통해 권한을 부여받았기 때문에——이에 대해 주의를 환기한다면——모든 인간은 종교의 책무를 알아보고 느낄 수 있다는 것이다.9) 그러나 계몽주의자들에 반대하여 헤겔은 순수한 이성종교는 물신신앙과 마찬가지로 일종의 추상을 표현한다고 생각한다. 왜냐하면 이성종교는 사람의 마음으로 하여금 관심을 가지도록 만들고, 지각과 욕구들에 영향을 미칠 수 있는 능력이 없기 때문이다. 이 이성종교도 역시 공론적 삶의 제도들로부터 단절되고 어떤 감격도 불러일

---

7) 헤겔, 전집, 제1권, 33쪽.
8) 헤겔, 전집, 제1권, 10쪽. 청년 헤겔은 "도덕"과 "인륜성"을 동의어로 사용한다.
9) 헤겔, 전집, 제1권, 33쪽.

으키지 못하기 때문에 사람의 마음을 다른 종류의 사적 종교로 인도한다. 이성종교가 축제와 의례를 통해 공론적으로 서술되고, 신화와 결합하고, 사람의 마음과 환상에 영향을 줄 수 있을 때에만, 종교적으로 매개된 도덕은 "전체국가의 상관관계와 연관관계 속에 엮어 들어갈 수 있다."[10] 종교 속의 이성은 정치적 자유의 조건하에서만 객관적 형태를 획득한다. 즉 "위대한 심정을 만들고 가꾸는 민족종교는 자유와 나란히 어깨를 맞댄다."[11]

그러므로 계몽주의는 단지 정교의 이면에 지나지 않는다. 정교가 교리의 실정성을 고집하는 것과 같이, 계몽주의는 이성명령의 객관성을 고집한다. 양자는 성서비판이라는 동일한 수단을 사용한다. 또 양자는 이중화의 상태를 굳히기 때문에, 양자 모두 종교를 민족종교의 도덕적 총체성으로 만들 수 없으며 정치적 자유 속에서의 삶을 고취시킬 수도 없다. 실증적 종교와 마찬가지로 이성종교 역시 대립된 것으로부터, 즉 "우리가 아직은 아니지만 그렇게 존재해야만 하는 상태로부터" 출발한다.[12]

헤겔은 동시대의 정치적 관계와 국가적 제도들에 내재해 있는 식의 이중화를 비판한다. 특히 헤겔은 베른 시 정부의 바트란트 지역 통치와 뷔르템부르크 주의회의 헌법, 그리고 독일제국의 헌법을 비판한다.[13] 실증적으로 되어

---

10) 헤겔, 전집, 제1권, 77쪽.

11) 헤겔, 전집, 제1권, 41쪽.

12) 헤겔, 전집, 제1권, 254쪽.

13) 청년 헤겔의 정치적 글에 관해서는 전집, 제1권, 255쪽 이하, 268쪽 이하, 428쪽 이하, 451쪽 이하를 참조할 것. 정치적 글들에는 물론 계몽주의 비판에 부합할 수 있는 면은 결여되어 있다. 헤겔은 이를 『정신현상학』의 절대적 자유와 공포라는 제목을 달고 있는 장에서 보충하고 있다. 계몽주의 비판은 여기에서도 역시 자신의 실증성으로 보루를 쌓고 있는 정권에 추상적 요청들을 가지고 대항하는 철학적 당파를 겨냥한다. 다른 한편으로 위기 경험은 신학적 글들에서보다는 정치적 글들에서 더욱 직접적으로 표현된다. 헤겔은 바로 시대의 궁핍, 모순의 감정, 변화에 대한 욕구, 제한의 벽을 철폐하려는 충동을 촉구한다. "더욱 좋고 정의로운 시대의 모습은 사람들의 영혼 속에 생생하게 다가왔다. 그리고 더욱 순수하고 자유로운 상태에 대한 한숨어린 동경은 모든 정서들을 감동시켰으며 동시에 현실로부터 소외시켰다." 헤겔, 전집, 제1권, 268쪽 이하. 이에 관해서는 G. W.F. Hegel, *Politische Schriften*(Frankfurt/M., 1966), 343쪽 이하에 붙인 나의 후문을 참조할 것.

버린 당시의 정교적 종교로부터 원시기독교의 살아 있는 정신이 사라진 것과 같이, 정치에서도 역시 법률들은 예전의 생명을 상실하였으며, 그렇기 때문에 지금의 생동성은 법률로 포착할 수 없게 되었다. "실정성으로 굳어져 버린 법적, 정치적 형식들은 이질적인 힘이 되어 버렸다."[14) 1800년경 전후 몇 년 동안 헤겔은 종교와 국가 모두를 단순한 장치, 기계, 기계적인 것으로 전락하였다고 평결을 내리고 있다. [15) 이것들은 헤겔로 하여금 선험적으로 생활관계의 체계를 분화하고 분리시킬 뿐만 아니라 다시 통일시킬 수 있는 힘으로서의 이성을 구상하도록 만든 동시대적 동기들이다. 정교와 계몽주의 사이의 투쟁을 통해 주체성의 원리는 실정성을 산출하는데, 그렇지만 이 실정성은 자신을 극복해야 한다는 객관적 욕구를 불러일으킨다. 헤겔은 이 계몽의 변증법을 실행하기 전에 우선 어떻게 실정성의 토대가 된 동일한 원리로 이 실정성의 지양을 설명할 수 있는가를 보여주어야 한다.

2

헤겔은 초기저서에서 이성이 가지고 있는 화해의 힘을 수단으로 작업을 한다. 그런데 이 힘은 아무런 결함 없이 주체성으로부터 도출되는 것은 아니다. 헤겔이 반성에 의한 이중화를 주목할 때면 항상 자기의식의 권위적 측면을 강조한다. "실증적인 것"의 현대적 현상들은 주체성의 원리가 지배의 원리임을 폭로한다. 그렇기 때문에 계몽주의에 의해 자극을 받고 동시에 확고하게 된 실정성은 "시대의 필연"을 나타내고, 도덕적인 것의 실증주의 일반은 "시대의 필연"을 서술한다. "궁핍과 필연 속에서 인간은 객체화되어 억압되거나—— 또는 인간이 자연을 객체로 만들어 억압한다."[16) 이와 같은 이성의 억압적 성격은 일반적으로 자기관계의 구조, 즉 자기자신을 객체로 만드는 주체의 관계

---

14) 헤겔, 전집, 제1권, 465쪽.
15) 헤겔, 전집, 제1권, 219쪽과 234쪽 이하.
16) 헤겔, 전집, 제14권, 318쪽.

속에 토대를 두고 있다. 물론 기독교는 유대교적 신앙이 가지고 있는 실정성의 일부분을 제거하였고, 프로테스탄트교는 가톨릭교적 신앙이 가지고 있는 실정성의 일부분을 제거하였음에 틀림없다. 그렇지만 실정성은 칸트의 도덕철학과 종교철학에서도 재등장하는데, 이번에는 설명된 이성의 요소 자체로서 등장하는 것이다. 이런 맥락에서 헤겔은 맹목적 지배에 예속되어 있는 "야만적(Mogulitzen)"과 오로지 자신의 의무에만 복종하는 이성적인 현대의 자식 사이의 차이를 발견한다. 그렇지만 그것은 노예와 자유의 차이가 아니라, 전자는 주인을 자신의 밖에 가지고 있는 데 반해 후자는 주인을 자신의 내면에 가지고 있는 동시에 자기자신의 노예라는 점에서 차이가 있다. 특수한 것, 본능, 경향, 병적인 사랑, 감성, 또는 사람들이 어떻게 부르건 이런 종류의 것에게 "일반적인 것"은 필연적으로 그리고 영원히 일종의 이질적인 것, 객관적인 것으로 남을 수밖에 없다. 파괴할 수 없는 실정성은 항상 남게 마련이다. 일반적 의무 명령이 포함하고 있는 내용, 즉 특정한 의무는 제한되어 있지만 동시에 일반적이라는 모순을 함축하고 있으며, 또 일반성의 형식 때문에 자신의 일반성을 강력하게 주장해야만 한다는 사실에 이 실정성은 분개한다.[17]

"기독교 정신과 그 운명"에 관한 동일한 논고에서 헤겔은 실정성은 단지 표면적으로만 근절하지는 않는 화해시키는 이성의 개념을 전개한다. 어떻게 이 이성이 주체들에게 통일의 힘으로 느껴지게 되는지에 관해서 헤겔은 운명으로 경험되는 처벌의 예를 들어 해명하고 있다.[18] 헤겔은 이제 모든 구성원들이 다른 사람의 이해관계를 침해하지 않으면서 자신의 권리를 찾고 자신의 욕구를 충족시킬 수 있는 사회적 상태를, 도덕적인 것과 구별하여, 인륜적인 것이라고 명명한다. 다른 사람의 생명을 침해하고 억압함으로써 그와 같은 인륜적 관계를 저해한 범죄자는 자신의 행위로 말미암아 소외된 삶의 권력을 적대적인 운명으로 경험한다. 그는 실제로는 억압되고 배제된 삶의 반동적 힘에 불과한 것을 운명의 역사적 필연성으로 느끼는 것이다. 죄인이 다른 사람의 생명을 파괴함으로써 자신의 삶의 결함을 인식하고 또 다른 사람의 삶에 대해

---

17) 헤겔, 전집, 제1권, 323쪽.
18) 헤겔, 전집, 제1권, 342쪽 이하.

등을 돌리는 태도 속에서 자기자신으로부터의 소외를 인식할 때까지 이 힘은 그가 고통을 느끼도록 만든다. 이러한 운명의 인과성을 통해 인륜적 총체성의 유대가 끊겼음이 의식된다. 둘로 분리되어 이중화된 삶의 부정성을 경험하면서 상실된 삶을 향한 동경이 솟구칠 때, 이 동경이 당사자들로 하여금 타인의 분열된 실존 속에서 부정된 자기자신의 고유한 본성을 재인식하게 만들 때, 비로소 분열된 총체성은 화해될 수 있다. 그렇게 되면 쌍방은 모두 그들의 경직된 대립적 입장이 분리의 결과라는 점을, 즉 그들이 가지고 있는 공동의 생활관계가 추상화된 결과라는 점을 통찰한다. 그리고 이를 통해 그들은 그들의 실존 근거를 인식하게 된다.

따라서 헤겔은 전제되고 있는 인륜적 총체성의 분열로 인해 야기된 구체적 책임(죄)관계의 법칙성을 추상적인 도덕법에 대립시킨다. 그러나 정의로운 운명의 조정절차는 실천이성의 법칙처럼 자율적 의지의 개념을 전제하는 주체성의 원리로부터 도출되지 않는다. 운명의 역동성은 오히려 상호주관적으로 구성된 생활관계가 가지고 있는 균형조건과 상호인정 관계가 깨질 때 생겨난다. 그렇게 되면 생활관계로부터 한 부분이 분리되고, 다른 모든 부분들은 자기자신과 공동의 삶으로부터 소외된다. 상호주관적으로 참여하고 있는 생활세계를 분열하는 이 행위가 비로소 주체-객체-관계를 산출한다. 이 주객관계는 본래 구조적으로 주체들간의 이해를 추구할 뿐, 한 주체에 의한 대상화의 논리를 따르지 않는 관계에로 하나의 낯선 요소로서 사후에 삽입된다. 이렇게 됨으로써 "실증적인 것"도 역시 다른 의미를 획득한다. 제약자가 무제약자로 절대화된 원인은 자신의 주장을 확장하는 오만한 주체성에 있지 않고, 자신을 공동의 삶으로부터 분리시킨 소외된 주체성에 있다고 생각한다. 그러므로 사람들은 이로부터 결과하는 억압의 원인을 자기자신을 객체로 만드는 주체의 예속에서 찾는 대신에 상호주관적 평형을 깨뜨리는 장애요인에서 찾는다.

헤겔은 화해의 계기, 즉 분열된 총체성의 복원의 측면을 자기의식 또는 자기자신에 대한 인식주체의 반성적 관계로부터 획득할 수 없다. 그러나 그가 이해관계의 상호주관성에 의존하면, 바로 현대의 자기정초에 본질적인 목표를 잘못 파악하게 된다. 즉 실증적인 것은 이것을 산출한 동일한 원리에 의해 극복할 수 있다는 형식으로, 다시 말해 주체성을 통해 실증적인 것을 극복할 수 있다는 형식으로는 생각할 수 없다.

청년 헤겔이 헬레니즘의 몰락기와 자신의 현재가 일치한다는 사실을 통해 실정성으로 와해된 생활관계를 설명하고 있다는 점을 보면 이러한 결과는 그리 놀라운 일이 아니다. 그는 고전적 모범들을 파괴하는 시대로서 자신의 현재를 비추어 본다. 분열된 현대의 운명적인 화해를 위해 그는, 현대의 토대 위에서 성장한 것이 아니라 원시기독교적 공동체 신앙과 그리스적 도시국가라는 이상화된 과거로부터 차용한, 인륜적 총체성을 전제하고 있다.

헤겔은 주체중심적 이성이 구현된 권위적 사태와 사물들에 대항하여 상호주관성의 통일적 권력을 제시한다. 그런데 이 권력은 "사랑"과 "생명"이라는 제목을 달고 등장한다. 주체와 객체 사이의 반성적 관계는 포괄적 의미에서 의사소통적인 주체들 상호간의 매개에게 자리를 빼앗긴다. 생명력있는 정신은, 어떤 주체가 다른 주체와 하나라는 점을 알면서도 자기자신으로서 남을 수 있는 방식의, 공통성을 이끌어내는 매개물이다. 그렇게 되면 주체들의 개별화는 방해를 받은 의사소통의 역동성을 작동시키는데, 이 역동성은 인륜적 관계의 복원을 목표로 한다. 이와 같은 사상의 전환은 주체철학에서 발전된 이성의 반성개념을 의사소통론적으로 극복하고 변형시키는 계기를 마련해 주었을 수도 있다. 그러나 헤겔은 이 길을 걷지 않았다.[19] 왜냐하면 그때까지 헤겔은 인륜적 총체성의 이념을 오로지 민족종교의 이념을 실마리로 하여 발전시켰기 때문이다. 그런데 이 이념 속에서 의사소통적 이성은 원시기독교적 공동체와 그리스 도시국가와 같은 역사적 공동체들의 이상화된 형태를 띤다. 이 이성은 민족종교로서도 명백할 뿐만 아니라 이러한 고전시대의 이상적 특성들과도 풀 수 없이 얽혀 있다.

그런데 현대는 그와 같은 표본적 과거의 체계적 회귀를 거부하는 반성을 통

---

19) 나는 청년시기의 저서들에 나타난 상호주관성 이론의 관점들이 흔적을 남긴 예나 시절의 사실철학은 제외하고자 한다. 이에 관해서는 J. Habermas, "Arbeit und Interaktion", *Technik und Wissenschaft als "Ideologie"* (Frankfurt/M., 1968), 9쪽 이하를 참조할 것.

해 자기의식을 성취하였다. 야코비와 칸트 사이의 논쟁과 피히테의 반응에서 알 수 있는 바와 같이 신앙과 지식의 대립은 이제 철학의 안으로 옮겨졌다. 이러한 생각을 가지고 헤겔은 앞에서 언급한 해당 논고를 시작한다. 그런데 이러한 사상은 헤겔로 하여금, 원시기독교적 정신을 종교개혁적으로 혁신하는 우회적 방법을 통해 실증적 종교와 이성이 서로 화해될 수 있다는 생각으로부터 결별할 것을 강요한다. 같은 시기에 헤겔은 정치경제학과 접하게 된다. 여기에서도 그는 자본주의적 경제행위가, "시민사회"라는 전통적 이름하에서 소시에타스 시빌리스(societas civilis) 또는 폴리스(Polis)의 고전적 형식들과는 비교할 수 없는 완전히 새로운 현실을 서술하는, 현대사회를 산출하였다는 사실을 간파해야만 한다. 로마법적 전통이 어느 정도 연속성을 가지고 있음에도 불구하고 헤겔은 현대 시민사회의 사법적 교통행위를 비교하기 위하여 붕괴된 로마제국의 상태를 끌어댈 수는 없다. 따라서 후기 로마제국을 비로소 몰락으로서 인식할 수 있도록 가시화시켜주는 배경, 즉 저 유명한 아테네 도시국가의 정치적 자유는 현대에 대해 모범의 성격을 상실한다. 간단히 말해서 폴리스와 원시기독교의 인륜성을 아무리 강하게 해석한다 해도 자기자신과 분열된 현대가 습득할 만한 척도를 이제 더 이상 제공할 수 없다.

헤겔이 자신의 초기저서에 분명히 들어 있는 의사소통적 이성의 발자취를 더 이상 쫓지 않고 예나 시대에 절대자의 개념을 발전시킨 이유가 바로 그것일 것이다. 이 절대자의 개념은 주체철학의 한계 내에서 기독교적-고대적 모범들과의 결별은 허용하지만, 물론 또 다른 딜레마를 대가로 치러야 한다.

3

헤겔이 현대의 자기정당화를 위해 제시해야만 하는 철학적 해결책을 서술하기 이전에 체계철학에 관한 가장 오래된 기획을 되돌아보는 것도 도움이 된다. 육필로 전해지고 있는 이 기획은 프랑크푸르트에 모여 있던 친구들, 즉 횔덜린, 셸링, 헤겔의 공통적 확신을 보여주고 있다. [20] 다시 말해 여기서는 다른 요소가 중요한 역할을 하게 된다. 즉 미래의 방향을 제시해 주는 화해의 힘으로서 예술이 등장하는 것이다. 스스로를 민족종교로 만들려면 이성종교는 예술의 도움을 받아야 한다. 이성과 마음의 일신론(一神論)은 상상력의 다신론(多神論)과 결합해야만 하고, 이념들에 봉사할 수 있는 신화론을 창조해야만 한다. "우리가 이념들을 예술적으로, 즉 신화적으로 만들기 이전에는, 이 이념들은 민족에 어떤 관심도 가지지 않는다. 반대로 신화론이 이성적이기 되기 전에는 철학자는 어떤 신화론에 대해서도 부끄러워해야 한다."[21] 어떤 힘도 억압하지 않고, 모든 세력들이 평등하게 형성되게 하는 인륜적 총체성은 시적으로 창립된 종교에 의해 감화를 받아야 한다. 그렇게 되면 이 신화론의 감성은 민족과 철학자들을 똑같이 사로잡을 수 있다.[22]

이 기획의 주제는 1795년 "인간의 예술적 교육"에 관한 쉴러의 생각들을 상기시킨다.[23] 이 이념들은 셸링이 1800년 초월적 관념론의 체계를 작업할 때 그를 이끌고 있으며, 횔덜린의 사유를 죽을 때까지 동반하고 있다.[24] 그렇지만 헤겔은 곧바로 예술적 유토피아에 대해 회의하기 시작한다. 1801년의 "차이"에 관한 저서에서 헤겔은 예술적 유토피아의 가능성을 전혀 인정하지 않는다. 왜냐하면 소외된 정신이 형성됨으로써 "살아 있는 예술의 진지하고 심오한 관계"는 더 이상 사람의 주의를 끌지 못하기 때문이다.[25] 초기 낭만주의의 시문은 예나 시절 헤겔이 목도하는 가운데 발생한다. 헤겔은 낭만주의 예술이 시대정신과 동근원적이라는——예술의 주관주의를 통해 현대의 정신이 표현

---

20) R. Bubner(Hrsg.), *Das älteste Systemprogramm*(Bonn, 1973). 원고의 출처에 관해서는 다음의 책에 실려 있는 논문들을 참조할 것. Chr. Jamme, H. Schneider (Hrsg.), *Mythologie der Vernunft*(Frankfurt/M., 1984).

21) 헤겔, 전집, 제1권, 236쪽.

22) "궁극적으로 계몽된 사람과 계몽되지 않은 사람은 서로 화해해야 한다. 신화론은 철학적이 되어야 하며, 민족은 이성적으로 되어야 한다. 그리고 철학은 자신을 감성적으로 만들기 위해서 신화적으로 되어야 한다." 헤겔, 전집, 제1권, 236쪽.

23) Vgl. den Exkurs unten S. 59쪽 이하.

24) Henrich(1971), 61쪽 이하.

25) 헤겔, 전집, 제2권, 23쪽.

되고 있다——점을 직접적으로 인식한다. 그렇지만 이중화의 시문으로서 예술은 결코 인간을 계도할 수 있는 "인류의 선생"이라는 소명을 받지 못하였다는 것이다. 예술은 결코 헤겔이 프랑크푸르트에서 횔덜린, 셸링과 함께 맹세하였던 "예술의 종교"로 이어지는 길을 닦지 못한다. 철학은 예술에 예속될 수 없다. 오히려 철학은 자기자신을 이성이 절대적 통일 권력으로서 등장하는 장소로 이해해야만 한다. 그런데 이 통일의 권력이 칸트와 피히테에게서는 반성철학의 형태를 획득하였기 때문에 헤겔은, 우선 셸링의 족적을 따르면서, 반성철학의 관점으로부터, 즉 주체의 자기관계로부터 위기경험들을 작업해 내고 또 분열된 현대를 비판할 수 있는 이성개념을 발전시키려고 시도한다.

반성이 가지고 있는 해방의 힘이 독립하고, 이 힘은 억압적 주체성의 폭력을 통해서만 통일을 실현할 수 있는 까닭에 현대에서 해방은 부자유로 변형될 수밖에 없다는 청년시절의 직관을 헤겔은 개념화하고자 한다. 현대세계는 철학에서와 마찬가지로 일상생활에서도 그때그때마다 제약된 것을 절대화하기 때문에 허위적 동일성으로 인해 고통을 받는다. 그렇기 때문에 칸트 철학의 독단론은 신앙과 정치적 제도의 실정성들과, 간단히 말해 분열된 인륜성과 일치한다. 칸트 철학은 오성적 인간의 자기의식을 절대화한다. 그런데 이 자기의식은 그 자체 분열된 세계의 다양성에 "객관적 상관관계, 토대, 실체성, 다수성, 그리고 현실성과 가능성까지도 부여한다. 즉 인간이 고찰하고 구성하는 객관적 규정성을 부여하는 것이다."[26] 인식에 있어 주관과 객관의 통일성에 대해 타당한 것은 마찬가지로 종교, 국가, 도덕성에 있어서 유한자와 무한자, 개별자와 일반자, 자유와 필연성의 통일성에도 해당한다. 그렇지만 이 모든 것들은 허위의 동일성들이다. "통일은 폭력적이다. 하나는 다른 것을 지배한다. (……) 절대적이어야만 하는 동일성은 불완전한 동일성이다."[27]

강요되지 않은 동일성에 대한 열망, 폭력관계로 고착된 단순한 실증적 통일과는 전혀 다른 통일에 관한 욕구는, 우리가 본 바와 같이, 헤겔이 위기에 대한 생생한 경험들을 통해 확인한 것이다. 그러나 진정한 동일성이 반성철학의

---

26) 헤겔, 전집, 제2권, 309쪽.
27) 헤겔, 전집, 제2권, 48쪽.

입각점으로부터 발전되어야만 한다면, 이성은 아마 주체의 자기관계로서 설정되어야만 한다. 물론 이 반성은 순전히 절대적 주체성의 권력으로서 타자에게 외경을 불러일으키는 것이 아니다. 이 반성의 존립근거와 운동은 오로지 모든 절대화에 대항하는데, 즉 주체가 산출하는 모든 실증적인 것을 다시 제거하는 데 있다. 따라서 헤겔은 유한자와 무한자의 추상적 대립 대신에 실체로부터 벗어나 자기의식을 성취하는 주체의 절대적 자기관계를 설정한다. 그런데 이 주체는 유한자와 무한자의 차이뿐만 아니라 동일성도 내면에 함축하고 있다. 횔덜린과 셸링에게서와는 달리 이 절대적 주체는 존재 또는 지성적 직관으로서 세계과정에 선행하는 것이 아니라, 오직 유한자와 무한자의 상호관계와 자기자신에 도달하고자 하는 소모적 운동에 근거를 두고 있다. 절대자는 결코 실체로도 주체로도 파악되지 않는다. 그것은 오로지 무조건적으로 스스로를 생산하는 자기관계의 매개 과정으로 파악될 뿐이다. [28]

헤겔 특유의 이 사고형태는 주체중심적 이성을 극복할 목적으로 주체철학을 수단으로 투입한다. 성숙한 헤겔은 이 수단을 통해, 현대에 내재되어 있는 주체성의 원리 이외의 다른 어떤 것에 의존하지 않고서도 현대의 실패를 납득시킬 수 있다. 그의 미학은 이에 관한 아주 유익한 예를 제공한다.

프랑크푸르트의 친구들만이 예술이 가지고 있는 화해의 힘에 희망을 걸었던 것은 아니다. 앞서 프랑스에서 이루어졌던 것과 같이 독일에서도 고전예술의 이상성에 관한 투쟁을 통해 현대의 자기정당화의 문제가 점차 의식화된다. 프리드리히 슐레겔과 프리드리히 쉴러가 각각 『희랍철학의 공부에 관하여』(1797)와 『순박한 문학과 감상적 문학에 관하여』(1796)라는 저서에서 프랑스인들의 "논쟁"에서 제기된 문제설정을 어떻게 현실화하고, 현대문학의 특성을 어떻게 끄집어내고 있으며, 고전주의자들이 인정하고 있는 고대예술의 전형성과 현대의 우월성을 조화시키고자 할 때 반드시 야기되는 딜레마에 관해 어떤 입장을 취하고 있는가를 한스 로버트 야우스는 보여준 바 있다. [29] 두 저자들은 유사한 방식으로 양식의 차이를 객관적인 것과 관심있는 것, 자연적 교육

---

28) D. Henrich, "Hegel und Hölderlin", in : Henrich(1970), 35쪽 이하.

29) H.R.Jauß, "Schlegels und Schillers Replik", in : Henrich (1970), 67쪽 이하.

과 인위적 교육, 순박한 것과 감상적인 것의 대립으로 서술하고 있다는 것이다. 그들은 고전적 자연 모방에 대해 현대예술을 자유와 반성의 활동으로서 대립시킨다. 슐레겔은 재치있는 것, 모험적인 것, 놀라운 것, 새로운 것, 충격적인 것과 혐오스러운 것을 인정하는 추함의 미학을 언급함으로써 아름다움의 경계를 확장하기까지 한다. 그렇지만 슐레겔은 고전주의적 예술이상과 결별하기를 분명히 주저하는 데 반하여 쉴러는 고대와 근대 사이에 역사철학적 위계질서를 만들어놓는다. 소박한 문학의 완전성은 반성하는 현대의 작가들에게는 도달할 수 없는 것이 되어 버렸다. 그 대신에 현대예술은 매개를 통한 자연과의 통일성이라는 이상을 추구한다. 그런데 우리는 이러한 고대예술이 모방된 자연을 통해 성취하였던 목표보다 "끝없이 선호해야만" 한다.

쉴러는 낭만주의가 탄생하기 이전에 낭만주의의 반성예술을 개념화하였다. 그런데 헤겔이 현대예술에 대한 쉴러의 역사철학적 해석을 자신의 절대정신의 개념 속에 받아들일 때, 그는 이미 이 반성예술을 주목하고 있었다.[30] 예술 속에서 정신이 자신을 자기외화와 자기에로의 회귀라는 동시적 사건임을 인식해야만 한다. 종교와 철학은 절대자가 스스로를 이미 표상하고 파악하는 보다 차원 높은 형식들을 서술한다면, 예술은 절대자가 직관적으로 자기를 포착하는 감성적 형식이다. 그러므로 예술은 자신의 매개수단이 가지는 감성에서 내면적 한계를 발견하고, 결국에는 절대자를 서술하는 자신의 서술방식이 가지는 한계를 뛰어넘는다. "예술 이후"의 세계가 존재하고 있는 것이다.[31] 이러한 관점에서 헤겔은, 쉴러가 현대예술이 오직 추구할 따름이지 도달할 수 없다고 본, 예술의 이상을 예술의 저편에 있는 영역으로 옮겨놓았는데, 이곳에서는 그것이 이념으로 실현될 수 있다는 것이다. 그렇다면 현재의 예술은 낭만주의적 예술형식과 더불어 예술 자체가 해체되는 단계로 해석되어야만 한다.

이런 방식으로 고대인과 현대인 사이의 예술 논쟁은 기발한 해결책을 얻게 된다. 낭만주의는 예술의 "완성"이다. 그것은 반성을 통한 예술의 주관주의적

---

30) 헤겔, 전집, 제13권, 89쪽.
31) 헤겔, 전집, 제13권, 141쪽.

분열이라는 의미에서뿐만 아니라, 아직도 상징적인 것과 결부되어 있는 절대자를 서술하는 형식이라는 의미에서도 그렇다. 따라서 헤겔 이래로 조소하듯 제기되는 물음, 즉 "그와 같은 생산물들을 과연 예술작품이라고 부를 수 있는가" 하는 물음은[32] 의도적 이율배반으로 대답할 수 있다. 자신의 전형을 유지하고 있는 고전적 예술이 정당하게 극복되었다면, 현대예술은 사실 퇴폐적이지만 절대지를 추구하는 길에 있어서 진보된 것이다. "고전적 예술형식은 예술의 감성화가 이룰 수 있는 최고점을 성취하였다."[33] 그렇지만 고전적 예술이 가지고 있는 소박성에는 낭만주의적 해체경향을 통해 드러난 예술영역의 한계성에 대한 반성이 결여되어 있다.

헤겔은 동일한 모델에 따라 기독교와도 결별한다. 예술과 종교의 해체경향 사이에 유사성이 있다는 것은 분명하다. 종교는 프로테스탄티즘을 통해 자신의 절대적 내면성을 성취하였다. 계몽주의 시대에 종교는 마침내 세속적 의식과 분리된다. "신에 관해 아무것도 인식하지 못한다는 것이 우리 시대에는 어떤 슬픔과 고통도 안겨주지 않는다. 오히려 신의 인식이 가능하지 않다는 것이 최고의 통찰로 여겨진다."[34] 예술에서와 마찬가지로 반성은 종교에도 침투해 들어온 것이다. 실체적 신앙은 무관심이나 또는 믿음이 깊은 체하는 위선적 감수성에 자리를 내어준다. 철학은 종교적 형식을 파괴함으로써 이 무신론으로부터 신앙의 내용을 구해 낸다. 철학이 비록 종교와 다른 내용을 가지고 있는 것은 아니지만, 철학이 이 내용을 개념적 지식으로 변형시키는 까닭에 "신앙을 통해서는 더 이상 아무것도 정당화되지 않는다."[35]

잠시 멈추어 우리의 사유 과정을 뒤돌아보면, 헤겔이 자신의 목표를 이룬 것처럼 보인다. 모든 절대화를 극복하고 또 모든 유한자를 자신의 내면으로 끌어들이는 자기관계의 무한 과정만을 무제약자로서 보유하고 있는 절대자의 개념을 통해 헤겔은 현대의 고유한 원칙으로부터 현대를 파악할 수 있는 것이

---

32) 헤겔, 전집, 제14권, 223쪽.
33) 헤겔, 전집, 제13권, 111쪽.
34) 헤겔, 전집, 제16권, 43쪽.
35) 헤겔, 전집, 제17권, 343쪽.

다. 헤겔은 이렇게 함으로써 철학을, 반성으로 인해 산출되는 모든 실정성들을 극복하고, 또 현대적 붕괴현상들을 치유하는, 통일의 힘으로서 증명한다. 그렇지만 이 매끄러운 인상은 우리를 기만한다.

다시 말해 헤겔이 일찍이 민족종교의 이념을 통해 생각하였던 것과, 예술을 종교로 지양 발전시키고 또 신앙을 철학으로 지양 발전시키고 난 다음에 남겨진 것과 비교해 보면, 우리는 종교철학의 마지막 부분에서 엿보이는 헤겔의 체념을 이해할 수 있다. 철학적 이성이 성취할 수 있는 것은 기껏해야 부분적 화해이다. 이는 민족을 이성적으로 만들고, 철학자들을 감성적으로 만들어야만 하는 공공적 종교의 외면적 일반성을 결여하고 있다. 민족은 철학적으로 된 성직자들에게서 오히려 버림을 받았다고 생각한다. 그렇기 때문에 이제는 다음과 같은 말을 한다. "철학은 이런 관점에서 고립된 성전이 되었다. 그리고 철학의 종사자들은 이 세계와 길을 같이 해서는 안 되는 고립된 사제의 신분을 형성한다. (……) 시간적이고 경험적인 현재가 어떻게 분열의 상태로부터 벗어나고, 현재가 어떻게 스스로를 형성해야 하는지는 자신에게 맡겨져 있다. 따라서 그것은 직접적으로 실천적인 일이 아니며 철학의 용무도 아니다."[36]

목표에 도달한 계몽의 변증법은 한때 자신을 활동하게 만들었던 시대비판의 추진력을 소진해 버렸다. 이 부정적 결과는 국가 내에서 시민사회의 "지양"이라는 구조에서 더욱 분명하게 나타난다.

4

아리스토텔레스적 전통에서 국가와 사회를 포괄하는 영역으로서의 정치에 관한 고대 서양의 개념은 19세기까지 아무런 수정 없이 지속되었다. "전체 가정"의 경제, 즉 농업적-수공업적 생산에 바탕을 두고 있으며, 지방시장을 통해 보충되는 생계 경제는 이 개념에 따르면 정치적 전체 질서의 토대를 형성

---

36) 헤겔, 전집, 제17권, 343쪽 이하.

한다. 사회적 계층구조와 정치적 권력에 대한 차별적 참여(또는 정치적 권력으로부터의 차별적 배제)는 서로 맞물려 있으며, 정치적 지배질서의 헌법은 사회를 전체적으로 통합한다. 자본주의적 경제에 있어 사법적으로 조직된 상품유통이 지배질서로부터 해방된 현대사회에 대해서는 이 정치의 개념이 맞지 않는 것이 분명하다. 교환가치와 권력이라는 매개수단을 통해 서로 기능적으로 보완하는 두 행위체계가 분화되었다. 사회적인 것이 정치적인 것으로부터 분리되고, 탈정치화된 경제사회는 관료제화된 국가로부터 분리되었다. 이러한 발전은 고전적 정치이론이 파악할 수 있는 능력을 넘어선다. 그렇기 때문에 정치이론은 18세기말 이래로 한편으로는 정치적, 경제적으로 근거지워진 사회이론과 다른 한편으로는 현대 자연법에 의해 영향을 받은 국가이론으로 분열된다.

헤겔은 이와 같은 학문 발전의 한가운데에 서 있다. 그는 국가의 정치적 영역을 "시민사회"와 분리시킴으로써 현대사회에 적합한 개념체계를 용어상 처음으로 표현한 최초의 철학자이다. 그는 동시에 현대와 고대의 예술이론적 대립을 사회이론적으로 극복한다. "시민사회에서 개인은 각자 자기자신에게 목적이고, 다른 모든 것은 그에게 아무런 의미도 없다. 그렇지만 다른 사람들과 관계를 맺지 않으면 그는 자신의 목적을 성취할 수 없다. 그러므로 이 타인들은 특수한 개인의 목적을 이루는 데 필요한 수단들이다. 그러나 이 특수 목적은 타인과의 관계를 통해 자신에게 일반성의 형식을 부여하고, 동시에 타인들의 복지를 충족시킴으로써 자신을 충족시킨다."[37]

헤겔은 시장유통을 "이기적이고" 사적인 이익을 전략적으로 추구하기 위한 도덕적으로 중립화된 영역으로 서술하면서, 동시에 이를 "다변적 상호의존의 체계로" 근거지운다. 헤겔의 서술을 통해 시민사회는 한편으로는 "이 사회의 극단성으로 말미암아 상실된 인륜성", 즉 "타락하도록 되어 있는 것"으로 나타난다.[38] 다른 한편으로 "현대세계의 창조물"인 시민사회는 개인을 형식적 자유로 해방시키는 데서 자신의 정당성을 얻는다.[39] 욕구와 노동이 가지는 자

---

37) 헤겔, 전집, 제7권, 340쪽.
38) 헤겔, 전집, 제7권, 340쪽, 344쪽.

의성을 해방시키는 것은 "주체성을 특수성의 형태로 형성하기 위한" 과정에서 필연적 계기이다. [40]

비록 "시민사회"라는 새로운 용어가 후기의 『법철학』에서 비로소 등장하지만, 헤겔은 이미 예나 시절에 새로운 착상을 작업하였다. 「자연법에 관한 학문적 접근방식에 관하여」(1802)라는 논고에서 그는 "신체적 욕구와 노동, 그리고 이들을 위한 축적의 관점에서 일반적으로 상호적인 의존의 체계"를 "소유와 권리의 체계"로서 분석하기 위하여 정치경제학을 끌어댄다. [41] 이미 여기에서 헤겔은 어떻게 하면 시민사회가 실체적 인륜성이 붕괴하는 영역으로서뿐만 아니라 그 부정성에도 불구하고 동시에 인륜성의 필연적 계기로 파악될 수 있는가 하는 물음을 제기한다. 헤겔은 고대의 국가 이상이 탈정치화된 현대사회의 조건하에서는 부활될 수 없다는 사실에서 출발한다. 다른 한편 그는 인륜적 총체성의 이념을 견지하는데, 이것은 그가 처음에 민족종교라는 이름으로 다루었던 문제였다. 그러므로 그는 고대인의 도덕적 이상이 근대의 개인주의보다 우월하다는 관점에서 이를 현대의 사회적 현실과 매개해야만 한다. 사태에 따르면 그 당시 이미 실행하였던 국가와 사회의 구분을 통해 헤겔은 반동적 국가철학뿐만 아니라 합리적 자연법과도 결별한다. 반동적 국가법은 실체적 인륜성이라는 관념들을 뛰어넘지 못하고, 국가를 여전히 확대된 가족관계로 파악한다. 이에 반해 합리적 자연법은 인륜성의 이념으로 발전하지 못하고, 필요국가와 오성국가를 시민사회의 사법적 관계와 동일시한다. 그렇지만 시민사회의 원리가 시장을 구성하는, 다시 말해 비국가적 사회화의 원리로서 파악될 때에만 비로소 현대국가의 특성은 인지된다. 왜냐하면 "현대국가의 원리는 주체성의 원리가 개인적 특수성이라는 독립적 극단으로 완성되도록 만들고, 이 극단을 실체적 통일성으로 환원시킴으로써 동시에 이 극단 속에서 통일성을 보존할 수 있는 엄청난 힘과 깊이를 가지고 있기 때문이다." [42]

---

39) 헤겔, 전집, 제7권, 340쪽.
40) 헤겔, 전집, 제7권, 343쪽.
41) 헤겔, 전집, 제2권, 482쪽.
42) 헤겔, 전집, 제7권, 407쪽.

이러한 표현은 국가와 사회를 매개하는 문제와, 또한 헤겔이 제안하고 있는 해결의 경향을 특징짓고 있다. 가족, 사회, 정치적 의지형성, 국가기구를 전체로서 포괄하는 인륜성의 영역이 오직 국가 안에서만, 더 엄밀하게 말하면 정부와 왕권적 수장에게서 집중되고 실현되어야만 한다는 것이 쉽게 이해될 수 있는 당연한 사실은 아니다. 헤겔은 우선, 욕구와 노동의 체계에서 시민사회의 자기조정에 의해 통제될 수 없는 대립이 발생한다는 사실과 또 어떻게 발생하는가 하는 점을 납득시킬 수 있어야 한다. 거대한 대중이 특정한 정도의 생계방시 이하로 추락하고 있으며, 또 이러한 추락은 다시금 어렵지 않게 불균등한 부를 몇몇 되지 않은 사람들의 손에 집중시키는 결과를 초래한다는 사실들을 제시하면서 헤겔은——이 점에서 그는 시대의 정점에 서 있다——이를 설명한다.[43] 물론 이러한 사실로부터 대립적 사회를 살아 있는 인륜성의 영역 안으로 끌어들여야 한다는 기능적 필연성이 도출된다. 처음에는 단지 요청에 불과하던 이 일반성은 절대적 인륜성의 이중적 형태를 가진다. 즉 이 절대적 인륜성은 사회를 자신의 계기들 중의 하나로 내면에 포함하고 있고, 자기파괴의 경향들을 막아내고 동시에 해방의 결과들을 보존하기 위하여 사회와 자신을 구별하는 "실정적 일반자"를 또 다른 계기로 포함하고 있다. 헤겔은 이 실정적인 것이 국가라고 생각하고, 사회를 입헌군주제로 지양 발전시킴으로써 매개의 문제를 해결한다.

그렇지만 이러한 해결책은 인식 주체의 자기관계 모델에 의거하여 파악되는 절대자를 전제할 때에만 설득력이 있다.[44] 이미 예나 시절의 실재철학에서 자기의식의 모형은 헤겔로 하여금 도덕적 전체를 개별성과 일반자의 통일성으로

---

43) 1819/20년 겨울학기 동안에 행해진 법철학에 관한 강의에서 헤겔은 시민사회의 위기구조를 책에서보다 더욱 강렬하게 부각시킨다. 이에 관해서는 다음의 책에 덧붙인 헨리히의 서문을 참조할 것. G.F.W. Hegel, *Philosophie des Rechts. Die Vorlesung von 1819/20 in einer Nachschrift*(Frankfurt/M., 1983), 18쪽 이하.

44) 이에 관해서는 R. P. Horstmann, "Probleme der Wandlung in Hegels Jenaer Systemkonzeption", *Phil. Rundsch.* 1972. 9, 95쪽 이하와 R. P. Horstmann, *Über die Rolle der bürgerlichen Gesellschaft in Hegels Politischer Philosopie, Hegel-Studien*, Bd.9, (1974), 209쪽 이하를 참조할 것.

서 사유하도록 만들었다. [45] 왜냐하면 인식하면서 자기자신과 관계를 맺는 주체는 가능한 인식 대상의 총체성으로서의 세계와 마주 서 있는 일반적 주체로서의 자신을 발견하고, 또 이 세계의 안에서 수많은 다른 실재들 중의 하나로 나타나는 개별적 자아로서의 자신을 발견한다. 그런데 절대자가(자기소멸을 통해 장엄한 절대지로 고양되기 위해 영원히 객관성으로 태어나는[46]) 무한한 주체성으로서 사유된다면, 일반자와 개별자의 계기들은 오직 독백적 자기인식의 틀 안에서만 통일된 것으로 생각될 수 있을 뿐이다. 따라서 "구체적 일반자" 속에서 일반자로서의 주체는 개별자로서의 주체에 대해 우선성을 가진다. 인륜성의 영역에 대해서는 높은 단계에 있는 국가의 주체성이 개별자의 주관적 자유보다 우선한다는 것이 이러한 논리로부터 결과적으로 도출된다. 디터 헨리히는 이를 헤겔 법철학의 "강력한 제도주의"라고 명명하였다. "헤겔이 주관적 의지라고 부르고 있는 개별적 의지는 완전히 제도의 질서 속에 묶이게 되며, 또 그것은 이 제도들이 개별적인 의지로 존재하는 한에서만 정당화된다."[47]

 일반자와 개별자의 매개에 관한 다른 모델은 협동의 압력을 받고 있는 의사소통공동체 안에서 강요되지 않은 의지형성이라는 보다 차원 높은 상호주관성을 제공한다. 자유롭고 평등한 사람들 사이에서 강요없이 이룩한 합의의 일반성을 통해 개개인들은 공동 의지가 제도적으로 구체화되는 특수한 형식들에 대항해서도 역시 청구할 수 있는 항소권을 보유한다. 우리가 살펴본 바와 같이 헤겔의 초기저서에서는 인륜적 총체성을 상호주관적 생활관계 속에 구현된 의사소통적 이성으로서 설명하고자 하는 대안은 열려져 있었다. 이 노선을 따랐더라면 사회의 민주주의적 자기조직이 군주제적 국가기구의 자리를 대신하였을 수도 있었을 것이다. 이와는 반대로 자기자신을 파악하는 주체의 논리는 강력한 국가의 제도주의를 강요한다.

---

45) Jenenser Realphilosopie, ed. Hoffmeister (Leipzig, 1931), 248쪽.
46) 이와 같은 말로 헤겔은, 영원히 자기자신과 유희하는 절대자가 인륜성의 영역에서 보여주는 비극을 특징짓는다. 헤겔, 전집, 제2권, 495쪽.
47) D. Henrich, Einleitung zu Hegel(1983), 31쪽.

그러나 만약 "법철학"의 국가가 "실체적 의지의 현실로, 또 즉자 대자적으로 이성적인 것으로" 고양된다면, 철학이 설정한 경계를 넘어서는 정치적 운동들은 헤겔의 시각에 의하면 이성 자체를 침해하는——동시대인들에 의해 이미 도전적인 것으로 받아들여진——필연적 결과를 낳게 된다. 종교철학이 결국 충족되지 않은 민족의 종교적 욕구를 방치해 두는 것처럼,[48] 국가철학도 역시 평화롭게 평정되지 못한 정치적 현실로부터 물러선다. 파리 7월 혁명을 통해 강렬하게, 그리고 선거개혁을 위한 영국 의회의 법률안을 통해 조심스럽게 표명되고 있는 민주주의적 자율에 대한 열망은 헤겔에게는 여전히 시끄러운 불협화음으로 들릴 뿐이다. 이성과 역사적 현재 사이에 존립하는 간극은 이번에는 헤겔을 너무 불안하게 만들어, 결국 그는 『영국 개혁안에 관하여』라는 저서에서 노골적으로 반동의 편을 든다.

5

헤겔이 현대의 분열을 개념화하자마자, 현대의 불안과 운동은 곧바로 이 개념을 파괴할 준비를 하였다. 이러한 사실은 헤겔이 주체성의 비판을 오직 주체철학의 틀 안에서만 실행할 수 있었다는 상황으로부터 설명된다. 절대자를 통일의 힘으로서 증명하기 위해서만 분리의 힘이 활동하고 있다는 곳에서는 "허위" 실정성도 존재하지 않는다. 그곳에는 마찬가지로 상대적 권리를 요구할 수 있는 분리만이 있다. 『법철학』의 서문에서 현실적인 것을 이성적인 것으로 천명하였을 때, 헤겔로 하여금 펜을 들게 한 것은 "강력한" 제도주의였다. 『법철학』에 앞서 이루어졌던 1819/20년의 겨울학기 강의에서는 물론 약한 표현도 엿보인다. "이성적인 것이 현실적이 되며, 현실적인 것은 이성적이 된

---

48) "가난한 사람들에게 더 이상 복음을 설교할 수 없고, 모든 소금이 형편없어져 제 역할을 못하고 또 모든 근본축제들이 소리없이 사라진다면, 민족은——여전히 긴박한 이들의 이성에게는 진리가 오직 표상 속에만 존재할 수 있다——자신의 내면의 충동을 더 이상 도울 수 없음을 알게 된다." 헤겔, 전집, 제17권, 343쪽.

다."[49] 그러나 이 명제도 역시 미리 결정되고, 미리 판정된 현재에 대한 공간만을 열어줄 뿐이다.

우리가 처음 출발하였던 문제를 다시 한 번 기억해 보자. 아무런 전형도 없고, 미래에 대해 열려져 있으며, 혁신을 추구하는 현대는 자신의 척도를 오직 자기자신으로부터만 창조할 수 있다. 규범성의 유일한 원천으로서 주체성의 원리가 제공되며, 현대의 시대의식 자체는 바로 이 주체성의 원리에서 유래한다. 자기의식의 근본사실로부터 출발하는 반성철학은 이 원리를 개념화한다. 물론 자기자신에게 적용된 반성능력을 통해 절대적으로 설정된 독립적 주체성의 부정성이 드러난다. 그렇기 때문에 현대가 자신의 소유라고 알고 있고 또 유일하게 구속력이 있다고 인정하는 오성의 합리성은 계몽의 변증법의 발자취를 밟아 이성으로 확장되어야만 한다. 그러나 절대지로서의 이 이성은 결국 너무 압도적인 형태를 띠게 되어, 현대의 자기확신이라는 본래의 문제를 해결할 뿐만 아니라 너무 잘 해결하게 된다. 현대의 순수한 자기이해에 관한 물음은 이성의 역설적 웃음 속에 묻히게 되는 것이다. 왜냐하면 이성은 이제 운명의 자리를 대신하고, 본질적 의미를 지니고 있는 모든 사건은 이미 결정되었다는 사실을 알고 있기 때문이다. 그러므로 헤겔의 철학은 현실성을 평가절하하고 비판을 둔화시키는 대가를 치르고서만 현대의 자기정당화 욕구를 충족시킨다. 결국 철학은 자신이 처해 있는 현재의 중요성을 박탈하고, 현재에 대한 관심을 파괴하며, 자기비판적 혁신이라는 현재의 소명을 부정한다. 시대의 문제들은 이제 도발적 지위를 상실하는데, 그 까닭은 시대의 정점에 있는 철학이 이 문제들의 의미를 박탈하였기 때문이다.

헤겔은 1802년『비판적 철학저널』을「철학적 비판의 본질에 관하여」라는 논문으로 시작하였다. 그는 거기서 두 종류의 비판을 구분한다. 첫째 종류의 비판은 시대의 잘못된 실정성들을 겨냥한다. 이 비판은 경직된 형식들을 밀치고 나오는 억압된 삶의 산파술로 이해된다. "만약 비판이 작품과 행위에 이념의 형태로서 가지는 타당성을 인정할 수 없다 해도, 그것을 주장하는 노력을 부

---

49) Hegel(1983), 51쪽.

인할 수는 없을 것이다. 비판과정에서 나타나는 본래의 학문적 관심은 내면적 추구와 노력을 방해하고 있는 껍질을 벗겨 햇빛을 보게 하는 것이다."[50] 여기서 우리는 청년 헤겔이 종교와 국가의 실증적 힘들에 대해 가하였던 비판을 어렵지 않게 발견할 수 있다. 헤겔은 다른 종류의 비판을 칸트와 피히테의 주관적 관념론을 겨냥한다. "철학의 이념은 더욱 분명하게 인식되었으나, 주체성은 자기자신을 구해야 할 필요성을 느끼면 철학을 막으려고 노력한다"는 사실이 주관적 관념론에서 인정할 수 있다는 것이다.[51] 여기서 중요한 것은 이미 오래전부터 객관적으로 가능한 보다 나은 통찰을 거부하는 제한된 주체성의 책략을 알아내는 것이다. 『법철학』에서 헤겔은 오직 비판의 이 둘째 안만을 정당한 것으로 간주한다.

철학은 세계가 어떻게 존재해야만 하는가 하는 당위를 가르쳐 줄 수 없다. 철학의 개념들을 통해 오직 존재하고 있는 바의 현실만이 반성될 뿐이다. 철학의 비판적 태도는 이제 현실에 맞추어져 있지 않고, 주관적 의식과 객관적으로 형성된 이성 사이에 개입하는 불투명한 추상들을 겨냥한다. 정신이 현대에 들어와 충격을 가하고 난 다음, 현대의 아포리아로부터 벗어날 탈출구를 발견하고 난 후, 즉 정신이 현실 속으로 들어갔을 뿐만 아니라 현실 속에서 객관화되고 난 다음에야 비로소, 철학이 개념을 통해 사회적, 정치적 삶의 부패한 실존과 대결해야 한다는 임무로부터 벗어났다고 헤겔은 파악한다. 철학 종사자들이 외면하는 현실성의 평가절하는 바로 이 비판의 약화와 일치한다. 개념화된 현대는 이렇게 현대로부터 스토아적 여유를 가지고 물러서는 것을 허용한다.

헤겔은 현대에 속해 있는 최초의 철학자는 아니지만, 현대를 문제시한 최초의 철학자이다. 그의 이론을 통해 현대, 시대의식, 합리성 사이의 개념적 상관관계가 처음으로 분명해진다. 마지막에는 헤겔 자신이 이 개념적 상관관계를 파괴하는데, 그것은 절대정신으로 부풀려진 합리성이, 현대로 하여금 자기자신에 관한 의식을 성취하도록 하였던 전제조건들을 중립화하였기 때문이다.

---

50) 헤겔, 전집, 제2권, 175쪽.
51) 같은 곳.

그렇게 함으로써 헤겔은 현대의 자기확신의 문제를 해결하지 못하였다. 헤겔 이후의 시대가 이러한 사실로부터 도출할 수 있는 교훈은 이 주제를 작업하기 위해서는 오직 이성의 개념을 더욱 겸손하게 파악하는 사람만이 일종의 대안을 가질 수 있다는 점이다.

　청년헤겔파는 완화된 이성개념을 가지고 헤겔의 기획을 견지하면서, 계몽의 다른 변증법이라는 방법을 통해 자기자신과 분열된 현대를 파악하고 동시에 비판하고자 한다. 그들은 물론 여러 학파들 중의 하나에 불과하다. 현대를 올바로 이해하고 있다고 주장하는 다른 두 학파들은 현대성, 시대의식과 합리성 사이의 내면적 상관관계를 해체하려고 시도한다. 그럼에도 불구하고 그들은 이 상관관계가 가지는 개념적 억압으로부터 벗어날 수는 없다. 헤겔우파와 결합되어 있는 신보수주의자들은 현대의 시대의식을 진부하게 만들고, 이성을 오성으로 그리고 합리성을 목적합리성으로 축소시킴으로써 사회적 현대의 끊임없는 역동성에 자신을 내맡긴다. 그들에게는 과학지향적으로 자율화된 학문을 제외하고는 문화적 현대가 어떤 구속력도 가지지 않는다. 니체에 의존하는 청년 보수주의자들은 현대의 시대의식을 더욱 급진적으로 철저화하고, 이성이 절대화된 목적합리성이며 탈인격화된 권력행사의 형식이라고 폭로함으로써 변증법적 시대비판을 훨씬 능가한다. 이 과정에서 그들은 인정되지 않는 저 규범들을 심미주의적으로 독립된 아방가르드 예술로부터 얻게 되는데, 이 규범들 앞에서는 문화적 현대뿐만 아니라 사회적 현대도 역시 존립할 수 없다.

쉴러 : 인간의 심미적 교육에 관한 서한

1795년 『호렌』지에 발표된 쉴러의 서한은——그는 이 서한을 1793년 여름 이래로 작업해 왔다——현대의 예술적 비판에 있어 최초의 강령적 글이다. 쉴러가 자기자신과 분열된 현대를 칸트 철학의 개념들을 가지고 분석하고 또 예술에 사회혁명적 역할을 부과하는 예술적 유토피아를 기획하고 있다는 점에서, 이 서한은 튀빙겐 친구들이 프랑크푸르트에서 생각하였던 견해를 미리 내다보고 있다. 이제는 예술이 종교를 대신하여 통일시키는 힘으로서 효력을 발휘해야 하며, 그것은 예술이 인간의 상호주관적 관계에 개입하는 "매개의 형식"으로 이해되기 때문이라는 것이다. 쉴러는 예술을 미래의 "예술적 국가"에서 실현될 수 있는 의사소통적 이성으로서 파악한다.

쉴러는 두번째 서한에서 자유보다 미에 우선성을 부여하는 것이 반시대적이지는 않을까 하는 물음을 제시한다. "왜냐하면 도덕적 세계의 용무들은 우리에게 훨씬 친밀한 관심사이고, 철학적 연구정신은 주위의 여건에 의해 모든 예술작품 중에서 가장 완전한 작품, 즉 진정한 정치적 자유의 건축물을 다루라는 강력한 요청을 받고 있기 때문이다."

이 질문의 표현은 이미 대답을 암시하고 있다. 예술은 그 자체 인류가 진정한 정치적 자유를 형성하는 매개수단이다. 이 형성과정은 개인이 아닌 민족의 집단적 생활관계에 관계한다. "성격의 총체성은 필요의 국가를 자유의 국가로 바꿀 수 있는 능력과 가치를 지니고 있는 민족에게서 발견되어야 한다."예술이 자기자신과 분열되어 있는 현대를 화해시키는 역사적 과제를 실현할 수 있어야 한다면, 예술은 개개인에게만 영향을 주어서는 안 된다. 예술은 오히려 개인들이 공유하는 삶의 형식들을 변화시켜야만 한다. 따라서 쉴러는 공동체를 육성하고 유대화시키는 의사소통적 힘을 강조하고, 예술의 공공적 성격에 희망을 건다. 쉴러의 현재 분석이 가져온 결과는 현대적 생활관계에서 특수한 힘들은 오직 총체성의 파열이라는 희생을 치르고서만 분화되고 전개될 수 있다는 사실이다. [52]

고대인과 신세대인의 경쟁은 다시금 현대의 비판적 자기확신에 대한 시원적 관점을 제공한다. 고대 그리스의 시와 예술도 "역시 인간의 본성을 분리시켜, 이를 장대한 신들의 영역 속으로 확대시켜 흐트려 놓았지만, 그렇다고 하여 결코 인간 본성을 조각조각으로 분해한 것이 아니라, 이를 다양한 방식으로 혼합함으로써 그렇게 하였다. 왜냐하면 전체 인류는 어떤 개별적인 신에게서도 결여되지 않았기 때문이다. 우리 현대인과는 얼마나 다른가! 우리에게서도 역시 유적 존재라는 이미지는 확대되어 개개인들에게 흩어져 있지만, 그것은 변화된 혼합의 방식을 통해서가 아니라 조각조각으로 분열되어 있는 까닭에 우리는 유적 존재인 인류의 총체성을 통합적으로 읽어내기 위해서는 개인에서 개인으로 두루 물어야만 한다"(제5권, 582쪽). 쉴러는 시민사회를 "이기주의의 체계"라고 비판한다. 이러한 어휘 선택에서 우리는 청년 마르크스를 떠올리게 된다. 천재적 시계장치의 기계론적 역학은 노동으로부터 향락을, 목적으로부터 수단을, 보상으로부터 노고를 분리시키는 물화된 경제과정에 관한 모델로만 사용되는 것은 아니다. 그것은 시민들을 소외시켜 통치의 대상으로 "계급적으로 분류하고", "냉담한 법칙에 예속시키는" 자율화된 국가기구에 대한 모델로서도 사용된다. 소외된 노동과 관료제에 대한 비판과 함께 쉴러는 단숨에 일상생활의 문제들로부터 벗어나 지성화되고 과다하게 특수화된 학문

---

52) F. Schiller, *Sämtliche Werke*, Bd. 5, 571쪽 이하.

을 반대한다. "이념의 제국에서 확고한 소유를 얻기 위해 추구함으로써, 사변적 정신은 감각세계에서는 낯선 것이 되어야만 했으며, 형식 때문에 물질을 상실할 수밖에 없었다. 획일적인 대상들의 영역에 갇혀 있고, 이 영역 안에서도 여러 형식들에 의해 더욱 압박을 받는, 상업정신은 자유로운 전체가 시야에서 사라지는 것을 보는 동시에 자기영역도 더불어 빈곤해지는 것을 보아야만 한다. (……) 그렇기 때문에 추상적 사상가는 오직 전체로서만 영혼의 심금을 울리는 인상들을 분해하기 때문에 종종 차가운 마음을 가진다. 상인 역시 종종 편협한 마음을 가지는데, 그것은 그의 상상력이 직업의 단조로운 영역에 갇혀 있어 낯선 표상방식으로 확장될 수 없기 때문이다"(제5권, 585쪽 이하).

물론 쉴러는 이러한 소외현상들이 인류가 다른 방식으로는 행할 수 없었던 진보의 불가피한 부산물이라고만 이해한다. 쉴러는 비판적 역사철학의 신뢰를 동조하여 받아들이고, 초월철학에 대한 어떤 유보조건도 없이 목적론적 사고방식을 사용한다. "인간의 내면에서 힘들이 서로 분리되고, 그 개별적 힘이 제각기 배타적 입법(타당성)을 오만하게 주장함으로써, 이 힘들은 사물의 진리와 모순관계에 빠지게 될 뿐만 아니라 평상시에는 외면적 현상에 느긋하게 만족하는 공동감각에게 사물들 깊숙이 침투해 들어가라고 강요한다." 사회영역 내에서의 상업정신과 마찬가지로 사변적 정신은 정신의 영역 내에서 독립을 성취한다. 사회와 철학에서 각각 서로 반대되는 입법이 형성된다. 이와 같은 감성과 오성, 물질본능과 형식본능의 추상적 대립은 계몽된 주체들을 이중적 억압으로 몰아넣는다. 자연의 물리적 억압과 자유의 도덕적 억압이 그것이다. 그런데 주체들이 자연을——외면적 자연뿐만 아니라 자신의 내면적 본성까지——거리낌없이 지배하고자 하면 할수록, 계몽된 주체들은 두 억압을 더욱 더 느끼게 된다. 그러므로 결국에는 자생적으로 발전하는 역동적 국가와 이성적 윤리적 국가는 서로 이질적으로 대립하게 된다. 양자는 오직 공동감각을 억압하는 효과에 있어서만 서로 일치한다. 왜냐하면 "역동적 국가는 자연을(인간적) 자연을 통해 지배함으로써만 사회를 가능하게 할 수 있으며, 윤리적 국가는 개별의지를 일반의지에 예속시킴으로써만 사회를 (도덕적으로) 필연적인 것으로 만들 수 있기 때문이다"(제5권, 667쪽).

그러므로 쉴러는 이성의 실현을 파괴된 공동감각의 부활로 생각한다. 파괴된 공동감각은 단지 자연으로부터 나오는 것이 아니며, 그렇다고 오로지 자유로부터 생기는 것도 아니다. 그것은 오직 두 가지 입법의 분쟁을 종결시키기 위하여 한편의 물리적 성격으로부터 외면적 자연의 우연성을 떼어내고, 다른 편의 도덕적 성격으로부터 의지의 자유를 제거해야 하는 형성과정을 통해서만 이루어질 수 있을 뿐이다(제5권, 576쪽). 이 형성과정의 매개수단은 예술이다. 이는 예술이 일종의 "중간적 정서"를 일깨우기 때문인데, 이 정서를 통해 감정은 물리적으로도 또 도덕적으로도 강요되지 않으며 양자가 자신의 방식대로 활동한다"(제5권, 633쪽). 이성의 진보를 통해 현대가 해방된 욕구의 체계와 추상적 도덕원리 간의 분쟁에 점점 더 깊이 빠져 들어가게 되는 반면, 예술은 두 입법과정에 모두 참여하는 까닭에 분열된 총체성에 "일종의 공동적 성격"을 부여할 수 있다. "무시무시한 세력들의 영역 한가운데에서, 그리고 신성한 법률의 영역 한가운데서 예술적 형성본능은 눈에 띄지 않게 제3의 유희와 가상의 경건한 영역을 만들어간다. 이 영역 내에서 예술적 형성본능은 인간에게서 모든 관계들의 굴레를 벗겨주고, 물리적인 면뿐만 아니라 도덕적인 면에서도 억압이라고 할 수 있는 모든 것으로부터 인간을 해방시킨다"(제5권, 667쪽).

헤겔과 마르크스에게, 그리고 루카치와 마르쿠제에 이르기까지의 헤겔-마르크스적 전통에게 방향설정의 기준이 되었던 이 예술적 유토피아를 가지고[53] 쉴러는 예술을 의사소통적 이성의 순수한 구현으로서 파악하였다. 물론 칸트의 『판단력 비판』도 역시 사변적 관념으로의 진입을 가능하게 하였다. 그러나 이 사변적 관념론은 오성과 감성, 자유와 필연성, 정신과 자연의 칸트적 구분에 만족할 수 없었는데, 그것은 그가 이러한 구별들에서 현대적 생활관계의 분열의 표현을 발견하였기 때문이다. 그렇지만 셸링과 헤겔에게서 반성적 판단력이 가지는 매개 능력은 절대적 동일성을 보장하고자 하였던 지성적 직관에 이르는 교량의 역할을 하였다. 쉴러는 보다 겸손하였다. 그는 심미적 판단

---

53) H. Marcuse, "Fortschritt im Lichte der Psychoanalyse", in : *Freud in der Gegenwart. Frankfurter Beiträge zur Soziologie*, Bd. 6(Frankfurt/M., 1957), 438쪽.

력의 제한적 의미를 고수하였는데, 이는 이 의미를 역사철학적으로 사용하기 위해서였다. 이런 과정에서 쉴러는 암암리에 판단력에 관한 칸트의 개념을, (한나 아렌트에까지 이어지는[54]) 아리스토텔레스적 전통에서는 공동감각이라는 정치적 사상과의 연관성을 완전히 상실하지 않은, 전통적 개념과 혼합하였다. 그래서 그는 예술을 공유와 전달의 형식으로 파악할 수 있었으며, 예술에게서 "사회를 조화롭게 해야 하는" 과제를 기대할 수 있었다. "표상의 다른 모든 형식들은 사회를 분리시킨다. 그것은 이 형식들이 개별적 구성원들의 사적인 수용력이나 또는 사사로움에, 다시 말해 오로지 인간과 인간을 구별하는 것에만 관계하기 때문이다. 오직 아름다운 소식만이 모든 사람의 공통점에 관계하기 때문에 사회를 통일시킨다.

쉴러는 개별화와 대중화, 즉 상호주관성의 두 가지 대립된 변형들을 배경으로 상호주관성의 이상적 형식을 규정한다. 고대의 혈거주민처럼 동굴 속에 숨어 있는 사람들은 자신들의 사적인 생활방식으로 인해 자기자신의 밖에 있는 객관적인 것으로서의 사회와 관계를 맺지 못한다. 유목민처럼 대규모 무리를 지어 움직이는 사람들에게는 외화된 실존으로 말미암아 자기자신을 발견할 수 있는 가능성이 결여되어 있다. 똑같은 정도로 동일성을 위협하는 소외와 해체의 양극단 사이에서 쉴러는 다음과 같은 낭만주의적 묘사로 균형을 잡는다. 즉, 예술적으로 화해된 사회는 "그 안에서 모든 사람이 자신의 집 안에서 자기자신과 조용히 있으며, 집을 나서면 전체 인류와 말을 하는 의사소통구조를 형성해야만 한다"(제5권, 655쪽).

쉴러의 예술적 유토피아는 물론 생활관계의 예술화를 목표로 하지 않고, 상호이해관계의 혁명화를 지향한다. 훗날 초현실주의자들이 강령적으로 요청하고, 그 후예들이 도전적으로 실행하고자 하였던 예술의 생활화, 즉 예술을 삶 속으로 해체하고자 하는 것과는 반대로 쉴러는 순수 가상의 자율성을 고집한다. 물론 쉴러는 예술적 가상에 대한 기쁨에서 "전체 지각방식"의 혁명을 기대한다. 그러나 가상은 실재의 모든 지지가 필요하지 않는 한에서만 순수 예

---

54) H. Arendt, *Lectures on Kant* (Chicago, 1982), 독일어판(München, 1985).

술적인 가상으로 남는다. 훗날 마르쿠제도 예술과 혁명의 관계를 쉴러와 유사하게 규정한다. 사회는 인간의 의식에서뿐만 아니라 인간의 감각에서도 재생산되기 때문에, 의식의 해방은 감각의 해방에 뿌리를 내려야만 한다는 것이다. 즉 "주어진 객관세계와의 억압적 친숙성이 해체되어야만 한다." 그럼에도 불구하고 예술은 초현실주의적 명법을 실행해서는 안 된다. 예술은 결코 탈승화되어 삶으로 옮겨가서는 안 된다. "사람들이 참과 거짓, 선과 악, 아름다움과 추함을 더 이상 구별할 수 없게 되는 상태에서만, '예술의 종말'이 생각될 수 있다. 그것은 문명의 정점에서 이루어지는 완전한 야만의 상태일 것이다."[55] 후기 마르쿠제는 매개되지 않은 삶의 예술화에 대한 쉴러의 경고를 반복한다. "인간이 이론적인 영역에서 가상으로 실존을 말하는 것을 양심적으로 자제하고 또 실천적인 영역에서 가상의 실존을 베풀어주는 일을 단념할 때에야" 비로소 가상으로서의 예술적 가상은 화해의 힘을 발전시킨다(제5권, 658쪽).

　이 쉴러의 경고 뒤에는 이미 과학, 도덕, 예술의 문화적 가치영역들의 대립성이라는 이념이 숨겨져 있다. 훗날 이에 관해서 에밀 라스크와 막스 베버는 열정적으로 연구하였다. 이 영역들은 "해방되고 면제되어", "인간의 자의에 대한 절대적 면책권을 즐기고 있다. 정치적 입법자는 이 가치영역들을 폐쇄할 수 있지만, 이 영역들 안에서 지배할 수는 없다"(제5권, 593쪽). 문화적 고유성을 고려하지 않고 예술적 가상의 그릇을 파괴하고자 한다면, 그 내용물은 없어져 버릴 것이다. 탈승화된 감각과 탈구조화된 형식으로부터는 어떤 해방적 효과도 있을 수 없다. 생활세계의 예술화는 쉴러에게 있어 예술이 촉매처럼 작용한다는 의미에서만 타당성을 가진다. 즉 분열된 계기들이 강요받지 않고 다시 하나의 총체성으로 결합하게 하는 매개수단과 매개의 형식으로서 작용을 할 때에만 정당한 것이다. 예술이 현대에서 분열된 모든 것을——즉 해방된 욕구의 체계, 관료제화된 국가, 이성도덕의 추상들과 전문가의 과학들을——"공동감각의 열려진 하늘 밑에서" 종합할 때에만, 아름다움과 취미의 사회적 성격은 보존된다.

---

55) H. Marcuse, *Konterrevolution und Revolte*(Frankfurt/M., 1973), 140쪽 이하.

헤겔좌파, 헤겔우파 그리고 니체

1

헤겔은 현대성의 담론을 시작하였다. 그는 현대성의 자기비판적 확인이라는 주제를 도입하였다. 그리고 그는 이 주제를 변형시킬 수 있는 규칙, 즉 계몽의 변증법을 제시하였다. 그는 시대사를 철학적인 문제로 끌어올림으로써 동시에 영원한 것을 일시적인 것과, 시간을 초월한 것을 현실적인 것과 서로 상통하게 만들었다. 이렇게 그는 철학의 성격을 전대미문의 방식으로 변화시켰다. 물론 헤겔이 철학적 전통과의 단절을 바란 것은 결코 아니었다. 전통과의 단절은 다음 세대에 들어와서야 비로소 의식되었다.

아놀드 루게는 1841년 『독일 연보』에서 다음과 같이 쓰고 있다. "헤겔철학은 그 역사적 발전과정의 첫단계에서 이미 이제까지의 모든 철학체계와는 본질적으로 다른 성격을 보여주고 있다. 모든 철학은 그 시대의 사상에 다름 아니라고 처음으로 표명한 헤겔철학은 또한 스스로를 당시대의 사상이라고 파악한 최초의 철학이었다. 예전의 철학들에게 의식되지 않고 오직 추상적이었던 것을 헤겔철학은 의식하고 있으며, 또 구체적이다. 그렇지만 스스로를 사상으로서 서술하고 있는 헤겔철학은 사상으로 머무를 수 없으며, 행위가 되어야 한다. 이런 의미에서 헤겔철학은 혁명의 철학이고, 모든 철학들 중의 마지막

철학이다(594쪽).

　오늘날까지 우리가 중단없이 계속 실행하고 있는 현대성의 담론에는 철학이 끝났다는 의식이 밑바탕에 깔려 있다. 이러한 의식은 철학의 종말이 생산적 도전으로 지각되건 아니면 단순한 도발로서 받아들여지건 마찬가지이다. 마르크스는 철학을 실현하기 위하여 철학을 지양하고자 한다. 모세스 헤스는 같은 시기에 『마지막 철학자들』이라는 제목의 책을 출판하였다. 브루노 바우어는 "형이상학의 파국"에 관해 말하고 있으며, "철학적 글쓰기는 영원히 종결되었으며 이미 끝난 것으로 생각할 수 있다"고 확신한다. 물론 니체와 하이데거가 말하는 형이상학의 극복이 형이상학의 지양과는 다른 것을 의미하고 있음은 틀림없다. 그리고 비트겐슈타인 또는 아도르노가 말하는 철학의 결별이 철학의 실현을 뜻하지 않음도 분명하다. 그럼에도 불구하고 이러한 태도들이 지시하는 바는 전통과의 단절이다. (뢰비트) 이 단절은 시대정신이 철학에 대해 영향력을 갖게 되고 또 현대적 시대의식이 철학적 사유의 형식을 파괴시켰을 때 야기된다.

　칸트는 이미 이성인식의 체계로서의 철학의 "강단개념"과 철학의 "세계개념"을 구별한 바 있다. 그는 세계개념을 모든 사람의 관심을 필연적으로 불러일으키는 것에 연관시켰다. 그러나 헤겔은 시대진단의 책임이 부과된 세계개념과 강단개념을 융합하였다. 이와 같이 변화된 철학의 응집상태를 우리는 헤겔이 죽고 난 다음에 강단철학과 세계철학이 다시금 분리된다는 사실에서 읽어낼 수 있다. 하나의 분과로서 정립된 강단철학이, 제도적으로 더 이상 분명하게 규정될 수 없는 세속적인 철학 글쓰기와 나란히 발전된다. 강단철학은 이때부터 포이어바흐, 루게, 마르크스, 바우어, 키에르케고르와 같은 해고된 사강사들, 작가들, 연금생활자들과 경쟁해야 한다. 그리고 바젤대학 교수직을 포기한 니체와도 경쟁해야 한다. 대학 안에서도 철학은 현대성의 자기이해라는 이론적 과제를 정치학, 인종학과 같은 사회과학에 내어준다. 그밖에도 다윈, 프로이트와 같은 이름들, 그리고 실증주의, 역사주의, 실용주의 같은 조류들은 19세기에 물리학, 생물학, 심리학과 역사학이 철학의 매개 없이 시대의식에 영향을 줄 수 있는 세계관적 모티브들을 전개시켰다는 사실을 증명해

준다. [1]

이러한 상황은 우리 시대라고 할 수 있는 20세기에 들어와서야 비로소 변화한다. 하이데거는 현대성의 담론을 다시 순수 철학적 사유의 운동으로 끌어들인다. 『존재와 시간』이라는 제목은 바로 이를 알리는 신호이다. 이런 점은 루카치, 호르크하이머, 아도르노와 같은 헤겔적 마르크스주의자들에게도 마찬가지로 타당하다. 이들은 막스 베버의 도움을 받아 『자본론』을 사물화의 이론으로 옮겨놓으며, 끊어졌던 경제학과 철학의 연결고리를 다시 복원한다. 후기 후설에서 바슐라르를 거쳐 푸코에까지 이어지는 학문비판의 방법을 통해 철학은 시대진단의 능력을 다시 얻게 된다. 그렇지만 그것은 과연 강단철학과 세계철학의 분화를 극복한 헤겔철학과 동일한 것인가? 철학이 어떤 이름으로 등장하든 간에 —— 예컨대 그것이 기초존재론, 비판, 부정적 변증법, 해체 또는 계보학으로 등장하더라도 —— 이러한 익명들은 결코 전통적 형태의 철학이 숨겨져 있는 위장들은 아니다. 주름처럼 중첩되어 있는 철학적 개념들은 오히려 철학의 종말을 간신히 은폐하기 위한 위장장치로 사용될 뿐이다.

오늘날 우리는 청년헤겔파들이 헤겔과 철학 자체로부터 멀어짐으로써 야기되었던 의식상태를 여전히 견지하고 있다. 그때부터 상대방을 경쟁적으로 능가하고자 하는 상호상승적 극복의 고압적 태도가 유행하고 있다. 이러한 태도를 통해 우리는 우리가 여전히 청년헤겔파의 동시대인이라는 사실을 간파하고자 한다. 헤겔은 현대성의 담론을 열어놓았지만, 이를 비로소 정착시킨 이들은 청년헤겔파들이다. 청년헤겔파는 현대의 정신에 의존하는 현대의 비판이라는 사유방식을 헤겔적 이념개념이 안고 있는 부담으로부터 해방시켰다.

우리가 이미 살펴본 바와 같이 헤겔은 본질과 실존의 통일성으로서 파악되는 강렬한 현실개념을 가지고 오히려 현대가 가장 중요시하는 것을 도외시하였다. 즉 끊임없이 밀어닥치는 미래의 문제들이 매듭처럼 얽히는, 중대한 의미를 내포하고 있는 순간의 과도성을 배제하였다. 바로 철학에 대한 욕구를 발생하게 하는 시대사적 현실성을 노년의 헤겔은 순전히 경험적인 것으로 치

---

1) 대체로 배제되고 있는 강단철학의 전통에 관한 슈네들바흐의 훌륭한 서술을 참조할 것. H. Schnädelbach, *Philosophie in Deutschland 1831~1933* (Frankfurt/M., 1983).

부하여 본질적이고 이성적인 사건의 구조로부터 배제하였다. 그것은 이렇게 "나쁜 무한성"이 "우연적이고 일시적으로, 의미없고 덧없이, 발육이 안 되어 형편없이" 실존하는 것으로 여겨진다. 발생하는 사건과 시작하는 발전들의 사실성, 우연성과 현실성을 넘어서는 이성적 현실의 개념에 반대하여 청년헤겔파들은 (셸링의 후기철학과 임마누엘 헤르만 피히테의 후기관념론을 따르면서) 실존의 중요성을 제기한다. 포이어바흐는 내면적, 외면적 자연의 감성적 실존을 주장한다. 지각과 열정은 자신의 신체가 현재하고 있다는 것과 물질적 세계의 저항력을 증명해 준다. 키에르케고르는 개별자의 역사적 실존을 주장한다. 개별자의 현존이 가지는 진정성은 무한한 관심 때문에 발생하는데, 무한한 관심에 관해 이 실존의 절대적 내면에서 내려지는 변경할 수 없는 결단이 유일무이한 방식으로 구체화될 때 뚜렷이 드러난다. 끝으로 마르크스는 공동생활의 경제적 토대가 가지는 물질적 존재를 고집한다. 사회화된 개인들의 생산적 활동과 협동은 유적 존재의 역사적 자기생산과정의 매개수단을 형성한다. 다시 말해 포이어바흐, 키에르케고르, 마르크스는 주관적 자연과 객관적 자연, 주관정신과 객관정신, 주관정신과 절대지 사이의 단지 관념을 통해서만 실행된 허위의 매개과정에 반대하는 것이다. 현재 속에서 그때그때 나타나는 현실적 대립들을 정신의 절대적 자기관계로 빨아들여서 이 대립들을 발전시키고, 기억된 과거의 (그림자 드리워진) 투명성 속으로 몰아넣으며, 그렇게 해서 이 대립들이 가지는 진지한 성격을 박탈해 버리는 정신을 탈승화할 것을 그들은 주장한다.

그러나 청년헤겔파들은 동시에 헤겔적 사유의 근본형태를 견지한다. 그들은 철저한 역사적 사유를 위해 헤겔철학의 분화 결과를 유익하게 사용하고자 한다. 이를 위해 그들은 헤겔의 "철학강요"로부터 이제 마음대로 사용할 수 있는 다양한 구조들을 추출한다. 그런데 이 사유는 역사주의적으로 새롭게 제기되는 회의의 상대주의에 빠지지 않고서도 상대주의자들에게, 즉 역사적 순간에게 절대적 의미를 부여한다. 새로운 담론의 형성을 애증의 복합적 태도로 서술한 바 있는 칼 뢰비트는 청년헤겔파들이 역사적 사유에 비철학적으로 함몰되어 있다고 생각한다.[2] "역사의 한가운데에서 역사에 맞추어 방향설정을 하고자 하는 것은 마치 배가 난파하였을 때 파도를 붙잡으려고 하는 것과 같다."[3] 우리는 이와 같은 성격규정을 올바로 읽어내야 한다. 청년헤겔파들은 물론 그들의 미래개방적 현재를 오만한 이성의 명령으로부터 해방시키려고 하였다. 그들은 위기에 답하기 위하여 비판의 자유공간을 열어놓는 차원으로서 역사를 회복하고자 한다. 그러나 시대사를 역사주의에 희생시키지 않고, 현대가 가지고 있는 합리성에 대한 특별한 관계를 보존할 때에만, 그들은 행위의 방향설정을 약속할 수 있었다. [4]

역사의 진행과정에는 학습과 망각이 서로 맞물려 있는 초주관적 과정들이

---

2) K. Löwith, *Von Hegel zu Nietzsche* (Stuttgart, 1941).

3) K. Löwith, "Einleitung", K. Löwith (Hrsg), *Die Hegelsche Linke* (Stuttgart, 1962), 38쪽.

4) 역사의 이성 연관성은 현대성의 담론에 있어 좋은 의미에서건 나쁜 의미에서건 여전히 구성적 역할을 한다. 이 현대성의 담론에 참여하는 자는——이 점에 있어서는 변한 것이 없다——이성 또는 합리성의 표현들을 특정한 방식으로 사용한다. 그는 이 표현들을 결코 신(神) 또는 존재자 전체를 성격짓기 위하여 존재론적 유희 규칙에 따라 사용하지도 않고, 인식능력과 행위능력을 가지고 있는 주체들의 성향들을 특징짓기 위하여 경험적 유희 규칙에 따라서도 사용하지 않는다. 이성은 완성된 것으로서 자연 또는 역사 속에서 표현되는 객관적 목적론도 아니며 단순한 주관적 능력도 아니다. 우리가 역사적 발전과정 속에서 탐구하는 구조모형들은 오히려 개개인의 주관적 의식을 넘어서는——완성되지 않고, 단절되었으며, 잘못 진행된——형성과정들을 은밀히 지시한다. 주체들이 내면적 자연과 외면적 자연에 대해 관계맺음의 행동을 함으로써, 그들이 처해 있는 사회적, 문화적 삶의 상관관계는 이들을 통해 재생산된다. 생활형식들과 삶의 과정의 재생산은 역사라는 연약한 매개수단 속에 흔적을 남긴다. 흔적 탐구자들은 예리한 시선으로 이 흔적들을 도형과 구조들로 압축시킨다. 현대에 특수한 이 시선은 자기확인의 관심에 의해 인도되어왔다. 착각과 자기기만에 의해 항상 오류를 저지를 수 있는 위험에도 불구하고 날쌔게 파악하는 정세와 구조들로부터, 이 현대적 시건은 학습과정과 망각과정이 서로 뒤엉켜 있는 상호주관적 형성과정을 읽어낸다. 이렇게 현대성의 담론은 비-존재자와 가변성의 영역을 통찰과 오류의 규정하에 둔다. 다시 말해 현대성의 담론은 그리스적 존재론에게뿐만 아니라 근대적 주체철학에게도 순전히 무의미하며 이론적 능력이 없다고 여겨지는 영역 속으로 이성을 끌고 간다. 이와 같이 위험한 사업은 잘못된 이론적 모델을 차용함으로써 처음에는 역사철학의 독단론으로 빠져 들어가서, 결국 역사주의의 반박을 불러일으켰다. 그러나 이 담론을 진지하게 행하는 사람들은 호구(虎口)와 용혈(龍穴)의 딜레마를 헤쳐나가야 한다는 것을 알고 있다.

삽입되어 있다는 전제조건으로부터 이 담론의 다른 특징들이 설명된다. 철저한 역사적 사유 외에도 주체중심적 이성의 비판, 두드러진 지성인의 지위, 역사적 연속성 또는 비연속성에 대한 책임 등이 그것이다.

2

　청년헤겔파 시절 이래로 현대를 올바로 이해하고 있다고 서로 경쟁적으로 주장하는 계파들은 한 가지 점에서 일치한다. 18세기를 계몽의 개념으로 인도하였던 학습과정에는 뿌리깊은 자기착각이 결합되어 있다는 사실이 바로 그것이다. 편협한 계몽의 권위주의적 특징들이 자기의식 또는 주체성의 원리에 근거하고 있다는 사실에 대해서도 의견이 일치한다. 다시 말해 자기자신과 관계하는 주체는 외면적 자연과 자기자신의 내면적 본성을 객관화하는 희생을 치르고서만 자기의식을 획득할 수 있다는 것이다. 주체는 인식과 행위에 있어, 내면적으로건 외면적으로건, 항상 객체와 관계해야 하기 때문에, 주체는 자기인식과 자율을 보장해야 하는 활동에 있어서도 동시에 자신을 불투명하고 의존적으로 만들어야만 한다. 자기관계의 구조 속에 장착되어 있는 이 제한은 의식화의 과정에서는 의식되지 않는다. 이로부터 자기미화와 착각의 경향, 즉 그때그때 이루어지는 반성과 해방의 단계를 절대화하는 경향이 발생한다.
　현대성의 담론에서 고발하는 원고들은 헤겔과 마르크스로부터 니체와 하이데거에 이르기까지, 그리고 바타이유와 라캉으로부터 푸코와 데리다에 이르기까지 본질적으로 변하지 않은 비난을 제기한다. 이 고발은 주체성의 원리에 근거하는 이성에 대한 것이다. 이 이성이 억압과 착취, 비하와 소외의 숨겨지지 않은 모든 형식들을 고발하고 파괴하는 것은 오로지 이들을 대신하여 더욱 확고한 합리성의 지배를 정립하기 위해서라는 것이 비판의 내용이다. 그릇된 절대자로 과장된 주체성의 지배권력은 의식화와 해방의 수단들을 대상화와 통제의 다양한 도구들로 변형시켰기 때문에, 잘 은폐된 지배의 형식을 통해 무시무시한 면책권을 마련한다. 실증적인 것으로 되어 버린 이성의 강철 같은 집이 지니는 불투명성은 마치 완전히 투명한 유리성의 빛나는 가상에 의해 위장된 것처럼 사라져 버린다. 그런데 모든 비판적 계파들은 유리로 된 이 전면을 부숴야 한다는 데 의견을 같이 한다. 그렇지만 그들은 이성의 실증주의를 극복하기 위해 선택하는 전략에 있어 서로 구별된다.

실천적인 것으로 방향을 전환하고, 혁명을 선동하는 헤겔좌파들의 비판은 이성의 파편화와 시민사회의 단선적 합리화에 대항하여 역사적으로 축적되고 발산하고자 하는 이성의 잠재력을 가동시키고자 한다. 헤겔우파들은 불안을 야기하는 혁명적 의식이, 존립하고 있는 것의 이성적 성격에 대힌 객괸적 통찰에 굴복하면 곧 국가와 종교의 실체가 시민사회의 불안을 보완할 것이라는 확신에서 헤겔을 따른다. 절대적으로 설정된 오성의 합리성은 사회주의적 이넘들에 관한 열광으로 표현된다. 이와 같은 허위 비판자들에 대항해서 오직 철학자의 메타 비판적 통찰만이 관철되어야 한다. 끝으로 니체는 혁명적 희망과 이에 대한 반동이 등장하는 전체 작품의 연극성을 폭로하고자 한다. 그는 목적합리성으로 축소된 주체중심적 이성의 비판에서 변증법적 요소를 제거하고, 이성에 대한 그의 태도는 전체적으로 보면 청년헤겔파들이 이성의 승화에 대해 취하는 것과 같다. 이성은 권력에 다름 아니고, 이성을 은폐하는 전도된 권력에의 의지에 불과하다는 것이다.

현대의 이성 연관성 덕택으로 두드러진 위상을 갖게 된 지성인들의 위상에 관해서도 동일한 반대전선이 형성된다. 역사를 통해서 이성의 족적을 찾는 탐정으로서 현대의 철학자들은 무의식적인 것이 의식 안으로 정착하고, 망각이 기억 속으로 숨어들고, 퇴보가 진보로서, 그리고 배운 것을 잊는 과정이 학습과정으로 치장되는 맹지(盲地)를 탐색한다. 계몽주의의 편협성에 관하여 계몽주의를 계몽하고자 하는 목표에서 일치하지만, 지성인들의 실질적인 역할의 평가에 있어서 세 계파들은 서로 구별된다. 비판적 비판가들은 자신의 역할이 미지의 미래 영역을 탐험하고 계몽의 과정을 계속 추구하는 아방가르드에 있다고 본다. 그들이 예술적 모더니즘의 선구자로서 등장할 때도 있고, 또 어떤 때는 대중의 의식에 영향을 주는 정치적 지도자로서, 또는 자신들의 복음을 조난시 병에 편지를 넣어 흘려 보내는 통신법으로서 전달하는 (이런 의식에서 전쟁 말기에서 호르크하이머와 아도르노는 자신들의 『계몽의 변증법』을 조그만 망명인 출판사에 맡겼다) 흩어진 개인들의 형태로서 등장한다. 이에 반해 메타 비판가들은 타자들 속에서 새로운 성직자 정치의 위험을 안고 있는 지성인들을 발견한다. 지성인들은 강한 제도와 단순한 전통의 권위를 파괴한다. 그렇게 함으로써 그들은 불안한 현대가 자기자신에 대해, 그리고 합리화된 사회가 현재 유지되고 있는 국가와 종교의 힘들을 상대로 처리해야만 하는 보완업무를 방해한다. 신보수주의자들이 오늘날 소위 적대적 문화의 반혁적(反革的) 대변인들에 대항하여 제시하는 신계급 이론은 자신의 증거로 끌어대는 후기산업사회 고용체계의 계층 이동에 힘을 입었다기보다는 오히려 우리의 담론논리에 힘입고 있다. 니체의 이성비판의 전통을 계승하는 사람들은 지성인들의 배반을 역시 강렬하게 비판한다. 그들은 역사철학적 양심으로 무장한 아방가르드들이 일반적 인간 이성이라는 이름으로 행하였다고 하는 범죄들을 고발한다. 이번에는 물론 지성인들의 자기증오라는 투사적(投射的) 요소가 결여된다 (예를 들면 나는 이와 관련된 푸코의 언급들을 상대방에 대한 폭로로 이해하지 않고, 과다한 요구에 대한 자기비판적 부정으로 이해한다).[5]

　현대성의 담론을 성격지우는 셋째 특징이 아직 남아 있다. 역사가 위기과정으로서, 현재가 비판적 분열의 현상으로서, 그리고 미래가 해결되지 않은 문제들의 쇄도로서 경험되기 때문에, 결정을 연기하고 간섭을 포기할 때 발생하는 위험에 대해 실존적으로 예리해진 의식이 생겨난다. 동시대인들로 하여금 자신들이 앞으로 다가올 미래의 과거로서의 현실적 상태에 책임이 있다는 것을 인식하게 해주는 관점도 생겨난다. 어떤 상황이 다음의 상황과 이어져야 한다는 결합에 대한 책임성과, 또 자생적 성격을 떨쳐 버리고 당연한 연속성에 대한 약속을 거부하는 과정이 지속되어야 한다는 책임성에 대한 암시가 생겨난다. 그런데 모세스 헤스가 "운동의 당"이라는 이름을 붙였던 행동의 철학자들만이 이와 같은 신경질적 긴장에 휩싸여 있었던 것은 아니다. 동일한 열병은 절제를 추구하는 "지속의 당"에게도 역시 엄습한다. 즉 자동적이 되어

---

5) M. Foucault, "Die Intellektuellen und die Macht", *Von der Subversion des Wissens* (München, 1974), 128쪽 이하.

버린 현대화에 직면하여 계획적 간섭의 필요성을 증명해야 하는 부담을 혁명가와 운동가, 개혁가들에게 지우는 사람들의 당파도 역시 이 열병에 휩싸여 있는 것이다.[6] 물론 이 사람들 사이에서도 역사적 연속성에 관한 관점들은 광범위하게 변화한다. 이 관점들의 스펙트럼은 생산력의 발전은 시민사회로부터 사회주의로의 진화적 이행과정을 보장한다고 파악한 카우츠키와 제2인터내셔널의 주창자들로부터 시작하여 칼 코르쉬와 발터 벤야민, 그리고 혁명을 영원히 반복되는 (전역사의) 야만으로부터의 도약으로, 또 모든 역사의 연속성의 파괴로서만 생각할 수 있었던 극좌파들에까지 이른다. 이러한 태도는 초현실주의적 시대의식에 영향을 받았으며, 또 그것은 니체를 추종하여 보편적 권력관계와 왜곡관계에 대항하며 무아적 진정성 또는 망각된 존재, 신체의 반성 또는 국부적 저항 또는 착취당한 주관적 자연의 자발적 반란을 선동하는 사람들의 무정부주의와 접촉한다.

간단히 말해서, 청년헤겔파들은 헤겔로부터 현대의 역사적 자기확인의 문제를 받아들인다. 그들은 극단적으로 주체중심적인 이성에 대한 비판, 지성인의 두드러진 위상을 쟁취하기 위한 투쟁, 혁명과 역사적 연속성의 올바른 관계에 대한 책임성을 지기 위한 경쟁을 일상사로 만들었다. 또한 그들은 철학의 실천화를 지지함으로써 특정한 주제와 규칙을 견지하는 두 반대자를 만들어냈다. 이 대립자들은 모범적 과거들이 가지는 권위에 의존하기 위한 담론으로부터 발생한 것은 아니다. 종교적 또는 형이상학적 진리들로의 노장보수주의적 회귀는 더 이상 현대성의 담론에 속하지 않는다. 고대 유럽적인 것은 이미 그 가치를 상실하였다. 운동의 당에 대해 보수의 당이 대응하지만, 이는 다름 아닌 시민사회의 역동성만을 보존하고자 한다. 보수당은 보존의 경향을 어차피 진행되던 유동화에 대한 신보수주의적 동의로 바꾼다. 그런데 니체와 신낭만주의를 포함하는 제3의 담론 참여자가 두 적수들과 대립한다. 니체는 급진주의자들과 신보수주의자들을 능가하고자 한다. 그는 상기의 두 적수들이 여전히 견지하였던 이성의 작업을 포기함으로써 "이성의 비판"에서 주체적 소유

---

6) 증명 부담의 보수주의적 배분에 대한 변론에 관해서는 H. Lübbe, *Fortschritt als Orientierungsproblem* (Freiburg, 1975) 을 참조할 것.

격, 즉 비판의 주체인 이성을 제거한다. 이렇듯 한쪽은 다른 편을 능가하고자 하는 것이다.

이제 우리가 이 담론 전체에 대해 거리를 두고, 이와 같은 19세기의 연극무대를 진부한 것으로 천명하는 것이 마땅한 일일 것이다. 물론 상호경쟁적 능가의 놀이를 우리 편에서도 능가하려는 시도가 없지는 않다. 이러한 시도들은 "포스트"라는 전철을 붙여 만들어진 신조어들에서 쉽게 발견할 수 있다. 그렇지만 방법론적 이유에서도 나는, 우리가 현재에 관한 허구적 인종학이라는 경직된 관점에서 서양 합리주의를 중립적 관찰의 대상으로 낯설게 만듦으로써 현대성의 담론으로부터 그렇게 간단하게 벗어날 수 있다고는 생각하지 않는다. 그러므로 세 가지 관점에 각각 내재하고 있는 어려움을 발견하기 위하여, 나는 논증의 전개를 대충 상기하는 한 참가자의 통상적 관점을 취한다는, 좀 더 진부한 길을 택할 것이다. 그 방법이 우리를 현대의 담론으로부터 이끌어 내주지는 못하겠지만, 그것의 주제를 아마 좀더 쉽게 이해하게는 해줄 것이다. 이러한 목적을 위하여 물론 나는 엄격한 단순화의 대가를 치를 각오를 해야만 한다. 마르크스의 헤겔 비판으로부터 출발하여 나는 반성개념이 어떻게 생산개념으로 변형되며, 서구의 마르크스주의의 노선에서 "자아의식"이 "노동"으로 치환되면서 어떻게 아포리아 속으로 빠지게 되는지를 추적할 것이다. 헤겔우파의 메타 비판은 현대사회에서 이룩한 체계의 분화 수준은 단순하게 취소될 수는 없다는 점을 주장하며, 이 주장은 정당한 근거를 가지고 있다. 이러한 전통으로부터 신보수주의가 생겨나는데, 이 신보수주의도 자동적으로 흘러가는 현대화 과정의 비용과 불안정성을 어떻게 보상하며 상쇄할 수 있는지를 설명해야 할 때에는 그 자체 논거의 난관에 봉착하게 된다.

3

헤겔적 기도의 실천철학적 지속

우리는 많은 문학적 자료를 통해서 최초의 철도가 그 동시대인들의 공간경험과 시간경험을 혁명적으로 바꿔놓았다는 사실을 알고 있다. 철도가 현대적 시간의식을 만들어낸 것은 아니다. 그러나 19세기가 경과하면서 그것은 문자 그대로 현대적 시간의식이 대중을 사로잡게 되는 교통수단이 되었다——기관차는 진보로 해석되어졌던 모든 삶의 관계들의 어지러운 이동의 민족적 상징이 되었다. 전통에 뿌리를 박은 생활세계가 시간적으로 한계를 벗어나는 경험을 한 사람들은 지식인층의 엘리트들만은 아니었다. 마르크스가 『공산당 선언』에서 "모든 사회적 상태의 부단한 동요, 영원한 불확실성과 운동을" "생산방식과 교통방식의 전복"에 기인한다고 말할 때, 그는 이미 일상적 경험에 호소할 수 있었다. "굳어지고 녹슨 모든 관계들과, 그것의 결과인 케케묵은 관념들과 이념들은 해체되며, 새로 형성된 모든 것들은 굳어지기도 전에 낡아버린다. 신분계급적인 것과 고정적인 것들은 모두 증발되어 버리고, 모든 신성한 것은 세속적이 되며, 인간들은 마침내 자신들의 삶의 위치, 상호간의 관계를 좀더 냉철한 눈으로 보도록 강요당한다."[7] 이 말은 세 가지 중요한 함의를 가지고 있다.

1) 역사의 방향감각은 모든 철학적 설명들에 앞서 역사적 전개의 운동양식으로부터 경험적으로 읽어낼 수 있다. 삶의 관계들의 이동과 전도가 가장 빠른 속도로 전개되는 곳에서 현대화는 가장 앞서가고 있다. 현대세계의 중력중심이 서구, 프랑스와 특히 영국이라는 사실은 따라서 이러한 가속도의 기준을 믿고 있던 마르크스에게 하나의 역사적 사실이다. 그는 비동시적인 것의 동시성에 대한 분명한 관념을 가지고 있다. 그가 뜻하는 바는 1843년의 독일 상황은 프랑스의 시간 계산에 따르면 1789년에조차 이르지 못했다는 것이다. 독일의 상태는 "역사의 수준 이하"에 머물러 있으며, 정치적 현재는 자신이 "현대 민족들의 역사적 헛간 속에 들어 있는 먼지 쌓인 사실"임을 발견한다.[8]

2) 그러나 현대사회가 역동성을 발전시켜, 그 속에서 모든 신분 계급적인 것과 고정적인 것이 어차피, 다시 말하면 행위하는 주체들의 자아의식적인 관

---

7) K. Marx, F. Engels, *Werke*, Bd.4(Berlin, 1959), 465쪽. 아래에서는 M/E로 약하여 인용함.

8) M/E., 제1권, 379쪽.

여 없이 증발된다면, 자연적인 것 혹은 "실증적인 것"의 성격도 역시 변화한
다. 물론 젊은 마르크스에게 있어서 젊은 헤겔의 관점은 전혀 변하지 않았다.
과거가 현재에게 부과한 속박은 부서져야만 한다——공산주의적 미래에서야
비로소 현재는 과거를 지배하게 될 것이다.[9] 그러나 실증적인 것도 이제 더
이상 경직된 것과 고집스러운 것의 형태로 등장하지 않는다. 변화의 영속성
속에서 강박적 반복의 확실성을 발견하기 위해서 오히려 이론적인 노력이 필
요하다. 무의식적으로 실행된 삶의 관계들의 혁명은 진실로 혁명적인 운동의
경향을 은폐하는 허상이다. 사람들이 19세기가 시작되면서 사회운동이라 부르
는 것만도 외부로부터 강요된 운동성의 저주로부터 인간들을 해방시킬 수 있
다. 그러므로 마르크스는 "기존 사회 내에서 감추어져 있는 시민전쟁이 열려
진 혁명으로 발발하는 시점까지 (추적)"하고자 한다.[10] 사회운동이 유럽의 노
동운동 속에서 역사적으로 파악할 수 있는 형태를 띠기 훨씬 전에 마르크스는
이미 사회운동을 요구한 것이다.

　3) 강요에 의해 야기된 외적인 삶의 유동성과 사회운동의 해방적 중압이라
는 두 문제 뒤에는 생산력의 명백한 해방——"생산수단의 급속한 개선, 무한
히 쉬워진 상호교통"이 있다. 그것은 가속화된 역사과정의 미몽타파적인 성격
——성스러움의 세속화——을 설명한다. 이 두 가지에 토대를 둔 역사의 가
속화는 결과적으로——공산당 선언에서 찬송된——"산업의 진보"에 기인하
기 때문에 시민사회의 영역은 신학적인, 정치적인 청년기의 저서에서 헤겔이
"민족의 삶"에 유보하였던 자리를 차지한다. 젊은 헤겔의 눈에는 종교적 교조
주의와 계몽은 파멸하는 독일제국의 정치적 제도들과 아울러 민족적 삶으로부
터 독립하였다. 마르크스에게 있어서 종교적 삶, 철학, 시민국가가 추상으로
서 분리되어 나왔던 그 토대를 구축하는 것은 사회, 즉 "현대의 정치-사회적
현실"이다. 포이어바흐, 슈트라우스와 바우어가 그동안 행하였던 종교 비판은
시민 국가의 비판에 있어서 모범으로 간주된다.

　물론 스스로 소외된 삶의 실증주의도 그동안 통합철학에 의해서 확인되었

---

9) M/E., 제4권, 476쪽.
10) M/E., 제4권, 473쪽.

86

다. 그 통합철학은 시민사회가 국가 속에서 지양되었다는 사유적 구상을 통해 화해는 이미 이루어졌다는 것을 암시한다. 그러므로 마르크스는 법철학이 헤겔 자신의 인륜적 총체성의 이념에 타당하려면 시민사회의 지양이 어떤 모습을 보여야만 하는가를 제시하기 위해서 헤겔 법철학을 기획한다. [11] 오늘날에는 더 이상 놀라운 것이 못 되는 마르크스 비판의 요점은 잘 알려진 바와 같이 국가는 (왕정의 프로이센에서가 아니라 서구의 의회제도에서 진정한 국가의 성립은 이루어졌다) 대립적 사회를 결코 생생한 인륜성의 한 영역 속으로 통합하지 못하였다는 것이다. 국가는 단지 이 사회의 기능적 명령을 수행할 뿐이며, 국가 자체가 자신의 파열된 인륜성의 표현이라는 것이다. [12]

이러한 비판으로부터 사회는 자기를 스스로 조직한다는 관점이 생겨난다. 사회의 자체 조직은 공적인 인간과 사적인 인간으로의 분열을 지양하며 국가 시민적 주권이라는 허구뿐만 아니라 "비인간적 관계의 지배하에 있다고" 추정되는 인간들의 소외된 실존도 파괴한다. "실제로 개인적인 인간이 추상적인

---

11) 아무튼 그는 이러한 길을 동시적인 것의 비동시성이라는 이론을 가지고 정당화한다. "독일 법철학과 국가철학은 공식적 현대와 동일한 수준에 있는 유일한 독일 역사이다. (……) 우리는 현재의 역사적 동시대인이지 않으면서도 현재의 철학적 동시대인이다. M/E., 제1권, 383쪽.

12) 청년 마르크스는 국가와 사회의 관계를 "시토엥"과 "부르주아", 즉 국가 시민과 사적인 법인격의 상보적 역할의 관점에서 여전히 행위이론적으로 해석한다. 표면적으로 주권적인 시민은 이중의 삶을 영위한다. "천상의 삶과 지상의 삶, 그가 공동체적 존재로서 타당성을 가지는 정치적 공동체 내에서의 삶과 사적인 인간으로서 활동하며 다른 사람들을 수단으로 보고 자기자신마저도 수단으로 전락시켜서 낯선 힘들의 노리갯감이 되는 시민사회 내에서의 삶"이 그것이다(M/E., 제1권, 355쪽). 이 과정에서 시민국가의 관념론은 오로지 시민사회의 유물론의 완성일 뿐이다. 즉 그것은 시민사회가 가지고 있는 이기주의적 내용의 실현에 지나지 않는다. 그러므로 시민혁명의 의미는 이중적이다. 시민혁명은 한편으로 정치로부터, 다시 말해 일반적 내용이라는 가상으로부터 시민사회를 해방시킨다. 시민혁명은 동시에 관념적 독립성 속에서 구성된 공동체를 "욕구, 노동, 사적인 이해관계, 사법의 세계"를 —— 국가는 여기에 자연적 토대를 가지고 있다 —— 위해 도구화한다. 인권의 사회적 내용을 분석하여, 마르크스는 "인간이 공동체적 존재로서 행동하는 영역이 그가 부분적 존재로서 행동하는 영역의 밑으로 전락하였다는 점과 시토엥으로서의 인간이 아닌 부르주아로서의 인간이 진정한 본래 인간으로서 간주되고 있다는 점을" 읽어낸다. M/E., 제1권, 366쪽.

국가 시민을 스스로 파기한다면……, 그가 자신의 고유한 힘 (forces propres) 을 사회적 힘으로 인식하고 조직하며, 그러므로 사회적 힘을 정치적인 힘으로 서 인식하여 자신으로부터 분리시키지 않는다면, 비로소 인간적 해방은 완성 될 것이다. "[13] 이러한 관점은 차후 현대의 실천철학적 해석을 결정한다. [14] 실 천철학은 극도로 복잡한 사회체계의 기능적 제한하에서도 인류적 총체성의 이 념을 실현시킬 수 있는 전망은 풍부하다고 하는 직관에 따라 움직인다.

그러므로 마르크스는 『법철학』의 308장을 집요하게 분석하는데, 그곳에서 헤겔은 "개개인 모두는 보편적 문제들을 심의하고 결정하는 일에 관여해야만 한다"라는 이념을 논박하고 있다. 마찬가지로 마르크스도 스스로에게 부과한 과제, 즉 "스스로 정치적 사회로 변화하려는, 혹은 정치적 사회를 현실적 사 회로 만들려고 하는 시민사회의 노력"에 적합한 의사형성 구조를 명료화하려 는 과제를 이루지 못한다. [15] 마르크스와 헤겔의 유사점은 놀라울 정도이다. 두 사람 모두 자신들의 청년시대에 협동의 강제성 밑에 놓여 있는 의사소통 공동체 속에서 비강제적 의사결정을, 이분된 시민사회의 화해를 위한 모델로 이용할 수 있는 선택권을 유보하였다. 그러나 두 사람 모두 나중에는, 그것도 비슷한 이유에서 이 선택권의 사용을 포기하였다. 마르크스는 헤겔과 마찬가 지로 주체철학의 근본개념적 속박에 패한 것이다. 그는 우선 헤겔적인 태도로 단순히 유토피아적 사회주의의 당위성이라는 무력함으로부터 거리를 둔다. 헤 겔과 마찬가지로 그 역시 계몽의 변증법의 추진력에 의존한다. 즉 현대사회의 업적과 모순을 생성시킨 동일한 원칙으로부터 변혁적 운동과 이 사회의 이성 적 잠재력의 해방이 설명되어져야만 한다는 것이다. 그런데 마르크스는 점점

---

13) M/E., 제1권, 370쪽.

14) 내가 실천철학으로 말하고자 하는 것은 (비판이론, 부다페스트 학파, 그리고 사 르트르, 메를로-퐁티, 카스토리아디스의 실존주의, 파시(E. Paci)와 유고슬라비 아 실천철학자들의 현상학과 같은) 그람시, 루카치에게로 환원되는 서구 마르크 스주의의 견해뿐만이 아니라 미국 실용주의(미드와 듀이)와 분석철학의(테일러) 급진민주주의적 유형들도 포함된다. 이에 관해서는 번스타인의 교훈적인 비교를 참조할 것. R. J. Bernstein, *Praxis und Action* (Philadelphia, 1971).

15) M/E., 제1권, 324쪽.

더 효율적으로 되어가는 천연자원의 개발과, 전지구를 연결하는 교통망, 의사소통망의 집중적 확충과 사회의 현대화를 연관지운다. 생산력의 이러한 해방은 인식하는 주체의 반성 속에서라기보다는 생산하는 주체의 실천 속에 토대를 두는 현대의 원칙에 기인함에 분명하다.

이 목적을 위해서 마르크스는 근대철학의 모델 안에서 단지 중점을 옮기기만 하면 되었다. 이것은 동일한 근원을 가지고 있는 두 개의 주체-객체-관계들을 말한다. 인식하는 주체가 객관적 세계 안에 있는 무엇인가에 관해 진리를 내포할 수 있는 의견들을 형성하는 것과 마찬가지로 행위하는 주체는 객관적 세계 내에서 무엇인가를 생산하기 위하여 성공 여부에 따라 통제되는 목적활동을 실행한다. 형성과정이라는 개념이 인식과 행위를 매개한다. 인식과 행위의 매개수단을 통해 주체와 객체는 항상 새로운 관계형태를 맺게 되는데, 이 관계형태에 의해 인식과 행위는 그 형태에 있어 영향을 받고 변화하게 된다. 인식에 특권을 부여하는 반성철학은 정신의 형성과정을 (자기관계의 모델에 따라서) 의식화의 과정으로서 파악한다. 행위주체와 조작 가능한 대상들의 세계에 특권을 부여하는 실천철학은 유적 존재의 형성과정을 (자기외화의 모델에 따라서) 자기생산의 과정으로서 파악한다. 실천철학에 있어서 현대성의 원리로서 타당한 것은 자기의식이 아니라 노동이다.

이 원리로부터 과학-기술적 생산력들이 쉽게 도출된다. 그렇지만 실천개념 속에 시민문화의 이성적 내용과, 진보 속에 나타나는 퇴보를 확인할 수 있는 수단으로서 척도와 시민문화의 이성적 내용을 포함시키고자 한다면, 마르크스는 노동의 원리를 물론 너무 좁게 파악해서는 안 된다. 그렇기 때문에 청년 마르크스는 노동과 작품을 통해 자신의 고유한 본질적 존재력을 분출하고 동시에 관조를 통해 작품에 몰입함으로써 이 작품을 다시 자기것으로 만드는 예술가의 창조적 생산과 동화시킨다. 헤르더와 훔볼트는 스스로를 다변적으로 자기를 실현한다는 개인의 이상을 생각해 내었다. 쉴러와 낭만주의자들, 셸링과 헤겔은 이 표현주의적 형성이념을 생산미학을 통해 근거지웠다.[16] 그런데

---

16) Ch. Taylor, *Hegel* (Cambridge, 1975), 제1장, 3쪽 이하를 참조할 것.

마르크스는 이 예술주의적 생산성을 "유적 존재의 작품활동적 삶"에 전용함으로써, 사회적 노동을 생산자들의 집단적 자기실현으로서 파악할 수 있는 것이다.[17] 산업 노동을 규범적으로 내용있는 모델과 일치시킴으로써 그는 비로소 본질적 존재력의 대상화와 이 존재력의 소외와, 그리고 만족하여 자기자신에게로 돌아오는 실천과 단절되어 파편화된 실천을 결정적으로 분류할 수 있었다.

소외된 노동에서는 외화와 대상화된 본질적 존재력의 자기화의 순환과정이 단절된다. 생산자는 자기자신을 다시 발견할 수도 있는 생산품에 대한 향유로부터 소외되고, 또한 그렇게 됨으로써 또한 자기자신으로부터 소외된다.

표본적인 임금노동의 경우에, 사회적으로 생산된 부의 사적인 소유는 실천의 정상적 순환을 단절시킨다. 임금노동의 관계는 구체적 노동행위를 일종의 추상적 노동업적으로 변형시킨다. 즉 그것은 생산자로부터 벗어난 죽은 노동을 동시에 압류하는 자본의 자기평가의 과정에 기능적으로 기여하게 되는 것이다. 왜 임금노동자에게 소외된 존재력의 영역이 체계적으로 독립하게 되는가를 설명해 주는 기제는 임금과 노동력의 비대칭적 교환이다. 이와 같은 가치이론적 가설을 통해 실천개념의 예술적-표현적 내용은 확장되어 도덕적 내용을 첨부하게 된다. 왜냐하면 소외된 노동은 이제, 자기자신에게로 만족스럽게 회귀하는 실천이라는 생산미학적으로 파악된 모델로부터 벗어날 뿐만 아니라, 등가의 교환이라는 자연법적 모델로부터도 벗어난다.

끝으로 실천개념은 또한 "비판적-혁명적 활동"을 포괄해야만 한다. 다시 말해 사회적으로 연계되지 않은 노동자들이 살아 있는 노동에 대한 죽은 노동의 자본주의적 속박을 타파하고, 물신주의적으로 소외된 존재력을 자기화할 수 있는 자기의식적 정치적 행위를 포괄해야만 한다. 파열된 인류적 총체성이 소외된 노동으로 생각된다면, 그리고 소외된 노동은 분열을 스스로 극복해야 한다면, 해방적 실천은 노동 자체로부터 발생할 수 있어야 한다. 이 대목에서 마르크스는 헤겔과 유사한 근본개념적 난관에 부딪치게 된다. 즉 실천철학은

---

17) 실천철학의 토대에 대한 나의 비판에 관해서는 다음의 글을 참조할 것. J. Habermas, *Vorstudien und Ergänzungen zur Theorie des kommunikativen Handelns* (Frankfurt/M., 1984), 482쪽 이하.

죽은 노동을 병합되고 마비된 상호주관성으로 생각할 수 있는 수단을 제공하지 않는다. 그것은 비록 인식하는 주체의 반성을 통해서가 아니라 행위하는 주체의 목적합리성 속에 이성을 자리매김하고 있지만 여전히 주체철학의 변형으로 남는다. 지각될 수 있고 조작될 수 있는 대상들의 세계와 행위자와의 관계에서는 인지적-도구적 합리성만이 관철될 수 있다. 그리고 이 목적합리성을 통해서는 지금 해방적 실천으로서 파악되고 있는 이성의 통일적 힘은 전개되지 못한다.

서구 마르크스주의의 역사는 실천철학과 실천철학적 이성개념의 근본개념적 난점들을 보여주었다. 이 난점들은 모두 비판의 규범적 토대의 불분명성으로부터 기인한다. 이 난점들 중에서 적어도 세 가지는 기억되어야 한다.

1) 창조적 자기실현이라는 의미의 "자기활동"이라는 모델과 사회적 노동의 동일화는 기껏해야 수공업적 활동의 전형을 낭만주의적으로 변형시킬 때에만 설득력을 가질 수 있다. 예를 들면 당시 수공업 예술품을 선전하였던 존 러스킨과 윌리엄 모리스의 개혁운동은 이런 방향을 따르고 있다. 그런데 산업 노동의 발전은 점점 더 총체적 생산과정의 모델로부터 멀어졌다. 마르크스도 역시 일종의 모범으로 고양된 과거의 수공업적 실천에 방향을 맞추는 것을 마침내 포기하였다. 그렇지만 그는 노동가치이론의 전제조건 속에 이 실천개념이 가지고 있는 의심스러운 규범적 내용을 암암리에 수용하고, 동시에 이를 알아차리지 못하도록 만든다. 이는 마르크스적 전통에는 왜 노동의 개념이 이 노동개념에 내재하고 있는 목적합리성과 같이 계속해서 이의적일 수밖에 없는가를 설명해 준다.

마찬가지로 생산력에 대한 평가도 역시 극단에서 극단으로 변화한다. 어떤 사람들은 생산력의 발전을, 특히 과학-기술적 진보를 사회적 합리화의 추진력으로서 환영한다. 사회적 권력의 분배와 생산수단에 대한 차별적 접근기회를 규제하는 제도들은 생산력을 합리화하라는 압박을 받아 그 자체 혁명적으로 변화할 것을 그들은 기대한다. 다른 사람들은 계급지배의 비합리성과 융합되어 있는 자연지배의 합리성을 불신한다. 마르크스에게는 의심할 여지없이 해방적 잠재력이었던 과학과 기술이 루카치, 블로흐, 마르쿠제에게는 사회적 억압을 위한 더욱 효과적인 매개수단으로 전도된다. 이와 같이 대립적인 해석들이 나올 수 있는 이유는 마르크스가 명료한 목적활동의 합리성이 직관적으로 요청되고 있는 자기활동의 합리성과 어떤 관계에 있는가를, 다시 말해 자유로운 생산자들의 연합이라는 이미지 속에서 잡힐 듯 말 듯 나타나고 있는 사회적 실천에 대해 어떤 관계를 가지는가를 설명하지 않기 때문이다.

2) 또 다른 문제점은 죽은 노동과 살아 있는 노동의 추상적 대립으로부터 결과한다. 우리가 소외된 노동개념에서 출발하면, 사용가치를 지향하는 방향설정으로부터 분리된 생산과정은 소유권을 몰수당하고 익명적이 되어 버려 유령같은 형태만 남은 생산자들의 존재력으로 나타난다. 자본주의적으로 조직된 경제와 그 국가적 보충장치는 단순한 가상에 불과하고, 이 가상은 생산관계를 폐지하면 해체되어 없어질 것이라는 점을 실천철학적 관점은 암시한다. 이러한 시각에서 보면 행위 주체의 방향설정의 지평으로 수용될 수 없는 모든 구조적 분화들은 단숨에 정당성을 상실한다. 미디어에 의해 조종되는 하부체계들이 과연 계급구조와 무관한 기능적 고유 가치를 지닌 특성들을 내보여주는가 하는 물음은 제기조차 되지 않는다. 혁명이론은 오히려 사물화되고 체계적으로 독립한 모든 사회적 관계들이 원칙적으로 생활세계의 지평으로 수용될 수 있다는 기대를 일깨운다. 자본의 가상이 소실되면 가치법칙의 지배하에서 경직되었던 생활세계에 다시 자발성이 부여된다는 것이다. 그러나 만약 해방과 화해를 극도로 복합적인 생활관계가 탈분화된 양태로만 생각한다면, 체계이론은 완고한 복합성에 직면하여도 이성의 통합력을 순전한 환상으로 가볍게 치부해 버릴 것이다.

3) 앞의 두 난점들은, 실천철학의 규범적 토대들이, 그중에서도 특히 실천개념의 효용력이 비판적 사회이론의 과제를 수행하기에 충분한 것으로는 결코 천명될 수 없다는 사실과 밀접한 관련이 있다. 사회적 노동의 개념을 생산미학적으로 평가절상하는 것과 도덕적-실천적으로 확장하는 것은 정당화되어야 하는데, 이는 결코 인간학적 또는 실존철학적-현상학적 연구와 같은 방법론적으로 문제가 많은 연구를 통해서는 이루어질 수 없다. 따라서 목표지향적 행위와 자기주장의 목적합리성에서 얻을 수 있는 것보다 더 많은 이성을 실천의

개념에 집어넣지 않는 사람들이 훨씬 일관성있게 접근할 수 있다. [18]

물론 노동의 원칙은 현대가 합리성과 특별한 관계를 가질 수 있도록 보장한다. 그러나 실천철학은 반성철학이 그러했던 것처럼 동일한 과제에 직면하게 된다. 그리고 자기관계의 구조에서와 마찬가지로 자기외화의 구조에도 역시 자기객관화의 필연성이 선천적으로 주어져 있다. 그렇기 때문에 노동하는 개인들은 외면적 자연을 지배하는 정도에 따라 자기자신의 고유한 본성이 억압되는 대가를 치르고서만 정체성을 획득한다는 경향성이 유적 존재의 형성과정을 규정한다. 주체중심적 이성이 스스로 말려 들어가는 이 난관을 해결하기 위하여 헤겔은 한때 자기의식의 절대화에 정신의 절대적 자기매개를 대립시켰다. 그런데 이 문제는 납득할 만한 이유로 이 관념론적 방법을 포기한 실천철학에게도 면제되지 않는다. 오히려 실천철학에서 이 문제는 첨예화된다. 실천철학 자체가 사물화된 상관관계의 결과와 구성요소로서 이해되어야 한다면, 또 객관화의 압박이 비판적 이성의 내면에까지 침투해 들어온다면, 사회적 총체성으로까지 확장된 목적합리성의 도구적 이성에 대해 실천철학이 과연 무엇을 내세울 수 있다는 말인가?

『계몽의 변증법』에서 호르크하이머와 아도르노는 더 이상 이 난관으로부터 벗어나려 하지 않고, 오직 이 아포리아를 전개하고자 하였다. 그들은 물론 자신의 도구화에 저항하는 반혁적 자연의 움직임을 탐지하는 "상기(Eingedenken)"를 가지고 도구적 이성에 대적한다. 그들은 이 저항에 붙일 이름도 생각해 놓았다. 그 이름은 미메시스이다. 그것은 "동정(同情)"과 "모방"을 연상시키지만 이는 의도된 것이다. 이는 사람들 사이의 관계를 상기시키는데, 이 관계 속에서는 어떤 사람이 타자의 모범에 대해 탄력적으로 적응하며 동일화한다고 해서 반드시 자신의 정체성까지 포기할 필요는 없으며, 오히려 의존과 자율이 동시에 보장된다는 것이다. "화해된 상태는 철학적 제국주의를 수단으로 하여 타자를 합병하지 않고, 보장된 가까움과 친밀함 속에서 이질적인 것과 고유한 것의 경계를 초월하여 멀리 있는 것과 다른 것이 그대로 남아 있다

---

18) 생산 패러다임의 쇠퇴에 관해서는 아래의 「부언설명」을 참조할 것.

는 사실에 행복을 발견할 것이다. ”[19] 그러나 이 미메시스적 능력은 오직 주체
-객체-관계만을 위해 만들어진 개념성에서는 벗어난다. 그러므로 미메시스는
단순한 충동으로서, 이성에 대한 대립으로서 나타난다. 도구적 이성의 비판은
자신의 결함으로 말미암아 설명할 수 없는 것만을 결합으로써 고발할 수 있을
뿐이다. 왜냐하면 이 비판은, 주체로 하여금 외면적, 내면적 자연을 지배할
수 있게 만들지만, 객관화된 자연이 주체들에게 당한 것을 말할 수 있는 언어
를 그들에게 부여하지 못하는 개념들에 묶여 있기 때문이다. [20] “부정적 변증
법”의 방법을 통해 아도르노는 담론적으로 서술될 수 없는 것을 경계지으려고
시도한다. 그리고 자신의 『미학이론』을 통해 그는 인식능력이 예술에 자리를
양보하였음을 확증한다. 낭만주의 예술로부터 발생한——마르크스가 실천 개
념 속에 몰래 집어넣었던——예술적 경험은 아방가르드적 예술을 통해 급진
화된다. 이성과 함께 한때 의도되었던 모든 것을 자신의 폐허 속에 묻어 버린
실천에 반대하는 유일한 증인으로서 아도르노는 예술을 지칭한다. 그런데 비
판은, 왜 미메시스적 능력이 이론적 접근방식으로부터 벗어나 한동안 현대예
술의 첨단 작품 속에 숨어 있었는가를 오직 묵상의 방법을 통해서만 보여줄
수 있을 뿐이다.

4

실천철학에 대한 신보수주의적 답변

오늘날, 특히 사회과학의 영역에서, 마르크스주의에 실망한 무대를 장악하
고 있는[21] 신보수주의는 헤겔우파의 모티브에 주로 의존하고 있다. 헤겔의 공
식적 제자들은——나는 여기서 특히 로젠크란츠, 힌릭스, 오펜하임을 언급하

---

19) T. W. Adorno, *Negative Dialektik, Werke* Bd.6 (Frankfurt, 1973), 192쪽.

20) 이에 관해서는 「다섯째 강의」를 참조할 것.

21) H. Steinfels, *The Neoconservatives* (N.Y., 1979) ; R. Saage, “Neokonservatives Den-
ken in der Bundesrepublik”, *Rückkehr zum starken Staat?* (Frankfurt/M., 1983),
228쪽 이하 ; H. Dubiel, *Die Buchstabierung des Fortschritts* (Frankfurt/M., 1985).

게 될 것이다——마르크스보다 몇 살 위인 동시대인들이다. 그들은 마르크스에 대해 직접 반응하지 않았지만, 프랑스와 영국에 있었던 초기 사회주의적 이론과 운동들의 도전에 대해서는 반응을 보였다. 그런데 이 이론과 운동들은 독일에서는 특히 로렌츠 폰 스타인에 의해 알려졌다. [22] 이 제1세대 헤겔주의자들은 스스로를 3월 혁명 전 자유주의의 대변인으로 이해한다. 그들은 헤겔의 법철학에서 자유주의적 법치국가와 일정 정도의 사회국가적 개혁을 정치적으로 관철시킬 수 있는 여지를 확보하고자 노력한다. 그들은 개념에 의거하여 오직 현실적인 이성과 이 이성이 역사적으로 등장하는 무힌한 형식들 사이의 중점을 옮겨놓았다. 경험적 관계들 속에는 사실적으로는 이미 극복된 과거들이 여전히 재생산되기 때문에, 이 경험적 관계들은 완성을 필요로 한다. 헤겔 좌파와 마찬가지로 헤겔우파들은 "사상 속에 종합되어 있는 현재는 단지 이론적으로만 사상 속에 존재하고 있는 것이 아니라 실천적으로 현실을 관통하고자 한다"는 사실을 확신한다. [23] 또한 그들은 현재를 철학을 실현할 수 있는 특권적 장소로서 이해한다. 이념들은 존립하고 있는 이해관계와 결합해야 한다는 것이다. 또한 그들은 국가라는 정치적 실체를 철저하게 시간화된 의지형성의 과정 속에 편입되어 있는 것으로 본다. [24]

---

22) 1849년에 출간된 로렌츠 폰 스타인(Lorenz v. Stein)의 세 권의 책 『프랑스에서의 사회운동사』는 『오늘날 프랑스의 사회주의와 공산주의』에 관한 그의 저서의 연장이다. Lorenz von Stein, *Geschichte der sozialen Bewegung in Frankreich* (Darmstadt, 1959).

23) H. F. W. Hinrichs, "Politische Vorlesungen", H. Lübbe(Hrsg.), *Die Hegelsche Rechte* (Stuttgart, 1962), 89쪽.

24) 정당과 여론개념에 관한 로젠크란츠(Rosenkranz)의 논고들은 현대적 시대의식이 헤겔 법철학의 세계에 침투해 들어갔다는 사실을 극적인 방식으로 반영한다 (Lübbe, 1962, 59쪽 이하와 65쪽 이하). 미래가 과거에 대항하는 과정에서 역사적 연속은 일련의 현실성들로 분해된다. 항상 변화하려는 속성을 가지고 있는 여론은 이러한 투쟁의 매개수단이다. 그런데 이 투쟁은 단지 진보당과 보수당 사이에서만 이루어지는 것이 아니라 모든 정당들의 내면에까지 침투해 들어간다. 이 투쟁은 모든 개개 정당들이 미래와 과거의 양극화의 소용돌이 속에 휩쓸려 들어가도록 만들며, 또 이 정당들을 당파, 정파, 도당들로 분열시킨다. 현재의 운동 속에서 미래를 구현하는 아방가르드의 생각조차 자유주의자들에게 낯설지 않다. 아방가르드의 생각은 공산당 선언에서 가장 결정적인 방식으로 표현된다.

헤겔우파들 역시 시민사회가 안고 있는 갈등의 잠재력을 간과하지는 않는다. 그렇지만 그들은 공산주의적 방식을 단호하게 거절한다. [25] 헤겔의 자유주의적 제자들과 사회주의적 제자들 사이에는 국가와 사회의 분화에 관해서 이견이 존립하는데, 전자는 이 분화를 우려하고 후자는 이를 원한다. 마르크스는 공공력으로부터 정치적 성격을 제거하는 사회의 자기조직은, 반대자들의 견해에 의하면 이로 인해 오히려 야기되었다고 하는, 바로 그 상태를 종식시켜야 한다고 확신하였다. 다시 말해 자연적 이해관계의 직접적 경쟁으로 실체적 인륜성이 남김없이 해체되는 상태를 종식시켜야 한다는 것이다. 쌍방은 모두 시민사회가 필요국가 또는 오성국가라고 비판적으로 평가한다. 그런데 이 오성국가는 개인의 복지와 생계만을 목적으로 하고, 개인의 노동과 향락을 내용으로 하며, 자연적 의지를 원칙으로 삼고, 욕구의 다양화를 필연적 결과로 만든다. 물론 헤겔우파들은 시민사회에서 사회성의 원리가 일반적으로 실현되었다고 보면서, 정치적인 것과 사회적인 것의 차이가 다시 없어지면 사회성의 원칙이 절대적으로 지배해야 한다고 주장한다. [26] 사회는 본래 자연적 욕구, 소질, 재주들이 불평등한 영역으로 나타난다. 그리고 사회는 객관적 상관관계를 형성하는데, 이 관계가 가지고 있는 기능적 명법은 어쩔 수 없이 행위의

---

25) 오펜하임(Oppenheim)은 "경쟁, 수요와 공급의 맹목적인 지배"에 대항하여, 그리고 "자본과 거대한 토지소유의 전제"에 대항하여 논쟁을 전개한다. 자본과 대토지 소유는 그대로 내버려두면 "항상 지주들의 참주정치를 야기시킬 것이라고" 한다(H. B. Oppenheim, in : Lübbe, 1962, 186쪽 이하). 국가는 소위 말하는 신성화된 산업상태에 간섭해야 한다. "행정부는 거대한 자본가들이 자유경쟁이라는 기만적 보호의 미명 아래 모든 국부, 재산, 행복을 빼낼 수 있는 배수구를 파고 있는 것을 묵묵히 바라보았다"(Oppenheim, in : Lübbe, 1962, 193쪽). "노동자가 자신의 삶을 보존하고 지성적이 될 수 있으며 또 소유를 획득할 수 있는 상태에 있을 수 있도록 그에게 보장될 때에만", 노동과 욕구의 체계는 주관적 자유의 약속을 지킬 수 있다는 점을 힌릭스(Hinrichs)는 간파한다(Hinrichs, in : Lübbe, 1962, 131쪽). 그리고 로젠크란츠는 "긴박한 사회문제"가 해결되지 않는다면 "새로운 피의 혁명"이 일어나야 한다고 기대한다(Rosenkranz, in : Lübbe, 1962, 150쪽).

26) Lübbe는 변함없이 이 입장을 대변한다. 이에 관해서는 그의 글 "Aspekte der politischen Philosophie des Bürgers", *Philosophie nach der Aufklärung* (Düsseldorf, 1980), 211쪽 이하.

주관적 방향설정에 철저한 영향을 미친다. 평등의 국가시민적 원칙을 사회에 도입하고, 또 사회를 연합한 생산자들의 민주주의적 의지형성에 예속시키고자 하는 모든 시도들은 바로 이와 같은 구조와 복합성으로 말미암아 좌초한다. [27]

훗날 막스 베버는 이 비판을 수용하여 더욱 강화시켰다. 사적 자본주의의 폐지가 결코 현대적 산업노동이라는 강철 집의 파괴를 의미하지 않을 것이라고 한 그의 예견은 정당하였다. "현존 사회주의"에서 시민사회를 정치적 사회로 해체하고자 하는 시도는 실제로 정치사회의 관료제화만을 초래하였다. 이 시두는 경제적 강압을 모든 생활영역에 침투해 들어간 행정적 통제로 확장하였을 뿐이다.

다른 한편으로 강력한 국가의 재생능력을 믿었던 헤겔우파의 신뢰는 무너지게 된다. 로젠크란츠는 예컨대 주제를 변호하는데, 그 이유는 군주제만이 당파들을 초월하여 군림하는 정부의 중립성을 보장하고, 서로 다른 이해간의 적대관계를 진정시키고, 또 특수자와 일반자의 통일성을 보증할 수 있다는 것이었다. 그의 견해에 의하면 "여론의 책으로부터 필요가 요청하는 것을 읽어낼 수 있는" 한에서 정부는 최고의 장치로 남아 있어야만 한다는 것이다. [28] 여기서 비롯하는 하나의 정신사적 계보는 칼 슈미트를 거쳐, 바이마르 공화국이 처해 있던 통치불가능성을 바라보며 총체적 국가를 정당화해야 한다고 믿었던 헌법학자들에까지 이어진다. [29] 이러한 전통선상에서 실체적 국가의 개념은 적나라한 구원주의적 국가의 개념으로 변형될 수 있었다. 왜냐하면 헤겔 우파들이 여전히 주장하고 있는 주관정신, 객관정신, 절대정신의 위계질서가 그동안 철저하게 파괴되었기 때문이었다. [30]

---

27) "완성된 전체를 형성하지 않고 개인들의 무한한 생산과 무한하게 다양한 생산을 통해 매일매일 자신을 새롭게 생산하고 형성하는 것을 우리는 어떻게 공동체적으로 경영할 수 있는가? (Oppenheim, in, Lübbe 1962, 196쪽)

28) Rosenkranz, in : Lübbe(1962) 72쪽.

29) E. Forsthoff, E. R. Huber, K. Larenz의 관계된 글들에 관해서는 다음을 참조할 것. H. Marcuse, "Der Kampf gegen den Liberalismus in der totalitären Staatsauffassung", *Zeitschr. f. Sozialforschg*, Jg. 3, 1934, 161쪽 이하.

30) 이와 같은 해체는 헤겔좌파에 의해 이루어졌다. 급작스럽게 진보하는 자연과학과 정신과학들, 즉 실증주의와 역사주의에 관한 방법론적 반성들은 단순한 오성

파시즘이 끝난 이후 헤겔우파들은 두 가지를 수정함으로써 새로운 시작을 감행한다. 한편으로 그들은 자연과학과 정신과학의 정착된 오성문화 외에는 이성에게 어떤 권리도 부여하지 않는 과학이론과 화해한다. 다른 한편으로 그들은 (자본주의적 경제와 기능적으로 얽혀 있는) 국가가 노동분업적 산업사회에서 개인의 사적, 직업적 실존을 보장할 뿐이지 결코 이를 도덕적으로 높여주는 것은 아니라는 사회학적 계몽의 결과를 수용한다. 이러한 전제조건하에서 한스 프라이어, 요아힘 리터와 같은 저자들은 헤겔우파의 사고방식을 혁신한다.[31] 이 과정에서 결별하였던 철학의 이론적 유산이 정신과학에 부가된다. 그리고 도덕, 종교, 예술과 같은 전통의 힘들에게는 더 이상 국가로부터 기대할 수 없는 보완적 역할이 부가된다. 변화된 이 논증방식은 사회적 현대에 대한 긍정적 입장을 동시에 문화적 현대의 평가절하와 결합시킬 수 있는 토대를 마련한다. 이런 평가모형은 오늘날 독일에서뿐만 아니라 미국에서도 마찬가지로 신보수주의적 시대진단에 깊은 영향을 주고 있다.[32] 나는 이를 우리에게 영향력이 큰 요아힘 리터의 작업을 토대로 밝혀보고자 한다.

첫째 해석의 단계에서 리터는 현대가 자기이해를 획득하게 된 원천으로서 시대의식과 현대를 구별한다. 현대사회가 인간을 주관적 본성, 향락, 노동으로 축소시켰고, 또 현대사회는 외면적 자연의 산업적 이용과 착취를 통해 스스로를 재생산하기 때문에, 리터는 현대의 역사적 본질이 몰역사적 자연관계로 성격지워져 있다고 파악한다. 현대세계는 "역사적 질서들을 인간의 사회적

적 사유를 넘어서고자 하는 모든 것을 쓸모없는 것으로 평가절하하였다. 로젠크란츠는 여전히 역사 내에서 작용하고 있는 정신의 무한한 장엄함을 말하였다. 그렇지만 이런 종류의 역사철학은 19세기말에 이미 낡아 버렸다. 시민사회를 국가를 통해 발전적으로 지양한다는 생각을 고수하는 사람은 정치적 권력이라는 유명론적 개념만을 가지고 있을 뿐이다. 그런데 막스 베버는 이 개념으로부터 모든 이성의 함의를 박탈해 버렸다. 국가는 기껏해야 친구-적-관계로부터 유래하는 실존주의적 의미들만을 가질 수 있었다.

31) H. Freyer, *Weltgeschichte Europas*, 2 Bde.(Wiesbaden, 1948) ; *Theorie des gegenwärtigen Zeitalters*(Stuttgart, 1955) ; J. Ritter, Metaphysik und Politik (Frankfurt/M., 1969).

32) J. Habermas, "Neokonservative Kulturkritik in den USA und in der Bundesrepublik", *Die Neue Unübersichtlichkeit*(Frankfurt/M., 1985).

존재로부터 분리시킨다. "[33] 그리고 사회적 실존의 이분은 이와 같은 몰역사성에 근거를 두고 있다. "새로운 시대와 함께 출현한 것은 전통적 역사의 종말이다. 미래는 역사적 출처와 아무런 관계가 없다. "[34]

이 서술은 두 가지 필연적 결과를 암시하고 있다. 한편으로 사회적 현대는 역사의 전승사건으로부터 벗어난 고유한 진화론적 역동성을 전개하는데, 이 역동성은 역으로 현대에 제2의 본성과 같은 안정성을 부여한다. 이와 결합되어 있는 기술관료제적 관념은 현대화 과정이 그 무엇에도 영향을 받지 않는 사태의 강압적 논리에 의해 조종된다고 말한다. 다른 한편으로 현대세계의 시민들이 누리는 주관적 자유는 역사적 생활질서로부터 추상 덕택이다. 낡아빠진 전통의 완충장치가 행하는 정지효과가 없었더라면 시민들은 물론 경제와 행정의 기능적 명법들에 무방비하게 내맡겨졌을 것이다. 이와 결합되어 있는 역사주의적 생각에 의하면 소외의 양태로 등장하는 주관적 자유는, 가치가 박탈된 전통의 힘들이 보완적 역할을 수행할 때에만, 총체적 사회화와 관료제화의 위험으로부터 보호될 수 있다. 객관적 타당성에 있어 전통의 힘들은 이미 파괴되었다. 그런데 이들은 "개인적 삶, 주체성, 출신"이라는 사적 신앙의 힘으로서 강화되어야 한다. [35] 현대사회에서 외면적으로 단절된 역사의 연속성은 내면적 자유의 영역 안에서 보존되어야 한다. "신에 관한 지식을 신앙적으로 보존하고, 예술적으로 아름다움을 보존하고, 도덕성으로서 인륜적인 것을 보존하여 현재화해야 할 과제를 주체성이 떠맡았다. 그런데 이러한 것들은 사회의 토대 위에 세계를 사물화하는 과정에서 순전히 주관적인 것이 된다. 그것이 주체성의 위대함이며, 세계사적 직무이다. "[36]

리터는 이 보상이론의 난점을 느끼긴 하였지만, 역사적으로 계몽되었기 때문에 절망적이라고 할 수 있는 전통주의의 역설을 실제로 파악하지는 못하였다. 만약 과학만이 진리의 견해를 정당화할 수 있는 권위를 가지고 있다면,

---

33) J. Ritter, *Hegel und die französische Revolution* (Frankfurt/M., 1965), 62쪽.

34) Ritter (1965), 45쪽.

35) Ritter (1965), 70쪽.

36) J. Ritter, "Subjektivität und industrielle Gesellschaft", *Subjektivität* (Frankfurt/M., 1974), 138쪽.

종교적, 형이상학적 세계상들의 붕괴와 더불어 상실되어 버린 전통들이 어떻게 주관적 신앙의 힘으로 존속될 수 있는가? 리터는 신앙의 힘이 이를 현재화시키는 정신과학적 매개수단을 통해 신뢰성을 회복할 수 있다고 생각한다.

현대과학들은 철학적 전통이 주장하는 이성의 요청과 관계를 끊었다. 현대과학과 더불어 이론과 실천의 고전적 관계는 전도된다. 기술적으로 이용 가능한 지식을 산출하는 자연과학들은 실천의 반성형식으로 되었고, 제1의 생산력이 되었다. 이것들은 현대사회의 기능연관에 속해 있다. 이 점은 다른 의미에서 정신과학에게도 해당한다. 정신과학들은 비록 사회적 삶의 재생산에 기여하지는 않지만, 사회적 결함들을 보상하는 데 기여한다. 현대사회는 "몰역사성을 보상해 주고, 현대사회가 배제할 수 있는 역사적, 정신적 세계를 열어놓고 또 현실적으로 유지할 수 있는 어떤 기관"을 필요로 한다. [37] 그렇지만 정신과학의 기능을 언급함으로써 그 내용의 이론적 타당성을 정당화하기는 쉽지 않다. 리터와 더불어 우리가 정신과학의 객관주의적 자기이해로부터 출발한다면, 과학적 방법의 권위가 왜 이런 방식으로 역사적으로 현재화되는 내용들에 부여되어야 하는가를 쉽게 이해할 수 없다. 리터의 시각에서 보면 역사주의가 해결하는 문제의 표현은 바로 역사주의 자체이다. 정신과학적 문예화가 탈가치화된 전통의 힘에 구속력을 되돌려주지는 않는다. 증가한 계몽주의의 역사적 형태는 18세기의 비역사적 계몽주의와 더불어 등장한 거리유지의 효과를 중성화할 수는 없다. [38]

요아힘 리터는 현대사회에 대한 기술관료제적 해석을 전통문화에 대한 기능주의적 평가절상과 결합시킨다. 이로부터 그의 신보수주의적 제자들은 다음의 결론을 끌어낸다. 즉 보상적으로 충족된 현대의 상에 맞지 않는 모든 달갑잖은 현상들은 "의미 중개인들"의 문화혁명적 활동에 귀속되어야 한다는 것이다. 신보수주의자들은, 이성적 현실과 이 현실에 대한 비판가들의 의식 사이

---

37) J. Ritter, "Die Aufgabe der Geisteswissenschaften in der moderne Gesellschaft", in Ritter(1974), 131쪽.

38) H. Schnädelbach, *Geschichtsphilosophie nach Hegel. Die Probleme des Historismus* (Freiburg, 1974).

에 끼어드는 추상들에 대한 노년 헤겔의 비판을——물론 역설적 방식으로 ——반복한다. 왜냐하면 비판가들의 주관성이 이제는, 그들이 객관성으로 구체화된 이성을 파악할 능력이 없다는 데 있는 것이 아니기 때문이다. 오히려 비판가들의 결함으로 지적되는 것은 그들이 여전히 실재가 이성적 형태를 띨 수 있다는 기대로부터 출발한다는 사실이다. 비판가들은 과학적 진보가 "이념 정치적으로 대수롭지 않은 것"이 되어 버렸다는 사실을 자신들의 반대자들로부터 배워야 한다. 경험과학적 인식들은 기술적 혁신 또는 사회기술적으로 추천되는 정책을 가져오고, 정신과학적 해석들은 역사적 연속성들을 가져온다. 보다 포괄적인 이론적 요구를 하는 사람과, 대가의 족적을 밟으며 철학과 사회이론을 추구하는 사람은 지성인으로서 자신을 배신한다. 즉 그는 계몽주의자의 탈을 쓴 유혹자로서 새로운 계급의 성직자 지배에 참여하는 것이다.

불안한 사회적 현대의 보상 필요성으로부터 신보수주의자들은 현대문화의 폭발적 내용물의 뇌관을 제거해야 한다는 또 다른 결론을 도출해 낸다. 신보수주의자들은 미래지향적 조명기의 광도를 낮추고, 현대화의 역동성 속으로 빨려 들어가지 않는 문화적인 모든 것을 상기적 보존의 관점으로 다시 흡수한다. 이 전통주의는 도덕적 보편주의가 가지고 있는 구성적, 비판적 관점의 권리를 박탈하고, 마찬가지로 아방가르드적 예술이 지닌 창조적 반혁적 힘을 빼앗는다. 과거지향적 미학은[39] 특히 초기 낭만주의에서 처음으로 등장한 모티브들을 대수롭지 않은 것으로 평가하지만, 니체의 이성비판은 이 모티브들로부터 미학적 영향을 받았다.

니체는 헤겔좌파와 헤겔우파의 반대자들이 여전히 활동하고 있는 공간인 서양 합리주의의 틀을 파괴하고자 한다. 하이데거와 바타이유에 의해 두 방향으로 변형되어 지속되고 있는 이 반인간주의가 현대성의 담론에 대해서는 실질적인 도전이다. 니체에게서 나는 우선 이러한 도전의 급진적 입장 뒤에 숨겨져 있는 것을 탐구하고자 한다. 이 방법도 역시 주체철학으로부터 진지하게 빠져 나오지 못한다는 사실이 결국 밝혀지게 된다면, 우리는 헤겔이 예나에서

---

39) J. Ritter, "Landschaft. Zur Funktion des Ästhetischen in der modernen Gesellschaft",
   Ritter(1974), 141쪽 이하.

무시하였던 대안으로 되돌아가야만 할 것이다. 다시 말해 계몽의 변증법을 다른 각도에서 조명하는 의사소통적 이성의 개념으로 돌아가야 한다. 아마 현대성의 담론은, 마르크스가 헤겔을 비판하였을 때 직면하였던 첫번째 갈림길에서 잘못된 방향을 택하였을 것이다. [40]

---

[40] 이에 관해서는 열한째 강의를 참조할 것.

부언설명

생산 패러다임의 쇠퇴

현대성의 이론이 반성철학의 근본개념들, 즉 인식, 의식화 그리고 자기의식의 개념들에 방향을 맞추고 있는 한, 이성개념 또는 합리성과의 내면적 연관관계는 분명하다. 이러한 점이 행위, 자기생산, 노동과 같은 실천철학의 근본개념들에 대해서도 무조건 타당한 것은 아니다. 물론 실천과 이성, 생산적 활동과 합리성의 개념들이 가지고 있는 규범적 내용들은 마르크스의 노동가치론 속에, 물론 쉽게 꿰뚫어볼 수 없는 방식으로, 서로 결합되어 있다. 그러나 이러한 결합관계는 늦어도 우리가 처해 있는 세기의 20년대에 들어와서 해체된다. 이때 그람시, 루카치, 코르쉬, 호르크하이머와 마르쿠제 같은 이론가들이 제2인터내셔널의 경제주의와 역사 객관주의에 반대하여 사물화의 비판이 가지고 있는 본래의 실천적 의지를 주장한다. 서구 마르크스주의 내에서 한편으로는 막스 베버를 수용하는, 그리고 다른 한편으로는 후설과 하이데거를 수용하는 두 전통계열이 분리된다. 청년 루카치와 비판이론은 사물화를 합리화로서 파악하고, 또 헤겔철학을 유물론적으로 자기화함으로써 합리성의 비판적 개념을 획득하지만 그렇다고 생산 패러다임을 요구하지는 않는다. [41]

---

[41] 이 점에 대해서는 H. Brunkhorst, "Paradigmakern und Theoriendynamik der kritischen Theorie des Gesellschaft", *Soziale Welt* (1983), 25쪽 이하.

이와는 반대로 청년 마르쿠제와 후기 사르트르는 초기저서에 나타난 마르크스를 후설적 현상의 시각에서 읽고, 규범적으로 내용있는 실천개념을 발전시킴으로써, 그동안 상당히 약화된 생산 패러다임을 부활하지만, 그렇다고 합리성의 개념을 요구하지는 않는다. 생산적 활동으로부터 의사소통적 행위로 패러다임의 변화가 이루어질 때, 그리고 이를 통해——철학적 노동개념에 관한 마르쿠제의 논고 이래로 항상 마르크스의 실천개념과 합성되었던——생활세계개념을 의사소통이론적으로 변형시키는 것이 가능해질 때, 두 계열의 전통들은 비로소 다시 결합한다. 다시 말해 의사소통적 행위이론은 실천과 합리성의 내면적 관계를 정립하는 것이다. 이 이론은 일상생활의 의사소통적 실천에 전제되고 있는 합리성의 조건들을 연구하고, 상호이해를 지향하는 행위의 규범적 내용을 의사소통적 합리성의 개념 속에 수용한다.[42] 즉 비판적 사회이론의 규범적 토대들이 두 전통계열의 어떤 측에 의해서도 입증될 수 없다는 사실에서 패러다임 변화의 동기가 유발된다. 베버-마르크스주의의 아포리아는 다른 곳에서 분석한 바 있다. 생산 패러다임을 현상학에 기대어 재생하고자 하는 마르크스주의의 어려움을 나는 부다페스트 학파의 두 작업을 통해 논의하고자 한다. 역설적이게도 후기 루카치는 실천개념을 인간학적으로 전환시키는 길을 닦았으며, 실천의 개념을 "일상세계"로서 재활성화하는 데에 노선변경의 역할을 하였다.[43]

후설은 실천이라는 구성개념을 생활세계의 맥락에서 도입하였다. 물론 그는 본래 순수하게 마르크스주의적인 문제 설정에 적합하지는 않다. 예를 들어 베르거와 루크만이 알프레드 슈츠에 의존하여 발전시키고, 아그네스 헬러가 루카치에 의존하여 발전시킨 일상세계의 이론들이 서로 독립적으로 발생하였지만 상당한 유사점을 보이고 있다는 사실에서 이 점은 잘 드러난다. 두 경우에 있어 핵심은 객관화의 개념이다. "인간의 표현능력은 객관화의 힘을 소유하고 있다. 즉 그것은 생산자에게뿐만 아니라 다른 사람들에게도 공동세계의 요소로서 파악될 수 있는 인간활동의 산물을 통해 표현된다.[44]

---

42) J. Habermas, *Theorie des kommunikativen Handelns* (Frankfurt/M., 1981).

43) G. Lukács, *Zur Ontologie des gesellschaftlichen Seins,* 3 Bde. (Neuwied, 1971).

영어 원본에 사용된 "인간적 표현성(human expressivity)"이라는 표현은 생산과정과 형성과정에 관한——테일러가 헤르더에게까지 거슬러 올라간다고 지적하고 있는——표현주의적 모델을 지시하는데, 이 모델은 헤겔과 마르크스, 낭만주의와 포이어바흐에 의해 매개되었다.[45] 본질적 존재력의 외화와 자기화라는 모델은 한편으로는 아리스토텔레스의 형상개념을 역동화한 데 힘입고 있다. 개인은 자신의 고유한 생산활동을 통해 본질적 존재력을 전개한다는 것이다. 다른 한편으로 그것은 아리스토텔레스의 형상개념을 미학적 형식개념과 반성철학적으로 매개한 덕택이다. 주체성이 외면적 형태를 얻게 되는 객관화들은 동시에 의식적 창조활동과 무의식적 형성과정의 상징적 표현이라는 것이다. 그러므로 예술가적 천재의 생산성은, 인간의 본질적 존재력의 객관화가——외면적 자연에 대해서뿐만 아니라 내면적 본성에 대해 가지는——폭력의 성격을 상실할 정도로 자율과 자기실현을 잘 결합시킨 활동의 모범적 전형이다. 베르거와 루크만은 이 이념을 후설의 초월적 의식의 세계형성적 생산성과 결합하고, 사회적 재생산의 과정을 이 모델에 따라 파악한다. "인간의 일상적 자기외화의 생산물이 객관적 성격을 획득하는 과정은 객관화이다."[46]

그러나 대상화는 인간이 본질적으로 가지는 존재력의 외화, 객관화, 소유, 재생산의 순환과정에 있어 한 단계만을 서술할 뿐이다. 그런데 이 순환과정에는 창조적 활동들이 사회적 주체의 형성과정과 결합되어 있다. "사회는 인간의 생산물이다. 사회는 객관적 현실이다. 인간은 사회적 생산물이다."[47]

이 생활세계적 실천이, 여전히 의식철학적인 시각에서, 선험적으로 밑바탕에 놓여 있는 주체성의 업적으로서 해석되기 때문에, 이 실천에는 자기반성의 규범성이 내재하고 있다. 의식화의 과정에는 오류의 가능성이 이미 구조적으로 설치되어 있는 것이다. 즉 자신의 업적을 하나의 즉자존재로 실체화하는 오류의 가능성이 들어 있다. 포이어바흐가 종교비판에서, 그리고 칸트가 초월

---

44) P. Berger/Th. Luckmann, *Die gesellschaftliche Konstruktion der Wirklichkeit*(Frankfurt/M., 1966), 36쪽.

45) Ch. Taylor, *Hegel*(Cambridge, 1975), 76쪽 이하.

46) Berger/Luckmann(1966), 65쪽.

47) 같은 곳.

적 가상의 비판에서 행하고 있듯이, 후기 후설은 과학비판에서 이러한 사유의 유형을 사용한다. 그러므로 베르거와 루크만은 후설의 객관주의 개념을 아무런 어려움 없이 사물화 개념과 결합할 수 있다. "사물화는 인간의 생산물이 마치 인간의 생산물과 다른 것 같다는 견해이다. 즉 그것을 자연적으로 주어진 것, 우주적 법칙의 결과 또는 신적 의지의 현시로 파악하는 것이다. 사물화가 함축하고 있는 의미는 인간은 인간세계에 대해 가지고 있는 자신의 창시자적 성격을 망각할 수 있다는 점이다. 더 나아가서 생산자와 인간 생산물 사이의 변증법이 의식에서 사라졌다는 점을 사물화는 함축한다. 사물화된 세계는 정의에 따르면 탈인간화된 세계이다. 인간은 이 세계를 이질적 사실성으로서 체험을 한다. 즉 자신의 생산적 업적에 의한 "고유 세계(opus propium)"로서 체험하지 않고, 아무런 통제도 할 수 없는 "소외 세계(opus alienum)"로서 체험하는 것이다.[48] 사물화의 개념 속에는 표현주의적 모델의 규범적 내용이 반영된다. 더 이상 자신의 생산물로서 의식될 수 없는 것은 자신의 생산성을 제한하고, 동시에 자율과 자기실현을 저해하고, 주체를 세계로부터뿐만 아니라 자기자신으로부터도 소외시킨다.

　이 반성철학적 규정들은, 세계의 생산 또는 구성에 관한 관념론적 사유방식이 유물론적으로 다시 말해 문자 그대로 생산과정으로 파악된다. 실천철학에 의해 자연주의적으로 직접 전환될 수 있다. 이런 의미에서 아그네스 헬러는 일상생활을 "자기재생산을 위한 개인들의 활동의 총체로서 정의하는데, 이 활동들은 동시에 그때그때마다 사회적 재생산의 가능성을 창조한다"는 것이다.[49] 마지막으로 후설에 의해 전개된 실천에 관한 관념론적 구성개념을 유물론적으로 해석함으로써 "생산"은 노동력의 지출로, "객관화"는 노동력의 대상화로, "생산된 것"의 "자기화"는 물질적 욕구의 충족, 즉 소비로 변화한다. 생산자의 외화된 존재력을 이질적인 것으로서, 그들의 통제로부터 벗어난 것으로서 압류하는 "사물화"는, 사회적으로 생산된 부의 특권적 소유로 말미암

---

48) Berger/Luckmann(1966), 95쪽.

49) 이에　관해서는　A. Heller, *Das Alltagsleben*(Frankfurt/M., 1978) ; *Alltag und Geschichte*(Neuwied, 1970)를 참조할 것.

아, 그리고 궁극적으로 생산수단에 대한 사적 소유로 말미암아 야기된, 물질적 착취로 변한다. 이 해석의 전환은 물론 일상적 실천의 개념에서 토대주의적 의식철학의 정당화 의무와 방법론적 어려움을 면제하는 장점을 가지고 있다. 그런데 이 부담들은 베르거와 루크만이 청년 마르크스의 실천개념을 후기 후설에 동화시킴으로써 떠맡은 것이다.

그러나 반성철학적 뿌리로부터 단절된 생산 패러다임은 그것이 유사한 사회이론적 업무를 수행해야만 한다면 적어도 세 가지 새로운 문제들을 수반한다. (1) 생산 패러다임이 실천의 개념을 제한함으로써 노동 또는 생산품의 산출이라는 패러다임적 활동유형이 언어능력과 행위능력이 있는 주체들의 다른 문화적 표현형식 전체에 대해 어떤 관계를 가지는가 하는 물음이 제기된다. 아그네스 헬러는 협의의 노동생산물과 마찬가지로 제도와 언어적 표현형식들도 역시 "유적 존재에 적합한 객관화"에 속한다고 생각한다.[50] (2) 생산 패러다임은 실천의 개념을 자연주의적 의미에서 규정하여, 사회와 자연 사이의 신진대사 과정으로부터 과연 규범적 내용이 도출될 수 있는가 하는 물음이 제기된다. 아그네스 헬러는 소외된 일상생활의 길들여진 단조로움으로부터 창조적으로 탈피할 수 있는 모델로서 여전히 타당한 것으로서 아무런 어려움 없이 예술가와 과학자들의 생산적 활동을 아무런 거리낌없이 끌어댄다.[51] (3) 생산 패러다임은 분명히 실천개념에 경험적인 의미를 부여하기 때문에, 과연 역사적으로 예측할 수 있는 노동사회의 종말과 더불어 이 패러다임이 설득력을 상실하는 것인가 하는 물음이 제기된다. 클라우스 회페는 지난 번 독일 사회학자 대회의 개회사를 이 질문으로써 시작한 바 있다.[52] 여기서 나는 마르쿠스가 논쟁적으로 검토하였던 첫번째 두 문제에 국한하고자 한다.[53]

---

50) A. Heller(1978), 182쪽 이하.

51) A. Heller(1970), 25쪽 이하.

52) C. Offe, "Arbeit als soziologische Schlüsselkategorie? J. Matthes(Hrsg.), *Krise der Arbeitsgesellschaft*(Frankfurt/M., 1983), 38쪽 이하.

53) G. Markus, "Die Welt menschlicher Objekte", A. Honneth/U. Jaeggi(Hrsg), *Arbeit, Handlung, Normativität*(Frankfurt/M., 1980), 12쪽 이하. 그밖에도 마르쿠스의 앞의 논문의 증보판이라고 할 수 있는 다음의 책을 참조할 것. G. Makus, *Langage*

(1)의 문제점 : 마르쿠스는 어떤 의미에서 생산품들, 즉 생산과정의 수단과 산물들뿐만 아니라 사회적 생활세계의 모든 구성요소들과 생활세계적 맥락까지도 인간활동의 대상화 또는 객관화로 이해될 수 있는가 하는 점을 설명하고자 한다. 그는 세 단계로 논의를 전개한다. 첫째 마르쿠스는 생활세계는 대상적 요소들이 생산의 기술적 규칙뿐만 아니라 사용의 규약들 덕택에 의미를 획득한다는 점을 보여준다. 어떤 상품의 사용가치는 생산과정에 사용된 노동력을 대변할 뿐만 아니라, 사용연관과 이 상품이 충족시킬 수 있는 욕구들도 역시 대변한다. 하이데거가 사용대상의 도구성격을 분석하는 것과 유사하게, 마르쿠스는 특정한 사용을 위해 생산된 대상에 일종의 "자연적" 특성처럼 붙어 있는 사회적 성격을 강조한다. "생산품은 오직 소유화 과정 속에서만 대상화로서 존재한다. 즉 본질적인 사용규약을 준수하고 내면화하는 개인의 활동들에 대한 관계 속에서만 대상화가 된다. 그런데 이러한 개인의 활동들을 통해 생산품이 (사용가치의 특성으로) 구현하는 사회적 욕구와 능력들은 다시 활력에 가득 찬 소망과 숙련으로 변형된다. [54] 다시 말해 대상들 속에는 생산적으로 소모된 노동력만이 객관화된 것이 아니라, 사회적으로 규정된 소비적 소유의 가능성들도 역시 객관화된 것이다.

생산의 기술적 규칙과 사용의 공리적 규칙들을 따르는 실천은 둘째로 생산수단과 생산된 부의 분배규범을 통해 매개된다. 이 행위규범들은 차별적 권리와 의무를 정당화하고, 차별적으로 배분된 사회적 역할들에 대한 동기유발을 보장한다. 그런데 활동, 숙련, 욕구총족은 다시금 이 역할들에 의해 확정된다. 사회적 실천은 이렇게 두 가지 양태로 나타난다. 그것은 한편으로 기술적-공리적 규칙을 실행하고, 그때그때마다 이루어지는 사회와 자연 사이의 교환수준, 즉 생산력의 수준을 지시하는 생산과 소유과정으로서 나타난다. 다른 한편으로 그것은 사회적 규범에 따라 규제되고, 권력과 부에 대한 선택적 기회, 즉 생산관계를 표현하는 상호작용과정으로서 나타난다.

끝으로 마르쿠스는 생산 패러다임의 결정적 장점이 이 이중과정의 통일성을

---

et production (Paris, 1982).

54) Markus(1980), 28쪽.

108

사유할 수 있도록 한다는 데, 즉 사회적 실천을 사회관계의 노동과 재생산으로서 동시에 이해할 수 있도록 한다는 데 있다고 본다. [55] 생산의 관점에서 보면 "인간과 자연, 인간과 인간의 상호작용 과정의 통일성"이 파악될 수 있다는 것이다. [56] 그런데 마르쿠스 자신이 한편으로 생산품의 생산과 사용의 기술적-공리적 규칙과 다른 한편으로 사회적 상호작용의 규칙, 즉 상호주관적 인정과 제재에 토대를 두고 있는 사회적 행위규범을 매우 분명하게 구별한 점을 감안하면, 이러한 주장은 어처구니없다고 할 수 있다. 그는 마찬가지로 "기술적" 영역과 "사회적" 영역을 분명히 구별하고 있다. 그리고 그는 생산품의 생산과 공리적 사용이라는 의미에서 실천만이 인간과 자연의 신진대사 과정에 대해 구조형성적 효과를 가지고 있다는 사실에 추호의 의심도 하지 않는다. 이와는 반대로 규범에 의해 이루어지는 상호작용이라는 의미에서 실천은 생산력의 생산적 소모와 사용가치의 소비의 모델로는 분석되지 않는다. 생산은 오직 대상을 만들어내거나 또는 규범적 규제의 내용을 만들어낼 뿐이다.

마르쿠스에 따르면 물론 기술적인 것과 사회적인 것은 이제까지의 역사에서 단지 분석적으로만 분리될 수 있다. 경험적으로 이 영역들은, 생산력과 생산관계가 상호작용을 통해 서로 규정하는 한, 분리될 수 없을 정도로 서로 결합되어 있다. 따라서 마르쿠스는 생산 패러다임이 오직 노동을 설명하는 데만 적합하지 상호작용을 설명하는 데는 적합하지 않다는 상황을 이용하여, 기술적 영역과 사회적 영역의 제도적 분리를 야기하였을 사회구성체를 규정한다. 그는, 사회주의가 "항상 그래왔고 현재도 그러한 규정상의 의미로 물질적-생산적 활동들을 축소시킨다는 사실로써 사회주의를 특징지울 수 있다고 생각한다. 즉 자연과의 능동적-합리적 신진대사, 이를테면 규약과 사회적 지배의 영역 밖에 있는 순수 '기술적' 활동으로 축소시킨다는 것이다."[57]

(2)의 문제점 : 이제 우리는 생산주의적으로 해석된 실천개념의 규범적 내용에 관한 물음에 접하게 된다. 인간과 자연의 신진대사과정을 생산과 소비가

---

55) Markus(1980), 36쪽.
56) Markus(1980), 74쪽.
57) Markus(1980), 51쪽.

상호작용하여 서로 자극하고 확장하는 일종의 순환과정으로 생각하면, 사회적 진화를 평가할 수 있는 두 기준이 제공된다. 그것은 기술적으로 사용할 수 있는 지식의 증대와 욕구의 분화와 보편화이다. 양자는 모두 복합성의 증대라는 기능주의적 관점으로 포섭될 수 있다. 그러나 오늘날 사회적 공동생활의 질을 사회 체계의 복합성의 증대를 통해 개선해야 한다고 주장하는 사람은 아무도 없다. 생산 패러다임이 전제하고 있는 신진대사과정의 모델은 이제 이를 대체한 체계-환경세계-모델과 마찬가지로 규범적 내용을 가지고 있지 않다.

그렇다면 형성과정이라는 반성철학적 개념에 들어 있는 자율과 자기실현의 문제는 어떠한가? 이 규범적 내용들은 실천철학적으로 해결될 수 있는가? 앞에서 살펴본 바와 같이 마르쿠스는 기술적-공리적 규칙에 대한 외면적 자연의 압박 밑에서 자체 조절하는 실천과, 이해관계, 가치설정과 목표들이 주관적 본성의 표현형식으로서 침전되어 있는 행위규범들의 통제를 받는 실천의 구별을 규범적으로 이용한다.

그는 실천적 목표로서 기술적인 것과 사회적인 것의 제도적 분리, 즉 외면적 필연성의 영역과 모든 "필연성들"에 대해 궁극적으로는 스스로 책임이 있다고 생각하는 영역의 구별을 주목한다. "시민 경제학과는 달리 비판적 사회이론이 '맨 앞에' 내세우는 노동의 범주는 사회주의적 사회에서만 실천적 진리를 획득한다. 왜냐하면 여기에서만 목표의식이 뚜렷한 자신의 행위를 통해 인간의 형성이 이루어지기 때문이다. 이 행위는, 사람들이 완료된 것으로 여기고 또 일종의 자연으로서 사람들의 행위에 한계를 설정하는, 사회적 객관성을 통해서만 결정된다."[58] 그렇지만 이러한 서술은 해방의 관점이 생산 패러다임에서 나오는 것이 아니라 상호이해를 지향하는 행위의 패러다임으로부터 나온다는 점을 충분히 표현하지 못한다. 사회의 구성원들이 그때그때의 상황에서 원할 수 있는 것과 공익의 관점에서 행해야만 하는 것이 무엇인가를 실천적으로 알아내고자 한다면, 변해야 하는 것은 바로 상호작용과정의 형식이다. 다음의 대목은 이것을 조금 더 분명하게 표현한다. "사람들이 자신이 처해 있는

---

58) Markus(1980), 50쪽.

삶의 상황의 압박과 제한을 의식하고 욕구를 표현하고 대화를 통해 대결함으로써 행위의 사회집단적 목표와 가치를 규정한다면, 그들의 삶은 비로소 이성적이다."[59] 물론 이 이성의 이념을 의사소통관계 속에 실제로 장치되어 있으며 또 실천적으로 파악할 수 있는 이념으로서 어떻게 정당화할 수 있는가 하는 점에 관해서는 생산 패러다임을 맹신하는 이론은 아무 말도 할 수 없을 것이다.

---

59) Markus(1980), 114쪽.

탈현대로의 진입 : 전환점으로서의 니체

1

헤겔과 좌파 또는 우파에 서 있는 그의 직접적인 제자들은 어느 누구도 현대성이 성취한 업적들을——즉 현대가 긍지와 자기의식을 끌어내고 있는 원천을——문제삼으려고 하지는 않았다. 현대는 특히 주체적 자유의 기호를 달고 있다. 그런데 이 자유는 자기이익의 합리적 추구를 위해 사법적으로 보장된 공간인 사회에서 실현되고, 정치적 의사형성과정에 원칙적으로 동등한 권리를 가지고 참여할 수 있는 국가에서 실현되며, 도덕적 자율과 자기실현의 장인 사적 공간에서 실현되고, 끝으로 반성적으로 된 문화의 습득을 통해 실행되는 형성과정인 동시에 이 사적 영역과 관련되어 있는 공론영역에서 실현된다. 개인의 관점에서 보면 절대정신과 객관정신의 형태들도 역시 주관정신이 전통적 생활형식의 자생성으로부터 해방될 수 있는 구조를 갖게 되었다. 이러한 과정에서 개인이 부르주아로서, 시토엥으로서, 인간으로서 자신의 삶을 영위할 수 있는 영역들이 점점 더 분리되어 자율적이 된다. 역사철학적으로 고찰하면, 태고적 의존관계로부터의 해방될 수 있는 길을 열어놓은 분리와 독립은 동시에 도덕적 생활관계의 총체성으로부터 추상과 소외로서 경험된다. 한때 종교는 깰 수 없는 이 총체성에 대한 봉인이었다. 그런데 이 봉인은 우연히 파괴되지는 않았다.

종교의 사회적 통합력은 계몽과정으로 인하여 마비되었는데, 이 계몽과정은 자의적으로 생산되지 않았듯이 돌이킬 수 있는 것도 아니다. 계몽의 고유한 특성인 학습과정이 역행될 수 없다는 비가역성(非可逆性)은, 통찰이 자의에 의해 망각될 수 있는 것이 아니라 오직 억압되거나 또는 더 좋은 통찰에 의해 수정될 수 있을 뿐이라는 사실에 근거를 두고 있다. 따라서 계몽은 자신의 결함을 오직 철저화된 급진적 계몽을 통해서만 상쇄할 수 있다. 그렇기 때문에 헤겔과 그의 제자들은 계몽의 변증법에 희망을 걸어야만 했다. 이 변증법을 통해 이성은 종교가 가지고 있는 통일의 힘에 대한 등가물로서 타당성을 획득한다. 그들은 이 기획을 충족시킬 수 있다는 이성개념을 발전시켰다. 우리는 이미 이 시도들이 어떻게 그리고 왜 실패하는가를 살펴보았다.

헤겔은 이성의 개념을 절대정신의 화해시키는 자기인식으로서 파악하고, 헤겔좌파는 생산적으로 외화되었지만 압류된 존재력의 해방적 자기화로서, 헤겔우파는 불가피한 분리에 대한 상기적 보상으로서 파악한다. 헤겔의 개념은 너무 강력한 것으로 판명된다. 절대정신은 미래를 향해 열려진 역사과정과 화해 불가능한 현재의 성격을 거리낌없이 무시한다. 그렇기 때문에 청년헤겔파들은 성직자 신분의 철학자들이 불화관계에 있는 현재로부터 신비주의적으로 물러서는 것에 반대하여 철학사상의 실현을 여전히 고집하는 현재의 세속적 권리를 제기한다. 물론 그들은 이 과정에서 편협한 의미의 실천의 개념을 도입한다. 이 개념은 본래 극복하고자 하였던 절대화된 목적합리성의 폭력을 배증시켰을 뿐이다. 신보수주의자들은 모든 혁명적 희망들에 완고하게 대항하는 사회적 복합성을 실천철학에게 보여줄 수 있다. 그들은 결국 합리성과 더불어 사회적 현대를 보상할 필요성이 동시에 등장할 정도로 헤겔의 이성개념을 변화시킨다. 그러나 이 개념도 정신과학의 매개수단을 통해 전통의 힘을 보존해야 하는 역사주의의 보상활동을 이해시키기에는 충분하지 않다.

골동품적 역사기술의 원천으로부터 자양분을 공급받는 이 보상적 교양에 반대하여 니체는, 한때 청년헤겔파들이 헤겔의 역사철학에 반대하여 그랬던 것과 유사한 방식으로, 현대적 시대의식에 타당성을 부여한다. 니체는 『삶에 대한 역사의 손익에 관하여』라는 두번째 반시대적 고찰에서 행위로부터 분리되어 내면성의 영역으로 밀려난 교양전통의 비효과성을 분석한다. "굶주림 없이 과다하게, 그것도 욕구와 상관없이 수용되는 지식은 이제 더 이상 밖으로 표출되는 개혁의 모티브로서 작용하지 않고, 혼돈의 내면세계 속에 숨어 있다. (……) 그러므로 현대의 교양은 전부 본질적으로 내면적이다. 다시 말해 외면적 야만인들을 위한 내면적 교양서이다."[1] 역사적 지식의 과다한 짐을 지고 있는 현대의식은 인간으로 하여금 미래를 바라보며 "현재가 가지고 있는 최고의 힘으로 과거를 해석할" 수 있도록 하는 "삶의 조형력"을 상실하였다.[2] 방법론적으로 접근하는 정신과학들은 성취될 수 없는 그릇된 객관성의 이상에 매달리는 까닭에 삶에 필연적인 척도들을 중성화시키고 또 우리를 마비시키는 상대주의를 유포한다. "다른 시대에는 그렇지 않았다. 네가 (스스로) 어떻게 존재하는가는 중요하지 않다."[3] 이 정신과학들은 때에 따라서 "(현재 속에) 살기 위하여 과거를 파괴하고 해체할 수 있는 능력을 봉쇄한다.[4] 청년헤겔파와 마찬가지로 니체는 "역사의 힘"에 대한 역사주의적 찬탄 속에는 적나라한 성공에 대한 현실정치적 찬탄으로 너무 쉽게 전환될 수 있는 경향성이 있다고 간파한다.

현대성의 담론에 니체가 끼어들면서 논증은 근본적으로 변화한다. 이성이 통합하는 종교의 힘에 대한 등가물로서 등장하여, 자신의 추진력으로 현대의 분열을 극복할 수 있도록, 처음에는 화해하는 자기인식으로 파악되었고, 다음에는 해방하는 자기화로, 마침내는 보상적 기억으로서 파악되었다. 이성개념을 그 자체 변증법적인 계몽의 기획에 맞추려는 이 시도는 세 번 모두 실패하였다. 이런 상황에서 니체가 가졌던 선택 가능성은 주체중심적 이성을 다시 한 번 내재적으로 비판하거나 아니면 이 기획을 전체적으로 포기하는 것이었

---

1) F. Nietzche, *Sämtliche Werke in 15 Bänden*, hrsg. v. G. Colli, M. Montinari(Berlin, 1967), Bd. 1, 273쪽 이하. 아래에서는 "니체"로 약하여 전집의 권수를 밝혀 인용함.
2) 니체, 전집, 제1권, 293쪽 이하.
3) 니체, 전집, 제1권, 299쪽 이하.
4) 니체, 전집, 제1권, 269쪽.

다. 니체는 두번째 대안을 선택한다. 그는 이성개념의 새로운 수정을 포기하고, 계몽의 변증법과 결별한다. 특히 현대의식의 역사적 변형, 자의적 내용의 범람과 본질적인 모든 것의 공동화는 그로 하여금 현대가 자신의 척도를 스스로 창조할 수 있다는 점을 회의하게 만든다. "왜냐하면 우리 현대인은 우리 자신으로부터는 아무것도 가지고 있지 않기 때문이다."[5] 물론 니체는 계몽의 변증법이라는 사유형태를 다시 한 번 역사적 계몽에 적용하는데, 그 목표는 현대성이 가지고 있는 이성의 껍데기를 부숴 버리는 것이다.

니체는 역사적 이성의 사다리를 사용하지만 결국 이를 던져 버리고 이성의 타자(他者)인 신화 속에 정착한다. "왜냐하면 역사적 교양의 근원, 그리고 근대 정신에 대해 역사적 교양이 내면적으로 가지는 철저한 모순의 근원과 현대의식의 근원——이 근원은 그 자체 다시 역사적으로 인식되어야 하기 때문이다. 역사는 역사의 문제를 스스로 해체해야 한다. 지식이 가지고 있는 뾰족한 가시는 자신을 향해야 한다. 만약 근대에 정말로 새롭고, 강력하고, 삶을 약속하는 근원적인 것이 존재한다면, 앞에서 "해야 한다"고 말한 삼중적 당위는 바로 근대 정신의 명법이다.[6] 여기서 니체는 물론 자신의 『비극의 탄생』을 염두에 두고 있다. 즉 그는 역사적-문헌학적 수단을 통해 실행된 연구를 생각하는데, 이 연구는 그로 하여금 알렉산드리아의 세계와 로마적-기독교적 세계를 지나 시원으로, 즉 위대함과 자연과 인간적인 것의 고대 그리스적 세계로 되돌아가게 한다. 이런 방법을 통해 골동품적으로 사유하는 현대의 "지각생"들이 포스트모던적 시대의 "선두주자"로 변신한다. 그것은 하이데거가 『존재와 시간』에서 다시 채택하게 될 기획이다. 니체에게 있어 출발상황은 분명하다. 한편으로 역사적 계몽은 현대가 성취한 업적들을 통해 감지할 수 있는 분열을 강화할 뿐이다. 교양이라는 종교의 형태로 등장하는 이성은 전래된 종교의 통합력이 혁신할 수 있었던 종합적 힘을 더 이상 전개하지 못한다. 다른 한편으로 현대의 길은 다시 복고로 옮겨졌다. 고대 문명의 종교적-형이상학적 세계상들은 그 자체 이미 계몽의 산물이다. 따라서 그것들은 철저하게 급진화된

---

5) 니체, 전집, 제1권, 273쪽.
6) 니체, 전집, 제1권, 306쪽.

현대의 계몽에 대적하여 무엇인가를 내놓을 수 있기에는 너무 이성적이다.

니체는 계몽의 변증법으로부터 탈피하고자 하는 모든 사람과 마찬가지로 분명한 평준화를 실행한다. 현대는 특권적 지위를 상실한다. 현대는 태고적 삶의 해체와 신화의 몰락과 더불어 시작된 합리화의 긴 역사에 있어 마지막 단계를 형성할 뿐이다.[7] 서양에서 소크라테스와 그리스도는 각각 철학적 사유와 교회적 일신론의 창시자로서 이 전환점을 서술한다. "만족하지 못하는 현대문화의 엄청난 역사적 욕구, 수많은 다른 문화들의 수집, 대단한 탐식욕을 가지고 있는 인식의지 등이 신화의 상실과 신화적 고향의 상실을 지시하지 않는다면 도대체 무엇을 지시하겠는가?"[8] 물론 현대적 시대의식은 퇴행에 관한 사상과 신화적 근원으로의 직접적 회귀에 관한 사상은 어떤 것이라도 금지한다. 오직 미래만이 신화적 과거를 소생시키는 지평을 형성한다. "과거의 금언은 항상 신탁의 금언이다. 미래의 건축가와 현재를 아는 지자로서만 너희들은 이 금언을 이해하게 될 것이다!"[9] 도래하는 신(神)을 지향하는 유토피아적 입장은 "근원으로 돌아가라"는 니체의 반동적 외침과는 구별된다. 근원과 목표를 서로 대비시키는 목적론적 사유는 설득력을 상실한 것이다. 니체가 현대적 시대의식을 부정하지 않고 오히려 첨예화하기 때문에, 그는 주관적 표현형식을 통해 이 의식을 극단화하는 현대예술을, 현대를 태고적인 것과 접속시킬 수 있는 수단으로 생각한다. 역사주의가 세계를 전시장으로 만들고 동시대인들을 둔감해진 관람객으로 변화시킨다면, 현실성을 통해 소모되는 예술의 초역사적 힘만이 "현대인들의 진정한 궁핍과 내면적 빈곤"을[10] 구원할 수 있을 것이다.

여기서 청년 니체가 주목하는 것은 리하르트 바그너의 기획이다. 바그너는 종교와 예술에 관한 자신의 에세이를 다음과 같은 말로 시작한다. "종교가 예술가적으로 된다면, 종교의 핵심을 구원할 수 있는 것은 예술에 유보되어 있

---

7) 그것은 이 점에서 니체, 바타이유, 하이데거의 입장에 근접하는 호르크하이머와 아도르노에게도 타당하다. 이에 관해서는 다섯째 강의 제5장을 참조할 것.

8) 니체, 전집, 제1권, 146쪽.

9) 니체, 전집, 제1권, 294쪽.

10) 니체, 전집, 제1권, 281, 330쪽.

다고 말할 수 있다. 종교가 본래적 의미에서 진리라고 믿고 싶었던 신화적 상징들을 예술은 상징적 가치에 따라 파악하여, 이 상징들을 이상적으로 서술함으로써 이들 속에 숨겨진 심오한 진리를 인식할 수 있도록 한다.”[11] 예술작품이 되어 버린 종교적 축제는 의례적으로 혁신된 공공성을 통해 사적으로 소유된 역사적 교양의 내면성을 극복해야 한다. 예술적으로 재생된 신화론은 경쟁 사회에서 경직된 사회적 통합의 힘을 풀어놓아야 한다. 다시 말해 신화론은 현대적 의식을 탈중심화하여 태고적 경험들을 위해 열어놓아야 한다. 이 미래의 예술은 자신이 개인적 예술가의 생산품이라는 점을 부정하고, “민족 자체를 미래의 예술가”로 정립한다. [12] 그렇기 때문에 니체는 바그너를 “사회의 혁명가”로, 알렉산드리아적 문화를 극복한 사람으로서 환호한다. 그는 바이로이트로부터 디오니소스적 비극의 효력이 나올 것이라고 기대한다. 즉 국가와 사회, 그리고 인간과 인간의 사이에 있는 모든 간극들이 우리를 자연의 마음으로 인도하는 강대한 통일성의 감정에 빗겨설 것이라고 기대한다. [13]

훗날 니체는 잘 알려진 바와 같이 혐오감을 가지고 바그너의 오페라 세계와 등을 돌린다. 이 배반에 대한 개인적, 정치적, 예술적 이유들보다 더욱 흥미로운 것은 다음의 물음에 숨겨 있는 철학적 동기이다. “더 이상(바그너의 음악처럼) 낭만주의적 근원을 가지지 않고, 그 대신 디오니소스적 근원을 가진 음악은 어떤 것일까?”[14] 새로운 신화론의 이념은 낭만주의적 근원으로부터 유래한다. 디오니소스를 도래하는 신으로 생각하고 그에게 되돌아가고자 하는 것은 낭만적이다. 물론 니체는 이 이념의 낭만적 사용과는 거리를 두고 분명히 바그너를 넘어서는 더욱 급진적 견해를 천명한다. 그렇다면 디오니소스적인 것과 낭만주의적 것은 어디에서 구별되는가?

---

11) R. Wagner, *Sämtliche Schriften und Dichtungen*, Bd. 10, 211쪽.

12) 같은 곳, 172쪽.

13) 니체, 전집, 제1권, 56쪽.

14) 『비극의 탄생』 제2판에 대한 서문인 「자기비판의 시도」를 참조할 것. 니체, 전집, 제1권, 20쪽. 그밖에도 니체, 전집, 제12권, 117쪽의 유고를 참조할 것.

2

철학체계의 기획으로서 가장 오래된 1796/97년의 기획에서 우리는 이미 시를 인류의 교사로 정립하는 새로운 신화론에 대한 기대를 만난 바 있다. 이미 여기에서 훗날 바그너와 니체가 부각시키는 모티브가 발견된다. 재생된 신화론의 형식을 통해 예술은 공공적 제도의 성격과 민족의 인륜적 총체성을 회생시킬 수 있는 힘을 다시 획득해야 한다. [15] 동일한 의미에서 셸링은 『초월론적 관념론의 체계』의 마지막 부분에서, 새로운 신화론은 개별적 작가의 창작이 아니라——오직 한 사람의 작가를 상상하는——새로운 인류의 창작물일 수 있다고 말한다. [16] 슐레겔은 『신화론에 관한 논고』에서 비슷한 말을 한다. "고대인들에게 신화론이 의미하였던 것과 같은 중심점이 우리의 문학에는 결여되어 있다. 현대 문학예술을 고대예술에 비해 열등한 것으로 만드는 모든 본질적인 면은 다음의 말로 요약할 수 있다. 즉 우리는 신화론을 가지고 있지 않다. 그러나 우리는 거의 하나의 신화론을 획득할 수 있는 처지에 다가가 있다. "[17] 두 글은 모두 1800년에 발표되었으며 새로운 신화론의 이념을 상이한 형식으로 계속 만들어가고 있다.

가장 오래된 철학체계의 기획이 포함하고 있는 또 하나의 모티브는, 예술적 직관은 이성의 최고 행위이기 때문에 새로운 신화론과 함께 예술은 철학을 대체할 것이라는 생각이다. "진리와 선은 오직 아름다움 속에서만 결합한다. "[18] 이 명제는 1800년의 셸링의 체계에 대한 표어로 내걸 수 있을 것이다. 자유와 필연성, 정신과 자연, 의식적 활동과 비의식적 활동의 동일성이 자아에 의해 산출된 생산품을 통해 어떻게 자아에게 의식될 수 있는가 하는 수수께끼의 해결책을 셸링은 예술적 직관에서 발견한다. "자연과 역사에서 분리된 것, 삶과

---

15) M. Frank, *Der kommende Gott. Vorlesungen über die neue Mythologie* (Frankfurt/ M., 1982), 180쪽 이하.

16) Schellings Werks, hrsg. v. M. Schröter, Bd. Ⅱ, 629쪽.

17) F. Schlegel, *Kritische Ausgabe,* Bd. Ⅱ, 312쪽.

18) 헤겔, 전집, 제1권, 235쪽.

행위와 사유 속에서 영원히 도주해야만 하는 것이 영원한 근원적 통일 속에서 하나의 불꽃이 되어 타오르는 곳에서 예술은 가장 성스러운 것을 철학자에게 밝혀주기 때문에, 예술은 철학자에게 최고의 것이다."[19] 극단적으로 진행되는 반성의 현대적 조건하에서 한때 종교적 신앙공동체의 축제적 의례에서 타올랐던 절대적 동일성의 불꽃을 보호해 주는 것은 예술이지 철학이 아니다. 그렇다면 새로운 신화론의 형태를 통해 공공적 성격을 다시 획득할 수 있는 예술은 더 이상 철학의 수단(Organon)이 아니라 철학의 목표와 미래일 것이다. 철학이 완성되고 난 다음에 철학은 한때 그곳으로부터 출발하였던 문학의 대양으로 다시 흘러들 것이다. "학문이 문학으로 되돌아가는 과정에 무엇이 동반자가 될 것인가는 일반적으로 어렵지 않게 말할 수 있다. 왜냐하면 그런 것은 신화론 속에 존재하였기 때문이다. 그러나 어떻게 새로운 신화론이 발생할 수 있는가 하는 것이 문제이다. 이 문제를 계몽할 수 있는 방법은 오직 세계의 미래운명으로부터만 기대할 수 있다."[20]

헤겔과의 차이는 분명하다. 새로운 신화론의 형태를 통해 공공적으로 작용할 때, 통일시키는 종교의 힘을 대체하는 것은 사변적 이성이 아니라 오직 문학뿐이다. 그렇지만 셸링은 이 결론에 도달하기 위하여 철학의 전체 체계를 정립한다. 새로운 신화론의 기획을 통해 경쟁적으로 극복되는 것은 바로 사변적 이성 자체이다. 이와는 달리 슐레겔은 철학자에게 "체계라는 투사적 장식의 옷을 벗어 버리고, 호머와 더불어 새로운 문학의 신전에 같이 머물기를" 권유한다.[21] 슐레겔의 손을 거치면서 새로운 신화론은 철학적으로 근거지워진 기대로부터 메시아적 희망으로 변화한다. 그런데 이 희망은 역사적 징후들에 의해, 즉 "인류가 온갖 힘을 다해 중심을 발견하고자 함을 말해 주고 있는 징후들에 의해 고무받는다. 인류는 몰락하거나 아니면 재생해야 한다. 잿빛으로 바래 버린 고대는 생동감을 되찾아야 하고, 가장 멀리 떨어져 있는 교양의 미래는 미리 해석된 의미들을 통해 이미 예고되어야 한다."[22] 셸링에게서 역사적

---

19) Schelling, Bd. Ⅱ, 628쪽.
20) Schelling, Bd. Ⅱ, 629쪽.
21) Schlegel, *Kritische Ausgabe*, Bd. Ⅱ, 317쪽.

으로 근거지워진 기대의 메시아적 시간화는 슐레겔이 사변이성에 부여한 변화된 위상과 가치로부터 결과한다.

셸링에게서 사변이성의 중심은 확실히 변화하였다. 이성은 더 이상 자기반성이라는 고유한 수단을 통해서는 자기자신을 소유할 수 없으며, 오직 선행하는 예술이라는 수단을 통해서만 자신을 재발견할 수 있다. 그러나 셸링의 견해에 의하면 예술의 생산품을 통해 직관될 수 있는 것은 여전히 객관화된 이성이다. 즉 아름다움 속에 결합된 진리와 선의 일치이다. 그는 "아름다움이 진리와 도덕과 분리되고 이들과 동일한 권리를 가진다"는 의미에서 아름다움의 자율을 고집한다. [23] 새로운 신화론이 가지는 구속력은 모든 이성의 계기들이 결합되는 예술의 덕택이 아니라, 철학과 과학 그리고 도덕과 인륜성과 구별되는 문학의 예견적 능력 덕택으로 획득되어야 한다. "왜냐하면 이성적으로 사유하는 이성의 과정과 법칙들을 지양하고, 우리를 다시 환상의 아름다운 혼란과 인간 본성의 시원적 혼돈으로 옮겨놓는 것이 바로 모든 문학의 시작이기 때문이다. 그런데 이 혼돈에 대해 내가 알고 있는 가장 아름다운 상징은 고대 신들의 다채로운 무리이다. "[24] 슐레겔은 새로운 신화론을 더 이상 이성의 감성화로도, 또 이런 방법을 통해 민족의 이해관계와 결합하는 이념들의 예술화로서도 파악하지 않는다. 이론이성과 실천이성의 간섭으로부터 분리되어 정화된 자율적 문학만이 오히려 신화적(근원적) 힘들의 세계에 이르는 문을 열어놓는다. 오직 현대예술만이 현대에 들어와 고갈된 사회적 통합의 태고적 원천들과 교통할 수 있다. 이런 방식으로 읽으면, 새로운 신화론은 분열된 현대가 "근원적 혼돈"을 이성의 타자로 생각하고 이와 관계를 맺을 것을 요구한다.

그러나 새로운 신화의 생산에 계몽의 변증법의 추진력이 결여되어 있다면, "일반적 재생과정"에 대한 기대가 더 이상 역사철학적으로 정당화될 수 없다면, 낭만주의적 메시아주의는[25] 다른 사유형태를 필요로 한다. 광포한 도취,

---

22) Schlegel, Bd. Ⅱ, 314쪽.

23) *Athenäum Fragment Nr.* 252, Schlegel, Bd. Ⅱ, 207쪽. 이에 관해서는 다음을 참조할 것. K. H. Bohrer, "Friedrich Schlegels Rede über die Mythologie", K. H. Bohrer(Hrsg.), *Mythos und Moderne*(Frankfurt/M., 1983), 52쪽 이하.

24) Schlegel, Bd. Ⅱ, 319쪽.

광기와 끊임없는 변신의 신인 디오니소스가 초기 낭만주의에서 갑자기 평가절
상된다는 상황은 이런 맥락에서 관심을 모은다.

디오니소스 숭배는 에우리피데스 시기와 소피스트적 비판 시기의 고대 그리
스에서 고대의 종교적 전통들을 생생하게 유지하였기 때문에, 자기착각에 빠
진 계몽의 시대에 매력적인 것이 될 수 있었다. 디오니소스가 도래하는 신으로
서 구원의 희망을 불러일으킬 수 있다는 상황이 이에 대한 결정적 모티브였다
고 만프레드 프랑크는 말한다. [26] 제우스는 인간적인 부인 세멜레와 함께 디오
니소스를 생산하였다. 제우스의 신적인 부인인 헤라는 격노하여 디오니소스를
박해하고, 마침내는 그를 광기로 몰아넣는다. 그때부터 디오니소스는 사티로
스 사제들과 바커스 사제들의 광란한 무리들과 어울려 북부 아프리카와 소아
시아를 방랑한다. 디오니소스는, 횔덜린이 말하는 것과 같이, 서양을 "신들의
축제"로 몰아넣고 오직 도취의 선물만을 남겨놓는 "외국의 신"이다. 그렇지만
디오니소스는 언젠가 신비를 통해 재생하여 광기로부터 벗어나 되돌아온다는
것이다. 디오니소스를 다른 그리스의 신들과 구별하는 것은 그가 아직 회귀하
지 않은 부재하는 신이라는 점이다. 그리스도와의 유사점이 제공되었다. 그리
스도도 역시 죽었지만, 재림의 날까지 빵과 포도주를 남겨놓는다. [27] 디오니소
스의 특이한 점은 의례적 방종과 탐닉 속에서도 태고적 종교성의 형식과 더불
어 기독교적 서양에서 상실되어 버린 사회적 유대성의 토대를 동시에 보존하
고 있다는 점이다. 그렇기 때문에 횔덜린은 메시아적 기대를 지닐 수 있고,
하이데거에까지 영향을 미치고 있는 역사 해석의 독특한 형태를 디오니소스
신화에 결합시킨다. 서양은 그 시원 이래로 신으로부터 멀리 떨어져 있는 암
흑 또는 존재망각의 상태에 남아 있다. 미래의 신은 상실된 근원의 힘을 부활
시킬 것이다. 다가오는 신은 고통스럽게 의식화된 자신의 부재를 통해, "가장

---

25) 이 표현에 관해서는 다음의 글을 참조할 것. W. Lange, "Tod ist bei Göttern
immer ein Vorteil", Bohrer(1983), 127쪽.

26) Frank(1982), 12쪽 이하.

27) 만프레드 프랑크는 "빵과 포도주"라는 횔덜린의 비가를 예를 들어 디오니소스와
그리스도의 동등화를 연구한다. M. Frank(1982), 257~342쪽. 이에 관해서는 P.
Szondi, *Hölderlin-Studien*(Frankfurt/M., 1970), 95쪽 이하를 참조할 것.

먼 거리"를 통해 자신의 도착을 느끼게 만든다. 버림받은 자들로 하여금 자신들이 박탈당한 것을 더욱 절박하게 느끼게 함으로써, 미래의 신은 자신의 회귀를 더욱 확신시킨다. 가장 커다란 위험 속에는 구원자도 역시 함께 자라난다.[28]

그런데 니체의 독창성은 디오니소스적 역사 고찰에 있지 않다. 그리스 비극의 합창이 본래 고대 그리스의 디오니소스 의례에 근원을 두고 있다는 역사적 명제는 초기 낭만주의에서 이미 형성되었던 맥락으로부터 현대성 비판과 관련된 핵심을 획득한다. 그렇기 때문에 왜 니체가 이 낭만주의적 배경을 멀리하는가를 설명해야 할 필요성은 더욱 커진다. 횔덜린에게서뿐 아니라 노발리스, 셸링, 크로이처와 같은 사람들에게서, 즉 초기 낭만주의의 신화수용과정에서 실행되었던 디오니소스와 그리스도 사이의 동일화는 이에 대한 열쇠를 제공한다. 낭만주의적 메시아주의가 서양과의 결별을 지향하지 않고 서양의 재생을 목표로 하기 때문에, 몽롱한 포도주의 신과 기독교적 구원신의 동일화는 가능하다. 새로운 신화론은 유실된 유대성을 회복해야 하지만, 신화적 근원의 폭력으로부터의 분리가 하나의 신과 대면하여 개별화된 개인들에게 가져왔던 해방을 부인해서는 안 된다.[29] 낭만주의에서 디오니소스로의 환원은 오직 공공적 자유의 차원을 개척해야 한다. 종교개혁과 계몽주의를 통해 심화되고 권위주의적으로 지배하게 되는 주체성의 원리가 자신의 제한성을 상실할 수 있도록 기독교적 구원의 약속들은 바로 이 차원 안에서 실현되어야 한다.

---

28) "파트모스"라는 시가의 첫구절을 참조할 것. "위험이 있는 곳에는 구원자도 함께 자란다." Hölderlin, *Sämtliche Werke*, Bd. Ⅱ, hrsg. v. F. Beissner, 173쪽.

29) 이러한 맥락에서 야콥 타우베스(Jakob Taubes)는, 셸링이 이 전환점과 관련하여 태고적 의식과 역사적 의식, 신화론의 철학과 계시의 철학을 강조해서 구별하고 있음을 발견한다. "후기 셸링의 기획은 『존재와 시간』이 아니라 『존재와 시대들』이다. 신화의 시대와 계시의 시대는 질적으로 다른 것이다." J. Taubes, "Zur Konjunktur des Polytheismus", Bohrer(1983), 463쪽.

3

성숙한 니체는 바그너에게서 현대성이 종합되어 나타나고 있으며, 바그너가 아직 실현되지 않는 현대의 충족에 대한 관점을 낭만주의자들과 공유하고 있다는 것을 알아차린다. 니체로 하여금 우리 현대인이 열광할 수 있도록 남겨진 모든 것에 실망하도록 만든 사람은 바로 바그너였다. 그것은 절망하는 퇴폐자(데카당트)인 바그너가 "갑자기 그리스도의 십자가 앞에 무릎을 꿇었기" 때문이다.[30] 바그너는 디오니소스적인 것과 기독교적인 것의 낭만주의적 결합에 여전히 구속되어 있는 것이다. 낭만주의자들과 마찬가지로 그는 디오니소스에게서, 철저하게 동일성의 저주로부터 구원하고, 개별화의 원리를 무력화하고, 초월적 신의 통일성에 대항하여 다형적인 것을 관철시키고, 입법에 대항하여 무법(아노미)의 정당성을 주장하는 반신(半神)의 가치를 인정하지 않는다. 아폴로에게서 그리스인들은 개별화, 개인 한계의 엄수를 신격화하였다. 그러나 아폴로적 아름다움과 제한은 디오니소스적 축제의 무아경적 소리를 통해 나타나는 거인적이고 야만적인 것의 배경만을 은폐할 뿐이다. "자신의 경(한)계와 제한 속에 있는 개인은 디오니소스적 상태의 자기망각으로 침잠하여 아폴로적 규칙들은 잊어버린다."[31] 여기서 니체가 기억에 떠올리는 것은 "근거율이 예외를 감수하는 것처럼 보이면 사람은 현상의 인식형식을 갑자기 알지 못하게 되고, 그때 공포의 전율이 그를 사로잡는다"는 쇼펜하우어의 언급이다. "개별화의 원리 (principii individuationis)"가 파괴될 때에 인간과 자연의 가장 깊은 근원으로부터 솟아나는 유쾌한 황홀의 감정이 이 전율에 더해지면, 우리는 디오니소스적인 것의 본질을 보게 된다.[32]

그러나 니체는 쇼펜하우어의 제자만은 아니다. 그는 말라르메와 상징주의자들과 동시대인이었으며, 예술을 위한 예술의 옹호자였다. 그러므로 니체는 디

---

30) 니체, 전집, 제6권, 431쪽 이하.

31) 니체, 전집, 제1권, 41쪽.

32) 니체, 전집, 제1권, 28쪽.

오니소스적인 것을 주관적인 것이 고양되어 완전한 자기망각에게까지 이른 상
태로 서술하는데, 여기에 또한 (낭만주의에 비해 다시 한 번 급진화된) 동시
대적 예술의 경험이 첨가된다. 니체가 "예술적 현상"이라고 명명하는 것은 지
각과 행위에 관한 일상적 규약으로부터 해방되어 탈중심화된 주체성이 자기자
신과 집중적으로 관계를 맺는 가운데서 드러난다. 주체가 자신을 상실하면,
주체가 실용주의적인 공간-시간-경험들로부터 벗어나면, 그래서 갑작스러운
것의 충격에 의해 감동을 받고 또 "진정한 현존에 대한 동경"(옥타비오 파스)
이 충족되었다 생각하고, 순간적으로 몰아의 경지에 빠져들면, 이성적 행위와
사유의 범주들이 붕괴되고 익숙해진 정상성의 환상들이 파괴되면, 그때서야
비로소 예측하지 못한 것, 갑작스러운 것의 세계가 열려진다. 즉 은폐하지도
않고 드러내지도 않는, 현상도 아니고 본질도 아닌, 표면에 불과한 예술적 가
상의 영역이 열려진다. 니체는 모든 이론적, 도덕적 간섭으로부터 예술적 현
상을 정화시키는 낭만주의의 작업을 계속한다.[33] 예술적 경험 속에서 디오니
소스적 현실은 "망각의 간극"을 통해 이론적 인식과 도덕적 행위의 세계로부
터, 즉 일상으로부터 차단되어 보호된다. 예술은 무아경의 희생을 치르고서
만, 즉 고통스러운 탈분화, 개인의 탈경계화 그리고 내면과 외면에 있는 무정
형적 자연과의 융해라는 희생을 치르고서만 디오니소스적인 것에로 진입할 수
있는 길을 열어놓는다.

　그렇기 때문에 신화를 상실한 현대인은 오직 신화론에서만 일종의 구원을

---

33) 사유가 가장 심오한 존재의 심연에까지 이를 수 있다는 오류에 빠진 소크라테스
　　를 니체는 예술가에 대한 이론적 반대유형으로 양식화한다. "다시 말해 예술가가
　　진리가 드러날 때에도 항상 폭로되고 난 다음에도 여전히 껍데기(가면)로 남아
　　있는 것을 황홀하게 바라보고 있다면, 이론적 인간은 던져 버린 껍데기에 만족하
　　고 향유한다." 니체, 전집, 제1권, 88쪽. 니체는 아리스토텔레스로부터 시작하
　　여 쉴러에까지 이르고 있는 전통으로써 심미적인 것을 도덕적으로 설명하는 것에
　　대해서도 마찬가지로 강렬하게 대항한다. "비극적 신화를 설명함에 있어서 첫번
　　째로 요청되는 것은 바로 동정, 공포, 도덕적으로 숭고한 것의 영역으로 넘어가
　　지 않고 순수 심미적인 영역에서 신화에 고유한 쾌락을 찾아야 한다는 것이다.
　　비극적 신화의 내용인 추한 것과 부조화가 어떻게 심미적 쾌락을 자극할 수 있는
　　가?" 니체, 전집, 제1권, 152쪽.

기대할 수 있는데, 이 구원은 모든 매개를 지양한다. 디오니소스적 원칙에 관한 이 쇼펜하우어적 견해는 새로운 신화론의 기획에 있어 전환점을 이루는데, 이는 낭만주의적 메시아주의에서는 낯설었던 것이다. 이제 중요한 것은 허무주의적으로 공동화된 현대성으로부터 완전히 돌아서는 일이다. 현대성의 비판은 니체와 함께 처음으로 현대성이 가지고 있는 해방주의적 내용의 보존을 포기한다. 주체중심적 이성은 이성의 타자와 부딪치게 된다. 이성에 대한 반대 힘으로써 니체는 태고의 시대로 되돌려진 경험들을, 즉 인식과 목적활동의 모든 제한과 유용성, 도덕의 모든 명법들로부터 해방된 탈중심저 주체성의 자기현현에 대한 경험을 끌어들인다. "개별화의 원칙의 파괴"가 현대성으로부터 벗어나는 도피로가 된다. 그러나 이 파괴가 쇼펜하우어 인용문 이상의 것이 되어야 한다면, 물론 가장 발전된 현대예술을 통해서만 확증될 수 있다. 니체는 이 모순을 착각하여 간과할 수 있는데, 그것은 그가 철저하게 분화된 아방가르드적 예술 영역의 고유 의미에서 타당성을 획득하는 이성 계기를 이론이성과 실천이성의 상관관계로부터 떼어내어 형이상학적으로 신성화한 비합리성의 영역으로 내몰기 때문이다.

이미 『비극의 탄생』에서 예술의 배후에는 삶이 있다. 여기서 이미 특이한 변신론이 발견되는데, 이 이론에 따르면 세계는 오직 예술적 현상으로서만 정당화될 수 있다는 것이다.[34] 깊은 전율과 고통은 쾌락과 마찬가지로 창조적 정신의 투사로서 타당성을 지닌다. 그런데 이 정신은 아무런 생각없이 자신의 가상 구조물이 가지는 권력과 자의성에 대한 향락에 심취한다. 세계는 어떤 의도와 어떤 텍스트의 근거 위에도 서 있지 않은 위장과 해석의 조직으로서 나타난다. 가능한 한 다양한 방식으로 영향을 받는 감수성과 함께 의미창조적 능력은 권력에의 의지의 예술적 핵심을 이룬다. 이 의지는 동시에 가상에의 의지이며, 단순화와 가면과 표면에의 의지이다. 삶 자체가 가상, 기만, 광학, 관점과 오류의 필연성에 토대를 두고 있기 때문에, 예술은 인간의 진정한 형이상학적 활동으로서 타당성을 가져도 된다.[35]

---

34) 니체는 이 이론을 다음과 같은 문장으로 요약한다. "신이 그것을 바라보고 기뻐한다면, 모든 악은 정당화된다." 니체, 전집, 제5권, 304쪽.

그렇지만 존재하고 존재해야만 하는 모든 것을 예술적인 것으로 환원해야만 니체는 이 사상을 "예술가 형이상학"으로 전개할 수 있다. 존재적 현상도 도덕적 현상도 있어서는 안 된다. 어쨌든 니체가 예술적 현상에 관해 말하고 있는 의미에서 그런 것이 존재해서는 안 된다. 이미 잘 알려진 기획들로서 실용주의적 인식론과 도덕의 자연사에 관한 초안들은 이를 증명하기 위한 것들이다. 그런데 이 초안들 속에서 "참"과 "거짓", "선"과 "악"의 구별은 삶에 기여하는 것과 쾌적한 것에 관한 선호도로 환원된다.[36] 이 분석에 따르면 겉보기에 보편적인 타당성 주장들 뒤에는 주관적 가치평가들의 권력주장이 은폐되어 있다. 이 권력주장들 속에서도 개별적 주체들의 전략적 의지는 타당성을 획득하지 못한다. 오히려 익명적 극복과정의 조류 속에서 초주관적 권력에의 의지가 표현된다.

모든 사건들 속에 작용하고 있는 권력의지에 관한 이론은 니체가 다음과 같은 질문을 설명하는 틀을 제공한다. 어떻게 존재와 선(善)의 세계라는 허구들과, 인식주체와 도덕적 행위주체의 가상적 동일성들이 발생하는가? 어떻게 영혼과 자기의식과 함께 내면성의 영역이 구성되는가? 형이상학, 과학, 금욕주의적 이상이 어떻게 지배하게 되었는가? 끝으로 주체중심적 이성은 이 전체 목록을 어떻게 권력에의 의지의 가장 깊은 내면에서 이루어지는 파멸적 마조히즘적 전도 덕분에 얻고 있는가?

부패하지 않은 권력에의 의지는 단지 디오니소스적 원칙을 형이상학적으로 해석한 것이기 때문에, 니체는 현재의 허무주의를 신들이 멀리 떨어져 있는 밤으로 생각할 수 있다. 그런데 이 밤에 부재하는 신의 도래가 예고된다. 민중들은 신의 "멀리 있음"과 "저편에 있음"을 현실로부터의 도피로 오해한다. "그렇지만 그것은 본래 현실 속으로 신의 침잠, 은둔, 심화로서, 신이 다시 빛으로 나오게 되면 언젠가 이 상태로부터 이 현실의 구원을 가져올 것이

---

35) 니체, 전집, 제1권, 17쪽 이하와 전집, 제5권, 168쪽, 그리고 전집, 제12권, 140쪽.

36) J. Habermas, "Zu Nietzsches Erkenntnistheorie", *Zur Logik der Sozialwissenschaften* (Frankfurt/M., 1982), 505쪽 이하.

다."[37] 니체는 반기독교인의 회귀의 시점을 "정오의 종소리"로 규정한다. 이는 보들레르의 예술적 시대의식와 기이할 정도로 일치한다. 목양신(牧羊神) 판(Pan)이 도래하는 시간에 대낮은 숨을 멈추고, 시간은 정지한다. 과도적 순간은 영원과 결합하는 것이다.

니체가 권력이론적으로 발전시킨 현대성의 개념은 스스로를 이성 지평의 밖에 설정하는 폭로적 이성비판의 덕택이다. 이 비판은 적어도 암암리에 예술적 현대의 근본경험으로부터 차용한 척도들에 호소하기 때문에 특정한 것을 암시하고 있다. 니체는 취미감가을, 즉 "입맛의 예와 아니오"를 참과 거짓, 선과 악의 피안에 있는 인식의 기관으로서 상당히 높은 지위에 올려놓는다. 그렇지만 그는 여전히 보지하고 있는 예술적 판단의 척도들을 정당화할 수 없다. 그것은 그가 예술적 경험들을 태고적인 것으로 변형시키기 때문이며, 그가 현대 예술과 접촉을 통해 예리해진 가치평가의 비판력을——적어도 논증적 근거지움의 절차을 통해 그 과정에 있어서는 객관적 인식과 도덕적 통찰과 일치하는——이성의 계기로서 인정하지 않기 때문이다. 디오니소스적인 것으로 통하는 문으로서 예술적인 것은 오히려 이성의 타자로서 실체화된다. 그러므로 권력이론적 폭로들은 총체적이 되어 버린 자기관계적 이성비판의 딜레마에 묶이게 된다. 『비극의 탄생』을 되돌아보면서 니체는 학문을 "예술의 토대 위에 세우고, 학문을 예술가의 관점으로 보고자" 시도하였던 젊은 시절의 순진함을 고백한다.[38] 그렇지만 성숙한 시기에도 니체는 비판의 고유한 토대를 공격하는 이데올로기 비판이 무엇을 의미하는지에 관해 명료한 대답을 할 수는 없었다.[39] 그는 결국 두 전략 사이에서 흔들리고 있는 것이다.

한편으로 니체는 예술가적 세계관의 가능성을 암시한다. 이 세계관은 과학적 수단을 가지고, 그러나 반형이상학적, 반낭만주의적, 염세주의적, 회의적 입장에서 실행된다. 역사학은 권력에의 의지의 철학에 봉사하는 까닭에 진리 신앙의 환상에서 벗어날 수 있어야만 한다.[40] 물론 이 철학의 타당성은 미리

---

37) 니체, 전집, 제5권, 336쪽.

38) 니체, 전집, 제1권, 13쪽 이하.

39) Genealogie der Moral, 니체, 전집 제5권, 398~405쪽을 참조할 것.

전제되어야만 한다. 그렇기 때문에 니체는 다른 한편으로 철학 자체를 포기하지 않으면서도 형이상학적 사유의 뿌리를 파헤치는 형이상학 비판의 가능성을 주장해야 한다. 그는 디오니소스를 철학자로 천명하고, 자기자신을 이 철학하는 신의 마지막 사도와 대가라고 천명한다.[41]

이 두 길을 통해 니체의 현대성 비판은 계속되었다. 권력의지의 도착, 반동적 세력의 봉기, 주체중심적 이성의 발생을 인간학적, 심리학적, 역사적 방법을 통해 폭로하고자 하는 회의적 과학자는 바타이유, 라캉, 푸코에게서 자신의 후계자를 발견한다. 주체철학의 발생을 소크라테스 이전의 시초에까지 추적하고, 특수한 지식을 요청하는 형이상학 비판은 하이데거와 데리다에게서 후계자를 발견한다.

4

하이데거는 니체의 디오니소스적 메시아주의의 본질적인 모티브들을 받아들이지만, 자기관계적 이성비판의 아포리아를 회피하고자 한다. "과학적"으로 작업하는 니체는 진리신앙과 금욕주의적 이상의 계보학이라는 방법을 통해 현대적 사유를 버리고자 한다. 이 권력이론적 폭로의 전략에서 여전히 제거되지 않은 계몽주의의 잔재를 감지한 하이데거는 오히려 "철학자"로서 니체에 의지하고자 한다. 자기자신을 소모하는 전체화된 이데올로기 비판을 통해 니체가 추구하는 목표를 하이데거는 서양 형이상학의 내재적 파괴를 통해 성취하고자 한다. 니체는 디오니소스적 사건이 고대 그리스적 비극과 새로운 신화론 사이에 걸쳐 있다고 파악하였다. 하이데거의 후기철학은 이 사건을 예술적으로 재생된 신화론의 무대로부터 철학의 무대로 옮겨놓으려는 시도로 이해될 수 있다.[42] 하이데거는 우선, 니체에게서 예술이 차지하고 있는 자리에 철학을 세

---

40) 니체, 전집, 제12권, 159쪽 이하.

41) 니체, 전집, 제5권, 238쪽.

42) 하이데거는 1935년과 1945년 사이의 10년 동안, 즉 파시즘적 하이데거의 흔적

워야 하고, 그리고는 철학적 사유를, 디오니소스적 힘을 경직시키고 부활시킬 수 있는 무대가 될 수 있도록 변형시켜야 한다는 과제와 직면하게 된다. 허무주의의 도래와 극복을 하이데거는 형이상학의 시작과 끝으로 서술하고자 한다.

하이데거의 첫번째 니체 강의는 「예술로서 권력의지」라는 제목을 달고 있다. 하이데거는 특히 쓰여지지는 않았지만 엘리자베트 푀르스터-니체에 의해 주저라고 부풀려 편찬한 『권력에의 의지』의 유고단편들에 의존한다. [43] 하이데거는 "니체가 여전히 서양철학의 물음의 궤도에 서 있다"는 가설을 증명하려고 시도한다. [44] 그는 "자신의 형이상학을 통해 서양 철학의 시원으로 되돌아가고," [45] 허무주의에 대항하여 반대운동을 시도하는 사상가를 "예술가-철학자"라고 명명한다. 그러나 예술이 가지는 구원의 힘에 관한 니체의 사상들은 "표면적 가상에 의하면 예술적이지만, 가장 심오한 의지에 의거하면 형이상학적"이라는 것이다. [46] 하이데거는 헤겔과 마찬가지로 예술은 낭만주의와 더불어 본질적인 목표와 종말에 도달하였다고 확신한다. 발터 벤야민과 비교해 보면, 하이데거가 아방가르드적 예술의 순수경험들로부터 거의 아무런 감동을 받지 않았다는 점이 분명해진다. 그렇기 때문에 그는 주관주의적으로 첨예화되고 철저하게 분화된——그리고 탈중심화된 주체성의 자기경험으로부터 예술적인 것의 고유 의미를 발전시키고 있는——예술이 왜 새로운 신화론의 창시자로서 추천되고 있는가를 이해할 수 없었다. [47] 그런 만큼 그는 "예술적 현

을 보여주고 있는 『형이상학 입문』과 전후철학을 이끄는 『인본주의에 관한 서한』 사이의 기간에 지속적으로 니체의 철학에 몰두하였다. 존재사의 이념은 철학자 니체와의 강도 높은 대결을 통해 형성되었다. 하이데거는 이 점을 자신의 사유과정의 이 단계를 기록하고 있는 니체에 관한 두 권의 책의 서문에서 분명히 인정하고 있다. M. Heidegger, *Nietzsche* (Pfulingen, 1961), Bd. 1, 9쪽 이하.

43) 이 허구는 콜리(Giorgio Colli)와 몬티나리(Mazzino Montinari)가 편집한 전집에 의해 남김없이 파괴되었다. 이에 관해서는 니체, 전집, 제14권, 383쪽 이하에 실린 후기작품들에 대한 언급과 니체, 전집, 제15권의 니체 삶에 대한 연대기를 참조할 것.

44) Heidegger(1961), 제1권, 12쪽.

45) Heidegger(1961), 제1권, 27쪽.

46) Heidegger(1961), 제1권, 154쪽.

상"을 쉽게 평준화하고 예술과 형이상학을 동일화한다. 아름다운 것은 존재를 밝힐 수 있는 것이다. "미와 진리는 모두 존재와 관계를 맺고 있다. 게다가 양자는 존재자의 존재가 탈은폐하는 방식으로 관계를 맺는다."[48]

나중에는 시인이 사유하는 사상가에게 현현하는 성스러운 것을 예고한다는 말을 한다. 시작(詩作)과 사유는 비록 서로에게 의존하지만 궁극적으로는 시작이 시원적 사유로부터 발생해야 한다.[49]

예술이 이런 방식으로 존재론적으로 변한 다음에[50], 철학은 낭만주의에서 예술에 내주었던 과제를 다시 떠맡아야 한다. 즉 현대의 분열에 대처하기 위하여 통일시키는 종교의 힘에 대한 등가물을 창조해야 하는 과제를 맡아야 한다. 니체는 허무주의의 극복이라는 과제를 예술적으로 재생된 디오니소스 신화에 맡겼다. 하이데거는 이 디오니소스적 사건을 형이상학 비판이라는 은막에 투사한다. 이렇게 함으로써 형이상학 비판의 세계사적 의미는 증가한다.

존재자로부터 물러나서 자신의 부재를 느낄 수 있도록 만들고 이 결핍의 고통이 심해짐으로써 정해지지 않은 자신의 도래를 예고하는 것은 이제 존재이다. 서양철학에 주어진 존재 망각의 운명을 추적하는 사유는 촉매적 기능을 한다. 형이상학으로부터 시작하고, 물음을 통해 형이상학의 시원으로 되돌아가고, 동시에 형이상학의 한계를 내면으로부터 극복하는 이 사유는 자율을 추구하는 이성의 자기신뢰를 더 이상 받아들이지 않는다. 존재를 은폐하고 있는 층들을 벗겨야 함은 확실하다. 그러나 파괴의 작업은 반성의 힘과는 달리 새로운 타율에 익숙해지도록 한다. 이 작업은 온갖 힘을 주체성의 자기극복과

---

47) 이러한 관점에서 보면 오스카 베커(Oskar Becker)는 하이데거의 기초존재론에 대한 자신의 이원론적 반대기획을 통해 비교할 수 없을 정도로 더 커다란 감수성을 보여준다. Oskar Becker, "Von der Hinfälligkeit des Schönen und der Abenteuerlichkeit des Künstlers", *Dasein und Dawesen*, Gesammelte philosophische Aufsätze (Pfullingen, 1963), 11쪽 이하와 103쪽 이하.

48) Heidegger(1961), 제1권, 231쪽.

49) 이에 관해서는 "Was ist Metaphysik? (형이상학이란 무엇인가?)에 관한 후기 (後記)를 참조할 것. M. Heidegger, *Wegmarken*(Frankfurt/M., 1978), 309쪽.

50) 하이데거는 자신의 첫번째 니체 강의를 다음과 같은 말로 요약한다. "존재의 본질로부터 예술은 존재자의 근본사건, 즉 본래적 창조자로서 파악되어야 한다."

자기체념에 쏟는다. 주체성은 참고 견디는 것을 배워야 하고, 겸손 속으로 녹아 없어져야 한다. 이성 자체도 오직 망각과 추방의 파괴적 활동을 통해서만 활동적일 수 있다. 따라서 존재의 사건은 오직 운명으로서만 일어날 수 있다. 이 운명을 필요로 하는 사람들은 운명에 대해 기껏해야 자신을 열어놓고 준비할 수밖에 없다. 하이데거의 이성비판은 차이를 요구하는——모든 것을 관통하지만 아무런 내용 없는——입장 변경의 급진성에서 끝나게 된다. 이 입장 변경은 자율로부터 떠나 존재에의 헌신으로 향하는데, 이 헌신은 자칭 자율과 타율의 대립을 극복하였다고 한다.

니체의 영향을 받은 이성비판은 바타이유에게서 다른 방향을 취한다. 바타이유는 반대감정이 양립하는 무아경의 탈중심적 경험들을 표현하기 위해 성스러움의 개념을 사용한다. 이 경험들 속에서 경직된 주체성은 자기자신에게 스스로 외화된다는 것이다. 종교적 희생과 에로스적 융해의 행위들은 이에 대한 표본적 예들이다. 여기서 주체는 "자신의 자아연관성으로부터 벗어나" 다시 복원된 "존재의 연속성"에 자리를 내어준다.[51] 바타이유도 역시 이성적으로 훈련된 노동세계와 추방된 이성의 타자 사이의 단절을 구원할 수 있는 근원적 힘을 탐색한다. 존재의 상실된 연속성으로 위압적인 회귀가 바타이유에게는 반이성적 요소들의 폭발로, 즉 자아의 탈경계화라는 도취적 행위로 서술된다. 이런 해체과정에서 단자적으로 단절된 주체성이 서로 배타적으로 자신의 소유권을 주장하였던 개인들로부터 몰수되고 심연으로 추락한다.

물론 바타이유가 개별화의 원칙에 대항하는 디오니소스적 폭력에 접근하는 방식은 형이상학에 사로잡힌 사유의——일종의 묵상의 형태로 실행된——자기극복이라는 억제된 방법이 아니라, 목적합리적으로 행위하는 주체의 자기초월과 자아해체의 현상들을 직접적으로 서술하고 분석하는 방법이다. 바타이유의 관심을 끄는 것은 비밀의식적으로 작용하는 권력의지의 바커스적 특징들이 분명하다. 그것은 권력의지의 창조적 활동으로서 파괴, 전율, 쾌락을 불러일으키는 고통과 처참한 죽음의 광경에 의해 촉발되는 감정들에서뿐만 아니라

---

51) G. Bataille, *Der heilige Eros* (Frankfurt/M., 1982), 10쪽 이하. 특히 서문을 참조할 것.

유희, 가무, 충일, 도취 속에서 표현된다. 제물을 바치는 의례행위와 성적인 사랑행위의 한계경험들을 끈질기게 분석하는 호기심 많은 바타이유의 시각은 공포의 미학을 통해 조정되고 전달된다. 앙드레 브르통의 오랜 지기이며 후에는 반대자가 된 바타이유는 하이데거와 마찬가지로 니체의 예술적 근본경험을 그대로 지나치지 않고 초현실주의에서 이 경험이 철저하게 급진화하는 것을 추적한다. 마치 신들린 사람처럼 바타이유는 궤도로부터 이탈시키는 양립적 감정들, 즉 폭력적으로 갑작스럽게 엄습하는 인상들을 통해 야기되는 수치, 구토, 경악, 가학적 쾌락 등과 같은 감정의 반응을 연구한다. 이와 같은 폭발적 흥분상태에서 욕망과 부정의 반대적 경험들은 서로 결합하여 마비시키는 열광이 된다. 구토, 혐오와 공포는 쾌락, 황홀, 탐욕과 융해된다. 이와 같은 파괴적 이중감정에 내맡겨져 있는 의식은 평정상태를 잃게 된다. 초현실주의자들은 공격적으로 투입된 예술적 수단들을 통해 바로 이 충격상태를 야기하고자 한다. 바타이유는 인간의 시신, 식인주의, 나체, 월경의 피, 근친상간 등의 터부에서까지 이 "세속적 깨우침"(발터 벤야민)의 흔적을 추적한다.

우리가 계속해서 다루게 될 이 인간학적 연구들은 주권 이론의 관점을 제공한다. 『도덕의 계보학』에서 니체와 같이 바타이유는 이질적인 모든 것의 배척과 아울러 더욱더 완전한 근절을 연구한다. 그런데 목적합리적 노동, 소비, 권력행사의 현대세계는 이 배척과 근절을 통해 비로소 구성된다. 바타이유는 하이데거의 형이상학 비판과 마찬가지로 근대를 쇠약의 시대로 서술하는 서양 이성사를 구성하는 데 주저하지 않는다. 그렇지만 바타이유에게 있어서 배척된 이질적 요소들은 신비스러운 상상으로 생각해 낸 묵시론적 운명의 형태로 나타나는 것이 아니라, 반혁적 힘으로서 나타난다. 이 힘들이 만약 자유적-사회주의적 사회에서조차 해방되지 않는다면, 틀림없이 폭발적으로 방출될 것이다.

부활된 종교성의 권리를 위해 바타이유는 과학적 분석의 수단을 가지고 역설적 방식으로 투쟁한다. 그는 결코 방법적 사유를 무시하지 않는다. "만약 현재의 정밀성의 정신이 허용하지 않는 자의적 해결책으로부터 출발한다면, 아무도 종교의 문제를 제기할 수 없다. 내가 대상에 관해 말하지 않고 내면적 경험에 관해 말한다는 점에서 나는 과학의 사람은 아니다. 그러나 대상에 관해 말하는 순간, 나는 회피할 수 없는 과학자의 엄격함을 가지고 말한다."[52]

하이데거로부터 바타이유를 분리시키는 것은 그가 만들어내는 신성함의 개념의 출처인 예술적 경험에 대한 접근방식뿐만 아니라, 바타이유가 신성한 것의 분석을 위해 사용하고자 하는 인식의 과학적 성격에 대한 존경이다. 그럼에도 불구하고 현대성의 철학적 담론에 기여한 그들의 업적을 고찰하면 두 사상가 사이에는 유사점이 나타난다. 구조적 유사점은 하이데거와 바타이유가 모두 니체를 추종하면서 동일한 과제를 해결하고자 하였다는 사실로 설명된다. 양자는 철저한 이성비판을 실행하고자 한다. 이것은 비판의 뿌리 자체를 공격하는 비판이다. 이와 같은 서로 일치하는 문제설정으로부터 형식적으로 유사한 논증의 필요성이 결과한다.

우선 비판의 대상은 우리가 그곳에서 주체중심적 이성을 현대성의 원리로서 재인식할 수 있도록 분명하게 규정되어야 한다. 출발점으로서 하이데거는 현대과학들의 객관화하는 사유를 선택하고, 바타이유는 자본주의적 경영과 관료제화된 국가의 목적합리적 행위를 선택한다. 하이데거는 의식철학의 존재론적 근본개념들을 연구하여 대상화된 과정들에 대한 기술적 통제 의지가 데카르트로부터 니체에 이르는 사유를 지배한 충동이라고 폭로한다. 주체성과 사물화는 지배할 수 없는 것을 볼 수 있는 시선을 차단한다. 바타이유는 노동과 소비를 점점 더 배타적으로 예속시키는 경제성과 효율성의 명법들을 연구하여, 산업생산주의에서 모든 현대사회에 내재하고 있는 자기파괴의 경향을 확인한다. 다시 말해 철저하게 합리화된 사회는 축적된 부의 비생산적 소비와 관대한 낭비를 막는다.

총체화된 이성비판은 계몽의 변증법에 대한 희망을 포기하였기 때문에 이 비판의 대상은, 이성의 타자, 즉 존재 또는 주권의 반대세력이 결국 그 자체 배척되고 억압된 이성의 계기들에 지나지 않는다고 인식되지 않도록 포괄적이어야 한다. 그렇기 때문에 하이데거와 바타이유는 니체와 함께 서양 역사의

---

52) 같은 곳, 29쪽.

시원을 넘어 태고적 초기로 되돌아가, 디오니소스적인 것의 흔적들을——소크라테스 이전의 사유에서나 아니면 신성한 제물의례의 흥분상태에서——재발견하고자 한다. 여기서 묻혀지고 합리화를 통해 제거된 경험들이 "존재", "주권"과 같은 표현들을 소생시킬 수 있는 경험들로서 확인되어야 한다. 양자는 우선 이름에 지나지 않는다. 모든 합리적 동화의 시도들에 저항할 수 있도록, 양자는 이성에 대한 반대개념으로서 도입되어야 한다. "존재"는 대상적으로 사유된 존재자의 총체성으로부터 물러선 것으로서 정의되고, "주권"은 유용한 것과 계산가능한 것의 세계로부터 배제되어 있는 것으로 정의된다. 이 근원의 힘들은 선사될 수 있지만 유보되어 있는, 그래서 결핍되어 있는 충족 즉 소모되기를 고집하는 부의 상징들로서 나타난다. 이성이 계산적 지배와 가치평가를 통해 규정된다면, 이성의 타자는 오직 부정적으로 지배될 수 없는 것, 가치평가될 수 없는 것으로서 특징지워진다. 즉 자기자신이 주체임을 포기하고 초월할 때에만 들어설 수 있는 매개로서 성격지워진다.

이성과 이성의 타자라는 두 계기들은 변증법적 지양을 지시하는 대립의 관계에 있지 않고, 상호 반발과 배척의 긴장관계에 있다. 양자의 관계는 자기반성 또는 계몽된 실천의 반대과정을 통해 상쇄될 수 있는 배척의 과정에 의해 구성되지 않는다. 이성은 오히려 후퇴와 방기, 배척과 추방의 역동성에 무력하게 내맡겨져 있어서, 편협한 주체성은 기억과 분석이라는 고유한 힘으로는 자기에게서 벗어나거나 또는 거리를 둘 수가 없다. 반성의 타자는 자기반성에게 폐쇄되어 있는 것이다. 메타 역사적 또는 우주 자연적 종류의 힘들의 유희가 지배하는 까닭에 다른 관찰방식의 노고가 요청된다. 자기자신을 초월하는 이성의 역설적 노고는 하이데거에 있어서 물론 존재운명을 갈구하는 내성적(內省的), 추념(追念)적 사유(Andenken)의 형식을 띤다. 반면 바타이유는 타자에 초점을 맞춘 신성함의 사회학으로부터 계몽을 기대하지만, 궁극적으로는 세력들의 초월적 유희에 대한 어떤 영향도 약속하지 않는다.

두 저자는 모두 서양 이성의 역사를 이야기 식으로 재구성함으로써 자신들의 이론을 전개한다. 주체철학의 관점에서 이성을 자기의식으로서 해석하는 하이데거는 허무주의를 전체주의적으로 해방된 기술적 세계지배의 표현으로 파악한다. 존재에 대한 물음으로 시작하였지만 사물화된, 존재자의 전체에 가려 이 본질적인 것을 점점 더 보지 못하게 되는 형이상학적 사유의 운명이 여기서 완성된다는 것이다. 실천철학의 관점에서 이성을 노동으로 해석하는 바타이유는 허무주의를 전체주의적으로 자율화된 축적과정의 결과로 파악한다. 여기에서는, 처음에는 축제적-주권적 외화에 기여하였지만 점점 더 생산증대의 목적을 위해 자원을 낭비하고 선사를 소비로 변화시키고 창조적, 헌신적 주권의 토대를 박탈하는 과잉생산의 운명이 완성된다.

존재망가과 추방된 부분의 배척은, 이성비판을 내면에 있어 변증법적인 계몽의 사고형태로부터 분리시키고 이성의 타자를 현대에게 질서를 요구할 수 있는 심급의 지위로 올리고자 하는 모든 시도들에게 영향을 주는 변증법적 상징들이다. 그렇기 때문에 나는 한편으로는 하이데거의 후기철학과 (그리고 이 철학적 신비주의를 생산적으로 계속하고 있는 데리다의 철학과), 다른 한편으로 바타이유의 일반 경제학(과 권력이론을 통해 근거지워진 푸코의 지식에 대한 계보학)에서 니체가 지시한 두 길들이 실제로 주체철학으로부터 벗어나고 있는가를 조사하고자 한다.

하이데거는 예술을 단호하게 존재론적으로 변화시키고, 파괴적으로 해방시키는 사유운동에 모든 것을 걸고 있다. 이 사유운동은 형이상학을 스스로 극복해야 한다. 이렇게 그는 자기자신의 토대를 파괴해야만 하는 자기관계적 이성비판의 아포리아를 회피한다. 디오니소스적 메시아주의를 존재론적으로 전환함으로써 하이데거는 근원철학의 시원적 물음, 사유양식, 정당화의 양태에 의존하기 때문에, 그는 후설 현상학의 토대주의를 오직 역사를 맹목적으로 토대화하는 희생을 치르고서만 극복할 수 있을 뿐이다. 하이데거는 주체철학의 토대를 시간적으로 해체시킴으로써 주체철학의 영향력으로부터 벗어나려고 시도한다. 그러나 모든 구체적 역사로부터 추상하는 존재사의 초토대주의는 하이데거도 역시 부정된 사유에 묶여 있다는 사실을 폭로한다. 이에 반해 바타이유는 디오니소스적인 것에 대한 예술적 근본경험에 충실히 머무르며, 주체중심적 이성이 이성의 타자에게 비추어질 수 있는 현상영역을 개척한다. 물론 그는 이 경험이 현대의 초현실주의로부터 유래하였다는 사실을 고백해서는 안 된다. 그는 이 경험을 인간학적 인식들을 수단으로 하여 태고적인 것으로 옮겨놓아야 한다. 이렇게 바타이유는 신성한 것과 일반 경제학의 과학적 분석이라는 기획을 추구하는데, 이 분석은 세계사적 합리화 과정과 마지막 전회의 가능성을 설명해야만 한다.

이 과정에서 그는 니체와 같은 딜레마에 빠지게 된다. 권력이론은 과학적 객관성의 요청을 충족시키지는 못하며, 동시에 과학적 발언의 진리에 영향을 주는 총체적, 자기관계적 이성비판을 수행할 수 없다.

니체에 의해 개시되고 하이데거와 바타이유가 걸어갔던 이 두 길이 포스트모더니즘에까지 이어지는 과정을 추적하기 이전에, 이 관점에서 보면 지체시키는 사유의 과정에 잠시 머물고자 한다. 니체의 철저한 이성비판을 만족시키는 호르크하이머와 아도르노의 이의적 시도를 간단히 살펴보고자 한다.

신화와 계몽의 뒤얽힘 : 호르크하이머와 아도르노

마키아벨리, 홉스, 만데빌과 같은 시민계급의 어두운 사상가들은 이미 쇼 펜하우어에게 마음이 사로잡힌 호르크하이머에게 항상 깊은 감동을 주었다. 그들도 역시 건설적으로 사유하였고, 그들이 지닌 부조화로부터는 마르크스의 사회이론에까지 이르는 계열이 형성된다. 시민계급의 흑색 사상가들, 그중에 서도 특히 마르키 드 사드와 니체는 이 결합을 단절시켰다. 호르크하이머와 아도르노는 계몽의 자기파괴과정을 개념화하기 위하여 그들이 쓴 가장 검은 책인 『계몽의 변증법』에서 이들과 결합한다. 자신들의 분석에 따르면 그들은 개념이 가지고 있는 해방적 힘을 더 이상 신뢰해서는 안 되었다. 희망이 없는 사람들의 희망이라는 벤야민의 역설에 인도된 그들은 그럼에도 불구하고 배리 적으로 되어 버린 개념의 작업을 떨쳐 버리지 못한다. 이런 분위기, 이런 입 장은 더 이상 우리의 것이 아니다. 그럼에도 불구하고 후기 구조주의적으로 재생된 니체의 징후 아래 그때의 입장이나 분위기와 혼동할 정도로 유사한 분 위기와 입장들이 유포되고 있다. 나는 이 혼동을 미연에 방지하고자 한다.

『계몽의 변증법』은 기이한 책이다. 주요 부분은 산타 모니카에서 있었던 호 르크하이머와 아도르노의 토론을 그레텔 아도르노가 녹음한 메모들로 구성되 어 있다. 텍스트는 1944년에 완성되었고, 3년 뒤에 암스테르담에서 출간되었다. 초판의 책들은 거의 20년 동안이나 구입할 수 있었다. 호르크하이머와 아도르노가 이 책을 통해 특히 처음 20년 동안 독일의 지성적 발전에 끼친 영향사는 판매부수와 비교할 때 상당히 진기하다. 책의 구성도 역시 특기할 만하다. 이 책은 50쪽이 넘는 하나의 논문과 두 가지 부언설명과 세 개의 부록으로 구성되어 있다. 부록들은 텍스트의 반 이상을 차지한다. 불투명한 서술형식 때문에 사유과정의 분명한 구조를 첫눈에 알차리기가 매우 어렵다.

그렇기 때문에 나는 우선 두 개의 핵심명제를 설명하고자 한다. (1) 오늘날의 상황과 관련하여 나의 관심을 불러일으키는 문제는 현대에 대한 평가로부터 나온다. 왜 호르크하이머와 아도르노는 계몽 자체에 관한 철저한 계몽을 하려 하였는가? (2) 이데올로기 비판을 전체적으로 능가하고자 하는 시도에 대한 위대한 모범은 니체였다. 호르크하이머와 아도르노를 니체와 비교하면 문화비판을 실행하는 양편의 대립적 방향에 관해 알려줄 뿐만 아니라, (3) 계몽 자체가 거듭 반성적으로 될 수 있다는 사실에 대한 회의를 불러일으킨다.

1

계몽의 전통에서 계몽하는 사유는 곧바로 신화에 대한 대립으로, 신화의 반대 힘으로 이해되었다. 인류의 사슬 속에 얽혀 있는 전승의 권위주의적 구속력에 대해 보다 나은 논증이라는 비강제적 강제를 내세우는 까닭에 그것은 대립 명제로서 이해된다. 개인적으로 획득하여 동기로 변형된 통찰을 통해 집단적 힘의 압박을 타파할 수 있기 때문에 계몽적 사유는 반대작용을 하는 힘으로서 이해된다. 계몽은 신화에 반대하고, 이렇게 신화의 폭력으로부터 벗어난다.[1] 계몽된 사유가 확신하였던 이 대비에 대해 호르크하이머와 아도르노는 신화와 계몽이 은밀한 공범관계에 있다고 주장한다. "이미 신화는 계몽이고, 계몽은 신화론으로 변한다."[2] 머리말에서 예고된 이 명제는 주제논문에서 발

---

1) K. Heinrich, *Versuch über die Schwierigkeit Nein zu sagen* (Frankfurt/M., 1964).

2) M. Horkheimer/Th. Adorno, *Dialektik der Aufklärung* (Amsterdam, 1947). 10쪽.

전되고, 『오디세이』를 해석하는 형식을 빌려 이를 증명한다.

호모가 이미 거리를 두었던 신화적 전통에 대한 서사시 형태의 후기 수정본을 선택함으로써 저자들이 논점선취의 오류를 저질렀다는 예견된 문헌학적 비난으로부터 오히려 방법론적 장점이 도출된다. "호머의 설화를 이루는 소재층에는 신화가 침전되어 있다. 그러나 신화들에 관한 보고와, 상이한 전설들로부터 얻어낸 통일성은 동시에 신화적 힘들로부터 벗어나는 주체의 탈출에 관한 서술이다"(『계몽의 변증법』, 61쪽). 이중적 의미에서 좌절되는 오디세이의 모험들에는 신화적 힘들로부터 해방되는 주체성의 시원적 역사가 반영되고 있다. 신화적 세계는 고향이 아니라, 자신의 정체성을 위해 벗어나야 하는 미로이다. "주체성으로——오디세이는 이에 관해 시원적 이야기를 하고 있다——하여금 전(前)-세계로부터 벗어나려는 모험을 하도록 하는 것은 향수이다. 고향의 개념이, 파시스트들이 고향으로 둔갑시켰던 신화에 대립하고 있다는 사실에 서사시의 가장 내면적인 모순이 담겨져 있다"(『계몽의 변증법』, 96쪽 이하).

신화적 이야기들이 개인으로 하여금 인류의 사슬을 통해 계보학적으로 매개된 근원으로 되돌아가게 한다는 것은 확실하다. 그러나 근원으로부터 떨어져 있다는 죄를 극복하고 구원한다는 제례의식은 동시에 이 간극을 심화시킨다.[3] 근원신화는 "출현"의 이중적 의미를 확인한다. 즉 자신의 뿌리를 상실할지도 모른다는 공포와 근원의 압박으로부터 벗어났다는 안도감을 확인한다. 그렇기 때문에 호르크하이머와 아도르노는 희생행위의 가장 깊은 내면에까지 오디세우스의 간계를 추적한다. 인간들이 상징적으로 평가절상된 제물을 바침으로써 복수하는 힘들의 저주로부터 벗어나고자 한다는 점에서, 오디세우스의 희생행위에는 기만의 계기가 내재하고 있다.[4] 이러한 신화층은 같은 대상에 관하여

아래에서는 『계몽의 변증법』으로 약하여 인용함. 이에 관해서는 1985년 수어캄프 출판사에서 출간된 신판에 대한 나의 후기를 참조할 것.

3) K. Heinrich, *Dahlemer Vorlesungen* (Basel/Frankfurt, 1981), 122쪽 이하.

4) "제물을 통한 신성과의 상징적 교통이 사실적이 아니라는 경험은 아주 오랜 것임에 틀림없다. 새롭게 유행하는 비합리주의자들에 의해 미화되고 있는 '제물을 통한 대변'은 희생된 제물의 신성화, 선택된 자의 미화를 통해 살인을 종교적으로

두 가지 상반된 감정을 동시에 갖는 이중의식을 특징지운다. 따라서 의례적 실천행위는 이중의식에 대해 실제적이고 가상적이라는 두 가지 의미를 갖는다. 집단적 의식의 삶에 필연적인 것은 근원에로의 의례적 회귀가 갖는 재생력인데, 이 회귀는 뒤르켕이 보여준 바와 같이 사회적 통합을 보장한다. 그렇지만 근원으로의 회귀가 갖는 순전히 가상적 성격도 역시 필수적이다. 왜냐하면 종족사회적 집단의 구성원은 자신을 하나의 자아로 형성함으로써 근원으로부터 동시에 벗어나야 하기 때문이다. 따라서 신성화되고 동시에 기만되기도 하는 근원의 힘들은 주체성의 근원사에 있어서 이미 계몽의 첫단계를 형성한다.

근원으로부터의 탈출이 해방을 의미한다면, 그것은 성공적 계몽일 것이다. 그러나 신화적 힘은, 추구하는 해방을 중단시키고 또 일종의 굴레로서 경험되는 근원과의 결속을 연장시키는 지연의 계기라는 사실이 증명된다. 그렇기 때문에 호르크하이머와 아도르노는 양편 사이에 걸려 있는 전체의 과정을 계몽이라고 명명한다. 그런데 신화적 힘에 대한 승리의 과정은 항상 새로운 단계마다 신화의 회귀를 운명적으로 야기하도록 되어 있다. 계몽은 신화론으로 되돌아가도록 되어 있는 것이다. 저자들은 이 명제도 역시 의식의 오디세우스적 단계에서 증명하고자 한다.

그들은 『오디세이』의 이야기들을 낱낱이 섭렵하여, 경험이 많은 오디세우스가 자신의 자아를 위해 치른 대가를 알아낸다. 즉 오디세우스의 자아는, 서사시인 호머가 모험에 관해 이야기하는 것처럼——현상학자 헤겔이 서술하고 있는——정신이 의식의 경험들로부터 강해지고 확고해지듯이 그렇게 강화되고 확고해진다. 이야기들은 위험, 간계와 탈출, 그리고 스스로 부과한 단념을 노래하고 있다. 그런데 위험을 이겨내는 방법을 배운 자아는 이 단념을 통해 자신의 고유한 정체성을 획득하고, 외면적인 동시에 내면적인 자연과의 태고적 동일화 상태의 행복과 결별한다. 아름다운 노래로 뱃사공을 유혹했다는 요정 사이렌의 노랫소리는 한때 "자연과의 변화하는 일치"가 보장하였던 행복을

합리화하려는 기만과 분리될 수 없다."『계몽의 변증법』, 66쪽.

상기시킨다. 오디세우스는 이미 자신이 속박되어 있음을 알아차리고 유혹에 자신을 내맡긴다. "자아의 토대를 세우는 것인 인간의 자기지배는 잠재적으로는 항상, 이 행위가 기여해야 할, 주체의 파괴이다. 왜냐하면 지배되고 억압되며, 그리고 자기보존을 통해 해체되는 실체는 다름 아닌 자기보존의 업적들을 자신의 기능으로서 규정하는 생명체이기 때문이다. 즉 그것은 바로 보존되어야 할 것이기 때문이다"(『계몽의 변증법』, 71쪽). 인간들이 자신의 내면적 자연을 억압하는 대가를 치르고 외면적 자연을 지배하는 법을 배움으로써 자신의 정체성을 형성한다는 이 사유형태는 계몽의 과정이 야누스의 얼굴을 드러내게끔 만드는 서술의 모델을 제공한다. 단념과 자기은폐의 대가, 비인칭대명사 "Es"처럼 익명적으로 되어 버린 자신의 자연과의 의사소통 단절의 대가는 희생이 내향화된 결과라고 해석된다. 한때 제물이라는 계략을 써서 신화적 운명을 이겨냈던 자아는, 제물을 내면으로 투사해야 하는 것이 필연적이라고 생각하는 순간, 다시 신화적 운명에 의해 압도당한다. "제물을 통해 근원의 속박을 극복함으로써 출현한 (자기동일적으로 지속적인) 자아는 곧바로 대단히 경직된 형태로 실행되는 제물의례가 된다. 인간은 자연 연관에 대해 자신의 의식을 대립시킴으로써 자기자신에게 바로 이 의식을 거행한다"(『계몽의 변증법』, 70쪽).

인류는 계몽의 세계사적 과정에서 근원으로부터 점점 더 멀어지지만, 신화적 반복의 강제로부터 해방되지는 않는다. 완전히 합리화된 현대세계는 오직 가상적으로만 탈마법화된 것이다. 현대세계에는 마력적인 사물화와 치명적 고립화의 저주가 드리워져 있다. 소용없는 해방의 마비현상들 속에는 해방해야만 하였지만 벗어날 수 없었던 사람들에 대한 근원적 힘의 복수가 표현된다. 외부로부터 영향을 미치는 자연의 힘을 합리적으로 지배하라는 강요는 주체들을 교육과정의 궤도에 올려놓았다. 이 교육과정은 순전히 자기보존을 위하여 생산력을 엄청나게 증대시키지만, 단순한 자기보존을 초월하는 화해의 힘들을 황폐하게 만든다. 객관화된 외면적 자연과 억압된 내면적 자연에 대한 지배는 계몽의 영원한 기호이다. 이렇게 호르크하이머와 아도르노는 잘 알려진 막스 베버의 주제를 변형시키고 있다. 막스 베버는 현대세계에서 고대의 신들이 탈마법화되었지만, 비인격적 힘의 형태로 다시 무덤에서 일어나 화해할 수 없는 신들의 투쟁을 재개하고 있는 것으로 파악한다. [5]

『계몽의 변증법』의 수사학적 서술에 의해 압도당하지 않고, 한 걸음 물러서서 철저하게 철학적 의미를 가지고 있는 텍스트의 주장을 진지하게 받아들이는 독자들은 다음과 같은 인상을 얻을 수 있다.

—여기서 다루어지고 있는 명제는 니체가 유사한 방식으로 제시한 허무주의의 진단과 마찬가지로 위험하다.

—저자들은 이런 위험을 의식하고 있으며, 표면적 가상과는 달리 자신들의 문화비판을 근거짓기 위하여 일관성있는 시도를 하고 있다.

—그들은 이 과정에서 문제의 설득력을 의문시할 수 있는 추상화와 평준화를 감수한다.

나는 우선 이 인상이 과연 정확한가를 검토하고자 한다.

이성은 자신이 가능하게 하였던 인간성을 스스로 파괴한다. 이 포괄적 명제는 우리가 살펴본 바와 같이 첫번째 부언설명에서 다음과 같은 사실로 근거지워지고 있다. 계몽의 과정은 그 시초부터 자기보존의 충동에 힘입고 있는데, 이 충동은 이성을 불구로 만든다. 왜냐하면 자기보존의 충동은 이성을 오직 목적합리적 자연지배와 본능지배의 형태로서, 즉 도구적 이성으로서만 요청하기 때문이다. 그러나 이를 통해 이성이 —— 현대과학, 보편주의적 법과 도덕의 사상, 자율적 예술과 같은 최근의 산물에 이르기까지 —— 목적합리성의 명령에 예속되어 있다는 사실이 증명되지는 않는다. 계몽의 개념에 관한 주제논문, 계몽과 도덕에 관한 부언설명, 그리고 문화산업에 관한 부록은 이를 증명하는 데 기여한다.

아도르노와 호르크하이머는 현대과학이 논리 실증주의를 통해 자기자신에 도달하였으며, 기술적 유용성을 위하여 이론적 인식에 대한 명확한 요청을 단념하고 있다고 확신한다. "주어진 것을 그 자체로서 파악하는 것이 포기되며, 또한 주어진 사실로부터 이를 파악할 수 있는 추상적 시간-공간적 관계를 알

---

5) M. Weber, "Wissenschaft als Beruf", *Gesammelte Aufsätze zur Wissenschaftslehre* (Tübingen, 1968), 604쪽.

아낼 뿐만 아니라 반대로 이 사실을 표면적 현상으로서, 그것이 가지고 있는 사회적, 역사적 인간의 의미가 전개될 때에 비로소 충족되는 매개된 개념적 계기들로서 사유하는 것이 단념된다. 즉 인식의 전체적 요청이 포기되는 것이다"(『계몽의 변증법』, 39쪽). 여기서 실증주의적 과학이해에 가해졌던 과거의 비판이 여기서, 과학들 자체가 도구적 이성에 의해 완전히 흡수되었다는 전체적 비난으로 강화된다. 게다가 호르크하이머와 아도르노는 『줄리엣의 역사』와 『도덕의 계보학』에 의해 제공된 실마리를 통해 이성이 도덕과 법의 영역으로부터 추방되었다는 사실을 보여주고자 한다. 그 이유는 종교적-형이상학적 세계상의 붕괴와 더불어 모든 규범적 척도들은 유일하게 남아 있는 과학의 권위 앞에서 신뢰를 상실하였기 때문이다. "살인에 반대하는 근본적 논증을 이성으로부터 도출하지 못한다는 불가능성을 비밀로 하지 않고 온 세상에 소리쳤다는 것이 증오를 불러일으켰다. 바로 이런 증오를 가지고 진보주의자들은 오늘날 사드와 니체를 박해하고 있다(『계몽의 변증법』, 142쪽). 그리고 계속해서 이어진다." 그들은 형식주의적 이성이 부도덕보다는 도덕과 더 밀접한 관계를 맺고 있다고 주장하지 않았다(『계몽의 변증법』, 141쪽). 도덕의 메타 윤리적 재해석에 대한 종전의 비판은 윤리적 회의주의에 대한 조롱섞인 동의로 변하고 있다.

끝으로 호르크하이머와 아도르노는 대중문화의 분석을 통해 오락과 합병된 예술은 본래 가지고 있던 혁신적 힘을 상실하며, 모든 비판적 유토피아적 내용들을 상실한다는 사실을 증명하고자 한다. "예술작품에 있어 현실을 초월하는 계기는 실제로 양식과 분리되지 않는다. 그렇지만 그것은 형식과 내용, 내면과 외면, 개인과 사회 사이에 이루어진 조화와 의심스러운 일치 속에 있는 것이 아니다. 예술작품의 초월적 계기는 오히려 불일치가 나타나는 현상들과, 동일성에 이르려는 열정적 노력의 필연적 좌절 속에 있는 것이다. 이와 같은 좌절에 자신을 내맡기는 대신——이런 좌절을 통해 위대한 예술작품은 옛부터 스스로를 부정해 왔다——형편없는 예술작품은 항상 다른 작품과의 유사성, 즉 동일성의 대용물을 고집하였다. 문화산업은 모방을 절대적인 것으로 설정한다(『계몽의 변증법』, 156쪽). 시민문화의 긍정적 요소에 대한 예전의 비판은 이제 무력한 분노로 상승한다. 대중문화는 예술이 그 자체 항상 이데올로기적이었으며 또 이 판단은 수정될 수 없는 것이라고 주장하는데, 이전의 비판은 바로 이러한 역설적 정의(正義)에 대해 분노하고 있다.

논증은 과학, 도덕, 예술의 관점에서도 동일한 형태를 따르고 있다. 문화적 영역의 분리, 종교와 형이상학에 아직 구현되고 있는 실체적 이성의 몰락은 이미 결합관계를 상실하여 분리된 이성계기들을 너무 무력화시켜서, 이성계기들은 야만적이 되어 버린 자기보존에 종사하는 합리성으로 퇴화한다. 문화적 현대에 있어서 이성은 마침내 타당성 주장을 박탈당하고, 순전히 권력에 동화된다. "예" 또는 "아니오"로 입장을 표명하고 타당한 발언과 타당하지 않은 발언을 구별할 줄 아는 비판적 능력은, 권력 주장과 타당성 주장이 불투명한 결합을 함으로써, 침식당한다.

도구적 이성에 대한 비판을 이와 같은 핵심으로 환원시키면, 『계몽의 변증법』이 왜 현대의 모습을 놀라울 정도로 단순화시키는가가 분명해진다. 문화적 현대에 고유한 존엄성은 막스 베버가 가치영역들의 특이한 분화라고 명명하였던 것에 근거한다. 그러나 부정의 힘, "예"와 "아니오"를 구별할 수 있는 능력은 이 분화를 통해 마비되기보다는 오히려 강화된다. 왜냐하면 우리는 진리문제, 정의문제, 취미의 문제를 그들의 고유한 논리에 따라 작업하고 전개할 수 있기 때문이다. 물론 자본주의적 경제와 현대국가와 더불어, 스스로 자기보존을 하는 주체의 또는 자기존속적 체계의 목적합리성이라는 제한된 지평으로 모든 타당성 물음을 축소시키는 경향이 강화된다. 그러나 과정적 형태를 띠고 있는 이성의 분화가 지속적으로 진행되어야 한다는 무시할 수 없는 강제는——이는 세계상과 생활세계의 합리화를 통해 야기된다——바로 이와 같은 이성의 사회적 퇴화 경향과 경쟁한다. 또한 전문가 문화의 형성은 타당성 주장과 권력 주장의 자연주의적 동화와 비판적 능력의 파괴에 대항하여 경쟁한다. 이 전문가 문화의 영역 안에서는 각각 분화되어 서술되는 하나의 타당성 영역의 도움을 받아 명제적 진리, 규범적 정당성과 진실성에 대한 주장들이 고유 의미를 획득한다. 물론 그것들은 의사소통적 일상 실천으로부터의 분리로 인해 다시 위협을 받는, 자기폐쇄적인 고유한 삶을 획득한다.

144

『계몽의 변증법』은 시민적 이상 속에 견지되었던(그리고 이 이상들을 통해 도구화되었던) 문화적 현대의 이성적 내용을 올바로 평가하지 못하고 있다. 내가 여기서 뜻하는 것은 제학문들과 학문들의 자기반성으로 하여금 기술적으로 사용가능한 지식의 생산을 넘어서게 하는 고유한 이론적 역동성이다. 입헌 국가의 제도들, 민주주의적 의지 형성의 형식들과 정체성 형성의 개인주의적 패턴들 속에 이미——그 형태가 아무리 왜곡되고 불완전하다고 할지라도——구현되어 있는 법과 도덕의 보편주의적 토대들을 나는 또한 언급하고자 한다. 끝으로 내가 생가하고 있는 것은 예술적 근본경험들의 생산성과 파괴력이다. 이는 목적합리성의 명법과 일상적 지각의 규약들로부터 해방된 주체성이 자신의 탈중심화로부터 언어내는 경험들이다. 이 경험들은 아방가르드적 예술작품에서 서술되고, 예술비판의 담론에서 언어화되고, 혁신적으로 풍부해진 자기실현의 가치목록을 통해 특정한 정도의 계몽적 효과를——적어도 교훈적인 대비효과를 성취한다.

　이 핵심용어들이 내 논증의 목적을 위해 충분히 보완된다면, 그것들은 『계몽의 변증법』의 피상적 독서가 남길 수 있는, 조심스럽게 말하자면, 불완전성과 일면성에 관한 직관적 인상을 뒷받침해 준다. 독자는 단순화하는 서술이 문화적 현대의 본질적 특성들을 고려하지 못한다는 느낌을 갖게 되는데, 이것은 정당하다. 그렇게 되면 호르크하이머와 아도르노로 하여금 계몽의 기획 자체가 위험에 빠질 정도로 계몽의 비판을 그렇게 깊게 설정하도록 한 동기들에 대한 물음을 제기할 수 있다. 『계몽의 변증법』은 사물적 폭력으로 변형된 목적합리성의 신화로부터 벗어날 수 있는 어떤 전망도 열어놓지 않는다. 이 물음을 해명하기 위하여, 나는 우선 마르크스의 이데올로기 비판이 계몽의 전체 과정에서 차지하고 있는 위상을 자리매김하고, 다음에 호르크하이머와 아도르노가 왜 이런 유형의 비판을 포기하는 동시에 그것을 능가해야만 한다고 믿었는지를 밝혀보고자 한다.

2

이제까지 우리는 신화적 사유방식을 근원적 힘에 대한 주체의 이의적 태도의 양상, 즉 정체성 형성에 있어 핵심적인 해방의 관점하에서 알게 되었다. 호르크하이머와 아도르노는 계몽을 운명의 힘으로부터 탈출하는 데 실패한 시도로 파악한다. 해방의 황폐한 공허는, 신화적 폭력의 저주가 도망자를 항상 앞지르는 모습으로 나타난다. 신화적 사유와 계몽적 사유에 대한 서술의 다른 차원은 탈신화화의 궤도가 근본개념들의 변형과 분화로서 규정되는 단지 몇몇 대목에서만 표현된다. 신화가 표면적으로 지각된 모든 현상들을 상호일치관계, 유사성의 관계와 대비관계의 그물로 질서있게 분류하는 전체화의 힘은, 현대적 세계이해가 더 이상 파악할 수 없는 것이 범주를 통해 상호연관되어 있는, 근본개념들에서 기인한다. 예를 들면 서술의 수단인 언어는 아직, 규약적 기호가 의미론적 내용과 낱말의 지시대상으로부터 완전히 분리될 정도로, 현실로부터 추상화되지는 않았다. 전래된 신화들은 그 속에 침윤되어 있는 사물의 질서와 종족의 정체성을 위험에 빠뜨리지 않고는 수정될 수 없다. "참"과 "거짓", "선"과 "악"과 같은 타당성의 범주들은 교환, 인과성, 건강, 실체, 능력과 같은 경험적 개념들과 아직 결합되어 있다. 마법적 사유는 사물과 인격, 영혼이 없는 것과 영혼이 깃들어 있는 것, 조작될 수 있는 대상들과 행위와 언어적 표현의 주체인 대리자들 사이의 근본개념적 구별을 허용하지 않는다. 탈신화화가 비로소 우리에게 자연과 문화 사이의 결합으로서 나타나는 마법을 푼다. 계몽의 과정은 자연의 탈사회화와 인간세계의 탈자연화를 야기하는 것이다. 피아제에 의거하면 이 과정은 세계상의 탈중심화로서 파악될 수 있다.

전승된 세계상은 마침내 시간화되고, 그 자체 변경될 수 있는 세계에 대한 해석으로서 구별될 수 있다. 이 외면세계는 존재자의 객관적 세계와 규범의 (또는 규범적으로 규정되는 상호인격적 관계들의) 사회적 세계로 분화된다. 양자는 모두 주관적 체험의 내면세계와 구별된다. 막스 베버가 보여준 바와 같이, 그 자체 종교와 형이상학으로서 탈신화화의 결과라고 할 수 있는 세계 상의 합리화 과정을 통해 이 과정은 지속된다. 서양적 전통선상에서처럼 합리화가 신학적, 형이상학적 근본개념 앞에서 멈추지 않는 곳에서는, 타당성 관계의 영역이 경험적 혼합들로부터 정화될 뿐만 아니라 내면적으로도 진리, 규범적 정당성, 주관적 진실성 또는 진실성의 관점에서 분화된다. [6]

신화와 계몽의 사이에 걸쳐 있는 과정을 이런 방식으로 탈중심화된 세계이해가 형성되는 과정으로 서술하면, 이 과정의 드라마 속에서 이데올로기 비판적 방법이 등장할 수 있는 장소도 언급될 수 있다. 내면적 관계와 외면적 관계가 분리되면, 그리고 과학, 도덕, 예술이 각각 하나의 타당성 주장으로 특수화되고, 자신의 고유한 논리를 따르고, 우주론적 신학적 의례적 찌꺼기로부터 정화되면, 비로소 어떤 이론이——그것이 경험적이건 아니면 규범적이건 관계없이——주장하는 타당성의 자율이 가상이라는 의심이 발생한다. 왜냐하면 은폐되어 있는 이해관계와 권력 주장이 이 이론의 곳곳에 숨어들어 있기 때문이다. 이와 같은 의심으로부터 영감을 얻은 비판이 증명하고자 하는 바는 타당성을 직접적으로 주장할 때, 이 주장의 배후에는 의존관계가 표현되고 있다는 사실이다. 그렇지만 이론은 설득력을 상실하지 않고서 이 의존관계를 고백할 수는 없다. 이론의 타당성이 발생관계로부터 충분히 해방되지 않았으며, 이론의 배후에는 권력과 타당성의 (금지된) 혼합이 은폐되어 있으며, 이론의 명성은 바로 이와 같은 혼합의 결과라는 사실을 보여주고자 하면, 비판은 이데올로기 비판이 된다. 이데올로기 비판은, 의미관계와 사태관계의 면밀한 구별이 구성적인 역할을 하는 수준에서는 바로 이 내면적 관계와 외면적 관계들이 서로 뒤얽힌다는 사실을 보여주고자 한다. 즉 타당성 주장이 권력관계에 의해 규정되는 까닭에 이 관계들이 뒤얽힌다는 사실을 이데올로기 비판은 보여주고자 하는 것이다. 이데올로기 비판은 그 자체 다른 이론과 경쟁을 하는 이론은 아니다. 그것은 단지 특정한 이론적 전제조건들을 사용할 뿐이다. 이러한 전제조건들에 의존하여, 이데올로기 비판은 의심스러운 이론의 비진리성

---

6) J. Habermas, *Theorie des kommunikativen Handelns* (Frankfurt/M., 1981), Bd. 1, 제 2장.

을 폭로함으로써 그것의 진리를 반박한다. 탈신화화된 세계이해를 전제하는 이론이 여전히 신화에 사로잡혀 있다는 사실을 증명하고, 극복되었다고 추정되는 범주의 오류를 탐지함으로써, 이데올로기 비판은 계몽의 과정을 계속한다.

계몽은 이런 종류의 비판과 함께 처음으로 반성적이 된다. 계몽은 이제 자신의 산물인 이론에게서 실행된다. 그렇지만 이데올로기 비판 자체가 어떤 진리도 생산하지 못한다는 의심을 받게 되면, 계몽의 드라마는 비로소 국면이 급변하는 전회점에 도달하게 되고, 두번째로 반성적이 된다. 그렇게 되면 이데올로기 비판이 시민적 이상에서 발견하고 명시하였던 이성에게로 의심이 확장된다. 『계몽의 변증법』은 이 행보를 취한다. 그것은 자신의 토대에 대해서도 비판을 독립시킨다. 왜 호르크하이머와 아도르노는 이런 행보를 취할 필요가 있다고 생각하는가?

비판이론은 서구에서 일어나지 않은 혁명, 소련에서 이루어지고 있는 스탈린적 발전, 독일에서의 파시즘의 승리에 대한 정치적 실망들을 작업하기 위하여 호르크하이머를 중심으로 한 집단에서 처음으로 발전되었다. 비판이론은 마르크스적 의도와 단절하지 않고서 마르크스적 예견의 실패를 설명해야만 하였다. 이런 배경을 고려하면, 이성의 마지막 빛이 현실로부터 사라져 버리고, 무너져 내리고 있는 문명의 폐허들만이 황량하게 남겨졌다는 인상이 왜 제2차 세계대전의 가장 암울하였던 시기에 확고해졌는가가 이해된다. 청년 아도르노가 벤야민으로부터 받아들였던 자연사의 이념이[7] 예측하지 못한 방식으로 실현된 것처럼 보였다. 역사는 가장 가속화된 순간에 자연으로 경직되고, 알아보지 못하게 된 희망의 골고다로 퇴색되었다.

아무튼 그러한 시대사적 설명과 심리학적 설명은, 그것들이 체계적 동기에 관한 참조사항을 담고 있는 한 이론적인 맥락에서도 관심을 끌 수 있다. 실제로 정치적 경험들이 프랑크푸르트 학파가 30년대에까지 의거하였던 역사적-유물론적 근본가정들에 영향을 주었음이 분명하다.

비체계적으로 첨가된 철학과 (학문적) 분업에 관한 "기록"들에는 비판이론

---

7) T.W. Adorno, *Gesammelte Schriften*, Bd. I(Frankfurt/M., 1973), 345쪽 이하.

의 고전적 시기로부터 유래하는 것처럼 읽혀지는 대목이 있다. 그곳에는 다음
과 같은 말이 있다. "철학은 통용되고 있는 것과 대립하여 실천될 수도 있는
어떤 추상적 규범과 목표도 인정하지 않는다. 존립하고 있는 것으로부터 해방
된 철학의 자유는 바로 철학이 어떤 고려도 하지 않고 시민적 이상들을 수용한다
는 사실에 있다. 그것은 대변자들이, 비록 왜곡되었다고 할지라도, 아직도 예
고하는 이상들일 수도 있고, 또는 모든 조작에도 불구하고 여전히 기술적 제
도들과 문화적 제도들의 객관적 의미로서 인식될 수 있는 이상들이다"(『계몽
의 변증법』, 292쪽). 이로써 호르크하이머와 아도르노는 마르크스적 이데올로
기 비판의 형태를 상기시킨다. 이 이데올로기 비판은 "시민적 이상들" 속에
표현되고 "제도들의 객관적 의미" 속에 그 토대를 가지는 이성의 잠재력이 이
중적 모습을 보인다는 사실로부터 출발하였다. 한편으로 이성의 잠재력은 지
배계급의 이데올로기들에 설득력있는 이론이라는 기만적 외양을 부여하고, 다
른 한편으로——실제로는 사회의 지배계층만을 위해 종사하는 것을 일반적
이해관계의 지위로 끌어 올려놓는——이 구성물들에 대해 내재적으로 비판할
수 있는 관점을 제공한다. 이데올로기 비판은 오용된 이념들 속에서 현존 이
성의 은폐되어 있는 부분을 해독한다. 그리고 그것은 이념들을, 잉여 생산력
이 발전되는 정도만큼 사회운동이 이행되어야 할 지시로서 해석한다.

30년대에 비판이론가들은 발전된 생산력의 압박을 받고 방출되어야 하는 시
민문화의 이성적 잠재력에 대한 역사철학적 신뢰를 부분적으로 견지하였다.
일련의 『사회연구를 위한 잡지』(1931~1941)들 속에 침전되어 있는 학제적
연구기획은 바로 이러한 신뢰에 토대를 두고 있는 것이다. 초기 비판이론의
발전과정을 언급하면서 헬무트 두비엘은 왜 이 신뢰의 토대가 40년대초에 고
갈되었으며,[8] 왜 호르크하이머와 아도르노가 마르크스적 이데올로기 비판이
파산했다고 여기고, 더 이상 비판적 사회이론의 약속을 사회과학의 수단으로
해결할 수 있다고 믿지 않았는가를 서술한 바 있다. 비판적 사회이론의 약속
을 사회과학적으로 해결하는 대신에 그들은——자기자신에 대한 계몽을 계몽

---

8) H. Dubiel, *Wissenschaftsorganisation und politische Erfahrung* (Frankfurt/M., 1978),
A부분.

할 것이라고 믿는――이데올로기 비판의 철저한 급진화와 자기극복을 추진하였다. 『계몽의 변증법』의 머리말은 다음과 같은 고백으로 시작한다. "비록 우리가 이미 여러 해 전부터 현대 응용과학의 위대한 발견들은 이론적 인식의 점진적 붕괴라는 대가를 치러야 한다는 점을 알았지만, 우리는 여전히 과학활동과 관련하여 우리의 업적을 주로 전문적 학설의 비판 또는 확장으로 제한할 수 있다고 믿었었다. 우리는 어쨌든 우리의 활동을 주제적으로 전통적 분과학문들, 즉 사회학, 심리학 인식론에 맞추었다. 그렇지만 여기에 모아놓은 단편들은 우리가 이런 신뢰를 포기해야만 하였다는 점을 보여준다"(『계몽의 변증법』, 5쪽).

"검은" 저자들의 냉소적 의식이 시민문화의 진리에 관해 말한다면, 이데올로기 비판은 그것이 호소할 수 있는 대상을 전혀 가지고 있지 않다. 생산력이 언젠가 파괴해야 할 생산관계와 불행한 공생관계를 맺는다면, 비판이 희망을 걸 수 있는 어떤 역동성도 더 이상 존재하지 않는다. 호르크하이머와 아도르노는 이데올로기 비판의 토대가 충격을 받아 흔들렸다고 생각한다. 그렇지만 그들은 계몽의 근본방식을 견지하고자 한다. 그렇기 때문에 그들은 계몽이 신화에 대해 실행하였던 것을 다시 한 번 전체 계몽의 과정에 적용한다. 비판의 고유한 타당성의 토대인 이성에 대항함으로써, 비판은 전체적이 된다. 비판의 이 전체화와 독립화는 어떻게 이해될 수 있는가?

3

이데올로기 의심은 전체적이 된다. 그렇지만 방향을 변화시키지는 못한다. 이데올로기 의심은 시민적 이상들의 비이성적 기능을 향할 뿐만 아니라, 시민문화의 이성적 잠재력에 대해서도 이루어진다. 그렇게 함으로써 이데올로기 의심은 내재적으로 실행하는 이데올로기 비판의 토대에로 확장된다. 그러나 폭로의 효과를 달성하고자 하는 의도는 여전히 남아 있다. 이성에 대한 회의를 작업하는 사유형태도 여전히 변화하지 않았다. 이제 이성은 권력 주장과 타당성 주장을 절망적으로 혼란스럽게 뒤섞었다는 의심을 받지만, 여전히 계몽의 의도를 지니고 있다. "도구적 이성"이라는 개념을 가지고 호르크하이머와 아도르노는 계산적 오성에게 이성의 자리를 찬탈함으로 초래된 비용을 물리고자 한다.[9] 이 개념은 동시에, 타당성을 주장하는 것과 자기보존에 득이 되는 것의 구별이 총체성으로 '과장된 목적합리성에 의해 폐지된다는 사실을 상기시켜야 한다. 그렇게 함으로써 이 목적합리성이 타당성과 권력 사이의 장벽을 허물어 버리고, 현대의 세계이해가 신화를 결정적으로 극복하는 데 커다란 힘이 되었던 근본개념적 분화를 취소하였다는 점을 보여주어야 한다. 도구적인 것으로서 이성은 권력에 동화되고, 자신의 비판적 힘을 포기하였다. 이것이 자기자신에 적용한 이데올로기 비판의 마지막 폭로이다. 그렇지만 비판적 능력의 자기파괴에 관한 이 서술은 패러독스적이다. 왜냐하면 그것은 서술의 순간에 죽었다고 천명한 비판을 사용해야 하기 때문이다. 그것은 계몽이 총체적이 된 사실을 계몽의 고유한 수단을 가지고 고발하는 것이다. 아도르노는 물론 총체화된 비판에 내재하고 있는 수행적 모순을 의식하고 있었다.

아도르노의 『부정적 변증법』은 왜 우리가 이 수행적 모순의 순환에 빠져야 하는가에 관한 설명의 연속으로 읽혀질 수 있다. 즉 그것은 왜 이 패러독스의 끊임없는 전개만이 거의 마법적으로 불러낸 "주체 속에 있는 자연을 상기"할 수 있는——"인식되지 않은 모든 문화의 진리는 바로 이 상기의 완전한 수행 속에 숨겨져 있다"(『계몽의 변증법』, 55쪽)——전망을 열어놓는가 하는 것을 설명해 준다. 아도르노는 『계몽의 변증법』이 완성되고 난 후의 25년 동안 이 철학적 자극에 충실하였으며, 총체화된 비판의 패러독스적 구조를 회피하지 않았다. 이와 같은 위대한 일관성은 니체와 비교하면 분명히 드러나는데, 니체의 『도덕의 계보학』은 계몽의 두번째 반성화에 커다란 모범이 되었다. 니체는 패러독스적 구조를 배제하였고, 현대에서 완성된 권력과 이성의 동화를 권력이론으로 설명하였다. 이 이론은 스스로를 재신화화하여, 진리 주장 대신에 오직 예술적 단편의 수사학적 주장만을 보지하였다. 니체는 어떻게 비판을 총

---

9) 이에 관해서는 특히 다음의 책을 참조할 것. M. Horkheimer, *Zur Kritik der instrumentellen Vernunft* (Frankfurt/M., 1967).

체화할 수 있는가를 미리 보여주었던 것이다. 그러나 타당성과 권력의 결합은 미화된——예술가적 생산성의 함의를 띠고 있는——권력에의 의지를 방해하는 까닭에 니체에게도 불명예스러운 것으로 나타난다. 니체와의 비교는 총체화된 비판이 어떤 방향도 가지고 있지 않다는 점을 보여준다. 부단한 폭로의 이론가들 중에서도 니체는 반계몽을 철저화한 사상가이다. [10]

니체에 대한 호르크하이머와 아도르노의 입장은 이중적이다. 한편으로 그들은 "니체가 헤겔 이래로 계몽의 변증법을 인식한 몇몇 안 되는 사람 중의 하나"(『계몽의 변증법』, 59쪽)라는 점을 확인한다. 그들은 물론 "지배와 이성의 동일성에 관한 냉정한 이론"을, 즉 이데올로기 비판을 총체화함으로써 자기극복을 할 수 있는 관점을 수용한다. 다른 한편으로 그들은 헤겔은 역시 니체의 커다란 상대라는 사실을 간과할 수 없다. 니체는 이성비판을 너무 긍정적인 것으로 전환하여, 특정한 부정이——즉 이성 자체가 흔들리는 까닭에 호르크하이머와 아도르노가 유일한 실행수단으로서 보존하고자 하는 절차가——핵심적 가치를 상실한다. 니체의 비판은 비판적 동인과 추진력 자체를 소모한다. "문명에 대한 항변으로서, 주인 도덕은 억압받고 있는 자들을 전도시킨다. 퇴화된 본능에 대한 증오는 자신의 희생물에게서만 나타나는 사육사의 진정한 본성을 객관적으로 비난한다. 그렇지만 위대한 권력과 국가종교로서 주인 도덕은 문명적 힘에——즉 거의 절대 다수와 원한, 그리고 한때는 반대하였던 모든 것에——완전히 자신을 내맡긴다. 니체는 자신의 주장이 실현됨으로써 부정되고, 동시에 삶에 대한 모든 긍정에도 불구하고 현실의 정신에 대해 적대적이었던 그의 진리가 드러난다"(『계몽의 변증법』, 122쪽).

니체에 대한 이중적 태도는 상당히 시사적이다. 그것은 『계몽의 변증법』이 자기자신을 향해 있는 이데올로기 비판의 전략이라는 사실보다 더 많은 것을 니체에 힘입고 있다는 점을 암시한다. 여전히 설명되지 않는 것은——표어의 형태로 말하자면——서양 합리주의의 성과를 다루는 데 있어 나타나는 경솔

---

10) 자신의 신보수주의적 후예들과 마찬가지로 니체 역시 이미 "반-사회학자"처럼 행동한다. H. Baier, Die Gesellschaft-ein langer Schatten des toten Gottes", *Nietzsche-Studien*, Bd. 10/11 (Berlin, 1982), 6쪽 이하.

함이다. 여전히 계몽주의자임에 틀림없는 두 계몽주의자들이 어떻게 문화적 현대의 이성적 내용을 인정하지 않아, 모든 것에서 오직 이성과 지배, 권력과 타당성의 결합만을 인지할 수 있는 것인가? 그들이 문화비판적 척도를 예술적 현대의 근본경험에서 획득한다는 점에서도 역시 그들은 니체에 의해 영감을 받고 있는 것인가?

우선 내용상의 일치도 상당히 놀랍다. [11] 호르크하이머와 아도르노가 "주체성의 근원적 역사"의 밑바탕으로 삼고 있는 구성에 있어서 니체와의 일치가 하나하나 발견된다. 자신의 "밖으로 드러난 분명한" 본능을 박탈당하면, 인간들은 "의식"에——즉 외면적 자연의 대상화와 조작화의 장치에——의존할 수밖에 없다고 니체는 생각한다. "그들은 사유, 추론, 계산, 원인과 결과의 결합으로 축소되었다. 불행한 존재들이다."[12] 그러나 동일한 과정을 통해, 예전의 본능들은 길들여져야 하고, 즉각적으로 방출되지 않는 욕구의 본성은 억압되어야 한다. 의욕의 방향과 내면화가 전도되는 이 과정에서, 내면적 본성의 주체성은 단념 또는 "나쁜 양심"의 기호 아래 형성된다. "밖으로 방출되지 않는 모든 본능들은 내면을 향한다. 이것이 내가 인간의 내면화라고 명명하는 바로 그것이다. 이를 통해 비로소 인간에게서는 훗날 사람들이 '영혼'이라고 부르는 것이 자라난다. 전체 내면세계는, 본래 두 개의 피부 사이에 싸여져 있을 정도로 얇은 것에 지나지 않았지만, 인간이 밖으로 방출할 수 있는 것이 억제되는 정도만큼 팽창하고 확장하여, 깊이와 넓이와 높이를 갖게 된다."[13] 결국, 외면적 자연에 대한 지배와 내면적 본성에 대한 지배의 두 요소들은 인간에 대한 인간의 제도화된 지배를 통해 결합하고 확고해진다. "평화와 사회의 저주"는 모든 제도들 위에 드리워지는데, 그것은 그들이 사람들에게 체념을 강요하기 때문이다. "국가조직이 예전의 자유본능들로부터 자신을 보호하는 공포의 성벽은——처벌은 특히 이 성벽에 속한다——자유롭게 탐닉하는

---

11) 이에 관해서는 P. Pütz, "Nietzsche im Lichte der Kritischen Theorie", *Nietzsche-Studien*, Bd. 3(Berlin, 1974), 175쪽 이하를 참조할 것.

12) 니체, 전집, 제5권, 322쪽.

13) 같은 곳.

야생적 인간의 모든 본능들이 인간 자체에 대립하도록 방향을 바꾸어놓았다. [14]

　마찬가지로, 인식과 도덕에 대한 니체의 비판은 호르크하이머와 아도르노가 도구적 이성의 비판이라는 형식으로 발전시킨 사상을 선취한다. 객관성의 이상과 실증주의의 진리 주장의 배후에는 금욕주의적 이상이 그리고 보편주의적 도덕의 정당성 주장의 배후에는 자기보존의 명법과 지배의 명법의 숨겨져 있다는 것이다. 실용주의적 인식론과 도덕의 정념론은, 이론이성과 실천이성이 권력주장에 효력있는 알리바이를 제공하는 허구들이라고 폭로한다. 이는 상상력과 "은유형성의 충동"의 도움으로 이루어지는데, 외면적 자극들은 상상력과 은유형성의 충동으로 하여금 투사적으로 응답하고 해석들을 그물처럼——이 그물의 배후로 텍스트는 사라진다——엮을 수 있는 계기를 부여한다. [15]

　물론 니체는『계몽의 변증법』과는 달리 현대를 바라볼 수 있는 관점을 제시한다. 이 시각만이 비로소, 객관화된 자연과 도덕화된 사회가 동일한 신화적 폭력과 일치하는——전도된 권력의지 아니면 도구적 이성의——현상형식들로 추락하는 이유를 설명해 준다.

　이 관점을 열어놓은 것은 예술주의적 현대와 탈중심화된 주체성의 끈질긴——아방가르드적 예술을 통해 강화된——자기폭로이다. 그런데 이 주체성은 인지와 목적활동의 모든 제한들로부터, 노동과 유용성의 모든 명법들로부터 해방되어 있다. 니체는 말라르메의[16] 동시대인이자 정신적 인척만은 아니며, 리하르트 바그너의 후기 낭만주의적 정신을 받아들인 것만도 아니다. 아방가르드적 의식이 20세기의 문학, 회화, 음악에서 객관적 형태를 갖고, 또 아도르노에 의해 이 의식이 "예술이론"으로 작업될 수 있기 이전에, 니체는 최초로 예술적 현대를 개념화한다. 과도적인 것의 평가절상, 역동성의 축제, 현실성과 새로움의 찬미를 통해 예술적으로 영향을 받은 시대의식과 오염되지 않고 정지해 있는 현재에 대한 동경이 표현된다. 몰락의 역사의 연속성을 파

---

14) 같은 곳.

15) J. Habermas, Nachwort zu F. Nietzsche, *Erkenntnistheoretische Schriften* (Frankfurt/ M., 1968), 237쪽 이하.

16) 질르 들뢰즈가 바로 이 점을 지적하고 있다. G. Deleuze, *Nietzsche und die Philosophie* (München, 1976), 38쪽 이하.

괴하고자 하는 초현실주의자들의 무정부주의적 의도는 이미 니체에게서 작용하고 있다. 훗날 벤야민과 페터 바이스의 반성에 영향을 주었던 예술적 저항의 반혁적 힘은 이미 니체에게서 규범적인 모든 것에 대한 저항의 경험으로부터 발생한다. 그것은 도덕적 선과 실천적 유용성을 중성화하고, 비밀과 추문의 변증법과 세속화의 공포에 대한 쾌락에서 표현되는 동일한 힘이다. 니체는 소크라테스와 그리스도를 진리와 금욕적 이상에 대한 믿음의 변호인으로서, 위대한 적수로서 세워놓는다. 그들은 예술적 가치를 부정하는 자들이다! 니체는 오직, "거짓, 즉 기만에의 의지가 신성화되는" 예술만이,[17] 아름다움의 폭력만이 과학과 도덕의 허구적 세계의 포로가 되지 않을 수 있다고 믿는다.

니체는 참과 거짓, 선과 악의 저편에 있는 "인식"의 유일한 도구로서 취미를, 즉 "입맛의 예와 아니오"를[18] 최고의 지위에 올려놓는다. 그는 예술 재판관의 취미판단을 가치판단과 "가치평가"의 모델로 고양시킨다. 비판의 정당한 의미는 위계질서를 산출하고, 사물의 경중을 비교하고, 힘을 재는 가치판단에 있다. 따라서 모든 해석은 가치평가이다. "예"는 높이 평가함을 표현하고, "아니오"는 낮게 평가함을 표현한다. "높음"과 "낮음"은 예/아니오의 입장 표명의 차원을 특징지우는 것이다.

니체가 얼마나 일관성있게 예/아니오의 입장 표명을 비판을 받고 있는 타당성 주장에 공격적으로 적용하고 있는가를 보는 것은 흥미롭다. 그는 타당성과 비타당성을 긍정적 가치판단과 부정적 가치판단으로 환원시킴으로써 우선 주장적 명제의 진리와 규범적 명제의 정당성을 평가절하한다. 우리가 발언명제와 당위명제에 대해 타당성을 주장하는 복합적 명제들, 즉 "p는 참이다"와 "h는 올바르다"와 같은 명제들을 니체는 우리의 가치평가를 표현하는——즉 우리가 거짓에 대해 참을 선호하고, 악에 대해 선을 선호하고 싶다는 것을 표현하는——평가적 명제들로 환원시킨다. 다시 말해 니체는 타당성 주장을 선호체계로 재해석하면서, 다음과 같은 물음을 제기한다. 우리가 진리와 (정의를) 더 좋아한다고 가정하자. 왜 비진리와 (불의)여서는 안 되는가? 진리와 정의

---

17) 니체, 전집, 제5권, 402쪽.
18) 니체, 전집, 제5권, 158쪽.

의 "가치"에 대한 물음에 답하는 것은 취미판단이라는 것이다. [19]

물론 이와 같은 기초적 가치평가들의 배후에는 여전히, 한때 셸링이 그랬던 것처럼, 이론이성과 실천이성의 통일성을 예술적 판단력 안에 고정시키고자 하는 건축술이 숨겨져 있다. 니체는 가치판단의 인지적 지위를 박탈하고, 예/아니오의 입장 표명 속에는 어떤 타당성 주장도 없으며 오직 권력 주장만이 표현되고 있다는 점을 증명함으로써만, 권력에 대한 이성의 완전한 동화를 실행할 수 있다.

언어분석적 관점에서 보면, 다음의 논증단계는 취미판단을 명법에 동화시키고, 가치판단을 의지표현에 동화시키는 목표를 가진다. 니체는 취미판단에 대한 칸트의 분석에 대한 논의를 전개하여, [20] 가치판단들은 필연적으로 주관적이기 때문에 상호주관적 타당성의 주장과 결합될 수 없다는 명제를 정당화하고자 한다. 이해관계로부터 벗어난 무관심적 쾌락, 예술적 판단의 비인격성과 일반성이라는 가상은 오직 관조자의 관점에서만 얻어질 수 있다. 그러나 생산하는 예술가의 시각에서 보면, 가치 판단은 혁신적 가치 정립으로부터 결과한다는 점을 우리는 알게 된다. 생산미학은 가치를 창조하는 천재적 예술가의 경험을 전개한다. 그의 관점에서 보면 가치평가들은 "가치를 정립하는 시각"의[21] 명령을 받는 것이다. 가치정립적 생산성은 가치평가의 법칙을 지시한다. 그러므로 취미판단이 주장하는 타당성 속에는 오직 "아름다움을 통해 이루어진 의지의 촉발"만이 표현될 뿐이다. 한 의지는 다른 의지에 대답하고, 하나의 힘은 다른 힘을 지배한다.

이것이 니체가 가치평가에 내재하는 예/아니오의 입장 표명을 모든 인지적 주장들로부터 정화하고 난 다음에 이로부터 권력의지의 사상에 도달하는 길이다. 아름다움은 "권력의지의 자극제"이다. 권력의지의 예술적 핵심은 가능한 한 다양한 방식으로 감동되도록 하는 감수성의 능력이다. [22]

---

19) 니체, 전집, 제5권, 15쪽.
20) 니체, 전집, 제5권, 346쪽 이하.
21) 니체, 전집, 제5권, 271쪽.
22) 비판 가능한 타당성 요청에 대한 예/아니오의 입장 표명을 명법적 의지표현에 대한 "예"와 "아니오"로 환원시킴에 있어 행하는 취미판단의 매개적 기능은 니체

그러나 사유가 더 이상 진리와 타당성 주장의 요소를 가지고 작용할 수 없다면,[23] 반박과 비판은 의미를 상실한다. 항변하다, 부정하다는 여전히 "다르게 존재하고자 함"의 의미를 지니고 있다. 따라서 니체는 자신이 행한 문화비판의 시행에 그리 만족할 수 없었다. 문화비판은 단순히 선동으로 끝나서는 안 되며, 과학과 보편적 도덕의 생명적대적 이상의 지배를 인정하는 것이 왜 나쁘고 옳지 못한가를 보여주어야 한다. 그렇지만 모든 타당성 술어들의 가치가 박탈되고, 가치평가들 속에는 권력 주장들이 표현될 뿐 타당성 주장이 표현되지 않는다면, 비판은 어떤 척도에 따라 구별을 제시할 수 있는가? 비판은 적어도 평가될 가치가 있는 권력과 평가받지 못할 권력을 구별할 수 있어야 한다.

권력이론은 "능동적" 힘과 "반동적" 힘을 구별함으로써 이 아포리아로부터 벗어날 수 있다는 것이다. 그렇지만 니체는 이 권력의 이론을 참이거나 아니면 거짓일 수 있는 이론으로서 허용해서는 안 된다. 자신의 분석에 따르면, 니체는 스스로 가상의 세계 안에서 움직이고 있다. 이 가상의 세계에서는 밝은 그림자와 어두운 그림자가 구별될 뿐이지, 이성과 비이성은 구별되지 않는다. 그것은 신화에로 다시 퇴락한 세계로서, 이곳에서는 힘들이 서로 상호작용을 하고, 권력의 투쟁을 초월할 수 있는 어떤 요소도 남아 있지 않다. 가장 멀리 있는 것, 근원적인 것과 현재의 영웅적 친화성을 위해 개별적 시대들이 고유한 모습을 상실한다는 점은 아마 예술적 현대에 전형적인 비역사적 지각

가 명제 진리의 개념과 아울러 우리의 문법에 내재하고 있는 세계 개념을 수정하는 방식에서도 나타난다. "무엇이 우리로 하여금 '참'과 '거짓'의 진정한 대립이 있다고 가정하도록 강요하는가? 빛나는 명암도(明暗度)의 단계를 가정하여 더 밝은 그림자와 더 어두운 그림자를, 즉 화가의 언어를 빌려 말하자면 다양한 색가(色價, valeur)를 가정하는 것으로 충분하지 않은가? 우리에게 영향을 주는 세계가 왜 하나의 허구이어서는 안 되는가? '그렇지만 허구에는 허구를 만든 원작자가 있게 마련 아닌가?' 하고 묻는 사람에게 다음과 같이 답할 수 있지 않는가? 무엇 때문에 그래야 하는가? '마련이라는' 말도 역시 허구에 속하는 것은 아닌가? 술어와 객체에 대해서처럼 마찬가지로 주체에 대해서도 조금 역설적이어서는 안 되는가? 철학자는 문법에 대한 신앙을 넘어서서는 안 되는가?" 니체, 전집, 제5권, 53쪽 이하.

23) G. Deleuze, 같은 책, 114쪽 이하.

방식일지도 모른다. 퇴폐적인 것은 단숨에 야만적인 것, 야생적인 것, 원시적인 것과 관계를 맺고자 한다. 어쨌든 근원적 신화의 틀을 재생시키는 니체는 이런 정서에 부합한다. 본래의 문화는 이미 오래전에 몰락하였다. 근원으로부터 멀어졌다는 저주가 현재에 드리워져 있다. 그렇기 때문에 니체는 아직 도래하지 않은 문화의 부활을 반(反)유토피아적으로, 즉 회귀와 재귀로서 생각한다.

이러한 틀이 단지 수사학적 지위만을 가지고 있는 것은 아니다. 그것은 계몽된 사유의 저당권으로부터 해방된 비판의 패러독스한 업무를 위한 공간을 마련한다는 체계적 의미를 가진다. 다시 말해, 총체화된 이데올로기 비판은 니체에게서 그가 "계보학적 비판"이라고 명명하는 것으로 변화한다. 부정의 비판적 의미가 폐지되고, 부정의 방법이 무효화되고 난 다음에, 니체는 다른 모든 차원들을 포괄하는 구별을 허용하는 근원적 신화의 차원으로 되돌아간다. 오랜 것은 인류의 계보에 있어 빠른 것이며, 근원에 더욱 가까운 것이다. 더욱 근원적인 것은 더욱 가치가 있고 고귀하며, 덜 타락하고 더 순수한 것이다. 간단히 말해서 그것은 더 좋은 것으로 여겨진다. 유래와 연원은 사회적 의미와 논리적 의미에 있어 동시에 등급의 기준으로서 사용된다.

이런 의미에서 니체는 자신의 도덕비판을 계보학에 의존한다. 그는 어떤 인격과 행위방식에 타당성의 기준에 의해 형성된 위계질서 내의 지위를 부여하는 도덕적 가치평가를, 발생적 연원으로 환원시키고 도덕적 판단자의 사회적 지위로 환원시킨다. "나에게 올바른 길을 가르쳐준 것은 다양한 언어에 의해 표현된 선(善)의 명칭들이 어원학적 관점에서 어떻게 해석되어야 하는가 하는 물음이었다. 이 과정에서 나는 이 모든 표현들이 동일한 개념-변화로 환원된다는 사실을 발견하였다. 즉 어디에서나 신분적 의미에서의 '고귀하다', '우수하다'는 것이 근본개념이며, 이 근본개념으로부터 영혼적으로 고귀함이라는 의미에서의 '선'과 '영혼적으로 우수함'이라는 의미에서의 '품위있음'이 필연적으로 발전되었다는 사실을 발견하였다. 이 과정과 항상 나란히 발전하는 또 하나의 발전과정은 '통속적이다', '천민적이다', '저속하다'를 마침내 '악'의 개념으로 변형시켰다."[24] 힘들의 계보학적 자리매김은 이렇게 비판적 의미를 가지고 있다. 유래에 있어 앞서가며 더욱 고귀한 힘들은 능동적이고 창조적이며, 발생적 연원에 있어 뒤에 오고 하찮은 반동적 힘들 속에는 왜곡된 권력의지가 표현된다.

이로써 니체는, 이성신앙과 금욕주의적 이상의 지배, 즉 과학과 도덕의 지배가 저속하고 반동적인 힘들의——물론 현대의 운명을 결정하는——실질적 승리에 지나지 않는다고 비난할 수 있는 개념적 수단을 가지게 된다. 잘 알려진 바와 같이, 이 힘들은 물론 약자의 원한, 즉 "퇴행적 삶의 보호본능과 구원본능"[25]으로부터 발생한다. [26]

4

우리는 자기자신과 관계를 맺고 총체화하는 비판을 두 가지 유형을 통해 추적하였다. 호르크하이머와 아도르노는 니체와 같은 곤란한 상황에 처하게 된다. 만약 그들이 마지막 폭로의 효과를 포기하지 않고 비판을 계속하고자 한다면, 그들은 모든 이성적 척도들의 부패를 설명하기 위해서 하나의 온전한 이성적 기준을 남겨놓아야만 한다. 계속해서 스스로를 전복시키는 비판은 이런 패러독스에 직면하여 방향을 잃는다. 비판은 두 가지 대안을 가지고 있다.

니체는 권력이론에서 탈출구를 찾는다. 비판이 폭로하는 이성과 권력의 결

---

24) 니체, 전집, 제5권, 261쪽.

25) 니체, 전집, 제5권, 366쪽.

26) 내가 여기에서 관심을 가지는 것은 논증의 구조이다. 니체는 자기관계적 관점에서 이 이데올로기 비판을 역으로 사용함으로써 이 비판의 토대를 파괴하였기 때문에 오직 근원신화적 사유의 형태를 끌어댐으로써만 폭로하는 비판가의 입장을 보존할 수 있다. 『도덕의 계보학』의 이데올로기적 내용, 즉 현대적 이념들에 대한 니체의 투쟁은 이와는 다른 면이다. 그런데 민주주의를 경멸하는 사람들 중에서 학자들은 여전히 이 투쟁에 대한 관심을 보인다. 이에 관해서는 다음의 글들을 참조할 것. R. Maurer, "Nietzsche und die Kritische Theorie", 그리고 G. Rohrmoser, "Nietzsches Kritik der Moral", *Nietzsche-Studien*, Bd. 10/11 (Berlin, 1982), 34쪽 이하와 328쪽 이하.

합은 세계를——마치 신화적 세계인 것처럼——화해할 수 없는 세력들의 투쟁에 내맡기기 때문에, 이는 일관성있는 사상이다. 따라서 니체가 질르 들뢰즈에 의해 전달되어 권력이론가로서 프랑스 후기구조주의에 영향을 미치는 것은 정당하다. 푸코도 역시 그의 후기저서에서, 마르크스와 프로이트가 계몽의 전통에서 발전시킨, 억압에 기초를 두고 있는 지배모델을 권력전략의 다원주의로 대체시켰다. 이 권력의 전략들은 서로 교차하고, 서로 연결된다. 그것들은 담론구성체의 종류와 강도에 따라 구별되지만, 무의식적 갈등작업과 의식적 갈등작업을 비교할 때처럼 타당성의 측면에서 판단될 수는 없다. [27]

물론 능동적 힘과 반동적 힘에 관한 이론도 역시 자신의 타당성의 전제조건을 공격하는 비판의 곤란으로부터 벗어날 수 있는 탈출구를 제공하지 못한다. 이 이론은 기껏해야 현대성의 지평으로부터 탈출할 수 있는 길을 마련할 뿐이다. 만약 권력 주장과 타당성 주장의 범주적 구별이 모든 이론적 작업을 실행하는 데 있어 토대라고 한다면, 그것은 이론으로서 토대가 없는 것이다. 그렇기 때문에 폭로의 효과도 변화한다. 위트에 있어서는 핵심을 간파할 때 마음껏 웃을 수 있을 수 있지만, 동일성을 위협하는 혼란의 경우 이것을 갑작스럽게 통찰한다고 해서 충격이 야기되는 것은 아니다. 탈분화화를 긍정할 때 충격은 발생한다. 또는 오해, 망각, 잘못 말하는 실언과 같은 것을 비로소 동일성을 위협하는 범주 오류로——가상에로의 의지로——만들 수 있는 범주들이 붕괴한다는 사실을 긍정할 때 충격은 발생한다. 이 퇴행적 전향은 해방의 힘들을 반계몽을 위하여 사용한다.

호르크하이머와 아도르노는 다른 대안을 선택한다. 그들은 자기극복적 이데올로기 비판에 내재하는 수행적 모순을 불러일으켜, 열어놓으려고 할 뿐 더 이상 이론적으로 극복하고자 하지 않는다. 이미 성취한 반성의 수준 위에서 어떤 이론을 세우려는 모든 시도는 토대 없는 곳으로 빠져들었다는 것이다.

---

27) H. Fink-Eitel, "Michel Foucaults Analytik der Macht", F. A. Kittler(Hrsg), *Austreibung des Geistes aus den Geisteswissenschaften*(Paderborn, 1980), 38쪽 이하와 A. Honneth/H. Joas, *Soziales Handeln und menschliche Natur*(Frankfurt/M., 1980), 123쪽 이하.

그들은 이론을 포기하고 특별한 부정을 실행하면서, 모든 균열을 봉합하는 이성과 권력의 결합에 대항한다. "특정한 부정은 절대자에 관한 불완전한 관념들과 우상들을 비난한다. 그렇지만 이것은 관념들에게 이들이 충족시킬 수 없는 이념을 대립시키는 엄숙주의의 방법과는 다른 것이다. 변증법은 오히려 모든 이미지를 문자로 나타낸다. 변증법은 이 이미지들의 특성들로부터 자신의 잘못됨에 대한 고백을 읽어낼 수 있는 방법을 가르친다. 그것은 이미지로부터 박탈한 권력을 진리에 예속시키는 고백이다. 이렇게 언어는 단순한 기호체계 이상의 것이 된다. 특정한 부정의 개념을 통해 헤겔은 실증주의적 퇴화로부터——헤겔은 특정한 부정에 대한 책임을 이 퇴화에 돌린다——계몽을 구별하는 요소를 보여준다(『계몽의 변증법』, 36쪽). "확고한 이론의 정신"으로부터 남겨진 것이라고는 반박정신의 실행뿐이다. 그리고 이 실천은 가차없는 진보의 부정적 정신을 다시 목표로 전환시키려는 마법과 같은 것이다.

철학이 한때 자신을 최후로 근거지우면서 점령하고 있었던 장소에서 패러독스를 고집하는 사람은 불편한 입장을 취한 것만이 아니다. 탈출구가 전혀 없다는 사실을 그가 적어도 설득시킬 수 있을 때에만 그는 그 입장을 유지할 수 있다. 아포리아적 상황으로부터의 후퇴도 차단되어 있다. 그렇지 않다면 하나의 길이, 즉 되돌아가는 길이 존재하는 것이다. 그런데 나는 바로 후자의 경우라고 생각한다.

니체와의 비교는, 그가 시대진단적 시각을 인도하고 움직이는 예술적 경험 지평을 주목하게 만들었다는 점에서 상당히 교훈적이다. 예술적-표현적 가치영역의 고유 의미에서, 특히 아방가르드적 예술과 예술비판에서 타당성을 획득하고 있는 이성의 계기를 니체가 어떻게 이론이성과 실천이성과의 상관관계로부터 분리시키고 있는가를 나는 보여주었다. 그리고 니체가 어떻게 예술적 판단력을, 비합리주의적인 것으로 배척되었던 가치평가를 실마리로 하여, 참과 거짓, 선과 악의 피안에 있는 구별능력으로 고양시켜 약식화하고 있는가를 보여주었다. 이런 방법으로, 니체는 과학과 도덕을, 『계몽의 변증법』이 이 구성물들을 도구적 이성의 구현형태로서 비난하는 것과 유사한 방식으로, 왜곡된 권력의지의 이데올로기적 표현형식들로서 폭로하는 문화비판의 척도를 획득한다. 이런 상황은 호르크하이머와 아도르노가 문화적 현대를 유사한 경험지평으로부터 지각하고 있다는 사실을 밝혀준다. 즉 그들은 문화적 현대를 의사소통적 합리성의 흔적들과 실존하는 형식들에 대해 민감하지 않도록 만드는 동일한 고양된 감수성과 동일한 편협한 시각을 가지고 지각하고 있다. 『부정적 변증법』과 『예술이론』이 상호의존하고 있는 아도르노 후기철학의 건축술은 이러한 사실을 분명하게 말해 준다. 비동일자라는 패러독스한 개념을 발전시키는 전자는 발전된 예술작품 속에 숨겨져 있는 미메시스적 내용을 해독하는 후자를 언급한다.

호르크하이머와 아도르노가 40년대초에 직면하고 있다고 생각했던 문제상황은 어떤 출구도 허용하지 않았는가? 물론, 그들이 그때까지 의존하였던 이론과 이데올로기 비판적 방법은 더 이상 효력이 없었다. 그 이유는 생산력이 어떤 폭발적 힘을 발전시키지도 않았기 때문이며, 위기와 계급갈등이 어떤 혁명적, 통일적 의식을 요청하지 않고 단지 파편화된 의식만을 요청하였기 때문이다. 그 이유는 끝으로 시민적 이상들이 폐지되거나, 아니면 그것들이 적어도 내재적으로 비판할 수 있는 공격분야을 박탈하는 형식들을 띠었기 때문이다. 다른 한편으로 호르크하이머와 아도르노는 당시 이론을 사회과학적으로 수정하는 데 어떤 노력도 기울이지 않았다. 그것은 시민적 이념의 진리내용에 대한 회의가 이데올로기 비판의 척도들 자체를 문제시하는 것같이 보였기 때문이다.

두번째 요소에 직면하여, 호르크하이머와 아도르노는 정말로 문제점 있는 행보를 취한다. 그들은 회의 자체에 대해 회의하게끔 만드는 근거들을 생각하는 대신에, 역사주의와[28] 마찬가지로, 가차없는 이성회의에 자신들을 내맡긴다. 만약 전자의 길을 택하였더라면, 비판적 사회이론의 규범적 토대들은 아마 심화되어서,[29] 당시 독일에서 명명백백히 실행되었던 것과 같은 시민문화

---

28) H. Schnädelbach, "Über historische Aufklärung", *Allgemeine Zeitschrift für Philosophie* (1979), 17쪽 이하.

29) 이에 관해서는 나의 『의사소통행위이론』을 참조할 것. J. Habermas, *Theorie des kommunikativen Handelns,* 2 Bde. (Frankfurt/M., 1981).

의 해체로부터 영향을 받지 않았을지도 모른다.

이데올로기 비판은 한 관점에서는 실제로 존재론적 사유의 비변증법적 계몽을 계속하였다. 그들은 발생과 타당성 사이의 내면적 관계에는 추방되어야 할 악마 같은 면이 숨겨져 있다는 순수주의적 생각에 묶여 있었다. 이 악마가 추방되면, 이론은 모든 경험적 혼합물들로부터 정화되어 이론의 고유한 요소를 가지고 작용할 수 있다는 것이다. 총체화된 비판은 이런 유산의 속박으로부터 벗어나지 못했다. 왜냐하면 이성과 권력의 결합 위에 드리워져 있는 베일을 단숨에 벗겨 비려야 히는 "마지막 폭로"의 의도는 순수주의저 기획을 드러내기 때문이다. 이는 마치 존재와 가상을 범주적으로, 단숨에 분리하고자 하는 존재론적 기획과 같다. 그러나 두 영역들은, 의사소통 공동체에서 발견의 맥락을 연구하는 사람과 정당화의 맥락을 연구하는 사람들처럼, 서로 뒤얽혀 있어서, 그것들은 매개하는 사유를 통해, 즉 항상 새로운 사유를 통해 다시 분리되어야만 한다. 논증적 담론의 피할 수 없는 의사소통의 전제조건하에서는 오직 더 좋은 논증이라는 비강제적 강제만이 타당하다고 담론 참여자들이 전제해야만 하더라도, 논증 속에는 항상 비판과 이론, 계몽과 정당화가 서로 얽혀 있다. 확신들이 하나의 매개수단을 통해 형성되고 보존된다. 이 매개수단은 순수하지 않으며, 플라톤적 이념들과 같은 방식으로 현상들의 세계로부터 벗어나 있지 않기 때문에, 이와 같은 이상화는 필요하다는 사실을 그들은 알고, 또 알 수 있다. 이 점을 인정하는 담론만이, 신화 속에도 역시 보존되어 있는 의미론적 잠재력을 상실하지 않고서도, 신화적 사유의 마법으로부터 벗어날 수 있다.

형이상학 비판에 의한
서양 합리주의의 약화 : 하이데거

1

호르크하이머와 아도르노가 여전히 니체와 대결하여 싸웠다면, 하이데거와 바타이유는 최후의 전투를 위해 니체의 깃발 아래 집결한다. 1930년대와 40년대 초기에 행해졌던 니체 강의에 의거하여 내가 우선 고찰하고자 하는 것은 하이데거가 어떻게 디오니소스적 메시아주의를 점차 자신의 시도 속에 받아들여, 형이상학을 내면적으로 극복하는 방법을 통해 포스트모던적 사유의 문턱을 넘어서고자 하는가 하는 점이다. 이런 방법을 통해 하이데거는 일종의 "시간화된 근원철학"에 도달한다. 이 표현의 의미를 나는 하이데거가 니체와의 대결에서 실행한 네 가지 작업을 통해 우선 밝혀보고자 한다.

1) 첫째로 하이데거는 청년헤겔파의 비판을 통해 박탈되었던 지배적 지위를 다시 철학에 부여한다. 당시 청년헤겔파들은 여전히 헤겔의 고유한 개념을 가지고 정신의 탈승화화를 실행하였다. 그것은 내면적인 것에 대한 외면적인 것, 정신적인 것에 대한 물질적인 것, 의식에 대한 존재, 주관적인 것에 대한 객관적인 것, 오성적인 것에 대한 감성적인 것, 반성에 대한 경험의 복권으로서 이루어졌다. 이와 같은 관념론 비판은 철학의 무력화라는 결과를 초래하였다. 과학, 도덕, 예술의 독자적 진행에 대해서뿐만 아니라 정치적, 사회적 세

계의 고유한 권리에 대해서도 마찬가지이다. 이에 대항하여 하이데거는 철학이 잃어버린 온전한 힘을 되찾아주었다. 그의 견해에 따르면 어떤 문화 또는 사회의 역사적 운명들은, 세계 내에서 일어날 수 있는 것의——집단적으로 구속력이 있는——전(前)이해를 통해 확정된다. 이 존재론적 전이해는 존재자의 의미를 어느 정도 미리 결정하는 지평형성적 근본개념들에 의해 좌우된다. "존재자가 어떻게 해석되든, 즉 그것이 유심론의 의미에서 정신으로서 해석되건 또는 유물론의 의미에서 질료와 힘으로서 해석되건, 의지로서, 실체 또는 주체로서 해석되든, 에네르게이아로서 해석되든, 아니면 동일자의 영원한 회귀로서 해석되든, 존재자로서의 존재자는 그때마다 항상 존재의 빛 속에서 나타난다."[1]

　그런데 형이상학은 서양에서 이같은 전이해가 가장 명료하게 표현되는 장소이다. 존재이해의 시대적 변화들은 형이상학의 역사 안에 반영되고 있다. 이미 헤겔에게서도 철학의 역사는 역사 철학을 이해하는 데 핵심적 열쇠가 되었다. 하이데거에게 있어 형이상학의 역사는 이와 유사한 지위를 가진다. 이 형이상학의 역사를 통해 철학자는 모든 시대가 운명적으로 받아들이는 고유한 빛의 원천을 지배한다.

　2) 이러한 관념론적 관점은 하이데거의 현대성 비판에 커다란 영향을 끼쳤다. 40년대 초기——즉 호르크하이머와 아도르노가 캘리포니아에서 훗날『계몽의 변증법』으로 출간된 절망적 단편들을 집필하고 있었던 같은 시기에——하이데거는 전체주의적인 것이 정치적, 군사적으로 나타나는 형식들 속에서 "근대 서양적 세계 지배의 완성"을 발견한다. 하이데거는 "지구 지배를 위한 투쟁", "천연자원의 보고로서의 지구를 무제한 착취하기 위한 투쟁과, '권력의지'의 무조건적 전권위임에 종사하도록 인간자원을 냉혹하게 사용하기 위한 투쟁"[2]에 관해 말하고 있다. 여전히 경탄해마지 않는 어투로, 하이데거는 초인을 나치의 전형적인 돌격대의 모습으로 성격짓는다. "초인은 자기자신을 처

---

1) M. Heidegger, "Einleitung zu 'Was ist Metaphysik?'", *Wegmarken*(Frankfurt/M., 1967), 361쪽 이하.

2) Heidegger(1961), Bd. 2, 333쪽.

음으로 주조된 존재로서 원하고 또 스스로에게 이와 같은 주조의 권한을 부여하는 인간의 종류이다. (……) 이러한 종류의 인간은 무의미한 전체 속에서 권력 의지를 '지구의 의미'로서 설정한다. 서양 허무주의의 마지막 시대는 긍정적 방향전환이라는 의미에서 파국이다."[3] 하이데거는 전지구적으로 확산되는 자연지배, 전쟁수행과 인종개량의 기술들에 의해 자기시대의 전체주의적 본질이 특징지워진다고 파악한다. 이들 속에는 "모든 행위와 계획을 철저하게 계산하는" 목적합리성의 절대화가 표현된다. 그런데 이 계산은 다시금 특별히 근대적인 존재이해에 근거하는데, 이 존재이해는 데카르트로부터 니체에 이르면서 극단화되었다. "우리가 근대라고 부르는 시대는(……) 인간이 존재자의 척도와 중심이 된다는 사실로서 규정된다. 인간은 모든 존재자의 바탕에 놓여 있는 주체(subiectum)이다. 그것은 근대적으로 표현하면 모든 대상화와 표상가능성의 토대가 되는 것이다."[4] 하이데거의 독창성은 주체의 근대적 지배를 형이상학의 역사라는 맥락에서 분류했다는 데 있다. 요컨대 데카르트는 프로타고라스와 니체의 중간에 위치하게 된다. 하이데거는 자기의식의 주체성이 절대적으로 확실한 표상의 토대라고 파악한다. 이렇게 존재자 전체는 표상된 객체의 주관적 세계로 변형되고, 진리는 주관적 확실성으로 변화한다.[5]

근대적 주관주의에 대한 이와 같은 비판을 통해 하이데거는 헤겔 이래로 지속되는 현대성 담론의 주제들에 속하는 하나의 모티브를 수용한다. 그런데 흥미로운 것은 하이데거가 이 주제들에 대해 실행한 존재론적 전회라기보다는 오히려 그가 주체중심적 이성에 대해 이의를 제기하는 태도의 분명함이다. 하이데거는 이성과 오성의 차이에——헤겔은 이 차이로부터 계몽의 변증법을 발전시키고자 하였다——전혀 관심을 기울이지 않는다. 게다가 하이데거는 자기의식에서 권위적인 측면만을 볼 뿐, 화해시키는 측면은 더 이상 발견하지 못한다. 이성을 오성의 수준으로 평준화시키는 것은 편협한 계몽주의라기보다는 오히려 하이데거 자신이다. 현대로 하여금 대상화된 자연과 사회의 과정에

---

3) Heidegger(1961), Bd. 2, 313쪽.
4) Heidegger(1961), Bd. 2, 61쪽.
5) Heidegger(1961), Bd. 2, 141쪽 이하와 195쪽 이하.

대한 자신의 통제권을 무한히 확장시키라고 닦달하는 바로 그 존재이해가 이 명령적 실행을 보장하는 데 기여하는 구속적 의무를 해방된 주체성에 다시 강요한다. 이 과정에서 스스로가 만든 규범적 구속력들은 공허한 우상으로 남는다. 이런 시각에서 하이데거는 근대적 이성을 철저하게 파괴하여, 그는 한편으로는 인본주의, 계몽과 실증주의의 보편주의적 내용들과, 그리고 다른 한편으로는 인종주의, 민족주의 또는 스펭글러와 융어(Jünger) 스타일의 퇴행적 유형론이 가지고 있는 특수주의적 자기주장의 생각들을 더 이상 구별하지 않는다.[6] 현대적 이념들이 이성의 이름으로든지 아니면 이성의 파괴라는 이름으로 등장하든지 간에, 근대적 존재이해라는 프리즘을 통과하면 모든 규범적 방향설정들은 자기증대에 미쳐 있는 주체성의 권력 주장으로 해체된다.

그렇지만 형이상학의 역사에 대한 비판적 재구성은 자신의 고유한 척도 없이 이루어질 수는 없다. 이러한 재구성 작업은 자신의 고유한 척도를 그 자체 규범적인 내용을 함축하고 있는 형이상학의 "완성"이라는 개념으로부터 빌려 온다.

3) 형이상학의 근원과 종말에 관한 이념의 비판적 잠재력은 하이데거가 니체와 마찬가지로 현대적 시대의식 속에서 움직이고 있다는 상황에 기인한다. 하이데거는 근대의 시작이 데카르트에게서 비롯되는 의식철학의 획기적 분기점을 통해 특징지워져 있다고 본다. 니체에 의한 이 존재이해의 극단화는 현재의 상황을 규정하는 가장 새로운 시대를 표시한다.[7] 그런데 현재는 위기의 순간으로 나타난다. 현재는 "이 종말의 시간이 과연 서양 역사를 마무리하는 끝인지 아니면 다른 시작을 위한 대항인가"[8]를 결정해야 하는 압박을 받고 있다. 여기서 중요한 것은 "서양이 아직도 자신과 역사에 대한 목표를 창조할 수 있는 힘이 자신에게 있다고 믿어야 하는지, 아니면 한 단계 하강하여 경제이익과 생활이익을 보존하고 증대시키고, 전래된 것에——그것이 설령 절대자라고 할지라도——의존하는 것으로 만족하는 것을 선호해야 하는지를"[9] 결

---

6) Heidegger(1961), Bd. 2, 145쪽 이하.

7) Heidegger(1961), Bd. 2, 149쪽.

8) Heidegger(1961), Bd. 1, 480쪽.

정해야 하는 문제이다. 다른 시작의 필연성은[10] 우리의 시선을 미래의 소용돌이 속에 빠뜨린다. 근원으로의 회귀, 즉 본질이 유래(由來)하는 연원으로의 ("본질유래" Wesensherkunft에로의) 회귀는 오로지 본질이 실행되는 미래에로의 ("본질미래" Wesenszukunft에로의) 진행으로서만 생각될 수 있다. 이 미래는 순전히 새로운 것이라는 범주로서 등장한다. "한 시대의 완성은 전혀 예측하지 않은 것, 전혀 기대할 수 없는 것에 대한 기초로서, 그것은 처음으로 무제한적이며 선험적으로 완전하다. 즉 새로운 것이다."[11](유대교적 신비주의에서처럼) "구원을 재촉할" 수 있는 여지를 남겨놓는 니체의 메시아주의는 그러나 하이데거에게서 새로운 것의 파국적 등장에 대한 묵시론적 기대로 전도된다. 하이데거는 동시에 형이상학의 종말을 "완성"으로서, 그리고 "다른 시작"의 확실한 징표로서 파악할 수 있기 위하여 부재하는 신의 사유형태를 낭만주의적 모델로부터, 특히 횔덜린에게서 차용한다.

한때 니체가 고대 그리스적 비극이라는 미래적 과거로 뛰어넘을 수 있는 도약의 가능성을 바그너적 오페라에서 희망하였듯이, 하이데거는 권력의지의 니체 형이상학에 기대어 소크라테스 이전의 형이상학적 근원으로 되돌아가고자 한다. 하이데거가 서양의 역사를——형이상학의 시원과 그 종말 사이의—— 신들이 멀리 떨어져 있는 암흑의 밤으로 서술할 수 있기 전에, 그리고 그가 형이상학의 완성을 사라졌던 신의 회귀로 서술할 수 있기 이전에 그는 존재자의 존재와 관계가 있는 형이상학의 관심사와 디오니소스 사이의 일치를 설정해야 한다. 반신반인인 디오니소스는 낭만주의자들뿐만 아니라 니체에게도 부재하는 신으로서 주어졌는데, 디오니소스는 자신이 인간에게 가장 멀리 떨어져 있다는 "최대의 멀어짐"을 통해 신에게 버림받은 현대로 하여금 현대의 고유한 진보과정에서 사회적 유대의 힘이 얼마나 박탈되었는가를 깨우치도록 한다. 이와 같은 디오니소스 사상과 형이상학의 근본물음을 연결하는 교량의 역할을 하는 것은 바로 존재론적 차이에 관한 사상이다. 하이데거는 항상 존재

---

9) Heidegger(1961), Bd. 1, 579쪽.
10) Heidegger(1961), Bd. 2, 656쪽.
11) Heidegger(1961), Bd. 2, 479쪽.

자의 존재로서 이해되었던 존재를 존재자로부터 분리시킨다. 존재가——존재자가 비로소 현상할 수 있도록 하는 역사적 지평으로서——어느 정도 자율적이 되면, 존재는 이제 디오니소스적 사건의 담지자로서 기능할 수 있다. 실체화된 존재자와 구별된 존재는 디오니소스의 역할을 떠맡을 수 있는 것이다. "존재자가 존재 자체에 의해 버림을 받는다. 존재의 버림받음은 존재자 전체에 영향을 미친다. 즉 존재자를 존재로서 표상하는 인간과 같은 종류의 존재자에게만 문제되는 것은 아니다. 표상행위를 통해 인간에게는 존재 자체의 진리기 멀어진다."[12]

하이데거는 이러한 존재의 멀어짐이 가지는 긍정적 폭력을 부단히 거부의 사건으로서 해석하려고 시도한다. "존재의 부재는 바로 이같은 부재로서의 존재 자체이다."[13] 그런데 현대의 총체적 존재망각으로 말미암아 존재의 멀어짐의 부정성은 지각조차 되지 않는다. 이러한 사실에서 그 자체 형이상학의 자기망각의 파괴로서 인식되는 '존재역사의 상기'가 가지는 핵심적 의미가 설명된다.[14] 하이데거의 모든 노력은 "존재의 비은폐성의 부재를 존재 자체의 도래로서 경험하고, 또 이렇게 경험된 것을 사유하는 데"[15] 집중된다.

4) 그렇지만 하이데거는 형이상학 역사의 파괴를 폭로적 비판으로서 이해하지 않고, 또 형이상학의 극복을 폭로의 마지막 행위로서 이해하지 않는다. 왜냐하면 이를 실행하는 자기반성은 여전히 근대적 주체성의 시대에 속해 있기 때문이다. 그러므로 존재론적 차이를 실마리로 삼고 있는 사유는 자기반성을 넘어서고 담론적 사유의 저편에 있는 인식능력을 요청해야만 한다. 니체는 철학을 "예술의 토대 위에 세울 수 있다"고 여전히 주장할 수 있었다. 그렇지만 하이데거에게는, 비법을 전수받은 사람들의 입장에서 보면 "개념적 사유보다 더욱 엄밀한 사유가 있다"[16]고 하는 확신에 찬 태도만이 남아 있을 뿐이다.

---

12) Heidegger(1961), Bd. 2, 355쪽.

13) Heidegger(1961), Bd. 2, 353쪽.

14) 이미 『존재와 시간』에서 하이데거는 "존재론 역사의 파괴"라는 말을 하고 있다. M. Heidegger, *Sein und Zeit*(Tübingen, 1949), 제6장.

15) Heidegger(1961), Bd. 2, 367쪽.

16) Heidegger(1967), 353쪽.

과학적 사유와 방법론적으로 실행되는 연구는 무더기로 평가절하된다. 왜냐하면 이러한 사유와 연구는 모두 주체철학에 의해 바탕이 마련된 현대의 존재이해 안에서 움직이기 때문이다. 철학이 논증을 포기하지 않는다면, 철학 자체는 객관주의의 지배영역에 예속된다. 또한 철학은 "모든 반박이 본질적 사유의 장에서는 어리석은 일이라는"[17) 비난을 감수해야 한다.

물론 하이데거는 이러한 필연성과 특수한 지식, 즉 진리에 대한 특권적 접근방식을 요구하거나 또는 표면적으로라도 설득력있게 하기 위해서는 헤겔 이래 이루어진 제반 과학과 철학의 분화된 발전들을 놀라울 정도로 단순화시켜야 한다.

1939년에 행한 니체 강의 중에는 "상호이해와 계산"이라는 제목을 달고 있는 아주 흥미로운 장이 있다. 여기서도 하이데거는 항상 그렇듯이 의식철학이 가지고 있는 독백적 관점에 대항한다. 의식철학은 인식하고 행위하면서 사물과 사건들의 객관적 세계에 대립하는 개별적 주체를 전제한다. 주체의 영속성 보장은 지각될 수 있고 조작될 수 있는 대상들에 대한 계산적 접근방식으로서 나타난다. 이와 같은 모델 안에서는 주체들 상호 간의 이해라는 선행적 차원도 역시 "(다른) 사람을 계산에 넣음"이라는 범주로서 이해된다.[18) 이와는 반대로 하이데거는 상호주관적으로 성취한 합의의 비전략적 의미를 강조한다. 이 합의를 근거로 할 때에만 "타자와 사물과 자기자신과의 관계가" 진리 속에 존립할 수 있다는 것이다. "무엇인가에 관해 자기를 이해시킨다. 즉 상호이해한다는 것은 다음의 사실을 의미한다. 그것은 대상에 관해 동일한 생각을 한다는 것을 의미하고, 또 의견이 서로 다를 경우에는 일치와 분열의 원인이 되는 관점들을 확정한다는 것을 의미한다. (……) 오해와 몰이해는 다같이 상호이해의 변종에 지나지 않기 때문에, 상호이해만이 비로소 동일성과 자기성을 가지고 있는 그 사람들의 상호관련을 정당화할 수 있다(같은 책, 578쪽 이하). 이와 같은 상호이해의 차원에 바로 사회적 집단들이 존립할 수 있는 자원이 있다. 특히 현대에서 고갈되어 버리는 사회적 통합의 원천들이 있다.

---

17) Heidegger(1967), 333쪽.
18) Heidegger(1961), Bd. 1, 580쪽.

그런데 하이데거는 기이하게도 이런 종류의 통찰이 자신의 형이상학 비판에게만 유보되어 있다고 생각한다. 이와 아주 유사한 생각들이 이해의 정신과학과 사회과학의 방법론뿐만 아니라 퍼스와 미드의 실용주의와 같은 당시의 영향력있던 철학적 방향들, 그리고 훗날 비트겐슈타인과 오스틴의 언어철학 또는 가다머의 철학적 해석학의 출발점을 이룬다는 사실을 하이데거는 무시한다. 주체철학은 결코, 모든 담론적 사유를 감금하고 오직 신비적 침잠의 직접성으로의 도주만을 열어놓는 절대적 사물화의 권력이 아니다. 주체철학으로부터 빗어날 수 있는 다른 길들이 존립한다. 헤겔 이후의 철힉과 힉문의 역사에서 하이데거가 오직 주체철학의 존재론적 선입견의 단조로운 판독만을 지각한다는 것은 다음과 같은 사실로써만 설명될 수 있다. 즉 하이데거는, 자신의 부정에도 불구하고, 주체철학이 후설 현상학의 형태로서 그에게 전수해 준 문제설정에 여전히 묶여 있다.

2

헤겔과 마르크스는 주체철학을 극복하고자 하는 자신들의 시도에서 오히려 주체철학의 근본개념의 포로가 되었다. 물론 이런 비난이 하이데거에게 제기될 수는 없지만, 그것은 마찬가지로 중대한 반박임에 틀림없다. 하이데거는 초월적 의식이 지니고 있는 문제들로부터 거의 벗어나지 못했을 뿐만 아니라, 그는 의식철학의 근본개념적 틀을 오직 추상적 부정의 방법을 통해서만 파괴할 수 있을 뿐이다. 10년 동안 지속되었던 니체 해석의 결과를 요약한『인본주의에 관한 서한』에서 하이데거는 여전히 후설을 함축적으로 인용함으로써 자신의 방법을 특징짓고 있다. 그는 여기서 "현상학적 시각으로부터 얻을 수 있는 본질적 도움을 견지하고자 하지만, 동시에 '과학'과 '연구'에 대한 의도를 포기하고자 한다"[19]는 점을 밝히고 있다.

---

19) Heidegger(1967), 353쪽.

현상학적 환원을 후설은, 자연적 태도를 통해 주어진 존재자의 세계와 존재자에게 비로소 의미를 부여하는 순수 구성적 의식의 영역을 현상학자가 명확하게 구분할 수 있게 하는 절차로서 이해하였다. 하이데거는 일생 동안 이 절차의 직관주의를 견지하였다. 후기철학에서 이 방법은 다만 방법론적인 것의 요청으로부터 면제되어, "존재의 진리 안에서 굳게 서 있을 수 있는" 특권으로 확장된다. 후설의 문제설정은 또한 하이데거가 인식론적 근본물음을 단지 존재론적인 것으로 전환시킨다는 점에서 여전히 하이데거에게 결정적 역할을 한다. 양자의 경우에 있어 현상학적 시선은 인식하는 주체의 상관자로서의 세계로 향한다. 예컨대 훔볼트, 미드 또는 후기 비트겐슈타인과는 달리 하이데거는 이론적 태도, 확인적 언어사용과 명제적 진리의 타당성 주장이 가지는 전통적 강점으로부터 벗어나지 못한다. 부정적으로 말하자면, 하이데거는 결국 의식철학의 토대주의에 묶여 있는 것이다. 『형이상학이란 무엇인가?』의 서문에서 하이데거는 형이상학이라는 땅에 뿌리를 내리고 자라나서 여러 학문의 가지를 치고 있는 나무와 철학을 비교한다. 널리 선전되고 있는 존재의 추념(推念, Andenken)은 토대주의적 관점을 문제시하지 않는다. 즉 "그것은(추념) 비유적으로 말하자면 철학의 뿌리를 뽑아 버리지 않는다. 그것은 철학의 토대를 파헤치고, 철학의 땅을 갈아 엎는다."[20] 하이데거는 자기정당화에 애착하는 철학의 위계질서를 부정하지 않기 때문에, 그는 더욱 깊숙이 놓여 있는——그렇지만 흔들리는——지층을 파냄으로써 토대주의에 대처할 수 있다. 존재역운의 이념은 이런 관점에서 추상적으로 부정된 대립물에 여전히 묶이게 된다. 하이데거는 결국 의식철학의 그림자 속에 머물기 위하여 의식철학의 지평을 넘어서는 셈이다. 『존재와 시간』에 의거하여 이와 같은 애매한 입장을 더욱 분명하게 드러내기 이전에, 나는 우선 실패한 세 가지 결론을 언급하고자 한다.

1) 18세기가 막을 내린 이래로 현대성의 담론은 하나의 유일한 주제를 항상 새로운 제목을 가지고 다루었다. 사회적 결속력의 마비, 사역화(私域化), 분

---

20) Heidegger (1967), 363쪽.

172

열, 간단히 말하자면 그것은 단선적으로 합리화된 일상생활의 부정적 변형들로서, 이들은 종교가 가졌던 통일의 힘을 대신할 등가물에 대한 욕구를 불러일으킨다. 어떤 사람들은 이성의 반성적 힘에——적어도 이성의 신화론에——희망을 걸고, 또 어떤 사람들은 재생된 공공적 삶의 구심점을 형성해야만 하는 예술의 신화적-시적 힘을 끌어들인다. 헤겔이 철학의 욕구라고 명명하였던 것이 슐레겔에서 니체에 이르는 동안 새로운 신화론의 이성비판적 욕구로 변하였다. 하이데거는 이러한 구체적 욕구를——이를 존재론적으로, 토대주의적 관점으로 전환시킴으로써——존재자로부터 멀어지는 존재로 증발시켜 버린다. 하이데거는 이러한 관점의 이동을 통해 두 가지 측면을 인지할 수 없도록 만든다. 즉 불명료하게 합리화된 생활세계의 병리학으로부터 유래하는 그 욕구의 연원과 철저해진 급진적 이성비판의 경험배경으로서의 결연한 주관주의적 예술을 식별하기 어렵게 만든다. 하이데거는 의사소통적 일상생활의 명백한 왜곡을 철학자들에 의해 관리되는 불투명한 존재역운의 암호로 표현한다. 동시에 그는 일상생활의 결손적 상호이해의 실천을 존재망각적이고 계산에만 초점이 맞추어져 있는 천박한 영속성 보존의 실천이라고 배제하고, 생활세계의 분열된 도덕적 총체성에 대한 어떤 본질적 관심도 박탈함으로써 암호해독의 가능성을 차단한다.[21]

2) 하이데거의 후기철학으로부터 도출되는 또 하나의 결론은 현대성의 비판이 학적인 분석에 의존해서는 안 된다는 것이다. "본질적 사유"는 사회과학적, 역사적 수단을 가지고 작업을 하거나 또는 논증적 형식으로 다루어질 수 있는 모든 경험적, 규범적 물음들을 거부한다. 그러므로 추상적인 본질 통찰은 시민적 문화비판의 드러나지 않은 선입견적 지평에서 더욱더 거리낌없이 확산된다. 일상인, 공공성의 독재, 사적인 영역의 무능력, 기술관료제와 대중문명에 관한 하이데거의 시대비판적 판결들은 어떤 독창성도 가지고 있지 않다. 왜냐하면 그것들은 독일 관리들이 가지고 있는 세대특징적 의견들의 목록에 속하기 때문이다.[22] 물론 하이데거 학파 내에서 기술, 전체주의적인 것,

---

21) Heidegger(1961), Bd. 1, 580쪽.
22) F. K. Ringer, *The Decline of the German Mandarins*(Cambridge Mass., 1969).

정치적인 것의 존재론적 개념들을 더욱 엄밀하게 현재 분석의 목적에 맞추려는 보다 진지한 시도들이 이루어졌다. 그러나 바로 이와 같은 시도들은 존재사유가 과학활동에서 벗어났다고 믿으면 믿을수록 오히려 현실적으로 작용하는 과학의 유행이라는 덫에 걸려든다는 역설을 보여준다.

3) 끝으로 문제점이 있는 것은 하이데거가 형이상학 극복의 결과로서 예견하고 있는 운명이 규정되어 있지 않다는 점이다. 존재는 서술적 명제를 가지고 단정적으로 파악할 수 없기 때문에, 오직 우회적 말을 통해 그려볼 수 있고, "침묵"을 강요할 수 있기 때문에 존재의 역운은 항상 불가해한 것으로 남는다. 그럼에도 불구하고 존재에 관한 (명제적으로는 아무런 내용도 없는) 말은 운명에 대한 복종을 요청하는 비언표적 의미를 가지고 있다. 존재에 관한 언설의 실천적-정치적 측면은, 아우라와 같이 신비적이지만 규정되지 않는 권위에 대한 내용적으로 애매모호한 복종태세를 야기하는 실행적 효과에 근거한다. 후기 하이데거의 수사학은 텍스트 자체가 부정하고 있는 명제적 내용들을 보상하고 있다. 즉 이 수사학은 텍스트를 읽는 독자들로 하여금 유사종교적 힘들과 교섭하도록 분위기를 조성하는 것이다.

인간은 "존재의 목자(牧者)"이다. 사유는 경건하게 "자기자신이 요구되도록 만드는 것"이다. 다시 말해 사유는 (존재를 들으면서) 존재에 귀속된다. 존재의 추념은 "운명의 법칙"에 예속되어 있다. 사유는 존재의 역운을 유념하여 "존경"한다. 겸허한 목자는 존재 자신에 의해 존재의 진리를 보존하라는 "소명"을 받는다. 이렇게 존재는 구원의 행위에 대해서는 은총으로의 상승을 "보장하고", 분노에 대해서는 불행에로의 재촉을 "보장한다". 이것은 『인본주의에 관한 서한』에서 나오는 잘 알려진 공식으로서, 이 이래로 전형적으로 반복되고 있다. 『존재와 시간』의 언어는 공허한 결단성의 결정론을 암시하였다. 이에 반해 후기철학은 마찬가지로 공허한 순종태도의 복종성을 분명히 드러내고 있다. 물론 "추념"의 공허한 정식은 다른 태도의 증후군에 의해 대체될 수 있다. 예를 들면 반혁적(反革的) 거부의 태도에 대한 무정부주의적 생각들로

이에 관해서는 나의 서평을 참조할 것. J. Habermas, *Philosophisch-politische Profile* (Frankfurt/M., 1981), 458쪽 이하.

대체될 수 있는데, 이는 보다 고귀한 것에 대한 맹목적 복종보다는 오히려 현재의 정서에 더욱 상응한다고 할 수 있다.[23] 그렇지만 이러한 사고형태가 시대사적으로 실행될 수 있기 위해서 필요한 자의성은 여전히 우리를 혼란스럽게 만든다.

우리가 이러한 필연적 결과들을 생각한다면, 니체의 형이상학 비판을 능가하는 하이데거의 후기철학이 과연 현대성의 담론으로부터 탈피하는가 하는 의심을 지울 수 없을 것이다. 하이데거의 후기철학은 『존재와 시간』이 처해 있는 궁지로부터 벗어날 수 있는 전회에 힘입고 있다. 물론 철학자 하이데거가 논증적으로 가장 엄밀하게 행한 이 탐구는, 그가 회고적으로 해석하는 것과는 달리 이를 다른 사상사적 맥락에서 분류할 때, 하나의 궁지로서 이해될 수 있다.

3

하이데거는 형이상학이 시작된 이래로 매장되어 버린 존재의 의미에 관한 물음을 새롭게 제기하기 위한 유일한 목표를 가지고 이미 현존재의 실존분석

---

23) 라이너 쉬르만(Reiner Schürmann)은 존재론적 이해가 개별적 원리의 지배에 의해 규정되었던 시대들의 계열이 끝맺음을 하였다는 사실에서 형이상학의 종말을 본다. 포스트모더니즘은 원리에 의해 인도되는 통일적 세계해석은 어떤 형태라도 소멸되고 있다는 징조를 띠고 있다. 포스트모더니즘은 다중심적 세계의 무정부주의적 성향을 가지고 있다. 이 세계는 종래의 범주적 분화를 점차 상실한다. 잘 알려진 인식과 행위의 관계로 인해 정치적인 것의 개념도 변화한다. 쉬르만은 이와 같은 구조변동을 다음의 특징으로 성격짓는다. (1) 행위에 있어서 목적론의 우선성의 폐지, (2) 행위의 정당화에 있어 책임의 우선성의 폐지, (3) 경영되는 세계에 대항하는 저항으로서의 행위의 변화, (4) 인류의 미래에 대한 무관심, (5) "행할 수 있는 것"의 본질로서 무정부. 이에 관해서는 R. Schürmann, "Qestioning the Foundation of Practical Philosophy", *Human Studies*, Vol. 1(1980), 357쪽 이하, . Schürmann, "Political Thinking in Heidegger", *Social Research*, Vol. 45(1978), 191쪽 이하, 그리고 *Le principe d'anarchie. Heidegger et la question de l'agir*(Paris, 1982)를 참조할 것.

을 실행하였다는 점을 거듭 강조하였다. 하이데거는 형이상학의 역사에 있어서 통일성을 부여하는 의미가 인식되고 동시에 완성되는 대표적 장소를 확보하고자 한다.[24] 후기 하이데거의 이처럼 야심찬 요구는 『존재와 시간』이 실제로 탄생되는 데 있어 배경이 되는 보다 분명한 맥락을 은폐시킨다. 내가 여기서 생각하고 있는 것은 19세기의 후기 관념론뿐만 아니라, 특별히 제1차 세계대전 이후 리케르트로부터 셸러를 거쳐 하르트만에 이르기까지 독일철학을 압도하였던 신존재론적 전회이다. 철학사적으로 고찰하면, 당시에 세계적 타당성을 가지고 있는 유일한 철학이었던 신(新)칸트주의가 붕괴되던 이 시기에 중요한 문제는 전(前)칸트적 존재론으로의 복귀가 아니었다. 존재론적 사유형태는 오히려 초월론적 주체성을 인식의 영역 밖으로 확장시키고 구체화시키는 데 기여하였다. 이미 역사주의와 생(生)철학은 전통의 매개, 예술적 창조성 그리고 신체적, 사회적, 역사적 실존의 일상적 경험영역과 비일상적 경험영역들을 해명하였으며, 동시에 이것들을 철학적 관심의 영역으로 끌어 올렸다. 이들은 모두 초월적 자아의 구성적 능력을 과다하게 요구하고, 그렇지 않다 하더라도 어쨌든 초월적 주체의 고전적 개념을 파괴하는 경험영역들이다. 딜타이, 베르그송, 짐멜(Simmel)은 초월적 종합의 생산활동을 삶 또는 의식의 생동감있는, 그렇지만 불명료한 생산성으로 대체하였다. 그러나 그들은 여전히 의식철학의 표현주의적 모델을 탈피하지는 못하였다. 스스로를 외화하고, 이 객관화를 다시 체험 속으로 융해시키는 주체성에 관한 표상은 그들에게도 여전히 중요한 척도로 남아 있었다.[25] 하이데거는 이러한 충동을 수용하지만, 이와 같이 휩쓸려 들어온 의식철학적 근본개념들의 부적합성을 인식한다. 이제 하이데거는, 주체철학이 후설의 현상학을 통해 마지막으로 작업해 내었던

---

24) 이러한 시각에서 발터 슐츠는 "마틴 하이데거의 철학사적 자리"를 규정한다. W. Schulz, "Der Philosophiegeschichtlichen Ort Martin Heideggers", *Phil. Rundsch.* (1953), 65쪽 이하와 211쪽 이하. 이 글은 O. Pöggeler(Hrsg.), Heidegger (Köln, 1969), 95쪽 이하에 재수록되어 있음

25) G. Simmel, "Zur Philosophie der Kultur", *Philosophische Kultur*(Berlin, 1983). 이에 관해서는 이 책에 대한 "시대진단자로서의 짐멜"이라는 제목의 나의 후기를 참조할 것. 앞의 책, 243~253쪽.

풍부한 분화를 단순화시키지 않는 동시에 칸트 이래로 지배하고 있는 초월적 주체성의 개념을 해체시켜야 하는 문제에 봉착한다.

하이데거는 『존재와 시간』의 연원이 되고 있는 문제의 맥락을 그가 후설과 셸러를 인용하고 있는 제10장(§10)에서 언급하고 있다. "인격은 결코 사물도, 실체도, 대상도 아니다. 이로써 강조하고자 하는 바는 후설이 인격의 통일성을 위해서는 자연사물의 경우와는 본질적으로 전혀 다른 구성이 요청된다고 말함으로써 암시하고 있는 것과 동일한 것이다. (……) 인격은 오로지 지향적 작용을 실행함으로써만 실존한다는 것이 그의 본질에 속한다. (……) 심리적 존재는 따라서 인격과는 아무런 연관이 없다. 작용들이 실행되고, 인격은 작용의 실행자이다."[26] 하이데거는 이런 관점에 만족하지 않고, 다음과 같이 묻는다. "그러나 '실행한다'의 존재론적 의미는 과연 무엇인가? 인격의 존재방식을 어떻게 적극적으로, 존재론적으로 규정할 수 있는가?" 하이데거는 초월적 주체성 개념의 해체작업을 계속하기 위하여 신(新)존재론적 전회의 어휘를 사용한다. 그러나 하이데거는 이와 같은 물음의 철저화 과정에서 세계-내-존재로서의 인격존재의 가능성의 조건에 대한 반성적 계몽이라는 초월적 태도를 견지한다. 만약 그렇지 않으면, 분명하게 표현된 풍부한 구조들은 분화되지 않은 생철학적 개념의 혼란스러운 진흙탕으로 빠지게 된다. 주체철학은 ——초월론적 방법을 사용하는—— 실존론적 존재론과 마찬가지로, 예리하고 체계적인, 그러나 더욱 깊이 파고드는 개념성에 의해 극복되어야 한다는 것이다. 실존론적 존재론이라는 제목으로 하이데거는, 그때까지 결합될 수 없었지만 주체철학적 근본개념들을 체계적으로 대체하고자 하는 목표의 관점에서 볼 때 유의미한 연구관점을 제시하는 이론적 착상들을 독창적인 방식으로 종합한다.

『존재와 시간』의 서론에서 하이데거는 기초존재론에 이르는 길을 닦아주는 세 가지 중대한 개념전술적 결정들을 기획한다. 첫째로 그는 초월론적 문제설정에 존재론적 의미를 부여한다. 실증적 과학들은 존재적 문제들을 다룬다.

---

26) M. Heidegger, *Sein und Zeit*(Tübingen, 1949), 47쪽 이하.

그것들은 자연과 문화, 즉 세계 안에 있는 그 무엇에 관해 진술한다. 이와 같은 존재적 인식방식의 조건들에 관한——초월론적 입장에서 실행된——분석은 존재영역으로서의 객관영역에 대한 범주적 구조를 해명한다. 이런 의미에서 하이데거는 칸트의 순수이성비판을 일차적으로 인식론으로서 이해하지 않고, "자연이라는 존재영역에 대한 선험적 사태논리학"으로서 이해한다. 초월철학에 대한 이와 같은 존재론적 채색은, 제반 과학들이 신칸트주의가 주장하는 것처럼 자유로운 인지활동으로 환원될 수 있는 것이 아니라 구체적 생활관계에 근거하고 있다는 점을 고려한다면, 이해될 수 있다. "제반 과학들은 현존재의 존재방식들이다." 후설은 제반 과학들이 생활세계에 토대를 두고 있다는 점을 언급한 바 있다. 과학적 객관영역 또는 존재영역의 범주적 구조의 의미는, 자신의 일상적 실존을 통해 이미 세계 내의 존재자와 연관을 맺고 있으며 또 이와 같은 소박한 교섭을 과학활동의 엄밀한 형식으로 양식화할 수 있는 사람들의, 존재이해로 환원될 때에 비로소 해명된다. 상황에 처해 있는 신체적-역사적 실존에는, 항상 불명료하기 마련인, 세계에 대한 이해가 속해 있다. 그런데 제반 과학들에 의해 객관화될 수 있는 존재자의 의미도 역시 이 세계의 지평으로부터 언제나 이미 해석되어 있다. 만약 우리가 초월론적 태도에서, 초월철학이 제반 과학에 의거하여 분석해 놓은, 존재자의 범주적 구조를 넘어서는 문제를 묻는다면, 우리는 이와 같은 전존재론적 존재이해에 부딪치게 된다. 선행적 세계이해의 분석은 생활세계 또는 세계-내-존재의 구조들을 파악하는데, 이 구조들을 하이데거는 실존범주라고 명명한다. 이 실존범주들은 전체적으로는 존재자 범주들과, 특별하게는 과학자들이 객관화의 방식으로 관계를 맺는 존재영역들의 범주들에 앞서서 형성되어 있는 까닭에, 세계-내-존재의 실존론적 분석은 기초존재론이라는 이름을 마땅히 얻게 된다. 다시 말해 기초존재론은 그 자체 초월론적 태도로써 작업된 지역적(국부적) 존재론들의 생활세계적 또는 실존론적 토대들을 분명하게 드러내는 것이다.

둘째 단계에서 하이데거는 현상학적 방법에 존재론적 해석학의 의미를 부여한다. 현상은 후설의 의미에서는 스스로를 자기자신으로부터 자기자신으로서 드러내는 모든 것이다. 하이데거는 자명한 것을 "개시되어 있는 것"으로 번역

함으로써 은폐되어 있는 것, 숨겨져 있는 것, 가려져 있는 것과 같은 반대개념을 암시한다. 현상들은 단지 간접적으로만 나타난다. 현상하는 것은 바로 이 존재자가 주어져 있는 소여 방식을 은폐하는 존재자이다. 현상들은 존재적 현상들을 통해서는 그들이 본래 존재하고 있는 바대로 나타나지 않는 까닭에 이들을 직접적으로 파악하는 것은 불가능하다. 그러므로 현상학은 특별한 종류의 현상들과 관계하는 것이 아니라 모든 현상들 속에서 자신을 은폐하고——또 오직 이 현상들을 통해서만 자신을 알리고——있는 것의 해명에 관련되어 있다는 점에서 여타 학문들과 구별된다. 현상학의 영역은 비로 존재자에 의해 왜곡된 존재이다. 그렇기 때문에 현상들을 현재화하기 위해서는 특별히 아포판시스적 노력이 필요하다. 그러나 이러한 노고의 모델로서 기능하는 것은 후설에서 사용되고 있는 직관이 아니라 텍스트의 해석이다. 관념적 본질에 대한 직관적 현재화는 현상들의 자기소여성(自己所與性)을 밝힐 수 없지만, 복잡한 의미연관의 해석학적 이해는 존재를 탈은폐시킨다. 하이데거는 이렇게 아포판시스적 진리개념을 준비하면서, 본질직관이라는 현상학의 방법론적 의미를 실존론적-해석학적 의미로 반전시킨다. 직접적으로 직관된 것에 대한 서술이 이제 어떠한 명증성으로부터도 벗어난 의미의 해석으로 대체된다.

마지막 단계에서 하이데거는 초월론적인 동시에 해석학적인 방법으로 실행되는 현존재의 분석을 실존철학적 모티브와 결합시킨다. 인간적 현존재는 자기자신으로서 존재하거나 아니면 자기자신이 아닌 것으로서 존재할 수 있는 가능성으로부터 자신을 이해한다. 다시 말해 현존재는 비본래성과 본래성이라는 피할 수 없는 양자택일에 직면한다. 현존재는 자신의 존재를 "존재해야만 하는" 존재자의 종류이다. 인간적 현존재는 자신이 가지고 있는 가능성의 지평으로부터 자기를 파악해야 하고, 자신의 실존을 스스로 떠맡아야 한다. 이와 같은 양자택일을 회피하고자 하는 사람은 그냥그냥 살아가는 퇴락적 양태의 삶을 이미 결정하였다고 할 수 있다. 자기자신의 고유한 구원에 대한 책임이라는——키에르케고르에 의해 실존주의적으로 극단화된——모티브를 하이데거는 자신의 고유한 실존에 대한 염려라는 표현으로 바꾸어놓는다. "현존재는 자신이 존재함에 있어 이 존재 자체가 문제되는 존재자이다."

하이데거가 사용하고 있는 이 세속화된 구원의 모티브는 다음과 같은 내용을 가지고 있다. 즉 자신의 존재에 대한——불안으로까지 고조된——염려는 인간 실존의 시간적 구조를 분석하는 데 있어 실마리를 제공한다. 그런데 하이데거가 이 모티브를 방법론적으로 사용하고 있다는 사실도 마찬가지로 중요하다. 존재의 의미를 묻는 물음에 있어 철학자만이 신체적-역사적으로 실존하는 인간의 전(前)존재론적 세계이해와 존재이해에 의존하는 것은 아니다. 자신의 존재를 염려하고, 자신의 "가장 고유한 존재능력"의 실존적 가능성들을 해석학적으로 보장하는 것은 오히려 이와 같은 실존 자체의 규정이다. 이런 점에서 인간은 본래 존재론적 존재로서, 존재물음을 실존적으로 강요받고 있다. 그러므로 실존론적 분석은 인간적 실존 자체의 가장 깊숙한 충동으로부터 발원한다. 하이데거는 이것을 실존론적 분석의 존재적 근원이라고 명명한다. "존재의 의미에 대한 해석이 과제가 되면, 현존재는 일차적으로 물어보아야 할 존재자일 뿐만 아니다. 그는 그밖에도 이러한 물음을 통해 궁극적으로 묻고자 하는 대상과 이미 자신의 존재를 통해 그때그때마다 관계를 맺고 있는 존재자이기도 하다. 그렇다면 존재물음은 현존재 자체에 본질적으로 속해 있는 존재경향의 철저화에 다름 아니다."

이와 같은 세 가지 개념전략적 결정들은 다음과 같이 요약할 수 있다. 하이데거는 실존론적 분석을 기초존재론으로서 특징지우기 위하여 우선 초월철학을 존재론과 결합시키고 있다. 게다가 그는 기초존재론을 실존론적 해석학으로 수행할 수 있기 위하여 현상학을 존재론적 해석학으로 변형시킨다. 끝으로 하이데거는 기초존재론의 작업을 존재적으로밖에 평가를 받지 못하는 이해상관의 맥락에서 실행할 수 있기 위하여 실존론적 해석학을 실존철학적 모티브들로 가득 채운다. 바로 이 대목에서 존재론적 차이는 무리하게 사용되고, 초월론적으로 접근할 수 있는 실존범주들의 일반성과 구체적으로 경험된 실존문제들의 구체성 사이의 엄격한 방법론적 구별이 무너져 버린다.

하이데거는 이런 결합을 통해 주-객-연관의 패러다임적 의미를 박탈하는 데 성공한 것처럼 보인다. 존재론적 전회를 통해 하이데거는 초월론적 문제설정을 포기하지 않고서도 인식론의 우선권을 파괴한다. 존재자의 존재는 내면적으로 존재이해와 연관되어 있고, 존재는 오로지 인간적 현존재의 지평 안에서만 타당성을 획득하는 까닭에 기초존재론은 초월철학의 뒤로 후퇴하는 것이 아니라, 오히려 초월철학의 철저화를 의미한다. 그렇지만 실존론적 해석학으로의 전향은 동시에——후설마저도 초월론적 환원의 방법을 위해 필요로 하였던——자기반성의 방법론적 특권을 종식시킨다. 인식 주체의 자기관계, 즉 자기의식을 전존재론적 존재이해가 대신한다. 다시 말해 일상적 실존이 항상 이미 처해 있는 의미연관에 대한 해명이 그 자리를 대신한다. 끝으로 하이데거는 실존주의적 모티브들을 자신의 작업에 수용하여, (경험의 객관성의 제조건들의 자리를 대신하는) 세계-내-존재의 구조들을 해명하는 것이 동시에 올바른 삶의 실천적 물음에 대한 대답도 되게 한다. 강조되고 있는 개시(開示)의 진리개념에 의하면 판단의 타당성은 모든 학문에 앞서 존재자와 관계를 맺고 있는 인간적 실존의 진실성에 근거한다.

　이 진리개념은 하이데거가 기초존재론의 핵심개념, 즉 세계의 개념을 도입하는 데 있어 실마리로서 기능한다. 세계는 의미해명적 지평을 형성하는데, 이 지평 안에서 존재자는 실존적으로 자신의 존재를 염려하는 현존재에게 자신을 은폐하고 동시에 자신을 드러낸다. 세계는 항상, 행위와 인식을 통해 객체와 관계하는 주체에 앞서 항상 미리 존재한다. 왜냐하면 주체가 세계 내에 있는 그 무엇과 관계를 맺는 것이 아니라, 우리가 존재자와 만날 수 있도록 전이해의 콘텍스트를 건립하는 것은 바로 세계이기 때문이다. 이와 같은 전존재론적 존재이해를 통해 인간은 본래부터 세계연관에 관여하고 있으며, 그밖의 모든 세계 내적 존재자들에 비해 특권을 부여받게 된다. 인간은 세계 안에서 그저 만날 수 있는 그런 존재자가 아니다. 세계 내에서 존재하는 자신의 특수한 방식 덕택에 인간은 콘텍스트를 형성하고, 공간을 부여하며, 시간의 안에서 현현하는 세계해명의 과정과 결합되어 있다. 그래서 하이데거는 인간의 실존을, 존재자에 대한 자신의 태도를 통해 그와 관계를 맺음으로써 모든 존재자를 "존재하도록 만드는", 현-존재라고 성격지운다. 현존재의 현(Da)은 존재의 트임(Lichtung)이 열려지는 장소이다.

　주체철학에 대한 개념전략적 이점은 명확하다. 인식과 행위는 더 이상 주

-객-연관으로 생각될 필요가 없다. "인식은 (표상될 수 있거나 또는 조작될 수 있는 대상들의) 세계에 대한 주체의 교섭을 우선 가능하게 하는 것도 아니고, 또 이러한 교섭이 주체에 대한 세계의 영향으로부터 발생하는 것도 아니다. 인식은 세계-내-존재에 토대를 두고 있는 현존재의 양태이다"(62쪽 이하). 객관세계를 실존하는 사태들의 총체성으로 파악하고 자신의 인식과 행위를 통해 그것에 대립하는 주체의 자리를 대신하여, 객관화하는 태도를 가지고 수행되는 인식과 행위의 작용들은 이제 생활세계 내에 서 있음이라는 더욱 근본적인 양태의 파생으로 파악될 수 있다. 다시 말해 콘텍스트와 배경으로서 직관적으로 이해된 세계의 파생으로서 파악될 수 있는 것이다. 생활세계적 내-존재(In-Sein)의 이러한 방식들을 하이데거는 이들이 가지고 있는 시간적 구조의 관점에서 어떤 사물에 대한 염려의 수많은 방식들로서 서술한다. 하이데거가 이에 대한 예로서 열거하고 있는 것은 다음과 같다. "무엇인가 관계하다, 무엇인가를 생산하고 주문하고 돌보다, 무엇인가를 포기하고 분실하다, 관철하다, 알아내다, 문의하다, 고찰하다, 논의하다, 규정하다 등등."

　『존재와 시간』 제1부의 한가운데에 이와 같은 세계개념의 분석이 있다. 손길이 미치는 취급의 관점에서, 즉 생활세계의 물리적 구성요소들과의 생활실천적, 비객관화적 교섭의 관점에서 하이데거는 실용주의를 따르는 세계의 개념을 사태연관성으로서 설명한다. 사태연관성은 도구적 존재자의 영역을 넘어서 일반화되어 "지시연관성"으로서 해명된다. 거리를 두는 태도변화의 도움을 받고서야 비로소 자연은 생활세계적 지평으로부터 분리되고 대상화된다. 순전히 표상된 것으로서 존재자의 영역이 탈세계화될 때 비로소 대상과 사건의 객관세계가 발생한다. 의식철학의 의미에서의 주체는 자신의 인식과 행위를 통해 바로 이 객관세계와 관계를 맺을 수 있는 것이다.

4

　이러한 분석을(§§14~24) 여기서 상세하게 다룰 필요는 없다. 왜냐하면 이

분석이 퍼스에서 미드와 듀이에 이르는 실용주의가 성취한 것을 넘어서지 않기 때문이다. 독창적인 것은 하이데거가 의식철학을 비판하기 위하여 이 세계 개념을 사용하고 있다는 점이다. 그러나 이러한 기획은 곧바로 막히게 된다. 이러한 사실은 "현존재는 누구인가에 관한 물음"(§25)에서 나타나는데, 하이데거는 여기서 현존재는 그때그때마다 나 자신으로서 존재하는 존재자라고 대답한다. "나 자신, 주체, 자아로부터 이 '누구'를 대답할 수 있다. 태도와 체험의 변화에 있어 동일한 것으로서 유지되며, 동시에 이 태도와 체험의 다양성과 관계하는 것이 바로 이 누구이다"(114쪽). 물론 이러한 대답은 직접 주체철학으로까지 거슬러 올라갈 수 있다. 그렇기 때문에 하이데거는——손작업을 하는 행위자의 시각에서 사태연관성으로서 서술하였던——도구세계의 분석을 사회적 관계의 세계로 확장한다. "세계-내-존재의 해명은 세계가 없는 단순한 주체는 결코 주어지지 않는다는 사실이다. 마찬가지로 타자가 없이는 결코 고립된 자아가 주어지지 않는다"(116쪽). 하이데거는 나와 타자가 맺는 상호주관적 관계의 관점에서 자신의 세계-분석을 확장한다.

우리가 앞으로 다른 상관관계에서 고찰하는 바와 같이, 고독한 목적활동성으로부터 사회적 상호작용으로 관점을 변화시킨다면, 실제로 이해의 과정뿐만 아니라——상호주관적으로 공유하고 있는 생활세계적 배경으로서 세계를 현재화하는, 상호이해의 과정들을 해명할 수 있게 된다. 우리는 의사소통적으로 사용되고 있는 언어에서——그 자체 주체가 없음에도 불구하고 생활세계가 어떻게 주체들과 그들의 상호이해지향적 행위를 통해 재생산되고 있는가를 설명해 주는——구조들을 읽어낼 수 있다. 이로써 현존재의 "누구"에 대한 물음은 해결될 수 있을 것이다. 그런데 하이데거는 이 물음을, 자신의 현존재가 능성을 진실한 방식으로 기획하고 투사함으로써 세계-내-존재의 세계를 구성하는, 주체로 환원시킨다. 인간적 실존이 관여되어 있는 생활세계는 다시 말해——암암리에 초월적 주체성의 지위를 차지해 버린——현존재의 실존적 노고를 통해서는 결코 생산되지 않는다. 말하자면 생활세계는 언어적 상호주관성의 구조들 속에 매달려 있으며, 언어능력과 행위능력을 가지고 있는 주체들이 세계 안에 있는 무엇인가에 관해 서로 의사소통을 하는 바로 그 동일한 매개수단을 통해 보존된다.

물론 하이데거는 의사소통론적 대답에 이를 수 있는 길을 가지 않는다. 그는 처음부터, 개별적 현존재를 넘어서는 생활세계적 배경의 구조들을 평균적인 일상적 실존의, 즉 비본래적 현존재의 구조들로서 평가절하한다. 물론 타자들의 공동 현존재는 처음에는 세계-내-존재의 구성적 특징으로서 나타난다. 그러나 현존재의 자기-귀속성에 대해 생활세계의 상호주관성이 선행한다는 점은 후설적 현상학의 유아론에 묶여 있는 개념체계로는 파악되지 않는다. 주체들이 동일한 행위를 통해 개별화되고 동시에 사회화된다는 사상은 후설의 현상학에서는 수용될 수 없다. 『존재와 시간』에서 하이데거가 구성하고 있는 상호주관성은 후설이 『데카르트적 성찰』에서 구성하고 있는 것과 다를 바 없다. 초월적 자아가 나와 다른 사람이 공유하고 있는 세계의 상호주관성을 구성하는 것과 똑같이, 그때그때 자신에 속해 있는 자기귀속적 현존재는 공존재를 구성한다. 그렇기 때문에 하이데거는 "공존재"의 분석을 세계 자체가 구성되고 보존되는가 하는 물음에 유용하게 사용할 수 없다. 그는 자신의 분석들을 다른 방향으로 전환시킨 다음에야 비로소 언어의 문제를 다룬다.

의사소통적인 일상적 실천은 자기존재를 "타자들의 지배"라는 양식으로서만 가능하게 한다. "일상인은 타인들에게 속해 있으며, 그들의 권력을 고정시킨다. (……) 흔히 말하는 '누구'는 이 사람도 아니고 저 사람도 아니며, 그 사람 자신도 아니고 몇몇의 사람도 아니며 모든 사람의 총계도 아니다. '누구'는 중성자로서 일상인이다"(126쪽). 그런데 이 일상인은, 죽음에 직면하여 극단적으로 개별화된, 그리고 구원을 필요로 하는 키에르케고르적 실존이 자신의 본래성을 통해 현존재의 누구로서 확인될 수 있는 배경으로서 사용된다. 존재능력은 오로지 "그때그때 나의 것으로서" 본래적일 수도 있고, 비본래적일 수도 있다. 키에르케고르와는 달리 하이데거는 물론 유한한 현존재의 전체를 더 이상 "존재론적-신학적" 관점에서 최고 존재자 또는 존재자 전체와의 관계로부터 생각하지 않고, 자기자신으로부터, 즉 토대가 없는 역설적 자기주장으로부터 생각한다. 슐츠는 『존재와 시간』의 자기이해를, 현존재의 무능력과 유한성 속에서 이루어지는 자기주장의 영웅적 허무주의라고 정당하게 특징짓고 있

184

다.[27]

  비록 하이데거는 첫단계에서 주-객-연관을 비로소 가능하게 하는 지시연관을 위하여 주체철학을 파괴하지만, 세계사건의 과정으로서의 세계를 그 자체로부터 파악할 수 있도록 만드는 것이 문제가 되는 둘째 단계에서 그는 다시 주체철학적 개념의 압박에 빠지게 된다. 왜냐하면 유아론적으로 설정된 현존재는 다시금 초월적 주체성의 자리를 획득하기 때문이다. 비록 이 주체성이 더 이상 전지전능한 근원적 자아로서 나타나지는 않지만, "존재자의 한가운데서 이루어지는 모든 실존의 근거가 되어야 하는 인간 실존의 근원적 행위"로서 나타난다.[28] 세계를 기획하고 투사하는 창시자적 성격을 현존재에게서 기대한다. 현존재의 본래적 온전한 존재능력, 또는 하이데거가 『존재와 시간』의 제2부에서 그 시간적 구조를 탐구하고 있는 자유는 존재자의 초월적 해명을 통해 실현된다. "모든 자발성의 바탕을 이미 이루고 있는 자아의 자기성은 초월성에 근거한다. 기획투사하고 전복하는 형식으로 세계로 하여금 주재하도록 내버려두는 것이 자유이다"(41쪽). 자기정당화와 마지막 근거지움에 대한 근원철학의 고전적 요청은 부정되는 것이 아니라, 세계의 기획투사로 변형된 피히테적 행위의 의미에서의 답변이 이 요청에 주어진다. 현존재는 자기자신으로부터 근거지워진다. "현존재는 세계를 존재자의 한가운데에서 자기자신을 근거지움으로써 세계를 창립한다"(43쪽). 하이데거는 과정으로서의 세계를 다시금 자기주장 의지의 주체성으로부터 파악한다. 『존재와 시간』 이후에 곧바로 쓰여진 『형이상학이란 무엇인가?』와 『근거의 본질에 관하여』라는 두 저서는 이를 증명해 주고 있다.

  왜 기초존재론이 벗어나야만 할 주체철학의 막다른 골목길로 오히려 빠져들 수밖에 없었는가는 쉽게 파악될 수 있다. 초월론적으로 변형된 존재론은 고전적 인식론이 저질렀다고 생각하였던 오류를 똑같이 범한다. 존재물음에 우선성을 부여하든 아니면 인식의 물음에 우선성을 부여하든 간에 관계없이, 인지적 세계관계와 사실확인적 말, 그리고 이론과 언표적 진리는 양자의 경우에

____

27) W. Schulz, 앞의 글, 115쪽.
28) M. Heidegger, *Vom Wesen des Grundes* (Frankfurt/M., 1949), 37쪽.

모두 본래 인간만이 가지는, 그래서 설명을 필요로 하는 독점으로서 타당성을 가진다. 인식될 수 있는 것에 대한 존재자의 존재론적/인식론적 우선성은 세계연관의 복합성을——이 복합성은 자연적 언어가 가지고 있는 비언표적 힘들의 다양성 속에 표현된다——객관세계에 대한 하나의 특권적 관계를 위하여 단순화시킨다. 이 특권적 관계는 실천에 대해서도 여전히 핵심적 역할을 한다. 의도들의 독백적 실행, 즉 목적활동은 행위의 일차적 형식으로서 통용된다.[29] 비록 사태연관의 파생으로서 파악되기는 하였지만, 객관세계는 전체 내의 존재자라는 제목하에서 기초존재론에 대해서도 여전히 관계항으로 남는다. 현존재의 분석은 존재자에 대한 관계맺음을 인식관계의 모델에 따라 파악함으로써, 후설적 현상학의 (원리를 구성하는) 건축술을 따른다. 이는 현상학이 모든 지향적 작용을 대상들이 가지는 기초적 특성들의 지각이라는 모델에 따라 파악하는 것과 똑같다. 그런데 이러한 건축술에는, 초월적 인식조건들을 넘어서는 방법을 통해 대상영역을 구성하는 주체를 위한 자리가 필연적으로 생기게 된다. 하이데거는 이 주체의 자리를, 세계해명적 의미창조라는 다른 방식으로 생산적이 되는 장치를 가지고 메꾼다. 칸트와 후설이 초월적인 것을 경험적인 것과 분리하듯이 하이데거는 존재적인 것과 존재론적인 것을, 실존적인 것과 실존론적인 것을 구별한다.

하이데거는 주체철학의 영향력으로부터 탈피하고자 하는 자신의 시도가 실패하고 있음을 인지한다. 그러나 그는 이러한 사실이, 예전과 같이 초월적으로 사영된 근원철학의 지평에서만 제기될 수 있는, 존재물음의 필연적 결과임을 깨닫지 못한다. 그가 니체의 "플라톤주의의 전도"에서 종종 비난하였던 작업방식이 그에게도 하나의 탈출구로서 제공된다. 다시 말해 그는 근원철학에 주어진 문제점들로부터 벗어나지 못하면서 근원철학을 거꾸로 세워놓는 것이다.

---

29) 이 점은 투겐트하트(Tugendhat)가 『존재와 시간』 제2부의 내용을 의미론적으로 재구성하는 데 도움을 받는 문장들의 형식에서도 나타난다. 이에 관해서는 E. Tugendhat, *Selbstbewußtsein und Selbstbestimmung* (Frankfurt/M., 1979), 8~10째 강의.

우리는 전회를 예고하는 수사학을 이미 알고 있다. 인간은 더 이상 무(無)의 청지기가 아니라 존재의 목자이다. 불안 속에 내던져져 있는 존재는 존재의 은총에 대한 기쁨과 감사로 변하고, 운명에 대한 반항은 존재역운에 대한 순종으로 변하고, 자기주장은 헌신으로 변한다. 이와 같은 입장의 변화는 세 가지 양상으로 서술된다. (1) 하이데거는 이제 형이상학에 부여된 자기정당화와 마지막 근거지움의 요청을 포기한다. 현존재의 근본구조에 대해 초월론적으로 실행되었던 분석의 형식으로 한때 기초존재론이 설정하고자 하였던 토대는, 현존재를 손아귀에 쥐고 있는 우연적 사건을 위하여, 지신의 의미를 상실한다. 존재의 사건은 오로지 추념적으로 경험되고 설화적으로 서술될 수 있을 뿐이지, 논증적으로 파악되고 설명되지 않는다. (2) 하이데거는 실존론적-존재론적 자유의 개념을 비난한다. 현존재는 더 이상 세계를 기획하고 투사하는 ——이 세계기획의 빛을 통해 존재자는 어떤 것 속에서 시간화하고 또 멀어진다—— 창시자로서 타당성을 갖지 못한다. 세계를 해명하는 의미창조의 생산성은 오히려 존재 자체에게로 넘어간다. 현존재는 이렇게 지배할 수 없는 존재의미에 예속되고, 주체성이 가지고 있다고 의심받는 자기주장의지로부터 벗어난다. (4)마침내 하이데거는 제1자로 환원하는 사유의 토대주의를 포기한다. 이 토대주의가 형이상학의 전통적 형태로 등장하든 아니면 칸트로부터 후설에 이르는 초월철학적 형태로 등장하든 마찬가지이다. 이러한 부정은 물론 더 이상 물을 수 없는 토대에 근거하고 있는 인식단계들의 위계질서에 관계하는 것이 아니라, 시간에서 벗어난 이 근원의 탈시간적 성격에 관계한다. 미리 사유할 수 없는 운명의 형태로서 제1자의 주권적 성격을 보존하고 있는 시원들을 하이데거는 시간화한다. 현존재의 시간성은 이제 스스로 시간 속에 현현하는, 즉 시간화하는 존재역운의 월계관이다. 근원철학적 제1자는 시간화된다. 이러한 사실은 존재의 비변증법적 본성 속에서 드러난다. 시인의 말을 통해 언어화되어야 하는 존재의 신성함은 형이상학에서처럼 순전히 직접적인 것으로 여겨진다.

전도된 토대주의의 결과는 하이데거가 집필하지 않은 『존재와 시간』의 제2부에서 행하겠다고 예고하였던 계획의 재해석이다. 『존재와 시간』의 자기이해에 의하면 경직된 전통들을 부드럽게 만들고, 고대 존재론의 숨겨진 경험들에 대한 동시대인들의 문제의식을 깨우는 일은 존재론의 역사에 대한 현상학적 파괴에 유보되어 있다. 아리스토텔레스나 헤겔은 모두 하이데거와 다를 바 없이 철학사를 자신의 체계에 대한 전역사로서 취급한다. 처음에는 예비적으로 의도되었던 이 과제는 전회 이후에 세계사적 의미를 획득한다. 왜냐하면 형이상학의 역사는——그리고 그 역사를 배경으로 하여 암호해독된 시인의 말은——존재 자체의 역운이 사용할 수 있는 유일한 매개수단이 되기 때문이다. 이런 관점에서 하이데거는 니체를 형이상학의 역사에 있어 이중적 의미의 완성자로 자리매김하고, 니체의 디오니소스적 메시아주의의 유산을 상속하기 위하여 니체의 형이상학 비판적 생각들을 끌어들인다.

그렇지만 하이데거가 니체의 급진적 이성비판의 기능을 존재론의 역사에 대한 파괴로 전환시키지 않았더라면, 그리하여 존재의 역사화와 더불어 명제적 진리의 토대박탈과 담론적 사유의 평가절하가 일어나지 않는다면, 그는 니체의 디오니소스적 메시아주의를 묵시론적으로 존재에로 투사할 수 없었을 것이다. 오직 이런 이유에서만 이성의 존재사적 비판은 그 급진성에도 불구하고 마치 자기관계적 이성비판의 모순으로부터 벗어났다는 환상을 불러일으킨다. 이 이성비판은, 시공간적 경계를 초월하는 타당성 주장과는 더 이상 관련이 없는 소위 진리사건에 대해서만 진리라는 명칭을 유보한다. 시간화된 근원철학의, 복수로 등장하는, 진리들은 그때그때마다 지엽적이지만 동시에 총체적이다. 그것들은 오히려 진리의 아우라를 갖추고 있는 신성한 힘의 명령적 표현들과 유사하다. 투겐트하트는 이미 『존재와 시간』(§44)에서 발전된 진리개념을 통해 "하이데거가 진리라는 낱말을 근본개념으로 만듦으로써 진리문제를 간과하고 있다는 점"을 증명하고 있다.[30] 이미 여기서, (훔볼트에서처럼) 언어적 세계상의 총체성과 (비트겐슈타인에서처럼) 언어유희의 문법에 내재하고 있는 의미해명적 세계기투가 어떤 비판적 장치도 문제시하지 않을 정도로 고양되고 있다. 세계해명적 언어가 비출 수 있는 조명의 힘이 실체화되고 있는 것이다.

---

30) E. Tugendhat, "Heideggers Idee von Wahrheit", O. Pöggeler(1969), 296쪽.
　　 E. Tugendhat, *Der Wahrheitsbegriff bei Husserl und Heidegger*(Berlin, 1967).

그것이 과연 세계 내의 존재자를 실제로 해명할 수 있는지를 스스로 증명할 필요가 없다. 존재자가 자신의 존재를 통해 어떤 자의적 접근방식에 대해서도 아무런 저항없이 스스로를 보여준다는 사실로부터 하이데거는 출발한다. 존재자에게로 옮겨진 의미이해의 지평이 진리물음에 선행하는 것이 아니라 그 자신 이 물음에 예속되어 있다는 사실을 하이데거는 알아차리지 못하고 있는 것이다. [31]

물론 언어의 규칙체계와 더불어 언어를 통해 표현된 문장들의 타당성 조건도 역시 변화히는 것은 확실하다. 그렇지만 문장들도 역시 기능할 수 있을 정도로 타당성의 제반 조건들이 실재적으로 충족되는가의 여부는 언어의 세계해명적 힘에 달려 있는 것이 아니라, 이를 가능하게 하는 실천의 세계내부적 성공에 의존한다. 『존재와 시간』에서의 하이데거는 물론 논증적으로 실행된 자신의 실존론적 해석학이 모든 정당화의 요청으로부터 벗어나 있다는 생각을 거부할만큼 여전히 현상학자였다. 그가 개인적 양심에 대한 실존론적 해석과 결합시키고 있는(§§54~60) 본래적 존재능력이라는 강력한 규범적 이념도 역시 이러한 생각을 저지시켰다.

공허한 형식의 형태를 취하고 있는 까닭에 의심스럽기 짝이 없는 결단성이라는 이러한 조정장치조차도 전회에 의해 힘을 상실한다. 명제적 진리에 선행하는 비본래성의 차원은 자신의 실존을 염려하는 개별인의 양심적 기투로부터 복종을 요구하고, 구체적 역사를 미리 결정하는 익명적, 우연적 존재역운으로 옮겨간다. 전회의 핵심은 따라서 하이데거가 시간적으로 용해된 근원의 힘이라는 초역사적 장치에 진리사건이라는 속성을 부여하였다는 데 있다.

5

이 단계는 설득력이 너무 결여되어 있어, 그것은 이제까지 언급되었던 내면

---

31) 이에 관해서는 열한째 강의에 첨부한 카스토리아디스에 관한 부언설명을 참조할 것. 380쪽 이하.

적 동기들로부터는 충분히 설명될 수 없다. 하이데거가 1935년만 해도 여전히 내면적 진리와 위대함을 인정하였던 민족사회주의 운동에 잠시 동조하였기 때문에 후기의 시간화된 근원철학의 길을 발견할 수 있었다고 나는 추측한다.

그가 과연 유사한 상황에서 똑같은 오류를 범하지 않았을까를 의심하는 후세대들에게 판단을 요청하는 것은 하이데거의 "히틀러와 민족사회주의 국가에 대한 신조"가 아니다(1933년 11월 11일에 라이프치히에서 개최된 독일학문연합회 선거전에서 행한 하이데거의 인사말은 이와 같은 제목으로 유포되었다). 우리를 혼란스럽게 만드는 것은, 나치 정권이 끝나고 난 다음에 엄청난 결과를 가져온 자신의 정치적 오류를 단 하나의 문장으로도 고백하지 않는 이 철학자의 무의지와 무능력이다. 고백을 하는 대신에 하이데거는 오히려 행위자가 아니라 희생자 자신이 책임이 있다는 준칙을 맹세한다. "인간이 인간에게 죄를 떠넘기고 부과하는 것이 주제넘은 일이라는 것은 확실하다. 그러나 죄지은 사람을 이미 찾고 있고 또 그의 죄을 따지고 있다면, 본질적 태만의 죄가 또한 있지 않겠는가? 그 당시 이미 올 것이 오고 있다고 볼 수 있었던 예언자적 능력을 가지고 있었던 사람들——나는 이들처럼 현명하지 못하였다——그들은 왜 불행에 대처하기 위하여 10년이라는 세월을 기다렸단 말인가? 왜 1933년에 모든 일을 알았다고 생각하였던 그들이 일어서지 않았으며, 당시에 왜 그들은 모든 것을 근본부터 좋은 방향으로 틀기 위하여 봉기하지 않았던가?"[32] 그런데 여기서도 우리를 곤혹스럽게 만드는 것은, 모든 것이 끝났을 때 스스로 결백증명서를 발급하여 자신의 파시즘 선택을 여전히 대학의 자질구레한 음모들을 행하는 하수인의 관점에서 정당화하는 한 인간이 자신의 죄를 억지로 회피하는 면죄행위이다. 하이데거가 총장직을 수락하고 그 다음에 일어났던 모든 분쟁들을 곧바로 "학문의 형이상학적 본질상태"의 책임

---

32) 1945년에 하이데거가 쓴 글은 그의 아들에 의하여 1983년에야 비로소 처음으로 발표되었다. M. Heidegger, *Die Selbstbehauptung der deutschen Universität. Das Rektorat 1933/1934*(Frankfurt/M., 1983), 26쪽. 이 글의 출판과 관련하여 슈라이버(M. Schreiber)는 1984년 7월 20일자 프랑크푸르트 일반신문에서 "미래의 하이데거 전기를 위한 새로운 사실들"에 관해 보도하였다. 이 사실들은 프라이부르크 역사학자 후고 오트(Hugo Ott)의 최근 연구로 밝혀졌다.

으로 돌리는 것과 같이, 그는 자신의 행위와 진술들을 경험적 인격인 자신으로부터 분리시키고, 책임을 물을 수 없는 운명의 탓으로 돌린다. 이런 관점에서 그는 자신의 이론적 발전을 고찰하였다. 소위 말하는 전회마저도 그는 문제를 해결하는 사유적 노고의 결과, 즉 연구과정의 결과로 이해하지 않았고, 항상 존재 자신이 익명적으로 연출하고 있는 형이상학 극복이라는 객관적 사건으로서 이해하였다. 이제까지 나는 기초존재론으로부터 추념적 존재사유에로의 이행과정을 주체철학의 막다른 골목으로부터——내면적 동기를 부여받고——벗어나고지 히는 탈출로서, 즉 문제해결로서 재구성히였다. 히이데거는 이를 강력하게 반박할 것이다. 나는 이러한 반박에 한 조각 진리가 들어 있다는 점을 보여주고자 한다. 전회는 실제로 민족사회주의와의 경험의 결과이다. 즉 하이데거에게 경험적으로 닥쳐온 역사적 사건을 경험한 결과이다. 형이상학적으로 숭앙되고 있는 자기이해의 의미를 갖고 있는 진리의 계기만이 문제에 의해 인도된 이론발전의 내면적 관점에서는 이해될 수 없었던 점을 비로소 납득시킬 수 있다. 즉 하이데거가 무엇 때문에 존재사를 진리의 사건으로 이해하고, 또 존재사를 세계상 또는 시대적 세계해석들의 순전한 역사주의에 의해 전혀 영향을 받지 않는 것으로 만들었는가를 이해시킨다. 나에게 관심이 있는 것은 따라서 어떻게 파시즘이 하이데거의 이론발전 자체에 영향을 미쳤는가 하는 물음이다.

하이데거는 『존재와 시간』에서 작업을 하였고, 이듬해에 계속해서 해명을 하였던 입장을 별로 문제삼지 않았을 뿐더러, 그는 권력이양 직후에 유한성에도 불구하고 스스로를 관철시키는 현존재의 주체철학적 함의들을 독창적으로 사용하기까지 하였다. 물론 이렇게 사용함으로써 실존론적 분석론이 가지고 있는 다양한 함의와 근원적 의미는 상당히 변경되었다. 1933년 하이데거는 아무런 변화없이 유지되었던 기초존재론의 근본개념들에 새로운 내용을 부과하였다. 그때까지 "현존재"를 의심의 여지없이 죽음을 향한 과정에서 실존적으로 개별화된 개인에 대한 이름으로 사용하였다면, 하이데거는 이제 그때그때 자기에게 귀속된 "자기귀속적" 현존재를 "그때그때마다 우리에게 속해 있는", 운명적으로 실존하고 있는 민족의 집단적 현존재로 대체해 버린다.[33] 모든 실존적 범주들은 그대로이지만, 그 의미는 단숨에 변화한다. 결코 그 표현적 의미지평만 변화하는 것은 아니다. 기독교적 연원에 힙입고 있는, 특히 키에르케고르로부터 유래하는 함축적 의미들은 그 무렵에 만연하였던 새로운 이교(異敎)의 영향을 받고 변화한다.[34] 외설스럽기까지 할 정도로 기이한 이 의미론의 퇴색은 오래전부터 알려져 있는 인용문들을 통해 보여줄 수 있다. 선거를 호소하는 글을 통해 하이데거 총장은 1933년 11월 10일 프라이부르크 학생신문에서 다음과 같이 쓰고 있다. "독일민족은 지도자로부터 선거를 하라는 부름을 받았습니다. 그러나 지도자는 민족에게서 아무것도 애걸하지 않습니다. 그는 오히려 민족에게 최고로 자유로운 결정의 가장 직접적인 가능성을 부여하고 있습니다. 그것은 민족 전체가 자신의 고유한 현존재를 원하는가 아니면 이를 원하지 않는가 하는 결정입니다. 이 선거는 이제까지 있었던 모든 선거와는 전혀 비교가 되지 않습니다. 이 선거의 고유한 특성은 이 선거를 통해 실행해야 할 결정이 지니고 있는 단순한 위대함입니다. (……) 이 마지막 결정은 우리 민족의 현존이 가지고 있는 가장 극단적인 한계에까지 이르는 것입니다. (……) 지금 독일민족이 실행하는 선택은 그 자체로서 이미 사건이며, ──그 결과와는 관계없이── 민족사회주의적 국가의 새로운 독일적 현실을 가장 강력하게 증명하는 것입니다. 민족적 자기책임에 대한 우리의 의지는 모든 민족이 자신의 규정에 걸맞는 위대함과 진리를 가지기를 바랍니다. (……) 국가의 온전한 현존에 대한 의지만이 존재할 뿐입니다. 지도자는 바로 이 의

---

33) 오스카 베커(Oscar Becker)는 이미 나의 학창시절에 이 점을 주지시켰다. 이 점에 있어 나는 나치정권 시기의 하이데거에 관한 아직 출간되지 않은 빅토르 파리아스(Victor Farías)의 통찰의 도움을 많이 받았다. 하버마스 자신이 서문을 쓴 이 책은 그동안에 출간되었음. Victor Farías, *Heidegger und der National-sozialismus*. Mit einem Vorwort von Jürgen Habermas(Frankfurt, 1989) ──옮긴이 주.

34) 가톨릭 학생연합을 다시 허가한 조치에 대한 하이데거의 반응은 이러한 사실과 맞아떨어진다. 학생동맹의 제국지도자에게 보낸 한 편지에서 하이데거는 "가톨릭의 공공적 승리"라고 말하고 있다. 또 그는 다음과 같이 경고한다. "사람들은 아직 가톨릭의 전술을 알지 못한다. 사람들은 언젠가 이에 대한 복수의 대가를 치르게 될 것이다. G. Schneeberger, *Nachlese zu Heidegger*(Bern, 1962), 206쪽. "새로운 이교"에 관해서는 W. Bröcker, *Dialektik, Positivismus, Mythologie*(Frankfurt/M., 1958), 2장과 3장, 35쪽을 참조할 것.

지를 온 국민에게 일깨워주었으며, 유일무이한 결단으로 결집시켰습니다. "35)
존재론이 이전에는 개개인의 생활사적 실존에 존재적으로 근거를 두고 있었다
면, 36) 하이데거는 이제 지도자에 의해 집단적 의지로 결집된 민족의 역사적
실존을 현존재의 본래적 존재능력이 결정해야만 하는 장소로서 부각시킨다.
공산주의자와 사민당원들로 가득 채워진 강제 수용소와 같은 암울한 분위기
속에서 치러진 첫번째 제국의회 선거는 마지막 실존적 결정이라는 아우라, 즉
신비적 분위기를 획득하게 된다. 실제로는 공허한 환호로 타락한 것을 하이데
기는 하니의 결정으로 미화시키고 있는 것이다. 이 결정은 『존재와 시간』의
개념성의 빛을 받아 민족의 새롭고 진실한 생활형식을 기획 투사한다는 성격
을 얻는다.

　앞에서 언급한 지도자를 위한 학문의 집회에서도 『존재와 시간』은, 더 이상
개인적 실존 대신에 민족을 일깨워 영웅적 진리의 안으로 밀어넣는 담론의 원
고를 제공한다. "민족은 자신의 현존의지의 진리를 되찾는다. 왜냐하면 진리
는 한 민족이 자신의 행위와 지식을 통해 확고하게 하고, 밝고 강하게 만드는
것의 개시이기 때문이다. "1927년부터 학생들의 귓전을 때렸던 선구적 결단성
에 대한 형식적 규정은 민족혁명적 봉기로 구체화된다. 이는 결국 서양 합리

---

35) G. Schneeberger (1962), 145쪽.

36) 하이데거는 『존재와 시간』 §74에서 이미 역사성의 근본구조에 관한 자신의 분
　　석을, 개인의 운명이 민족의 운명과 얽혀 있다는 차원이 가시화될 때까지 끌고
　　간다. "세계-내-존재로서의 운명적인 현존재가 본질적으로 타자와의 공동존재 속
　　에 실존한다면, 그의 사건은 공동사건이며 또 운명으로서 규정된다. 이로써 우리
　　는 공동체와 민족의 운명을 특징지울 수 있다. " M. Heidegger, *Sein und Zeit*, 384
　　쪽. 그의 후기용어인 "존재역운(Seinsgeschick)"의 의미에 비추어 볼 때 하이데거
　　가 "운명(Geschick)"이라는 표현을 이와 같은 "민족적" 상관관계에서 도입한다는
　　사실은 결코 우연이 아니다. 공동체의 집단적 현존재에 대한 개인적 현존재의 실
　　존적 우선성이 —— 훗날 나치적 재해석은 이를 거꾸로 전도시킨다 —— 이 콘텍스
　　트로부터 분명하게 발생한다. 염려의 구조는 바로 "그때그때 나의" 현존재에게서
　　발전된다. 자신의 가장 고유한 존재능력으로의 "결단성"은 개인의 문제이다. 개
　　인은 "자신의 세대 내에서 그리고 자신의 세대와 함께" 운명적 역운을 경험할 수
　　있기 위해서는 일단 결단이 서 있어야 한다. 다시 말해 결단하지 못한 사람은
　　"운명"을 가질 수 없다.

주의 세계와의 단절을 야기한다. "우리는 토대도 없고 힘도 없는 사유를 신격화하는 것으로부터 드디어 탈피하였습니다. 우리는 이러한 사유에 종사하는 철학의 종말을 보고 있습니다. 우리는 존재의 본질에 관한 집요하고 단순한 물음이 지니고 있는 분명한 엄격성과 정당한 확실성이 다시 돌아오고 있음을 확신합니다. 존재자와의 대결과정에서 이 존재자에게서 성장하거나 아니면 무너지기도 하는 근원적 용기는 민족적 학문의 가장 내면적인 동인입니다. (……) 묻는다는 것은 우리에게 억압되지 않은 것의 공포와 암흑의 혼돈에 대해 자신을 감추지 않는다는 것을 의미합니다. (……) 그래서 우리는 우리 민족의 지식의지를 보존하는 일을 미래에 맡겨야만 하는 것을 인정합니다. 민족사회주의적 혁명은 정권을 인수할 만큼 충분히 성장한 다른 당에 의해 국가 내에 존립하고 있는 권력이 승계되는 것만이 아니라, 이 혁명은 우리의 독일적 현존재의 전적인 변혁입니다."[37]

1935년 여름의 강의들이 증명해 주고 있듯이, 하이데거는 이러한 신앙고백을 자신이 총장으로 있었던 짧은 기간이 지난 후에도 고수하였다. 그가 마침내 나치정권의 진정한 성격에 관해 더 이상 착각하지 않게 되었을 때, 하이데거는 자신을 철학적으로 어려운 상황으로 몰고 갔다. 그는 "현존재"를 민족의 현존재와, 본래적 존재능력을 권력장악과, 자유를 지도자의 의지와 동일시하고, 또 노동봉사와 병역봉사와 학문봉사를 포함한 민족사회주의적 혁명을 모두 존재의 물음으로 끌어들여 읽어냈기 때문에, 그의 철학과 시대사적 사건들 사이에는 더 이상 숨길 수 없는 내면적 상관관계가 만들어졌다. 만약 민족사회주의를 단순하게 정치적-도덕적으로 재평가하였다면, 이는 새롭게 제시된 존재론의 토대들을 공격하고, 이론적 착상들을 문제시해야만 하였을 것이다. 반대로 민족사회주의에 대한 실망이 책임있는 판단과 행위의 전면적 영역을 넘어서 하나의 객관적 오류로, 즉 치명적인 것으로 드러난 오류로 구체화될 수 있었다면, 『존재와 시간』의 출발적 상황과의 연속성은 위협을 받지 않았을 것이다. 그러나 하이데거는 자신의 민족사회주의에 대한 경험을, 진리에 대한 철학

---

37) Schneeberger(1962), 159쪽 이하.

자의 특권적 접근방식에 대한 엘리트적 요청권을 문제시하지 않는 방식으로 소화한다. 한때 자신의 마음을 빼앗겼던 운동의 비진리를 하이데거는——주관적으로 책임을 져야 하는——일상인에 대한 실존적 퇴락의 개념을 통해 해석하지 않고, 진리의 객관적 부재로서 해석한다. 가장 결단력있는 철학자가 점차 정권의 본성을 알아차리게 되었다는 사실——이 뒤늦은 세계사의 교훈에 관해서는 세계의 과정 자체가 원인적 성격을 떠맡아야 한다는 것이다. 비록 구체적 역사는 아니라고 할지라도, 존재론의 눈높이까지 승화된 역사가 책임을 져야 한다는 것이다. 이렇게 존재사의 개념은 탄생한다.

이와 같은 개념의 틀 안에서 하이데거의 파시즘적 오류는 형이상학적 의미를 지닌다.[38] 1935년에도 하이데거는 여전히 민족사회주의 운동의 "내면적 진리와 위대함"을 "지구적으로 규정된 기술과 근대적 인간의 만남"에서 발견한다.[39] 그 당시 하이데거는 민족사회주의적 혁명이 기술의 잠재력을 새로운 독일적 현존재를 기획하고 투사하는 데 사용할 수 있다고 신뢰하였다. 니체의 권력이론과 대결하는 과정의 후반부에야 비로소 하이데거는 기술의 본질을 "공작(工作, Gestell)"으로 파악하는 존재론사적인 개념을 발전시킨다. 그 이래로 그는 파시즘을 하나의 징후로 고찰할 수 있었고, 아메리카주의와 공산주의와 함께 이를 기술의 형이상학적 지배의 표현으로서 자리매김할 수 있었다. 이러한 전회의 이후에야 비로소 파시즘은, 니체의 철학과 마찬가지로, 형이상학 극복의 이중적 단계에 속하게 된다.[40] 이와 같은 재해석을 통해 자기자신

---

38) 윌리엄 리처드슨(William Richardson)은 이 개념이 이미 「진리의 본질에 관하여」라는 글에서 가지고 있는 연관점을 나에게 주지시켰다. 일곱번째 장은 "방황으로서의 비-진리"를 다룬다. 방황은 진리와 마찬가지로 현존재의 구조에 속한다. "방황은 오류의 열려진 장소이다. 오류는 결코 개별적인 실수가 아니다. 그것은 방황의 모든 방식들이 서로 얽혀 있는 상호결합의 왕정(지배)이다. M. Heidegger, Vom Wesen der Wahrheit(Frankfurt/M., 1949), 22쪽. 물론 객관적 활동공간으로서의 방황개념은 하나의 연관점 이상을 제시하지는 않는다. 왜냐하면 오류와 진리는 서로 존재로서의 존재자의 탈은폐와 은폐와 같은 방식으로 관계를 맺기 때문이다(같은 책, 23쪽). 여러 번 검토한 1930년의 강연원고가 밑바탕이 되고 있는 1943년에 처음으로 발표된 텍스트가 후기철학의 의미에서처럼 분명한 해석을 허용하지 않는다고 나는 생각한다.

39) M. Heidegger, *Einführung in die Metaphysik* (Tübingen, 1953), 152쪽.

을 주장하는 현존재의 행동주의와 결정론은——실존주의적이고 민족사회주의적인 두 가지 형태에서——존재해명적 기능을 상실한다. 이제야 비로소 자기주장의 파토스는 현대성을 지배하는 주체성의 근본특성이 된다. 후기철학에서 "존재하도록 내버려둠"의 방념과 순종의 파토스가 그 자리를 대신한다.

전회를 실행하게 된 시대사적 동기의 재현은 내면적 이론발전의 재구성의 결과를 확인해 준다. 하이데거는 주체철학적 사유모형의 단순한 전도를 주장함으로써 결국 주체철학이 안고 있는 문제설정에 묶여 있는 것이다.

---

40) 이에 관해서는 다음의 상세한 서술을 참조할 것. R. Schürmann, "Political Thinking in Heidegger", *Social Research*, Vol. 45(1978), 191쪽.

시간화된 근원철학을 넘어서 :
음성중심주의에 대한 데리다의 비판

1

하이데거가 전후 프랑스에서 『인본주의에 관한 서한』의 저자로 수용되었다는 점에서 데리다가 선생의 이론을 비판적으로 수용하고 생산적으로 계속 발전시키는 진실한 제자의 역할을 하고 있다고 주장하는 것은 정당하다. 1968년 5월 학생운동이 정점에 막 다다랐을 때, 데리다는 이러한 주장을 시대사적 상황의 카이로스, 즉 순간에 대한 감각을 가지고 타당성있게 전개한다.[1] 데리다는 하이데거와 마찬가지로 "서양 전체"를 조망하면서, 이를——경제적, 정치적으로는, 다시 말해 외면적으로는 서양과 제3세계 사이의 새로운 정세가, 형이상학적으로는 인간중심적 사유의 종말이 야기한——"급진적 동요"에 의해 표출되는 타자와 대립시킨다. 죽음을 향한 존재인 인간은 항상 자신의 자연적 종말과 관계를 맺으면서 살아왔다. 그런데 이제 문제가 되는 것은 인본주의적 자기이해의 종말이다. 허무주의의 고향상실감에서 방황을 하는 것은 인간이 아니다. 인간의 본질이 아무런 방향도 없이 이리저리 방황하고 있다. 바로 이러한 종말이 하이데거에 의해 개시된 존재의 사유를 통해 드러난다는

---

1) J. Derrida, "Fines Hominis", *Randgänge der Philosophie* (Frankfurt/M., 1976), 88쪽 이하.

것이다. 하이데거는 아마 역사적-존재적 의미에서는 결코 끝나지 않을 한 시대의 완성을 준비하고 있다. 형이상학의 극복이라는 잘 알려진 멜로디는 데리다의 기획에도 주도적인 영향을 미친다.[2] 파괴는 해체라는 이름으로 바뀌게 된다. "숨겨져 있지만 항상 위험한 운동들과——이들은 자신이 해체하고자 하는 것으로 다시 되돌아갈 위험이 있다—— 함께 비판적 개념들은 완성이라는 틀 안에서 조심스럽고 세밀한 담론으로 흡수되어야 한다. 이 개념들을 수단으로 하여 분해될 수 있는 기계에 이들 자신이 속해 있다는 사실이 아주 조심스럽게 서술되어야 한다. 그리고 완성의 (우리 시대의) 이후에 도래하는 것이, 아직 명명할 수는 없지만, 희미하게 빛나고 있는 틈새를 동시에 발견해야만 한다."[3] 이런 점에서 전혀 새로운 것은 없다.

물론 데리다는 하이데거의 후기철학과 결별한다. 그것도 우선 후기철학의 수사학과 거리를 둔다. 그는 "가까움의 수사학, 존재의 가까움과 이웃, 거주, 집, 봉사, 보존, 음성, 경청의 가치들을 결합시키는 단순하고 직접적인 현재의 수사학"[4]이 가지고 있는 퇴행적 단순화를 거부한다. 하이데거가 자신의 존재사적 운명론을——슐체-나움부르크의 양식으로써——산업사회 이전의 농경세계의 고향생각을 나게 하는 감상적 상징들을 가지고 설비하는 데 반해,[5] 데리다는 오히려 반군투쟁의 반혁적 세계 안에서 움직이고 있다고 할 수 있다. 데리다는 존재의 집마저도 해체하고, 탁트인 초원에서 "『도덕의 계보학』이 말하고 있는 저 잔인한 축제의 춤을 추고자"[6] 한다. 우리는 이러한 취지와 함께 과연 존재사의 개념이 변화하는지, 아니면 동일한 이념이 데리다의 손을 통해 오직 색깔만을 바꾸는지를 관찰하고자 한다.

하이데거는 역사적으로 역동적인 성격을 갖게 된, 그러나 뿌리를 상실한 진리개념의 희생을 치르고 근원철학의 시간화를 성취한다. 우리가 하이데거처럼

---

2) J. Derrida, *Grammatologie* (Frankfurt/M., 1974), 28쪽.

3) J. Derrida (1974), 28쪽 이하.

4) J. Derrida, (1976), 115쪽.

5) P. Bourdieu, *Die politische Ontologie M. Heideggers* (Frankfurt/M., 1976), 17쪽 이하.

6) J. Derrida, (1976), 123쪽.

시대사적인 상황들에 영향을 받음에도 불구하고 마치 중력의 작용처럼 본질개념의 차원을 계속 고집한다면, 전도된 토대주의의 진리 주장은 예견자적 태도로 경직된다. 어떻게 통제할 수 없는 진리 사건의 유동성 속에서 시간과 공간을 초월하는 진리 주장의 규범적 핵심이 견지될 수 있는가 하는 점은 여전히 명료하지 않다. 니체는 그래도 디오니소스적인 것이라는 개념을 가지고 결정적인 경험의 영역을 지시하였다. 하이데거도 역시 진실한 현존재의 규범적 내용에 방향을 맞출 수 있었다. 그렇지만 미리 생각할 수 없는 존재의 은총에는 어떤 구조도 결여되어 있다. 신성한 것의 개념은 결국 생의 개념과 마찬가지로 불명료하다. 우리가 타당성의 의미와 결합시키는 여러 구별들은 확증할 수 없는 존재역운에서는 어떤 근거도 발견하지 못한다. 종교적 함의들이 실마리로서 구별의 근거를 제공하지만, 이들은 곧바로 존재론적-신학적 찌꺼기라고 부정된다.

데리다도 역시 이러한 상황을 불만족스러운 것으로 느낀다. 구조주의는 일종의 탈출구를 제공하는 것처럼 보인다. 하이데거에게는 언어가 존재역운의 매개수단이다. 언어적 세계상들의 문법은 그때그때마다 지배하고 있는 전존재론적 존재이해를 지도한다. 하이데거는 물론 언어를 총체적으로 존재의 집으로 명명하는 것으로 만족한다. 언어에게 부여된 특권적 지위에도 불구하고 하이데거는 언어를 결코 체계적으로 연구하지 않았다. 바로 이 점에서 데리다는 출발한다. 소쉬르의 구조주의에 의해 결정적으로 영향을 받은 학문적 분위기는 그에게 용기를 주어 언어학을 형이상학 비판의 목적을 위해 사용하도록 하였다. 데리다는 의식철학으로부터 언어철학으로의 이행과정을 방법론적으로 보충하고, 문자론을 통해 하이데거가 존재사의 차원에서는 더 이상 실행할 수 없었던 분석들을 위한 연구분야를 개척한다. 그러나 우리가 앞으로 설명하게 될 이유들에서 데리다는 영미권에서 실행된 일상언어 분석을 사용하지 않는다. 그는 언어의 문법 또는 언어사용의 논리학을 다루지 않는다. 그는 오히려 구조주의적 음성학에 대항함으로써 문자론의 토대를, 즉 문자의 과학을 해명하고자 한다. 그는 리트레(Littré)로부터 문자론에 관한 사전적 정의를 인용한다. "문자에 관한 이론, 자모(字母)와 철자에 관한 이론, 읽기와 쓰기에 관한

이론." 그리고 그는 이와 관련한 연구로서 겔프의 연구를 언급한다. [7]

 그는 형이상학 비판을 위한 학문적 실마리로서 문자론을 추천한다. 왜냐하면 문자론은 낱말표현에 따라 형성된 "음성학적 문자의 뿌리를 파악하기 때문이다. 다시 말해 문자는 형이상학적 사유와 동일한 시간에 퍼졌을 뿐만 아니라 동근원적이다. 데리다는 음성학적 문자, 즉 서양의 위대한 형이상학적, 과학적, 기술적, 경제학적 모험의 중심이 시간적으로 제한되어 있으며,"[8] 오늘날 그 한계에 부딪치고 있다고 확신한다. 초기 데리다는 형이상학의 자기극복의 사업을 음성학적 문자의 시원을 파헤치고자 하는 문자론적 연구의 형식으로 실행하고자 한다. 문자론은 음성학적인 것의 세력권 내에서 음성조직의 단순한 결정으로서 머물러 있는 모든 문자의 배후를 묻는다. 문자론은 오히려 언어의 본질적인 것이 왜 말의 모델이 아니라 문자의 모델에 따라 파악되어야 하는지를 설명해야만 한다. "합리성——이 문장의 마지막 부분에 분명해질 이유로 인해 아마 이 단어를 포기해야만 할지도 모른다——그와 같이 확장되고 철저해진 문자를 지배하고 있는 합리성은 더 이상 로고스로부터 유래하지 않는다. 합리성은 오히려 로고스의 의미 속에 근원을 가지고 있는 모든 의미들의 파괴와——분쇄는 아니라고 할지라도 침전물의 융해를 의미하는——해체를 통해 시작된다. 이러한 사실은 특히 진리의 개념에 타당하다. 진리에 관한 모든 형이상학적 규정들, 그리고 하이데거가 우리에게 존재론-신학을 넘어서 상기시켰던 것들은 로고스의 장치와 분리될 수 없다."[9] 우리가 앞으로 보게 되겠지만 로고스는 항상 말되어진 낱말에 내재하기 때문에, 데리다는 음성중심주의의 형태로 서양의 로고스중심주의의 핵심을 찌르고자 한다.

 이와 같이 급작스러운 문자론으로의 전향을 이해하기 위해서는 자연의 책 또는 세계의 책이라는 은유를 상기하는 것이 유용하다. 그런데 이 책은 쉽게 읽을 수 없으며 상당히 노력해야만 해독할 수 있는 신(神)의 수고(手稿)를 가

---

7) I. J. Gelb, *Von der Keilschrift zum Alphabet. Grundlagen einer Schriftwissenschaft* (Stuttgart, 1958).

8) J. Derrida(1974), 23쪽.

9) J. Derrida(1974), 23쪽 이하.

리킨다. 데리다는 야스퍼스의 한 마디를 인용한다. "세계는 결코 완전히 읽어 낼 수 없는 다른 세계의 수고이다. 오직 실존만이 이 수고를 해독한다." 근원 적인 텍스트가 분실되었기 때문에 책들은 복수로 존재한다. 그렇지만 데리다 는 분실한 책의 사상을 카프카의 양식으로 철저화함으로써 이 상징이 가지고 있는 낙관주의적 색조를 박탈한다. 신의 친필로 쓰여진 책은 결코 존재하지 않았다. 항상 이에 관한 흔적들만이 있었는데, 그것마저 사라졌다는 것이다. 이러한 의식은 어쨌든 19세기 이래의 현대의 자기이해를 각인하고 있다. "그 것은 모든 책장이 스스로 제본되어 탁월한 진리의 텍스트를 형성힌다고 믿는 신학적 확신을 사람들이 상실하였다는 것만을 의미하는 것은 아니다. 이 경우 에는 이성의 책으로서——어느 정도 사람의 마음을 태우게 하는 방식으로 자 신의 붓을 숨기고 있는——어떤 신이 읽을 것임에 틀림없는 무한한 책이 분 실되었다. 이러한 확실성의 상실, 신적인 문자의 부재, 즉 우선은 (종종 스스 로 글을 쓰는) 유대교적 신의 부재는 현대성과 같은 것을 불분명한 방식으로 정의하는 것만은 아니다. 신적인 기호의 부재로서, 그리고 신적인 기호에 의 한 재난은 (즉 이 확실성은) 전체의 미학과 현대적 비판을 규정하고 있다."[10] 현대는 어떤 문자의 흔적들을 찾고 있는데, 이 문자는 자연의 책 또는 신성한 문자와 같이 더 이상 의미연관의 총체성을 보여주지 않는다.

파국적 전승이라는 맥락에서 볼 때 문자적 기호의 실체는 부패를 견뎌낼 수 있는 유일한 것이다. 쓰여진 텍스트는 음성이라는 부드러운 매개수단을 통해 서 사라져가는 낱말에 지속성을 보장한다. 해독이 해석에 선행해야만 한다. 텍스트는 종종 손상을 입고 파편화되어, 후세대의 해석자들에게 내용에 대한 어떤 접근도 허용하지 않는다. 그러나 이해할 수 없는 텍스트에게서도 여전히 기록은 남아 있으며, 기호는 남게 마련이다. 다시 말해 사라진 정신의 흔적으 로서 질료는 살아남는 것이다.

레비나스를 따르는 데리다가 유대교적 전통이해에 의해 영감을 받은 것은 분명하다. 이 전통이해는 기독교적 전통이해보다 훨씬 더 책의 이념으로부터

---

10) J. Derrida, *Die Schrift und die Differenz* (Frankfurt/M., 1972), 21쪽 이하.

벗어나 있으며, 바로 이러한 이유에서 문자의 율법에 더욱 엄격하게 묶여 있다. 형이상학 비판을 요청하고 있는 문자학의 기획은 종교적 원천으로부터 유래하고 있는 것이다. 그럼에도 불구하고 데리다는 신학적으로 사유하고자 하지 않는다. 하이데거 학파의 철학자로서 그는 최고의 존재자에 관한 어떤 사상도 금지한다. 데리다는 오히려 하이데거와 유사하게 현대의 상태를 멀어짐의 현상들을 통해 구성되어 있는 것으로 파악한다. 이러한 현상들은 이성사와 신적인 계시의 지평 안에서는 파악될 수 없는 것이다. "차연(差延)"에 관한 자신의 강령적 논문의 모두에서 확인하고 있듯이, 그는 부정적 신학을 포함한 어떤 신학도 원하지 않는다. 마찬가지로 그는 멀어지고 있는 것을 마치 그 자체 모순적인 존재사의 액체인 것과 같이 그냥 흘려 보내려고도 하지 않는다.

이런 이유에서도 문자의 매개수단은 진리사건으로부터, 즉 존재자 전체와 최고자의 존재자와 구별되는 존재로부터 신비적 아우라를 박탈하고 그 대신에 일종의 유희적 일관성을 부여할 수 있는 모델로서 제공된다. 그러면서도 데리다는 한 번도 "쓰여진 것의 확고한 지속성"을 주목하지 않는다. 그가 주목하는 것은 무엇보다도 문자적 형식이 그때그때의 텍스트를 이 텍스트가 형성된 발생맥락으로부터 분리시킨다는 상황이다. 문자는 "말되어진 것"을 저자의 정신과 수신인의 숨결뿐만 아니라 발화된 대상들의 현재와 무관한 것으로 만든다. 문자의 매개수단은 텍스트에게 살아 있는 모든 콘텍스트에 대한 강력한 자율성을 부여한다. 문자는 개별적 주체들과 특정한 상황에 대한 구체적 연관관계를 지워 버리고, 그럼에도 불구하고 동시에 텍스트의 독해 가능성을 유지시킨다. 문자는 어떤 텍스트가 임의적으로 변하는 콘텍스트 속에서 항상 다시 읽힐 수 있는 가능성을 보장한다. 데리다를 매혹시키는 것은 바로 읽을 수 있다는 절대적 독해 가능성의 생각이다. 있을 수 있는 모든 수신인들이 부재할 때에도, 그리고 모든 지성적 존재들이 죽고 난 다음에도, 문자는 영웅적 추상화를 통해——모든 세계내부적인 것을 초월하는——반복가능한 독서의 가능성을 열어놓는다. 문자는 발화된 낱말의 살아 있는 관계들을 회사(壞死)시키기 때문에, 문자는 이 낱말이 가지고 있는 의미론적 내용이 말할 수 있고 들을 수 있는 모든 사람들이 소멸되는 날을 넘어서 살아남을 것이라고 약속한다.[11] "쓰여진 모든 문자는 본질적으로 유언을 담고 있다."[12]

이러한 사상은 물론 언어의 자족적 구조로부터의 살아 있는 말의 독립성이라는 모티브를 다양한 형태로 변형시킨다. 데리다는 문법과 언어학을 문자론, 즉 문자에 관한 학문으로 대체함으로써 구조주의의 근본인식을 첨예화하고자 한다. 하이데거에는 자기자신으로부터 스스로 안정된 언어적 매개수단에 관한 개념이 결여되어 있다. 그렇기 때문에 하이데거는 『존재와 시간』에서 세계의 구성과 보존을 우선 세계를 기획투사하고 자기자신을 정초하는 현존재의 생산성으로 환원시킨다. 다시 말해 이 생산성은 초월적 주체성의 생산활동성에 대한 등가물이다. 데리다는 『존재와 시간』의 우회로를 생략한다. 구조주의를 등에 업은 데리다는 곧바로 후설의 초기 의식철학으로부터 하이데거의 후기 언어철학에 이르는 길을 택할 수 있다. 나는 데리다에 의해 문자론적으로 채색된 존재사의 이론이 과연 하이데거가 니체에게 제기하였지만, 하이데거 자신에게도 해당하는 비판을 피할 수 있는가를 검토하고자 한다. 이 비난의 내용은 다음과 같다. "니체에 의해 시도된 파괴는 독단론적이며, 이 시도는 모든 전도들이 그러하듯이 본래 허물어 버리고자 하였던 형이상학의 틀 안에 묶여 있다."[13] 나의 명제를 미리 말하자면, 데리다 역시 주체철학적 패러다임의 압박으로부터 벗어나지 못한다. 하이데거를 능가하고자 하는 그의 시도는 진리타당성이라는 핵심을 잃어버린 진리사건의 아포리아적 구조를 벗어나지 못하는 것이다. 데리다는 하이데거의 전도된 토대주의를 능가하기는 하였지만, 여전히 토대주의의 궤도 안에 머물러 있다. 이 과정에서 시간화된 근원철학의 초점은 물론 더욱 선명한 윤곽을 드러낸다. 유대교적 신비주의 속에 들어 있는 메시아주의에 대한 기억, 한때 구약성서의 신이 차지하였지만 이제는 버려져 있고 다른 말로 쓰여져 있는 장소에 대한 기억을 데리다는, 횔덜린과 함께 풍부해진 새로운 이교의 심미적 무감각뿐만 아니라 정치적-도덕적 불감증에

---

11) J. Derrida, "Signatur, Ereignis, Kontext", J. Derrida(1976), 124쪽 이하와 특히 133쪽과 141쪽을 볼 것.

12) J. Derrida(1974), 120쪽.

13) J. Derrida(1974), 37쪽.

대항하여 보존한다.

2

주체성으로부터 벗어나고자 하는 데리다의 탈피 시도를 한 걸음 한 걸음 검증할 수 있는 텍스트는『문자론』과 같이 1967년에 출간된 후설의 의미론에 대한 비판이다. [14] 의식철학의 해체라는 전략적 관점하에서 데리다는『논리적 탐구』제2권의 "표현과 의미" 부분보다 더 적합한 대상을 선택할 수는 없었을 것이다. [15] 왜냐하면 후설은 여기서 언어적 의사소통의 중간 영역에 대항하여 순수의식의 영역을 강렬하게 변호하고 있기 때문이다. 여기서 후설은 의미를 관념적 실체성과 지성적인 것의 차원에 속한다고 분류함으로써, 의미를 언어적 표현의——이 언어적 표현이 없이 우리는 의미를 소유할 수 없다——경험적 간섭들로부터 정화시킨다.

후설은 잘 알려진 바와 같이 하나의 언어적 의미를 표현하는 기호(Zeichen)를 단순한 징후적 표시(Anzeichen)와 구별한다. 화석 뼈들은 노아의 홍수 이전 동물들의 실존에 관해 암시하고, 깃발 또는 표지는 이를 지니고 있는 사람들의 민족적 유래를 증명해 주고, 손수건의 매듭은 실행되지 못한 의도를 상기시킨다. 이 모든 경우에 있어서 신호는 하나의 사태를 의식 속에 불러일으킨다. 이 과정에서 표시가 인과적, 논리적, 상징적 또는 순수 규약적인 상관관계를 통해 암시된 사태와 결합되어 있는가 하는 것은 중요하지 않다. 손수건의 매듭과 같이 그것은, 기호의 지각이 물리적으로 작용하는 연상을 통해 현재 있지 않은 사태의 표상을 불러일으키면 징후적 표시로서 기능한다. 그런데 언어적 표현은 다른 방식으로 의미를 (또는 언어적 표현이 지시적 기능을

---

14) J. Derrida, *Die Stimme und das Phänomen*(Frankfurt/M., 1979). 이에 관해서는 연관된 다음의 논문을 참조할 것. J. Derrida, "La Forme et le vouloir-dire. Note sur la phenomenologie du langage", *Rev. int. philos*. LXXXI(1967). 이 논문은『음성과 현상』의 영어판에는 수록되어 있음. J. Derrida, *Speech and Phenomenon* (Evanston, 1973).

15) E. Husserl, *Logische Untersuchungen*, Bd. Ⅱ, 1쪽(Tübingen, 1913/1980), 23쪽 이하.

가지고 있을 때 관계하는 대상을) 대변한다. 신호와는 달리 언어적 표현은 연상의 힘을 통해서가 아니라 관념적 상관관계를 토대로 하여 의미를 가진다. 후설은 얼굴 표정과 동작을 흥미롭게도 징후적 표시로 분류하고 있는데, 그것은 그가 이와 같이 신체와 결합된 자발적 표현들에는 의지 또는 의사소통적 의도, 간단히 말해서 화자의 지향성이 없다고 생각하기 때문이다. 이 표시들이 언어적 표현을 대체할 경우에는 물론 의미를 갖게 된다. 표현들은 순수 언어적 구조를 통해 표시들과 뚜렷이 구별된다. 하나의 "표현은 자신의 의미를 가지고 있을 뿐만 아니라, 그 어떤 대상과 관계를 가지고 있다."[16] 달리 말하면 어떤 표현은 항상, 말되어진 것의 내용을 발화의 대상과 연관시키는, 하나의 명제로 보완될 수 있다. 이와는 반대로 표시에는 대상연관과 서술된 내용의 구별이 결여되어 있으며, 그렇기 때문에 언어적 표현을 특별히 특징지우는 상황으로부터의 독립성이 결여되어 있다.

  후설의 의미론은 물론——소쉬르의 의미론과 마찬가지로——의미론적인 관점에서가 아니라 기호학적인 관점에서 시작한다. 후설은 기호유형들 사이의 (예컨대 표시 대 표현의) 구별을 신호 언어와 명제적으로 분화된 언어 사이의 문법적 구별로 확장하지는 않는다.[17] 데리다의 비판도 역시 기호학적 고찰에 제한된다. 데리다의 비판은 특히, 후설이 의사소통적으로 사용된 표현들의 가치를 언어적 표현의 엄격한 의미에 대해 평가절하하기 위하여 사용한 기호와 표시의 독특한 구별에 연관된다. 후설은 고독한 영혼의 삶 속에 순수하게 등장하는 언어적 표현들이 의사전달이라는 실용적 목적에 기여하고 말의 외면적 영역으로 드러나야 한다면, 추가적으로 표시의 기능을 떠맡아야 한다는 명제를 설정한다. 의사전달적 말 속에는 표현들이 표시들과 서로 "얽혀 있는" 것이다. 발언 속에 표현을 사용할 때의 실용적 측면들을 도외시하고, 오로지 문장들과 문장의 구성요소들의 의미론적 구조만을 주목하는 것은 분석철학에서

---

16) E. Husserl(1913), 46쪽.

17) E. Tugendhat, *Vorlesungen zur Einführung in die sprachanalytische Philosophie* (Frankfurt/M., 1976), 212쪽 이하와 J. Habermas, *Theorie des kommunikativen Handelns*(Frankfurt/M., 1981), Bd. Ⅱ, 15쪽 이하.

도 통상적인 일이다. 이와 같은 개념적 단절은 상호주관적 말이 내면적 독백으로 이행되는 과정에서 분명하게 밝힐 수 있다. 의미론적 관찰방식은 언어적 표현을 독백적으로 사용하는 데 구성적인 측면들에 만족한다. 그렇지만 형식적 의미론의 분석적 차원을 선택한 이러한 결정으로부터 의미론주의적 입장이, 즉 의미론적으로 특징지워진 언어와 말의 내면적 관계를 부정하고, 언어의 실용적 기능들이 마치 외면적인 것처럼 생각하는 입장이 설득력있게 도출되지 않는다. 현상학의 틀 안에서 후설은 바로 이 입장을 대변한다. 의식철학의 전제하에서 그는 물론 다른 선택을 할 수 없다. [18]

초월적 자아에 있어서 단자론적 개입은 후설로 하여금 의사소통을 통해 산출된 상호주관적 관계들을 지향적 대상들을 향해 있는 개별적 의식의 관점에서 재구성하도록 강요한다. 상호이해의 과정은 따라서 음성을 생산하고 이 음성과 의미부여적 활동을 결합시키는 화자의 "소식 알림"이라는 통지행위와, 지각된 음성들이 "통지된" 물리적 체험들을 암시하는 청자의 "소식 받음"이라는 접수행위로 전락한다. "정신적 교통을 우선 가능하게 하고, 말을 논의할 수 있게 하는 것은——말의 물리적 측면을 통해 매개된——서로 교통하는 사람들의 물리적 체험과 심리적 체험들의 상호귀속적 상관관계에 근거한다."[19] 주체들은 처음에는 아무런 매개과정 없이 서로 대립하고, 자기자신을 객체와 마찬가지로 외부로부터 지각하기 때문에, 우리는 이들 사이의 의사소통을 체험내용의 신호전달이라는 모델에 따라, 즉 표현적으로 생각할 수 있다. 매개하는 기호들은 따라서 타인이 우선 고독한 영혼 안에서 실행하는 활동들에 대한 표시로서 기능한다. "이와 같은 상관관계를 통찰하면, 우리는 곧 의사소통적 말에 사용되는 모든 표현들이 표시로서 기능하고 있다는 점을 인식하게 된다. 이 표현들은 청자에게 말하는 사람의 사상에 대한, 즉 말하는 사람의 의미있는 물리적 체험들에 대한 기호의 역할을 한다."[20]

---

18) 이 관점에서 보면 언어분석적으로 해명된 의미론도 역시 의식철학적 전제조건 하에 있다는 점을 알게 된다.

19) E. Husserl(1913), 33쪽.

20) E. Husserl(1913), 33쪽.

후설은 언어적으로 산출된 상호이해의 상호주관성에 대해 의미부여적 활동의 주체성을 더욱 원천적으로 설정하기 때문에, 주체들 사이의 상호이해과정은 체험신호들의 전달과 해독이라는 모델에 따라 생각될 수 있다. 표현과 표시의 구별에 의존하여 후설은 기호의 의사소통적 사용을 다음과 같이 서술한다. 기호들은 화자가 내면적으로 실행한 활동들을 외면적으로 고시(Anzeige)하는 기능을 떠맡을 수 있다는 것이다. 그러나 언어적 표현들이 의사소통을 통해 비로소, 다시 말해 추후적으로 표시들과 결합한다면, 표현들은 그 자체 고독한 영혼의 생활영역에 귀속되어야 한다. 표현들이 내면성의 영역을 떠나고 난 다음에야 비로소 고시로서 규정될 수 있다. 그렇지만 그렇게 되면 물리적 기호실체는 언어적 표현의 의미에 대해 그 가치가 평가절하되어 잠재적 상태로 변하게 되고, 동시에 그 실존은 제거된다. 모든 외면적인 것은 표시로서 분류된다. 의사소통적 기능으로부터 면제된, 그래서 모든 신체적 찌꺼기로부터 정제된 표현이 순수 의미로 승화된다면, 우리는 의미들이 무엇 때문에 낱말기호와 문장기호를 수단으로 하여 표현되어야 하는지 그 까닭을 제대로 알 수 없다. 예를 들면 내면적 독백에 있어서는, 오로지 자기자신과 교통하는 주체가 자기자신에게 자신의 내면적인 것에 관해 무엇인가를 알리는 통지의 필연성이 없어진다. "고독하게 말하는 화자가 자기자신에게 발언한다고 우리가 말해야 한다면, 그에게도 역시 낱말들은 기호로서 기능하는가? 다시 말해 자신의 고유한 체험에 대한 표시로서 기능하는가? 이러한 견해를 주장할 수 있다고 나는 생각하지 않는다."[21] 내면적 독백에 있어서 표현된 의미의 기호실체는 "그 자체 중요하지 않은 것으로" 증발되어 버린다. 여기서는 "표현이 자기자신으로부터 의미로 관심을 돌리고, 이 의미를 지시하는 것처럼 보인다. 그러나 이러한 지시는 우리가 해명한 의미의 고시는 아니다. (……) 우리에게 고시(표시)로서 기능하는 것은 우리에 의해 실존하고 있는 것으로서 지각되어야 한다. 이러한 점은 의사를 전달하는 말 속에 들어 있는 표현들에도 타당하지만, 고독한 말 속에서의 표현들에게는 타당하지 않다. (……) 우리는 환상

---

21) E. Husserl(1913), 35쪽.

속에서 발화된 또는 쓰여진 말의 기호를 떠올리지만, 사실 그러한 것은 실존하지 않는다."[22]

　내면화된 기호의 잠재화는——이는 주체철학적 관점으로부터 결과한다——중요한 의미를 함축하고 있다. 다시 말해 후설은 의미의 동일성을 기호사용의 규칙들과는 다른 어떤 것에 고정시킬 필요가 있다고 파악하고 있다. 후에 비트겐슈타인에 의해 발전된 이 견해는 의미의 동일성과 의미규칙의 상호주관적 타당성 사이의 내면적 상관관계를 전제해야만 한다. 후설도 역시 우리가 연산행위에 사용하고 있는 기호들을 장기놀이의 규칙에 따라 우리가 움직이는 장기말들과 비교한다. 그러나 비트겐슈타인과는 달리 후설은 순수 의미들의 우선성을 요청해야만 한다. 이와 같은 본원적 의미들을 인식할 때에만 우리는 비로소 어떻게 장기말들을 움직여야 하는지를 알 수 있다. "그러므로 산술기호들도 역시 이들이 가지고 있는 본원적 의미 외에도 유희의미를 가지고 있다. (……) 산술적 기호들을 순수하게 이와 같은 규칙의 의미에서 놀이셈패로만 간주하다면, 우리는 산술적 유희의 과제를 풀기 위해서 수의 기호 또는 공식에 부딪치게 된다. 본원적 의미와 본래 산술적인 의미를 뜻하는 이 기호와 공식을 해석하는 것은 동시에 이에 상응하는 산술적 과제들을 해결한다는 것이다."[23]

　어떤 표현의 의미는 의미지향적 의도의 행위와 이 의도를 직관적으로 충족시키는 행위 속에 근거를 두고 있다. 물론 이것은 심리적이 아닌 초월적 근거지움을 말한다. 의미를 부여하는 행위의 지향적 본질로부터, 다시 말해 관념적 직관이라는 의미충전적 본질로부터 얻고자 하는 것은 바로 관념적 즉자존재이다. 그렇지만 "실제로 의미로서 기능하는 관념적 단위들과 이 의미들과 결합되어 있는 기호들——이 기호들을 수단으로 하여 의미들은 인간의 영혼 속에 실현된다——사이에는"[24] 어떤 필연적 상관관계도 존재하지 않는다. 후설을 프레게와 결합시키는 이와 같은 의미 플라톤주의는 결국 의미들 "자체",

---

22) E. Husserl(1913), 36쪽.
23) E. Husserl(1913), 69쪽.
24) E. Husserl(1913), 104쪽.

즉자적 의미와 단순히 "표현된" 의미들을 구별할 수 있도록 만든다. 그런데 이러한 구별은 유사한 방식으로 제3세계와 제2세계를 구별하는 포퍼를 상기시킨다. 내면적 독백에서 일종의 "기호환상"들로 등장하는 표현은, 인식 주체가 오로지 표현된 것으로서만 포착할 수 있는 관념적 단위들을 인지적으로 습득하는 데 기여한다. "새로운 개념을 형성하는 모든 경우에서 우리가 배울 수 있는 것은 이전에는 전혀 실현되지 않았던 의미가 어떻게 실현되는가이다."[25]

나는 데리다의 비판점을 정확하게 보여주기 위하여 후설의 의미론을 단계적으로 재구성하였다. 의미의 플라톤화에 반대하고, 또 표현을 무형화함으로써 의미의 언어적 표현을 내면화하는 것에 반대하여, 데리다는 지성적인 것이 표현의 기호실체와 불가피하게 결합되어 있다는 점을 주장하고, 동시에 의미에 대한 기호의 초월론적 우선성을 주장하고자 한다. 그런데 흥미로운 점은 데리다가 우려하는 대상이, 언어를 상호주관적으로 구성된 중간영역으로——이 중간영역은 세계해명의 초월적 성격과 세계내부적으로 경험가능한 것의 경험적 성격을 동시에 가지고 있다——확인하는 것을 불가능하게 만드는 의식철학의 전제조건들이 아니라는 점이다. 데리다는 언어철학과 의식철학이 갈라지는 곳에서 비판을 시작하지 않는다. 즉 그는 언어철학의 패러다임이 의식철학의 패러다임과 결별하여 의미의 동일성을 의미규칙의 사용이라는 상호주관적 실천에 의존하는 것으로 파악하는 곳에서 시작하지 않는다. 데리다는 오히려 모든 세계내부적인 것을 주체성의 세계구성적 업적들로부터 분리시키는 후설의 초월철학적 구별을 따르며, 이 주체성의 가장 내면적인 곳에서 관념적으로 직관된 본질에 대항하여 투쟁을 전개하고자 한다.

3

데리다의 비판은 한때 하이데거가 후설의 현상개념에 대하여 행하였던 것과

---

25) E. Husserl (1913), 104쪽.

유사한 방식으로 후설의 명증성 개념에 접근한다. 모든 구체화 상태의 저편에서 "즉자적으로" 실존하고 있는 의미들의 지위를 보장하기 위하여, 후설은 이러한 본질적 실체들이 "자기자신으로부터" 스스로 나타나서 순수현상으로서 소여성을 획득할 수 있도록 하는 직관을 끌어들여야만 한다. 그는 이러한 직관을 의미지향성의 충전으로서, 즉 언어적 표현을 통해 의도하는 "대상"의 자기소여성으로서 구성한다. 의미지향적 작용이 의미충전적 작용과 맺는 관계는 마치 표상과 어떤 대상에 대한 실질적 지각 간의 관계와 같다. 표현된 의미가 보여주는 변화를 완수하는 것은 바로 직관이다. 이러한 견해를 가지고 후설은 물론 언어적으로 표현된 모든 의미들을 선험적으로 인지적 차원에 맞추어 판단한다.

그렇게 되면 언어가 인식 또는 사실확인적 말에 쓰일 수 있는 부분들로 축소된다는 사실에 데리다가 동의하지 않는다는 것은 정당하다. 논리학이 문법에 대해 우위를 차지하고, 인식기능이 상호이해의 기능보다 우선하는 것이다. 이러한 사실은 물론 후설에게는 자명하다. "어떤 표현이 무엇을 의미하는가라고 물으면, 우리는 자연스럽게 이 표현이 실질적 인식기능을 행사하는 경우들을 찾게 된다."[26] 물론 후설 자신도 예를 들어 단수적 용어들의 의미가 이러한 모델로써 간단히 설명될 수 없다는 점을 알고 있다. 언어 상황에 따라서 그 의미가 변화하는 "주관적 표현들"이 존재하는 것이다. 그러나 후설은 "모든 주관적 표현은 현재 이 표현에 맞아떨어지는 의미 의도를 확인하면 객관적 표현들로 대체될 수 있다"[27]고 주장함으로써 이 어려움에 대처하고자 한다. 개인의 이름들은 구별적 특징들로써 대체될 수 있으며, 장소와 시간에 관한 지시적 표현들은 공시적 점들로써 대체될 수 있다는 것이다. 투겐트하트가 보여준 바와 같이, 주관적 표현들을 상황과 무관한 객관적 표현들로 환원시키고자 하는 이 기획은 실행불가능하다. 개별적 용어들은 수행적 표현들과 마찬가지로, 상호주관적으로 실행되는 규칙사용의 실천에 의존하지 않고는 독립적으로 설명될 수 없는, 순전히 실용적인 의미에 대한 예이다. 데리다는 물론 이

---

26) E. Husserl(1913), 56쪽.

27) E. Husserl(1913), 90쪽.

러한 사태를 전혀 다르게 해석한다. 후설이 모든 언어적 의미들을——실질적 직관을 통한 충전을 목표로 하고 또 그렇기 때문에 인식기능에 맞추어져 있는——의미연관적, 객관적 표현들과 결합시켜야만 한다는 사실을 데리다는 뿌리가 깊은 까닭에 결코 언어분석적으로 치유할 수 없는 로고스중심주의의 징후로서 파악한다. "모든 주관적 표현을 하나의 객관적 표현으로 대체할 수 있다는 주장은 근본적으로 객관적 이성의 범위는 한계가 없다는 것을 말함에 지나지 않는다는 것은 사실상 분명하다."[28] 데리다의 저항을 불러일으키는 것은 바로 이와 같이 언어가 이성에 의해, 그리고 의미가 시식에 의해 미리 형이상학적으로 경계지워져 있다는 사실이다. 데리다는 후설의 명증성 개념에는, 존재를 현재, 현재화 또는 현존성으로서 생각할 수밖에 없는 일종의 형이상학이 작용하고 있다고 본다.

바로 여기서 데리다는 후설의 논증에서 비본질적인 것이라고 배제된 기호의 외면성을 끌어들인다. 그렇지만 그것은 기호학적 통찰에 근거하는 것이지, 결코 화용론적 통찰에 근거하지는 않는다. 데리다에게 있어서——현재를 통해 증명된——체험의 동일성에 관한 사상 속에는 현상학의 형이상학적 핵심이 드러난다. 직관적으로 충족된 의미지향성은 바로 시간적 차이와 타자성을 제거한다는 점에서 형이상학적이다. 그런데 이 양자는 동일한 대상을 직관적으로 현재화하는 작용에 있어서 구성적이며, 또 언어적 표현이 가지는 의미의 동일성에 대해서도 역시 구성적이다. 그 자체로부터 주어져 있는 대상의 단순한 현재에 관한 후설의 암시 속에는 반복의 구조가 없어져 버린다. 이 반복의 구조 없이는 어떤 것도 시간의 흐름과 체험의 흐름으로부터 벗어나 동일한 것으로서 현재할 수 없으며, 이러한 의미에서 표상적으로 재현될 수 없다.

『음성과 현상』의 핵심적인 부분인 제5장에서 데리다는 내면적 시간의식에 대한 후설의 분석에 의거하여——말하자면 후설을 수단으로 하여 후설에 반대하는 방식으로——, 실제로 주어져 있는 것의 직관이 가지고 있는 차이적 구조를 작업해 낸다. 그런데 이 직관은 예견과 기억을 통해 비로소 가능해진

---

28) J. Derrida (1979), 90쪽.

다. 구별되지 않아 자기자신과 동일한 대상의 단순한 현재는, 예견과 기억이 의식되면, 곧 붕괴한다. 모든 현실적 체험은 모두 이 의식에 묶여 있다. 다시 말해 "순간" 속에 현재하고 있는 체험은 현재화 작용의 덕택으로 이루어지고, 또 지각은 재생산적 인지활동의 덕택으로 이루어져서, 활동적 순간의 자발성에는 시간적 간격의 차이와 동시에 타자성의 계기가 내재하고 있다. 직관적으로 주어져 있는 것이 내면적으로 융해되어 나타나는 통일성은 사실은 합성되어진 것, 생산된 것이라고 증명된다. 『논리적 탐구』의 후설은 이와 같은 시간화와 공간적 변화의 원천적 과정을 초월적 주체성의 마음으로 인해 인지하지 못하는 까닭에, 그는 자기자신과 동일한 대상들과 의미들을 구성함에 있어서 기호의 역할에 관해 착각할 수 있다. 과거와 현재를 서로 연관시키는 모든 표상적 재현에 있어 기호는 불가피하다. "음소(音素) 또는 문자소(文字素)는 그것이 재현되는 분해작용 또는 지각에 따라서 어느 정도는 반드시 다를 수밖에 없다. 그럼에도 불구하고 음소와 문자소는 이들이 가지고 있는 형식적 동일성으로 말미암아 다시 사용되고 다시 인식되는 한에서만 기호로서 (일반적 의미의 언어로서) 기능할 수 있다."[29] 후설이 표현의 기호실체 또는 지시대상으로부터뿐만 아니라 의도와 의사소통의 활동으로부터 엄밀하게 분리하고 있는 의미 자체들의 관념성 대신에, 데리다는 "기표가 가지고 있는 감성적 형식의 관념성"[30]에 의지한다. 그러나 그는 이 관념성을 규칙사용을 통해 실용주의적으로 설명하지 않고, 그가 후설의 현존 형이상학이라고 명명하는 것과의 구별을 통해 설명한다.

데리다가 제기하고 있는 핵심적 이의에 따르면, 후설은 서양 형이상학의 근본관념, 즉 자기자신과 동일한 의미의 관념성만이 모든 경험적 간섭들로부터 정화된 초월적 주체성의 내면성 속에서 어떤 매개도 없이 직관적으로 접근가능한 현실적 체험의 생동적인 현존을 통해 보장되어 있다는 관념에 현혹되었다는 것이다. 만약 그렇지 않다면, 표면상 절대적으로 보이는 현재의 근원에 이미 시간적 차이와 타자성이 희미하게 나타나고 있다는 사실에 그가 속지는

---

29) J. Derrida(1979), 103쪽.
30) J. Derrida(1979), 106쪽.

않았을 것이다. 데리다는 이 시간적 차이와 타자성을 각각 수동적 차이와 차이를 생산하는 지연으로서 성격짓는다. 그동안 보류되어 잠재적이며 아직 도래하지 않은 현재의 "아직-아님"은 그때그때 지시된 것이 드러나도록 하는 지시의 배경을 형성한다. 만약 이것이 없다면 어떤 것도 현재적인 것으로서 경험될 수 없을 것이다. 데리다는 의미지향적 의도가 충족적 직관 속에 흡수되어, 이것과 완전히 일치하여 그 속에 융해될 수 있다는 점을 반박한다. 어떤 직관도 표현을 통해 내세운 의미지향성의 변화를 결코 완수할 수 없다. 시간적 간격과 타자성은 오히려 양자를 구성하는 요소들이다. 즉 그때그때 의도되고 언급된 것이 관계하는 대상의 부재에도 불구하고 계속 이해되어야 하는 언어적 표현의 의미기능에 대해서도 구성적이며, 또한 우리가 해석적 표현을——즉 현실적 체험을 초월한다는 점에서 어느 정도는 현재 존재하고 있지 않은 표현을——미리 예견함으로써만 무엇인가를 현재 지각된 것으로서 확인하고 보존할 수 있는 대상경험의 구조에 대해서도 시간적 간격과 타자성은 역시 구성적 역할을 한다.

모든 지각의 밑바탕에는 반복의 구조가 놓여 있는데, 이를 후설 자신은 예견과 기억의 개념을 통해 탐구하였다. 후설은 이 현재화의 구조가 상징화의 힘 또는 기호의 대리적 기능을 통해서 비로소 가능해진다는 사실을 인식하지 못하였다. 기호성격이 지닌 승화될 수 없는 기체적 외면성의 의미에서의 표현만이 한편으로는 표현 자체와 표현이 대변하는 것, 즉 의미 사이의 돌이킬 수 없는 차이를 시간화한다. 다른 한편으로 그것은 언어적으로 표현된 의미들의 영역과, 각각 나름의 체험을 안고 있는 화자와 청자가 속해 있고 말과 특히 말의 대상들이 속해 있는 세계내부적 영역 사이의 차이를 시간화한다. 데리다는 그 내면에 있어 차별화된 표현, 의미, 체험의 관계를 언어의 빛이——이 빛 속에서 어떤 대상은 세계 내의 대상으로서 현재하거나 또는 현존할 수 있다——비로소 비쳐드는 틈새로 해석한다. 오직 표현과 의미를 같이 파악해야만, 이들은 무엇인가를 재현할 수 있다. 데리다는 이와 같은 상징적 재현과정을 시간화의 과정으로 생각한다. 즉 직관의 작용에 있어 현재화와 현상의 구조를 통해 나타나는 지연, 또는 부재의 존재와 보류의 존재로 파악하는 것이다.

후설은 이와 같은 반복구조와 언어기호의 대변자 기능 사이의 내면적 관계를 인지하지 못하였다. 이를 설명하기 위하여 데리다는 다음과 같은 후설의 부수적 언급을 인용한다. "나의 고요한 사유행위를 수반하고 뒷받침하고 있는 낱말의 표상들 속에서 나는 나의 음성으로 발화된 낱말들을 상상한다."[31] 후설이 언어기호의 실체적 성격을 비본질적 요소라고 간과한 것은 바로 다음과 같은 이유에서라고 데리다는 확신한다. 서양 전통에서는 음성형태가 문자형태에 대해, 그리고 음성적 구체화가 문자적 구체화에 대해 의심스러운 우선성을 향유하고 있기 때문이라는 것이다. 재빨리 지나가는 음성의 덧없는 투명성은 낱말과 표현된 의미와의 동화작용을 촉진시킨다. 이미 헤르더는 스스로 말하는 것을 듣는 행위에 들어 있는 특이한 자기관계를 지적한 바 있다. 헤르더와(겔렌과) 마찬가지로 데리다는 나의 숨결과 의미지향적 의도를 통해 동시에 생명을 부여받는 표현의 친밀성, 투명성과 절대적 가까움을 강조한다.

화자가 자기자신의 말을 들음으로써, 그는 세 가지 활동을 거의 구별할 수 없을 정도로 동시에 실행한다. 그는 음성형태를 생산한다. 그는 자기자신에 영향을 줌으로써 음소(音素)의 감성적 형식을 인지한다. 그리고 그는 동시에 의도된 의미를 이해한다. "자기감화의 다른 형식은 모두 낯선 것의 영역을 관통하거나 아니면 보편적이어야 한다는 주장을 포기해야 한다."[32] 이러한 특성은 발화된 낱말의 우선성을 설명해 줄 뿐만 아니라, 지성적인 것의 존재가 신체가 없이 현재할 수 있으며 또——직접적인 명증성을 통해 체험되는——현존하고 있는 것을 통해 증명된다는 암시를 설명해 준다. 이런 점에서 음성중심주의와 로고스중심주의는 서로 의형제를 맺고 있다고 할 수 있다. "음성은 (……) 관념성 또는 스스로 현존하는 삶의 내면성의 영역 밖으로 나아가고자 감행하지 않고서도 관념적 대상 또는 관념적 의미를 보여줄 수 있다."[33] 이는 형이상학 비판의 출발점을 이루는 문자론의 명제가 된다. "이와 같은 경험의

---

31) E. Husserl(1913), 97쪽.
32) J. Derrida(1979), 135쪽.
33) J. Derrida(1979), 134쪽.

214

폐쇄성을 통해 낱말은 기의(記意), 음성, 개념과 투명한 표현 실체가 가지고 있는 더 이상 분해될 수 없는 기초적 단위로서 체험된다."[34]

음성중심주의가 현재를 형이상학적으로 특권화하게 된 원인이라면, 그리고 이 현전의 형이상학 자체가 후설이 왜 기호의 대리적 기능과 세계해명적 힘에 대한 기호학적 근본인식을 할 수 없었는가를 설명해 준다면, 언어적 표현의 기호성격과 대리기능을 더 이상 스스로 말하는 것을 듣는다는 지평에서 설명하지 말고, 문자를 분석의 출발점으로 선택할 가치가 있는 것이다. 왜냐하면 언어기호가 "주체의 완전한 부재에도 불구하고 그의 죽음을 넘어서까지도" 텍스트의 독해를 가능하게 하고, 이 텍스트의 이해 가능성을 보장하지는 않는다고 할지라도 적어도 전망 가능한 것으로 만든다는 사실을, 문자적 표현이 우리에게 고집스럽게 상기시키기 때문이다. 문자는 유언을 통해 이해를 약속하는 것이다. 후설의 의미론에 대한 데리다의 비판은 바로 이와 같은 전략적 관점을 목표로 한다. 후설과 하이데거에 이르기까지, 형이상학은 존재를 현존으로서 사유하였다. 존재는 "존재자를 지식과 지배의 형태로서 현재의 안에 생산하고 수집하는 것"[35]이다. 이렇게 형이상학의 역사는 현상학적 직관주의에서 정점을 이룬다. 이 직관주의는 대상과 의미의 동일성을 비로소 가능하게 하는 원천적 차이, 즉 시간적 간격과 타자성의 차이를 자신의 음성에——즉 차이가 없는 음성에——의한 암시적 자기감화를 통해 없애 버린다. "차이가 없는 음성, 문자가 없는 음성은 절대적으로 살아 있는 것이며 동시에 절대적으로 죽은 것이다."

독일어 번역자는 이 문장에서 "차이(différence)"와 "차연(différance)"이라는 동음이의적 표현을 가지고 있는 데리다의 언어유희를 포착하기 위하여 "차연(差延, Differänz)"이라는 조어를 사용한다. 체험의 반복구조의 밑바탕에 놓여 있는 기호구조는 연기, 우회적 머뭇거림, 계산적 후퇴, 보류, 훗날 실행될 수 있는 결정적 해결사건에 대한 지시의 시간적 의미와 결합한다. 이로써 대변, 재현 또는 다른 것에 의한 어떤 것의 대체가 가지고 있는 지시구조는

---

34) J. Derrida(1974), 39쪽.
35) J. Derrida(1979), 163쪽.

시간화와 차별적 자리양보의 차원을 획득한다. 이런 의미에서 "디페레(différer)는 시간화하다를 의미하고, '희망' 또는 '의지'의 실행과 충족을 보류시키는 우회로의 지연시키는 시간적 매개과정에 의식적으로건 무의식적으로건 의지하는 것을 의미한다."[36] 시간적-역동적 의미를 담고 있는 개념 "차이"를 수단으로 하여 데리다는 모든 경험적 혼합으로부터 정제된 의미 "자체"의 관념적 참뜻을 작업해 내려는 후설의 시도를 철저화함으로써 동시에 이의 토대를 파괴하려고 한다. 데리다는 후설이 행한 관념화의 길을 초월적 주체성의 가장 깊은 곳까지 추적해 들어가, 자기자신에게 현존하고 있는 체험의 자발성의 원천에서 바로 근절할 수 없는 차이를 확인한다. 이 차이는, 만약 그것이 문자로 쓰여진 텍스트의 지시구조의 모델에 따라 생각될 수 있다면, 작용하는 주체성으로부터 분리된 활동, 즉 주체가 없는 사건으로 생각할 수 있다. 문자는 의사소통의 모든 실용적 상관관계로부터 분리된, 말하는 주체와 듣는 주체와 무관해진 순전히 본원적 기호로서 타당성을 가진다.

음성형태의 어떤 추후적 고정보다 앞서 있는 이 문자는, 즉 근원적 문자(Ur-schrift)는——이를테면 초월적 주체의 추가행위도 없이, 그리고 이 주체의 활동에 앞서서——의미의 지성적인 것과 이 지성적 지평의 안에서 현상하는 경험적인 것 사이의, 다시 말해서 세계와 세계내부적인 것 사이의 세계해명적 분화들을 가능하게 한다. 이것을 가능하게 하는 과정은 바로 차이의 구별을 통한 연기(延期)의 과정이다. 이러한 시각에서 보면 감성적인 것으로부터 구별된 지성적인 것은 동시에 감성적인 것이 연기된 것이며, 직관으로부터 구별된 개념은 동시에 연기된 직관으로서 나타나며, 자연과 구별된 문화는 연기된 자연으로서 나타난다. 이렇게 초월적 근원의 힘이 생산하는 주체성으로부터 익명으로 역사를 창조하는 문자의 생산성으로 옮겨간다는 점에서 데리다는 후설적 토대주의를 전도시킨다. 현실적 직관을 통해 그 자체로부터 나타나는 것의 현존은 기호의 재현력과 무관하게 된다.

그렇지만 우리가 알아야 할 중요한 사실은 데리다가 이러한 사유운동의 과

---

36) J. Derrida, "Die Différance", Derrida(1972), 12쪽.

216

정에서 결코 주체철학이 가지고 있는 토대주의적 견고성을 깨지 못한다는 점
이다. 데리다는 주체철학의 토대로서 타당하였던 것을 단지 더욱 깊이 놓여
있는, 시간적으로 유동적인 근원적 힘의——동요하거나 아니면 진동하는
——토대에 종속시킬 따름이다. 주체없이 익명적으로 자신의 흔적을 남기는
이 근원적 문자를 데리다는 근원철학의 스타일에서 아무런 거리낌없이 사용한
다. "아주 오래된 이 근원문자를 생각하고 말할 수 있기 위해서는, 그것을
'정상적인 것' 그리고 '전근원적인 것'으로서 생각할 수 있기 위해서는, 또 후
설이 특수히고 우연적이며 종속적이고 이차적인 경험이라고 믿었던 것을 분리
시킬 수 있기 위해서는 기호 또는 재현이라는 이름 이외의 다른 이름을 필요
로 할 것이다. 그것은 이러저리 돌아다니면서 활동무대를 바꾸고, 처음도 끝
도 없이 상호작용을 통해 현재화의 마법을 행하는 기호들이 끊임없이 파생하
는 데 대한 경험이다."[37] 처음과 끝을 이루는 것은 존재의 역사가 아니라 알
아맞추기 그림과 같은 것이다. 그것은 오래된 텍스트의 미로의 거울과 같은
효과이다. 즉 이들 텍스트들은 어느 것이나 모두 더 오래된 텍스트를 지시하
지만, 그때마다 근원적 문자를 습득할 수 있으리라는 희망을 일깨우지는 않는
다. 언젠가 셸링이 과거, 현재, 미래의 세계시대의 상호결합이 초시간적으로
시간화하는 것에 관한 사변적 사유를 통해 행하였던 것과 같이, 데리다도 결
코 현재가 되지 않았던 과거라고 하는 현기증나는 생각을 고집한다.

4

   확인될 수 있는 모든 문자기록에 선행하는 근원적 문자에 관한 이 사상을
이해시키기 위하여, 데리다는 소쉬르의 『일반 언어학 강의』를 실마리로 하여
문자가 어떤 면에서는 언어의 일차적 표현수단이라는 자신의 명제를 설명한
다. 언어는 구조상 발화된 낱말에 의존하고 있으며, 문자는 음소를 단지 모방

---

37) J. Derrida(1979), 164쪽 이하.

할 뿐이라는 통속적 견해를 거듭 반복해서 반박한다. 물론 데리다는 문자가 연대기적으로 보아 말보다 훨씬 이전에 등장하였다는 경험적 주장을 하는 것은 아니다. 데리다의 논증은 오히려 문자가 반성(사)적으로 형성된 가장 탁월한 기호라는 통상적 견해에 의존하기까지 한다. 그럼에도 불구하고 문자는 결코 기생적인 것이 아니다. 오히려 발화된 말이 본래 쓰여진 말을 보충하고자 하는 목적으로 만들어졌으며, 그렇기 때문에 언어의 본질은, 즉 기호실체를 통해 의미들을 규약적으로 확정하고 "제도화하는 것"은, 문자의 구성적 특징들을 가지고 설명할 수 있다. 모든 표현수단들은 본질적으로 "문자"이다. 모든 언어적 기호들은 임의적이며, 이 기호들이 상징하는 의미와 규약적 관계에 있다. 그리고 "합의의 관념은(……) 문자의 가능성 이전과 문자의 지평의 밖에서는 생각될 수 없다."[38]

모든 개별적 음소가 가지고 있는 정의하는 특징들은 한 음소가 그밖의 다른 모든 음소들과 맺는——체계적으로 확정된——관계에 의해 규정된다는 구조주의적 음성론의 근본사상을 데리다는 사용한다. 그렇게 되면 개별적 음성형태는 음성적 실체에 의해서가 아니라, 체계적으로 연관된 추상적 특징들의 다발에 의해 구성된다. 데리다는 소쉬르의 『일반 언어학 강의』의 다음 대목을 흔쾌하게 인용한다. "언어적 기표는 본질상 결코 음성적이 아니다. 그것은 비신체적이다. 그것은 질료적 실체를 통해 형성된 것이 아니라, 자신의 음성 모습을 다른 것과 구별하는 차이들에 의해서만 형성된다."[39] 데리다는 공기의 실체를 통해서뿐만 아니라 잉크의 실체를 통해서 실현될 수 있는 기호의 구조특성들을 고려한다. 음성형태와 문자형태의 다양한 표현수단들에 대해서 무차별적으로 관계를 맺는 이러한 추상적 표현형식들 속에서 그는 언어의 문자성격을 인식한다. 이러한 근원적 문자는 발화된 말과 쓰여진 말의 바탕을 이룬다.

근원적 문자는 구조들을 주체없이 생산하는 생산자의 자리를 차지하는데,

---

38) J. Derrida(1974), 78쪽. 이에 관해서는 컬러의 탁월한 서술을 참조할 것. J. Culler, *On Deconstruction*(London, 1983), 89~109쪽.

39) F. d. Saussure(1967), 141쪽 이하.

218

구조주의에 의하면 이 구조들은 어떤 저자도 가지고 있지 않다. 근원적 문자는 추상적 질서를 통해 상호적으로 서로 연관된 기호요소들 사이의 차이들을 만들어낸다. 데리다는 구조주의의 의미에서의 이 "차이들"을 후설의 의미론을 수단으로 하여 작업해 낸 차연과——이 차연은 하이데거의 존재론적 차이를 능가한다는 것이다——무리하게 결합시킨다. "그것은(차연은) 발화된 말과 문자의 표현을 가능하게 한다. 이는 차연이 감성적인 것과 지성적인 것 사이의 대립, 그밖에도 기표와 기의의 대립, 표현과 의미의 대립을 근거지운다는 통성적인 의미에서 그렇다."[40] 모든 언어적 표현들은, 음소의 형태로 등장하든 아니면 문자소의 형태로 등장하든, 스스로 현존하지 않는 근원적 문자에 의해 작동된다고 할 수 있다. 근원적 문자는 모든 의사소통과정과 참여하는 모든 주체들을 선행함으로써 세계해명의 기능을 실행한다. 물론 근원적 문자는 스스로 뒤로 물러나 나타나기를 거부하며, 오직 생산된 텍스트의 지시구조 안에, 즉 "일반적 텍스트" 안에 자신의 흔적을 남기는 방법을 취한다. 오히려 부재를 통해서 서양의 아들과 딸들이 자신의 예견된 현존을 더욱더 강하게 느끼게 하는 신의 디오니소스적 모티브는 근원적 문자와 그 흔적의 비유 속에 다시 나타난다. "그러나 흔적의 운동은 필연적으로 숨겨져 있다. 흔적을 남기는 운동은 자신의 은폐로서 발생한다. 타자가 타자로서 예고된다면, 그것은 자신을 위장하여 현재화하는 것이다."[41]

데리다의 해체들은 하이데거적 사유과정을 충실히 따른다. 데리다는 존재론적 차이와 존재를 다시 한 번——이미 움직이기 시작한 근원을 한 단계 더욱 깊은 곳에 설정하는——문자의 차연을 통해 능가함으로써, 하이데거적 사유의 전도된 토대주의를 본의 아니게 폭로한다. 따라서 데리다가 문자론과 얼핏 보기에는 구체적으로 만든 것처럼 보이는 존재사의 텍스트화로부터 얻을 수 있을 것이라고 믿었던 이점은 그렇게 대단한 것이 아니다. 현대성에 관한 철학적 담론의 참여자로서 데리다는 근원철학의 의도로부터 벗어나지 못하는 형이상학 비판의 약점들을 물려받는다. 데리다 역시 변화된 제스처에도 불구하

---

40) J. Derrida(1974), 110쪽.
41) J. Derrida(1974), 82쪽.

고 결국 분명한 사회적 병리현상들을 신화화하고 있는 것이다. 그는 본질적 해체의 사유를 과학적 분석으로부터 단절시키고, 아무런 내용도 없이 그저 규정되지 않은 권위에 호소하고 있는 것이다. 그렇지만 이것은 존재자에 의해 왜곡된 존재의 권위가 아니다. 그것은 더 이상 신성한 문자인 성서의 권위가 아니라, 배척되어 방황하고 있는 문자——자신의 고유 의미를 박탈당했지만 신성한 것의 부재를 유언적으로 증명하고 있는 문자의 권위이다. 데리다는 표면적으로는 과학적인 요청을 함으로써 하이데거와 구별된다. 그러나 그는 자신의 새로운 학문을 가지고 일반적 의미에서 제반 과학들의 무능력과 특수한 의미에서 언어학의 무능력을 간단히 처리해 버린다. [42]

데리다는 하이데거와는 전혀 다른 형태로 문자적으로 코드화된 존재사를 발전시킨다. 물론 데리다는 하이데거와 마찬가지로 더욱 함축적인 의미를 가지고 존재론적-근원적 문자의 영역에서 거리낌없이 작업할 수 있기 위하여 정치와 시대사를 존재적-표면적인 것의 영역으로 살짝 밀어넣는다. 그런데 하이데거에 있어 존재의 운명을 순종적으로 연습하는 데 기여하는 수사학은 데리다에게는 다른 태도, 즉 반혁적 태도를 촉진시킨다. 데리다는 운명에 순종하라는 권위적 지시보다는 오히려 역사의 연속을 해체하라는 무정부주의적 희망에 더욱 가까이 있다. [43]

이와 같은 대립적 태도는 데리다가, 그가 부정하고 있음에도 불구하고, 유대교적 신비주의에 가깝다는 사실과 연관이 있을 수도 있다. 그는 새로운 이교의 태도에서 유일신론의 시원 뒤에까지 거슬러 올라가고자 하지 않는다. 다시 말해 상실된 신의 문자의 흔적들에 매달리고, 글의 이단적 해석을 통해 끊임없이 이어지는 전통의 개념을 폐기하려고 하지는 않는다. 데리다는 엠마누

---

42) J. Derrida(1974), 169쪽. 이에 관해서는 줄리아 크리스테바(Julia Kristeva)와의 대담을 참조할 것. J. Derrida, *Positions*(Chicago, 1981), 35쪽 이하.

43) 데리다는 "차연"에 관해 다음과 같이 말한다. "그것은(차연은) 아무것도 지배하지 않고, 어떤 것에 대해서도 군림하지 않으며, 어느 곳에서도 권위를 행사하지 않는다. 차연은 결코 대문자(머리 글자)를 통해 예고되지 않는다. 차연의 왕국은 존재하지도 않을 뿐더러, 그것은 왕국은 어느 것이나 전복시키라고 충동한다. J. Derrida(1976), 29쪽.

엘 레비나스에 의해 전래되고 있는 랍비 엘리처의 발언에 동의하면서 이를 인용하고 있다. "모든 대양이 잉크로 가득 차 있고, 모든 연못들이 펜으로 쓸 수 있는 갈대로 무성하고, 하늘과 땅이 양피지로 이루어져 있고, 모든 사람들이 글쓰는 예술을 행한다고 할지라도, 그들은 내가 배운 운명의 신 토라를 다 길어내지는 못할 것이다. 운명의 신 토라는 펜 끝을 묻히는 대양이 줄어드는 것보다 훨씬 더 적게 줄어들 것이다."[44] 헤브라이 신비철학자들은 인간의 말에 기원을 두고 있는 말하는 토라를 신이 쓴 것이라고 추정되는 성서보다 높이 평가하는 데 관심을 가져왔다. 그들은 모든 세대가 계시를 새롭게 자기의 것으로 만들 수 있도록 하는 주석을 높이 평가하였다. 왜냐하면 진리는 고정되어 있지도 않고, 또 일정량의 잘 서술된 언표에 의해 단숨에 실증적인 것으로 되지도 않기 때문이다. 이와 같은 헤브라이 신비철학적 견해는 훗날 다시 한 번 극단화된다. 이제는 문자로 쓰여진 토라까지도 신의 말을 인간의 언어로 옮겨놓은 문제점 많은 번역으로, 다시 말해 반박될 수 있는 하나의 해석에 불과한 것으로 여겨진다. 모든 것은 말하는 토라이다. 어떤 음절도 진정한 것이 아니며, 마치 근원적 문자로 전래된 것과 같은 것이 아니다. 인식의 나무에 관한 토라는 처음부터 은폐된 토라이다. 토라는 끊임없이 자신의 옷을 바꿔 입으며, 이 옷들이 바로 전통인 것이다.

숄렘은 과연 십계명이 모세에 의해 왜곡되지 않고 이스라엘 민족에게 전달되었는가 하는 물음에 관해 불붙은 토론을 보고하고 있다. 헤브라이 신비철학파의 몇몇의 사람들은 유일신론을 구성하는 계명들인 첫번째 두 계명만이 신으로부터 직접 유래하는 것이라는 견해를 내세웠다. 다른 사람들은 모세에 의해 전래되고 있는 첫번째 말들의 진실성조차도 의심하였다. 랍비 멘델은 마이모니데스의 사상을 더욱 첨예화시킨다. "그의 의견에 따르면 첫번째 두 계명마저도 이스라엘 전체 공동체에 대한 직접적 계시로부터 유래하지 않는다. 이스라엘이 들었던 모든 것은 성서의 히브리어 텍스트에서 첫번째 계명이 시작하는 낱말 '알레프(Aleph)'에 지나지 않는다." 그리고 숄렘은 다음과 같은 말

---

44) J. Derrida(1974), 31쪽.

을 덧붙인다. "이 말이 내게는 실제로 곰곰이 생각하고 주목할 만한 문장이라고 여겨진다. 자음 알레프는 히브리어에서는 낱말이 시작하는 첫 모음의 앞에 나타나는 후두음적 조음을 서술할 뿐이다. 그러므로 알레프는 모든 표현된 음성의 근원이 되는 요소를 서술한다. (……) 알레프를 듣는다는 것은 본래 아무 것도 의미하지 않는다. 그것은 들을 수 있는 모든 언어로의 이행과정을 서술한다. 따라서 이 낱말이 내면에 특별한 의미를 매개하고 있다고 말할 수 없다. 자신의 대담한 명제로(……) 랍비 멘델은 계시를 신비적 계시로 축소시킨다. 즉 그 자체로서는 무한히 의미를 충족시키지만 아무런 특별한 의미를 가지고 있지 않은 계시로 축소시킨다. 그것은 종교적 권위를 정당화하기 위하여 인간의 언어로 번역되어야만 하는 그 무엇인가를 서술한다. 그것은 바로 모세가 이와 같은 금언의 의미에서 행한 것이다. 권위를 정당화하는 모든 언명은 여전히, 그것이 아무리 타당성 있고 높이 평가받는다고 할지라도, 이 언명이 초월하는 것에 대한 인간적 해석에 지나지 않는다."[45] 랍비 멘델의 알레프는 독자적 음성을 가지고 있지 않은, 그래서 단순히 문자로서만 구별되는 "디페랑스(differance, 차연)"의 "a"와 다음과 같은 점에서 유사하다. 이와 같이 허약하고 다의적인 기호가 규정되어 있지 않다는 사실에 완전한 구원의 약속이 집중되어 있다.

문자론적으로 윤곽이 드러난 근원적 문자에 ——이 문자는 알아볼 수 없게 되면 될수록 더욱 많은 해석들을 불러일으킨다——관한 데리다의 착상은 오랫동안 끌고 있는 계시사건으로서 파악되는 전통의 신비적 개념을 재생시킨다. 종교적 권위는, 그것이 자신의 진정한 모습을 감추고 해석가들의 해독의 열기를 자극하는 한에서만, 힘을 가진다. 내면적으로 열심히 추진되고 있는 해체는 전통계승의 모순적 작업이다. 이러한 계승 속에서 구원의 힘은 오직 소모를 통해서만 재생된다. 뒤덮인 토대를 드러내기 위하여 허물어 고르고자 하였던 해석의 파편들이 쌓여 이룬 언덕을 해체작업은 더욱 두터워지게 만든다.

데리다는 하이데거를 넘어서리라 생각한다. 그러나 그는 다행히도 하이데거

---

45) G. Scholem, *Zur Kabbala und ihrer Symbolik* (Frankfurt/M., 1973), 47쪽 이하.

의 이전으로 되돌아간다. 신비적 경험들은 유대교적, 기독교적 전통들 속에서 폭발적 힘을, 그리고 제도와 교리들을 위협하는 해체의 힘을 전개할 수 있었다. 왜냐하면 이러한 경험들은 세계를 초월하는 은폐된 신과 여전히 관계하고 있었기 때문이다. 그런데 이와 같은 집중적 빛의 원천으로부터 단절된 깨달음은 이상스러울 정도로 혼란스럽게 된다. 일관된 세속화의 길은 아방가르드적 예술이 열어놓은 급진적 경험들의 영역을 가리킨다. 니체는 자기자신으로부터 벗어난 몰아적 주체성에 대한 순수 심미적 도취로부터 자신이 나아가야 할 방향을 설정한다. 하이데거는 길의 중도에 미물리 있다. 하이데거는 세속화에 대한 대가를 치르지 않으면서 방향을 상실한 계몽의 힘을 보존하고자 한다. 그렇기 때문에 그는 신성한 곳에서 사라져 버린 신비적 분위기, 즉 아우라를 사용한다. 깨우침은 존재신비적으로 다시 마법적인 것을 형성한다. 새로운 이교적 신비주의에서는 비일상적인 것의 탈경계적 카리스마로부터, 예술적인 것에서처럼, 해방의 힘도 발생하지 않고, 종교적인 것에서처럼, 혁신적 힘도 나오지 않는다. 기껏해야 현혹과 사기의 자극만이 나올 뿐이다. 그런데 데리다는 이와 같은 자극으로부터 유일신론의 전통으로 되돌아가는 존재신비주의를 정화시키는 것이다. [46)]

---

46) 컬러(J. Culler)의 언급에 의해 알게 된 수잔 한델만(Susan Handelman)의 논문은 나의 이 해석을 증명해 준다. Susan Handelman, "Jacques Derrida and the Heretic Hermeneutic", M. Krapnick(Ed.), Displacement, Derrida and After(Bloomington, Indiana, 1983), 98쪽 이하. 한델만은 데리다가 (레비나스에 관한 에세이에서) 받아들이고 있는 레비나스의 흥미로운 인용문을 기억한다. "신(神)보다 모세의 율법서를 더 사랑하는 것은 신성한 것과의 직접적 접촉으로 말미암은 광기에 대한 보호를 의미한다." 한델만은 이 문장을 인용하면서 랍비 전통과, 특히 카발라적 이교도적으로 극단화된 전통과 데리다 사이에는 친화관계가 있음을 강조한다. "(레비나스의) 서술은 주목할 만하며, 현저하게 랍비적이다. 그가 말하고 있는 율법서(토라), 법률, 성서, 신은 항상 주님(He)보다 더 중요하다. 데리다와 유대교의 이교도적 해석학은 다같이 다음과 같은 일을 한다고 말할 수 있다. 신을 버리고 율법을 영원히 지켜라, 전이되고 모순된 방식으로 성서 또는 법을 영원히 하여라." 이에 관해서는 Susan Handelman, 앞의 글, 115쪽. 한델만은 마찬가지로 구전되고 있는 율법을 위하여 본래 전해진 신의 말씀을 평가절하한다는 점을 지적한다. 이 율법은 망명의 역사 과정에서 점점 더 증가하는, 마침내는 주도적인 권위를 요청하였다. "그것은 나중의 모든 랍비 해석들은 모세의 율법과

만약 이러한 추측이 전혀 틀린 것이 아니라면, 데리다는 물론 한때 신비주의가 계몽으로 변하였던 그 역사적 장소로 되돌아간다. 숄렘은 평생 동안 18세기에 실행된 이 격변에 관해 탐구하였다. 20세기의 조건에서는 신비주의와 계몽은, 아도르노가 지적한 바와 같이, 벤야민에게서 마지막으로 결합한다. 이러한 결합은 역사적 유물론의 개념적 수단을 통해 이루어진다. 그러나 이와 같은 유일무이한 사유운동이 부정적 토대주의의 수단으로 반복될 수 있는가 하는 것은 내게는 회의적으로 보인다. 어쨌든 이러한 사유운동은 니체와 그의

동일한 신성한 근원을 공유하였다는 점이다. 해석은, 데리다의 용어로 말하자면, '이미 항상 거기에' 있기 마련이다. 그러므로 인간의 해석과 주석은 신의 계시의 일부분을 이룬다. 텍스트와 주석 간의 경계들은 신성한 텍스트를 상상해 내기 어려울 정도로 융해되어 버렸으며, 이 유동성이 현대 비판이론의, 특히 데리다에게서, 핵심적 교의이다"(101쪽). 그밖에도 한델만은 서양적 로고스중심주의를 음성중심주의로 고발하는 것을 정신에 대항하여 문자를 거듭해서 변호하는 종교사적 맥락으로 설득력있게 옮겨놓는다. 데리다는 이렇게 유대교적 호교(護敎) 안에서 일정한 자리를 차지한다. 사도 바울적 기독교는 구전되는 율법의 해석사가 그리스도의 직접적인 현재라는 "살아 있는 정신"에 비해 "죽은 문자"에 지나지 않는다고 품위를 격하시켰다. 문자에 얽매여서 그리스도의 계시라는 "로고스"를 위하여 "문자"를 버리지 못하는 유대인들에 "데리다는 대항한다. 데리다가 서양의 로고스중심주의에 대항하여 글을 쓰겠다는 선택은 랍비적 해석학이 전이된 방식으로 재출현한 것이다. 데리다는 그리스-기독교적 신학을 파기하고, 존재론으로부터 문자론으로, 존재로부터 텍스트로, 로고스로부터 글과 성서로 옮겨가고자 한다"(111쪽). 이런 맥락에서 보면 데리다가 부재(不在)와 멀어짐을 통해 작용하는 신이라는 모티브를 하이데거처럼 횔덜린을 거쳐 디오니소스의 낭만주의적 수용으로부터 받아들이지 않고, 이를 태고적 모티브로서 유일신론에 대항하여 사용할 수 없다는 점은 상당히 중요하다. 신의 능동적 부재는 오히려 데리다가 레비나스를 통해 유대교적 전통으로부터 받아들이고 있는 모티브이다. "유대인 대학살을(허용한) 부재하는 신, 자신의 모습을 감추는 신이 레비나스에게는 역설적으로 유대교적 신앙의 조건이 된다. (······) 유대교는 바로 이와 같은 부재하는 신에 대한 신앙으로서 정의된다"(115쪽). 따라서 데리다에게서 형이상학 비판은 물론 하이데거에게서와는 다른 의미를 갖는다. 해체의 작업은 스스로 인정하지는 않지만 신과의 담론을 재생시키는 데 종사한다. 이 담론은 구속력을 상실한 존재신론의 현대적 조건하에서 무너져 버렸다. 그러므로 데리다의 의도는 태고적 근원들로 되돌아감으로써 현대(성)를 극복하려는 것이 아니라, 현대의 후기 형이상학적 사유의 제반 조건들을—— 이 조건하에서는 존재신론적으로 차폐된 신과의 담론이 지속될 수 없다——특별히 고려하겠다는 것이다.

후예들이 극복하고자 하였던 현대성 속으로 우리를 더욱 깊이 몰아넣음에 틀림없다.

철학과 문학의 본질적 차이에 대한 평준화

1

아도르노의 "부정의 변증법"과 데리다의 "해체"는 동일한 문제에 대한 상이한 대답으로 이해될 수 있다. 전체화의 성격을 띠고 있는 이성의 자기비판은 이 이성이 가지고 있는 고유한 수단에 의존해야만 주체중심적 이성의 권위적 본성을 폭로할 수 있다는 실행상 모순에 빠진다. "비-동일자"를 포착하지 못하는 사유수단과 "현존의 형이상학"에 여전히 묶여 있는 사유수단은 그럼에도 불구하고 이들의 불충분성을 드러내는 데 사용될 수 있는 유일한 수단이다. 하이데거는 이러한 모순으로부터 비교와 같이 자기들만이 아는 자기폐쇄적 특수담론의 빛나는 고지로 도피한다. 이 특수담론은 일반적으로 담론적 말이 가지고 있는 제한들로부터 벗어나 있으며, 어떤 특수한 반박에도 대항할 수 있는 면역의 수단으로 미규정성을 사용한다. 하이데거는 형이상학 비판을 목적으로 형이상학적 개념들을 하나의 사다리로 이용하고, 그 디딤판을 오르고 난 다음에는 던져 버린다. 그 꼭대기에 도달한 후기의 하이데거는 물론 초기의 비트겐슈타인과 같이 침묵하는 신비주의자의 직관 속으로 침잠하지 않는다. 그는 오히려 예언자적 태도를 취하면서 비전(祕傳)을 받은 사람으로서의 권위를 장설로 주장한다.

아도르노는 다르다. 그는 자기관계적 이성비판의 모순으로부터 슬그머니 빠져 나오지 않는다. 그는 니체 이래로 사유가 처해 있는 실행적 모순을 어쩔 수 없이 인정하면서, 이를 간접적 전달의 조직형식으로 설정한다. 자기자신을 향해 있는 동일화의 사유는 끊임없는 자기부정을 위해 어쩔 수 없이 필요하다. 이 사유는 자기자신과 대상들에 입힌 상처를 드러내 보여준다. 이러한 실행방식은 부정적 변증법이라는 이름을 가지고 있는데, 이것은 정당하다. 왜냐하면 아도르노는 특정한 부정을——비록 그것이 헤겔 논리학의 범주적 체계에 더 이상 의존할 수 없다고 할지라도——주저하지 않고 사용한다. 말하자면 그것을 탈마법화의 물신주의로서 사용한다. 더 이상 자신의 토대를 보장할 수 없는 비판적 절차를 그래도 고수하는 것은 아도르노가 하이데거와는 달리 엘리트적 태도에서 담론적 사유를 하지 않는다는 사실로써 설명될 수 있다. 마치 망명할 때처럼, 우리가 담론 속에서도 오류를 저지르며 방황한다는 것은 확실하다. 그리고 토대를 상실하였지만 자기자신을 향해 제시되고 있는 반성의 힘만이 이미 오래전에 사라져 버려 과거에 속해 있는 비강제적-직관적 인식의 유토피아와의 연계를 보존할 수 있다.[47] 물론 담론적 사유는 자신이 이러한 직관적 인식의 타락한 모습이라고 스스로 인정할 수는 없다. 아방가르드적 예술과의 교섭을 통해 얻게 된 예술적 경험이 비로소 이러한 평가를 하도록 만들었다. 우리에게 남아 있는 철학적 전통으로는 이제 이행할 수 없는 구원의 약속은 이제 자기폐쇄적 예술작품의 (거울에 비추면 읽을 수 있는) 왼글씨 속으로 숨어 버렸기 때문에, 부정적 방법의 해독을 필요로 한다. 철학은 이와같은 암호해독의 작업으로부터——부정적 변증법이 실행적 모순을 이중적 의미에서 집요하게 수행하는 데 전제조건이 되는——모순적 이성신뢰의 찌꺼기를 흡수해 버린다.

데리다는 철학의 영역으로부터 배척되어(밀쳐져, 미친) 유토피아적인 것으로 된 이성에 대해 남아 있는——심미적으로 확인되는——아도르노의 신뢰에 동의하지 않는다. 데리다는 마찬가지로, 형이상학적 개념들을 "삭제하기"

---

47) H. Schnädelbach, "Dialektik als Vernunftkritik", L.v. Friedeburg, J. Habermas (Hrsg.), *Adorno-Konferenz* (Frankfurt/M., 1983), 66쪽 이하.

위한 목적으로 이 개념들을 사용하는 하이데거가 주체철학의 개념적 압박으로부터 실제로 벗어났다고도 믿지 않는다. 데리다는 분명히 이미 시작한 형이상학 비판의 길을 계속 걸어가고자 한다. 그도 역시 앞에서 언급한 실행적 모순을 포착하기 위하여 이를 의도적으로 끌어내기보다는 오히려 이 모순으로부터 탈피하고자 한다. 그러나 아도르노와 마찬가지로 데리다는, 하이데거가 자신이 반대하는 근원철학에서 아무런 사려없이 모방하는 심오한 깊이의 제스처를 거부한다. 그러므로 데리다와 아도르노 사이에는 유사점이 존립한다.

사유양태에서 나타나는 이와 같은 유사성은 더욱 엄밀한 분석을 필요로 한다. 아도르노와 데리다는 모든 것을 자신으로 동화시키고 전체화하는 결정적 모델에 대해, 특히 예술작품 내의 유기체 차원에 대해 동일한 방식으로 민감하게 반응한다. 그렇기 때문에 두 사람은 모두 상징적인 것에 대한 비유적인 것의, 은유에 대한 환유의, 고전주의적인 것에 대한 낭만주의적 것의 우선성을 강조한다. 두 사람은 단편(斷篇)을 서술의 형식으로 이용하고, 모든 체계를 의심한다. 두 사람은 정상 상태를 한계 상태의 관점에서 기발한 착상으로 해독한다. 또 그들은 부정적 극단주의라는 점에서 일치한다. 그들은 주변적이고 부차적인 것에서 본질적인 것을 발견하고, 반혁적이고 배척된 것의 편에서 권리를 발견하고, 주변부와 비본래적인 것에서 진리를 발견한다. 직접적이고 실체적인 모든 것에 대한 불신은 매개과정, 은폐되어 있는 전제조건과 의존관계를 비타협적인 태도로 탐지하는 작업과 짝을 이룬다. 근원, 원천적인 것, 제일자에 대한 비판은 모든 것들 속에서 단지 생산된 것, 모방된 것, 이차적인 것을 증명하려는 태도와 일치한다. 유물론적인 모티브로서 아도르노의 작품 전체를 꿰뚫고 있는 것은 관념론적 정립들의 폭로와 그릇된 구성관계의 전도이며, 객체의 우선성에 대한 명제이다. 그런데 데리다의 보충성의 논리에서 이와 유사한 점이 발견된다. 해체의 혁명적 작업은 살며시 숨어들은 근본개념적 위계질서의 파괴를 목적으로 하고, 근거설정의 상관관계와 개념적 지배관계의——예를 들면 해체의 작업은 말과 글, 지성적인 것과 감성적인 것, 자연과 문화, 내면적인 것과 외면적인 것, 정신과 물질, 남자와 여자 사이의 개념적 지배관계의——전도를 목적으로 한다. 그런데 논리학과 수사학은 이와 같은 개념적 대립들 중의 한 항목을 형성한다. 데리다는 아리스토텔레스에 의해 인정된 수사학에 대한 논리학의 우선성을 전도시키는 데 특별한 관심을 가지고 있다.

데리다가 논쟁의 여지가 있는 이 문제를 일목요연한 철학사적 관점에서 다룬 것같이 보이지는 않는다. 만약 그렇다면, 데리다는 자신의 기획이 차지하는 위상을 단테로부터 시작하여 비코에 이르러서 형성되었고, 하만(Hamann) 훔볼트(Humboldt)와 드로이센(Droysen)을 거쳐 딜타이와 가다머에게서 생생하게 보존되고 있는 전통과 비교하여 상대화시켜야만 했을 것이다. 왜냐하면 수사학적인 것에 대한 논리학적인 것의 플라톤적-아리스토텔레스적 우위에 저항하는 목소리가 이 전통 속에서 커졌기 때문이다. 그런데 데리다는 이러한 저항을 새롭게 제기한다. 전체화하는 이성비판이 직면하고 있는 문제를 해결하기 위하여 데리다는 수사학의 주권을 논리적인 것의 영역으로 확장하고자 한다. 그는 앞에서 살펴본 바와 같이 아도르노의 부정의 변증법과 하이데거의 형이상학 비판에 만족하지 않는다. 전자는 변증법의 이성 신성화에 묶여 있고, 후자는 모든 반박에도 불구하고 여전히 형이상학이 행하는 근원의 고양에 구속되어 있다. 하이데거는 추념적 사유(Andenken)에 특별한 지위를 부여함으로써, 즉 이러한 사유가 담론적 의무로부터의 면제되어 있다고 주장함으로써만 자기관계적 이성비판의 모순으로부터 벗어날 수 있다. 하이데거는 진리에 접근하는 특권적 접근방식에 관해서는 침묵한다. 데리다도 결과적으로는 마찬가지로 진리에 대한 자기폐쇄적 접근방식을 추구한다. 그러나 그는 이러한 접근방식을——어떠한 제도에 의해서도——특권으로서 인정받으려 하지는 않는다. 그는 실용주의적 비일관성에 대한 반박을 오만하게 간과하는 것이 아니라, 이러한 반박의 대상을 없애 버린다.

그런데 일관성의 요청이라는 관점에서만 모순이라는 말을 할 수 있다. 즉 이 일관성의 요청이 권위를 상실하고, 또는 논리학이 수사학에 대해 전통적으로 가지고 있던 우위를 상실하여 다른 요청에——예를 들면 심미주의적 종류의 요청에——부차적으로 예속될 때 "모순"이라는 말을 할 수 있다. 그렇게 되면 해체주의자는 철학작품들을 문학작품처럼 다룰 수 있으며, 스스로를 과학적이라고 오해하지 않는 문학비판의 잣대로 형이상학 비판을 할 수 있다. 우리가 니체 저서의 문학적 성격을 진지하게 받아들이면, 그의 비판의 정확성은 수사학적 성공의 척도에서 판단되어야 하지 논리적 일관성의 척도에서 판단되어서는 안 된다. (자신의 대상에 더욱 적합한)이러한 비판은 논증을 구성하는 담론적 관계 그물에 직접적으로 관여하지 않고, 어떤 텍스트가 가지고 있는 문학적 해명의 힘과 수사학적 폭로의 힘을 결정하는(그리고 양식을 형성하는) 형태들에 관심을 집중한다. 어떤 의미에서는 대상들의 문학적 과정을 단순히 계속하는 문학비판이 과학에 도달할 수 없는 것과 마찬가지로, 위대한 철학 텍스트의——더욱 광범위한 의미에서 문학비판적 방법으로 실행하는——해체는 문제를 해결하는 순수 인지적 작업의 척도와 일치하지 않는다.

그러므로 데리다는 아도르노가 불가피한 것으로 인정하고, 반성적으로 자기 자신을 극복하는 동일성 사유의 출발점으로 설정한 문제를 삭제한다. 해체적 작업은 철학과 과학의 담론적 의무에 묶일 수 없기 때문에 데리다에게 이러한 문제는 대상이 없다. 데리다는 철학이 주체중심적 이성사의 과정에서 건립하였던 존재론적 뼈대를 철거해야 하기 때문에 자신의 방법을 해체라고 명명한다. 그러나 데리다는 해체 작업을 하면서 은폐되어 있는 전제조건들 또는 함의들을 확인한다는 의미에서 분석적으로 접근하지 않는다. 그런데 이것은 바로 후세대가 앞세대의 작품들을 비판적으로 조명한 방법이었다. 데리다는 오히려 양식비판적으로 접근한다. 이러한 방법을 통해, 그는 비문학적으로 등장하는 텍스트의 문학적 층에 내재하고 있는 의미의 수사학적 과잉으로부터 일종의 간접적 전달과——이러한 전달을 통해 텍스트는 스스로 자신의 (표면적으로) 명백한 내용들을 부정한다——같은 것을 발견해 낸다. 이러한 방식으로 데리다는 후설, 소쉬르, 루소의 텍스트들로 하여금 이들 저자의 분명한 의견에 반대하는 죄를 자백하도록 강요한다. 본의에 맞지 않게 결을 거슬러 빗질한 텍스트들은 그 수사학적 내용 때문에 자신들이 진술하는 것과 모순된다. 예를 들면 기호에 대해 명백하게 주장되고 있는 의미의 우선성, 문자에 대해 음성의 우선성, 대변적인 것과 지연되고-지연하는 것에 대한 직관적으로 주어지고 직접적으로 현재하고 있는 것의 우선성과 모순된다. 문학적 텍스트에서와 마찬가지로, 철학적 텍스트에서도 명백한 내용의 차원에서는 맹지(盲地)를 확인할 수 없다. "맹목성과 통찰"은 서로 수사학적으로 결합되어 있다. 해석자가 텍스트를 이 텍스트의 본래 의도와는 다른 것으로, 즉 문학적 텍스트로 다룰 때 비로소 그는 철학적 텍스트의 인식에 있어 구성적인 역할을 하는 제반 제한들에 도달할 수 있다.

그렇지만 철학적 (또는 학문적) 텍스트가 외관상의 문학적 작품으로 낯설게 만들어진다고 할지라도, 해체는 여전히 자의적 활동에 머문다. 그런데 데리다는, 철학적 텍스트가 진실로 하나의 문학적 텍스트일 때에만, 본질적으로 수사학적인 방법의 도움을 받아 형이상학적 사유형식들을 내면으로부터 파괴하려는 하이데거의 목표를 달성할 수 있다. 즉 엄밀하게 고찰하면 철학과 문학 사이에 있는 본질적 차이가 사라진다는 사실을 보여줄 수 있을 때에만 가능한 것이다. 그런데 이러한 증명 자체는 해체의 방법을 통해서 실행되어야 한다. 철학과 학문의 언어가 은유적인 모든 것과 단순히 수사학적인 것으로부터 정화되고, 문학적 혼합물로부터 정제되어야 한다는 인지적 목적을 위하여 이들 언어를 특수화할 수 없다는 불가능성만이 어떤 경우이든 결국 증명될 뿐이다. 해체적 실천을 통해서 철학과 문학 사이의 본질적 차이가 허약하다는 것이 증명된다. 결국 모든 장르의 본질적 차이들이 모든 것을 포함하는 포괄적인 텍스트 상관관계로 포섭된다. 실체화하는 투로 데리다는 "일반적 텍스트"에 관하여 말한다. 우리에게 유일하게 남아 있는 것은 자기자신을 스스로 쓰는 문자인데, 이 문자는 모든 텍스트가 그밖의 다른 텍스트들과 결합시키는 매개수단이다. 모든 개별적 텍스트와 모든 특수한 장르는 현상으로 나타나기 이전에 이미 모든 것을 흡수하는 콘텍스트와 자발적 텍스트 생산이라는 통제할 수 없는 사건에게 자신의 자율성을 빼앗긴다. 텍스트의 성질과 관계가 있는 수사학이 규칙체계로서의——논증의 의무를 가지고 있는 특정한 담론유형들만이 이 규칙체계에 배타적인 방식으로 예속되어 있다——논리학에 대해 점하는 우위는 바로 이와 같은 사실에 근거한다.

2

철학적 전통의 "파괴"가 "해체"로——처음에는 눈에 띄지 않게——변형되면서, 급진적 이성비판은 수사학의 영역으로 옮겨지고, 자기관계성의 아포리아로부터 벗어날 수 있는 길이 드러난다. 이와같이 형식이 변경된 이후에도 형이상학 비판에서 여전히 모순들을 발견하고자 하는 사람들은 이 비판을 과학주의적으로 오해하였음에 틀림없다는 것이다. 물론 이러한 논증은 아래의 가정들이 사실일 경우에만 적중할 것이다.

(1) 문학비판은 일차적으로 학문적 사업이 아니다. 그것은 그 문학적 대상들과 마찬가지로 수사학적 척도를 따른다.

(2) 철학과 문학 사이에는 장르의 본질적 차이가 존립하지 않는다. 철학적 텍스트들의 본질적 내용들은 문학비판적으로 해명할 수 있다.

(3) 논리학에 대한 수사학의 우위는 수사학이 모든 것을 포괄하는 텍스트 상관관계의——이 상관관계 속에서 모든 장르의 차이들은 결국 해체된다——일반적 특성에 일반적 책임을 가지고 있음을 의미한다. 철학과 학문이 자신의 고유한 세계를 형성하지 못하는 것과 마찬가지로, 예술과 문학은 일반적 텍스트에 대해 자신의 자율성을 주장할 수도 있는 허구의 영역을 형성하지 못한다.

명제 (3)은 "문학비판"이 가지는 특수의미를 박탈하고 일반화한다는 점에서 명제 (2)와 (1)을 설명한다. 문학비판은 오랜 전통을 거쳐 자기자신을 스스로 설명하는 전형적인 모델로 여겨져 왔다. 그렇지만 이 모델은 보다 일반적인 것에 대한 모델이라고 여겨졌다. 즉 일상적 담론뿐만 아니라 비일상적 담론의 수사학적 성질들에 조예가 깊은 비판의 모델이라고 여겨졌다. 해체의 방법은 철학적, 학문적 텍스트의 배척된 수사학적 잉여의미를——표면적으로 명백한 의미에 반대하여——주장하려는 목적으로 이렇게 일반화된 비판을 사용한다. 해체는 니체의 급진적 이성비판을 모순적 자기관계의 궁지로부터 탈피시키기 위한 수단이라는 데리다의 주장이 유지될 수 있는가 아니면 파기되는가는 따라서 (3)의 명제에 달려 있다.

바로 이 명제는 데리다의 작품이 저명한 미국대학의 문학부에서 활발하게 수용되게 한 관심의 중심점이었다. [48] 미국에서는 문학비판이 오래전부터 하나의 학문적 연구분과로서 제도화되어 있다. 그런데 문학비판과 함께 처음부터 같이 제도화되어 있는 것은 문학비판적 활동의 학문성에 대한 자기가학적 질문이다. 데리다 수용의 배경을 이루는 것은 확실이 이러한 토착병과 같은 자기회의와 수십 년 동안 지배하였던 신비평의 해체이다. 신비평은 언어적 예술작품의 자율성을 확신하였으며, 구조주의의 학문적 파토스에 의해 자양분을 공급받았었다. "해체"의 이념은 이러한 여건을 포착하여 파고들 수 있었는데, 그것은 이 이념이 정반대의 전제조건하에서 문학비판에 중요한 의미를 지닌 과제를 부여하였기 때문이다. 데리다는 언어적 예술작품의 자율성을 부정하고, 비판이 학문적 지위를 성취할 수 있는 어떤 가능성과 아울러 예술적 허구의 고유 의미도 격렬하게 부정한다. 동시에 문학비판은 그에게 현존 형이상학적 사유와 로고스중심주의적 시대의 극복과 함께 일종의 세계사적 사명을 떠맡고 있는 방법의 전형으로 기능한다.

문학비판과 문학 장르 사이의 본질적 차이를 평준화시키는 작업은 비판적 작업을 유사학문적 기준에 따라야 한다는 불행한 강제로부터 해방시킨다. 동시에 이러한 평준화는 비판작업을 학문의 수준 이상으로 고양시키며, 창조적 활동의 수준으로까지 끌어올린다. 비판은 스스로를 더 이상 부차적인 것으로 이해할 필요가 없다. 비판은 문학적 지위를 획득한다. 힐리스 밀러(Hillis Miller), 제프리 하트만(Geoffrey Hartman), 폴 드 만(Paul de Man)의 텍스트들에서 다음과 같은 새로운 자기의식의 증거를 발견할 수 있다. "비판들은 더 이상 이들이 해석하는 텍스트에 빌붙어 사는 기생동물이 아니다. 양자

---

48) 이 점은 특히 예일대학의 비판가인 폴 드 만(Paul de Man), 제프리 하트만(Geoffrey Hartmann), 힐리스 밀러(Hillis Miller), 해롤드 블룸(Harold Bloom)에 해당한다. 이에 관해서는 다음의 책을 참조할 것. J. Arac, W. Godzich, W. Martin(Eds.), *The Yale Critics : Deconstruction in America*(Minneapolis : University of Minnesota Press, 1983). 해체주의의 중요한 중심지는 예일대학 외에도 메릴랜드대학(볼티모어)과 코르넬대학(이타카) 등이 있다.

는 (비판과 텍스트는) 모두 앞서-존립하고 있는 언어의 주-텍스트의 영역에서 살고 있다. 그런데 이 주-텍스트를 기꺼이 받아 먹으려고 하는 그들의 (비판과 텍스트의) 의사를 기생적으로 먹여 살리는 것은 바로 주-텍스트 자체이다."[49] 해체주의자들은 비판이 단순히 봉사적 기능만을 가진다는 전래의 아놀드적 견해와 결별한다. "비판은 이제 문학을 가로질러, 아놀드 식의 종속적 태도를 부정하고, 비길 데 없는 즐거움을 가지고 있는 해석적 스타일의 자유를 획득한다." 이렇게 폴 드 만은 아마 가장 훌륭하다고 할 수 있는 자신의 책에서 통상적으로 문학적 텍스트들에만 유보되는 방법과 정교함으로 루카치, 바르트, 블랑쇼와 야콥슨의 비판적 텍스트들을 다루고 있다. "그것들은 학문적이지 않기 때문에, 비판적 텍스트들은 비판적이지 않은 문학적 텍스트들을 연구할 때 필요한 동일한 이중 의식을 가지고 읽어야만 한다."[50]

문학비판을 창조적 문학생산과 동일화하는 것과 마찬가지로 중요한 것은 문학비판이 형이상학 비판의 사업에 참여함으로써 얻게 되는 중요성의 증대이다. 이와 같은 형이상학 비판적 평가절상은 철학과 문학 장르 사이의 본질적 차이를 평준화하는 데리다의 해석에 대한 반대적 보완을 요청한다. 조나단 컬러(Jonathan Culler)는 문학비판도 거꾸로 문학작품을 철학적 작품으로서 다루어야 한다는 점을 암시하기 위한 의도에서, 철학작품을 문학비판적으로 다루고 있는 데리다의 전략적 의미를 상기시킨다. 보존되면서도 동시에 결정적으로 상대화된 두 장르 사이의 차이는 "철학적 텍스트를 진실로 철학적으로 읽는 것은 작품을 문학으로서——즉 다양한 맥락적 긴급 상황에 의해 그 요소들과 질서가 결정되어 있는 허구적, 수사학적 구성물로서——다루는 것이라는 점을 보여주는 데 있어 본질적이다." 그리고 그는 계속해서 다음과 같이 쓰고 있다. "반대로, 가장 강력하고 적절한 문학작품의 책읽기는——이러한 책읽기를 뒷받침해 주고 있는 철학적 반대입장들을 다루는 문학작품들의 함축적 의미를 끈질기게 파헤침으로써——이들을 철학적 의사 표시로서 대하는

---

49) Ch. Norris, *Deconstruction. Theory and Practice* (London u. N.Y., 1982), 93쪽과 98쪽.

50) Paul de Man, *Blindness and Insight*, 2nd ed. (Minneapolis, 1983), 110쪽.

것일지도 모른다."[51] 그러므로 명제 (2)는 다음과 같은 의미로 변형된다.

(2′) 문학적 텍스트들의 본질적 내용이 형이상학 비판의 방식으로 해명될 수 있을 만큼, 철학과 문학의 장르 사이에는 거의 본질적 차이가 존립하지 않는다. 그렇지만 두 명제, 즉 명제 (2)와 명제 (2′)는 명제 (3)에서 주장된 논리학에 대한 수사학의 우위를 암시한다. 그렇기 때문에 미국의 문학비판가들에게 있어 중요한 관심사는 수사학과 마찬가지로 광범위한, 그리고 데리다의 "일반적 텍스트"와 일치할 수 있는 일반 문학의 개념을 발전시키는 일이다. 철학적 사유의 은유적 토대를 부정하는 전통적 철학개념과 마찬가지로 허구적인 것으로 제한된 문학개념도 역시 해체된다. "문학 또는 문학적 담론의 개념은 해체가 겨냥하고 있는 것으로 위계질서를 표현하는 몇몇의 대립에 포함되어 있다. 진지하다/진지하지 않다, 문학적이다/은유적이다, 진리/허구. (……) 해체 작업들이 보여주고 있는 것은 이러한 위계질서들이, 이들을 제안하는 텍스트의 작업방식이 문학적 언어의 위상을 변화시킴으로써, 파괴된다는 사실이다." 그리고는 조건문장의 형식으로서 표현된 하나의 명제가 뒤따르는데, 이 명제에 모든 것이 달려 있다. 즉 형이상학 비판의 방식으로 새롭게 가치가 절상된 문학비판의 자기이해뿐만 아니라 자기관계적 이성비판이 가지고 있는 실행적 모순의 해체주의적 해결이 이 명제에 달려 있는 것이다. "만약 진지한 언어가 진지하지 않은 것의 특별한 경우라면, 만약 진리가 자신의 허구성을 이미 망각한 허구들이라면, 문학은 언어의 비정상적이고 기생적인 경우가 아니다. 이와는 반대로, 다른 담론들이 일반화된 문학, 또는 근원적 문학(archi-literature)의 예들로 파악될 수 있다."[52] 데리다는 논증을 좋아하는 철학자에 속하지 않기 때문에, 과연 이러한 명제가 실제로 유지될 수 있는가를 고찰하기 위해서는 영미적 논증의 분위기에서 성장한 그의 문학비판적 제자들의 말을 추적하는 것이 유익하다.

조나단 컬러는 자크 데리다와 존 설(John Searle) 사이의 불투명한 논쟁을 아주 분명하게 재구성하여, 표준적 경우들로부터 "일탈하는 비통상적" 언어사

---

51) J. Culler, *On Deconstruction*(London, 1983), 150쪽.
52) J. Culler(1983), 181쪽.

용에 대해 정상 언어의 일상적 영역을 구분하려는 어떤 시도도 실패할 것이라는 점을 오스틴의 언어행위 이론의 예를 통해 보여주고 있다. 컬러의 명제는 매리 루이즈 프래트(Mary Louise Pratt)의 언어행위이론적 연구를 통해 보완되고 간접적으로 증명된다. 이 연구에서 그녀는 허구적 담론의 비일상적 영역을 일상언어의 담론으로부터 구분하려는 시도도 역시 실패한다는 사실을 구조주의적 시학이론의 예를 통해 증명하고자 한다(이에 관해서는 다음의 제3장을 볼 것). 그렇지만 우선 데리다와 설의 논쟁을 살펴보기로 한다.[53]

이 복합적인 논쟁으로부터, 컬러는 오스틴이 과연, 그가 행하는 것처럼 보이는, 전적으로 공평하게 잠정적으로 순수 방법적인 행보를 실제로 취하는가 하는 물음을 핵심적 논쟁점으로서 부각시킨다. 오스틴은 능력있는 화자가 직관적으로 터득하고 있는 규칙들을 분석하고자 한다. 그런데 전형적인 언어행위들은 이 규칙들에 따라 실행될 수 있다. 그는 정상적인 일상의 실천에서 진지하게 표현되고, 가능한 한 단순하고 문자 그대로 정확하게 사용되는 문장들에 관하여 이러한 분석을 행하고자 한다. 그런데 이러한 분석의 단위, 즉 규준적 언어행위는 특정한 추상화의 결과이다. 언어행위 이론가는, 모든 복잡하고, 파생되고, 기생적이며, 일탈적인 경우들을 여과한, 통상적 언어 표현들의 특정한 표본을 주목한다. "통상적" 또는 정상적 언어실천에 관한 개념이 이와 같은 구별의 바탕에 놓여 있다. 그런데 데리다는 이 "일상 언어"(ordinary language) 개념의 무해성과 일관성에 회의의 눈길을 보낸다. 오스틴의 의도는 분명하다. 그는 예를 들면 "약속"의 일반적 특성들을 이에 상응하는 문장들의 표현이 실제로 하나의 약속으로서 기능하는 경우와 관련하여 분석하고자 한다. 그런데 동일한 문장이 약속의 비언표적 힘을 상실하는 콘텍스트가 있다. 무대 위의 배우가 어떤 시의 한 부분으로서 또는 어떤 독백 가운데 발

---

53) 기호, 사건, 콘텍스트라는 자신의 논문에서 데리다는 마지막 부분을 오스틴 이론과 대결하는 데 할애하고 있다. J. Derrida, *Randgänge der Philosophie*(Berlin, 1976), 142쪽 이하. 설은 다음의 글에서 이 논문에 대해 대답하고 있다. J. Searle, "Reiterating the Differences : A Reply to Derrida", *Glyph*, No. 1(1977), 198쪽 이하. 이에 대한 데리다의 대답은 다음의 글에 실려 있다. J. Derrida, "Limited Inc", *Glyph,* No. 2, (1977), 202쪽 이하.

언하면, 그 약속은 오스틴에 의하면 "특이한 방식으로 공허하고 무가치하다". 이 점은 어떤 인용문에 등장하거나 또는 단순히 언급되는 약속에서도 마찬가지이다. 이러한 콘텍스트에서는, 상응하는 실행적 문장은 진지하게, 구속력있게 사용되지도 않으며, 게다가 문자 그대로 정확하게 사용되지도 않는다. 그 대신 오직 파생적이고 기생적인 사용만이 있을 뿐이다. 설이 거듭 반복하여 주장하고 있듯이, 허구적이고 모의실험적이며 간접적인 사용방식들은, 이들이 약속에 문법적으로 적합한 문장을 진지하고 문자 그대로 구속력있게 사용할 수 있는 가능성을 논리적으로 전제한다는 의미에서, "기생적"이다. 컬러는 데리다의 텍스트로부터 본질적으로 세 가지 반박을 끄집어낸다. 이 반박들은 그와 같은 작업의 불가능성을 겨냥하면서, 진지한 언술방식과 모의실험적 언술방식, 문자 그대로의 정확한 언술방식과 비유적 언술방식, 일상적 언술방식과 허구적 언술방식, 통상적 언술방식과 기생적 언술방식 사이의 통례의 구별들이 붕괴된다는 사실을 보여주고자 한다.

1) 첫번째 논증을 통해, 데리다는 한편으로는 인용 가능성과 반복 가능성 간의, 다른 한편으로는 인용 가능성과 허구 가능성 사이의 그리 분명하지 않은 결합을 설정한다. 어떤 약속을 인용하는 것은 직접적으로 주어진 약속과 비교해 볼 때 단지 가상적으로만 이차적이라는 것이다. 왜냐하면 인용을 통한 실행적 표현의 간접적 재현은 일종의 반복의 형식이기 때문이라는 것이다. 그리고 인용 가능성은 규칙에 의거한, 즉 규약성에 따른 반복의 가능성을 전제하기 때문에, 규약적으로 산출된 표현과 실행적 표현의 본질에는 이 표현이 인용되고——포괄적인 의미에서는 허구적으로 모방될 수 있다는 점이 속해 있다. "극중의 인물이 약속을 하는 것이 불가능하다면, 어떤 약속도 실제의 생활에 있을 수 없다. 왜냐하면 약속을 가능하게 하는 것은, 오스틴의 말에 의하면, 우리가 반복할 수 있는 규약적 절차, 또는 방식의 실존이기 때문이다. 내가 실제의 생활에서 약속을 할 수 있다면, 무대 위에서 이루어지는 것과 같이 반복가능한 절차와 방식들이 존립해야만 한다."[54]

---

54) J. Culler(1983), 119쪽.

데리다는 논증에서 이미 그가 증명하고자 하는 것을 전제하고 있음이 분명하다. 즉 표본적 행위들의 반복을 가능하게 하는 모든 규약은 상징적 성격뿐만 아니라 본래 허구적인 성격도 소유하고 있다는 사실을 전제하고 있다. 유희의 규약들이 행위의 규범들과 궁극적으로 구별될 수 없다는 사실이 일단 제시되어야 한다. 오스틴은 어떤 약속의 인용을 파생적 또는 기생적 형식의 예로서 끌어댄다. 왜냐하면 인용된 약속은 간접적 재현의 형식을 통해 실행적 힘을 박탈당하기 때문이다. 그렇게 함으로써 이 약속은 그것이 "기능하고 있는" 콘텍스트로부터 제거된다. 즉 약속이 다양한 의사소통 참여자들의 행위들을 조정하고 행위와 관련된 결과를 야기하는 맥락으로부터 분리되는 것이다. 그때그때마다 실제적으로 실행된 언어행위만이 행위의 효과를 가진다. 인용의 방식으로 언급되거나 또는 보고되는 약속은 이 언어행위에 문법적으로 의존한다. 실행적 힘을 박탈하는 이 장치는 인용적 반복과 허구적 서술을 이어주는 교량을 형성한다. 물론 무대행위 역시 (배우, 감독, 무대장치가, 극장직원들의) 일상행위의 토대에 의존한다. 이와 같은 장치의 맥락에서는 약속이 "무대에서와는" 다른 방식으로, 즉 행위결과와 관련된 구속력을 가지고 기능할 수 있다. 데리다는 의사소통적 행위 내에서 일상 언어가 가지고 있는 탁월한 기능의 양태를 "해체하려는" 어떤 시도도 하지 않는다. 오스틴은 언어적 표현들의 실행적 구속력에서 행위조정의 기제를 발견하였다. 이 기제는 일상적 실천에 관여하는 정상적 담론을 허구적 담론, 모의실험적 말, 내면적 독백과는 다른 제한조건에 예속시킨다. 실행적 활동이 행위를 조정하는 힘을 전개하고 행위와 연관된 결과들을 야기하게끔 만드는 제한조건들이 "정상적" 언어의 영역을 규정한다. 이것들은 우리가 의사소통적 행위에서 실행해야만 하는 이상화하는 전제조건으로서 분석될 수 있다.

 2) 컬러가 데리다와 함께 오스틴과 설에 반대하여 제기하는 두번째 논증은 이와 같은 이상화와 연관된다. 언어행위를 일반화하는 모든 분석은 규준화된 언어행위의 비언표적 성공을 위하여 일반적인 콘텍스트적 조건들을 특수화시켜야만 한다. 설은 특히 이 과제에 몰두하였다. [55] 그런데 언어적 표현들은 변화하는 콘텍스트에 따라서 의미가 바뀐다. 게다가 콘텍스트들은 항상 더욱 특

238

수하게 서술될 수 있는 성격을 가지고 있다. 우리가 표현들을 본래의 맥락으로부터 분리시켜 다른 맥락 속으로 옮겨놓을 수 있다는 것은 우리 언어의 고유한 특성에 속한다. 데리다는 "접목"이라는 말을 한다. 이러한 방식으로 우리는 "결혼 약속"과 같은 언어행위에다 항상 새롭고 항상 비개연적인 콘텍스트들을 덧붙여 생각할 수 있다. 일반적 콘텍스트 조건들의 특수화에는 어떤 자연적 한계도 없다. "결혼식의 필요조건들이 충족되었지만 파티 중의 하나는 최면상태하에서 이루어졌다고 상상해 보자, 또는 의례가 모든 면에서 결함이 없지만 하나의 '예행연습'이었다고 상상해 보자, 또는 끝으로 연사가 결혼식을 진행할 자격이 있는 장관이었으며 결혼하는 이 쌍이 결혼허가증을 취득하였고, 이들 세 사람이 이 경우에는, 동시에, 결혼식 장면을 포함하고 있는 연극을 하고 있다고 상상해 보자."[56] 의미를 변화시키는 이와 같은 콘텍스트의 변형은 근본적으로 중지되거나 또는 통제될 수 없다. 왜냐하면 콘텍스트들은 고갈될 수 없기 때문이다. 즉 이론적으로 단숨에 제어될 수 없기 때문이다. 오스틴이 화자와 청자의 의도를 끌어댄다고 해서 이러한 어려움을 피할 수 없다는 것을 컬러는 설득력있게 보여주고 있다. 의례의 타당성을 결정하는 것은 결코 신부, 신랑 또는 성직자의 생각이 아니라, 그들의 행위와 이 행위들이 실행되는 여건들이다. "중요한 것은 서술의 그럴 듯함이다. 즉 끌어댄 콘텍스트의 특징들이 과연 발화의 비언표적 힘을 변화시키는 틀을 창조하는가, 창조하지 못하는가이다."[57]

설은 이러한 어려움을 다음과 같은 제한을 가지고 대처한다. 즉 어떤 문장의 문자적 의미는 언어행위의 타당성 조건들을 완전히 확정하는 것이 아니라, 일반적 세계상태의 정상성을 근본적으로 전제하는 가정체계를 통한 암묵적 보완에 의존한다는 것이다. 이와 같은 전반성적 배경의 확실성은 총체주의적 성격을 지니고 있다. 다시 말해 이 확실성은 헤아릴 수 있는 유한한 양의 특수

<hr>

55) John Searle, *Speech Acts* (Cambridge, 1969) ; *Expression and Meaning* (Cambridge, 1979).

56) J. Culler (1983), 121쪽 이하.

57) J. Culler (1983), 123쪽.

화를 통해 소진될 수 있는 것이 아니다. 문장의 의미들은——그것이 아무리
잘 분석된 것이라고 할지라도——한 언어공동체의 생활세계를 구성하는 분할
된 배경지식에 대해서만, 즉 상대적으로만 타당할 뿐이다. 그렇지만 설은 이
와 같은 상대화가 데리다가 추구하는 의지 상대주의를 의미하지 않는다는 점
을 분명히 밝힌다. 언어유희가 기능을 하는 한, 그리고 생활세계를 구성하는
전이해가 붕괴되지 않는 한, 참여자들은 그들의 언어공동체에서 "정상적"인
것이라고 이해되는 세계상태를 기대하며, 이 기대는 정당한 것이다. 배경을
이루는 개별적인 확신들이 문제가 되는 경우에, 그들은 합리적으로 유도된 합
의에 근본적으로 이를 수 있다고 전제한다. 이 두 가지는 모두 강력한, 즉 이
상화하는 전제들이다. 그렇지만 이와 같은 이상화들은 이론가들이 스스로 통
제할 수 없는 콘텍스트에——외견상 그것을 제어하고 있다는 인상을 주기 위
해——갖다 붙이는 자의적 로고스중심적 행위들은 아니다. 그것들은 오히려
의사소통적 행위가 가능하려면 참여자들 스스로 실행해야만 하는 전제조건들
이다.

  3) 우리는 이상화하는 전제조건들의 역할을 동일한 사태로부터 도출되는 다
른 필연적 결과를 통해 분명하게 밝힐 수 있다. 콘텍스트들은 가변적이고 임
의적 방향으로 팽창할 수 있는 까닭에, 동일한 텍스트는 상이한 읽기방식에
열려 있다. 통제할 수 없는 자신의 영향사를 가능하게 하는 것은 바로 텍스트
자체이다. 그렇지만 모든 해석은 불가피하게 잘못된 해석이며, 모든 이해는
오해라는 의도적으로 역설적인 데리다의 발언이 이와 같이 고귀한 해석학적
통찰로부터 추론되는 것은 아니다. 컬러는 "모든 책읽기는 그릇된 읽기이다"
라는 명제를 다음과 같이 정당화한다. "어떤 텍스트가 이해될 수 있다면, 원
칙적으로 그것은 반복적으로 이해될 수 있다. 즉 다른 상황에서 다른 독자들
에 의해 이해될 수 있는 것이다. 이러한 읽기 또는 이해의 행위들은 물론 동
일하지 않다. 그것은 변형과 차이를 포함하고 있다. 그렇지만 그것은 문제가
되지 않는다고 여겨지는 차이들이다. 그러므로 우리는 이해는 오해의 특별한
경우이며, 오해로부터 파생된 특별한 경향이라고 말할 수 있다. 그것은 오류
가 별 문제되지 않는 오해이다."[58] 물론 컬러는 여건 하나를 고려하지 않는

다. 모든 참여자들이 가능한 현실적 상호이해의——이를 통해 참여자들은 동일한 표현에 동일한 의미를 부여한다——연관점을 고수하는 한에서만, 이해과정의 생산성이 문제되지 않는 것이다. 시간적, 문화적 간격들의 교량역할을 하고자 하는 해석학적 노력은, 가다머가 보여준 바와 같이, 현실적으로 이루어지는 가능한 동의의 관념에 여전히 방향을 맞추고 있다.

일상생활의 의사소통적 실천으로부터 결정의 압박을 받고 있는 참여자들은 행위를 조정하는 동의에 의존한다. 해석들이 이와 같은 "진지한 경우"로부터 멀어지면 멀어질수록, 그만큼 더 쉽게 실현가능한 합의라는 이상화하는 전제조건으로부터 실제로 벗어날 수 있다. 그렇지만 그것들은, 그릇된 해석들이 이상적인 방식으로 얻을 수 있는 동의를 수단으로 하여 비판될 수 있어야 한다는 이념으로부터 완전히 면제될 수는 없다. 해석자는 이러한 이념을 자신의 대상에 적용하지 않는다. 그는 오히려 참여하는 관찰자의 실행적 태도로 이러한 이념을 직접적으로 참여하는 사람으로부터 받아들인다. 이 직접적 참여자들은 오직 상호주관적으로 동일한 의미를 부여할 수 있다는 전제조건하에서만 의사소통적으로 행위할 수 있다. 따라서 나는 데리다에 대항하기 위하여 비트겐슈타인적 언어유희 실증주의를 내세우고자 하지는 않는다. 하나의 텍스트 또는 하나의 표현에 어떤 의미를 부여할 것인가를 결정하는 것은 그때그때 실행된 언어유희의 실천이 아니다.[59] 오히려 언어유희들이 기능하는 까닭은 단지 언어유희를 포괄하는 이상화를 전제하기 때문이다. 이상화는——가능한 상호이해의 필연적 전제조건으로서——타당성 주장을 통해 비판될 수 있는 동의의 관점이 발생하도록 만든다. 이러한 제한조건하에서 작업하는 언어는 지속적인 검증에 예속되어 있다. 일상의 의사소통적 실천에서 행위자들은 세계 내의 대상에 대해 서로 의사소통을 한다. 이러한 의사소통적 실천은 스스로를 입증해야 하는 압박을 받는데, 이 과정에서 그러한 입증을 비로소 가능케 하는 것이 바로 이상화의 전제조건들이다. 이와 같은 일상적 실천의 입증압박을 수단으로 하여 우리는 오스틴과 설과 함께 "통상적" 언어사용을 "기생적" 언어사용

---

58) J. Culler(1983), 176쪽.

59) 이에 관해서는 J. Culler(1983), 130쪽 이하를 참조할 것.

과 구별할 수 있다.

3

파생된 형식에 대해 정상언어를 경계지을 수 있다는 가능성을 변론하는 한에서 (데리다 식 논의를 재구성한 컬러에 반대하여) 나는 이제까지 데리다의 기초적인 세번째 가정을 비판하였다. 나는 허구적 말이 정상적, 즉 일상적 언어사용과 어떻게 구별되는가를 아직 보여주지 않았다. 이것이 데리다에게 가장 중요한 측면이다. "문학"과 "글쓰기"가 더 이상 환원될 수 없는 일반적 텍스트 상관관계의——이 상관관계 속에서 결국 모든 장르의 차이들은 해체된다——모델이라면, 그것들을 허구의 자율적 영역으로서 다른 담론들과 구별해서는 안 된다. 미국의 문학비판적 데리다 추종자들에게 언어적 예술작품의 자율성에 관한 명제가 받아들여질 수 없는 까닭은, 앞에서 살펴본 바와 같이, 그들이 신비평과 구조주의적 미학의 형식주의와 결별하고자 하기 때문이다.

프라하의 구조주의자들은 본래 비언어적 현실과의 관계라는 관점에서 통상적 언어로부터 시적인 언어를 구별하고자 하였다. 의사소통적 기능을 가지고 등장하는 한, 언어는 언어적 표현과 화자, 청자, 그리고 표현된 사태 사이의 관계를 만들어내야만 한다. 뷜러(Bühler)는 자신의 기호학적 도식에서 이를 표현, 호소, 서술의 기호기능으로 파악하였다. [60] 그렇지만 언어가 시적인 기능을 충족시키는 한, 언어는 자기자신에 대한 언어적 표현의 반성적 관계를 통해 이 기능을 실현한다. 그 때문에 대상관계, 정보내용, 진리가치, 즉 타당성의 조건들은 도대체 시적인 언어에 대해 외면적이다. 그러므로 언어적 매개수단 자체를 지향하고, 자신의 고유한 언어적 형식을 지향할 때에만, 표현은 시적일 수 있다. 로만 야콥슨(Roman Jakobson)은 이러한 규정을 더욱 확장된 기능의 도식으로 수용한다. 그는 (뷜러에게로 거슬러 올라가는 화자 의도

---

60) K. Bühler, *Sprachtheorie* (1934) (Stuttgart, 1965), 24쪽 이하.

의 표현, 상호인격적 관계의 산출, 사태의 서술의 기능 외에도 관계맺음과 약호와 관련된 두 가지 기능들을 포함하는) 모든 언어적 표현에다 "소식 자체에 대한 태도를" 조종하는 시적인 기능을 부여한다.[61] 시적인 기능을——이 기능에 의하여 등가의 원리는 선택의 축으로부터 결합의 축으로 옮겨간다——더욱 상세하게 특징짓는 것은 여기서 우리의 주된 관심이 아니다. 우리의 관심을 불러일으키는 것은 오히려 경계지움의 문제에 있어 매우 중요한 흥미로운 결과이다. "시적인 기능을 시작(詩作)으로 축소시키거나 또는 시작을 시적인 기능으로 제한하고자 하는 모든 시도는 기만적인 단순화이다. 시적인 기능이 언어예술의 유일한 기능은 아니다. 시적인 기능은 다른 모든 언어적 활동에 있어서는 부차적인 하위 역할을 담당하는 데 반해, 언어예술에 있어서는 선행적으로 지배하고 구조를 규정하는 하나의 기능만을 의미하는 것이다. 시적인 기능은 기호의 탐지 가능성에 주의를 기울임으로써 기호와 대상 사이의 기초적인 이원론을 심화시킨다. 이러한 이유에서 시적인 기능을 연구하는 언어학은 시작의 영역에만 그 연구범위를 제한해서는 안 된다"[62] 그러므로 시적인 말은——항상 다른 언어기능들과 공동으로 충족되는——하나의 특정한 기능이 가지고 있는 우월성과 구조형성적 힘을 통해서만 탁월할 뿐이다.

리처드 오맨(Richard Ohmann)은 시적인 언어를 이러한 의미에서 상술하기 위하여 오스틴의 착상을 이용한다. 그에게 있어 언어적 예술작품의 허구성은 설명을 필요로 하는 현상이다. 다시 말해 그것은 지속되는 일상 실천의 토대 위에 특수하게 발전된 이차적 영역을 열어놓는 심미적 가상의 생산이다. 심미적 언어를 탁월하게 만드는 특징은 "세계생산적" 능력이다. "문학작품은 (……) 독자에게 불완전하고 약화된 언어행위를 제공함으로써 하나의 세계를 창조한다. 독자는 이 언어행위를 적당한 여건으로 보충함으로써 완성한다."[63] 허구를 생산하는 언어행위의 특이한 무력화는 이 언어행위가 비언표적 힘을

---

61) R. Jakobson, "Linguistik und Poetik"(1960), *Poetik* (Frankfurt/M., 1979), 92쪽.

62) R. Jakobson(1979), 92쪽 이하.

63) R. Ohmann, "Speech-Acts and the Definition of Literature", *Philosophy and Rhetoric*, 4(1971), 17쪽.

박탈당한다는 데 기인한다. 이 언어행위는 간접적 재현, 인용의 단절과 같은 것을 통해서만 비언표적 의미를 보존한다. "문학작품은 그 문장에, 통상적으로는 이들과 결합해 있어야 할, 비언표적 힘이 결여되어 있는 담론이다. 문학작품의 언표적 힘은 모방적(미메시스적)이다. 더욱 자세하게 말하면, 문학작품은 통상적으로 알려진 바와 같이 실제로는 실존하지 않는 일련의 언어행위들을 모방한다. 그렇게 함으로써, 문학작품은 독자로 하여금 어떤 화자, 어떤 상황, 일련의 부속적 사건들 등등을 상상하게끔 만든다."[64] 비언표적 힘을 괄호 안에 넣어 배제하는 것은——비언표적 힘 덕택으로 언어행위가 관계를 맺게 되는——세계연관을 잠재적으로 만들고, 또 이상화 주장을 토대로 세계 내에 있는 대상에 관해——의사소통의 참여자들이 그들의 행위계획을 조정하고 그렇게 함으로써 행위결과와 유관한 의무를 받아들일 수 있는 방식으로——서로 이해시켜야 하는 의무로부터 상호작용의 참여자들을 면제시킨다. "문학의 유사-언어행위는——서술하고, 촉구하고, 계약하는 등등의——일상적인 업무를 계속하지 않기 때문에, 독자들은 아마 비실용적 방식으로 문학적 언어행위를 주목할 것이다."[65] 구속력을 중성화하면, 무력해진 비언표적 활동은 의사소통적 일상실천이 주는 결정의 압박으로부터 벗어난다. 구속력의 중성화는 비언표적 행위를 통상적 담론으로부터 탈피시킴으로써, 새로운 세계를 유희적으로 창조할 수 있는 권한을 준다. 또는 그것은 혁신적 언어 표현이 가지고 있는 세계해명적 힘을 순수하게 드러낼 수 있는 권한을 부여한다. 언어의 세계해명적 기능의 특수화는 시적 언어의 본래적 자기관계성을 설명한다. 야콥슨이 언급하고 있는 이 자기관계성은 하트만으로 하여금 다음과 같은 수사학적 질문을 하도록 만든다. "문학적 언어는 우리가——낱말들이 존재로서보다는, 즉 동시에 동화될 수 있는 의미로서보다는 낱말들로서(바로 음향으로서) 나타나는 지시의 틀을 가지고 있는——문체에 부여하는 이름이 아닌가?"[66]

---

64) R. Ohmann(1971), 14쪽.

65) R. Ohmann(1971), 17쪽.

66) G. Hartmann, *Saving the Text*(Baltimore, 1981), XXI.

매리 L. 프래트는 데리다적 의미의 문학적 예술작품의 독립성에 관한 명제를, 물론 언어행위적 수단을 가지고, 반박하기 위하여 오맨의 연구를 인용한다.[67] 그녀는 허구성, 비언표적 힘을 배제하는 괄호치기, 의사소통적 일상실천으로부터의 시적 언어의 분리를 분명한 기준으로서 인정하지 않는다. 왜냐하면 유머, 아이러니, 소망의 환상들, 이야기, 우화와 같은 허구적 언어요소들은 우리의 일상적 담론을 관통하고 있으며, 결코 "세상사"로부터 분리된 자율적 우주를 형성하지 않기 때문이다. 반대로 사전류의 서적, 회상록, 여행보고서, 역사소설 또는 트루먼 케이포트(Truman Capote)의 『차가운 피로』와 같이 다큐멘터리 식의 사건을 다룬 추리소설이나 스릴러물들은, 우리가 비록 이것들을 주로 문학으로 분류하기는 하지만, 결코 명백한 허구세계를 만들어내지는 않는다. 자연적 설화들, 즉 일상생활에서 자발적으로 또는 희망에 따라 말해진 이야기들이 문학적 이야기들과 동일한 수사학적 구성법칙을 따르고 또 유사한 구조적 특징을 보인다는 점을 증명하기 위하여, 매리 L. 프래트는 래봅(W. Labov)의 사회언어학적 연구[68] 결과를 이용한다. "래봅의 자료들에 의하면 완전히 문학적이지만은 않은 용어로 된 설화적 수사학을 설명할 필요가 있다. 허구적 또는 모방적으로 조직된 발언들이 거의 모든 문학 외의 담론에서 등장할 수 있다는 사실은 우리가 허구성 또는 모방에 대해서도 동일한 것을 행해야 함을 요청한다. 다른 말로 표현하면, 어떤 작품의 허구성과 그것의 비문학성 사이의 관계는 간접적이다."[69]

그렇지만 정상 언어가 허구적, 설화적, 간단히 말해 수사학적인 요소들로 점철되어 있다는 상황이 언어적 예술작품의 자율성을 비언표적 힘의 괄호치기로 설명하려는 시도에 배치되지는 않는다. 왜냐하면 허구성은 야콥슨에 따르면, 언어의 세계해명적 기능이 다른 기능들에 대해 지배권을 획득하여 언어적 구성체의 구조를 규정하는 정도에서만, 문학을 일상적 담론과 구별하는 데 적

---

67) 이에 관해서는 다음의 글을 참조할 것. R. Ohmann, "Speech, Literature and the Space between", *New Literary History,* 5(1974), 34쪽 이하.

68) W. Labov, *Language in the Inner City* (Philadelphia, 1972).

69) M. L. Pratt, *Speech Act Theory of Literary Discourse* (Bloomington, 1977). 이에 관해서는 이 흥미로운 책을 언급한 컬러에 감사한다.

절한 특징이다. 어떤 측면에서 보면, 증인의 진술과 이야기를 구별하고, 모욕을 야유와 구별하고, 혼돈스러운 말과 역설을 구별하고, 주장과 가설을, 지각과 소망의 환상을, 전쟁행위와 훈련을, 실제의 재난에 관한 보고와 각본을 구별하는 것은 비언표적 타당성 주장의 파괴와 지양이다. 그러나 이들이 어떤 경우에도 비언표적 활동은 자신의 행위조정적 구속력을 상실하지 않는다. 비교하기 위해 인용한 경우들에 있어서도 언어행위의 의사소통적 기능들은 허구적 요소들이 생활실천적 상관관계로부터 분리될 수 없을 정도로 온전하다. 언어의 세계해명적 기능은 표현적, 규제적, 정보적 언어기능들에 대해 결코 독립성을 획득하지 못한다. 신중하게 조사한 소송사건의 과정을 문학적으로 작업한 트루먼 케이포츠의 경우가 바로 그럴지 모른다. 시적 기능의 우월성과 구조를 형성하는 힘을 정당화하는 것은 따라서 어떤 과정의 기록적 재현과 허구적 서술이 다르다는 것이 아니라, 이 사건을 그 맥락으로부터 이탈시켜 세계를 해명하는 혁신적 서술의 계기로 만든다는 점이다. 이 과정에서 수사학적 서술 수단들은 의사소통적 상궤로부터 벗어나 독자적인 삶을 획득한다.

매리 L. 프래트가 자신의 의지와는 달리 왜 이러한 시적 기능을 연구할 수밖에 없는가를 살펴보는 것은 흥미로운 일이다. 그녀의 사회언어학적 반대관점은 시적인 담론이 다른 담론들과 공유하는 언어상황의 분석으로 시작한다. 그것은 이야기를 하는 어떤 사람 또는 강연자가 청중을 향하여, 텍스트를 주목할 것을 요청하는 상황이다. 텍스트는 강연되기 이전에 준비와 선택의 특정한 과정에 예속된다. 청중의 인내와 판단력을 요청할 수 있기 위해서는 텍스트가 특정한 연관성의 기준을 충족시켜야 한다. 텍스트는 이야기될 가치가 있어야 하는 것이다. 이야기될 만한 가치(tellability)는 표본적이고 중요한 경험의 명시적 표현에 의해 평가되어야 한다. 이야기될 만한 텍스트는 그 내용에 있어 언어상황의 지방적 콘텍스트의 범위를 넘어서고, 더욱 정교화될 수 있다. "기대할 수 있는 바와 같이, 이 두 가지 특징들은——콘텍스트적 분리가능성과 정교화 가능성——똑같이 중요한 문학의 특성들이다." 그렇지만 문학적 텍스트들은 일반적 의미의 "전시적 텍스트(display texts)"와 이러한 특성들을 공유한다. 전시적 텍스트들은 그것이 가지고 있는 특수한 의사소통적 기능들과 관련하여 특징지워진다. "그것들은 특정한 목적에 종사하도록 만들어졌다. 이 목적을 나는 사건과 경험의 상태를 언어적으로 재현하는 것이라고 서술하였다. 그런데 이러한 상태들은, 수신인이 의도한 방식으로 효율적으로 응답하고, 의도한 가치평가와 해석을 채택하고, 그렇게 행함으로써 기쁨을 느끼고, 그리고 일반적으로 그 전체를 감행할 가치가 있다고 생각하기에는 비통상적이거나 또는 문제가 있다고 여겨진다."[70] 우리는 여기서 실용주의적 언어분석가가 외부로부터 문학적 텍스트를 어떻게 몰아붙이고 있는가를 볼 수 있다. 물론 문학적 텍스트들은 마지막 조건을 충족시켜야 한다. 문학적 텍스트들의 경우에 이야기할 만한 품위와 가치는 다른 기능과 특성들보다 우위를 점해야 한다. "궁극적으로, 이야기할 만한 가치는 주장 가능성 자체에 대해 우선권을 가질 수 있다."[71] 이 경우에만 (매리 프래트가 그라이스의 담화의 요구조건을 수단으로 하여 규정하고 있는) 의사소통적 일상실천의 요청들과 구조적 제한조건들이 무력화된다. 모든 사람이 자신의 의견을 정보성있게 구성하고, 상관있는 주요사항을 말하고, 정직하려 애쓰고, 불분명하고 애매모호한 표현들을 하지 않으려고 노력한다는 사실은 정상언어적, 의사소통적 행위의 이상화하는 전제조건들이다. 그렇지만 그것은 시적 담론의 전제조건들은 아니다. "이야기될 수 있는 것을 다룰 때의 정교화에 대한 우리의 관용은, 사실 그것은 우리의 성벽으로서, 그라이스의 용어로 말하자면, 텍스트를 표현할 때의 양, 질, 방법의 기준들이 그라이스가 단지 어떤 사실들만을 말하는 진술적 언어의 공리라고 생각하는 기준들과 다르다는 점을 암시한다."

결국 분석은 본래 그녀가 반박하고자 하였던 명제를 증명하는 방향으로 진행된다. 세계를 해명하는 언어의 시적인 기능이 우위를 차지하고, 구조형성의 힘을 얻게 되는 정도에 따라, 언어는 일상생활의 구조적 제한조건과 의사소통적 기능들로부터 벗어나게 된다. 언어적 표현형식이 반성적 형태를 획득함으로써 열리게 되는 허구의 공간은 비언표적 구속력과 이상화가 효력을 상실함으로써 이루어진 결과이다. 이상화는 주지하다시피 상호이해에 방향이 맞추어

---

70) Mary L. Pratt(1977), 148쪽.
71) Pratt(1977), 147쪽.

진 언어사용을 가능하게 만들고, 또 그렇게 함으로써 타당성 주장이 비판될 수 있다는 것을 상호주관적으로 인정함으로써 진행되는 행위계획의 조정을 가능하게 한다. 우리는 오스틴을 대상으로 한 데리다의 논쟁을 이와 같이 독특한 구조를 지닌 의사소통적 일상실천의 영역을 부정하는 것이라고 읽을 수 있다. 허구의 자율적 영역을 부정하는 것은 이러한 맥락에서이다.

4

데리다는 양자를 부정하기 때문에, 그는 시적 언어의 표본에 따라 아무 담론이나 분석할 수 있으며, 언어가 마치 세계해명의 특수목적을 지향하는 시적 언어사용에 의해 결정되는 것처럼 행할 수 있다. 이러한 관점에서 보면 언어 자체는 문학과 "글쓰기"와 일치한다. 정상적 담론과 시적인 담론의 고유 의미를 이중적으로 부정함으로써 성취한 언어의 심미화는 언어가 가지고 있는 시적-세계 해명적 기능과——변형된 뷜러의 기능도식은 고려하고 있는——세계내부적, 산문적 기능 사이의 양극적 긴장관계에 대한 데리다의 둔감성을 설명해 준다. [72]

지식습득, 문화적 전승, 정체성의 형성, 사회화, 사회적 통합과 같이 언어적으로 매개된 과정들은 세계 내에서 일어나는 문제들을 극복한다. 이 과정은 그 문제들의 집요함과 그 문제들에 맞추어진 언어적 매개수단 덕택으로 학습과정의 독립성을 획득한다. 이러한 학습과정의 독립성을 데리다는 인식할 수 없다. 데리다에게 있어, 세계 내에서 이루어진 언어적 매개과정들은 모든 것을 미리 결정하는 세계형성적 콘텍스트에 묶여 있다. 이 과정들은 마음대로 할 수 없는 텍스트 생산이라는 사건에 운명적으로 예속되어 있고, 근원문자로써 서술된 배경의 시적-창조적 변화에 의해 압도되고 있으며, 하찮은 지역성의 선고를 받는다. 심미적 콘텍스트주의로 인하여 데리다는 의사소통적 일상실천

---

72) 이에 관해서는 J. Habermas(1981), Bd. 1, 374쪽 이하를 참조할 것.

이 의사소통적 행위에 선험적으로 설치되어 있는 이상화의 덕택으로 세계 내의 학습과정을 가능하게 한다는 상황을 보지 못한다. 해석하는 언어의 세계해명적 힘은 바로 이 학습과정을 통해 실증되어야 한다. 해석적 언어는 모든 지방적 제한조건들을 초월하는 독자적 의미를 전개하는데, 그것은 제반 경험과 판단들이 오직 비판될 수 있는 타당성 주장의 관점에서만 형성될 수 있기 때문이다. 데리다는 상호이해에 방향이 맞추어져 있는 행위의 타당성 토대가 지닌 부정적 잠재력을 경시한다. 그는 언어의 세계생산적 능력만을 보고, 언어가 매개수단으로 소유하고 있는 문제해결의 능력은 그것 뒷전으로 밀어둔다. 그런데 의사소통적으로 행위하는 사람들은, 그들이 객관적 세계, 그들 공동의 사회적 세계 또는 그때그때마다 특권적으로 접근가능한 주관적 세계 내의 대상에 관해 서로 이해시키려고 하면, 이 매개수단을 통해 세계관계에 관여하게 된다.

리처드 로티는 이와 유사한 평준화를 실행한다. 그렇지만 그는 모든 세계내부적인 것을 결정하는 초월적 사건으로서 파악된 형이상학의 역사에 관념론적으로 묶여 있지 않다는 점에서 데리다와 구별된다. 로티에 의하면 과학과 도덕, 경제와 정치는 예술과 철학과 동일한 방식으로 언어창조적 돌기(突起)의 과정에 내맡겨져 있다는 것이다. 해석들의 흐름은 쿤적인 과학사와 같이 언어혁명과 언어정상화의 사이에서 율동적으로 약동한다. 로티는 문화적 삶의 모든 영역에서 두 상황 사이에서 일어나는 진동을 관찰한다. "하나는 무엇을 원하는지에 관해 사람들이 서로 의견의 일치를 보고, 그것을 획득할 수 있는 최선의 방법이 무엇인가에 관해 이야기할 때 마주치게 되는 종류의 상황이다. 이러한 상황에서는 몹시 생소한 것을 말할 필요가 없다. 왜냐하면 논증은 전형적으로 어휘들의 유용성에 관한 것이라기보다는 주장들의 진리에 관한 것이기 때문이다. 이와 대조되는 상황은 무엇이든지 단숨에 포착할 수 있는 상황이다. 이 상황에서는 토론의 모티브와 용어들이 논증의 핵심주제이다. (……) 이러한 시기에 사람들은 낡은 단어들을 새로운 의미 속으로 이리저리 던져보기 시작하고, 이따금 신어를 만들기도 하며, 처음에는 그 자체 관심을 끌지만 단지 나중에 가서 작업에 사용하는 새로운 관용어를 만들어내기도 한다."[73]

여기서 우리는 언어학적으로 변형된 생철학의 니체적 파토스가 어떻게 실용주의의 냉철한 통찰을 흐리게 만드는가를 볼 수 있다. 로티가 기획하고 있는 착상에서 언어적 세계해명의 혁신 과정은 세계내부적 실천을 통한 실증과정 속에서도 아무런 밑받침도 가지고 있지 않다. 의사소통적으로 행위하는 행위자들의 "예"와 "아니오"는 너무나 언어적 콘텍스트에 의해 미리 결정되고, 수사학적으로 규정되어 있는 까닭에, 소진의 단계에 등장하는 비정상들은 오로지 사라지는 생명력의 징후로만 서술된다. 다시 말해 그것은 실패한 문제해결과 타당성 없는 대답의 결과로서 등장하는 것이 아니라 자연과 유사한 과정, 즉 노화의 과정으로만 서술될 뿐이다.

세계내적인 언어실천은 그때그때 존립하는 콘텍스트의 지평을 넘어서는 타당성 주장으로부터 부정의 힘을 얻는다. 그러나 생철학적인 색채를 띠고 있는 콘텍스트주의적 언어개념은 "반사실적인 것"의 사실적 힘에 대해 둔감하다. 이 힘은 의사소통적 행위의 이상화하는 전제조건을 통해 타당성을 얻게 된다. 그렇기 때문에 데리다와 로티는, 일상적 의사소통으로부터 분화하여 그때그때마다 하나의 타당성 차원과 (진리 또는 규범적 정당성) 하나의 문제군에만 (진리문제 또는 정의문제) 맞추어져 있는 담론들이 가지고 있는 고유한 위상과 가치를 인식하지 못한다. 현대사회에서는 이러한 논증의 형식을 중심으로 과학, 도덕, 법의 영역들이 형성된다. 이에 상응하는 문화적 행위체계들은, 예술과 문학 활동이 세계해명의 능력들을 관장하는 것과 같은 방식으로, 문제해결의 능력들을 관장한다. 데리다는 이중 하나, 즉 "시적인" 언어기능을 과도하게 일반화하였기 때문에, 나머지 두 영역들, 즉 반대의 방향으로 분화된 비일상적 영역들에 대한 정상언어적 일상실천의 복합적 관계를 볼 수 있는 시각을 가지지 못하였다. 세계해명과 문제해결 사이의 양극적 긴장관계가 일상언어의 기능을 통해 결합되는 데 반해, 한편으로는 예술과 문학이 그리고 다른 한편으로는 도덕과 법이——그때그때마다 하나의 언어기능과 하나의 타당성 차원이 영향을 미치는 영역에서 형성되고 작업되는——경험들과 지식들을 통해

---

73) R. Rorty, *Deconstruction and Circumvention* (MS., 1983) ; *Consequences of Pragmatism* (Minneapolis, 1982), 특히 서론과 6,7,9장을 참조할 것.

특수화된다. 데리다는 철학을 문학과 비판에 동화시키기 위하여 이와 같이 복잡한 관계들을 총체주의적으로 단순화시킨다. 그는 철학과 문학비판의 양자가 제각기 자신의 방식대로 전문가 문화와 일상세계 사이의 매개자로서 차지하는 특수한 지위를 인식하지 못한다.

유럽에서 18세기 이래로 하나의 제도로서 형성된 문학비판은 한편으로는 예술의 분화에 참여하였다. 문학비판은 언어적 예술작품의 자율화에 대해, 취미 문제에 전문화된 하나의 담론을 가지고 대응한다. 문학비판을 통해 문학적 텍스트들이 등장할 때 제기하는 주장들이 검토된다. 다시 말해 "예술진리", 심미적 일치성, 표본적 타당성, 혁신의 힘과 진실성에 대한 주장은 문학비판을 통해 검증된다. 예술비판은 이러한 관점에서 보면 명제적 진리와 규범적 정당성을 전문적으로 다루는 논증의 형식들과 유사하다. 즉 이론적 담론과 실천적 담론과 유사한 것이다. 그렇지만 문학비판은 전문가 문화의 폐쇄적 구성요소를 이룰 뿐만 아니라, 그밖에도 전문가 문화와 일상세계를 매개하는 과제를 가지고 있다.

예술비판의 이와 같은 교량기능은 문학작품을 고려할 때보다 음악과 조형예술과 연관지어 보면 더욱 분명하게 드러난다. 문학작품들은 이미, 그것이 비록 시적으로 자기관계적인 언어라고 할지라도, 언어의 수단을 통해 서술되어 있다. 비판은 이와 같이 이차적인 개방적 관점에서 특유의 번역 활동을 실행한다. 비판은 예술작품의 경험내용을 정상 언어로 옮겨놓는다. 오로지 산파술적 방법을 통해서만, 예술과 문학의 혁신력은 의사소통적 일상행위를 통해 재생산되는 생활형식과 생활사를 위해 방출된다. 이러한 사실은 평가적 어휘의 변화된 구성에서 표출된다. 즉 그것은 지각의 방식을 통해 생활방식의 색조를 변화시키는 가치의 방향설정과 욕구의 해석들을 개선하는 것으로 표현된다.

문학비판과 마찬가지로 철학도 역시 비슷한 이중적 지위를 갖는다. 어쨌든 현대철학은 종교의 요청들을 더 이상 이론의 이름으로 해결할 수 있다고 약속하지 않는다. 철학은 한편으로 과학, 도덕, 법의 토대에 관심을 기울이고, 이들의 언명과 이론적 요청들을 결합시킨다. 철학은 보편주의적 문제설정과 강력한 이론의 전략으로 특징지워지는 까닭에, 제반 과학들과 긴밀한 관계를 유지한다. 그럼에도 불구하고 철학은 전문가 문화의 폐쇄적 구성요소인 것만은 아니다. 철학은, 비록 일상적 실천의 확실성을 무자비하게 반혁적으로 흔들어 놓는다고 할지라도, 생활세계와 건전한 상식과도 마찬가지로 친밀한 관계를 유지한다. 개별적 타당성의 차원에 따라 분화된 지식체계들에 대해, 철학적 사유는——의사소통적 행위를 통해 조직되고 결합되는——제반 기능과 구조들의 전체에 관한 생활세계적 관심을 대변한다. 어쨌든 철학적 사유는 이와 같은 총체적 연관성을 반성적 힘을 가지고 보존한다. 그런데 오직 직관적 파악을 통해서만 현재하는 생활세계의 배경에는 이 반성력이 결여되어 있다.

여기서 간단히 기술한 바와 같이, 한편으로는 일상생활에 대한, 그리고 다른 한편으로는 예술, 문학, 과학, 도덕의 특수구조에 대한 비판과 철학의 위상을 관찰하면, 철학과 문학 사이의 본질적 장르 구별의 평준화가 무엇을 의미하고, 또 명제 (2)와 (2′)를 통해 주장된 문학에 대한 철학의 동화와 철학에 대한 문학의 동화가 무엇을 의미하는지 분명해진다. 이러한 평준화는 언어의 수사학적 요소들이 전혀 상이한 역할들을 담당하고 있는 상호관계를 혼란에 빠뜨린다. 수사학적인 것은 오직 시적인 표현의 자기관계성을 통해서만, 즉 세계해명을 전문적으로 담당하는 허구의 언어를 통해서만 순수한 형식으로 등장한다. 일상생활의 정상적 언어도 역시 근절할 수 없을 정도로 수사학적이다. 그러나 다양한 언어기능들이 결합관계에서 수사학적인 요소들은 뒷전으로 물러난다. 세계를 구성하는 언어적 구성체는 틀에 박힌 일상적 실천 속에서 거의 경직되기까지 한다. 과학과 기술, 법과 도덕, 경제, 정치 등등의 특수언어들의 상황도 이와 비슷하다. 이들도 역시 비유적 언어표현의 빛을 받고 살아가지만, 결코 제거되지 않은 수사학적 요소들은 약화되어 문제해결의 특수 목적을 위해 사용된다.

수사학적 요소는 문학비판과 철학의 언어에서는 다르지만, 더 중요한 역할을 한다. 문학비판과 철학은 모두 비슷하게 모순적 과제에 직면한다. 그들은 그때그때마다 개별적인 타당성의 관점에서 지식을 축적하는 전문가 문화의 내용들을 일상적 실천으로 인도해야 한다. 이 일상적 실천에서는 모든 언어기능들과 타당성의 측면들이 여전히 서로 얽혀 있으며, 하나의 정형 (定型)을 형성한다. 문학비판과 철학은 이러한 매개의 과제를 특별히 취미문제와 진리문제를 위해 전문화된 특수한 언어들로부터 차용한 표현들을 가지고 수행해야 한다. 그들은 표현된 발언내용과 간접적 의사전달을 의도적으로 연결시키는 데 필요한 정도만큼 자신들의 특수언어를 수사학적으로 확장하고 풍부하게 함으로써 그들은 이러한 모순을 해결할 수 있다. 이러한 사실은 문학비판가와 철학자의 연구들을 똑같이 특징지워주는 수사학적인 경향을 설명해 준다. 중요한 비판가와 위대한 철학자들은 일류의 작가들이다. 그들의 수사학적 업적을 통해 문학비판과 철학은 문학과 서로 의형제를 맺고 있다고 할 수 있다. 그러나 그들의 친화관계는 바로 이 점에서 끝난다. 왜냐하면 그들의 학제적 연구에 있어서 수사학적 수단들은 각각 다른 논증의 형식에 예속되어 있기 때문이다.

데리다의 조언대로 철학적 사유가 문제를 해결해야 하는 의무로부터 면제되어 문학비판적으로 기능이 변화된다면, 그것은 자신의 진지성을 박탈당할 뿐만 아니라 그것이 가지고 있는 생산성과 활동능력을 박탈당한다. 그리고 문학부에 있는 데리다의 제자들이 생각하고 있는 바와 같이 문학비판이 활동방향을 심미적 경험내용의 자기화로부터 형이상학 비판으로 전환한다면, 문학비판적 판단력도 마찬가지로 자신의 잠재력을 상실한다. 어떤 시도를 그릇되게 다른 시도와 동화시키는 것은 양자에게서 모두 그들이 가지고 있는 실체와 본질을 박탈한다. 이성의 자기관계성이 가지고 있는 모순을 약화시키기 위하여 철저한 급진적 이성비판을 수사학의 영역으로 옮겨놓는 사람은 이성비판의 예리한 날을 오히려 무디게 만든다. 그러므로 철학과 문학 사이에 있는 본질적 장르의 차이를 지양하고자 하는 그릇된 의도는 아포리아로부터 벗어날 수 없다.[74]

---

74) 우리의 고찰은 어쨌든 하이데거, 아도르노, 데리다가 이와 같은 아포리아에 왜 빠졌는가를 볼 수 있는 지점에 도달하였다. 그들은 헤겔의 제1세대 제자들과 같이 마치 "마지막" 철학자의 그늘 안에 살고 있는 것처럼 저항한다. 그들은 150년 이상이나 과거에 속해 있는 이론, 진리, 체계의 "강력한" 개념들을 여전히 부정한다. 그들은 데리다가 "가슴의 꿈"이라고 명명한 것으로부터 철학을 깨워야 한다고 여전히 믿는다. 다시 말해 그들은 모든 것을 결정하는 마지막 말을 담고

있는 이론을 세워야 한다는 망상으로부터 철학을 떼어놓아야 한다고 생각한다. 그와 같은 포괄적이고, 폐쇄적이며, 최종적인 발언의 체계는 자기자신을 스스로 해명하는 언어로 서술되어 있음에 틀림없다는 것이다. 이 언어는 "어떤 주석도 요청하기는커녕 허용하지도 않으며, 해석에 해석이 꼬리를 무는 영향사를 중지시킨다. 이러한 맥락에서 로티는 다음과 같은 언어의 요청에 관해 말하고 있다. 어떤 주석도 받아들이지 않고, 어떤 해석도 요청하지 않으며, 후세대들이 극복하거나 비웃을 수 없는 언어. 그것은 본질적으로 그리고 자명하게 최종적인 어휘에 대한 희망이며, 그뿐만 아니라 우리가 이제까지 산출한 가장 포괄적이며 생산적인 어휘에 대한 희망이다." R. Rorty(1982), 93쪽 이하.

몰락이라는 형벌에도 불구하고 파르메니데스로부터 헤겔에 이르기까지 추구되고 있는 이 형이상학의 고전적 목표를 이성이 고수하도록 할 수 있다면, 이성이 헤겔 이후의 대안에도 불구하고 여전히 위대한 전통에서 그랬던 것처럼 이론, 진리, 체계의 강력한 개념들을 고수할 수 있거나 아니면 이성이 스스로를 포기한다면, 적절한 이성비판은 실제로 깊이있는 뿌리까지 건드려야 하는 까닭에 자기관계성의 모순을 결코 벗어날 수 없다. 니체는 바로 이 점을 서술하였다. 불행하게도 하이데거, 아도르노, 데리다 역시 철학의 안에 보존되어 있는 보편주의적 문제설정들을, 철학이 자신의 대답들을 위해 한때 요청하였던 —— 이미 오래전에 포기한 —— 지위요청들과 혼동한 것처럼 보인다. 그런데 보편주의적 물음들의 —— 예를 들면 발언의 합리성의 필연적 조건에 대한 물음과 의사소통적 행위와 논증의 실용주의적 일반적 조건에 대한 물음 —— 범위는 비록 보편적 발언의 문법적 형식에 반영되고 있기는 하지만, 이 발언과 발언의 이론적 틀을 위해 요청하는 타당성의 또는 "마지막 근거지움"의 무조건성에 반영되지는 않는다. 과학의 반증주의적 의식은 이미 오래전에 철학을 앞질렀다.

이러한 반증주의를 통해 우리는, 철학자이든 비철학자이든 간에, 결코 진리 주장을 포기하지 않는다. 1인칭의 실행적 태도에 있어서는 진리 주장이 —— 하나의 주장으로서 —— 공간과 시간을 초월하는 방식 이외의 방식으로는 제기될 수 없다. 그러나 우리는 진리 주장을 위한 영점-콘텍스트가 존재하지 않는다는 것을 안다. 진리 주장들은 지금 여기서 제기되고, 항상 비판을 지향한다. 그렇기 때문에 우리는 그 주장들이 내일 또는 다른 장소에서는 수정될 수 있다는 진부한 가능성을 기대한다. 철학은 예나 지금이나 우리의 삶의 형식에 내재하고 있는 이성요청의 의미에서의 합리성의 보호자로서 이해된다. 그렇지만 작업함에 있어서 철학은 강력한 발언과 약한 지위 요청의 혼합을 선호한다. 그런데 이 지위 주장은 그것에 대해 전체화하는 이성비판을 제기해서는 안 된다는 점에서 덜 전체주의적이다. 이에 관해서는 J. Habermas, "Die Philosophie als Platzhalter und Interpret", *Moralbewußtsein und kommunikatives Handeln*(Frankfurt/M., 1983), 7쪽 이하.

에로티시즘과 일반 경제학의 사이 : 바타이유

1

1962년 바타이유가 사망한 뒤 그의 오랜 동료인 미셸 레이리스(Michel Leiris)는 다음과 같은 말로 친구를 서술하고 있다. "어쩔 수 없는 사람으로 존재하였던 시절에, 그는 정말 받아들일 수 없는 것에서 발견할 수 있었던 모든 것들에 의해 매혹되곤 하였다. 그리고 나서 그는 (자신의 옛 이념에 따르면, 어린이가 화가 나 발을 동동 구르며 말하는 '아니오'를 극복하기 위하여) 자신의 시야를 확장하였다. 인간은 이와 같은 무절제 속에서 자신의 고유한 척도와 중심을 탐구할 때 비로소 진정한 인간이 된다는 의식을 가지고 그는 스스로를 불가능한 것의 사람으로 만들었다. 그리고 디오니소스적 도취 상태에서 위와 아래가 섞여 있는 지점, 전체와 무(無) 사이의 간격이 사라지는 지점에 도달하기를 그는 열망하였다."[1] "어쩌지 못할" 또는 "불가능한"이라는 인정하는 투의 수식어는 일차적으로 마르키 드 사드(Marquis de Sade)의 흑색 글쓰기를 계속하는 "외설적 작품"의 저자를 염두에 두고 있는 것이다. 그렇지만 그것은 또한 이데올로기 비판자 니체라는 불가능한 유산을 물려받으려

---

1) M. Leiris, "Von dem unmöglichen Bataille zu den unmöglichen Documents" (1963), *Das Auge des Ethnologen* (Frankfurt, 1981), 75쪽.

고 시도하는 철학자와 학자를 지칭하기도 한다.

바타이유는 비교적 일찍이(1923년) 니체를 읽었다. 그것은 레이리스가 그를 앙드레 마송(André Masson) 중심의 그룹에 끌어들이고, 당시 지배적인 초현실주의자들에게 소개시키기 1년 전의 일이다. 바타이유는 현대성의 철학적 담론에 하이데거와 유사한 방향을 제시한다. 그렇지만 그는 현대와 결별하기 위하여 전혀 다른 길을 선택한다. 신성함에 관한 자신의 개념을 바타이유는 인간학적으로 정당화된 기독교 비판으로부터 발전시킨다. 이 비판은 니체의 『도덕의 계보학』과 짝을 이룬다. 그는 내재적으로 접근하는 형이상학 비판에는 관심을 두지 않는다. 국립도서관의 사서로서 그리고 파리 지성인들의 한가운데서 작가적 활동을 하는 보헤미언으로서 영위하였던 그의 이중적 생활을 보면, 이미 바타이유는 마르부르크와 프라이부르크에서 철학교수였던 하이데거와 서로 다른 세상에서 살았다는 것을 분명히 알 수 있다. 두 사람을 구별하는 것은 무엇보다도 두 가지 핵심적 경험들이다. 그것은 초현실주의의 주위에서 얻은 심미적 경험과 좌파 급진주의와의 교류를 통한 정치적 경험이다.

『초현실주의적 혁명』이라는 잡지를 중심으로 한 그룹은 20년대말 해체된다. 브르통은 자신의 제2차 초현실주의 선언에서 변절자들을 신랄하게 비판하고, 이들은 대규모의 반대공격으로 응답한다. 이때부터 브르통의 『연합』과 바타이유의 『민주적 공산주의자 서클』은 서로 반목한다. 같은 시기에 바타이유는 미셸 레이리스와 칼 아인슈타인과 함께 유명한 『기록』이라는 잡지를 창간한다. 편집자들의 중요한 연구들은 이 잡지에 실린다. 여기서 바타이유는 우선 "이질성"의 개념을 발전시킨다. 그는 제반 과학들의 방법론적 파악으로부터 벗어날 뿐만 아니라 시민적 생활형식과 일상생활의 상궤에로 동화하기를 거부하는 모든 요소들을 이렇게 명명한다. 이 개념으로 바타이유는 초현실주의적 작가와 예술가들의 근본경험을 응축시킨다. 그런데 이들은 규약적으로 각인된 지각과 체험의 방식들을 흔들어놓기 위하여 유용성, 정상성, 냉철성의 명법들에 반대하여 도취와 꿈과 같은 황홀경, 본능적인 것이 가지고 있는 망아적(忘我的) 힘들을 충격적으로 제공하고자 한다. 이질성의 영역은 주체가 자기자신과 세계와 친밀하게 교섭할 수 있도록 보장하는 범주들이 붕괴되는 순간에, 즉

256

매료당한 경악이 폭발하는 순간에만 비로소 열린다. 물론 바타이유는 이질성의 개념을 처음부터 사회로부터 배척되거나 또는 주변부로 밀려난 사회적 집단에 적용하였다. 이질성의 개념은 보들레르 이래로 우리에게 친숙해진 반대 세계, 즉 사회적 정상성으로부터 제외된——인도 최하위 계급인 파이아와 같은 부랑민, 순결하지 못해 근접해서는 안 될 사람들, 창녀 또는 룸펜노동자들, 미친 사람들, 폭동가와 혁명가들 또는 보헤미언들과 같은 사람들일 수 있다——요소들의 세계에 적용된다. 그런데 심미적으로 영감을 받은 이 개념은 또한 이탈리아와 독일 파시즘을 분석하는 도구로 사용된다. 바타이유는 파시즘적 지도자들에게 이질적 실존의 성격을 부여하고 있다.

대립적인 생활사적 방향설정들, 반대의 정치적 대안들, 그리고 한편으로는 에로티시즘적 글쓰기와 학문적 에세이 사이에 있는 명백한 차이들과 다른 한편으로는 철학적 탐구와 존재 신비론 사이에 있는 분명한 차이들. 이러한 대조점들은 얼핏 보기에 바타이유와 하이데거를 결합하는 공통적 기획을 발견하는 일을 어렵게 만든다. 두 사람에게 모두 중요한 것은 현대성의 감옥으로부터, 즉 세계사적으로 승리해 왔던 서양 이성의 폐쇄적 우주로부터 탈출하는 것이다. 양자는 모두, 세계를 자신의 물화적 폭력으로 점령함으로써 이를 기술적으로 소유할 수 있고 경제적으로 유용할 수 있는 객체들의 총체성으로 응고시키는, 주관주의를 극복하고자 한다. 이 기획에 있어 두 사상가는 너무 일치하여서, 푸코가 바타이유의 이념 "경계선 넘기"에 관해 말한 것은 똑같이 후기 하이데거의 초월개념에 관해서도 말할 수 있다. "경계선과 월경 (越境)은 오늘날 아마 '근원'의 사유에 대한 본질적 시금석일 것이다. 이것은 또 니체가 자신의 작업 초기부터 우리에게 과다하게 책임을 지운 바로 그 사유이다. 그것은 비판과 존재론을 동시에 가진 사유이고, 또 유한성과 존재를 생각하는 사유이다."[2] 이어지는 다음의 문장에서 바타이유의 이름은 슬그머니 하이데거의 이름으로 대체될 수 있다. "'철학자'의 문법적 기능의 통일성을 보존하는 일을 중요하게 여기는 모든 사람들에게, 우리는 바타이유의 표본적인 시도를

---

2) M. Foucault, "Vorrede zur Überschreitung", *Von der Subversion des Wissens* (München, 1974), 40쪽.

대립시킬 수 있다. 그는 철학적 주체의 주권을 그 내면에서 파괴하려는 작업을 부단히 해왔다. 그렇기 때문에 그의 언어와 경험은 일종의 고통스러운 고문이다. 즉 철학적 언어를 통해 말하고 있는 것을 의도적으로 해체하는 것이며, 한밤중에 빛남으로써 들을 수 없는 낱말들을 태어나게 만드는 별들을 파종하는 것이다. ”[3]

　그럼에도 불구하고 바타이유는 인식적 합리주의의 토대와, 객관화하는 과학과 기술의 존재론적 전제조건의 관점에서 이성을 공격하지 않는다는 사실에서 결정적인 차이가 나타난다. 바타이유는 오히려 윤리적 합리화의 토대에 관심을 집중한다. 베버에 의하면 이 윤리적 합리화는 자본주의적 경제체제를 가능하게 하였으며, 사회적 삶 전체를 소외된 노동과 축적과정의 명법에 예속시켰다. 바타이유는 현대성의 원리를——권위주의적으로 자만하고——극단적으로 자율적인 자기의식에 고정시키지 않고, 그때그때마다 주관적 목적의 실현에 기여하는 이익극대화 행위의 성공지향성의 관점에서 파악한다. 하이데거와 바타이유는 객관화하는 사고와 목적합리적 행위가 역사적 힘을 전개하게 되는 동일한 경향을 주목한다. 그러나 잘못된 것을 뿌리로부터 근본적으로 파악하고자 하는 비판은 각각 다른 방향을 취한다. 형이상학 비판적으로 접근하는 하이데거는 초월적 주체성의 얼어붙은 땅에 갱도를 파고 들어가, 마침내는 시간적으로 유동화된 근원의 진정한 토대를 드러내고자 한다. 이와는 반대로 도덕비판적으로 시작하는 바타이유에게 중요한 것은 주체성의 토대를 다시 한번 심화시키는 것이 아니라 오히려 주체성의 경계제거(Entgrenzung)이다. 즉 단자와 같이 자기자신의 내면에 갇혀 있는 주체가 낯설어지고, 배제되고, 단절되고, 분열된 생활연관의 친밀성 속으로 다시 되돌아오는 표현과 외화의 형식이 그에게는 중요하다. 이와 같은 경계제거의 이념을 통해 바타이유에게는 하이데거와는 전혀 다른 관점이 열려진다. 자기자신을 초월하는 주체성은 초토대주의적 존재역운을 위하여 자신의 권리를 박탈당하고, 힘을 상실하는 것이 아니라, 추방된 충동적 힘들의 주권을 회복한다. 신성한 영역에 대한 개방

---

3) 앞의 책, 44쪽.

은 자신의 아우라(Aura, 신비적 분위기)를 통해 단지 암시되기만 하고 규정되지 않은 운명의 권위에 예속됨을 의미하지 않는다. 신성한 것으로의 경계선 넘기는 주체성의 겸허한 자기포기를 의미하지 않고, 오히려 진정한 주권의 해방을 의미한다.

존재가 아니라 주권이 결정적이라는 사실은 결코 우연이 아니다. 이 점은 심미적으로 영감을 받은 니체의 자유와 자기주장의 개념에 근접해 있음을——하이데거에게는 생각할 수 없는——보여준다. 니체에서와 마찬가지로 바타이유에게도 자기자신을 고양시키고 의미를 충족시키는 권력에의 의지는 동일자의 영원회귀라는 우주적 운명성과 일치한다. 니체와 바타이유를 연결시키는 것은 무정부주의적 근본경향이다. 이러한 사유는 모든 권위에 반대하고, 또한 권위로서 파악되는 신성한 것에도 반대하기 때문에, 신의 죽음에 관한 학설은 엄격하게 무신론적이다. 그러나 이 명제를 고상한 목소리로 반복하고 있는 하이데거에게서 이 명제는 급진성을 상실한다. 물론 존재적인 것으로서의 신은 부정되고 있다. 그렇지만 존재론적으로 정당화된 계시의 사건은——많은 의미를 함축하고——투사된 신의 형상이 파괴됨으로써 빈 자리로 남아 있는 문법적 장소를 맴돌고 있다. 마치 우리에게 한때 결여되어 있었던 것이 단지 말로 표현할 수 없는 이름을 명명할 수 있는 언어인 것처럼. 그렇기 때문에 푸코의 물음 : 즉 "신이 실존하지 않는다면, 신을 죽인다는 것이, 실존하지 않는 신을 죽인다는 것이 무슨 의미가 있는가?"[4]라는 물음은 하이데거에 해당되는 것이 아니라 바타이유에게만 적절하다. 푸코는 바타이유가 신성한 것을 철저하게 무신론적으로 생각하고 있기 때문에 자기자신을 초월하는 주체성의 방종을 에로틱한 것의 경험영역에서 찾아야만 한다는 것을 알아차렸다. 신성한 것의 세속화는 물론 초월의 모델이다. 바타이유는 현대에서는 더 이상 세속화할 것이 존재하지 않는다는 사실에 대해 착각하지 않는다. 즉 그는 신성한 것 대신에 하나의 존재신비론적 대체물을 창조하는 것이 철학의 과제일 수 없다는 사실에 대해서도 혼란스러워하지 않는다. 바타이유는 성적(性的)인 경

---

4) 앞의 책, 35쪽.

험지평과 신의 죽음을 내면적으로 결합시킨다. 그것은 "아주 오래된 우리의 태도에 새로운 내용을 부과하기 위한 것이 아니라, 대상이 없는 세속화를 가능하게 하기 위해서이다. 즉 자기자신을 향해 방향이 돌려진 공허한 세속화를 ——이 세속화의 도구가 단지 자기자신에게만 적용된다—— 가능하게 만들기 위해서이다. "[5]

나는 바타이유가 사회의 동질적인 요소와 이질적인 요소라는 개념을 수단으로 수행한 파시즘 분석이 현대성의 구성에 어떤 의미를 가지고 있는가를 우선 보여주고자 한다. 바타이유는 주권의 힘과 노동의 힘이 서로 반목하는 이성의 역사 내에 현대가 묶여 있는 것으로 파악하고 있다. 이성의 역사는 신성한 사회의 태고적 시원으로부터 시작하여 총체적으로 철저하게 사물화된 경제적 소비에트 권력의 세계에까지 이른다. 철저하게 물화된 이 세계에서는 주권의 마지막 봉건주의적 흔적들이 완전히 제거되었다. 그런데 동질적인 구성요소와 이질적인 구성요소의 완전한 분리는 사회적 평등을 개인의 주권과 화해시키는 사회구성체로의 관점을 열어준다. 배척되고 추방된 부분으로 파악되고 있는 이질적인 것에 관한 바타이유의 인간학적 설명은 물론 변증법적인 모든 사유형태와 결별한다. 그렇기 때문에 바타이유가 어떻게 총체적으로 사물화된 ——동토가 된—— 사회로부터 주권의 혁신으로 넘어가는 혁명적 이행과정을 설명하고자 하는가 하는 물음이 제기된다. 전체 자연의 에너지에까지 확장된 일반경제에 관한 그의 견해는 이 물음에 대한 대답으로 이해될 수 있다. 그렇지만 이러한 시도는 자기관계적 이성비판의 모순에 빠진다. 그러므로 바타이유는 결국 한편으로는 계몽의 변증법이라는 헤겔적 기획에 비일관적으로 다시 의존하기도 하고, 다른 한편으로는 학문적 분석과 언어적 신비주의를 서로 매개시키지도 않고 병행하기도 한다.

---

5) 앞의 책, 33쪽.

2

이탈리아에서의 파시즘 운동의 승리와 독일제국에서의 민족사회주의의 권력 장악은 이미, 아우슈비츠 훨씬 이전에, 격앙을 불러일으켰을 뿐만 아니라 열광적 흥분의 물결을 만들어낸 현상이었다. 어떤 시대사적 감수성의 이론도 가장 깊은 내면에까지 미친 파시즘의 관통력의 영향을 피할 수 없었다. 그것은 특히 20년대말과 30년대 초기의 형성기에 처해 있던 이론들에 해당한다. 이 점은 우리가 이미 살펴본 바와 같이 하이데거의 기초존재론에 해당하며, 바타이유의 이질성 이론 또는 호르크하이머의 비판이론에도 마찬가지로 해당한다.[6] 하이데거가 막 자신의 "지도자"를 위한 선거연설을 하였던 1933년 11월에 바타이유는 『파시즘의 심리학적 구조』라는 자신의 연구를 발표한다. 마르크스주의적으로 설명하려는 시도와는 반대로, 그는 이론적으로만 가능한 경제적, 사회구조적 원인들에 관심을 기울이지 않고, 포착할 수 있는 현상들, 즉 신정치운동의 사회심리적 현상형태들에 주목한다. 그의 관심을 끈 것은 무엇보다도 카리스마적 지도자 인물들에 대한——일반투표의 형식으로 동원되고 가동된——민중들의 밀착과 결합이다. 즉 (페스트의 히틀러 영화에 의해 상기된) 파시즘적 지배의 쇼(Show)의 측면, 신성한 인물로서의 지도자에 대한 의례적 숭배, 예술적으로 연출된 대중의례, 분명하게 표현되는 폭력과 최면, 합법성의 파괴, 민주주의와 평등한 동포애라는 가상의 포기에 그는 관심을 가진다. "지도자와 추종자들을 도덕적 자기동일화의 형식을 통해 결합시키는 감정적 흐름은, 스스로를 고양시키고, 무절제한 영역까지 폭력적으로 증대하는 에너지들에 관한 공동 의식이 기능한 결과이다. 이 에너지들은 지도자의 인물에게서 축적되고, 그는 그것을 무한히 사용할 수 있다."[7]

---

6) 이에 관해서는 다음의 글을 참조할 것. H. Dubiel, *Wissenschaftsorganisation und politische Erfahrung* (Frankfurt/M., 1978) ; H. Dubiel, "Die Aktualität der Gesellschaftstheorie Adornos", L.v. Friedeburg/J. Habermas (Hrsg.), *Adorno-Konferenz* (Frankfurt/M., 1983), 293쪽 이하.

7) G. Bataille, *Die psychologische Struktur des Faschismus. Die Souveränität* (München,

이 당시 바타이유는 위기의 —— 파시즘은 이 위기를 단지 이용하였을 뿐이다 —— 객관적 조건을 간과하지 않을 정도로 충분한 마르크스주의자였다. 기존 사회와는 조금도 닮지 않은 일종의 폭력이 기능의 틈새를 파고들려면, 우선 자본주의적 경제와 생산장치는 "내면적 모순에 의거하여" 붕괴해야만 한다. 선택자유의 원리는 민주주의적으로 구성된 산업자본주의에 장치되어 있다. 선택의 주관적 자유는 사적인 기업인과 생산자뿐만 아니라 (투표함 앞에서 개별화되는) 국가시민을 위해 존립한다. "사회민족주의의 운동과 결과적인 승리는 결국 다음의 사실에 기인한다. 즉 몇몇의 독일 자본주의자들은 개인적 자유의 원리가 위기상황에서는 얼마나 자신들에게 위험해질 수 있는가를 의식하였다."[8] 그렇지만 이 원리를 전체주의적으로 폐지하라는 기능적 요청은, 그 자체로 보면, 공허한 소망에 불과하다. 파시즘이 양분을 얻고 있는 자원들은 결코 기능주의적으로 설명될 수 없다. 즉 정서생활의 형식들이 무진장 풍부하다는 사실은 설명될 수 없다. "지도자 국가가 통제하고 있는 이 힘들은 분명히 기존 사회와는 이질적인 영역으로부터 유래한다는 사실이 바타이유로 하여금 이 이질적인 요소를 연구하도록 자극한다.『대중심리와 자아-분석』"[9] 에 관한 프로이트의 연구에 의거하여 심리분석적으로 설명하려는 시도에 바타이유는 만족하지 않는다. 그는 오히려 파시즘의 뿌리들이 —— 자기반성의 분석력이 미치는 —— 무의식보다 훨씬 깊은 곳에 있다고 확신한다. 바타이유가 이질적인 것의 분리에 적합하다고 생각하는 모델은 프로이트적 억압의 모델이 아니다. 그가 생각하는 모델은 오직 방종을 통해, 즉 폭력적으로만 파괴될 수 있는 경계들의 배척과 안정화이다. 바타이유는 전체사회적 본능의 경제학을 탐구한다. 이 경제학은 왜 현대가 생명을 위협하는 배척을 아무런 대안 없이 실행하고 있으며, 현대의 기획을 서구 마르크스주의에 이르기까지 수반하였던 계몽의 변증법에 대한 희망이 왜 헛된가를 설명해야 한다. "동질적 사회는 자

    1978), 19쪽.

 8) Bataille(1978), 38쪽.

 9) 이에 관해서는 A. Mitscherlich, *Massenpsychologie und Ich-Analyse,* Gesammelte
    Schriften, Bd. Ⅴ(Frankfurt/M., 1983), 83쪽 이하를 참조할 것.

기자신의 내면에서 스스로 행위의 의미와 목적을 발견할 수 없다. 그렇기 때문에 이 사회는 자신이 배척하는 명법적 힘들에 의존하게 된다.”[10]

바타이유는 뒤르켕 학파의 전통에 서 있다. 그는 사회적, 심리적, 정신적 삶의 이질적 양상들을——뒤르켕이 세속세계와의 대조를 통해 규정하고자 하였던——신성한 것으로 환원시킨다. 신성한 대상들은, 인간을 유혹하고 매혹하며, 동시에 공포로 몰아넣고 밀쳐내는 신비적 아우라의 힘으로 가득 차 있다. 건드리면, 이 대상들은 충격적인 효과를 발하고, 더욱 차원높은 다른 현실을 재현한다. 이 대상들은 세속적인 사물들과 공통분모가 없으며, 낯선 것을 이미 알고 있는 것으로 환원시키고 예측할 수 없는 것을 친숙한 것의 도움을 받아 설명하는 동일화의 관찰방식으로부터 벗어난다. 바타이유는 여기에다 비생산적 소모에 관한 규정을 덧붙인다. 세속적인 세계와 이질적 세계의 관계는 불필요하게 남아 돌아가는 여분과 과잉의 관계이다. 이 과잉은 쓰레기와 배설물로부터 꿈, 에로틱한 황홀과 변태를 거쳐 전염병처럼 오염시키는 반혁적 사상들에까지 이르며, 명백한 사치로부터 과도하게 흥분시키는 희망들과 신성한 것으로 천명된 초월성에까지 이른다. 이에 비하여 정상적 일상생활의 동질성과 획일성은 저항력있는 외면적 자연과 행한 신진대사와의 결과이다. 자본주의에서는 특히 시간과 화폐를 통해 추상적으로 측량되는 노동, 즉 동질화하는 힘으로서의 임금노동이 효과가 있다. 이 힘은 과학과 기술의 결합을 통해 더욱 증대한다. 기술은 과학과 생산의 연결고리이다. 그리고 아도르노가 말한 바와 같이 과학이 창조한 법칙들은 생산되고 측정할 수 있는 세계의 다양한 요소들 사이에 동일성의 관계를 만들어놓는다.[11]

파시즘적 지도자들과 매료되어 최면상태에 빠진 대중들은 바로 이와 같이 합리화된 세계에 침투해 들어간다. 바타이유는 감탄섞인 어조로 이 지도자들의 실존에 관해 말한다. 그에게 히틀러와 무솔리니는 이해관계를 지향하는 대중민주주의의 배경 앞에서는 “전혀 다른 것”으로 보인다. 히틀러와 무솔리니가 인간, 정당, 법률에 행사하는 폭력은 그를 매료한다. “그것은 사물의 정상

---

10) Bataille(1978), 23쪽.
11) Bataille(1978), 10쪽.

적 과정을 파괴하고, 자신의 힘으로 스스로를 보존할 수 없는 평화롭고 지루한 동질성을 파괴하는 폭력이다."[12] 파시즘적 지배를 통해 동질적 요소들과 이질적 요소들은 새로운 방식으로 융합한다. 즉 한편으로는 업적과 성취의 자세, 규율, 질서를 좋아하는 태도와 같이 동질적 사회의 기능적 요청들에 속해 있는 특성들과, 다른 한편으로는 진정한 주권이 반조된 빛을 나타내는 대중 도취와 지도자 권위가 융합하는 것이다. 파시즘적 국가는 이질적 요소와 동질적 요소의 총체적 통일성을 가능하게 한다. 그것은 국가화된 주권이다. 그것은 전통사회에서 종교적, 군사적 형태가 가졌던 주권의 유산을 물려받는다. 이 두 가지 요소들은 물론 지도자의 주권 속에서는 분화되지 않는다. 인간에 대한 인간의 지배라는 본질적 계기가 파시즘을 통해 순수하게 형성된다. 지도자의 신비적 분위기, 즉 아우라는 어떤 정당화의 압박으로부터도 벗어난 대중의 충성을 보장한다. 이와 같이 근거없는 수용을 바타이유는, 칼 슈미트와 비슷하게, 주인의 폭력은 핵심적으로 카리스마스적 본성을 가지고 있다는 것으로——즉 이질적인 영역에 뿌리를 두고 있다는 사실로써 설명한다. "인간에 대한 인간의 지배라는 단순한 사실은 주인의 이질성을, 적어도 그가 주인인 한에서, 함축하고 있다. 자신의 권위를 정당화하기 위하여 자신의 본성, 개인적 성질에 의존하는 것만큼, 아무런 합리적 설명을 할 수도 없으면서 그는 이러한 본성을 전혀 다른 것으로 특징짓는다."[13] 바타이유는 파시즘적 지도자의 폭력행사에 있어서 사람을 사로잡고 감각을 마비시키는 계기를 바타이유는 주권으로 환원시킨다. 그는 이 주권에 진실성을 부과한다. 유사하게 접근하는 호르크하이머와 아도르노의 파시즘 이론과의 차이가 이 점에서 분명히 드러난다.

이들도 역시 바타이유와 같이 —— 어쨌든 "반유대주의의 요소들"[14]에서 나

---

12) Bataille(1978), 18쪽.

13) Bataille(1978), 22쪽.

14) M. Horkheimer, T.W. Adorno, *Dialektik der Aufklärung* (Amsterdam, 1949), 199쪽 이하. 정치경제학적 관점에서 파시즘을 "국가자본주의"로 특징짓고 있는 것에 관해서는 다음의 글을 참조할 것. H. Dubiel, A. Söllner(Hrsg.), Wirtschaft, *Recht und Staat im Nationalsozialismus. Analysen des Instituts für Sozialforschung 1939*

타나는——파시즘의 심리적 상태에 집중한다. 호르크하이머와 아도르노는 고도로 의례화된 대중 데모의 구조에서 "두려워하는 모방의 그릇된 위조 모사물(模寫物)"을 읽어낸다. 즉 아주 오래된 반응 모형의 각성과 조작을 발견해 내는 것이다. 파시즘은 문명적으로 이미 해결된 모방적 태도를 자신의 목적을 위해 사용한다. 도피와 헌신, 전율과 황홀과 같은 반대감정의 태고적 양립의 억압이 역설적인 방식으로 반성된다. "현대적 파시즘에서 합리성은 더 이상 자연을 단순히 억압하는 것으로 만족하지 않는 단계에 도달한다. 합리성은 이제 억압에 대해 반발하는 자연의 잠재력들을 자신의 체계에 동화시킴으로써 자연을 착취한다."[15] 이렇게 바타이유의 분석은 여전히 비판이론의 개념으로 번역될 수 있을 것이다. 파시즘은 결국, 도구적 이성에 반대하는 내면적 자연의 반항을 도구적 이성의 명법에 순응시키는 데 기여한다. 그렇지만 주관적 자연의 억압된 또는 추방된 부분이 어떻게 규정되는가에 결정적인 차이가 있다. 호르크하이머와 아도르노에 있어서 모방적 충동은 "권력 없는 행복"[16]의 약속을 수반하는 데 반하여, 바타이유에게서는 행복과 폭력이 이질적인 것 속에 분리될 수 없이 결합되어 있다. 바타이유는 신성한 것에서뿐만 아니라 에로틱한 것에서도 "기초적인 폭력성"[17]을 찬미한다. 동일한 사고형태를 수단으로 하여 그는 파시즘의 근거없는 지배 또는 "순수" 지배라는 칼 슈미트적 요소를 정당화한다. 호르크하이머와 아도르노는 이 요소에 반대하여 모방적인 것의 힘을 단호하게 대립시킨다.

자신의 초기논문에서 총파업에 관한 소렐(Sorel)의 신화를 인용함으로써 완전한 주권적 폭력에 관한 바타이유의 개념을 선취한 것처럼 보이는 벤야민조차도 여전히 상호이해라는 비폭력적 상호주관성의 관점을 고수하고 있다. 그 본질에 있어 무정부주의적이지만 모든 자유의 제도의 밑바탕을 이루는 혁명적, 입법적 행위라는 운명적 폭력은 벤야민으로 하여금 "순수한 수단"의 정치

~1942 (Frankfurt/M., 1981) ; M. Wilson, *Das Institut für Sozialforschung und seine Faschismusanalysen* (Frankfurt/M., 1982).

15) M. Horkheimer, *Kritik der instrumentellen Vernunft* (Frankfurt, 1967), 118쪽.

16) Horkheimer/Adorno(1947), 204쪽.

17) Bataille(1982), 89쪽.

를 기획하도록 고무한다. 그런데 이 정치는 파시즘적 폭력이고자 하는 것과는 간발의 차이로 분리되어 있다. 그렇지만 정의를 도구적으로 매개하지 않고 직접 표현하고 실행하는 이 자기목적적 폭력은, 벤야민에 따르면 항상 비폭력적 통일의 영역과 연관되어 있다. 폭력으로는 "전혀 접근할 수 없는" 인간적 합의의 영역은 벤야민에게는 항상 "언어, 즉 상호이해의 본래적 영역이다."[18] 구원하는 비판을 시도하는 자신의 기획을 통해 벤야민은 이러한 이념에 구속되어 있는 까닭에, 그는 프롤레타리아의 총파업의 예에서조차도 "순수 수단"의 비폭력성을 예증하고자 한다.

폭력을 초월하는 이와 같은 연관점을 가지지 않으면, 바타이유는 그의 관심사인 차이를 명료화하는 데 어려움을 가질 수밖에 없다. 즉 사회주의적 혁명과 이와 단순히 비슷해 보이는 파시즘적 권력장악 사이의 차이를 납득시키는 데 어려움을 겪는다. 벤야민이 초현실주의의 기획 전체에 관해 주장하는 것, 즉 그가 "혁명을 위하여 열광과 도취의 힘을 획득하고자 한다는 사실"[19]은 바타이유도 역시 머릿속에 그리고 있는 것이다. 그것은 모든 도덕적 요소로부터 정화되고, 심미화된 시적인 정치의 꿈이다. 그것이 바로 그가 파시즘에서 매혹을 느끼는 것이다. "오늘날 노동자 운동의 실존을 문제시하는 파시즘의 예는 우리가 재생된 감정적 힘을 유리하게 사용하면 무엇을 기대할 수 있을까를 보여주기에 충분하다."[20] 그렇다면 이러한 힘이 반혁적-자발적으로 표현되는 것과 파시즘적으로 조절하는 것이 어떻게 구별되는가 하는 물음이 제기된다. 1933년의 저서에서 바타이유는 이질적인 것의 세계 자체에서 상위의 요소들과 하위의 요소들 사이의 경계선을 그으려는 시도를 한다. 이런 시도는 거의 성공하지 못한다. 그래서 바타이유는 결국 투쟁대상인 파시즘적 정치의 기능을 전환하자는 제안에 만족한다. 그는 이질론적 학문을 완성할 것을 제안한다. 이 학문은 "상부구조를 경련시키는 감정적, 사회적 반응들을 예견할 수 있도

---

18) W. Benjamin, "Zur Kritik der Gewalt", *Angelus Novus*, Ausgewählte Schriften 2 (Frankfurt/M., 1966), 55쪽.

19) W. Benjamin, "Der Surrealismus", 앞의 책, 212쪽.

20) Bataille(1978), 42쪽.

266

록 만든다. 아마 어느 정도까지는 이 반응들을 자유롭게 통제할 수 있도록 만들기도 한다. (……) 끌어당기는 매력과 밀쳐내는 거부의 사회적 운동에 관한 (즉 이질적인 것에 의해 야기된 반대감정의 양리에 관한, 하버마스의 부언설명) 체계적 지식은 어떤 순간에는 하나의 무기임이 증명된다. 왜냐하면 파시즘은 공산주의에 대립하기보다는 오히려 철저하게 명법적인 반혁의 형식들에 대립하기 때문이다.”[21]

다음 30년 동안 바타이유는 그 당시 요청되던 과학의 기본 윤곽을 마무리하였다. 나는 우선 현대성과의 역사철학적 결별을 다루고, 다음에 일반 경제학으로 들어가고자 한다. 바타이유는 물화로부터 주권으로의 전환을 어떻게 생각할 수 있는가 하는 열려진 문제에 대한 대답을 이 일반경제학으로부터 얻을 수 있다고 기대하였다.

3

이미 1933년초에 바타이유는 소모의 개념에 관한 논문을 발표하였다.[22] 이 개념에서 우리는 마니교적으로 설정된 역사철학의 윤곽을 인식할 수 있다. 공산주의자로서 바타이유는 마르크스적 이론의 실천철학적 사고형태 속에서 움직인다. 노동, 즉 사회적 생산은 인류를 다른 동물과 구별하는 재생산의 형식이다. 바타이유는 우선 현대적 계급 적대를 완전히 청년 마르크스가 집필한 경제-철학 수고의 의미에서 서술한다. “살기 위하여 생산하는 것은 노동자의 목표이다. 그러나 기업가의 목표는 노동하는 생산자를 혐오스러울 정도로 굴복시키기 위하여 생산하는 것이다.”[23] 그러나 바타이유는 곧바로 충분히 추론할 수 있는 결론, 즉 “삶”이——이 삶 때문에 생산된다——이성적 목표로서

---

21) Bataille(1978), 42쪽 이하.

22) *La Critique Sociale*, 1933. 7. 독일어판 : G. Bataille, *Das theoretische Werk*, Bd. 1 (München, 1975), 9쪽 이하.

23) Bataille(1975), 25쪽.

노동에 내재하고 있다는 사실을 부정한다. 바타이유가 주목하고 있는 생산의 목표는 오히려 노동력의 생산적 소모와, 소비를 통한 사용가치의——이를 통해 노동과정은 대상화된다——소유 사이의 순환과정을 초월한다. 바타이유는 그의 출발점을 이루는 인간활동에 관한 표현주의적 모델을 전환시키는데, 이로 인해 이 모델이 가지고 있는 실천철학적 토대가 부정된다. 그는 삶에 직접적으로 필요한 노동력의 재생산과 사치소비 사이의 깊은 갈등이 소비 자체에 내재하고 있는 것으로 본다. 그런데 사치소비는 낭비하듯이 노동생산품을 생활필수적인 것의 영역으로부터 분리시키고, 그렇게 함으로써 신진대사과정의 명령으로부터 면제시킨다. 이와 같은 비생산적 소모의 형식은——이는 개별적인 상품 소유주의 경영적 관점에서 보면 손해를 표현한다——인간의 주권과 동시에 진정한 실존을 가능하게 하고, 또 증명할 수 있다.

물론 마르크스도 역시 필연성의 영역을 넘어서는, 즉 자연과의 신진대사를 통해 결정된 생산의 영역을 넘어서는 자유의 영역에 관해 말하고 있다. 그러나 마르크스는 노동이 없는 자유시간의 창조적 사용을 개인이 가지고 있는 본질적 힘의 외화와 재소유의 모델로 포섭한다. 연관점은 여전히 자기자신을 보편적으로 실현하는 총체적 개인이다. 그렇지만 바타이유는 이와 같은 마르크스의 사상에서, 습관화된 노동의 필연성들이 얼핏 보기에 자율적인 자유의 가면 아래서 단지 계속될 수 있다는 위험을 상당히 현실적으로 감지한다. "수지평형의 원리"에 따라 합리적으로 실행되는 물질적, 정신적 상품의 사용이 철저하게 다른 소비 형식에——즉 소비하는 주체가 자기자신에 대해 스스로를 표현하고 외화하는 낭비에——자리를 내어주지 않는 한, 진정한 주권은 과잉상태하에서도 억압될 수 있다고 바타이유는 걱정한다. 바타이유는 이러한 비생산적 소비의 형식을 자기초월, 자기포기, 광란의 유독한 상태와 가까운 것으로 설정한다. 이와 같은 자기경계의 제거는 사치의 소비 속에 경제적 흔적을 남겨놓는다. "인간 활동은 생산과 재생산의 과정으로 완전히 환원될 수 없다. 그리고 소비는 서로 상이한 두 영역으로 분류되어야 한다. (생산과 재생산으로) 환원될 수 있는 첫째 소비는 어떤 사회의 개인들이 삶을 보존하고 생산적 활동을 계속하기 위하여 필요한 최소 소비를 포함한다. (……) 둘째 소비는 소위 말하는 비생산적 지출들을 포함한다. 사치, 장례식, 전쟁, 의례, 화려한 건물의 건축, 유희, 연극, 예술, 도착적 (즉 생식기로부터 분리된) 성(性)은, 적어도 근본적으로는, 자기자신의 내면에 목적을 둔 많은 활동들을 서술한다."[24) 사치생활을 하는 상류계층의 —— 아리스토텔레스적으로 규정되고, 스스로 자족하고 자기목적이 되어 버린 —— 활동은 여전히 근원적 주권을 드러내고 있다.

그러나 자본주의의 특징은 모든 잉여가 다시 생산적으로 소비되어야 한다는 것이다. 축적과정은 자본이 가지고 있는 자기가치평가의 명법에 의해 조종된다. 그렇기 때문에 마르크스는 사용가치의 생산에 대하여 교환가치의 생산이 독립하는 것을 비판하였다. 바타이유는 생산된 잉여의 비생산적 소비에 대하여 이익의 생산적 투자가 독립하는 것을 비난한다. 자본주의자들은 "부를 기능적으로 소비할 책무를 가지고" 있는 것이다. 그러므로 현대사회에는 공개적으로 전시되는 사치를 결여하고 있다. "부의 전시는 이제 사적인 장막 뒤에서 지루하고 억압적인 규약들에 따라 이루어진다."[25) 어쨌든 봉건적 사치를 특징지웠던 관대하고, 비밀의식적이고, 방종한 것은 사라져 버렸다.

이와 같은 소비의 개념을 실마리로 하여 바타이유는 자신의 이론적 주저를 발전시킨다. 이 저서의 첫 부분은 18년간의 준비작업 끝에 1949년 『추방된 부분(*La Part maudite*)』이라는 제목으로 출간되었다. 바타이유는 셋째 부분의 한 논문을 1956년 『주권(*La Souveraineté*)』이라는 제목으로 출판하였다. 실천철학의 문제설정과 개념성과의 간격은 그동안에 더욱 벌어졌다. 어떤 면에서 보면 바타이유의 이론은 —— 루카치, 호르크하이머, 아도르노가 베버-마르크스주의의 맥락에서 발전시켰던 —— 물화이론의 짝으로서 이해될 수 있다. 사회적 노동의 영역으로부터 발생하여 현대세계에서 지배적 위치를 차지한 물화하는 도구적 이성의 원리와 주권은 대립한다. 주권적으로 존재한다는 것은 노동에서처럼 스스로를 사물의 상태로 축소시키지 않고, 주체성을 해방시킨다는 것을 의미한다. 노동으로부터 벗어나, 순간에 의해 충족된 주체는 자기자

---

24) Bataille(1975), 12쪽.
25) Bataille(1975), 22쪽 이하.

신을 소비함으로써 완성된다. 주권의 본질은 무익한 소비와 "내 마음에 드는 것"에 있다. 그런데 이 주권은 탈마법화와 사물화의 세계사적 과정의 판결로 인해 쇠퇴하고 있는 것이다. 주권적 존재는 현대사회에서 정신적인 것으로 변형되었으며, 또 그것은 모든 것을 가치평가할 수 있고 소유할 수 있는 대상형식, 즉 사적인 소유의 대상형식으로 포섭하는——그래서 오직 사물들로만 구성되어 있는——우주로부터 추방되어 있다. "상품과 사물의 우선권과 자율에 토대를 두고 있는 산업사회의 초기에는, 본질적인 것을——전율과 황홀로 인해 우리를 떨게 하는 것을——활동성의 세계, 즉 사물의 세계 밖에서 구하고자 하는 상반된 의지가 존립하고 있다."[26]

초기 루카치와의 유사점은 놀라울 정도이다. 왜냐하면 세계성을 박탈당한 신성한 것의 배제과정은 우선 자본주의적 생산방식의 결과에 불과한 것처럼 보이기 때문이다. "점점 더 증가하는 산업 생산의 목적을 위한 부의 축적 때문에 시민사회는 사물의 사회이다. 그것은 봉건적 사회상과 비교하면 결코 인격들의 사회가 아니다. (……) 화폐로 교환할 수 있는 대상이 주체보다 더욱 가치를 가진다. 이 주체는, 그가 (대상들을 소유하는 한) 대상들과 의존관계를 맺는 이래로, 더 이상 자기자신을 위하여 실존하지 않고, 어떤 실제적인 품위도 소유하고 있지 않다."[27] 사실상 상품형식의 물신주의는 노동의 구조 속에 이미 인간학적으로 착근되어 있는 계산적 이성의 지배가 보편적으로 확산되는 데 기여할 뿐이다. 사회의 물화 경향은 태고적 시대로 되돌아가며, 자본주의를 넘어서 관료제적 사회주의의 미래에까지 미친다. 이 사회주의도 역시 세계사적 탈마법화 과정의 유언을 비로소 집행하게 될 것이다.

이 점은 초기 루카치보다는 오히려 후기 비판이론을 상기시킨다. 그러나 두 비교는 모두 미흡하다. 바타이유가 생각하고 있는 것은 물화의 이론이 아니라 추방의 역사철학, 즉 신성한 것을 계속 바깥의 영역으로 내몰아 치외법권화하는 과정의 역사철학이다. 그는 주권의 세계사적 운명, 심연과 같이 알 수 없는 자유의 운명을 서술하고자 하는데, 이 자유는 "유용한 활동과 작품으로 연

---

26) Bataille(1975), 164쪽.
27) Bataille(1978), 57쪽.

결될 수도 있는 것을 아무런 이익도 없이 소비하는 것에 근거한다."[28]

바타이유는 이러한 주권의 가장 순수한, 그리고 경험적으로 포악할 수 있는 형식을 의례적 제물에서 발견한다. 이 제물의례를 그는 아즈텍 문명의 인간제물에 관한 보고서를 토대로 세밀하게 분석한다. "제물은 자신이 신성시하는 것을 파괴한다. 그것을 불과 같이 파괴할 필요는 없다. 단지 제물 헌납을 유용한 활동의 세계와 결합시키는 끈이 끊어질 뿐이다. 그러나 이러한 분리는 결정적 소비의 의미를 갖는다. 헌납된 제물은 실제의 질서로 다시 환원될 수 없다. 이러한 원리는 해방을 위한 궤도를 열어놓는다. 그것은 자신이 분리되지 않은 상태로 지배할 수 있는 영역을 용인함으로써 폭력을 자유롭게 풀어놓는다.[29] 물론 모든 종교의 의미와 마찬가지로 제물의 의미가 말해 주는 점은, 신성한 것의 의례적 핵심이 근원적인 것이 아니라 인간이 자연과 맺고 있는 친밀한 일치감의 상실에 대한 반응이라는 사실이다. 한때 인간의 손노동으로, 즉 목적활동적 객관화의 최초 작용을 통해 순수한 사물의 우주에 어떤 짓을 하였는가를 우리가 기억한다면, 이러한 사실을 추론할 수 있다. 낙원으로부터의 추방에 관한 바타이유의 견해는 다음과 같이 읽혀질 수 있다. "노동이 도입됨으로써 친밀성, 욕망의 깊이, 욕망의 자유로운 해방은 처음부터 합리적 연결로 대체된다. 그런데 이 합리적 연결에 중요한 것은 더 이상 순간의 진리가 아니라 작업의 최종결과이다. 최초의 노동이 사물의 세계를 근거짓고 있는 것이다. (……) 사물의 세계를 정립한 이래로 인간 자신도 역시 이 세계의 사물 중 하나가 되었다. 적어도 그가 노동하는 시간에는 그렇다. 모든 시대에 걸쳐 인간은 이러한 운명으로부터 벗어나고자 하였다. 인간은 이때부터 자신의 고유한 신화, 잔인한 의례들 속에서 상실된 친밀성을 부단히 찾으려 하고 있다. (……) 실제의 질서와 사물의 하찮음으로부터 무엇인가를 박탈하고, 신적인 질서에 무엇인가를 되돌려주는 것이 항상 중요하다."[30] 만약 종교가 이미 노동의 저주를 받고 있으며, 종교가 주체의 의례적 자기외화의 순간에만

---

28) Bataille(1975), 88쪽.
29) Bataille(1975), 88쪽.
30) Bataille(1975), 87쪽 이하.

파괴된 사물의 질서를 복원하고 이 질서와의 무언의 의사소통을 가능하게 한다면, 순수한 주권도 역시 망아의 순간들에서만 다시 회복할 수 있는 것이다.

역사상 주권적 폭력으로서 효력이 있는 것, 처음에는 성직자의 신성한 권력에서, 다음에는 귀족의 군사적 권력에서, 마침내는 이미 국가장치에 의존하는 군주와 궁정의 절대국가에서 지속적인 형태를 획득하는 것은 세속적 권력과의 연계를 통해 오염되어 버린 일종의 파생된 주권이다. 주권의 모든 역사적 형식들은 지위의 차이를 만들어내는 분화력에서 인식된다. 지배자와 지배에 참여하는 사람들의 사회적 지위는 다음의 두 가지를 읽어낼 수 있는 혼합현상이다. 즉 그것이 노동과 사물을 초월하는 영역으로부터 유래한다는 사실뿐만 아니라 사회적 노동체계 내에서의 지배의 억압적, 착취적 기능을 읽어낼 수 있다. 그렇지만 주권의 세계사적 형식 변동은 지위 차이의 분화를 제거하는 경향을 보여준다. "태고적 사회에서 지위는 어떤 주체의 신성화된 현재를 고집한다. 이 주체의 주권은 사물에 의존하지 않고, 사물들을 오히려 자신의 운동 안으로 끌어들인다. 그렇지만 시민사회에서는 주권적이지도 않고 신성하지도 않은 사물들의 소유에 의존한다."[31] 그런데 이것은 주권이 시민사회로부터 완전히 사라진다는 것을 의미하지는 않는다. 이를 반박하는 것은 생산수단에 대한 사적인 소유가 객관적으로 계급을 분열시킬 뿐만 아니라 특권의 체계를 정당화한다는 사실이다. 특권의 체계는 인정받을 수 있는 기회를 포함한 삶의 기회를 차별적으로 분배한다. 지위의 차이들은 정치적 성격을 상실하지만, 그것이 더 이상 정치적 지배에 대한 참여로부터가 아니라 생산과정 내에서의 위치로부터 파생한다고 해서 지위의 차이 자체가 없어지지는 않는다.

또한 서구 민주주의의 정치가들도——공공적 노동을 통해 확고해진 개인적 위신이라는 형태로서——여전히 주권적 존재의 후광을 업고 있다. 물론 이러한 이미지는 오직 언론매체를 통해 용해된 관료제적 권력을 소유함으로써 파생되지, 카리스마적 자질로부터 생겨나는 것은 아니다. 민주적 정치가는 한편으로는——주권적 주인과 파시즘적 지도자들에게서 현재하고 있는 바와 같이

---

31) Bataille(1979), 60쪽.

——존재의 주체성과, 다른 한편으로는 권력의 객관성 사이에 서 있다. "시민사회에서 오직——계속해서 좌절하는——가능성으로만 존재하는 것이 무엇인가를 우리가 인식할 수 있도록 만드는 것은 유일하게 공산주의적 지도자의 진지함뿐이다. 그것은 사물들의 성장을 촉진시키고, 지위를——사람들은 이를 위하여 사물들을 소비하고자 한다——추구하는 것과는 상관없이 존재하는 권력이다."[32] 바타이유가 50년대초에 스탈린주의를 해석하면서 얻은——어느 정도는 현실과 거리가 먼——이 견해에 따르면 소비에트 연방식의 관료제적 사회주의에서 사회적 분화의 제거, 즉 무차별은 완성된다는 것이다. 사회적 지위의 폐지를 통해 주권은 마침내 사회적 노동의 영역으로부터 추방된다.

지배의 모든 역사적 형태들 속에서 주권은 항상 권력과 결합되어 있다. 소비에트 정권을 통해 비로소 모든 주권의 혼합물로부터 정제된, 다시 말해 분리된, 이런 의미에서 "객관적"으로 된 권력이 등장한다. 이 권력은 마지막으로 남아 있던 종교적 수식어를 떨쳐 버린다. 이 객관적 권력은 카리스마의 진정성에 의해 공증을 받지 않고, 오직 기능적으로, 즉 사회적 노동의 체계에 의해 정의된다. 간단히 말하면 생산성의 발전이라는 목표에 의해 규정되는 것이다. "객관성의 의미에서 최고의 권력을 행사하는 사람은 사물에 대한 주권의 지배를 방해하는 것을 목적으로 한다. 그는 특수한 모든 예속으로부터 사물들을 해방시켜야 한다. 사물들은 오로지 차별화되지 않은 인간들에게만 종속되어야 한다."[33] 다시 말해 엄격하게 평등사회의 집단의지에만 종속되어야 한다는 것이다. 탈마법화된 주권의 껍데기를 벗어 버린 객관적 권력은 이제 완전히 사물화된——우리는 여기서 다음과 같이 말할 수 있다. 하나의 체계로 응고된——사회에 포함된다. 사물화된 소비에트 지배에 관한 허구적 표상은 엥겔스가 생 시몽으로부터 받아들인 이념과 일치한다. 즉 인간에 대한 인간의 지배 대신에 사물의 관리가 등장한다는 것이다. 봉건사회의 광채와 사치와 낭비에 대한 바타이유의 비난이 마치 생 시몽의 유명한 우화를 멋지게 전

---

32) Bataille(1979), 67쪽 이하.
33) Bataille(1979), 68쪽.

도시킨 것처럼 들린다면, 이 요점은 더욱 우리를 놀라게 한다. [34] 바타이유에게 있어 생 시몽의 말은 물론 결정적이지 않다.

모든 인간적 활동을 산업화라는 사회정치적 목표에 예속시키고, "해방의 작업은 (인간을) 완전히 하나의 사물로 축소시킬 것이라는"[35] 관점에서 영웅적 유물론을 긍정하는 군사적 공산주의의 축제——이와 같은 모순적 어법은, 우리가 시민사회의 문명비판적 잠재력에 관한 바타이유의 경멸적인 판단을 고려할 때, 비로소 이해된다. 현대세계의 사물화에 대한 저항과 주권의 전통적 형식의 낭만주의적 신성화는 너무나 깊이——이질적 실존들을 산출하는——반혁적 충동에 배치된다. 즉 "모든 방향에서 세계의 가능성의 마지막까지 가보는"[36] 저 심미적 아방가르드 특유의 철저성과 급진성에 배치된다. 파시즘은 오직 자본주의의 비밀을 누설하였던 것이다. 다시 말해 자본주의는 처음부터 예속의 합리적 틀을 신성한 군사 지배의 잔재가 묻혀 있는 지하의 토대 위에다만 건립할 수 있었다. 이와 같이 숨겨져 있지만 기능적으로 필수적인 전(前)시민적 주권의 유물들은 소비에트 마르크스주의에 의해 실행된 인간과 생산품의 총체적 동화를 통해 비로소 제거된다. "종교개혁 때 가톨릭의 가치들이 그랬던 것처럼 비생산적 소비와 결합되어 있던 예전의 가치들이 매도되고 제거되어야만, 사물의 완성은 해방적 효과를 가질 수 있다. "[37]

바타이유는 이렇게 스탈린주의를——사물화된 실천과 끝에 가서야 비로소 모든 실천적 기능들로부터 정화되는 순수한 주권의 두 영역들이 단계적으로 서로 분리되는——과정의 마지막 단계로서 고찰한다. 스탈린은 그가 의식하건 아니건 간에 비교와 같이 폐쇄적인 복음을 추종하는데, 이를 바타이유는 마르크스의 대중적 학설로부터 읽어낸다. "마르크스가 물질적 여건의 변화에만 행위를(다시 말해 실천을 노동으로 축소하고, 목적합리적 행위의 구조로 축소시킴으로써, 하버마스의 부언설명) 유보함으로써, 그는 캘빈주의가 단지

---

34) 생 시몽의 우화에 관해서는 J. Dautry(Hrsg.), *Saint-Simon. Ausgewählte Texte* (Berlin, 1957), 141쪽 이하를 참조할 것.

35) Bataille(1975), 179쪽.

36) Bataille(1975), 169쪽.

37) Bataille(1975), 177쪽.

암시만 하였던 것을 명백하게 주장하였다. 즉 (종교적 또는 아주 일반적으로 정서적 종류의) 다른 추구행위들로부터의 (경제의) 사물의 철저한 독립성을 주장하였다. 그렇지만 그는 동시에 인간이 자기자신으로 (자신의 존재의 깊이와 친밀성으로) 회귀하는 것이 행위와 무관하다는 점을 함축적으로 주장하였다. 그렇지만 이와 같은 회귀는 해방이 완성될 때 비로소 가능하다. 행위가 완료되었을 때 행위는 비로소 시작할 수 있는 것이다."[38] 내면에 있어 하나의 총체성으로 완성된 노동사회에 관한 이 기획은 이렇게 실천철학에 의해 시작되었다.

사물화와 주권 사이에 걸쳐 있는 이 세계사적 과정은──이 과정은 동질적인 요소들과 이질적인 요소들의, 즉 노동과 희생의 영역분리가 화해함으로써 끝난다는 것이다──물론 더 이상 변증법적으로 사유될 수 없다. 어쨌든, 이 성계기들의 상태를 신뢰하는 계몽의 변증법이라는 주체철학적 모델에 따라서는 더 이상 사유될 수 없다. 주권은 이성의 타자로서 개념화되었다. 바타이유가 현대성을 구성하면서 그것에 변증법적인 겉모양을 부여한다고 해서, 설득력있게 만들 수는 없다. 그는 무엇보다도 두 가지 점을 설명해야 한다. 하나는 사회적 합리화라는 세계사적 과정의 역동성이고, 다른 하나는 총체적 사물화가 자유로 전환할 것이라는 종말론적 기대이다. 이러한 문제들에 대답하는 것에 바타이유는 학문적 야심을 건다.

4

인류학적 연구를 시작한 이래로 바타이유는 거듭해서 북부 인디언의 겨울축제인 포틀래치 (Potlatsch) 현상에 몰두한다. 그것은 북부 인디언들이 자신의 부를 과시적으로 소비함으로써 경쟁자들을 도발하고 비하하며, 이들을 자신의 책임 아래 두고자 하는 목적에서 이들에게 선물을 퍼붓는 소비의 축제이다.[39]

---

38) Bataille(1975), 171쪽.
39) 여기에서 바타이유는 "선물"에 관한 모스의 고전적 연구에 의존한다. M. Mauss,

물론 바타이유의 관심을 끄는 것은 본래 선물의 교환이 가지고 있는 사회통합적 기능, 즉 호혜적 책무의 산출이 아니다. 어떤 직접적 반대급부도 없이 선물로서 낭비되는 소유의 소모, 파괴, 의도적인 손해의 더욱 현저한 양상을 위하여 그는 위의 측면, 즉 사회통합적인 기능은 무시한다. 포틀래치는 부족사회에서 볼 수 있는 비생산적 소비의 예이다. 그렇지만 선물을 주는 사람이 자신의 부를 결코 아무런 사심없이 소모하는 것은 아니라는 사실을 간과할 수 없다. 마찬가지로 선물을 가지고 경쟁하는 적들을 능가함으로써, 그는 스스로 특권과 권력을 보장하고, 또 집단 내에서의 사회적 지위를 획득하거나 공고히 한다. 주권적으로 사용가치를 무시하는 것은 이미 이 단계에서 계산된 권력획득에 의해 극복되고 있다. 이 실천은 내면에 주권과 목적합리성 사이의 모순을 함축하고 있다. 이 실천은 "상품을 목적에 유용하게 사용하는 것을 부정함으로써 가치, 특권, 삶의 진리를 설정하지만, 동시에 이러한 부정을 곧 목적에 알맞게 사용한다."[40] 역사적으로 구현된 모든 주권의 형식들에는 구조적으로 이와 같은 모순이 내재하고 있기 때문에, 바타이유는 왜 소모의 행동을 통해 표현되는 주권이 더욱더 노동력의 착취를 위해 이용되고 또 왜 이러한 진정한 권위의 원천이 결국에는 "수치스러운 이익의 원천으로" 축소되는가를 설명하려고 한다.

그러나 주권과 권력이 처음부터 결합되어 있고, 또 이러한 결합이 잉여가치를 소유하기 위한 목적으로 이용될 수 있다는 사실이, 왜 세속적인 영역을 확장하고 물화하며, 신성한 것을 배척하여 치외법권화하는 역사적 경향들이 실제로 관철되었는가를 결코 설명하지 않는다. 바타이유는 역사적 유물론류의 정치경제적 설명을 사용할 수 없다. 왜냐하면 이러한 설명양식은 사회적 노동의 체계 내의 변화들을 다루지, 결코 경제적인 것과 계산하는 이성의 영역에 뿌리박고 있지 않은 폭력과 경제의 상호작용을 다루지 않기 때문이다. 여기서 말하는 폭력은 오히려 이성의 타자로서 외면적 자연과 인간의 신진대사과정을

"Essai sur le Don", *Année Sociologique,* 1923/24, 30쪽 이하, 독일어판: *Die Gabe* (Frankfurt/M., 1968).

40) Bataille(1975), 105쪽.

처음부터 초월한다. 그러므로 바타이유가 자본주의에 대한 막스 베버의 종교
윤리학적 설명에 기대어, 종교사적 관점에서 자본주의를 도덕적 욕망통제의
시원에까지 추적하는 것은 논리적으로 일관성이 있다. 그런데 욕망의 도덕적
통제는 주권과 착취의 모든 역사적 형식들에 선행한다. 나는 여기서 이러한
사상을 세 단계로 요약하고자 한다.

첫번째 사상은 성경과 같이 단순하다. 인간형성의 과정에서 동물적 생활연
관으로부터 탈출하는 존재들이 주체들로서 구성되는 것은 노동을 통해서뿐만
아니라 동시에 금지를 통해서이다. 인간은 자신의 욕망적 삶이 여러 제한에
예속되어 있다는 사실로 다른 동물들과 구별된다. 노동과 동시근원적으로 성
적인 수치와 사멸성(死滅性)의 의식이 발생한다. 장례의 의식, 옷을 입는다는
사실, 근친상간의 금지는 가장 오래된 금기들이 인간의 시신과 성에——즉
죽은 시신과 살아 있는 나신(裸身)에——해당한다는 사실을 보여준다. 살인
의 금지까지 고려한다면, 더욱 일반적인 양상이 드러난다. 죽음과 성의 폭력
성이 금기가 된다. 즉 축제와 종교적 제물의 의식적 정점에서 표현되는 폭력
이 금기가 되는 것이다. 생산행위를 산출시키는 과도한 방종, 그리고 고통을
당하거나 또는 폭력적으로 야기된 죽음의 방종들은 모두 의식적인 방종과 밀
접한 관계가 있다. 여기서 바타이유는 "방종"을 글자 그대로 이해한다. 즉 개
별화를 통해 그어진 경계선을 넘어서는 것으로서 이해한다. 가장 오래된 규범
들은 사치하고 과도하게 낭비하는 본성의 소용돌이를 막아주는 댐과 같다. 이
본성은 개별화된 실존들을 흡수해 버림으로써 삶의 충만과 자기존재의 연속성
을 보장한다. "생명 에너지의 소모와 파괴의 망아적 비밀제전으로서 파악되는
본성에 개인을 대립시키는 부정의 태도를 우리가 모든 본질적 금지들에서 발
견한다면, 우리는 더 이상 죽음과 성을 구별할 수 없다. 성과 죽음은 무궁무
진한 이 본성을 숭배하는 축제의 정점들에 불과하다. 양자는——죽음과 성은
——모든(개별화된, 하버마스) 존재들이 자신의 지속을 바라는 깊은 희망과
모순관계에 있는 본성을 실행하는 무한한 소비를 의미한다."[41] 노동의 영역

---

41) Bataille(1982), 57쪽.

은, 풍부한 본성의 폭력성을 "사물의 통상적 과정으로부터"(51쪽) 추방하는 규범들을 통해 제한되어야 한다.

두번째 단계에서 바타이유는, 우리가 사회적 삶의 규범적 토대들이 사회적 노동체계의 보존을 위해 무엇을 행하는가 하는 관점에서만 이들을 해석한다면 이들을 이해할 수 없다. 금지들이 의무의 힘을 어디에서 끌어오는가는 이와 같은 기능주의적 관점으로는 설명할 수 없다는 것이다. 규범 타당성이 경험주의의 관점에서 금지들과 규약적으로, 즉 외면적으로 결합된 제재에로 환원될 수 없다는 점은 이미 뒤르켕이 파악하였다. 규범들은 구속력을 오히려——우리가 그것을 건드릴 수 없으면서도 공포와 황홀의 이중 감정으로 접근하는——신성한 것의 권위로부터 얻는다. 바타이유는 이러한 사태를 심미적 경험 지평으로부터 다음과 같이 해석한다. 뿌리깊은 이중성이 가장 오래된 규범들을 구성하고 있다. 규범들의 타당성 주장은 금지된, 또 그렇기 때문에 유혹적인 규범침해의 경험에 근거를 두고 있다. 즉 불안, 구토, 경악의 감정들이 황홀과 도취, 마비시키는 행복과 융합되어 있는 독신(瀆神)의 경험에 뿌리를 두고 있다. 바타이유는 법률과 법률 위반의 뿌리깊은 친화관계를 말한다. 노동의 이성적 세계는 금지를 통해 제한되고 정당화된다. 그렇지만 금지들 자체가 결코 이성의 법칙은 아니다. 금지들은 오히려 세속적인 세계에게 신성한 세계로 이르는 길을 열어주고, 이 세계로부터 열광의 빛을 얻어낸다. "처음에는 (내면적 자연의, 하버마스) 폭력에 대한 (금지의) 냉정한 대립으로는 이 세계들을 구별하는 데 충분하지 않았다. 만약 이 대립 자체가 폭력성에 관여하지 않았다면, 이성만이 이행의 경계를 규정하는 충분한 권위를 소유하지 못하였을 것이다. 오직 깊이 생각하지 않은 공포와 경악만이 무절제한 해방에 저항할 수 있었다. 그것이 금기의 본성이다. 금기는 평안과 이성의 세계를 가능하게 한다. 그렇지만 금기는 자신의 원리에 있어서는——지성이 아닌 정서에 영향을 주는——전율이다."[42] 성적인 경험은, 그것이 가장 오래된 금기와 일치하면서도 세속화로 말미암아 생겨난 극복된 공포의 황홀경과 결합된다는 점

---

42) Bataille(1982), 59쪽.

에서, 종교적 경험과 친화관계에 있다. "성애(性愛)의 내면적 경험은 이를 경험하는 사람에게서 금지를 위반하도록 유혹하는 욕망에 대해서뿐만 아니라 이를 정당화하는 불안에 대해서도 커다란 감수성을 요구한다. 그것은 욕망과 공포, 강도 높은 쾌락과 불안을 항상 밀접하게 결합시키는 종교적 감수성이다."(35쪽) 다른 곳에서 바타이유는 아찔할 정도로 자극시키는 방종을 구토로서 서술하고, 그리고 구토를 극복하고 난 다음에 이어지는 도취를 서술하고 있다.[43]

세번째 단계에서 바타이유는 마침내 막스 베버의 종교사회학과 연결되는 도덕 비판에 도달한다. 그는 태고적 의식으로부터 세계종교에로, 유일신론의 유

---

43) 바타이유가 에로틱한 것의 내면적 경험이라고 일컫는 것을 M. Leiris는 1931년 바타이유가 편집한 『기록들(*Documents*)』에서 가죽가면을 쓴 발가벗은 여자를 묘사하는 사진 하나를 가지고 서술하고 있다. 이 가면은 오랫동안 서부 아프리카의 상아해안에서 연구하였던 W. Seabrook의 초안에 따라 만들어졌다. 레이리스의 텍스트는, 당시 인류학적 연구와 예술에 있어서의 이국풍은 문학뿐만 아니라 개별적 경험에 있어서의 에로티시즘과 어떻게 결합되고 있는가를 보여준다. 가면을 씌워 개별성이 박탈되어 유적 존재로 만들어진 여자의 몸을 바라보면서 주술사가 느끼는 성찬의 기쁨과 악마적 쾌락을 레이리스는 생생하게 그린다. "그렇게 사랑은 완전히 의식적으로—— 머리는 가면에 의해 상징적으로 가려졌기 때문에 —— 자연스럽고 동물적인 과정으로 환원된다. 우리를 억누르는 운명성이 드디어 제어된 것이다. 이 여자는 우리의 손에 있는 가면 덕택에—— 영혼 또는 인격도 없이 맹목적인 법칙에 의해 형성된 —— 자연 그 자체일 뿐이다. 그렇지만 그것은 이번 만큼은 이 여자가 그렇듯이 우리에게 완전히 묶인 자연이다. 인간적 표현의 핵심인 시선은 한동안 가려져서, 여자에게 지옥과 지하세계의 의미를 부여하는 것이 무엇인지를 보지 못한다. 그리고 입은—— 오직 그것만이 입이라는 것을 인식하게끔 만드는 작은 틈새 덕택에 —— 상처라는 동물적 역할로 축소된다. 장식 요소들의 통상적인 치장과 배열은 완전히 머리에 집중된다. 몸은 발가벗었으며, 머리는 가면으로 감싸여 있다. 이 모든 것들은 가죽으로부터(그것은 장화와 채찍을 만드는 재료이다) 전대미문의 도구들을 만드는 요소들이다. 이 도구들은 에로티시즘의 진정한 본질에 놀랍게도 일치한다. 그것은 자신으로부터 탈출하여 도덕, 오성, 관습들이 어떤 사람에게 부과하는 구속의 끈을 끊어 버리는 수단이다. 그리고 그것은 동시에 사악한 힘들을 추방하고, 신과 신을 대변하는 지옥의 사자인 개들에—— 이들에게 아주 의미있지만 여기서는 더 이상 구별되지 않는 부분들 중의 하나에 있어 이들의 소유를 장악하고 예속시킴으로써 —— 대항하는 방식이기도 하다." M. Leiris, "Das 'caput mortuum' oder die Frau des Alchemisten", M. Leiris(1981), 260~262쪽.

대교적 시원으로부터 프로테스탄트교에로의 종교발전을 윤리적 합리화의 과정으로서 고찰한다. 루터와 캘빈은 종교적 근본개념들이 도덕화되고, 이와 더불어 종교적 경험들이 정신적인 것으로 변형되는 발전의 분기점을 이룬다. 경악과 황홀의 모순적 감정을 야기하는 신성한 것은 쉽게 다룰 수 있도록 길들여지고, 분열된다. 천사장 루시퍼는 하늘로부터 추방된다. 하늘의 축복과 세속적인 악이 서로 대립한다. 신성한 것의 악마적 부분과 함께 에로틱한 것은 이제 세계에 속하는 것이라고 천명되고, 육신의 죄로서 매도된다. 신성한 것이 가지고 있는 이중성의 박탈, 즉 신성한 것의 분명화를 통해 죄의식은 순수하게 도덕적인 성격을 획득한다. 그러나 감각적 방종과 종교적 방종이 더 이상 신성한 것에 이르는 길을 열어줄 수 없다면, 법률의 규범적 타당성은 방종의, 즉 모험적으로 실험하는 법률 침해의——그리고 법률에 권위를 부여하는——경험적 배경으로부터 분리된다. 유대교적-기독교적 전통에서 자율적 도덕이 형성될 수 있었던 것은 이곳에서 금지와 침해의 변증법이 정지되기 때문이며, 신성한 것이 자신의 번개 같은 빛으로 더 이상 세속적 세계를 뒤흔들어 놓지 않기 때문이다. 바타이유의 도덕비판은 도덕으로서의 도덕 자체를 향해 있는 것이 아니다. 이러한 도덕은 종교적 세계상의 합리화의 결과이다. 그런데 이 합리화로 말미암아 그 복잡성이 박탈되고, 정신화되어 분명해지고, 개별화되어, 신으로서 저세상으로 집중되어 버린 "신성한 것"에 대한 접근이 실행된다. 신앙인은 그가 망아적으로 자기경계를 넘어서는 종교적이고 성적인 경험들로부터 분리되는 정도에 따라서만 도덕적 의식을 발전시킨다. 이런 점에서 도덕발전은 종교의 영역과 경제의 영역이, 제물과 노동이 점점 더 분화되는 경향을 설명해 준다. 그것은 점점 더 주권의 원천으로부터 멀어지는 주권적 폭력의——점점 더 얇아지는——덮개 아래서 이루어지는 세속적 삶의 영역의 팽창과 물화를 설명해 준다. 프로테스탄트 윤리에 관한 베버의 해석은 이러한 관점과 무리없이 맞아떨어진다. "종교와 경제는 동일한 운동을 통해 한때 이들을 짓눌렀던 것으로부터 해방된다. 즉 종교는 세속적 계산으로부터 해방되고, 경제는 비경제적 제한으로부터 해방된다."[44]

　비록 우리가 자본주의의 관점에서 이러한 설명의 전략을 매우 유망한 것으로 여길지라도, 권위적으로 조종되는 소비에트 산업화의 완전히 세속화된 사업을 분석하기 위하여 그것이 어떻게 유용하게 사용될 수 있는지는 분명하지 않다. 한편으로는 철저하게 합리화된 노동사회, 다른 한편으로는 완전히 치외법권의 영역으로 단절되어 접근할 수 없는 주권의 영역들로의 예견된──그리고 철저하게 실행된──분리가, 왜 발전된 산업사회의 조건 아래서 근원적 주권의 에너지들을 다시 방출할 수 있는 상태로 왜 급작스럽게 변해야 하는가 하는 물음은 미결의 문제로 남는다. "스탈린이 공산주의의 완성된 인간에게 부여하고자 하였던 완전한 교육이 이름에 걸맞을 정도로 품위가 있다면, 물질문명의 작품들이 완전히 포기될 수 없는 시대에서 이 인간은──타자의 주권에 대한 자발적 존중과 결합하여──역사 이전의 목동과 사냥꾼을 특징짓는 주권에 가장 근접한다. 물론 목동과 사냥꾼들이 다른 사람의 주권을 존중하였다면, 그들은 단지 사실적으로만 그렇게 하였다."[45] 이에 반하여──이렇게 우리는 보충해야만 한다──해방된 인류는 다른 모든 사람에 의한 모든 개개인의 주권의 호혜적 존중을 그들의 공동생활의 도덕적 토대로 만들 것이다. 바타이유는 그 자체 변증법적인 이성운동의 사고형태를 인용하지 않고서 스탈린주의가 자유주의적 사회주의로 모험적으로 전환하는 것을 설명해야만 한다. 그는 이러한 도전을 일반경제학의 기획을 가지고 대처한다.

이제까지 정치경제를 포함한 경제학과 경제비판은 어떻게 하면 희소 자원들이 사회적 삶의 재생산이라는 에너지 순환과정 안에서 효율적으로 사용될 수 있는가 하는 제한된 관점에서 실행되었다. 바타이유는 이와 같은 특수 관점에 대해 우주적으로 확장된 에너지 가계의 관찰이라는 보다 일반적인 관점을 대립시킨다. 경영학적 행위자의 관점으로부터 국민경제학적 체계의 관점으로의 방향전환과 유사하게 바타이유가 실행하는 이러한 관점전환으로 말미암아 경제학적 근본물음도 역시 전도된다. 더 이상 희소 자원의 이용이 아니라 과잉 자원의 비이기적 소비가 핵심적인 문제로 부상한다. 살아 있는 유기체는 그가 자신의 삶을 재생산하는 데 소비하는 것보다 더 많은 에너지를 축적한다는 생

---

44) Bataille(1975), 164쪽.
45) Bataille(1975), 282쪽.

물학적 사실로부터 바타이유는 출발한다. 과잉 에너지는 성장을 위해 사용된다. 만약 성장이 정지한다면, 흡수되지 않는 과잉 에너지는 비생산적으로 소비되어야 한다. 에너지는 아무런 이익도 없이 상실되어야 하는 것이다. 이러한 상실은 "영광스러운" 형태나 또는 "파국적" 형태로 일어날 수 있다. 사회문화적 삶도 역시 과잉 에너지의 압박을 받는다.

과잉 에너지는 다양한 방식으로 통제될 수 있다. 예컨대 집단을 인구통계학적, 공간적 또는 사회적으로 확장함으로써 통제될 수 있고, 또는 생산과 삶의 수준을 높임으로써, 즉 일반적으로 말하자면 복잡성을 증가시킴으로써 통제될 수 있다. 바로 이 점이 유기체적 성장과 일치하는 사회적 등가물이다. 더욱 뚜렷이 나타나는 것은 죽음과 생식, 개별적 실존의 파괴와——다시금 파괴될 수밖에 없는——신세대의 생산을 통한 과잉 에너지의 흡수이다. 이와 같은 자연의 사치와 지배하는 사회계층의 사치가 일치한다. 그것이 비생산적 소비의 경제적 형식으로 이루어지건 아니면 방종의 성적, 종교적 형식으로 이루어지건, 주권적 소비는 생철학적으로 해석된 세계 우주의 경제학에서 핵심적인 자리를 차지한다. 이에 반하여 생산력의 해방과 자본주의적 성장, 그리고 개별적 발전은 생산적 사용만으로는 흡수될 수 없는 과잉을 강화한다. 도덕의 규율적 힘, 사치의 혐오, 주권적 폭력의 추방, 이질적인 것의 배제는 동일한 방향으로 작용한다. 그러나 너무 많은 부가 영광스러운 방식으로, 즉 삶을 고양시키고 흥분시키는 방식으로 소비될 수 없다면, 파국적 소비의 형식들이 유일한 등가물로서 제공된다. 제국주의적 모험, 지구 전체의 전쟁들이 그것이다. 오늘날 우리는 여기에 생태학적 오염과 핵 파괴를 첨가할 수 있다.

총체적 사물화가 순수 주권적 폭력의 부활로 변화해야 한다는 자신의 기대를 위해 바타이유가 제공하는 것은 바로 우주의 에너지 가계에 있어서의 평형에 관한 생각들이다. 왜냐하면 보편화된 노동사회는 흡수되지 않는 과잉생산을 엄청나게 증대시킴으로써, 소비의 비밀제전과 거대한 양식의 소비를 연출하는 것이 불가피하기 때문이다. 그것은 가까운 장래에 있을 수 있는 파국의 형식일 수도 있고, 또는 주권적 소비를 위하여 자신의 부를 내놓는 자유주의적 사회의 형식일 수도 있다. 여기서 주권적 소비를 위한다는 것은 방종, 주체에 의한 자기경계의 초월, 주체성의 경계 제거를 위한다는 것을 의미한다.

여기서 소박한 의미에서 형이상학적인 이 세계상을——인간학적 동기를 가지고 있는 경제학의 지양이라는 형식을 통해 서술되고 있다——다룰 필요는 없다. 그러나 그것이 과학이든 아니면 형이상학 대용물이든 간에 관계없이, 바타이유는 양자의 경우에 모두 과학적-이데올로기 비판적으로 접근하는 니체가 직면하였던 동일한 어려움에 봉착한다. 만약 주권과 주권의 원천인 신성한 것이 목적합리적 행위의 세계에 순전히 이질적인 태도를 취한다면, 만약 주체와 이성은 그러한 폭력들을 배제함으로써만 스스로를 구성한다면, 만약 이성의 타자가 비합리적인 것 또는 인식되지 않은 것 이상을 의미한다면, 즉 이성에 의해 파악될 수 없는 불가공약적인 것을 의미한다면——그것이 설령 이성적 주체의 폭발을 희생으로 치른다고 할지라도——, 만약 그렇다면, 이성으로 접근할 수 있는 것의 지평을 넘어서고, 초월적 권력의 근원과 이성의 상호작용의 분석을——분석하지는 못한다 할지라도——주제화할 수 있는 의미있는 이론이 가능하다고 생각할 수 있는 어떤 조건도 존재하지 않는다. 바타이유는 비록 이러한 딜레마를 감지하였지만, 해결하지는 못하였다. 그는 객관화하지 않는 과학의 가능성들을 극단까지 철저하게 생각하지 못했다. 이 극단에서는 인식주체가 대상영역의 구성에 참여하고, 선행적 구조를 통해 이 대상영역과 연관을 맺고 상호작용을 하고, 간섭하면서 이 영역에 포함되어 있을 뿐만 아니라, "자신의 비등점에 있는" 인식주체는, 망아경에서 자신을 내맡겼던 경험들을——마치 해방된 감정의 대양에서 어망으로 고기를 잡는 것처럼——되찾아오기 위하여, 자기동일성을 포기해야만 한다. 다른 한편으로 바타이유는 이와 같은 "내면적 경험"의 분석을 위하여, 즉 "내면의" 학문을 위하여 인식의 객관성과 방법의 비인격성을 고집스럽게 요청한다. 결국 이러한 중심물음에 있어 우유부단하게 결정을 못하고 있는 것이다.

많은 대목에서 바타이유는 자각하지 못한 채 계몽의 변증법의 흐름으로 되돌아간다. 특히 그가——막연하게 수동적으로 영향을 받은 사람들이 자기의식적 참여자로 변신할 수 있는 실천적 힘을 획득해야만 하는——반성적 통찰을 성취하고자 하는 목표를 가지고 자신의 철학적, 과학적 노력을 기울일 때

그렇다. 그렇게 되면 그는 총체화된 자기관계적 이성비판의 모순을 자각하게 된다. "인간을 이용할 수 있는 예속된 사물들로 축소시키고자 하는 인식 자체가 해체되지 않는 한, 우리는 인식의 마지막 대상에 도달할 수 없다. (……) 어느 누구도 인식할 수 없으며, 동시에 파멸로부터 자신을 보존할 수 없다."[46)

생애의 마지막에 바타이유는 그에게 작가와 철학자의 이중적 실존을 허용했던 가능성을 철학과 과학으로부터 물러나는 데 이용하려는 것처럼 보인다. 에로티시즘은 그로 하여금 본질적인 것의 인식은 신비적 경험과 순간적인 침묵에 유보되어 있다는 사실을 통찰하게 하였다. 담론적 인식은 아무런 희망도 없이 언어의 연속적 질서의 순환에 묶여 있다. "언어는 우리에게 의미가 있는 것의 총체성을 수집하지만, 이 총체성을 동시에 분산한다. (……) 우리는 문장의 연속적 질서 속에서 우리로부터 벗어나 버리는 전체에 주목한다. 그렇지만 우리는 순차적 문장의 섬광이 위대한 깨달음을 위해 자리를 양보하는 곳에 도달할 수 없다."[47)

독자가 외설로부터 공격당하고, 기대하지 않은 것과 표상할수 없는 것의 충격에 사로잡혀서, 구토와 쾌락의 모순감정이 양립하는 상태로 빠져 들어갈 수 있도록, 에로틱한 작가는 언어를 사용한다. 그러나 철학은 동일한 방식으로 언어의 우주를 박차고 나올 수 없다. "결코 침묵으로 이어질 수 없는 방식으로 철학은 언어를 사용한다. 그렇기 때문에 최고의 순간은 철학적 문제설정을 능가할 수밖에 없다."[48) 그러나 바타이유는 이 문장으로 이론을 수단으로 철저한 이성비판을 실행하려는 자신의 노력을 부정하고 있다.

---

46) Bataille(1975), 106쪽.
47) Bataille(1982), 269쪽.
48) 같은 곳.

인문과학의 이성비판적 폭로 : 푸코

1

바타이유에 대한 푸코의 관계는 하이데거에 대한 데리다의 관계처럼 스승과 추종자의 관계가 아니다. 두 사람이 같은 전통 속에서 성장하였다고 할 수 있는 동일한 학제의 외면적 유대마저 없다. 바타이유는 한 번도 아카데믹한 직무를 가진 적도 없이 인종학과 사회학에 종사하였다. 푸코는 콜레주 드 프랑스의 사유체계사 학과의 교수였다. 그럼에도 불구하고 푸코는 바타이유를 자신의 스승 중의 한 사람이라고 부른다. 물론 그를 열광시킨 바타이유는 성(性)에 관한 우리의 계몽적 담론이 가지고 있는 반자연적 흐름에 저항하고, 또 종교적 망아경과 마찬가지로 성적인 망아경에 본래의 독특한 에로틱한 의미를 되돌려주고자 한 사람이었다. 그러나 바타이유에게서 푸코가 경탄해 마지 않는 것은 무엇보다도 허구적 텍스트와 분석적 텍스트, 소설과 반성들을 나란히 병렬시키고, 승리자의 투로 의기양양한 주체성의 언어로부터 탈출하기 위하여 낭비와 과잉과 경계선 넘기의 몸짓으로 언어를 풍부하게 한 점이다. 자신의 스승에 관한 물음에 푸코는 다음과 같이 시사적으로 대답하였다. "오랫동안 나의 내면에는 풀리지 않는 갈등이 지배하고 있었는데, 그것은 한편으로는 블랑쇼와 바타이유에 대한 열정과 다른 한편으로는 뒤메질(Dumézil)

과 레비 스트로스(Lévi-Strauss)의 연구와 같이 확실히 실증적인 연구에 대한 관심 사이의 갈등이었다. 그러나 유일한 공통점이라고는 아마 종교적 문제밖에 없었을 이 두 방향들이 동일한 방식으로 나로 하여금 '주체의 실종'에 관한 사상을 발전시킬 수 있도록 인도하였다."[1] 다른 많은 동시대인들과 마찬가지로 푸코도 역시 구조주의적 혁명에 깊이 감동되었다. 이 혁명은 데리다와 마찬가지로 푸코를 코제브로부터 사르트르에 이르기까지 지배적이었던 현상학적-인간학적 사유에 대한 비판가로 만들었으며, 우선은 자신의 방법을 선택하는 데 결정적 역할을 하였다. 푸코는 레비 스트로스가 시작한 주체에 관한 부정적 담론을 동시에 현대성에 대한 비판으로서 이해하였다. 그런데 이성비판이라는 니체의 모티브들은 하이데거를 통해서가 아니라 바타이유를 통해 푸코에게 도달하였다. 끝으로 그는 이러한 자극들을 철학자로서가 아니라 바슐라르의 제자로서, 즉 학문사가로서 작업하였다. 그런데 여기서 말하는 학문사가는 통상 과학사가라고 불리는 학제에서와는 달리 자연과학보다는 오히려 인문과학에 관심을 갖는다.

레비 스트로스, 바타이유, 바슐라르의 이름으로 성격지워지는 이 세 가지 전통의 계보들은 푸코의 첫번째 저서에서 결합된다. 이 저서는 푸코를 전문가들의 좁은 집단을 넘어서 유명하게 만들었다. 『광기와 사회』(1961)는 정신의학의 전역사와 근원사에 관한 연구이다. 이 저서에서 사용하고 있는 담론분석적 수단과 자신의 문화를 방법론적으로 낯설게 만드는 태도에서 우리는 그가 구조주의적 인종학의 모범을 따르고 있음을 알아볼 수 있다. 『고전시대에서의 광기의 역사』를 약속하고 있는 부제는 이미 이성비판적 요청을 제기하고 있다. 푸코는 18세기말 이래로 광기의 현상이 어떻게 정신병으로서 구성되고 있는가를 보여주고자 한다. 이런 목표를 가지고 푸코는 19세기와 20세기의 정신과 의사들이 광기에 관해 말하였던 담론의 발생사를 재구성한다. 이 책을 문화사적으로 설정된 한 과학사가의 연구를 넘어서게 만든 것은 이성에 대한 보충적 현상으로서의 광기에 대한 철학적 관심이다. 독백의 형태로 되어 버린

---

1) M. Foucault(1974), 24쪽.

이성은 이성적 주체성에 의해 정화된 하나의 대상으로서 자기자신을 아무런 위험없이 통제할 수 있기 위하여, 광기를 자신의 신체로부터 멀리한다. 정신병을 하나의 의학적 현상으로 만드는 임상화 과정을 푸코는——바타이유가 그 흔적으로부터 서양 합리성의 역사를 읽어냈던——배제, 추방, 박탈의 과정에 대한 예로서 분석한다.

푸코의 수중에서 과학사는 합리성의 역사로 확대된다. 왜냐하면 과학사는 광기의 구성을 거울삼아 이성의 구성을 추적하기 때문이다. 푸코는 "한 문화가 자신의 바깥에 놓여 있는 것을 거부하는 수단인 경계선들의 역사를 그 자신이 서술하고자 한다"[2]고 강령적으로 표명한다. 푸코는 광기를 일련의 한계경험으로——그 한계경험들 속에서 서양적 로고스는 자신이 극도로 모순적인 방식으로 이질적인 것과 마주하고 있음을 안다——분류한다. 경계선을 넘는 경험들에는 동양적 세계와의 접촉과 동양적 세계로의 몰입(쇼펜하우어), 비극적인 것과 태고적인 것의 재발견(니체), 꿈의 영역으로의 침투(프로이트), 태고적 금지의 영역으로의 침투(바타이유), 그리고 인류학적 보고서들에 의해 조장된 이국 취미가 속한다. 여기에서 푸코는 횔덜린에 관한 언급을 제외하고는 낭만주의를 배제시켰다.[3]

---

2) M. Foucault, *Wahnsinn und Gesellschaft*(Frankfurt/M., 1969), 9쪽.

3) 셸링과 낭만주의 자연철학은 이미 광기를 파문으로 인해 산출된 이성의 타자로 파악하였다. 물론 그들은 푸코에게는 낯설은 화해의 관점에서 그렇게 하였다. 미친 사람(또는 범죄자)과 이성적으로 형성된 생활관계의 총체성 사이의 의사소통적 연결고리가 단절됨으로써, 양측은 모두 변형의 고통을 당하게 된다. 오직 주관적이기만 한 이성의 강제적 정상성 속으로 던져진 사람들이 왜곡되는 것과 마찬가지로 정상성으로부터 배제된 사람들도 역시 왜곡된다. 광기와 악은 정상성을 이중적 방식으로 위협함으로써 정상성을 부정한다. 즉 그것들은 정상성을 방해하고 정상성의 질서를 의문시하는 것일 뿐만 아니라, 정상성으로부터 일탈함으로써 정상성에게 무엇이 결핍되어 있는가를 보여주는 것이기도 하다. 미친 사람과 범죄자는 물론 이 능동적 부정의 힘을 전도된 이성으로서만, 즉 의사소통적 이성으로부터 갈라져 나온 계기의 덕택으로서만 전개할 수 있다.

푸코는 바타이유, 니체와 함께 이성 자체에 내재하는 변증법을 파악하는 이 관념론적 사유형태와 결별한다. 이성적 담론들은 항상 독백적 이성을 경계짓는 층들 속에 뿌리를 내리고 있다는 것이다. 서양 합리성의 밑바탕에 놓여 있는 이 암묵적 의미토대는 그 자체 의미없는 것이다. 만약 이성이 자신의 타자와의 교환과 대립

그럼에도 불구하고『광기와 사회』에서는 푸코가 나중에 포기하게 될 낭만주의적 모티브가 여전히 나타나고 있다. 바타이유가 이질적 폭력들이 강제적으로 정상화된 일상생활의 동질적 세계 속으로 돌입하는 것을 자기경계의 망아적 제거와 주신제에서 일어나는 것과 같은 열광적 자기해체의 전형적 경험들 속에서 발견한 것처럼, 푸코는 정신의학적으로 생산된 정신병의 현상들 배후에는, 즉 다양한 광기의 가면들 뒤에는, 무엇인가 진정한 것이 숨겨져 있다고 추측하였다. 푸코에 의하면 이 진정한 것의 밀봉된 입이 열려져야 한다는 것이다. "사람들은 세계의 속삭임에 주의깊게 귀기울여야 하고, 시로 표현되지 않은 많은 이미지들에서 아직 깨어나 있는 상태의 색깔들을 갖추지 못한 많은 환영들을 지각하려 해야 한다."[4]

푸코는 물론 "지식인들에 의해 파악되기 이전에 끓어 오르는" 광기의 진리를 찾아내야 한다는 그 과제의 모순성을 즉각 인식한다. "구속되지 않은 상태에서 이 단어들을 파악하고자 하는 지각은 이 단어들을 이미 사용하고 있는 세계에 필연적으로 속한다." 그럼에도 불구하고 저자가 여전히 생각하고 있는 담론분석은 발언된 것 속에서 말해지지 않은 것을 해독하기 위하여, 심층해석학적으로 광기와 이성이 처음으로 갈라진 근원적 분기점으로 되돌아가고자 한다.[5] 이러한 의도는 부정의 변증법이 취하는 방향을 가리킨다. 부정의 변증

을 통해 밝혀져야 한다면, 이 암묵적 의미토대들은 태고의 말없는 기념비처럼 발굴되어야 한다. 이런 의미에서 고고학자는 이성사적으로 작업하는 과학사가의 모범이다. 이 과학사가는 이성이 이질적 요소들의 배제하는 방법을 통해서만, 즉 자기자신에게로 단자적으로 집중하는 방법을 통해서만 자신의 구조를 형성한다는 니체의 학설을 받아들인다. 독백적 이성 이전에는 어떤 이성도 존재하지 않는다. 그러므로 광기는 —— 의사소통적 이성이 그 과정에서 비로소 주체중심적 이성으로 경직되는 —— 분열과정의 결과로 보이지 않는다. 광기의 형성과정은 동시에 이성의 형성과정이다. 이성은 자기자신과 관계하는 주체성의 서양적 형태로 등장한다. 서양문화 속에 구현된 것보다 더욱 근원적이고자 하는 독일 관념론의 "이성"은 이제 허구로서 드러나는데, 이 허구를 가지고 서양 이성은 그 특수성에도 불구하고 망상적인 일반성을 감히 주장하면서 동시에 자신의 전지구적 지배요청을 은폐하고 관철시킨다.

4) M. Foucault(1969), 13쪽.
5) "우리에게는 근원적 순수성이 결여되어 있기 때문에 구조연구는 이성과 광기를

법은 도구적 이성의 발생사 속에서 자신을 단자적으로 고정시키는 이성이 처음으로 미메시스를 침탈하고 또 이로부터 분리되는 장소로 되돌아가고, 적어도 이 장소를——비록 아포리아적인 방식이기는 하지만——구분하여 포위하기 위해서, 동일화하는 사유의 수단을 가지고 바로 동일화 사유의 구속적인 세력권으로부터 벗어나고자 시도한다. 만약 그것이 푸코의 의도였다면, 그는 파괴된 객관 이성의 폐허들 위를 고고학적으로 헤쳐 올라가야 한다. 그 무언의 증거들로부터 어쨌든 (그것이 설령 이미 오래전에 부정되었다고 할지라도) 화해를 희망할 수 있는 관점이 형성될 수 있을 것이다. 그러나 그것은 아도르노의 관점이지, 푸코의 관점은 아니다.

단지 주체중심적 이성의 적나라한 형태만을 폭로하고자 하는 사람은 "인간학적 잠"에 빠져 있는 이 이성을 엄습하는 꿈들에 자신을 내맡겨서는 안 된다. 3년 후 『병원의 탄생』의 서문에서 푸코는 스스로에게 냉정할 것을 요구한다. 그는 앞으로는 단어를 주석적 방법으로 다룰 것을 포기하고, 텍스트의 표면 밑의 깊숙한 곳까지 파고 들어가는 해석학을 포기하고자 한다. 그는 이제 광기에 관한 담론의 배후에서 더 이상 광기 자체를 탐구하지 않고, 의사와 같은 시선의 고고학 뒤에서 더 이상 모든 담론에 선행하는 것처럼 보이는 시선과 신체와의 무언의 접촉을 찾지 않는다. 바타이유와는 달리 푸코는 배제된 것, 추방된 것에 대한 초혼(招魂)적 접근을 포기한다. 이질적인 요소들이 더 이상 구원의 약속을 하지 않는 것이다. 항상 그렇듯이 폭로하는 해석학은 자신의 비판에 구원의 약속을 결합시킨다. 냉정해진 고고학은 이로부터 해방되어야 한다. "말되어진 것 속에서 어떤 잔류물과 (의미의) 과잉도 전제하지 않고 오직 역사적 현상의 사실만을 전제하는 담론분석은 불가능한 것인가? 만약 그렇다면, 우리는 담론적 사실들을 다양한 의미들의 자율적인 핵심으로 다

분리시키고 동시에 결합시키는 결정으로 되돌아가야 한다. 이 연구는 의미와 광기의 대립뿐만 아니라 통일성에 의미를 부여하는 양자의 지속적인 교환, 어두운 공통근원, 근원적 대립을 발견하려고 해야 한다. 그래서 역사적 시간 내에서는 이질적이지만 이 시간 밖에서는 파악할 수 없는, 그리고 어두운 곤충들의 중얼거림을 이성의 언어와 시대의 약속으로부터 분리시키는 저 순간적 결정이 다시 나타날 수 있어야 한다." Foucault(1969), 13쪽.

루어서는 안 되며, 점진적으로 건립되는 어떤 체계를 형성하는 사건과 기능적 요소들로서 다루어야 한다. 어떤 진술의 의미는 그 속에 포함되어 있는 의도들의——이 의도들을 통해 진술은 폭로되고 동시에 은폐된다——보고(寶庫)에 의해서 정의되지 않고, 이 진술이 동시적이거나 또는 시대적으로 대립되는——현실적이고 가능한——다른 진술들에 첨가하는 차이를 통해 정의된다. 그렇게 되면 담론들의 체계적 내용이 드러나게 된다."[6] 여기서 이미, 푸코가 니체의 영향을 받고 60년대말부터 이성사에 분류됨으로써 평가절하된 인문과학들에 일종의 반(反)과학으로서 대립시키고 있는 역사서술의 개념이 암시되고 있다. 이 개념의 관점에서, 푸코는 광기(그리고 임상심리학의 발생)뿐만 아니라 질병(그리고 임상의학의 발전)에 관한 자신의 초기연구들을 부분적으로 "눈먼 시도들"이라고 평가하게 된다. 그렇지만 나는 우선 초기작업과 후기작업들 사이에 문제의 연속성을 형성하는 주제들을 언급하고자 한다.

2

이미 『광기와 사회』에서 푸코는 담론과 실천의 독특한 결합을 탐구한다. 그런데 이 과정에서 문제가 되는 것은 과학 외적인 조건들로부터 내면적으로 재구성된 과학의 발전을 설명하려는 낯익은 시도가 아니다. 문제중심적 이론사의 내면적 관점은 처음부터 고도로 선택된 현저한 담론들의 구조적 서술에 의해 대체된다. 이 구조적 서술은 정신사적, 문제사적 관찰에 의해 오히려 가려진 틈새에서 시작한다. 즉 그것은 새로운 패러다임이 낡은 패러다임에 대항하여 관철되기 시작하는 장소에서 시작하는 것이다. 하여튼 과학자들의 담론들도 다른 담론들과 밀접하게 관련되어 있다. 그것들은 또 철학적인 담론들과 의사, 법률가, 행정관료, 신학자, 교육자 등등과 같은 학문적 직업들의 담론들과 연관되어 있다. 푸코 연구들에 있어 완강하게 고수되고 있는 연관점인

---

6) M. Foucault, *Die Geburt der Klinik* (München, 1973), 15쪽.

인문과학들은 물론 다른 담론들의 콘텍스트 속에 서 있는 것만은 아니다. 인문과학의 발생에 있어 더욱 중요한 것은 이들이 관여하고 있는 무언의 실천들이다. 무언의 실천을 푸코는 제도적으로 고착되고, 종종 건축학적인 형태로 구현되고, 의례적으로 응축된, 행위방식들과 습관들의 규제들로서 이해하였다. "실천"의 개념 속에 푸코는 상호작용의 다른 참여자들의 활동자유에 미치는 폭력적, 비대칭적 영향의 계기를 수용하였다. 법률적 판결들, 경찰 조치들, 교육학적 지시들, 감금, 훈육, 통제, 육체적, 지성적 훈련의 형식들은, 사회화하고 유기체적으로 조직하는 세력들이 신체적 피조물들의 야생적 기질에 침투해 들어가는 표본적인 예들이다. 푸코는 전적으로 비사회학적인 사회의 개념을 만들어낸다. 그리고 푸코는 처음부터 현대에서 이러한 사회화의 불가사의한 과정, 즉 신체에 의해 매개된 구체적인 상호작용을 권력으로 감싸는 과정을 강화하고 추진시키는 매개수단으로서 인문과학에 관심을 가졌다. 그렇지만 담론들이, 과학적 담론과 다른 담론들이, 어떻게 실천과 관계를 맺는가 하는 문제가 처음에는 해명되지 않았다. 즉, 한 담론이 다른 담론들을 과연 조종하는지, 그들의 관계가 토대와 상부구조로서 생각되어야 하는지, 또는 순환적 인과성의 모델에 따라서, 아니면 구조와 사건의 상호작용으로서 사유되어야 하는지의 문제가 해명되지 않았다.

또한 푸코는 광기의 역사를 분명하게 분절시키는 시대적 단락들을 끝까지 고수하였다. 매우 산만하고 불명료하게 묘사된 중세 전성기의——이 시대는 다시금 그리스적 로고스의 시원을 지시한다[7]——배경을 통해 르네상스의 윤곽들이 조금은 더 분명하게 부각된다. 그런데 르네상스의 윤곽들은 푸코가 호감을 가지고 분명하게 묘사한 고전적 시대(17세기 중반부터 18세기말까지)에 대한 배경으로서 기능한다. 18세기말은 이성사적 드라마에 있어서 국면전환의 전회점을 표시한다. 즉 칸트의 철학과 새로운 인문과학들을 통해 형성되는 현대성으로 넘어가는 문턱을 표시하는 것이다. 문화사적, 사회사적 전환의 덕택으로 자신의 관습적 이름을 획득한 이 시대들에게 푸코는, 이성과 광기의 변

---

7) M. Foucault(1969), 8쪽 이하. 이 점에 관해 나는 방금 출간된 『성의 역사』의 제2권과 3권을 고려할 수 없었다.

화하는 관계의 척도에 따라, 더욱 깊은 의미를 부여한다. 16세기에는 광기의 현상들을 대하는 데 있어 어느 정도의 자기비판적 불안과 개방성이 나타난다고 푸코는 생각한다. 이 시대에 이성은 여전히 삼투적 구멍을 가지고 있는 것이다. 광기는 여전히 비극적인 것, 예언적인 것과 연관관계를 맺고 있으며, 성서 바깥의 외전(外傳)적인 진리들을 담고 있는 장소이다. 광기는 이성의 약점들을 역설적으로 폭로하는 거울의 기능을 가지고 있다. 쉽게 환영에 빠지는 성벽은 이성 자체의 성격에 속한다. 르네상스 동안에도 이성이 자신의 타자와 맺고 있는 관계로부터 모든 전도 가능성이 제거되지는 않았다. 이와 같은 배경에서 두 과정이 이성사에 있어 분수령적 사건의 의미를 가진다. 하나는 17세기 중반경에 있었던 대대적 감금의 물결이다. 예를 들면 1656년 파리에서는 단지 몇 달 동안에 백 명 중 하나는 체포되어 수용소에 감금되었다. 또 다른 하나는 18세기말에 있었던 것으로서, 이와 같은 감금시설과 피난소는 의학적으로 정신병자라고 진단을 받은 사람들이 의사의 보호를 받는 폐쇄된 시설로 변형되었다. 다시 말해 그것은 오늘날 아직 존립하고 있는 (그리고 정신병 반대운동이 그 폐지를 요구하는) 정신병 치료시설들의 탄생이다.

처음에는 미친 사람, 범죄자, 부랑인, 난봉꾼, 가난한 사람, 그리고 모든 종류의 괴상한 사람들을 아무런 차별없이 강제적으로 감금하고, 나중에는 정신병 환자들을 치료하기 위하여 병원을 건립한 이 두 사건들은 두 가지 종류의 실천들을 알려준다. 이 두 사건들은 모두 점차적으로 확고해지는 독백으로부터 이질적인 요소들을 배제하는 데 기여한다. 이 독백은 마침내 일반적 인간이성으로 주체가 자신의 주위에 있는 모든 것을 객체로 만듦으로써 혼자서 중얼거리는 것이다. 후기연구에서와 마찬가지로 여기에서도 고전적 시대와 현대의 비교가 중심점을 이룬다. 두 종류의 배타적 실천들은 분리를 강요하여 이성과 유사한 성격들을 광기의 그림으로부터 엄격하게 삭제한다는 점에서 일치한다. 모든 일탈자들을 무차별적으로 감금하는 것은 다만 자신에게 그대로 내버려둔 야만성과 환상적인 것을 공간적으로 분리하는 것을 의미할 뿐, 고통으로서, 그리고 자연과 인간 질서의 병리학으로서 반드시 통합되어야 하는 혼돈에 길들이는 방식으로 대처함을 의미하지 않는다. "고전시대가 가두었던 것은 광인과 난봉꾼, 병약자와 범죄자가 뒤섞여 있는 추상적 비이성은 아니었다. 엄청나게 남아 있던 환상적인 것, 히에로니모스 보쉬의 신비제전의 밤에 밀려왔다고 사람들이 믿었던 괴물들의 세계가 같이 감금되었던 것이다."[8] 18세기 후반에 이르러서야 비로소 격리소의 균열된 틈을 통해 바깥으로 나올 수 있는 광기를 두려워하기 시작한다. 그리고 이때 신경환자에 대한 동정과, 그들을 더러운 범죄자들과 함께 섞어놓고 그들의 운명에 내맡겼다는 죄책감이 생겨난다. 이때부터 병자들에게만 할당된 격리소의 임상적 정화는 광기와 미친 사람의 정신의학적 치료를 과학적으로 객관화하는 작업과 나란히 이루어진다. 이와 같은 병원화는 고통의 인간화인 동시에 병의 자연화를 의미한다.[9]

여기에서 우리는 푸코가 더욱더 강도 깊게 추적하고자 하는 다른 주제와 접하게 된다. 그것은 감시적 고립이라는 실천과 제반 인문과학의 구성적 상관관계이다. 정신의학적 시설, 즉 병원의 탄생은 푸코가 훗날 현대적 지배기술로써 서술하게 될 규율화의 형식에 대한 전형적 예이다. 푸코가 처음에는 병원으로 기능이 전환된 격리소의 세계에서 발견한 폐쇄적 시설의 원형은 공장, 감옥, 병영, 학교, 그리고 군사학교의 형태들을 통해 다시 나타난다. 고대 서양적 삶의 자연적 구별들을 소멸시키고, 감금의 예외적 경우를 기숙사가 있는 학교와 같은 종류의 정상적 경우로 격상시키는 이와 같은 총체적 제도들 속에서 푸코는 규제하는 이성의 승전비들을 본다. 이 규제하는 이성은 광기를 자신에 복종시킬 뿐만 아니라, 개별적 유기체의 욕구본성과 전체 인구의 사회적

---

8) M. Foucault(1969), 367쪽.

9) 18세기말의 개혁기에 정신과 의사의 관점에서 그 모습과 기능이 철저하게 변화한 피난처(Asyl)를 푸코는 인상적으로 묘사하고 있다. "이 마을은 한때 미친 사람들이 수용되어 이성적 인간이 그들로부터 보호되는 것을 의미하였다. 이제 그것은 (어떤 의미에서는 솎아낸) 미친 사람이 해방되어, 그를 자연법칙과 동일한 차원에 세워놓는 자유를 통해 미친 사람이 다시 이성인에 적응하는 것을 뜻한다. (……) 비록 제도 내에서는 아무것도 실제로 변화하지 않았지만, 수용과 배제의 의미는 변화하기 시작한다. 이제 그 의미는 점차 긍정적 가치를 갖게 된다. 한때 사람들이 비이성을 무(無)로 변형시켰던 그 중립적이고, 공허하며, 밤과 같은 공간이 이제 해방된 광기가 (병리학으로서) 복종해야만 하는 (의학적으로 지배되는) 본성으로 가득차기 시작한다." Foucault(1969), 343쪽. 괄호 안의 첨언은 하버마스에 의한 것임.

신체를 자신에 예속시킨다.

이와 같은 시설들에 있어, 객관화하고 검사하는 시선 그리고 분석적으로 분해하고 통제하며 모든 것을 관통하는 시선이 구조를 형성하는 권력을 획득한다. 그것은 주변세계와 단지 직관적으로 맺고 있던 관계의 모든 연결고리를 상실하고, 상호주관적 상호이해의 모든 매개수단을 끊어 버린 이성적 주체의 시선이다. 독백의 형태로 고독하게 존립하는 이런 주체에게 다른 주체들은 단지 참여하지 않는 관찰의 대상 지위에서만 접근한다. 벤담이 기안한 원형감옥 "판옵티콘"에서 이러한 시선은 건축학적으로 응고된다. 10)

동일한 구조가 인문과학의 요람에서도 발견된다. 이러한 학문들이, 특히 임상심리학, 교육학, 사회학, 정치학, 문화인류학들이 폐쇄된 시설에서 건축학적으로 표현되는 권력기술론 속으로 마찰없이 수용될 수 있다는 것은 우연이 아니다. 그것들은 치료와 사회기술로 사용되고, 그렇게 현대를 지배하고 있는 새로운 규율권력의 매개수단을 형성한다. 이러한 사실은 인문과학자의 침투적 시선이, 자신은 보이지 않으면서 대상을 볼 수 있는, 원형감옥의 중심공간을

---

10) "주위에는 원형의 건물이 있고, 중앙에는 원형으로 서 있는 건물들의 내면을 향해 있는 남은 창들이 달려 있는 탑이 서 있다. 원형건물들은 독방으로 구분되며, 독방들은 모두 건물의 폭을 가지고 있다. 독방들에는 각각 두 개의 창이 있는데, 건물의 안쪽으로 나 있는 창은 탑의 창문을 향해 있으며, 또 다른 창은 빛이 양쪽으로 들어올 수 있도록 바깥 쪽을 향해 있다. 그러므로 중앙의 탑 속에 감시인을 한 명 배치하고, 각 독방에는 광인, 병자, 범죄자, 노동자 또는 생도를 집어 넣는 것으로 충분하다. 역광으로 인해 독방에 갇혀 있는 사람의 어떤 작은 실루엣도 탑에서 정확하게 파악할 수 있기 때문이다. 모든 독방의 우리는 하나의 작은 극장이다. 이 속에서 모든 배우는 혼자이며, 완전히 개별화되어 있고, 끊임없이 보인다." M. Foucault, *Überwachen und Strafen* (Frankfurt/M., 1978), 256쪽 이하. 한국어판 : 미셸 푸코, 『감시와 처벌: 감옥의 탄생』, 박홍규 옮김 (강원대학교 출판부, 1989), 260쪽. 고대 감옥의 기능들, 즉 감금, 암흑화, 은폐 중에서는 오직 첫째 기능만이 남아 있다. 사물화하는 시선의 설치를 위한 실험적 조건들을 충족시키기 위해서는 활동자유를 제한하는 것이 필요하다. "원형감옥 판옵티콘은 봄/보임, 보는 것/보이는 것의 쌍을 분리시키는 기계장치이다. 원형으로 설치되어 있는 외곽건물 내에서 사람들은 완전히 보이지만 결코 볼 수 없으며, 중앙의 탑에서는 보이지 않으면서 모든 것을 볼 수 있다." M. Foucault, 앞의 책, 259쪽, 한국어판 : 앞의 책, 262쪽.

차지할 수 있다는 상황에 힘입고 있다. 병원의 탄생에 관한 연구에서 이미 푸코는 인간의 시체를 다루면서 훈련된 해부학자의 시선이 인간에 관한 제반과학들의 "구체적 아 프리오리"라고 파악하였다. 푸코는 이미 광기의 역사에서 격리소 시설과 의사-환자-관계 사이의 근원적 친화관계를 감지하였다. 감시되고 있는 시설의 조직과 환자의 임상적 관찰의 양측면에서 이미 보는 것과 보여지는 것의 구별이 실행되는데, 이 구별은 병원의 사상과 인간에 관한 과학의 사상을 결합시킨다. 그것은 주체중심적 이성과 함께 동시근원적으로 지배권을 획득하는 사상이다. 즉 대화적 관계의 말살은 독백의 형태로 자신의 내면으로 향한 주체들을 서로에게 대상으로, 그것도 오직 객체로서만 만든다.

끝으로 푸코는 정신병원과 임상심리학을 산출하였던 개혁운동들의 예를 연구하여 인본주의와 테러의 내면적 친화관계를 발전시킨다. 이는 그의 현대성 비판에 예리함과 냉혹함을 더해 주었다. 계몽주의의 인본주의적 이념들로부터 정신병원이 탄생하였다는 사실에서 푸코는 처음으로 "해방과 노예화의 이중운동"을 보여준다. 그는 나중에 형벌제도, 교육제도, 건강시설, 사회복지 등등의 광범위한 전선에서도 이러한 이중운동을 다시 발견한다. 박애주의적 관점에서 미친 사람을 방치된 감금시설로부터 해방시키는 것, 의료적 목표를 추구하는 위생적 병원의 건립, 정신병자의 정신의학적 치료, 정신병자들이 심리학적 이해와 치료적 관심을 받을 수 있는 권리——이 모든 것은 환자들을 지속적인 감시, 조작, 개별화, 규제화의 대상으로 만들고, 특히 의학적 연구의 대상으로 만드는 시설규칙을 통해 가능하게 된다. 시설 내 생활의 내부 조직을 제도적으로 확립하는 실천들은 광기를 인식하기 위한 토대이다. 이러한 인식은 비로소 개념화된 병리학의 객관성을 광기에 부여하고, 그렇게 함으로써 그것을 이성의 보편세계로 편입시킨다. 물론 환자에게뿐만 아니라 실천하는 실증주의자인 의사에게도 정신의학적 인식은 방면(Emanzipation)과 제거(Elimination)라는 이중적 의미의 해방을 뜻한다. "광기의 인식은 광기를 소유한 사람들이 광기로부터 벗어나는, 처음부터 자신의 위험과 마법으로부터 자신을 분리시키는 특정한 방식을 가지고 있다고 전제한다. (……) 본래 여기에 미치지 않기 위한 특수한 방식이 고착되어 있다."11)

　나는 이 네 가지 주제들을 개별적으로 다루지 않을 것이다. 오히려 나는 푸코가 급진적 이성비판이라는 자기관계적 시도의 아포리아에 빠져들지 않으면서도 과연 이를──고고학적으로 시작하여 계보학으로 확장된, 인문과학의 역사서술의 형태를 통해──성공적으로 실행할 수 있는가 하는 문제를 제기하고자 한다. 실천에 대한 담론의 관계와 마찬가지로 해명되지 않은 것은 예컨대 초기저서들에서는, 만약 역사가의 작업이 여전히 이성의 지평 안에서 움직여야 한다면 어떻게 이성과 광기의 배열에 관한 역사를 서술할 수 있는가 하는 방법론적인 문제이다. 60년대초에 발간되기 시작한 연구서들의 서문에서 푸코는 이런 물음을 제기하지만, 대답하지는 않는다. 그런데 푸코가 1970년 콜레주 드 프랑스 취임강연을 할 때는 이 문제가 이미 해결된 것처럼 보인다. 이성과 광기 사이의 경계선 긋기가 이 취임강연에서는 배제의 세 가지 메커니즘의──이를 수단으로 하여 이성적 언술이 구성된다──하나로서 다시 등장한다. 한편으로는 언짢은 화자들을 담론으로부터 격리시키고, 불쾌한 주제들을 억압하고, 표현들을 검열하는 보다 분명한 작업들과, 다른 한편으로는 이미 실행된 담론 안에서 타당한 발언과 타당하지 않은 발언을 구별하는 전혀 뚜렷하지 않은 작업들 사이의 중간에 광기의 제거가 위치한다. 푸코는 허위의 발언들을 제거하기 위한 규칙들을 광기의 배제와 이질적인 것의 추방이라는 모델에 적용하는 것이 얼핏 보기에는 설득력이 없다는 점을 인정한다. "어떻게 우리가 진리의 강제를, 처음부터 자의적이거나 아니면 적어도 역사적인 우연성을 중심으로 조직되는 그와 같은 경계선 긋기와 이성적으로 비교할 수 있겠는가? 다시 말해 어떻게 우리는 부단히 변화하는 경계선 설정들, 경계선을 강요하고 이를 보장하고자 하는 전체 제도들의 그물망에 의해 유지되는 경계선 설정들, 강제적인 방식으로 그리고 부분적으로는 폭력을 동원하여 관철되는 경계 설정들과 어떻게 진리의 강제를 비교할 수 있겠는가?"[12]

　물론 푸코는 진리성 요청, 타당성 요청들이 관철되는 수단인 설득력있는 논

---

11) M. Foucault(1969), 480쪽.

12) M. Foucault, *Die Ordnung der Diskurse* (München, 1974), 10쪽 이하. 아래에서는 M. Foucault(1974 b)로 약하여 인용함.

증의 명백한 비강제성에 대한 언급에 별로 영향을 받지 않는다. 우리가 "다른 차원으로 들어가" 고고학자의 태도를 취하면, 보다 나은 논증이라는 비강제성의 허상은 사라진다. 고고학자는 묻혀진 의미토대들에 시선을 집중하고, 또 어떤 담론의 내부에서 무엇이 그때마다 참이고 거짓으로서 타당한가를 확정하는——쉽게 드러낼 수 없는——내부구조들을 응시한다. 진리는 교활한 배제의 메커니즘이다. 왜냐하면 이 메커니즘은 그때마다 내면에서 관철되고 있는 진리에의 의지가 은폐되어 있다는 조건에서만 기능하기 때문이다. "그것은 마치 진리에의 의지가 우리에게는 바로 진리와 진리의 필연적 과정에 의하여 은폐되는 것과 같다. (……) 그 형식의 필연성으로 말미암아 욕망으로부터 분리되고 권력으로부터 해방한 참된 담론은 이를 꿰뚫고 있는 진리에의 의지를 인정할 수 없다. 이미 오래전부터 우리를 강요하고 있는 진리에의 의지는, 자신이 원하는 진리가 어쩔 도리없이 진리에의 의지를 은폐할 수밖에 없다는 성격을 가지고 있다. "[13]

그때그때의 담론 안에서 참과 거짓이 구별되는 타당성의 기준들은 독특한 투명성과 비근원성을 고집스럽게 고수한다. 타당성은 자신의 발생과 연관되는 것은 모두 떨쳐 버린다. 고고학자가 드러내는 밑바탕에 놓여 있는 담론구성적 규칙들로부터 자신이 유래한다는 점도 부인한다. 진리를 가능하게 하는 구조들은 그 자체 참일 수도 없고 거짓일 수도 없기 때문에, 오직 진리들 속에서 표현되고 있는 의지의 기능에 관해서만 질문할 수 있을 뿐이다. 즉 권력 실천들의 그물망으로부터 유래하는 이 의지의 계보에 관해서만 물을 수 있는 것이다. 푸코는 70년대초부터 담론들의 진리구성적 배제규칙들을 밝혀내는 지식의 고고학과 실천들의 계보학적 연구를 구별한다. 계보학은 역사적으로 가변적인 타당성 조건들의 자취를 그 제도적 뿌리까지 추적함으로써, 담론들이 어떻게 구성되고, 담론들이 왜 등장하였다가 다시 사라지는가를 연구한다. 고고학이 학자적 정교함의 스타일을 따르고 있다면, 계보학은 "행복한 실증주의"를 표방한다. [14] 그러나 고고학이 학자적으로 접근하고, 계보학이 순수한 실증주의

---

13) 같은 곳, 14쪽 이하.
14) M. Foucault(1974 b), 48쪽.

의 방식으로 접근할 수 있다면, 급진적 이성비판이라는 목표를 가지고 인문과학의 역사를 기술하는 학문의 방법론적 모순은 해결될 것이다.

3

푸코는 반(反)학문으로서 등장하는 학자적-실증주의적 역사기술의 개념을 니체 수용의 덕택으로 발전시킨다. 그의 니체 수용은 『지식의 고고학』(1969)의 서문과 『니체, 계보학, 그리고 역사』(1971)에 관한 논문에서 나타난다. 철학적으로 고찰하면, 이 개념은 하이데거와 데리다에게서 시간화된 근원철학의 형태를 띠었던 이성비판에 대한 유망한 대안을 제공하는 것처럼 보인다. 문제설정의 전체 무게는 물론 권력의 근본개념에 집중된다. 이 개념은 고고학적 발굴작업뿐만 아니라 계보학적 폭로에다 비로소 현대성 비판적 방향을 부여한다. 전적으로 비사회학적인 권력의 개념은 니체에게서 차용한 것이지만, 그의 권위가 이 개념의 체계적 사용을 정당화하기에는 충분하지 않다. 니체 수용의 정치적 배경을——실패한 1968년의 혁명에 대한 실망——고려하면 인문과학을 이성비판적으로 서술하겠다는 생각을 비록 전기적인 관점에서 이해할 수 있지만, 이 배경이 푸코가 자신의 모순된 기획을 위해 시도하는 권력개념의 특수한 사용을 정당화할 수는 없다. 권력이론으로의 전향은 오히려 여러 문제들의 극복, 즉 내적으로 촉진된 극복으로 이해될 수 있다. 푸코는 『말과 사물』에서 순전히 담론분석적 수단으로 인문과학의 폭로를 실행하고 난 다음에 이 문제들과 부딪쳤다. 그러나 일단 푸코가 "계보학"이라는 개념을 어떻게 전용하고 있는가를 살펴보자.

계보학적 역사기술은 역사적으로 방향이 설정된 제반 인간과학들의 지평으로부터 벗어날 때에만 반학문이라는 이성비판적 역할을 떠맡을 수 있다. 푸코는 이 인문과학들의 공허한 인본주의를 권력이론의 관점에서 폭로하고자 한다. 새로운 역사는 18세기말 이래로 현대성의 역사적 의식, 역사적 사유, 역사적 계몽에 대해 구성적이었던 모든 전제조건들을 부정해야 한다. 이는 니체

298

의 두번째 반시대적 고찰이 왜 푸코에게 보고(寶庫)인지를 설명해 준다. 니체
는 유사한 의도에서 자기시대의 역사주의를 엄격하게 비판하였다.

푸코는 (1) 현대성의 현재주의적 시대의식을 극복하고자 한다. 푸코는 책임의
식을 가지고 떠맡은 미래의 문제압박을 통해 특징지워지고 과거와 자기도취적
인 방식으로 관계를 맺는 현재의 특권화와 단호하게 결별하고자 한다. 푸코
는, 자신의 해석학적 출발상황을 뛰어넘지 못하고 또 이미 오래전에 분해된
동일성을 확인함으로써 공고하게 하는 데 이용되는 역사서술의 현재주의를 청
산하고자 한다. 그렇기 때문에 계보학은 근원을 찾아나서지 말고, 담론구성체
의 우연한 시원들을 찾고, 실제의 발생사의 다양성을 분석하고, 동일성의 허
상——즉 역사를 기술하는 주체 자신의 추정된 동일성과 동시대인들의 동일
성을 해체해야 한다. "영혼이 일자(一者)로서 관철되고, 또 자아가 동일성 또
는 일관성을 상상해 내는 곳에서 계보학은 시원을 찾아나선다. (……) 발생 출
처의 분석은 자아의 해체를 가져오고, 자아의 공허한 종합의 장소와 자리에
수천 가지의 상실된 사건들이 충일하게 한다."[15]

이러한 사실로부터 (2) 해석학과의 결별이라는 방법론적 귀결이 도출된다.
새로운 역사는 이해를 돕는 것이 아니라 영향사적 상관관계를 파괴하고 분산
시키는 데 기여한다. 소위 이 상관관계를 통해 역사가는 대상과 결합한다고
추정되는데, 역사가는 그 속에서 자기자신을 다시 발견하기 위하여 이 대상과
소통할 뿐이다. "우리는(……) 역사를 인간학적으로 정당화하는 이미지들로부
터 역사를 분리시켜야 한다. 다시 말해 자신의 선명한 기억을 되찾기 위하여
기록들에 의존하는 수천 년 동안의 집단적 기억의 그림으로부터 역사를 떼어
놓아야 한다."[16] 해석학적 노력은 의미의 획득을 목표로 하고, 모든 기록 속
에서 침묵하고 있는 그러나 다시 깨어나야 할 소리를 감지한다. 의미를 배태
하는 기록이라는 이 이념은 해석 작업 자체와 마찬가지로 철저하게 문제시되
어야 한다. 왜냐하면 "주석", 그리고 "작품"과 텍스트의 창시자로서의 "작가"
에 관한 허구들, 2차문헌을 1차문헌으로 환원하는 것, 정신사적 인과성들의

---

15) M. Foucault, "F. Nietzsche, die Genealogie, die Historie", Foucault(1974), 89쪽.
16) M. Foucault(1973), 14쪽 이하.

산출——이 모든 것들이 허용되지 않는 복잡성 감소의 도구들이기 때문이다. 그것들은 담론들이 자발적으로 흘러넘치는 것을 약화시키고 제한하는 절차들이다. 후세대의 해석자들은 이 담론들을 자신의 관점에서 재단하여, 자신의 국부적인 지평에 맞추고자 할 뿐이다. 이와는 반대로 고고학자는 언어적인 기록들을 무언의 기념물로 다시 변형시킨다. 즉 구조주의적으로 기술할 수 있기 위해서는 자신의 지평으로부터 해방되어야 하는 대상들로 다시 변형시키는 것이다. 계보학자는 고고학적으로 발굴된 기념물에 바깥으로부터 접근하여, 이들이 투쟁과 승리, 패배의 우연적인 부침(浮沈)으로부터 발생하였다는 것을 설명한다. 의미이해를 통해 해명될 수 있는 모든 것을 주권적 태도에서 경시하는 역사가만이 비로소 인식주체의 창립자적 기능을 극복할 수 있다. 이 역사가는 "그에게서 벗어난 모든 것이 다시 그에게 되돌려질 수 있다는 보증이" 한갓 기만에 지나지 않는다고 간파한다. 또한 "차이를 통해 먼 곳에서 보존되고 있는 이 모든 사물들이 역사적 의식의 형태를 통해 새롭게 소유될 수 있다는 약속"도 역시 기만임을 간파한다. [17]

주체철학의 근본개념들은 객관영역에 대한 접근방식뿐만 아니라 역사 자체를 지배한다. 그렇기 때문에 푸코는 무엇보다도 (3) 역사를 암암리에 거시 의식으로서 개념화하는 전체적 역사기술과 결별하고자 한다. 단수 형태의 역사는 다시 해체되어야 한다. 비록 설화적 이야기들의 다양성으로는 아니지만, 불규칙적으로 등장하였다가 다시 사라지는 섬과 같은 담론들의 다원주의로 그것은 해체되어야 한다. 비판적 역사가는 첫째로 그릇된 연속성을 해체해야 한다. 그리고 그는 단절과 전환국면, 방향의 전환을 주목해야 한다. 그는 목적론적 인과성들을 설정하지 않는다. 그는 거대한 인과성들에도 관심을 기울이지 않는다. 그는 종합들을 고려하지 않고, 진보와 진화와 같은 분화의 원리들을 포기한다. 그는 역사를 시대에 따라 분류하지 않는다. "전지구적 역사를 기도하는 일은 어떤 문화의 전체형식, 어떤 사회의 물질적 또는 정신적 원리, 어떤 시대의 모든 현상에 공통적인 의미, 자신의 일관성을 설명하는 법칙, 사람들

---

17) M. Foucault(1973), 23쪽.

이 어떤 시대의 '얼굴'이라고 비유적으로 명명하는 것을 재건하고자 하는 것이다."[18] 그 대신에 푸코는 아날 학파가 말하는 "연속적 역사"라는 생각으로부터 강령적으로 변형시킨 구조주의적 접근방식을 차용한다. 이 방식은 비동시적 체계사들의 다원성을 고려하고, 이 역사들이 가지고 있는 분석적 통일성들을 의식과 무관한 기준에 의거하여 만들어낸다. 이 접근방식은 하여튼 추정된 의식의 종합적 활동들의 개념적 수단을 포기하고, 전체성의 형성을 단념한다.[19] 또한 화해의 이념도 이와 함께 버려진다. 즉 헤겔에 의존하는 현대성의 비판이 거리낌없이 사용하였던 역사철학의 유산도 포기하는 것이다. "시대의 다양성을 폐쇄적인 전체성으로 끌어들이고자 하는 모든 역사는" 간단히 거부된다. "모든 역사의 변화에서 화해를 발견하는 역사, 그리고 역사의 배후에 놓여 있는 모든 것을 세계 종말의 관점에서 바라보는 역사"는 거부된다.[20]

여전히 인간학적 사유와 인본주의적 근본확신들에 묶여 있는 역사기술을 이와 같이 파괴함으로써 초월적 역사주의의 윤곽이 드러난다. 초월적 역사주의는 니체의 역사주의 비판을 물려받고 동시에 능가한다. 역사적-해석학적 의미이해의 대상들을 구성된 것으로서——즉 그때마다 토대에 놓여 있으며 구조주의적으로 파악할 수 있는 담론 실천의 객관화로서——간주한다는 점에서 푸코의 급진적 역사기술은 여전히 약한 의미에서 "초월적"이다. 예전의 역사는 참여자의 내면적 관점으로부터 밝혀낸 의미전체성을 다루었다. 그런데 이런 시각에서 보면 그때그때마다 무엇이 담론세계를 구성하는지 알 수 없다. 담론 실천을 그 뿌리로부터 파헤치는 고고학을 통해서만, 내면을 향해 전체성이라고 주장하는 것이 바깥에서 보면 다르게 존재할 수도 있는 한갓 특수한 것으로 인식될 수 있다. 참여자들은 자신이 처해 있는 세계의 삼투적 지평을 초월할 수 없으면서도 보편적 타당성의 기준에 따라 대상과 관계를 맺는 주체들로 자신을 이해하는 데 반해, 바깥으로부터 접근하는 고고학자는 이와 같은 자기

---

18) M. Foucault(1973), 19쪽.

19) C. Honegger, "M. Foucault und die serielle Geschichte", *Merkur*, 36(1982), 501쪽 이하.

20) M. Foucault(1974), 96쪽.

이해를 괄호 안에 넣어 버린다. 고고학자는 담론구성적 규칙들의 근원을 탐구함으로써, 그때그때의 담론우주의 경계를 확인한다. 이 담론우주의 형태는 다시 말해 그것이 이질적인 것이라고 무의식적으로 배제하는 요소들에 의해 제한된다. 이런 점에서 담론구성적 규칙들은 또한 배제 메커니즘의 기능도 가지고 있다. 그때그때의 담론으로부터 배제되는 것이 비로소 담론 안에서 일반적인 타당성을 지닌 유일한 주/객 관계를 가능하게 한다. 이런 점에서 푸코는 지식의 고고학을 통해 바타이유의 이질성론의 유산을 물려받는다. 푸코가 바타이유와 다른 점은 가차없는 역사주의이다. 이 역사주의 앞에서는 주권의 전담론적 연관점도 해체되어 버린다. 르네상스로부터 19세기의 실증주의적 정신의학에 이르기까지 "광기"라는 용어가 미친 사람들에 관한 모든 담론의 영역 안에 있는 진정한 경험의 잠재력을 거의 제시해 주지 못하는 것과 같이, 이성의 타자와 배제된 이질성은 잃어버린 근원이 곧 도래하리라는 것을 지시할 수 있는 전담론적 보고자의 역할을 거의 하지 못한다. [21]

오히려 역사 공간은 새로운 담론구성체들의 무질서한 생성과 소멸이라는 순전히 우연적인 사건들로 가득 채워져 있다고 서술된다. 덧없는 담론 우주들의 혼돈적 다양성들 속에는 이제 포괄적 의미를 위한 자리는 없다. 초월적 역사가는 마치 만화경을 들여다보는 것처럼 본다. "이 만화경은 결코 변증법적 발전의 점증적 형태들을 상기시키지 않는다. 그것은 이러한 발전 형태들을 의식의 진보와 몰락을 통해 설명하지 않으며, 또 소망과 억압이라는 두 원리들의 투쟁을 통해서도 설명하지 않는다. 모든 나선(螺線)의 곡선이 가지고 있는 기괴한 형태는 경계를 접하고 있는 실천들이 남겨놓은 공간의 덕택으로 이루어진다."[22]

역사는 스토아적으로 냉정한 고고학자의 시선을 받으면 하나의 빙산으로 굳

---

21) 이에 관해서는 푸코의 자기비판을 참조할 것. M. Foucault(1973), 29쪽 : "『광기의 역사』는 여기서 '경험'으로서 서술되고 있는 것에 상당한, 그렇지만 지극히 의심스러운 부분을 할애한다. 이런 점에서 이 책은 사람이 얼마나 역사의 익명적, 일반적 주체를 인정할 준비가 되어 있는가를 보여준다."

22) P. Veyne, *Der Eisberg der Geschichte*(Berlin, 1981), 42쪽. Veyne의 은유는 "결정화"라는 겔렌의 이미지와 상통한다.

어진다. 이 빙산은 자의적인 담론구성체들이 형성한 결정체로 뒤덮여 있다. 그러나 개개의 이 결정체들에게는 무근원적 우주의 자율성이 주어지기 때문에, 역사가에게는 오직 계보학자의 작업만이 남게 된다. 그는 이와같이 기괴한 구성체들은 경계를 접하고 있는 구성체들에 의해 만들어진 빈 공간으로부터, 즉 가장 인접한 상황들로부터 우연히 생겨났다고 설명한다. 계보학자의 냉소적 시선을 받으면 빙산은 움직이게 된다. 담론구성체들은 움직여 서로 섞이고, 상승과 하강 운동을 통해 물결친다. 계보학자는 이러한 부침을 수많은 사건들을 통해, 그리고 다음과 같은 하나의 유일한 가설을 가지고 설명한다. 지속되는 유일한 것은 익명적 정복과정의 변화 속에서 항상 새로운 가면을 쓰고 등장하는 권력이라는 가설이다. "'사건'이라는 말이 뜻하는 것은 하나의 결정, 어떤 계약, 통치시대 또는 전투가 아니다. 그것은 세력관계의 전도, 어떤 권력의 붕괴, 언어의 기능전환과 이제까지의 화자에 대한 언어사용의 기능전환, 자기자신에 의한 어떤 지배의 약화와 중독, 다른 지배가 가장된 형태로 등장하는 것을 뜻한다."[23] 이제까지 초월적 의식의 종합력은 가능한 경험의 대상들을 하나의 일반적 우주로 만들었었다. 그런데 이와 같은 종합은 무질서하고 우연적인 담론구성체들의 부침과정 속에서 작용하고 있는 권력의 비주체적 의지 속에서 해체된다.

4

한때 베르그송, 딜타이, 짐멜에게서 "삶"이 철학의 초월적 근본개념으로 (그것은 여전히 하이데거의 현존재 분석의 배경을 이루었다) 추앙되었듯이, 푸코는 이제 "권력"을 이성비판적 역사기술의 초월적-역사적 근본개념으로 끌어올린다. 이러한 특성은 결코 하찮은 것이 아니며, 확실히 니체의 권위만을 가지고 근거지울 수도 없다. 존재사의 개념을 대조시키면서, 나는 우선 혼란

---

23) M. Foucault (1974), 98쪽.

을 일으키는 이 개념이 푸코의 이성비판에서 담당하고 있는 역할을 연구하고
자 한다.

하이데거와 데리다가 니체의 이성비판 기획을 형이상학 비판의 방법을 통해
실행하고자 하였다면, 푸코는 역사기술의 파괴를 통해 이 기획을 계속하고자
한다. 하이데거와 데리다가 철학 저편에 있는 초혼적 사유를 통해 철학을 뛰
어넘었다면, 푸코는 반학문으로서 등장하는 역사기술을 통해 인문과학을 극복
하고자 한다. 양측은 모두 시대적 존재이해 또는 담론의 구성규칙을 그 근원
에서 파헤침으로써, 그들이 연구하는 철학적, 학문적 담론들이 제기한 타당성
요청들을 무력화시킨다. 존재이해나 담론의 구성규칙은 모두 주어진 세계의
지평 안에서 또는 실행되고 있는 담론의 지평 안에서 존재의 의미와 언술의
타당성을 각각 가능하게 한다는 것이다. 세계의 지평들 또는 담론구성체들은
변화하지만, 이러한 변화과정 속에서도 그때그때 자신들이 형성한 우주의 영
역 안에서 이루어지는 것을 장악할 수 있는 초월적 권력을 유지한다는 점에는
양측이 모두 동의한다. 그러므로 존재론적 가능성의 조건 또는 담론구성적 가
능성의 조건에 대한 존재적 사건 또는 지시대상들의 변증법적 또는 순환적 역
작용은 배제된다. 초월자의 역사와 세계해명적 지평의 역사는 존재자적인 것
과 역사적인 것에 적합한 개념과는 다른 개념들을 요구한다. 바로 이 지점에
서 두 방법들이 갈라진다.

하이데거는 그가 여전히 일말의 신뢰를 보내는 근원철학의 사고형태를 철저
화한다. 그는 진리 타당성의 인식론적 권위를 세계해명적 지평의 형성과 재형
성의 과정으로 옮겨놓는다. 진리를 가능하게 하는 조건들 자체는 참일 수도
거짓일 수도 없다. 그럼에도 불구하고 이 조건들이 변화하는 과정에 일종의
유사 타당성이 부여되는데, 이 타당성은 언명의 진리 타당성의 모델에 따라
역사화되어 고양된 진리의 형태로서 사유되어야 한다. 자세히 살펴보면, 하이
데거는 진리의 사건으로서의 존재사라는 개념을 가지고 주목할 만한 합금을
만들어낸다. 존재사의 권위는 비강제적인 타당성 요청과 독재적인 권력 요청
의 의미융합에 힘입고 있다. 이 권력 요청은 통찰력있는 사람의 반혁적 힘에
다른 사람을 무릎 꿇게 하는 깨달음의 명령적 성격을 부여한다. 푸코는 인문

과학에 대한 조그만 신뢰를 가지고 배제라는 바타이유의 이질론적 사고형태를 자신의 목적을 위하여 재활성화함으로써 그와 같은 유사종교적 왜곡을 회피한다. 푸코는 모든 타당성 권위가 가지고 있는 담론구성적 규칙들의 역사를 벗기고, 초월적 권력을 보유한 담론구성체들의 변동을——사람들이 관습적 역사기술에서 정권의 부침을 관찰하였던 것과 같은 방식으로——관찰한다. 지식의 고고학이 (이 점에 있어서 형이상학 역사의 파괴와 유사하다) 담론을 구성하는 규칙들의 단층을 재구성하는 데 반해, 계보학은 "그 자체 정당화되지 않은 기호체계들의——이들은 사람들에게 특정한 세계해석의 의미론적 틀을 강압한다——비연속적 계열을"[24] 설명하고자 한다. 계보학은 다시 말해 "정복의 모험"을 통해 서로 얽히게 되는 권력실천으로부터 담론구성체가 발생하였다는 유래를 설명한다.

그의 후기연구에서 푸코는 이와 같은 추상적 권력개념을 좀더 구체적인 형태로 만든다. 그는 권력을 전쟁을 하고 있는 정당들의 상호작용으로서, 얼굴 대 얼굴을 마주하는 신체적 대립관계의 탈중심화된 그물망으로서, 그리고 신체적인 반대자 속에 생산적으로 침투하고 동시에 그를 주관주의적으로 예속시키는 것으로 이해한다. 그런데 우리의 맥락에서 중요한 것은 푸코가 권력의 이 분명한 의미들을 어떻게 종합적 수행의 초월적 의미와 함께 사유하는가 하는 점이다. 칸트가 주체의 능력으로 인정하였던 종합적 수행을 구조주의는 익명적 사건으로서, 즉 초주관적으로 건립된 체계의 정돈된 요소들을 가지고 행해지는 탈중심화되고, 규칙에 의해 조종되는 순수 작업으로서 이해한다.[25] 푸코의 계보학에서 "권력"은 일차적으로 이 순수 구조주의적 활동의 동의어이다. 권력은 데리다에게 있어서 "차연"과 같은 자리를 차지한다. 그러나 이 담론구성적 권력은 초월적 생산권력이어야 하고 동시에 경험적 자기주장의 권력이어야 한다. 하이데거와 마찬가지로 푸코도 역시 대립된 의미의 결합을 실행한다. 그렇지만 푸코에게서는 혼합물이 생성되는데, 이것이 그로 하여금 바타이

---

24) A. Honneth, *Kritik der Macht* (Frankfurt/M., 1985), 142쪽 이하.

25) H. Fink-Eitel, "Foucaults Analytik der Macht", F.A. Kittler(Hrsg.), *Austreibung des Geistes aus den Geisteswissenschaften* (Paderborn, 1980), 55쪽.

유의 전철을 밟아 이데올로기 비판적 니체와 결합할 수 있도록 만든다. 하이데거는 시간화된 근원적 권력으로서의 존재의 개념에서 초월적 세계해명의 ──타당성을 근거지우는──의미를 고수하고자 한다. 그러나 그는 동시에 초월성의 개념에 여전히 포함되어 있는, 역사적이고 단순히 사건적인 모든 것을 넘어서는 불변적인 것의 관념적 의미요소들을 제거하고자 하였다. 푸코가 발전시킨 권력의 초월적-역사적 근본개념은 선험적, 종합적 활동을 역사적 사건의 영역으로 환원시키는 이 하나의 모순적 작업에만 힘입고 있는 것은 아니다. 푸코는 그밖에도 마찬가지로 모순적인 세 가지 작업을 실행한다.

한편으로 푸코는 진리에의 의지로서의 담론 속에서 역설적으로 자신을 은폐하고 동시에 관철시키는 권력의 개념에 진리를 가능하게 하는 조건들의 초월적 의미를 보존해야 한다. 다른 한편으로 푸코는──낡은 담론구성체들을 몰아내는 새로운 담론구성체들이 사건처럼 등장할 수 있도록──칸트적 개념의 관념론에 대항하여 아 프리오리의 시간화를 강행해야 하는 것만이 아니다. 그는 오히려 하이데거가 아우라와 같은 신비적 존재사에 아주 신중하게 남겨놓은 함의들을 초월적 권력으로부터 떨쳐 버린다. 푸코는 역사화할 뿐만 아니라, 그는 동시에 유명론자적으로, 유물론적으로, 경험주의적으로 사유한다. 그는 초월적 권력실천들을 모든 보편자들에 대항하는 특수한 것으로 생각하고, 또한 모든 지성적인 것을 침식시키는 하위의 것, 신체적-감성적인 것으로서 생각하며, 그리고 마지막으로 그것들은 역시 다르게 존재할 수도 있는 우연적인 것이라고──왜냐하면 이것은 어떤 통제적 질서에도 예속되어 있지 않기 때문이다──생각한다. 하이데거의 후기철학에서 반대되는 의미들로 물들여진 근본개념의 모순적 결과들을 쉽게 확인할 수는 없다. 왜냐하면 미리 사유할 수 없는 존재에 대한 추념적 사유는 검증할 수 있는 기준에 따라 판단될 수 없기 때문이다. 이에 비하여 푸코는 분명한 반박들에 노출되어 있다. 왜냐하면 그의 역사서술은 반과학적 제스처에도 불구하고 동시에 "학자적", "실증주의적"으로 접근하고자 하기 때문이다. 그렇기 때문에 계보학적 역사서술은, 아래에서 살펴보게 되겠지만, 그런 식으로 오염된 권력의 근본개념의 모순적 결과들을 결코 감출 수가 없다. 이성비판적으로 시작하였던 과학이론을 도대체 왜 권력이론의 궤도로 바꾸어놓기로 푸코가 결정하였는가에 대한 설명이 더욱더 요청된다.

전기적 관점에서 보면, 푸코가 니체의 권력이론을 수용하고자 하는 동기가 바타이유와는 다를 수 있다. 두 사람은 물론 정치적 좌파의 입장에서 출발하였다. 그리고 두 사람은 마르크스적 정통교리로부터 점점 더 멀어졌다. 그러나 오직 푸코만이 자신의 정치적 참여에 대해 갑자기 실망하게 된다. 푸코는 70년대 초기 대담들을 통해 이전의 확신들과 격렬하게 단절하는 태도를 보였다. 하여튼 푸코는 당시 1968년에 실망한 모택동주의자들의 합창에 합류하였으며, 그리고 그는, 프랑스에서의 신철학자들의 주목할 만한 성공을 설명하기 위해서는 반드시 참조해야 했던 분위기들에 의해 압도되었다. [26] 물론 우리가

---

26) A. Glucksmann의 『사유의 거장들(*Meisterdenker*)』에 대한 열광적 서평에서 푸코는 예컨대 다음과 같이 적고 있다. "굴라크(Gulag)를 통해 사람들은 불행한 오류의 결과를 보지 않고, 정치 질서 내에서의 '가장 참된' 이론의 효과를 본다. 마르크스의 진정한 수염에다 스탈린의 잘못된 코를 덧씌움으로써 회피하고자 하였던 사람들은 열광하지 않았다." M. Foucault, *Dispositve der Macht*(Berlin, 1978), 220쪽. 홉스로부터 니체에 이르는 시민적 염세주의의 권력이론들은 실망한 변절자들을 받아들일 수 있는 그물로서 기능하였다. 자신의 이상을 정치적으로 실현하는 사업을 통해 이 변절자들은 계몽주의와 마르크스주의의 인본주의적 내용이 어떻게 그 야만적 반대로 전도될 수 있는가를 알게 되었다. 비록 1968년이 1789년 또는 1917년과 같은 혁명이 아니라 하나의 폭동이었다고 할지라도, 좌파적 변절주의의 증후군들은 유사하다. 그리고 이 증후군들은 프랑스의 신철학자들이 실망한 윗세대 공산주의자들의 보수주의적 후예들과 같은 시기에 동일한 상투적 표현들을 쓰고 있다는 점을 설명해 준다. 대서양의 양편에서 우리는 반계몽의 상투적 표현들을 만나게 된다. 즉 전체적 역사해석이 가질 수밖에 없는 것처럼 보이는 폭력주의적 결과에 대한 비판, 인간이성이라는 이름으로 등장하는 일반적 지성인들에 대한 비판, 그리고 이론적 요구가 많은 인문과학들을 사회기술적 또는 치료적 관점에서 인간을 경시하는 실천으로 전환시키는 데 대한 비판과 만나게 된다. 사고의 형태는 항상 동일하다. 계몽의 보편주의, 해방적 이상의 인본주의, 체계적 사유의 이성요청 속에는 편협한 권력에의 의지가 들어 있다는 것이다. 그렇지만 이 권력에의 의지는 이론이 실천적이 되려고 하면 곧 쓰고 있던 가면을 던져 버리고 그 모습을 드러낸다. 다시 말해 철학적 사유의 대가, 지성인, 의미 중개인, 간단히 말해서 새로운 계급의 권력의지가 이 가면의 뒤에서 생겨난다. 푸코는 잘 알려진 이 반계몽의 모티브들을 과격한 투로 대변할 뿐만 아니라, 실제로 이성비판적 관점에서 첨예화시키고 권력이론적으로 일반화시키는 것처럼

그의 핵심적 사상을 이와 같은 콘텍스트로 환원시킬 수 있다고 믿는다면, 푸코의 독창성을 평가절하하는 것이 될 것이다. 만약 1968년 혁명의 실패를 경험하기 오래전에 이미 이론의 역동성 자체가 다음과 같은 사상의 동기를 부여하지 않았더라면, 밖으로부터 온 정치적 자극들은 이론의 가장 깊은 곳에서 아무것도 변화시키지 않았을 것이다. 즉 담론적 배제의 메커니즘의 안에는 자족적 담론구조들이 반영되고 있을 뿐만 아니라 권력증대의 명법이 관철되고 있다는 사상은 일차적으로는 이론 자체의 역동성으로부터 동기부여를 받은 것이다. 이러한 사상은 푸코가 인문과학의 고고학에 관한 자신의 작업이 끝나고 난 다음에 직면하였던 문제상황에서 발생한다. 『사물의 질서』에서 푸코는 제반 과학이 그때마다 뛰어넘을 수 없는 근본개념들의 지평을——이를 우리는 존재이해의 역사적 아프리오리라고 말할 수도 있다——확정하는 근대적 지식의 형식들을(또는 에피스테메를) 연구한다. 광기의 역사에서와 마찬가지로 여기에서도, 즉 근대적 사유의 역사에서도, 르네상스로부터 고전주의로 넘어가고 또 고전적 시대로부터 현대로 넘어가는 이행과정의 두 가지 역사적 전환국면이 관심의 초점이 된다. 권력이론으로 넘어가게 되는 내면적 동인은 천재적인 연구 자체로부터 산출되는 어려움과 관련하여 이해될 수 있다.

5

르네상스의 사유는 여전히 우주론적 세계상의 지배를 받고 있다. 이 세계상에서는 사물들이 유사성의 관계에 따라 인상학적으로 질서지워지는데, 그것은

보인다. 인문과학적 담론의 해방적 자기이해의 배후에는 순전한 자기주장 의지의 전술과 기술론이 숨겨져 있는데, 솔제니친이 굴라크를 신성한 것처럼 보이는 소비에트 마르크스주의의 수사학을 통해 드러내듯이 계보학자는 이 의지를 자기기만적 담론들의 의미토대를 발굴함으로써 드러낸다. 이에 관해서는 다음의 글을 참조할 것. Ph. Rippel/H. Münkler, "Der Diskurs und die Macht", *Politische Vierteljahresschrift*, 23(1982), 115쪽 이하. 프랑스 지성인들의 변절에 관해서는 W. v. Rossum, "Triumph der Leere", *Merkur* (1985.4), 275쪽 이하를 참조할 것.

자연의 거대한 책 속에서 모든 기호는 다른 기호들을 지시하기 때문이다. 이와는 반대로 17세기의 합리주의는 사물들에 전혀 다른 질서를 부여한다. 이 점에서 기호학과 일반적 결합체계를 발전시킨 포르 르와얄(Port Royal)의 논리학이 구조를 형성한다. 데카르트, 홉스, 라이프니츠에게는 자연이 이중적 의미에서 "재현될" 수 있는, 즉 표상되고 동시에 표상으로서 관습적 기호들을 수단으로 하여 서술될 수 있는 것의 총체성으로 변형된다. 푸코는 자연의 수학화와 기계론을 결정적인 패러다임으로 간주하지 않고, 질서지워진 기호들의 체계가 결정적 패러다임이라고 주장한다. 이 체계는 선천적인 사물들의 질서 자체에 근거하고 있는 것이 아니라, 사물들을 재현하는 방법을 통해 비로소 분류학적 질서를 생산한다. 결합된 기호들 혹은 언어는 표상과 표상된 것을 결합시키는 완전히 투명한 매개수단을 형성한다. 대상을 지시하는 기표는 표시된 의미인 기의의 배후로 사라진다. 기표는 독자적인 삶이 없는 투명한 재현의 수단으로서 기능한다. "뿌리깊은 고전적 언어의 규정은 항상 그림을 생산하는 것이었다. 비록 이것이 자연적인 말로서, 진리의 집대성과 사물의 서술로서, 정확한 지식이 구현된 보고 또는 백과사전으로서 이루어졌다고 할지라도 그렇다. 언어는 오직 투명하기 위하여 존재한다. (……) 사물들과 사물의 질서를 인식할 수 있는 가능성은 고전적 경험에서는 낱말들의 주권을 통해 이루어진다. 이 낱말들은 (르네상스 시대에 그랬던 것처럼) 해독되어야 하는 표식들도 아니며, (실증주의 시대에서처럼) 지배하고 통제할 수 있는 도구들도 아니다. 그것들은 오히려 재현적 표상들이 질서지워질 수 있도록 하는 무색의 망판 스크린을 형성한다."[27] 자신의 자율성 덕택에 기호는 독자적 영역 없이 완전히 사물의 재현에 기여한다. 기호 속에서 주체의 표상은 표상된 객체와 만나고, 표상들의 연쇄를 통해 하나의 질서를 생산한다.

오늘날 우리가 말할 수 있는 바와 같이, 언어는 사실을 모사하는 기능에 몰두한다. 언어는 도대체 재현되고 표상될 수 있는 모든 것을 동일한 차원에서 재현한다. 표상하는 주체의 본성은 표상된 객체의 본성에 다름 아니다. 그러

---

27) M. Foucault, *Die Ordnung der Dinge* (Frankfurt/M., 1971) 376쪽.

므로 표상된 객체의 그림 위에서 인간의 본성은 사물의 본성보다 더 큰 어떤
특권을 누리지 않는다. 내면적 본성(자연)과 외면적 자연은 동일한 방식으로
분류되고, 분석되고, 결합된다. 일반 문법에 있어서의 언어의 낱말들, 정치경
제학에서의 부와 욕구는 린네의 분류체계에 있어서 식물과 동물들의 종류와
다를 바 없다. 바로 이 점이 물론 고전시대의 비반성적 지식형식의 한계이다.
반성과정 자체, 즉 표상하는 주체의 종합적 능력을 그 자체로서 포함할 수 없
으면서, 지식은 언어의 재현기능에 완전히 의존한다. 이 한계를 푸코는 벨라
스케즈(Velázquez)의 유명한 그림 『시녀들(*Las Meninas*)』에 대한 놀라운 해
석을 통해 보여주고 있다. [28]

이 그림은 관찰하는 감상자에게는 분명히 드러나지 않는 캔버스 앞에 있는
화가를 묘사하고 있다. 화가는 자신의 곁에 있는 시녀들과 마찬가지로 분명히
자신의 두 모델들, 즉 국왕 필립 4세와 왕비를 바라보고 있다. 그러나 모델을
서고 있는 두 사람은 그림의 공간 밖에 위치하고 있다. 감상자의 관점에서 보
면, 이들은 오직 배경에 묘사되고 있는 거울을 통해서만 확인될 수 있다. 벨
라스케즈가 생각해 낸 재치있는 착상은 감상자가 추론적으로 의식할 수 있는
혼란의 상황이다. 감상자는 그림에 잡혀 있는 화가를 바라보고 있으며, 묘사
되기는 하였지만 부재하고 있는 국왕내외의 위치와 관점을 취하지 않을 수 없
다. 그리고 그는 이 그림을 실제로 그린 화가 벨라스케즈의 위치와 관점을 취
할 수밖에 없다. 푸코에게 다시금 중요한 것은 고전적 그림의 공간이 서술행
위 자체를 재현하기에는 너무나 제한되어 있다는 사실이다. 서술과정 자체에
대한 반성의 결여가 고전적 그림 공간에 남겨놓은 틈새를 보여줌으로써 벨라
스케즈는 이 점을 분명히 하고 있다. [29] (주권자로서의 인간인) 국왕내외를 회

---

28) 이에 관해서는 H.L. Dreyfus, P. Rabinow, Michel Foucault : Beyond Structuralism
and Hermeneutics(Chicago, 1983), 21쪽 이하.

29) 이하를 참조할 것. 푸코는 여기서 두 계열의 부재성을 구성한다. 서술된 화가에
게는 그의 모델, 즉 그림의 틀 밖에 서있는 국왕내외가 없다. 반대로 이 국왕내
외에게는 막 그려지고 있는 그림을 볼 수 있는 시선이 가려져 있다. 국왕내외는
캔버스를 오직 뒤에서만 볼 수 있다. 끝으로 감상자에게는 이 화면의 중심이 결
여되어 있다. 다시 말해 화가와 시녀들의 시선이 단지 암시하고 있는 모델, 즉

화적으로 재현하는 장면에 참여하고 있는 사람들 중 어느 누구도 묘사 속에서 주권적 주체로서, 즉 자기재현의 능력을 가진 주체로서 나타나지 않는다. 다시 말해 주체와 객체로서, 그리고 표상하는 것과 동시에 표상된 것으로서, 재현적 표상과정 자체에 현재하고 있는 것으로서 나타나지 않는다. "고전적 사유의 방식으로 자신을 재현하는 사람은 자신을 그림 또는 반영으로서 인식한다. 그리고 그는 결코 그 속에 자신이 스스로 현재하고 있다는 것을 발견하지 못할 것이다. (……) 물론 일반 문법, 자연사, 부의 분석들이 인간을 인식하는 방법들이었다고 말할 수 있을 것이다. (……) 그러나 인간 자체에 대한 인식론적 의식은 존재하지 않았다. "[30]

현대라는 시대는 칸트와 함께 열린다. 언어와 세계가 일치한다는 사실을 확인하는 형이상학적 봉인이 파괴되면, 언어의 재현기능 자체가 곧 문제된다. 문제점 있는 재현의 과정 자체에 관한 명료성을 획득하기 위하여 표상하는 주체는 자기자신을 스스로 객체로 만들어야 한다. 그렇게 되면 자기반성이라는 개념이 주도하게 되며, 자기자신에 대한 표상하는 주체의 관계는 최종적 확실성의 유일한 토대가 된다. 형이상학의 종말은 언어에 의해 소리없이 실행되고, 그렇기 때문에 아무런 문제가 없는 사물과 표상의 상호연관의 종말이다. 자기의식을 통해 현재화된 인간은 자신이 자율적이고 동시에 유한한 실존이라는 사실을 의식하게 되는 순간, 사물의 질서를 생산해야 하는 초인간적 과제를 떠맡아야 한다. 그러므로 푸코는 현대적 지식형식이 처음부터 다음과 같은

국왕내외가 없다. 그렇지만 재현된 객체의 부재성보다는 재현하는 주체의 부재성이 더욱 폭로적이다. 즉 화가, 모델, 그리고 그림 앞에 서서 다른 두 사람의 관점을 취하는 감상자의 삼중적 부재성이 더욱 많은 것을 폭로한다. 화가 벨라스케즈는 비록 그림 공간 안에 등장하지만, 그림 그리는 행위 가운데서 서술되지 않고 있다. 우리는 그림을 중단하고 쉬고 있는 화가를 보며, 그가 자신의 작업을 재개하면 곧 캔버스 뒤로 사라질 것이라는 것을 알고 있다. 두 모델의 얼굴들은 비록 거울에 불분명하게 비춰진 모습으로 알 수 있지만, 우리는 그들을 모사의 행위 중에는 직접 관찰할 수 없다. 끝으로 감상자의 행위도 마찬가지로 거의 재현되지 않고 있다. 그림 공간의 오른쪽 뒤편에 그려진 감상자도 이 기능을 수행할 수 없다. 이에 관해서는 M. Foucault(1971), 31~45, 372~377쪽을 참조할 것.

30) M. Foucault(1971), 373쪽.

아포리아로 특징지워져 있다고 본다. 즉 인식주체는 자신의 유한한 힘을 의식하면서도 무한한 힘을 요구하는 과제를 해결하기 위하여 형이상학의 폐허를 딛고 일어서야 하는 것이다. 칸트는 유한한 인식능력의 제한들을 무한한 것에까지 진행되는 인식의 초월적 조건으로 재해석함으로써, 이 아포리아를 바로 자신의 인식론의 구성원리로 만든다. "현대성은 믿을 수 없고 궁극적으로 실행불가능한 존재자의 관념을 가지고 시작한다. 이 존재자는 바로 구속되어 있는 까닭에 주권이 있으며, 이 존재자의 유한성은 그로 하여금 신(神)의 자리를 차지할 수 있도록 한다."[31]

푸코는 칸트와 피히테로부터 후설과 하이데거에 이르는 커다란 포물선을 그리면서, 현대(성)는 구조적으로 과다한 요구를 받고 있는 주체의, 즉 무한자에 이르기까지 자기자신을 초월하는 유한한 주체의 자기모순적이고 인간중심적 지식형식으로 특징지워진다는 근본사상을 발전시킨다. 의식철학은 주체를 이중화하고, 그때마다 서로 양립할 수 없는 두 가지 대립적 측면에서 주체를 관찰해야 하는 개념전략적 강요에 복종한다. 합치될 수 없을 뿐만 아니라 회피할 수도 없는 자기주제화의 두 측면 사이의 불안정한 왕복으로부터 벗어나야 한다는 충동은 끊임없는 지식에의 의지와 더 많은 지식에의 의지를 통해 나타난다. 이 의지는 구조적으로 지나친 요구를 받고 있으며 또 과로하고 있는 주체가 능력껏 수행할 수 있는 모든 것을 주제넘게 넘어선다. 이런 방식으로 현대적 지식형식은 진리에의 의지가 가지고 있는 독특한 역동성을 통해 규정된다. 진리에의 의지에게는 모든 좌절이 새롭게 지식을 생산하라는 채찍일 뿐이다. 그런데 이 진리에의 의지가 푸코에게는 지식과 권력의 내면적 상관관계를 풀 수 있는 열쇠이다. 인문과학들은 인식주체의 아포리아적 자기주제화를 통해 해명되었던 영역을 차지한다. 인문과학들은 주제넘기는 하지만 결코 해결될 수 없는 주장과 요청들을 가지고 보편타당한 지식이라는 건물의 앞면을 건립한다. 이 전경의 뒤에는 지식을 통한 자기지배의 순수 의지라는 사실성이 숨겨져 있다. 즉 한없는 생산적 지식증대에의——이 지식증대의 흐름

---

31) Dreyfus, Rabinow(1982), 30쪽.

속에서 주체성과 자기의식은 비로소 형성된다——의지의 사실성이 은폐되어 있다.

푸코는 자기관계적 주체의 아포리아적 이중화를 세 가지 대립을 통해 추적한다. 첫째 초월적인 것과 경험적인 것의 대립, 둘째 의식화의 반성적 작용과 반성적으로 성취할 수 없고 사유할 수 없는 것 사이의 대립, 끝으로 항상 이미 주어져 있는 근원의 선험적 완료성과 아직 도래하지 않고 있는 근원의 회귀라는 재림론적 미래 사이의 대립이다. 푸코는 이러한 대립들을 피히테의 학문론과 연관시켜 설명할 수 있었을 것이다. 왜냐하면 절대적 자아의 실행행위를 통해 응축되는 의식철학의 개념압박들이 문제되기 때문이다. 자아는 말하자면 무의식적으로 비자아를 정립하고, 이 비자아를 자아에 의해 정립된 것으로서 단계적으로 되찾으려고 노력함으로써만 자기자신을 "정립하고", 자기자신을 소유할 수 있다. 매개된 자기-정립이라는 이 작용은 세 가지 다른 측면들에서 이해될 수 있다. 그것은 자기인식의 과정으로서, 의식화의 과정으로서, 그리고 자기형성의 과정으로서 이해된다. 이 차원들 모두에서 19세기와 20세기의 서양적 사유는 서로를 배척하는 이론적 관점들 사이에서 동요한다. 불행한 대안들로부터 벗어나고자 하는 모든 시도는 그때마다 자기자신을 신격화하고, 공허한 자기초월의 작용 속에서 소진되는 주체의 올가미에 걸리게 된다.

칸트 이후에 자아는 다른 객체들 중의 한 객체로서 자신을 발견하는 세계 내에서 경험적 주체의 지위를 차지하는 동시에, 자신에 의해 가능한 경험의 대상들의 총체성으로 구성되는 세계 전체에 대해 초월적 주체의 지위를 가진다. 이와 같은 이중적 지위를[32] 통해 인식주체는 물론 한 번은 반성적 관점에서 초월적 종합의 업적으로 파악되는 동일한 업적들을 다음에는 경험적인 관점에서 자연법칙에 예속되어 있는 과정으로서 분석하도록 강요받는다. 그것은 우리의 인식 장치를 심리학적 또는 문화적, 생물학적 또는 역사학적으로 설명하더라도 마찬가지이다. 물론 사유는 이와 같이 양립할 수 없는 대안들로 만

---

32) 이에 관해서는 D. Henrich, *Fluchtlinien*(Frankfurt, 1982), 125쪽 이하를 참조할 것.

족할 수 없다. 양측면을 통합하는 학문의 이 딜레마를 극복하고, 선험적 형식들의 구체적 역사를 정신 또는 유적 존재의 자기생산의 과정으로 파악하려는 시도들이 헤겔에서부터 메를로-퐁티까지 이어진다. 이와 같이 신을 모독하는 시도들은 완전한 자기인식이라는 유토피아를 추구하기 때문에, 이 시도들은 거듭해서 실증주의로 변형된다. [33)]

　푸코는 동일한 변증법을 자기-정립의 두번째 차원에서 발견한다. 피히테 이후 자아는 반성하는 주체로서 이중적 경험을 한다. 한편으로 자아는 세계 속에서 자신을 이미 우연히 생성된 것, 불투명한 것으로서 만나고, 다른 한편으로는 바로 이와 같은 반성을 통해 바로 그 즉자 존재를 투명하게 만들고, 자기자신을 위해 대자적으로 의식화하고자 시도한다. 주어진 사실성의 자기의식화 과정을 계속해서 추진하고, 표면적으로는 완고하게 외재적이며 치외법권적인 것으로서 의식화를 거부하는 것이——그것은 신체, 욕구본성, 노동 또는 언어일 수 있다——결국 반성을 통해 회복되고, 익숙해지며, 또 투명화될 수 있도록 만드는——방법론적 관점을 발견하기 위한 시도들이 헤겔에서부터 프로이트를 거쳐 후설에까지 이어진다. 프로이트는 이드(id)로부터 에고가 생성되어야 한다는 명법을 세웠다. 후설은 단지 내포적이고, 선-술어적이며, 이미 침전되어 있으며, 현실적이지 않은 것, 간단히 말해서 작업하는 주체성의 사유되지 않고 은폐된 토대를 밝히고, 의식적으로 통제한다는 순수 현상학의 목표를 설정한다. 이와 같이 비의식적이고 배경적인 것으로부터 해방하려는 독신적(毒神的) 시도들도 역시 완전한 자기투명성이라는 유토피아에 빠지고, 그렇기 때문에 이 시도들은 허무주의적 절망과 급진적 회의로 변형된다.

　끝으로 그 근원에 있어 창조적이지만 동시에 이 근원으로부터 소외된 저자로서의 주체의 세번째 이중화로부터 벗어나고자 하는 소망도 동일한 변증법에 이르게 된다. 인간은 자신이 어찌할 수 없는 역사의, 태고적인 것에까지 거슬러 올라가는 역사의 가장 멀리 떨어진 생산품이라고 자신을 인식한다. 물론 이 역사가 생산하는 인간의 창시자적 성격을 지시하기는 한다. 그러나 현대적

---

33) 유물론이 왜 분석철학에서 정신/신체 문제를 통해 그렇게 성공적으로 관철되고 있는가가 이러한 사실로 설명될 수도 있다.

사유가 근원을 탐구하면 할수록, 근원들은 현대적 사유로부터 더욱더 물러난다. "현대적 사유는 이와 같은 후퇴와 물러섬이 실행되고 끊임없이 심화되는 방향으로 나아가고자 하는 역설적 시도를 한다." 셸링으로부터 마르크스를 거쳐 루카치에 이르는 역사철학은 낯선 곳으로부터 부를 가지고 되돌아온다는 사고형태를 가지고, 즉 정신의 모험적 방랑여행이라는 사고형태를 가지고 대응한다. 다른 한편으로 횔덜린에서 니체를 거쳐 하이데거에 이르는 디오니소스적 사유는 "물러나는 정도에 비례하여 근원을 보여주는"[34] 신의 이념을 가지고 이 문제에 대응한다. 그러나 이와 같은 잡종의 역사사상들은 그릇된 종말론적 추진력으로 살아가기 때문에 오직 테러, 자기조작과 노예화의 형태를 통해서만 실천될 수 있다.

푸코는 인문과학을 칸트에 의해 시작된 인간중심적 사유로 분류한다. 이 사유는 해방의 유토피아들을 가지고 결국 노예화의 실천에 말려든다. 실험적 자연과학에게 푸코는 조심스럽게 특별한 지위를 부여한다. 자연과학들은 분명히 그들을 산출시킨 실천의 그물망으로부터 (일차적으로 사법적 심문의 실천들로부터) 벗어났으며, 어느 정도 자율을 획득할 수 있다. 인문과학의 경우는 다르다. 처음에는 문법, 자연사와 경제학이 인간학적 전회에 의해 영향을 받았다. 그 학문들은 아직 고전적 시대에 분류학적 학문으로서 탄생되었다. 일반문법은 민족 언어의 역사로, 자연사의 도식은 종의 진화로, 부의 분석은 사용가치와 교환가치를 노동력의 소모로 환원시키는 이론으로 대체된다. 이렇게 인간을 말하고 노동하는 생명체로서 지각하는 관점이 발생한다. 인문과학들은 이러한 관점을 사용한다. 인문과학들은 인간을, 말하고 노동하는 생명체인 자신이 스스로 생산한 객관화와 관계를 맺는 존재로서 분석한다. 심리학, 사회학, 정치학, 그리고 그밖에도 문화과학과 정신과학이 체험하고 행위하고 말하는 인간의 자기관계라는 의미에서의 주체성이 구성적 역할을 하는 객관영역에 관여함으로써, 이 과학들은 지식에의 의지라는 물결에 휩쓸리게 되고, 끊임없는 생산적 지식증대의 도피로로 빠져든다. 이 학문들은, 적어도 역사적 상대

---

34) M. Foucault(1971), 403쪽.

화라는 회의적 잠재력을 지닌 역사과학과는 달리 거의 아무런 보호장치도 없이 해방과 노예화의 변증법에 내맡겨져 있다. 특히 이 인문과학들은 인종학과 정신분석보다 더 무방비 상태에 있다. 왜냐하면 각각 레비 스트로스와 라캉을 보유하고 있는 인종학과 정신분석학은 하여튼 구조적인 무의식과 개인적 무의식의 정글 속에서 반성적으로 움직이고 있기 때문이다.

무엇보다도 심리학, 사회학과 같은 인문과학들은 차용해온 모델과 낯선 객관성의 이상들을 가지고——현대적 지식형식에 의해 비로소 과학적 연구의 대상으로서 고정된——인간존재를 다루기 때문에, 이들이 자신의 진리 주장을 위험에 빠뜨리지 않고서는 고백할 수 없는 어떤 충동이 그 배후에서 관철될 수 있다. 다시 말해 끊임없는 지식에의 충동, 자기지배와 자기고양의 충동이 이들 학문의 배후에서 확고해질 수 있다. 형이상학적으로 고립되고 구조적으로 과다하게 요구를 받고 있는 후기 고전시대의 주체, 신에 의해 버림받고 스스로를 신격화하는 후기 고전시대의 주체는 이런 충동을 가지고 자기주체화의 아포리아로부터 벗어나고자 한다. "자신이 창조의 중심에 서 있지도 않으며, 공간의 중심에도, 생명의 정점 또는 종점에 있지도 않다는 사실을 발견한 이래로 인간은 자기자신으로부터 해방되었다고 사람들은 쉽게 믿는다. 그러나 인간이 세계 내에 더 이상 주권적으로 서 있지 않는다면, 그가 존재의 중심에서 지배하지 않는다면, 인문과학들은 위험한 매개물이 된다."[35] 그것들이 반성과학과 철학처럼 자기자신을 정립하는 주체의 파괴적 역동성을 직접 촉진시키지 않고, 무의식적으로 이 역동성을 위해 수단화될 수 있기 때문에, 인문과학들은 단순한 매개물에 지나지 않는 것이다. 인문과학들은 사이비 학문이고, 앞으로도 그럴 것이다. 왜냐하면 자기관계적 주체의 아포리아적 이중화의 강제성을 꿰뚫어보지 못하고, 구조적으로 생산된 자기인식과 자기물화의 의지를 지각할 수 없기 때문이다. 그리고 그것들은 자신들이 추구하는 권력으로부터 분리될 수 없기 때문이다. 푸코는 이 점을 이미 『광기와 사회』에서 정신의학적 실증주의의 예를 통해 보여주었다.

---

35) M. Foucault (1971), 418쪽.

그렇다면 푸코로 하여금, 일반적으로는 현대적 지식형식을, 특별하게는 인문과학을 구성하는 이 특수한 지식에의 의지와 진리에의 의지를, 간단히 말해 이 지식에의 의지와 자기지배에의 의지를 일반화시켜 권력의지로 재해석하게 만든 근거는 무엇이며, 또 현대적 담론뿐만 아니라 모든 담론에는 은폐되어 있는 권력성격이 있다는 점과 권력실천으로부터 이들이 유래한다는 점을 증명할 수 있다고 주장하게 만든 근거는 무엇인가? 역사의 공간을 빈틈없이, 무의미하게 채우고 있는 담론구성체들의 발생, 상승과 몰락에 대한 계보학적 설명으로 지식의 고고학이 변형되고 있는 지점을 표시해 주는 것이 바로 이 가정이다.

권력이론의 아포리아 : 미셀 푸코

1

지식을 산출하는 자기지배의 역동성을 부각시킨 인문과학의 고고학이 지식과 지식에의 의지의 내면적 교착을 볼 수 있는 관점만을 제공하는 것은 아니다. 또한 『사물의 질서』는 푸코 자신이 몇 년 후 지식에의 의지로부터 권력의 기본개념을——자신의 계보학적인 역사서술은 이 근본개념을 토대로 한다——발전시키면서 답변하였던 질문들을 제기하고 있다. 나는 세 가지 난점들을 지적하고자 한다.

1) 푸코는 처음에 자신이 발전시킨 인문과학의 고고학과 하이데거의 근대 형이상학 비판 사이에 명백히 존립하였던 친화성에 관하여 혼동하였음에 틀림없다. 르네상스, 고전주의와 현대의 에피스테메 또는 지식의 형식들은 하이데거가 유사한 개념들을 사용하여 데카르트로부터 칸트를 거쳐 니체에 이르기까지 분석하였던 동일한 주체중심적인 존재이해의 형성에 있어서 시대적 분절과 동시에 단계들을 표현한다. 그러나 푸코는 주체철학을 형이상학적으로 비판하면서 극복하는 길로 나아가서는 안 된다. 그는 존재역사의 개념도 자기관계적인 주체가 자기주제화하는 세번째 순환으로부터, 다시 말하면 점점 더 멀리 물러나 버리는 근원을 지배하려는 자신의 노력의 순환으로부터 벗어나지 못한

다는 사실을 이미 증명하였다. 하이데거의 후기철학은 푸코가 "기원의 후퇴와 복귀"라는 제목하에 논의하였던 바로 저 요술놀이 속에 사로잡혀 있다는 것이 논제였다. 이러한 이유에서 푸코는 에피스테메라는 개념을 그때부터 완전히 포기해야만 했다.

2) 하이데거와의 인접성만큼이나 구조주의와의 친근성도 문제이다. 『사물의 질서』에서 푸코는 "인간학화하지 않고는 형식화하지 않으려고 하며, 탈신비주의화하지 않고는 신화화하지 않으려는" 모든 사람들에게, "좌익의 그리고 왼손잡이와 같이 어설픈 사유"의 모든 변호인들에게 자유롭게 하는 철학적 웃음으로 대처하고자 하였다.[1] 차라투스트라의 웃음을 생각케 하는 이러한 제스처로써 그는 "사유하는 자는 인간이라는 것을, 동시에 사유하지 않고서는 사유하기를 거부하는" 모든 사람들을 인간학적인 단잠으로부터 깨우려고 한다. 그들은 눈을 비비고 깨어나 인간이 도대체 존재하는가 하는 간단한 물음을 물어야만 한다는 것이다.[2] 푸코는 그 당시 분명히 동시대의 구조주의, 레비 스트로스의 인종학과 라캉의 정신분석학만이 "사라진 인간의 공허함을 사유할" 능력이 있다고 생각하였다. "구조주의의 고고학"이란 책의 원래 계획된 부제는 결코 비판적으로 의도된 것은 아니었다. 그러나 이러한 관점은, 구조주의가 은연중에 기호학적인 재현주의의 고전적 지식형식을 서술하기 위한 모델이었음이 밝혀지자마자 사라져 버렸음에 틀림없다.[3] 인간중심적 사고를 구조주의를 통해 극복한다는 것은 현대성을 능가한다는 것이 아니라, 다만 고전시대의 초기-구조주의적 지식형식을 현저하게 갱신시키는 것을 의미하였을 것이다.

3) 푸코가 인문과학의 발생에 대한 자신의 연구를 지식의 고고학이라는 형식으로——오직 이 형식으로만——수행하였다는 상황은 한층 더 당혹감을 불러일으킨다. 우주처럼 그 자체로 완성된 지식 형식을 위험에 빠뜨리지 않으

---

1) M. Foucault(1971), 412쪽.
2) M. Foucault(1971), 388쪽.
3) 만프레드 프랑크는 재현 모델에 대한 푸코의 선호가 체계적으로 정당화될 수 없다는 점을 지적한다. M. Frank, *Was heißt Neostrukturalismus* ? (Frankfurt/M., 1984), 아홉째/열째 강의.

면서 어떻게 이 과학적 담론 분석에——전의 저서들에서 잘 알려진——담론과 결합된 실천에 관한 연구를 첨가시킬 수 있는가? 푸코는 이 문제를 자신의 방법론적 고찰인 『지식의 고고학』(1969)에서 다룬다. 그는 그곳에서 완전히 명백한 입장을 취하지는 않지만, 담론을 담론의 토대가 되는 실천들의 상위에 두려는 경향을 보이고 있다. 모든 담론 형성은 엄격하게 그 자신으로부터 이해되어야 한다는 구조주의적 요청은 담론구성적 규칙들이 자신의 제도적인 토대를 스스로 통제할 때에만 비로소 이행될 수 있는 것처럼 보인다. 이러한 생각에 따르면 담론은 기술적, 경제적, 사회적, 정치적 조건들을 서로 연결하여 기능하는 실천들의 네트워크를 만들며, 그러면 이 실천들은 다시금 담론을 재생산하는 데 기여한다.

이렇게 완전히 자율적으로 되어 버린 담론, 즉 콘텍스트의 제한과 기능조건들로부터 분리되었으며, 자신의 근거인 실천들을 도리어 조종하는 담론은 물론 개념적인 곤란을 겪는다. 고고학적으로 접근가능한 규칙들이 근본적인 것으로 간주되는데, 이 규칙들은 그때그때의 담론 실천을 가능케 한다. 그러나 이 규칙들은 단지 담론이 어떠한 조건들 속에서만 가능한지를 명료하게 보여줄 뿐, 담론의 실천이 실제로 어떻게 기능하는지를 설명하기에는 역부족이다. 즉 자신이 어떻게 적용되는지를 규정할 수 있는 규칙이란 없다. 규칙이 지배하는 담론은 스스로 자신이 몸담고 있는 콘텍스트를 규정할 수 없는 것이다. "그래서 비록 푸코의 분석이 끊임없이 사회적, 제도적인 실천들, 수단들, 교육학적 실천들과 구체적인 모델 (예를 들면 벤담의 원형감옥 판옵티콘)의 형태를 띤 비담론적 영향을 받고 있지만……그는 담론적 실천에 의해 가시화되는 생산적 권력을 바로 이러한 실천들의 규제들 속에 놓아야만 한다. 그 결과는 스스로 규제하는 규제들이라는 기묘한 생각이다."[4]

푸코는 지식형식들의 근거를 권력기술 속에 설정하기 위하여 그것의 자율성을 포기하고 지식의 생성을 권력의 실천으로부터 설명하는 계보학에 지식의 고고학을 종속시킴으로써, 이러한 어려움을 피해간다.

---

4) Dreyfus, Rabinow(1982), 84쪽. 그밖에도 A. Honneth(1985), 133쪽 이하를 참조할 것.

이러한 권력이론은 스스로 두 가지의 다른 문제들도 해결할 수 있다고 생각한다. 푸코는 그로써 —— (자신의 분석에 따르면) 고전적이든 현대적이든 아무튼 아직도 지식의 형식에 얽매여 있는 —— 구조주의적인 또는 존재사적인 모델에 의존하지 않고서도 주체철학을 극복할 수 있다는 것이다. 계보학적 역사서술은 스스로 조종하는 담론의 자율성뿐만 아니라 전지구적 지식형식들의 시대적 목표지향적 순번을 포기한다. 오직 단호한 계보학적 시선 아래에서 담론이 익명적 지배과정의 늪으로부터 반짝이는 거품처럼 솟아 올라와 터뜨려질 때, 인간중심주의의 위험은 비로소 추방될 것처럼 보인다. 지식형식들과 권력의 실천들 간의 의존관계를 강력하게 역전시킴으로써, 푸코는 엄격히 구조주의적인 지식체계의 역사에 반대하여 사회이론적인 물음을, 그리고 형이상학 비판적인 존재이해의 역사에 반대하여 자연주의적 문제들을 해명하고자 한다. 과학의 담론들, 자신 안에서 지식을 생성하고 계승하는 담론 그 자체는 이제 그 특권적 지위를 잃어버린다. 담론은 다른 담론적 실천들과 함께 어떤 대상영역을 특이하게 서술하는 권력복합체를 구성한다. 담론의 유형과 지식형식들을 두루 살펴보면서 이제 문제되는 것은 지배의 기술들을 발견하는 일이다. 그때그때 우세한 권력복합체는 이러한 지배기술의 주위로 모이며, 지배를 성취하고 결국 다음의 권력복합체로부터 밀려나는 것이다. 지식체계들의 타당성 기준에 이르기까지 철저히 도구화하는 권력기술에 대한 역사적 탐구는 자연주의적 사회이론의 확고한 토대 위에서 움직일 수 있다는 것이다.

물론 푸코는 자신의 고유한 계보학적 역사서술에 관해서는 계보학적으로 사유하지 않고 자신의 초월적-역사적 권력개념이 어디에서 유래하는지 인식하지 못하게 만듦으로써만 이 토대를 얻을 수 있다.

이미 말했듯이 푸코가 인문과학에서 연구하는 지식의 형태는 모든 경험적, 우연적, 특수한 것들로부터 지성적인 것을 깨끗이 쓸어내겠다는 요구를 내걸고 등장하는 것으로서 타당성과 발생을 분리하라는 이러한 주장으로 말미암아 특별히 권력의 매개물로 적당한 것이다. 현대적 지식은 자신을 이런 식으로 절대적으로 설정하기 때문에 형이상학적으로 고립되고 반성적으로 자신에게로 되던져진 주체를 부단한 자기지배로 사주하는 저 충동을 자신과 타자들에게 감출 수 있다. 이러한 지식에의 의지는 과학적 담론의 구성에 개입하여, 무엇 때문에 과학적으로 광을 낸 인간에 관한 지식이 치료요법, 전문가 견해, 사회기술, 교과과정, 시험, 연구보고서, 자료은행, 개혁을 위한 제안 등의 모습을 띠면서 규율적인 강제력으로 곧바로 응고될 수 있는지 설명해야만 한다. 현대적 지식에의 의지는 "진실된 것을 허위로부터 분리시키고, 진실된 것에 특별한 권력효과를 부여하는 규칙들의 앙상블"을 결정한다.[5] 그러나 푸코는 권력이론으로 넘어가면서 이러한 지식에의 의지를 형이상학사적 맥락으로부터 분리하여 그것을 권력 일반의 범주 속에 동화시켜 버린다. 이 변형은 두 가지 조작을 통하여 이루어진다. 우선 푸코는 모든 시대와 모든 사회를 위한 진리 구성적인 의지를 요청한다. "모든 사회는 그 자신의 고유한 진리의 질서를, 그리고 그 자신의 일반적인 진리의 정치학을 가진다. 즉 모든 사회는 그 사회를 진실한 것으로 기능하게 하는 특정한 담론을 받아들인다."[6] 이런 시공적인 일반화를 넘어서 푸코는 사물적인 중립화를 시도한다. 즉 그는 지식에의 의지를 권력에의 의지로 통합시켜 그 차이를 없애 버린다. 이 권력에의 의지는 단지 진리만을 구하려는 그러한 진리 전문의 담론에만 들어 있는 것이 아니라, 근대적 주체성의 특수한 자기지배의지가 인문과학들 일반에 내재하는 것과 비슷한 방식으로 모든 담론에 내재한다. 이러한 변형의 흔적들이 지워지고 난 다음에야 비로소 지식에의 의지는, 『성의 역사』(1976)의 제1권의 부제 속에서 다시 등장하지만, 물론 이제는 하나의 특수한 경우로 강등되었다——즉 "진리의 장치"는 이제 많은 "권력의 장치들" 중의 하나로서 나타난다.

　권력개념이 진리에의 의지와 지식에의 의지라는 형이상학 비판적인 개념으로부터 파생되었다는 것이 은폐된 사실은 "권력"이라는 범주가 체계적으로 이중의 의미에서 사용된다는 점을 설명해 준다. 한편으로 이 개념은 서술적으로 사용가능한 개념의 순수성을 얻으며, 권력기술의 경험적인 분석에 사용된다. 방법론적인 관점에서 이런 분석은 기능적으로 취급되고, 역사적으로 방향을 맞춘 지식사회학과 별 다를 바 없다. 다른 한편 권력 범주는 그 감추어진 발

---

5) M. Foucault(1978), 53쪽.
6) M. Foucault(1978), 51쪽.

생사로 인하여 구성이론적 근본개념의 의미를 보지한다. 이 근본개념은 권력기술의 경험적 분석에 이성비판적 의미를 부여하는 한편 계보학적 역사서술에는 그 폭로 효과를 보장해 준다.

2

이러한 체계적 이의성은 1970년대 푸코의 작업을 특징짓는 실증주의적 태도와 비판적 주장의 역설적 결합을 설명하기는 하지만, 정당화하지는 않는다. 『감시와 처벌』(1976)에서 푸코는 고전주의 시대(대충 말하자면 절대주의 시대에)와 현대에(즉 18세기말 이래) 생겨난 지배기술들을 (주로 프랑스의 자료에 의거하여) 다루고 있다. 시대에 상응하는 형집행의 형식들은 "감옥의 탄생"을 중점적으로 다룬 연구를 이끌어가는 실마리의 역할을 한다. 고전주의 시대에 권력을 독점하는 국가의 주권 주위에 집중되었던 저 권력복합체는 근대의 자연법의 법률적인 언어유희 (계약과 법이라는 기본개념을 가지고 작동하는 유희) 속에 침전되어 있다. 절대주의적 국가이론의 실제적인 과제는 인권의 정당화라기보다는 오히려 주권자의 손에 모든 권력을 집중할 수 있는 근거를 제공하는 것이었다. 그 과제의 중점은 중앙집중화된 공적인 통치기구를 설립하고 행정적으로 유용한 조직에 대한 지식을 조달하는 데 있었다. 이 새로운 지식수요의 대상은 권리와 의무를 가진 국가시민이 아니라 신체와 생명을 가진 신민이었다. 그러나 이러한 새로운 지식수요는 우선 출생과 사망, 질병과 형사사건, 노동과 상업, 주민의 복지와 빈곤에 대한 재정학적, 통계학적 지식에 만족한다. 푸코는 그것들 속에서 이미 생명제어 정치(Bio-politik)의 시작을 본다. 이 생명제어 정치는 법적으로 행해진 국가 주권에 관련된 담론의 공적인 보호막 뒤에서 서서히 형성되고 있었다. 그와 더불어 규범적 언어놀이에서 풀려나온 다른 규율권력이 생겨난다. 인문과학이 이 권력의 매개자가 되고, 원형감옥적 통제 형태가 정복된 신체와 대상화된 영혼의 모든 숨구멍 속에 침투하는 정도만큼 이 규율권력은 새로운, 다시 말해 근대적인 권력복합체로 굳어지게 된다.

푸코는 고문에서 감금에로의 형집행의 전환을 현대의 인간중심적인 사고의 지배가 현대적 지배기술로부터 유래되었다는 것을 증명할 수 있는 전형적인 사건으로 취급한다. 그는 고전주의 시대에 범죄자들이 받아야만 했던 과도한 처벌과 고문을 보복하는 절대주권의 권력이 무자비하게 연출된 연극으로서, 동시에 국민들에게 이중적으로 경험되는 연극으로 파악한다. 근대에 들어와서 육체적 고통을 이렇게 시위하듯이 가하는 형태는 외부로부터 차단되어 자유를 박탈하는 감금형으로 대체된다. 푸코는 원형적 감옥을, 수감자들을 복종하게 만들 뿐 아니라 변화시키는 장치로 생각한다. 모든 것을 꿰뚫어 규범화하는 편재적 규율권력의 영향은 신체 길들이기를 통해 일상적인 행동 속에까지 미치고, 변화된 도덕적 태도를 만들어내며, 아무튼 규칙적인 노동과 질서잡힌 생활에 대한 동기부여를 촉진한다. 감옥이 신체 규율의 풍부한 앙상블 중 하나의 요소에 불과하였기 때문에 이러한 처벌 기술들은 18세기의 말에 급속히 확산된다. 이것은 동시에 공장과 강제 노동갱생원에서, 군대와 학교, 병원과 감옥에서 실시되었다. 그런데 세련된 방식으로 이들 신체적 규율의 규범화 효과를 과학적으로 대상화하고, 동시에 자신의 주체성 속으로 쫓겨 들어간 개인들과 대중들의 가장 깊은 내면에까지 확장시킨 것은 인문과학이었다.[7] 인문

---

7) "한 세기가 넘게 우리 '인간성'을 열광시켰던 이 과학들은 제반 학제와 연구의 소심하고 집요한 철저성을 그 전형적 모체로 한다. 그런데 심리학, 정신의학, 교육학, 범죄와 그밖의 수많은 진기한 지식들에게 이 과학들은 한때 동물, 식물, 땅에 관한 식물들에 대해 종교재판의 무서운 힘이 담당하였던 것과 같은 역할을 담당한다. 권력이 다르면, 지식이 다르다. 고전적 시대에로의 전환국면에서 법률가이자 정치인인 베이컨은 경험과학들의 연구방법을 정의하려고 하였다. 그렇다면 인문과학을 검증하기 위해서는 어떤 궁내부 대신과 후견인이 방법론을 만들어내는가? 그러나 그것은 아마 전혀 불가능할지도 모른다. 역사적으로 종교재판의 신문절차에 뿌리를 두고 있는 연구가 경험과학의 기술로 되기 위하여 이 뿌리를 단절한 데 반하여, 이 과학을 형성하게 만든 규율권력의 검증은 우리에게 가까이 있다. 이 검증은 여전히 규율들의 내면적 요소이기 때문이다. 물론 이 규율들은 정신의학과 심리학과 같은 학문에 통합됨으로써 사변적으로 정화되었음에 틀림없다. 시험, 대화, 질의 또는 상담과 같은 형식을 통해 이 학문들은 규율의 기제를 수정하는 것처럼 보인다. 의사의 문진 또는 정신의학적 대화가 노동 규율의 효과를 수정해야

과학은 그 형식상 권력과 지식의 합성물이어야만 한다——권력형성과 지식형성은 불가분의 통일을 이루고 있다. 물론 이 강한 주장은 기능주의적인 논의만으로는 근거지울 수 없다. 푸코는 단지 인문과학적 인식을 치료요법과 사회적 기술에 적용함으로써 어떻게 (권력기술의 효과와 비슷한) 규율적 효과를 얻어낼 수 있는지를 보여줄 뿐이다. 그런데 그는 자신이 증명하려는 바를 충족시키기 위해서 특수한 권력전략들은 일상생활적 경험들을 과학적으로 대상화하는 상응전략들로 변하며, 그와 함께 그런 식으로 구성된 대상영역에 대하여 이론적 진술들을 적용하고자 하는 의미가 손상된다는 것을 (예를 들어 초월-실천적 인식이론의 틀 안에서) 증명해야만 하였다.[8] 임상적 관점의 인식론적 역할에 관한 그의 초기사상은 이러한 방향을 암시하고 있기는 하지만, 그는 이것을 다시 취하지는 않았다. 그러지 않았다면 그가 70년대 인문과학 내에서 객관주의적 관점이 더 이상 분야를 지배하지 못하고 오히려 해석학적, 그리고 비판적 관점과——이러한 관점들은 그 지식의 형식상 조작, 자기조작과는 다른 응용 가능성을 목적으로 한다——경쟁을 해야 한다는 사실을 모르지는 않았을 것이다. 푸코는 "사물의 질서"에서 인문과학을 형이상학으로 설명된 지식에의 의지가 가지고 있는 구성적인 힘으로 환원하였다. 이미 지적하

하는 것과 같이, 교육심리학 학교의 엄격성을 보완해야만 한다. 그렇지만 우리는 착각해서는 안 된다. 이러한 기술들로 말미암아 개인은 오직 한 규율권력으로부터 다른 규율권력으로 옮겨갈 뿐이다. 그리고 이 기술들은 집중된 방식 또는 형식화된 방식으로 모든 규율에 고유한 권력/지식 도식을 재생산한다. 이제 정치적-사법적 모델로부터 벗어남으로써 연구는 자연과학의 장소가 되었다. 이와는 반대로 시험은 여전히 규율 기술론 속에 통합되어 있다." M. Foucault(1976), 290쪽 이하. 이 대목은 두 가지 측면에서 흥미롭다. 우선 자연과학과 인문과학을 비교함으로써 이 두 학문이 모두 권력의 기술론으로부터 출발하였으며, 그렇지만 오직 자연과학만이 자신의 생성 맥락으로부터 벗어나 객관성과 진리에 대한 자신의 요청을 해결할 수 있는 진지한 담론으로 발전할 수 있었다는 점을 가르쳐 준다. 다음으로 인문과학이 자신의 생성 맥락으로부터 결코 벗어날 수 없는 까닭은 권력의 실천들이 자신의 생성사에 인과적으로 간섭할 뿐만 아니라 지식구성의 초월적 역할을 담당하기 때문이라고 푸코는 생각한다.

8) 이에 관해서는 J. Habermas, *Erkenntnis und Interesse* (Frankfurt/M., 1968)과 K.O. Apel, *Die Erklären/ Verstehen-Kontroverse* (Frankfurt/M., 1979)를 참조할 것.

였듯이 권력이론은 이 연관성을 숨겨야 한다. 그러므로 구성이론적 논의의 자리는 당분간 비어 있다. 「지식에의 의지」는 『성의 역사』의 제1권(1976)의 표제로 다시 등장하지만, 그것은 권력이론을 통하여 완전히 변형된 형태로 등장한다. 그것은 구조적으로 생성된 인지적 자기지배의 의지가 지닌 초월적 의미를 상실하였고, 그대신 다른 권력기술들과 함께 인간에 관한 과학을 비로소 가능케 하는 특수한 권력기술의 경험적 모습을 띠고 있다.

진리와 지식에의 의지의 명백한 실증주의화는 푸코가 1980년 버클리에서 행한 자기비판 속에서 뚜렷해진다. 그곳에서 그는 『감시와 처벌』에서 수행한 지배기술에 대한 분석은 한쪽으로 치우친 편파적인 모습을 보여주었다는 것을 인정한다. "만약 우리가 서구사회에서 주체의 계보학을 분석하려고 한다면, 지배의 기술들뿐만 아니라 자아의 기술들도 고려해야 한다. 그 두 유형의 기술 간의 상호작용을 고려해야만 하며, 어느 곳에서 다른 사람에 대한 개인의 지배기술이 개인이 자기자신에게 행하는 행위과정에 의존하는지도 고려해야 한다고 말할 수 있겠다."[9] 자기자신을 성실하게 살펴보고, 자신에 관한 진리를 발견하도록 개인들을 독촉하는 이러한 기술들을 푸코는 주지하다시피 고해, 기독교적 양심탐구 자체의 실천에 그 기원을 돌린다. 18세기 동안 교육의 모든 분야에 파고들었던 구조적으로 이와 비슷한 실천들은 자신과 타인의 성적 흥분을 지각할 수 있는 핵심 주변에 자기관찰과 자기반성의 도구들로 하나의 무기고를 설치하였다. 정신분석학은 개인들의 내면을 밝혀내는 것이 아니라, 자기연관들을 점점 더 촘촘히 직조함으로써 맨 처음으로 내면성을 생산한 이러한 진리기술들을 결국 과학적으로 정초된 치료요법에 도입한다.[10]

간단히 말하자면 푸코의 인문과학의 계보학은 당혹스러운 이중역할을 가지고 등장한다. 한편으로 그것은 인간에 관한 학문의 사회적 기능연관성을 설명

---

9) M. Foucault, "Howison Lecture on Truth and Subjectivity" (Berkeley, 1980. 10. 20), 원고, 7쪽.

10) 『성의 역사』에서 푸코는 정신분석의 생성 맥락과 사용 맥락을 연구한다. 기능주의적 논증들은 여기서 다시금 근거지울 수 없는 것을 근거지워야 한다. 즉 권력기술론이 과학적 대상 영역을 구성하고, 그렇기 때문에 과학적 담론의 영역 내에서 참 또는 거짓으로 여겨지는 것을 미리 결정한다는 점을 근거지워야 한다.

해야 하는 당위성을 가진 권력기술을 분석하는 경험적 역할을 떠맡는다. 이 경우에 권력관계는 과학적 지식의 생성조건으로서, 그리고 사회적 효과로서 관심을 끈다. 다른 한편 동일한 계보학은 인간에 관한 학문적 담론이 도대체 어떻게 가능한지를 설명해야 하는 권력기술을 분석할 초월적 역할을 떠맡는다. 이 경우에 권력관계는 과학적 지식의 구성조건으로서 주목받는다. 단순히 동일한 대상, 다시 말하면 삶을 표현하는 인간 주체에만 관련된 상호경쟁적인 관점들이 이러한 두 가지의 인식적 역할을 각각 나누어 가지고 있지는 않다. 오히려 계보학적 역사서술은 양자를——기능주의적 사회과학과 역사적 구성 연구를 동시에 지니고 있어야 한다.

　푸코는 권력의 근본개념 속에 초월적 종합명제라는 관념론적 사상을 경험주의적 존재학의 전제들과 함께 집어넣었다. 이 관점은 주체철학으로부터 벗어날 수 있는 출구를 열어주지 못한다. 상반되는 의미요소들에게 공통의 이름을 붙이려는 권력개념이 의식철학의 레퍼토리에서 빼온 것이기 때문에 더욱 그러하다. 그 관점에 따르면 주체는 표상할 수 있고 조작할 수 있는 대상들의 세계와 근본적으로 두 가지의, 단지 두 가지 관계만을 맺을 수 있다. 판단력의 진리를 통한 인지적인 관계와 행위의 성공으로 통제되는 실천적 관계가 그것이다. 권력은 주체가 성공적인 행위로서 객체에게 영향을 미칠 수 있는 수단이다. 그때 행위의 성공은 행위계획 속에 들어 있는 판단의 진실성에 달려 있다. 행위성공의 준거에 관하여 권력은 진리에 의존하는 상태인 것이다. 푸코는 권력의 이러한 진리의존성을 간단히 권력의존성으로 전환한다. 그러므로 기초를 세우는 권력은 행위하고 판단하는 주체의 능력에만 의존할 필요가 없다——권력은 주체 없는 권력이 된다. 그러나 어느 누구도 주체철학의 근본개념들에 전환을 시도함으로써 주체철학의 개념전략적인 구속으로부터 벗어날 수는 없다. 푸코는 자신이 주체철학의 탓으로 돌렸던 저 모든 아포리아들을 주체철학으로부터 전용한 권력개념을 가지고 없애 버릴 수는 없다. 그러므로 마찬가지의 아포리아들이 그렇게 역설적인 근본개념에 근거를 두고 있으며 반과학으로 천명된 역사서술 속에서 다시 나타난다고 해서 그리 이상할 것도 없다. 푸코는 이러한 모순성에 대해 방법론적으로 어떠한 해명도 하지 않기 때문에 그가 행한 경험적인 연구가 왜 편파적인지 감추어져 있는 것이다.

권력이론으로 전환하면서 푸코는 자신의 연구가 인문과학이 절망적으로 사로잡혀 있는 저 순환고리로부터 벗어날 것으로 기대하였다. 반성적이 된 주체의 근거없는 자기지배의 활력을 통하여 인간중심적 사고가 객관주의, 즉 인간을 대상화시키는 소용돌이에 휘말려 들어갔다면, 지식의 계보학은 인식의 참된 객관성으로 상승해야만 한다. 우리가 이미 살펴보았듯이, 권력이론적으로 정초된 계보학적 역사서술은 세 가지의 치환을 행해야 한다. 의미연관성을 해석학적으로 해명하는 대신에 그 자체 무의미한 구조의 분석이 등장한다. 타당성에 대한 요구는 권력복합체의 기능으로서만 관심을 끈다. 그리고 가치판단, 일반적으로 비판을 정당화하는 문제는 가치중립적인 역사적 설명을 위해 배제된다. "반과학"이라는 이름은 지배적인 인문과학에 대한 반대입장으로부터만 설명되지 않는다. 그 이름은 동시에 이 사이비 과학을 극복하고자 하는 야심적인 시도를 표현한다. 이제 그 사이비 과학의 자리를 계보학적 연구가 차지하는 것이다. 이 연구는 잘못된 자연과학적 모델에 집착하지 않고서도 언젠가 그 학문적 위상에 있어서 자연과학과 필적할 수 있을 것이다. 폴 베이느(Paul Veyne)가 푸코를 과거가 어떠했는지 엄숙하게 말하는 것 외에는 달리 아무것도 하려 하지 않는 "순수 상태의 역사가"라 묘사했을 때 그는 자기 친구의 진짜 의도를 알아맞혔다고 나는 생각한다. "모든 것은 역사적이다……그리고 모든 주의들을 철수시켜야만 한다. 역사 속에는 단지 개인적 상황 또는 유일무이한 정황들만이 있으며, 모든 것은 그 고유한 상황으로부터 완전히 설명가능하다."11)

극단적 역사주의라는 차가운 외면 속에 심리적 근대주의의 열정이 감추어져 있지 않았더라면 물론 푸코의 극단적 영향사와 우상파괴적 외침을 설명할 수 없었을 것이다. 계보학은 푸코가 인문과학에서 겪쳤던 것과 비슷한 운명에 처해 있다. 인문과학이 요지경 속에 천변만화(千變萬化)하는 권력의 실행들에 관한 냉정하고 금욕적인 서술로 퇴보하는 만큼 계보학적 역사서술은 현재주의

---

11) P. Veyne(1981), 52쪽.

적, 상대주의적, 정체불명의 규범주의적 사이비 과학, 그 자신이 원치 않았던 바로 그 허구과학으로 자신의 정체를 드러낸다. 푸코에 따르면 인문과학은 과학적 자기지배라는 역설적 운동을 포기하고 절망적인 객관주의로 끝나는, 더 정확히 표현하자면 비참한 종말을 맞이하지만, 계보학적 역사서술의 운명도 그보다 덜 역설적이지 않다. 계보학적 역사서술은 주체를 말살시키는 철저하게 역사주의적인 운동을 좇아가지만, 결국 절망적인 주관주의로 끝난다.

3

푸코는 자신이 제안한 세 가지 환원들이 방법론적으로 많은 결실을 맺기 때문에 스스로를 "행복한 실증주의자"라고 생각한다. 담론에 참여한 해석자들의 의미이해는 인종학적 관찰자의 관점에서 담론의 설명으로 소급된다. 타당성 요구들은 기능주의적으로 권력의 효과로 축소된다. 또한 당위는 자연주의적 방식으로 존재로 환원된다. 내가 환원이라 부르는 까닭은 의미, 진리 타당성과 가치평가의 내적 측면들이 외적으로 파악된 권력실천의 측면에 실제로 완전히 동화되지는 않기 때문이다. 가리워지고 억눌려 있던 계기들이 다시 돌아와 자신의 고유 권한을 주장한다──우선 메타 이론적인 차원에서. 푸코는 계보학적 역사서술가가 스스로가 행하는 것을 어떻게 이해할 수 있는지 설명해야만 할 때 아포리아에 빠지고 만다. 소위 말하는 인식의 객관성은 다음의 사실들로 인하여 스스로 의문시되고 있다는 것을 깨닫는다. (1) 출발상황에 얽매여 있는 역사서술의 비자의적 현재주의 (2) 자신을 상황의존적, 실천적 기획으로만 이해할 수밖에 없는 현실연관적 분석이 갖는 불가피한 상대주의 (3) 자신의 규범적 토대를 입증할 수 없는 비판의 자의적 당파성. 푸코는 이러한 모순들을 고백할 만큼 충분히 절조있는 사람이다──그러나 그는 그 모순으로부터 어떠한 결론도 끌어내지 않는다.

1) 이미 서술하였듯이 푸코는 해석학적 문제점, 즉 대상영역의 의미를 이해하면서 접근할 때 등장하는 자기연관성을 제거하려고 했다. 계보학적 역사서

술가는 해석학자처럼 처리해서는 안 되며, 행위자가 그때그때 행하고 사유하는 것을 행위자의 자기이해와 얽혀 있는 전통 맥락으로부터 해명하려 해서는 안 된다. 그는 오히려 그 지평을——그러한 발언들은 이 지평 안에서 비로소 의미있게 보인다——토대를 이루고 있는 실천들로부터 설명해야 한다. 그래서 그는 후기 로마에서 검투사 시합을 금지한 이유를 기독교의 인본주의적 영향으로 돌리지 않고, 하나의 권력구조가 다음의 구조로 교체된 사실로 돌린다.[12] 콘스탄티누스 대제 사후의 로마에서는 예를 들면 통치자가 국민을 보호해야 할 양떼로 여기지 않고 교육을 받을 필요가 있는 어린이 집단으로 취급했다——사람들은 더 이상 어린아이들을 아무런 사려없이 피에 굶주린 호기심에 내맡겨서는 안 된다. 검투사 시합의 실시 또는 폐지를 근거짓는 언설들은 무의식적으로 그 바탕에 깔려 있는 지배의 실천을 위장하는 것으로만 간주될 뿐이다. 모든 의미의 원천으로서 그러한 실천들 자체는 무의미하다. 역사가는 그것의 구조를 파악하기 위해서 외부로부터 접근해 들어가야 한다. 그러기 위해 필요한 것은 해석학적 전이해가 아니라 담론적 우주의 무의미하고 변화무쌍한 형태변동으로 간주되는 역사개념만이다. 이러한 담론적 우주들 간의 공통점은 권력 일반의 돌기라는 규정 외에는 아무것도 없다.

객관성을 고집하는 이러한 자기이해와는 달리 푸코의 어떤 책을 들여다보더라도 급진적인 역사주의자 역시 권력기술들과 지배실천들을 단지 서로 비교하여 설명할 수 있을 뿐, 결코 하나하나를 총체성으로 파악하여 그 자체로부터 설명할 수 없다는 것을 첫눈에 알 수 있다. 이 경우 비교할 때 그가 가지게 되는 관점은 불가피하게 자기자신의 해석학적 출발상황과 결부되어 있다. 이러한 사실은 푸코도 현재중심적 경향을 함축한 시대구분에 대한 강요를 피할 수 없다는 데서 잘 드러난다. 다루고 있는 문제가 광기의 역사이든, 성이나 형집행의 역사이든, 중세와 르네상스, 그리고 고전주의 시대의 권력구조는 항상 푸코가 우리 현대의 운명으로 간주한 규율권력, 생명제어 정치를 지시하고 있다. 『지식의 고고학』 마지막 장에서 푸코는 이러한 비판을 자신에게 돌리는

---

12) 이 예를 다루고 있는 Veyne(1981), 6쪽 이하를 참조할 것.

데, 물론 그 비판을 피하려는 의도에서 그렇게 한다. "지금 이 순간, 그 끝도 가늠할 수 없으면서 나의 담론은——그것이 말하고 있는 장소는 전혀 결정하지도 않고——자신이 의존할 수도 있는 토대를 피하고 있다."[13] 푸코는 객관주의적으로 되길 원하는 동시에 시대진단을 해야만 하는 접근방식이 내포하고 있는 아포리아를 충분히 의식하고 있지만, 그것에 답변하지 않는다.

푸코는 자신의 니체-해석의 맥락에서만 신앙고백적 비합리주의라고 하는 익히 연주된 멜로디에 굴복한다. 그 극단적인 역사주의자가 순수한 구조분석의 객관성을 얻기 위하여 자신에게 요구하였던 자아말살 또는 "인식주체의 희생"은 여기에서 그 정반대로 역설적 의미전환을 하게 된다. "외양이나 그 가면만 본다면 역사적 의식은 중립적이며 모든 열정에서 벗어나 단지 진리에 몰두하고 있다. 그러나 역사의식이 자기자신을 심문해 본다면, 그리고 자신의 역사에서 모든 과학적 의식을 심문한다면, 그것은 지식에의 의지의 형식들과 변형들, 예컨대 본능, 열정, 종교재판적 격분, 무서운 교활, 악의 등을 발견하게 된다. 또한 그것은 파당행위의 폭력성을 발견한다. 인류가 가지고 있는 이와 같이 엄청난 지식욕을 역사적으로 분석하면 불의에 토대를 두지 않은 인식은 없다는 사실이 드러난다(그러므로 인식은 진리에 대한 어떠한 권리도 가지고 있지 않으며, 참된 것을 근거지울 수도 없다는 사실도 아울러 가시화된다)."[14]

그러므로 먼 곳에서 와 토착적인 모든 것을 이해하지 못하는 분석가의 엄격하게 대상화하는 시선을 가지고 담론구성체와 권력구성체를 그 자체로부터 설명하려는 시도는 정반대로 변한다. 모든 지식욕에 들어 있는 객관주의적 환상의 폭로는 자아도취적으로 역사학자의 입장만을 지향하는 역사서술과의 합의에 이르게 되고, 이러한 역사서술은 과거의 고찰을 현재의 욕구에 맞춰 도구화한다. "진정한 역사"는 "자신이 서 있는 위치에서 측심연을 깊이 내린다."[15]

---

13) M. Foucault(1973), 292쪽.
14) M. Foucault(1974), 107쪽.
15) M. Foucault(1974), 101쪽.

　2)푸코의 역사서술은 이러한 날카로운 현재주의와 마찬가지로 상대주의를 피할 수 없다. 그의 연구는 타당성 문제를 자연주의적으로 취급함으로써 배제하려 했던 바로 그 자기관련성 속에 붙잡혀 있다. 계보학적 역사서술은 권력의 실천이 담론을 구성하는 바로 그 업적을 통해서 권력의 실천을 경험적으로 분석해야만 한다. 진리 주장은 이러한 관점에서 볼 때——진리 주장이 등장하는——담론에만 제한되어 있지 않다. 진리 주장의 의미는 그때그때 해당하는 담론적 우주가 자기주장을 할 수 있도록 수행하는 기능적인 기여로 그친다. 타당성 요구의 의미는 다시 말하면 그것이 가지고 있는 권력효과 속에 들어 있다. 다른 한편 이러한 권력이론의 근본가정은 자기관계적이다. 즉 그 가정이 적중한다면, 그것은 자신이 영감을 준 연구가 가지고 있는 타당성 토대를 무너뜨려야 한다. 그러나 푸코 자신이 자신의 지식의 계보학과 결합시켰던 진리 주장이 실제로 환상에 불과하고, 또 그것이 이 이론이 동조자 집단에 불러일으킬 수 있는 효과에 불과하다면, 인문과학을 비판적으로 폭로하려는 전체 기획은 그 논지를 잃어버린다. 그러나 푸코는 파산된 인문과학을 능가하는 하나의 과학을 성취하려는 진지한 의도에서 계보학적 역사서술을 시도한다. 그러나 유죄를 선고받은 사이비 과학의 자리에 보다 설득력있는 것이 들어설 때 그것의 우월성은 표현될 수 있다. 그 우월성이 이제까지 우세하던 과학적 담론을 실제적으로 배제하였다는 결과에서만 표출된다면, 푸코의 이론은 이론정치 속에서, 그것도 아직도 영웅적인 일인기획의 힘에 부치는 이론정치적인 목표설정 속에서 고갈될 것이다. 푸코는 이러한 것을 의식하고 있다. 그러므로 그는 여타의 모든 인문과학들과는 달리 계보학을 자신이 세운 이론의 근본가정들과 일치할 수 있는 방식으로 특징지우고자 한다. 이러한 목적으로 그는 계보학적 역사서술을 자신에게 적용한다. 역사서술 자체의 발생사 속에서 다른 여타의 인문과학들을 능가하는 역사서술의 장점을 근거지울 수 있는 차이점이 제시될 수 있다는 것이다.

　지식의 계보학은 기존의 학문들이 배척하는 저 자격미달의 지식의 종류를 사용한다. 즉 계보학은 "정복된 지식의 종류"들이 궐기할 수 있는 매체이다. 푸코가 뜻하는 바는 일차적으로 동시에 은폐되고 드러나는 학문적 지식의 침

332

전물들이 아니라 이제까지 한 번도 공식적인 지식으로 나아가지 못하고 한 번도 충분하게 명료화되지 못한 억압된 집단들의 경험들이다. 여기서 문제되고 있는 것은 권력체계 내에서 밑바탕을 구성하며, 고통받는 사람으로서 또는 고통의 기계를 작동하는 관료로서 권력기술을 자신의 몸으로 제일 먼저 체험하는 "사람들", 예컨대 정신병자와 간호사, 범죄자와 감시자, 수감자와 감시원, 흑인과 동성연애자, 여자들 , 부랑아와 아이들, 미치광이들이 가지고 있는 드러나지 않은 지식이다. 계보학은 "주위를 에워싸고 있는 모든 것들에 저항하는 그 단호함으로부터 힘을 얻는" 국지적, 주변적, 대안적 지식의 어두운 바닥을 캐내는 작업을 수행한다. 이러한 목록의 지식들은 보통 "사태에 맞지 않거나 충분히 마무리되지 못한 것으로 부적격하다는 평가를 받는다. 그것들은 소박하며, 지식의 위계질서의 맨 마지막에, 요구되는 지식수준과 학문수준 이하에 위치하는 지식의 종류들이다."[16] 그러나 그 지식들 속에 "투쟁의 역사적 지식"의 빛이 가물거리고 있다. 이러한 "국지적 기억들"을 "학문적 지식"의 수준으로 끌어올리는 계보학은 다시 말하면 그때그때의 권력의 실천들에 저항하는 사람들의 편에 선다. 계보학은 반대권력의 위치로부터 그 당시의 권력자의 시각을 넘어서는 관점을 획득한다. 그것은 이러한 관점으로부터 권력의 영향권 내에서만 구성되는 모든 타당성 요구들을 극복할 수 있다는 것이다. 사람들이 가진 부적격한 지식과 연계를 맺음으로써 계보학자의 재구성 작업은 "지난 15년간 담론에 의해 행해진 비판에 본질적 힘을 부여하였던" 우월성을 획득한다는 것이다.[17]

그것은 초기 루카치의 논점을 상기시킨다. 그에 따르면 마르크스적 이론이 자신의 이데올로기적 편견으로부터 자유를 획득한 것은 생산과정에서 봉급노동자의 지위와 함께 형성되어진 경험시각이 가지고 있는 특권적 인식능력 때문이라는 것이다. 그러나 이러한 논점은 프롤레타리아의 계급적 이해에서 보편적 이해를, 프롤레타리아의 계급의식에서 유(類)의 자기의식을 찾고자 하는 역사철학의 틀 안에서만 설득력을 가진다. 그러나 권력에 대한 푸코의 사상은

---

16) M. Foucault(1978), 60쪽 이하.
17) M. Foucault(1978), 61쪽.

인식의 특권을 부여하는 그러한 역사철학적 반대권력의 개념을 허용하지 않는다. 모든 반대권력은 자신이 투쟁하는 권력의 지평선 안에서 움직이며, 그것이 승리를 쟁취하는 순간 하나의 다른 반대권력을 유발하는 권력복합체로 변하게 된다. 계보학이 부적격한 지식의 봉기를 활성화하고, "이론적이고 통일적이고 형식적이며 학문적 담론의 구속에 대항하여"[18] 억압된 지식을 동원하지만 그것은 이러한 순환고리로부터 박차고 나올 수는 없다. 오늘날의 이론적 아방가르드를 정복하고 지식의 기존 위계질서를 극복하는 자는 스스로 내일의 아방가르드를 세우며 스스로 지식의 새로운 위계질서를 만든다. 아무튼 그는 국지적 합의들을 초월할 수 있는 진리 주장의 척도에 따라 자신의 지식이 우월하다고 주장할 수 없다.

그러므로 계보학적 역사서술을 그 고유한 수단을 통해 상대주의적 자기부정으로부터 보호하고자 하는 시도는 실패한다. 계보학은 자신이 학문적 지식과 자격이 없다고 여겨진 비학문적 지식이 결합하였다는 사실을 밝힘으로써 생겨났기 때문에, 반대담론의 타당성 주장은 권력자의 담론들에 —— 반대담론 역시 이 담론이 불러일으키는 권력효과들이다 —— 지나지 않는다는 사실을 확인할 뿐이다. 푸코는 물론 이 딜레마를 보지만, 이번에도 역시 대답을 회피한다. 다시금 그는 자신의 니체 수용의 맥락에서만 투쟁적인 관점주의를 신봉한다고 고백한다. "역사가는 자신의 지식 속에서 자신들이 관점을 취하는 장소와 자신들이 처한 시점, 자신들이 가담한 당파, 자신이 가진 열정의 불가피성을 폭로할 수도 있는 것들은 가능하다면 모두 지워 버리려고 한다. 니체가 이해하는 역사적 의미는 자신이 관점주의적이라는 것을 안다……그는 특정한 시각에서 바라본다. 그는 단호히 평가하고, 예 또는 아니오를 말하고, 해악의 모든 흔적들을 추적하며, 또한 최고의 해독제를 발견하고자 한다."[19]

3) 이제 마지막으로 검토해야 하는 사항은 푸코의 견해에 따르면 가치중립성을 자랑하는 인문과학이 책임져야 하는 정체불명의 규범주의를 그 역시 피해갈 수 있는가 하는 문제이다. 계보학적 역사서술은 엄격히 기술적인 태도로

---

18) M. Foucault(1978), 65쪽.
19) M. Foucault(1974), 101쪽.

서 담론우주들의(이 안에서만 규범과 가치에 대한 논의가 이루어진다) 배후를 소급해 파악해야 한다. 그것은 규범적인 타당성 주장들뿐만 아니라 명제적 진리에 대한 주장들을 포괄하지만, 몇몇 담론구조와 권력구성체들이 다른 것들보다 더 정당한가 하는 문제는 포기한다. 푸코는 당파를 결정하라는 요구를 거부한다. 또한 그는 권력을 악한 것, 추한 것, 더 이상 결실을 맺지 못하는 것, 죽은 것으로 간주하며——권력이 행사되는 것을 선한 것으로, 진정한 것, 위대한 것으로 간주하는 "급진 좌파의 강령"에 조소를 보낸다.[20] 그에게 "옳은 편"은 없다. 이러한 태도의 이면에는 1789년 이래 혁명의 기호 아래 서 있었던 정치는 이제 그 끝에 도달하였으며 이론과 실천의 관계를 사유하였던 이론들은 한물갔다는 확신이 서 있다.

이런 식으로 제2단계의 가치중립성의 기초를 세우는 일은 물론 그 자체 가치중립적이지 않다. 푸코는 자신을 현대적 사유와 인본주의적으로 위장한 규율권력에 저항하는 반체제 인사라고 생각한다. 양식과 단어선택에 이르기까지 그의 학문적 논문을 각인한 것은 참여이다. 전체 저작의 자기규정 못지않게 비판적 제스처가 그의 이론을 지배한다. 이로써 푸코는 한편으로 자신을, 결정론적으로 선택되고 분명히 천명된 가치토대를 가치중립적으로 실행된 분석으로부터 분리하려는 막스 베버 식의 참여적 실증주의와 구별하려 한다. 푸코의 비판은 그의 이론이 가진 포스트모던적 가정들에 있다기보다는 오히려 서술의 포스트모던적인 수사학에 있다.

다른 한편 푸코는 시민계급의 이상이 함축한 규범적 내용을 고발하면서 근대의 인본주의적 자기이해의 가면을 벗기는 마르크스 식의 이데올로기 비판과의 차이도 분명히 한다. 푸코는 현대가 그 시작부터 자기자신과 논의해 왔던 저 반대담론을 계승하려는 의도는 전혀 가지고 있지 않다. 즉 그는 (자율성과 타율성, 도덕성과 합법성, 해방과 억압이라는 근본개념들을 통한) 근대의 정치이론들의 언어유희를 좀더 세련되게 만들어 현대의 병리학에 대항하고자 하지 않는다——그는 단지 현대와 그 언어유희의 밑바닥을 파고들고자 한다.

---

20) M. Foucault(1978), 191쪽.

그의 저항이 기존의 권력의 영상으로 정당화되어서는 안 된다. 푸코는 베르나르 앙리 레비의 질문에 다음과 같이 대답한다. "어떠한 반대도 있을 수 없습니다. 왜냐하면 저항은 권력과 똑같아야 하기 때문입니다. 권력과 마찬가지로 발명의 재간이 풍부하고, 마찬가지로 유동적이며 생산적이어야 할 것입니다. 저항은 권력과 마찬가지로 조직되고 확고해지며, 그것과 마찬가지로 아래로부터 시작해서 전략적으로 분배되어야만 합니다."[21]

저항은 인본주의적 담론에 개입하지 않으면서 그것에 덫을 놓는다는 사실에서 자신을 정당화할 수 있는 유일한 근거를 찾는다. 푸코는 현대적 권력구조의 특성 자체로부터 이러한 전략적 자기이해를 설명한다. 푸코가 그 성격을 국지적, 연속적, 생산적이고 편재적이며 모세관과 같은 망상구조를 가지고 있다고 되풀이해서 서술하는 그 규율권력은 머리보다는 신체 속에 더 확고히 뿌리를 내린다. 그것은 정신보다는 육체를 지배하며 엄격하게 기준에 맞추는 강제력에 육체를 종속시키는――이를 위해 어떠한 규범적 토대를 필요로 하지 않는――생명제어권력의 형태를 갖는다. 그 규율권력은 인본주의적 담론을 통해 형성되어 반대담론의 비판을 받았던 허위의식을 필수적으로 거쳐야 할 필요없이 기능한다. 인문과학적 담론은 오히려 그 응용의 실천들과 혼합되어 불투명한 권력복합체가 되며, 모든 이데올로기 비판은 이 권력복합체에 부딪쳤다가 되돌아온다. 마르크스나 프로이트의 비판처럼 합법적인 권력과 비합법적 권력, 또는 의식적인 동기와 무의식적 동기라는 시대착오적 이분법에 토대를 두고 압제, 착취, 심리적 억압의 기관 등을 상대로 투쟁하는 인문주의적 비판은 오히려 그동안 천국에서 지상으로 내려와 규범화의 폭력으로 응고된 "인본주의"를 강화할 뿐이라는 위험 속에 처해 있다.

지금까지의 논의는 계보학적 역사서술을 비판이 아니라 규범적으로 공격할 수 없는 권력의 구조에 대한 전투에서 전술이나 수단으로 생각하기에는 충분하다. 그러나 반대권력의 동원, 술책이 가득한 투쟁과 대립이 문제시된다면, 왜 우리가 도대체 현대 사회조직의 혈액순환 속에서 돌고 있는 편재적 권력에

---

21) M. Foucault(1978), 195쪽.

336

복종하는 대신에 저항해야만 하는가 하는 문제가 제기된다, 그렇게 한다면 지식의 계보학이 취하는 투쟁수단은 무용지물이 될 것이다. 물론 적의 강점과 약점을 가치중립적으로 분석하는 것은 투쟁을 시작하려는 사람에게 유익하다는 사실은 납득할 수 있지만——왜 하필이면 투쟁인가? "왜 투쟁이 복종보다 더 바람직한가? 왜 지배에 저항해야 하는가? 모종의 규범적 개념을 도입함으로써만 푸코는 이 물음에 대답을 시작할 수 있다. 규범적 개념을 도입함으로써만 그는 현대적 권력/ 지식의 지배가 무엇이 잘못되었으며 왜 우리가 그것에 반대해야 하는지를 우리에게 말하기 시작할 수 있다."22) 언젠가 어떤 인터뷰에서 푸코는 이 질문을 회피할 수 없었다. 유일하게 이 한 곳에서 그는 포스트모던적 정당성의 규준들을 애매하게 암시하였다. "규율권력과의 투쟁에서 규율에 대항할 수 있기 위해서는 낡은 주권의 방향을 취해서는 안 되고, 규율뿐만 아니라 동시에 주권의 원칙으로부터도 해방된 새로운 권리로 나아가야만 할 것이다."23)

단지 폭력을 독점하는 국가의 주권을 정당화하는 과제에만 기여하지 않는 도덕 및 법개념이 칸트를 계승하여 이미 발전되었다는 사실을 제외하면 푸코는 이 주제에 관해서는 침묵을 지킨다. 그러나 우리가 규율권력에 대한 강도 높은 어조의 비판에서 암암리에 사용된 기준을 찾아내려고 하면, 우리는 곧 명시적으로 부정된 규범주의적 언어유희로부터 유래된 낯익은 규정들과 마주치게 된다. 권력을 가진 사람과 권력에 종속된 사람 간의 불균형적 관계뿐만 아니라 언어와 행위능력을 가진 주체의 도덕적, 신체적 불가침성을 손상시키는 권력기술들의 사물화 효과는 푸코에게도 마찬가지로 불쾌하다. 낸시 프레이저는 하나의 해석을 제안하는데, 이 제안은 물론 이 딜레마로부터 벗어날 수 있는 출구를 보여주지는 못하지만 가치중립적이라 천명한 역사서술에 내포된 정체불명의 규범주의가 어디로부터 유래하는지 설명해 준다.24)

---

22) N. Fraser, "Foucault on Modern Power : Empirical Insights and Normative Confusions", *Praxis International*, Vol., 1(1981), 283쪽.

23) M. Foucault(1978), 95쪽.

24) 이에 관해서는 다음의 미발표 원고를 참조할 것. N. Fraser, "Foucault's Body-Language : A Posthumanistic Political Rhethoric"(1982).

　　니체의 권력에의 의지개념과 바타이유의 주권개념은 다소 공공연하게 미학적 현대의 규범적 경험내용을 수용하였다. 그에 반하여 푸코는 자신의 권력개념을 경험주의적 전통으로부터 전용하였다. 그는 미학적 아방가르드들인 보들레르로부터 초현실주의자들이 창조력을 길러냈던 놀라우면서도 동시에 황홀한 매혹의 경험 잠재력으로부터 그것을 갈취하였다. 물론 "권력"은 푸코의 손에서 육체지각, 혹사당한 신체의 고통스러운 경험에 대하여 문자 그대로 미학적인 관계를 획득한다. 이러한 계기는 심지어 현대의 권력구조에 있어서 결정적이다. 현대의 권력구조는 과학적 객관화와 진리기술을 통하여 생성된 주체성이라는 미묘한 방법으로 사물화된 신체 속으로 깊이 파고 들어가 유기체 전체를 압류하였기 때문에 생명제어권력이라는 이름을 얻게 된다. 생명제어권력은 모든 자연스러움을 말살하고 생물 특유의 삶을 전부 권력화의 토대로 변형시키는 사회화의 형태이다. 푸코가 권력복합체 속에 들어 있다고 생각한 규범적으로 의미있는 비대칭은 원래 권력자의 의지와 강요된 종속 사이에 존립하는 것이 아니라 권력과정과 그 과정 속에서 파괴된 저 신체들 간에 존립한다. 고문에 혹사당하고 주권자의 보복의 무대가 되는 것은 항상 신체들이다. 철저히 조련되고 기계적 힘의 영역 속으로 분해되어 조작되어진다. 인문과학들에 의해 대상화되고 통제되는 동시에 자신의 욕망이 자극당하고 적나라하게 벗겨진다. 푸코의 권력개념이 조금이라도 미학적 내용을 보존한다면, 그것은 육체의 자기경험에 대한 생기론적-생철학적 독법(讀法) 덕분이다. 『성(性)의 역사』는 예외적인 문장으로 마무리된다. "육체와 쾌락의 다른 경제학 속에서 어떻게 우리가 메마른 성의 일인독재에 종속될 수 있는지 정말 이해할 수 없게 될 날이 올지도 모른다는 사실을 우리는 꿈꿔야만 한다."[25] 우리가 바타이유와 함께 언젠가 한 번 꿈꾸었던 육체와 쾌락의 다른 경제학, 이것은 권력의 경제학이 아니라, 암암리에는 항상 요구되던 비판의 기준들에 관해 변명을 늘어놓을 포스트모던적 이론이다. 그때까지 저항은——저항의 정당화는 아니라 하더라도——자신의 동기를 육체언어의 기호들로부터, 즉 담론으로의 상승을

---

25) M. Foucault(1977), 190쪽.

거부하는 고문당한 신체의 구두화할 수 없는 언어로부터 끄집어내야 한다. [26]

푸코의 감출 수 없는 몇몇 감정들이 이 해석을 뒷받침하지만, 푸코는 물론 이 해석을 자신의 것으로 만들어서는 안 된다. 그렇게 하지 않는다면 그는 바타이유처럼 이성의 타자에게 그가 『광기와 사회』 이래로 충분한 근거를 대면서 거부하였던 그 지위를 승인해야만 할 것이다. 그는 반대권력을 전담론적으로 존재하는 지시대상으로 찬양하는 자연주의적 형이상학을 거부한다. 푸코는 1977년 앙리 레비와의 인터뷰에서 다음과 같이 말한다. "당신이 '자연주의'라 부르는 것은 우리가 권력하에서, 권력의 폭력행위와 음흉함 밑에서 원래의 활력 속에 넘치는 사물들을 재발견해야 한다는 생각을 뜻합니다. 수용소의 담벼락 뒤에서 광기의 자발성을, 형벌체계를 관통하여 범죄자의 극심한 불안을, 성의 금지하에서는 소망의 순수함을 재발견해야 합니다."[27] 푸코는 이러한 생철학적 관념을 수용할 수 없기 때문에, 자신의 비판이 서 있는 규범적 토대에 대해서도 마찬가지로 대답을 포기할 수밖에 없다.

4

푸코는 대상영역에 대한 의미이해적인 접근, 보편적 타당성 요청의 자기비평적 부정과 비판의 규범적 정당화의 맥락에서 등장하는 집요한 문제들을 만족스럽게 다룰 수 없다. 의미, 타당성, 가치와 같은 범주들은 메타 이론적인 차원에서뿐만 아니라 경험적인 차원에서 제거되어져야만 한다. 계보학적 역사 서술이 관계하는 대상영역은 권력이론이 의사소통적이고 생활세계적 상황에 관계하는 행위의 모든 특성들을 말살해 버리고 남은 부분이다. 행위체계들의 상징적인 선구조화를 고려할 수 있는 근본개념들을 이처럼 배제한다는 것은

---

26) 이러한 대안은 신체의 말없는 표현언어의 예에서 냉소주의자의 저항형식을 발전시킨다. P. Sloterdijk, *Kritik der zynischen Vernunft*, 2 Bde (Frankfurt/M., 1982). 물론 푸코 자신의 연구들은 다른 방향을 취한다. 이에 관해서는 Dreyfus/Rabinow(1983)에 첨가된 푸코의 후기를 참조할 것. 앞의 책, 229쪽 이하.

27) M. Foucault(1978), 191쪽.

경험적 연구에 문제점들을 안겨주는 것이다. 그런데 푸코는 이번에는 이 문제들을 명시적으로 다루지 않는다. 나는 고전적 사회이론에서 명예로운 역사를 가진 두 가지 문제들을 선택하고자 한다. 즉 어떻게 사회질서가 도대체 가능한가 하는 문제와 어떻게 개인과 사회가 서로 관계하는가 하는 문제이다.

푸코처럼 우리가 단지 종속과정과 신체를 매개로 하는 대립의 모델, 다소는 의식적 전략적인 행위 모델만을 허용한다면, 그리고 가치, 규범과 의사소통과정을 통한 행위영역의 안정화를 배제하지만, 이와 같은 사회적 통합 기제를 대신할 수 있는 것으로 체계이론이나 교환이론을 통해 잘 알려진 대용물 중의 어떠한 것도 제시하지 않는다면, 어떻게 부단한 국지적 투쟁들을 제도화된 권력으로 확립할 수 있는지 거의 설명할 수 없다. 악셀 호네트는 이러한 문제점을 끈기있게 연구했다. 푸코는 그의 서술 속에서 제도적으로 정비된 규율들, 권력실천, 진리와 지배기술들을 가정하지만, "투쟁이 끊이지 않고 있는 사회적 상태로부터 순간적이나 항시적이라고 생각되어지는 권력조직의 응집상태가 도출될 수 있는지"[28] 설명할 수 없다. 담론구조와 권력구조의 시대적 항구화와 같이 근본개념이 내포한 유사한 난점들은 더 나아가 뒤르켕이 "제도화된 개인주의"라는 표어로 표현하였던 그 현상들을 야기한다.

우리가 단지 권력화 모델만을 허용한다면, 자라나는 세대들의 사회화 역시 권모술수적인 대립의 이미지로 나타난다. 그럴 경우 언어와 행위능력을 갖춘 주체의 사회화는 동시에 개인화로 간주될 수 없고 단지 육체와 살아 있는 실체들을 권력기술하에 지속적으로 포함시키는 과정으로 파악될 뿐이다. 반성의 대상이 된 전통과 극히 추상적인 행위규범들이 존립하는 사회에서 점점 더 넓은 범위의 사회계층 속으로 파고들어 점점 더 강하게 개인화시키는 교육과정은 권력화 모델이 가진 범주적인 빈곤을 청산할 수 있기 위해 인위적인 재해석을 필요로 한다. 이 점에서 권력이론가인 푸코는 제도주의자 겔렌과 마찬가지로 동일한 문제에 부딪친다.[29] 두 이론에게 공통적으로 결여된 것은 (화자

---

28) A. Honneth(1985), 182쪽.

29) A. Gehlen, *Die Seele im technischen Zeitalter*(Hamburg, 1957).

와 청자의 수행적 태도들이 서로 연관됨으로써 사회화 과정이 지닌 개인화 효과를 설명해 줄 수도 있는) 언어와 같은 사회통합적인 기제이다.[30] 푸코는 겔렌과 마찬가지로 이 근본개념적인 애로점을 보상하기 위해 개인성 개념으로부터 자기규정과 자기실현의 함의들을 제거하고 그것을 외부자극으로 생산되고, 자의적으로 조작가능한 관념적 내용들로 채워진 내면세계로 축소한다.

이번에는 문제가 개인과 사회의 관계라는 낯익은 구조물을 대체할 수 있는 등가물이 없어서 발생하는 것은 아니다. 질문은 오히려 권력실천들을 통해 야기된 심리적인 면의 팽창이라는 모델이 증가된 주체의 자유를 서술하는 데 사용하여, 표현적 자기묘사와 자율의 확대된 활동공간에 대한 경험을 식별할 수 없게 만드는 것이 아닌가 하는 것이다.

물론 푸코는 이런 식의 비판을 논점 선취의 오류로 반박할 수 있다. 그 비판들은 인문과학과 함께 이미 오래전에 대상을 잃어버린 (인문과학의 지평선으로부터 생겨난) 전통적인 질문에 의거하고 있지 않은가? 우리의 관점에서 근본개념적인 결점으로 드러나는 것이 경험 연구를 설계와 실시에 영향을 미치며, 선택적 독법과 부분적인 맹목성에 포박되게 한다면, 우리는 비로소 이 질문을 부정할 수 있다. 나는 여기에서 푸코의 현대적 형집행과 성의 발생사에 경험적인 비판을 가할 수 있는 관점을 몇 가지 제시하고자 한다.

『감시와 처벌』은 과학적으로 합리화된 형법과 과학적으로 인간적이 된 형집행의 계보학으로 계획되었다. 오늘날 규율권력을 드러내는 지배기술들이 "처벌의 인간화와 인간의 인식"에 공동의 기원이 된다.[31] 형법의 합리화와 형집행의 인간화는——권리와 도덕개념으로, 규범적으로 스스로 정당화하였던——18세기말 개혁운동의 수사학적 보호 아래 진행되었다. 푸코는 그 내면에 잔인한 권력 실행의 변화——즉 "개인들의 일상적인 행동, 그들의 정체성, 그들의 활동, 무의미해 보이는 그들의 몸짓 하나하나를 파악하고 감시하는 장치를 조절하고 세련되게 만드는 현대 권력통치의 발생"[32]——가 감추어져 있

---

30) J. Habermas, *Theorie des kommunikativen Handelns* (Frankfurt/M., 1981), Bd. 2, 92쪽 이하.

31) M. Foucault(1976), 34쪽.

다는 것을 보여주고자 한다. 푸코는 이 명제를 인상적인 실례들을 들어 눈앞에 그려 보여줄 수 있다. 그러나 이 명제를 일반화한다면 그것은 오류이다. 일반화할 경우 현대의 형집행에서 읽어낸 원형감옥주의(Panoptismus)는 사회적 현대화의 구조 전체의 특징이라는 것이다. 푸코가 이러한 일반화된 명제를 세울 수 있는 까닭은 그가 법 발전의 규범적인 구조가 멀리한 권력이론적 근본개념들 속에서 움직이기 때문이다. 그는 도덕적-실천적 학습과정을 권력화 과정을 강화하는 것으로 간주함에 틀림없다. 이런 식의 축소는 여러 단계를 거쳐 완성된다.

우선 푸코는 지배담론이 절대주의적 국가권력을 관철하고 실행하기 위해 고전주의 시대에 수행하였던 잠재적 기능들을 수단으로 하여 합리적 자연법의 규범적 언어유희를 분석한다. 폭력을 독점하는 국가주권은 푸코가 고문과 수난절차를 가지고 일목요연하게 보여주었던 형집행의 과시적 형태 속에 드러난다. 그 다음 동일한 기능주의적 시각에서 푸코는 고전적 언어유희가 계몽의 개혁시대에 지속되고 있음을 보여준다. 이 언어유희는 한편으로 칸트의 도덕이론과 법이론에서, 다른 한편으로 공리주의에서 절정을 이룬다. 여기에서 흥미로운 점은 이 양자가 입헌적 국가권력, 즉 이데올로기적으로 군주주권에서 국민주권으로 변형된 정치 질서를 혁명적으로 관철하는 데 모두 기여하였다는 사실을 푸코가 언급하지 않는다는 것이다. 이런 종류의 정체는 결국 "감시와 처벌"의 본래 주제인 저 규범화하는 형식들과 일치한다.

푸코는 법 발전의 내면적인 측면을 간과하기 때문에, 그는 눈에 띄지 않게 은근히 세번째의 결정적인 행보를 취할 수 있다. 고전주의 시대에서 권력구조의 주권적 폭력은 권리와 법개념들 속에서 성립되는 반면, 규범적 언어유희는 현대의 규율권력에는 적용할 수 없다. 이것은 어느 정도 과학적으로 처리가능한 대중의 행위양식과 동기들을 실제적으로 제어하고 조직하는 경험적인, 아무튼 비사법적 개념에만 알맞다. "정상화의 절차가 법의 절차들을 점점 더 식민지화한다는 사실은 내가 정상화의 사회라 명명한 것의 전지구적 기능을 설

____

32) 앞의 책, 99쪽.

342

명할 수 있다. "[33] 자연법학설에서 자연사회이론으로의 전환에서 드러나듯이,[34] 실제로 현대사회 전체의 복잡한 생활관계들을 계약관계의 자연법적 범주 속에서 구성하기가 점점 더 어려워진다. 그러나 물론 이러한 정황이 현대적 권력구조에 있어서 규범적 구조의 발전은 무시해도 된다는 이론전략적으로 중대한 결정을 정당화하지는 못한다. 푸코는 규율권력을 생명제어 정치적으로 관철할 수 있는 단서를 붙잡자마자 그는 권력집행을 사법적으로 조직하고 지배질서를 정당화할 수 있는 단서를 놓아 버린다. 그로 인해 시민계급의 입헌국가는 쓸모없이 되어 버린 절대주의 시대의 유물이라는 인상이 아무런 근거도 없이 생겨난다.

문화와 정치를 권력집행의 직접적인 실체로 이처럼 거리낌없이 단순화하는 것은 그의 서술에 있어서 뚜렷한 결점을 말해 준다. 현대적 형사재판의 역사를 법치국가의 발전으로부터 따로 분리시킨 것은 서술기법적인 암시를 통하여 근거지울 수 있을 것이다. 문제의 소지가 더욱 많은 것은 이론을 형집행의 체계에 제한한 것이다. 고전주의 시대로부터 현대로 넘어오자마자, 푸코는 형법과 형사소송법에 아무런 관심도 주지 않는다. 그랬다면 그는 관대성과 법적 보장이 의심의 여지없이 증가되고 이 영역에까지 법치국가적 담보가 확장된 사실에 정확한 권력이론적 해석을 가해야만 했을 것이다. 그러나 그의 서술은 형집행의 역사로부터도 모든 법제화의 측면들은 배제함으로써 더더욱 왜곡된다. 병원, 학교, 병영과 마찬가지로 감옥에서는 강력히 추진된 법치국가화로부터도 아무런 영향을 받지 않았던 "특수한 폭력관계"가 여전히 존립하며 ——푸코 자신도 그것을 위해 정치적으로 참여하였던 것이다.

이러한 선별성으로 인해 권력의 모세혈관적 작용에 관한 그 매혹적인 폭로의 중요성이 상실되는 것은 아니다. 그러나 선별적 독법을 권력이론적으로 일반화함으로써 푸코는 원래 설명이 필요한 현상들을 지각하지 못한다. 서구의 복지국가적 민주주의에서 법치화가 지닌 딜레마적 구조는 추정수혜자의 자유를 위험에 빠뜨리는 것은 바로 자유를 보장하려는 법적 수단 자체라는 점이

---

33) M. Foucault (1978), 94쪽.

34) J. Habermas, "Art. Soziologie", *Evangel. Staatslexikon* (1966) 210쪽 이하.

다. 푸코는 권력이론의 전제들하에서 사회적 현대화의 복합성을 너무 평준화했기 때문에, 이 과정에 내포된 혼란스러운 역설들은 전혀 그의 눈에 띄지도 않았던 것이다.

이의적 현상들을 평준화하는 경향은 푸코의 근대적 성의 역사에서도 드러난다. 이것은 반성적이되 내적 자연의 핵심을, 다시 말하면 초기 낭만파적 의미에서 표현능력을 가진 내면성의 주체성을 다룬다. 폭로기술과 감시전략이 동반하는 내면화와 개인화의 장기적 과정은 동시에 외화와 정상화라는 새로운 영역을 만들어내는데, 이 과정의 딜레마적 구조가 평준화된다. 헤르베르트 마르쿠제는 통제되고 사회적으로 지도되지만, 동시에 상업화되어 관리되는 성적 자유라는 동시대적 현상을 "억압적 탈승화"라고 해석했다. 이러한 분석은 해방적 탈승화라는 전망을 열어준다. 푸코 역시 통제수단으로 전락되고 에로틱을 빼앗긴 실격된 성이라는 비슷한 현상들로부터 출발한다——그러나 그는 그 속에서 목적, 즉 성적 해방의 감추어진 비밀을 본 것이다. 허위해방 뒤에는 권력이 도사리고 있으며, 이 권력은 교활하게 유발된 고백충동과 관음주의에 대한 자신의 생산성을 발전시킨다. 푸코에게 "성"은 자신의 고유한, 특권적으로 접근가능한 충동, 욕망과 체험들에 대한 진실성을 순진하게 요청하며 육체를 은밀히 자극하고 쾌락을 강화하며 영혼의 에너지들에 형태를 부여하는 담론구조, 권력구조와 동의어이다. 18세기 이래로 자위하는 어린이들, 히스테리적 여성, 성도착적 어른들, 생식하는 부부들 주변에——교육가들, 의사들, 심리학자들, 판사들, 가족계획자들이 잠복하면서 둘러싸고 있는 모든 장소에 진리기술의 그물망을 얽어놓았다.

우리는 푸코가 어떻게 내면적 자연의 지속적 문제화 과정과 같이 극도로 복합적인 과정을 단선적으로 흘러가는 역사로 단순하게 도식화하는지 낱낱이 보여줄 수 있다. 그러나 우리의 문맥에서 특히 관심을 불러일으키는 점은 주관적 자연의 성애화와 내면화가 그래도 자유와 표현가능성에 보탬이 되었던 측면들을 특이하게도 배제하였다는 것이다. 호네거는 현재 나타나는 억압적 탈승화의 현상들을 역사 속에 투사하여 과거의 억압들을 다시 한 번 심리적으로 억압하는 데 대해 경고한다. "여성의 정조, 여성의 성적 불감증의 생산, 남성

344

들의 이중 도덕과 비정상적 성행위에 오명을 씌우는 행위뿐만 아니라 프로이트가 자신의 진료실에서 들었던 애정생활의 그 모든 비하들은 그리 멀지 않은 과거에 일어났던 일들이다. "[35] 본능억제나 의식화 과정을 통한 해방이라는 프로이트의 모델에 대한 푸코의 비판이 뚜렷한 설득력을 지닌 까닭은 현대의 원칙인 자유를 주체철학의 근본개념들을 가지고는 진정으로 파악할 수 없다는 상황 때문이다.

자기규정이나 자아실현, 다시 말하면 도덕적 의미와 심리적 의미에서의 자유를 의식철학의 수단을 동원하여 이해하고자 했던 모든 노력들은 항상 원래 뜻한 것이 역설적으로 전도되는 결과를 가져왔다. 자아의 억압은 주체-객체-관계 속에 짜맞추어진 자율성의 반대급부이다. 자아의 상실과——그 상실에 대한 자기도취적 불안——은 이 개념들로 표현된 표현성의 이면이다. 도덕적 주체가 스스로를 객체로 만들어야만 하고 표현적 주체는 그 자체 지양되어야만 하며 또는 객체들에 외화한다는 불안에서 자기 속에 틀어박히는 것은 자유와 해방의 직감에는 맞지 않는다——그것은 주체철학의 사상적 구속을 드러내준다. 그러나 푸코는 주체와 객체와 함께 "주체성"이란 개념으로 언젠가 표현되어져야만 했던 그 직관마저 던져 버린다. 물론 우리가 객체를 표상하고 취급하며, 객체에 외화되거나 스스로를 객체로서 관계할 수 있는 주체들만을 고려하는 한 사회화를 개인화로 파악할 수 없으며, 주관적 자연의 내면화가 개인화를 가능케 한다는 관점에서도 근대적 성의 역사를 쓴다는 것도 불가능하다. 푸코는 의식철학과 함께 의식철학을 좌초시켰던 문제들도 제거해 버렸다. 그는 이해되지 못한 채 남아 있던 개인화하는 사회화 대신에 파편화하는 권력화라는 개념을 쓰지만, 그 개념으로 현대의 이의적 현상들을 상대하기에는 벅차다. 이러한 시각에서 보면 사회화된 개인들은 표본으로서, 담론구조의 표준화된 산물들——기계적으로 찍어낸 개별적 복사품으로서만 인지될 수 있다. 정반대의 정치적 동기를 가지고, 그러나 비슷한 이론적인 관점에서 사유하였던 겔렌은 그것에 대해 감추려고 하지 않았다. "하나의 인격. 그것은 하

---

35) C. Honegger, *Überlegungen zu Michel Foucaults Entwurf einer Geschichte der Sexualität* (Frankfurt/M., 1982), 20쪽.

나의 특별한 경우에만 해당되는 제도이다. "[36]

---

36)　A. Gehlen(1957), 118쪽.

주체철학으로부터 벗어날 수 있는 다른 탈출구 : 의사소통적 이성 대 주체중심적 이성

1

 권력이론의 아포리아는 계보학적인 역사서술의 선택적인 읽기방식 속에 그 자취를 남기고 있다. 그것은 다루고 있는 주제가 현대적인 형집행이든지 또는 근대에서의 성(性)이건 관계없이 그러하다. 해명되지 않은 방법론적인 문제들이 경험적인 결손 속에서 반영되고 있다. 푸코는 물론 인문과학의 주체철학적인 편집성을 설득력있게 비판하였다. 즉 인문과학들은 인식주체의 모순적인 자기주제화의 논리적 곤란으로부터 도피하지만, 그럴수록 점점 더 깊이 자기물화적인 과학주의 속으로 얽혀 들어간다는 것이다. 그러나 푸코는 자신의 권력이론도 비슷한 운명에 처하리라는 사실을 생각할 수 있을 만큼 자신의 논점이 가지고 있는 아포리아에 대해서는 그리 철저하게 숙고하지 않았다. 그는 자신의 이론을 저 사이비 과학을 넘어서서 엄격한 객관성의 차원으로 끌어올리려 했지만, 더욱 절망적으로 사태를 단지 드러내 보여주는 과시적 역사서술의 발걸이 쇠고랑에 걸려 넘어진다. 이 역사서술은 상대주의적 관점에서 스스로를 부정할 필요가 있다고 생각하며, 자신의 수사학의 규범적인 토대에 관해서는 어떠한 정보도 줄 수 없다. 앞에서 거론되었던 자기점령의 객관주의에 대해 이곳에서는 자기망각의 주관주의가 상응한다. 현재주의, 상대주의와 암호규범주의는 권력의 근본개념들 속에서 생산 업적의 초월론적 계기들을 보존하지만 모든 주관성은 그 개념으로부터 추방해 버리려는 시도의 결과이다. 이 권력개념은 계보학자들을 모순된 자기주제화의 강제로부터 해방시키지 못한다.

그러므로 인문과학을 이성비판적으로 폭로한 그 장소로 다시 한 번 돌아가는 것이 좋다고 생각한다. 그러나 이번에는 니체의 후계자들이 완고하게 부정하는 사실을 의식하면서 돌아가 보자. 칸트와 함께 시작한 근대의 철학적 담론에 초기부터 내재하고 있던 저 철학적 반론이 근대의 원칙으로서의 주체성에게 빚을 갚으려고 한다는 사실을 그들은 보지 못하고 있다. [1] 푸코가 『말과 사물』의 마지막 장에서 날카롭게 진단한 의식철학의 근본개념적인 아포리아는 이미 쉴러, 피히테, 셸링과 헤겔에 의해 비슷한 방식으로 분석되었다. 물론 제시된 해결책들은 서로 다르다. 그러나 권력이론도 마찬가지로 이러한 아포리아적 상황으로부터 벗어날 수 있는 출구를 제시하지 못하는 지금, 현대성의 철학적 담론의 길이 시작한 그 출발점으로——길이 갈라지는 분기점에서 그 당시 선택한 방향을 다시 한 번 검토해 보기 위해서——다시 되돌아가는 것이 좋을 것 같다. 우리의 강의는 이러한 의도를 배경으로 하고 있다. 청년 헤겔, 청년 마르크스, 『존재와 시간』의 하이데거, 후설과 대결하는 데리다가 할 수 있었지만 자신들이 선택하지 않았던 대안들 앞에 서 있던 그 장소들을 내가 표시하였던 것을 여러분은 기억할 것이다.

헤겔과 마르크스에게 중요했던 것은 인륜적 총체성에 대한 직관을 다시금 인식과 행위 주체들의 자기관계의 지평 속으로 다시 끌어들이는 것이 아니라, 협동의 강요를 받고 있는 의사소통공동체 내의 비강제적 의사형성의 모델에 따라 이를 해명하는 것이다. 하이데거와 데리다에게 있어 중요한 점은 의미창조적 세계해석의 지평을 영웅적으로 스스로를 기획투사하는 현존재나 또는 배후에서 구조를 형성하는 사건의 몫으로 돌리는 대신, 상호이해를 지향하는 행

---

1) 이에 관해서는 푸코가 1983년초에 칸트의 "계몽이란 무엇인가라는 물음에 대한 대답"에 관해 행한 특이한 강의를 참조할 것. 이 강의는 *Magazine Litteraire* (1983. 5)에 게재되어 있음.

위의 명백한 매개수단을 통해 재생산되는——의사소통적으로 구성되어 있는 ——생활세계의 몫으로 돌리는 것이었다. 이 부분에서 나는 이미, 대상인식의 패러다임은 언어능력과 행위능력을 가지고 있는 주체들 사이의 상호이해라는 패러다임으로 대체되어야만 한다는 것을 암시하였다. 헤겔과 마르크스는 패러다임의 전환을 실행하지 못하였으며, 하이데거와 데리다는 주체성의 형이상학을 극복하려는 시도를 했지만, 그럼에도 불구하고 근원철학의 의도에 그대로 고착되어 있다. 푸코도 역시 자기관계적 주체의 아포리아적 이중화의 강요를 세 가지 측면에서 분석하였던 곳으로부터 권력이론으로 도피하였지만, 이것이 막다른 길임이 분명해졌다. 푸코는 "인간"을 존재하지 않는다고, 일언지하에 천명하면서 하이데거와 데리다의 뒤를 이어 자기관계적 주체를 추상적으로 부정한다. 그러나 그는 그들처럼 형이상학적으로 고립되고 구조적으로 과도한 요구를 받는 주체가 자신의 힘으로 갱신하려는 저 상실된 사물의 질서를 시간화된 근원적 힘을 통해 보완하려는 시도를 더 이상 하지는 않는다. 압도하기도 하고 또 압도되기도 하는 담론들의 부침(浮沈) 속에서 유일한 불변적 상수인 초역사적 "권력"이 결국에는 이미 지나가 버린 생철학의 "삶"에 해당하는 등가물임이 밝혀진다. 만약 우리가 형이상학적 비정주성(非定住性)의 다소 감상적인 전제들을 포기한다면, 그리고 만약 우리가 초월적 고찰방식과 경험적 고찰방식 사이의 동요, 극단적인 자기반성과 반성적으로 되찾을 수 없는 비사유성 사이의 소모적인 동요, 스스로 생산하는 유적 존재의 생산성과 모든 생산에 앞서 있는 원천적인 것 사이의 소모적 동요도 버린다면——다시 말해 만약 우리가 저 이중화의 요술을 본래 그대로, 즉 소진상태의 증상으로 이해한다면, 생산성 있는 해결책이 눈앞에 그려진다. 소진된 것은 의식철학의 패러다임이다. 만일 사정이 그러하다면, 의사소통의 패러다임으로 전환하는 과정에서 물론 소진상태의 증상은 없어져야만 한다.

내가 다른 장소에서 발전시켰던 상호이해 지향적 행위의 모델을 우리가 잠시 전제해도 된다면,[2] 인식주체가 자기자신뿐만 아니라 세계 속의 실체들을

---

2) J. Habermas, "Zum Begriff des kommunikativen Handelns", *Vorstudien und Ergänzungen zur Theorie des kommunikativen Handelns* (Frankfurt/M., 1984).

객관화하여 대하는 태도는 더 이상 특권화되지 않는다. 상호이해의 패러다임에서 근본적인 것은 오히려, 세계 내에 있는 무엇인가에 관해 서로 의견을 나눔으로써 자신들의 행위계획을 조정하는 상호작용의 참여자들의 실행적인 태도이다. 자아가 언어행위를 실행하고 타자가 그것에 대해 자신의 입장을 밝히면, 이 두 사람은 상호인격적인 관계를 시작한다. 이 관계는 화자와 청자와 실제적으로 참여하지 않는 참석자들의 상호연관된 관점의 체계로 구성된다. 문법학적인 차원에서 이에 상응하는 것은 인칭대명사이다. 이 체계 속에서 단련된 사람은 어떻게 사람들이 실행적인 태도를 가지고 첫번째 사람, 두번째 사람과 세번째 사람의 관점을 그때그때 받아들여 서로 변형하는지를 배웠던 것이다.

언어적으로 매개되는 상호작용에 참여하는 사람들의 이러한 태도는 관찰자가 세계 내의 실체에 대해 가질 수 있는 저 단순한 객관화의 태도와는 다른 관계를 주체와 가질 수 있게 된다. 자기관계의 초월적-경험적 이중화는, 단지 이와 같은 관찰자 관점에 대한 어떠한 다른 대안도 없을 경우에 한해서만, 불가피하다. 그럴 경우 주체는 자신을 전체세계에 대하여 지배하는 상대자로 관찰해야만 하거나, 아니면 그 세계 속에 등장하는 실체 중의 하나로서 관찰해야 한다. 초월적 자아의 세계 외적 위치와 경험적 자아의 세계 내적 위치 사이의 매개는 불가능하다. 그러나 언어적으로 생산된 상호주관성이 우위를 점하게 되면, 이 대안은 사라져 버린다. 그렇게 되면 자아는 상호인격적 관계 속에 있게 된다. 이 관계는 그로 하여금 타자의 관점으로부터 상호작용의 참여자로서의 자신과 연관을 맺을 수 있게 한다. 또한 참여자의 관점에서 실행하는 반성은 자기자신에게 반성적으로 방향을 돌린 관찰자의 관점에서는 불가피한 객관화를 피할 수 있다. 외부로 향했든 내면으로 향했든, 제3자의 시선 아래에서는 모든 것이 대상으로 얼어붙는다. 실행적인 태도를 통해 제2인격의 시각에서 자기자신에게로 방향을 돌리는 제1인격은 자신이 방금 실행한 행위를 재실행함으로써 이해하게 된다. 항상 미리 사용되고 있는 지식의 수행적 재구성이 반성적으로 대상화된 지식, 즉 자기의식을 대체한다.

이전에는 초월철학의 몫이었던 것이, 즉 자기의식의 직관적인 분석이 이제는 재구성적인 학문의 영역 속에 삽입된다. 이러한 재구성적 학문들은 성공적 발언 또는 왜곡된 발언을 분석함으로써, 말하고 행위하고 인식할 능력을 가진 주체들의 전이론적인 규칙지식을 담론과 상호작용에 참여하는 사람들의 관점에서 명료화하고자 한다. 이러한 재구성의 시도들은 현상의 저편에 있는 예지계를 지향하지 않고, 규칙에 맞게 생성된 발언들 속에 담겨져 있으며 실제적으로 행해진 규칙지식을 지향하기 때문에, 초월적인 것과 경험적인 것의 존재론적인 분리는 없어진다. 장 피아제(Jean Piaget)의 발생적 구조주의에서 잘 드러나듯이, 재구성적 가정들과 경험적 가정들은 모두 동일한 이론으로 접합될 수 있다.[3] 그렇게 하면 회피할 수 없을 뿐더러 서로 조화를 이룰 수도 없는 자기주제화의 두 가지 측면들 사이에서 어쩔 수 없이 동요해야 하는 속박의 마력도 파괴된다. 그러므로 또한 초월적인 것과 경험적인 것 사이의 심연을 메우기 위한 잡종의 이론이 더 이상 필요치 않다.

무의식적인 것을 의식화하는 차원에서 이루어지는 자기관계의 이중화도 마찬가지이다. 푸코에 따르면 여기에서도 주체철학적인 사고는 즉자 존재자를 반성적으로 대자 존재자로 전환하려는 영웅적인 노력과, 자기의식의 투명성으로부터 고집스럽게 벗어나는 불투명한 배경을 인정하는 것 사이에서 불안하게 동요하고 있다. 그러나 우리가 의사소통의 패러다임으로 이행한다면, 자기주제화의 이러한 두 측면도 전혀 화해불가능한 것은 아니다. 화자와 청자가 세계 내에 있는 무엇인가에 관해 정면으로 의사소통한다면, 그들은 공통적 생활세계의 지평 안에서 움직인다. 이 생활세계는 등 뒤에서 참여자들을 받쳐주고 있는 배경으로서, 그것은 우리가 직관적으로 알고 있으며, 아무런 문제점이 없으며, 분해될 수 없는 총체적인 배경이다. 담화상황은 그때그때의 주제를 고려하여——상호이해의 과정에 대해 하나의 콘텍스트를 형성할 뿐만 아니라 자원을 제공하는——생활세계로부터 잘라낸 단면이다. 생활세계는 하나의 지평을 이룰 뿐만 아니라, 동시에 문화적 자명성의 저장소이다. 이 저장소로부터 의사소통의 참여자들은 해설을 시도하면서 승인된 해석의 모형을 얻는다.

---

3) J. Habermas, "Rekonstruktive versus verstehende Sozialwissenschaften", *Moralbewußtsein und kommunikatives Handeln* (Frankfurt/M., 1983), 29쪽 이하.

가치를 통하여 통합된 집단들의 유대성과 사회화된 개인들의 능력도 역시 ——문화적으로 익숙해진 배경 전제들과 마찬가지로—— 생활세계의 요소에 속한다.

이와 같은 또는 이와 유사한 진술을 하기 위해서, 우리는 물론 관점의 전환을 시도해야만 한다. 즉 생활세계는 단지 배후에서만 인식될 수 있다. 의사소통을 지향하면서 행위하는 주체들의 정면적인 관점을 취하면, 항상 "같이 주어져" 있기만 한 생활세계는 주제화될 수 없다. 집단과 개인의 정체성, 그리고 그들의 생활사적 기획투사를 가능하게 하는 총체성으로서, 생활세계는 단지 전(前)반성적으로 현재한다. 참여자의 시각을 취하면 비록 실천적으로 요구되고 발언들 속에 침전되어 있는 규칙지식들을 재구성할 수 있지만, 뒤로 물러서는 콘텍스트와 항상 배후에 머물러 있는 생활세계 자원들 전체를 재구성할 수는 없다. 우리가 의사소통행위를 —— 생활세계 전체가 이를 통해 재생산되는—— 매개수단으로서 관찰할 수 있기 위해서는 이론적으로 구성된 관점이 필요하다. 물론 이러한 시각에서 얻을 수 있는 것은 단지 형식실용론적 발언들에 불과하다. 이 발언들은 대체로 생활세계의 구조들에 관련된 것이지, 구체적, 역사적 특징들을 지니고 있는 특정한 생활세계들과 연관된 것은 아니다. 물론 그렇게 되면 상호작용의 참여자들은 책임을 물을 수 있는 행위의 도움으로 상황을 극복하는 (원인제공의) 장본인으로서 나타나지 않고, 자신들이 처해 있는 전통의 산물로서, 자신들이 소속되어 있는 유대 집단과 자신들이 그 속에서 자라온 사회화 과정의 산물로서 나타난다. 생활세계는 말하자면 행위자 관점을 넘어서는 이 세 가지 기능들이, 즉 문화적 전통들의 지속, 규범과 가치를 통한 집단들의 통합과 자라나는 세대들의 사회화의 기능들이 성취되는 정도만큼 재생산되는 것이다. 그렇게 우리가 볼 수 있는 것은 의사소통적으로 구성된 보편적인 생활세계의 특성들이다.

개별적인 생활사나 또는 특수한 생활형식의 개인적인 총체성을 이해하려는 사람은 참여자의 관점으로 되돌아가야만 하며, 합리적 재구성의 의도를 포기하고 소박하게 역사적인 태도를 취해야만 한다. 설화적 수단들은 어쨌든 대화를 통하여 유도되는 자아비판의 양식으로 다듬어질 수 있다. 의사와 환자 간의 분석적인 대화가 이 자아비판에 대한 적합한 모델을 제시한다. 사이비 본성, 다시 말하면 무의식적으로 동기유발된 지각장애나 행위강박이 가지고 있는 사이비 선험성의 지양을 목표로 하는 이러한 자아비판은 하나의 인생이력이나 생활형식을 서술적으로 그려낸 전체와 관련한다. 여러 가지 실체화와 스스로 만들어낸 객관적 허상의 분석적인 해체는 반성적인 경험의 덕택으로 이루어진다. 반성적 경험의 해방적인 힘은 개별적인 환상들을 겨냥한다. 즉 그것은 개인적인 이력이나 또는 집단적인 생활형식의 전체를 투명하게 만들 수는 없다.

의식철학의 한계로부터 벗어나는 자기반성의 두 상속인들은 여러 가지 목표와 세력범위를 가지고 있다. 합리적 재구성은 의식화의 기획에 몰두하지만, 익명적 규칙체계를 지향하지, 총체성에는 상관하지 않는다. 이에 반하여 방법론적으로 실행된 자기비판은 총체성과 관계하지만, 생활세계적인 배경이 가지고 있는 함의, 서술되기 이전의 것, 작용하고 있지 않은 것을 완전히 밝혀낼 수는 없을 것이라는 의식을 가지고 있다. [4] 의사소통적 이론으로 해석된 정신분석학의 보기에서 잘 드러나듯이, [5] 재구성과 자기비판이라는 두 방법은 동일한 이론의 틀 속에 결합될 수 있다. 인식주체의 자기주제화의 두 측면 사이의 조화가 불가능한 것도 아니다. 이러한 관점에서 보면 모순을 억지로 해결하려는 잡종이론은 무용지물이 된다.

이 점은 세번째 이중화, 즉 주체를 근원적으로 창조적인 행위자와 동시에 자신의 근원으로부터 소외된 행위자로서 파악하는 이중화에 대해서도 유사하게 타당하다. 형식화용론적으로 발전된 생활세계 개념을 사회이론적 목적을 위하여 유용하게 만들려면, 그것은 경험적으로 사용될 수 있는 개념으로 변형되어야만 하며, 자기조정적인 체계의 구상과 함께 2단계적인 사회의 개념 속에 통합되어야 한다. 그밖에도 사회적 진화와 역사를 방법론적으로 서로 분리

---

4) 이에 관해서는 J. Habermas(1973), 411쪽 이하와 H. Dahmer, *Libido und Gesellschaft*(Frankfurt/M., 1982), 8쪽 이하를 참조할 것.

5) J. Habermas, "Der Universalitätsanspruch der Hermeneutik", *Zur Logik der Sozialwissenschaften*(Frankfurt/M., 1982), 331쪽 이하.

하여 상호관계를 맺게 하기 위해서는 발전논리의 문제들과 발전역학의 문제들을 신중하게 분리할 필요가 있다. 끝으로 사회이론은 자신이 발생한 맥락과 현재 우리의 콘텍스트 속에 차지하고 있는 자신의 위치를 항상 의식하고 있어야 한다. 강력한 보편주의적 근본개념들도 시간의 핵심은 가지고 있다.[6] 그러나 이러한 작업의 도움으로 절대주의라는 암초와 상대주의라는 소용돌이 사이를 항해해 지나갈 수 있다면, 다시 말해 절대주의라는 호구(虎口)를 피하려다 상대주의라는 용혈(龍穴)에 드는 진퇴양난의 대안을 극복할 수 있다면,[7] 한편으로 자기생산의 —— 그것이 정신이든 유적 존재이든 —— 과정으로서의 세계사의 사상과, 다른 한편으로 물러섬과 결핍의 부정성을 통하여 상실된 근원의 권력을 느끼게 해주는 예측할 수 없는 운명의 사상 중에 하나를 양자택일할 필요는 없다.

여기에서 나는 이와 같이 복잡한 맥락을 자세히 다루지는 않겠다. 나는 단지 패러다임의 전환이 어떻게 저 딜레마를 근거없이 만들 수 있는지 암시하고자 한다. 이 딜레마의 시각에서, 푸코는 지식에 사로잡히고 사이비 학문에 빠져 버린 주체성의 운명적인 역학을 설명하였다. 주체중심적 이성으로부터 의사소통적 이성으로의 패러다임 전환은 또한 처음부터 현대에 내재하고 있는 반대담론을 다시 한 번 수용하도록 부추긴다. 니체의 극단적인 이성비판은 형이상학 비판적인 노선과 마찬가지로 권력이론적인 노선에서도 일관되게 실행될 수 없기 때문에, 우리는 주체철학으로부터 벗어날 수 있는 다른 출구에 의존할 수밖에 없다. 우리는 자기자신으로 말미암아 스스로 붕괴하는 현대성의 자기비판에 대한 근거들을 다른 전제조건하에서 고려하여, 니체 이래 감염되어 있는 현대성과의 성급한 결별이라는 동기들을 정당하게 평가할 수 있어야 한다. 의사소통적 이론에서 순수이성의 순수주의는 다시 부활하지 않을 것임을 분명히 해야만 한다.

---

6) 이에 관해서는 J. Habermas(1981), Bd. 2, 589쪽 이하를 참조할 것.
7) R. J. Bernstein, *Beyond Objectivism and Relativism*(Philadelphia, 1983).

2

극단적인 이성비판은 지난 몇 십 년 동안 거의 유행이 되어 버렸다. 그 주제와 논의에 있어서 표본적인 것은 하르트무트(Hartmut)와 게르노트 뵈메(Gernot Böhme)의 연구이다. 이들은 칸트의 저술들과 전기를 가지고 현대적 지식형식의 생성이라는 푸코의 주제를 다루고 있다. 문화사적, 사회사적으로 확장된 학문사 서술의 양식을 가지고, 저자들은 소위 순수이성과 실천이성 비판의 배후에서 행해진 것들을 고찰한다. 그들은 이성비판의 본래 동기들을 예컨대 유령을 보는 시령자(視靈者) 스베덴보르크와의 대립에서 찾고 있다. 칸트는 그에게서 자신의 어두운 면을 이루는 쌍둥이 형제, 즉 추방된 자기자신의 다른 반쪽을 만났다는 것이다. 저자들은 이러한 동기를 우울하며 변덕스럽고 부동적인 학자적 존재의 개인적인 면에 이르기까지, 즉 모든 성적인 것, 육체적인 것, 환상적인 것으로부터 등을 돌린 동시에 추상적인 생활양식에까지 추적하고 있다. 그들은 "이성의 대가"를 심리사적으로 그려 눈앞에 보여주고 있다. 그들은 거리낌없이 정신분석학적인 논점으로 이러한 손익-계산을 감행하면서, 그것들을 역사적인 자료들을 가지고 증명하고 있다. 물론 그들은 ──여기에서 문제되고 있는 명제가 타당하다면──그러한 논점과 자료들이 권위를 주장할 수 있는 장소를 제시하지는 못한다.

칸트는 이성비판을 이성의 고유한 관점에서, 다시 말하면 엄격하게 담론적인 이성의 자기절제의 형식으로써 실행하였다. 이와 같이 자기자신을 제한하며, 형이상학적인 것을 배제하는 이성의 발생에 드는 생산비를 그에게 제시하려면, 이러한 한계설정을 넘어서는──계산서를 제시하는 초월적 담론이 움직일 수 있는──이성의 지평을 필요로 한다. 다시 한 번 과격하게 된 이성비판은 더욱 범위가 넓고, 포괄적인 이성을 요청해야만 할 것이다. 그러나 뵈메 형제는 악마를 몰아내려 하지 않는다. 푸코와 마찬가지로 오히려 그들은 (칸트적 각인의) 배타적인 이성에서 포괄적인 이성으로의 전환을 단지 "배제의 권력유형에다 침투의 권력유형을 보충하는"[8] 것으로 간주한다. 그러므로 그들의 연구가 일관성이 있으려면 어쩔 수 없이 이성의 타자 속에서 이성에 전혀 이질적인 장소를 채택해야만 한다. 그러나 이성적인 대화로의 길이 선험적으로 봉쇄되어 있는 장소에서 얻을 수 있는 결과들은 무슨 소용이 있단 말인가? 니체 이래로 거듭 되풀이되었던 역설의 놀이가 이 텍스트에서는 불안의 뚜렷한 흔적을 남겨놓지 않는다. 방법론적인 이성 적대감은 물론 역사적 무구함과 결합될 수 있다. 이 무구함을 가지고 이런 종류의 연구들은 오늘날 논증, 이야기, 허구 사이의 처녀지에서 움직이고 있다. 9) 새로운 이성비판은 이제 곧 2백 년이 되는, 현대 자체에 내재하고 있는 저 반대담론을 몰아낸다. 내가 이 강의를 통하여 상기시키고자 하는 것은 바로 이러한 반대담론이다.

이 반대담론은 현대의 무의식적인 표현으로서 칸트의 철학으로부터 출발하며, 계몽이 가지고 있는 고유한 편집에 대해 계몽 자신을 계몽하려는 목표를 추구한다. 새로운 이성비판은 자신이 서 있는 이러한 반대담론과의 연속성을 부인한다. "현대의 기획을 완성하는 것이 (하버마스) 문제될 수 없다. 이 기획을 수정하는 것이 관건이 되어야만 한다. 또한 계몽이 완성되지 않은 채로 있는 것이 아니라, 계몽되지 않은 채 있었던 것이다."10) 그러나 칸트의 비판자들도 계몽의 수단 자체를 사용하여 계몽을 수정하고자 하는 의도에 있어서는 처음부터 일치를 보았다──쉴러는 슐레겔과, 피히테는 튀빙겐의 수도원의 일원들과 합의를 보았다. 계속해 읽어 보자. "칸트의 철학은 경계설정의 사업으로서 시도되었다. 그러나 경계를 설정한다는 일이 역동적인 과정이라는 사실, 확고한 영역으로 후퇴하는 이성은 바로 다른 것을 떠난다는 사실, 또한 경계설정이란 스스로를 경계 안에 가두고 동시에 다른 것을 배제하여 경계 밖에 둔다는 사실에 관해서는 전혀 거론되지 않았다." 강의의 모두에서 우리는, 헤겔이 셸링과 횔덜린과 함께 반성철학의 경계설정의 업적들──신앙과 지식의 대립, 무한한 것과 유한한 것의 대립, 그리고 정신과 자연, 오성과 감성,

---

8) H. Böhme, G. Böhme, *Das Andere der Vernunft* (Frankfurt/M., 1983), 326쪽.

9) 이에 관해서는 데리다에 관한 강의에 붙여진 부언설명 「철학과 문학의 본질적 차이에 대한 평준화」를 볼 것.

10) H. Böhme, G. Böhme(1983), 11쪽.

의무와 경향의 대립들——을 도전으로서 받아들였다는 점을 살펴보았으며, 그들이 주관적으로 오만한 이성이 겪게 되는 이와 같은 소외의 흔적들을 내면적인 자연과 외면적인 자연으로부터 시작하여 정치적 일상과 사적인 일상의 파괴된 인륜성의 "실증적 사실들"에 이르기까지 추적하였다는 점도 아울러 살펴보았다. 통일의 권력이 인간의 삶으로부터 사라진 상황으로부터 철학에 대한 객관적인 욕구가 생성된다고 헤겔은 보았다. 그러나 그는 주체중심적인 이성의 경계설정을 경계 밖으로의 배제가 아니라 이분(분열)으로 해석하였으며, 철학이 주관적 이성과 이 이성의 타자를 내면에 포괄하는 총체성을 파악할 수 있다고 기대하였다. 그런데 앞의 저자들은 바로 이 점을 불신하면서 다음과 같이 말한다. "(지양 불가능한) 이성의 타자가 함께 사유되지 않는 한, 이성이 무엇인지는 불분명한 채로 남아 있을 것이다. 왜냐하면 이성은 자기자신에 대해 착각하여, 스스로를 전체로 간주하거나(헤겔) 아니면 감히 주제넘게 전체를 포괄한다고 생각할 수도 있다."

바로 이것이 청년헤겔파가 자신들의 스승에 대해 주장하였던 비판점이었다. 그들은 절대정신을 상대로 소송을 제기하였다. 그 소송을 통하여 이성의 타자, 이성에 선행하는 것이 고유 권한을 가지고 복권되어야만 한다는 것이었다. 이러한 탈승고화의 과정에서 상황의존적 이성의 개념이 생겨난다. 이 이성은 시간의 역사성, 외적인 자연의 사실성, 내면적 자연의 탈중심화된 주체성과 사회의 물질성에 대한 자신의 관계를 포함이나 배제를 통해 규정하지 않고, ——"스스로 선택하지 않은" 우연적 조건하에서 실행되는——본질적 힘의 내면적 상상과 외면적 형성의 실천을 통하여 규정한다. 여기서 사회는 이성이 구체화되는 실천이라고 설정되었다. 이러한 실천은 역사적인 시간의 차원에서 실행된다. 그것은 우리를 에워싸고 있는 우주적인 자연의 지평선 안에서 궁핍한 개인들의 주관적 자연(본성)을 노동 속에서 객관화된 자연과 매개시킨다. 이 사회적인 실천은 역사적으로 위치가 정해지고, 신체적으로 현현하며, 외적인 자연과 대립하고 있는 이성을 자신의 다른 면과 구체적으로 매개시키는 장소인 것이다. 이러한 매개적인 실천의 성공 여부는 그것의 내적인 상태, 사회적으로 제도화된 삶의 맥락이 이분된 정도, 그리고 화해 가능성의 정도에 달려 있다. 쉴러와 헤겔에게서 이기주의의 체계 또는 이분된 인륜적 총체성으로 명명되는 것은 마르크스에서는 사회적인 계급으로 분열된 사회로 변형된다. 쉴러나 청년 헤겔에서처럼, 소외되지 않은 협동과 공생이 가지고 있는 연합적——즉 공통성을 창립하는——유대적 힘이 결국은 사회적 실천을 통해 구체화된 이성이 역사와 자연과 타협하는지의 여부를 결정한다. 이분화된 사회 자체가 죽음의 억압, 역사적인 의식의 평준화, 외적인 자연과 내적인 자연의 억압을 강요하는 것이다.

이성사적인 콘텍스트에서 청년 마르크스의 실천철학은 그것이 이성의 타자를 자신 속에 동화시키는 내포적(inklusiv) 이성개념의 이분에 관한 헤겔의 모델을 해결하였다는 의미를 가지고 있다. 스스로를 유한한 것으로 파악하는 실천철학의 이성은 물론——자신이 시민적 교통형식을 통해 구현된 주체중심적 이성의 역사적 한계를 극복하지 않고는 이를 인식할 수도 없다는 사실을 알고 있는 한——비판적 사회이론의 형식을 띠고 있는 포괄적(komprehensiv) 이성에 묶여 있다. 고집스럽게 배제의 모델에 집착하는 사람은 마르크스에게서 볼 수 있듯이 정신의 절대화라는 대가만을 치르고는 결코 얻을 수 없는 헤겔적인 통찰에 대하여 눈을 감아야만 한다. 이처럼 제한된 시각에서 고찰해 보면, 헤겔 이후의 이론이 가지고 있는 헤겔적인 선천적 결함은 "이성이 이미 도구적이며 억압적이고 고루하다고 비판받고 있는 곳, 즉 호르크하이머와 아도르노"에게서도 영향을 미친다. "그들의 비판은 아직도 보다 높은 이성의 이름으로, 다시 말하면 총체성의 요구가 허용되어진 포괄적인 이성의 이름으로 행해진다. 그러나 우리는 실제적인 이성에게 이러한 총체성의 요구를 인정하지 않았다. 포괄적인 이성은 존재하지 않는다. 이성은 자신의 타자 없이는 아무것도 아니라는 사실, 그것은——기능적으로 보아——이 타자를 통하여 비로소 요구되어진다는 사실을 우리는 프로이트나 니체로부터 배웠어야만 했다."[11]

이러한 주장을 하면서 뵈메 형제는 한때 니체가——낭만주의의 유산으로 되돌아가면서——그 자체 변증법적인 계몽의 기획에 대해 총체화하는 이성비

---

11) Böhme/Böhme(1983), 18쪽.

판을 대립시켰던 장소를 상기시킨다. 이성이 모든 초월적인 힘을 빼앗겼다면, 그리고 이성이 자신이 가지고 있다고 생각하는 자율성의 광기 속에서 칸트가 오성과 오성국가에 설정하였던 저 경계 안으로 무기력하게 추방되어 버렸다면, 계몽의 변증법은 그때서야 비로소 게임에서 지게 된다. "이성주체가 자신 이외에는 어느 누구의, 그리고 어떤 것의 도움도 받지 않으려는 것이 이 이성 주체의 이상인 동시에 광기이다."[12] 주위의 모든 것을 객체로서 복종시키며 동일화시키는 권력, 외면적으로만 보편적일 뿐 특수한 자기주장과 자기고양만을 맹종하는 권력의 자기도취적인 모습 속에서 이성이 자신의 진실한 본질을 인식하였다고 생각할 때, 이성의 타자도 비로소 자신을——존재를 근거지우고 수립하는 동시에 생명력있고 불투명한 자발적——폭력으로 생각할 수 있다. 이 폭력은 어떠한 이성의 섬광으로도 더 이상 밝혀질 수 없는 것이다. 오성과 목적행위의 주관적인 능력으로 축소된 이성만이 배타적인 이성의 상과 일치한다. 이러한 배타적인 이성은 자신이 승리감에 취해 정상으로 치달으면 치달을수록, 자신의 뿌리를 뽑히고 마침내 시들어 버려 자신의 감추어진 이질적 원천의 폭력의 손아귀에 떨어져 버린다. 이성이 저 적나라한 권력 외에는 아무것도 스스로 산출할 수 없을 때만, 파괴의 역동성이——이를 통해 계몽의 변증법의 비밀이 누설된다——기능할 수 있다. 그러나 이성은 원래 자신을 보다 나은 통찰의 비강제적 강요라고 하면서 그 적나라한 권력의 대안임을 자처하고 싶었던 것이다.

이러한 과정의 강제성은 니체로부터 영감을 얻은 칸트-읽기가 칸트적 이성의 건축술에 대해 실행한 급격한 평준화를 설명해 준다. 즉 그것은 순수이성비판과 실천이성 비판이 판단력 비판과 맺고 있는 연관성을 제거하여, 전자는 소외된 외적 자연의 이론을 통해, 후자는 내적인 자연에 관한 지배의 이론을 통해 흡수되어야 한다는 것이다.[13]

---

12) Böhme/Böhme(1983), 19쪽.

13) 쉴러와 헤겔은 각각 자기입법의 도덕적 이념이 심미적으로 화해된 사회 또는 도 덕적 생활관계의 총체성을 통해 실현되기를 바라는 데 반해, 뵈메 형제는 도덕적 자율 속에서 오직 규율권력의 작품만을 인식할 수 있을 뿐이다. "도덕법이라는 명 목하에 준칙을 통해 실행되는 내면적 법정절차를 사회적 모델에 의거해 서술해야

이성의 이분모델이 유대적 사회실천을——외적인 자연, 내적인 자연과 사회의 씨줄들이 모여드는——역사적으로 상황설정된 이성의 장소로 특징지우는 반면, 이와 같이 유토피아적으로 열려져 있는 공간이 이성 배제의 모델 속에서는 적나라한 권력으로 축소된 비타협적 이성으로 온통 채워진다. 사회적인 실천은 규율의 권력이 항상 새로운 연출을 경험하는 무대로서 기능한다. 이곳에서 힘을 박탈당한 이성은 자신에 선행하는 것에 거리낌없이 접근할 수 있는 방법을 획득하기 위하여 온갖 행패를 부린다. 이성에게 있다고 추정되는 주권 속에서, 주체성으로 완성되는 이성은 배제되어 내적으로나 외적으로 객체로 만들어진——그리고 직접적, 기계적으로 이 이성에 영향을 주는——자연의 힘들의 노리갯감이 되어 버린다.

자신을 과장하는 오만한 주체성에 대한 타자는 이제 더 이상 이분된 전체가 아니다. 그것은 파괴된 호혜성들이 복수하는 폭력, 왜곡된 의사소통 관계의 운명적 인과성을 통해 관철되는 것이다. 그것은 또한 사회적 삶의 일그러진 총체성에 대한 고통을 관통하는 소외된 내면적, 외면적 자연이다. 사회적으로 분화되고, 자연으로부터 분리된 주관적 이성의 복잡한 구조가 배제의 모델에서는 특이하게도 분화되지 않는다. "이성의 타자. 그것은 자연이고, 인간의 신체이고, 환상이고, 욕망이고 감정들이다. 또는 더욱 정확하게 말하자면, 이성을 소유할 수 없는 한에서 이 모든 것들이다."[14] 그러므로 그것은 직접적으로 분열되고 억압된 주관적 자연의 생명력이다. 그것은 낭만주의에서 다시 발견된 꿈, 환상, 광기, 열광적 흥분, 망아의 현상들이다. 그것은 이성의 타자에 대한 대리인으로서 기능하는 경험들로서 탈중심화된 주체성의 심미적, 신체중심적 경험들이다. 물론 초기 낭만주의는 여전히 새로운 신화론의 형태를 띠고 있는 예술을 사회적 삶의 중심에 있는 공공적 제도로서 정착시키고자 하

한다면, 마녀 추방의 전형을 인간의 내면으로 옮겨놓은 청교도적 양심 시험으로 되돌아가야 하거나, 아니면 미래의 위생처리가 잘된 심문실과 과학화된 경찰의 세련된 컴퓨터실로 앞서가야 한다. 이 경찰의 이상은 정언명법의 이상이라고 할 수 있는데, 그것은 특수하고 저항적인 모든 것을 인간의 내면에까지 빈틈없이 포착하고 통제하는 것이다." Böhme/Böhme(1983), 349쪽.

14) Böhme/Böhme(1983), 13쪽.

였다. 그리고 초기 낭만주의는 예술로부터 퍼져 나오는 흥분을 종교의 통일적 권력에 대한 등가물로 고양시키고자 하였다. 니체가 비로소 이와 같은 흥분의 잠재력을 현대사회와 역사의 저편에 있는 영역으로 옮겨놓았다. 아방가르드적으로 첨예화된 심미적 경험들의 현대적 근원은 은폐된다.

이성의 타자로서 양식화된 흥분의 잠재력은 비교적으로 폐쇄적 성격을 띠게 되고 익명화된다. 그것은 이제 다른 이름으로 등장한다. 즉 존재, 이질적인 것, 권력으로서 등장한다. 형이상학의 우주적 본성과 철학자들의 신은 이제 형이상학적, 종교적으로 고독하게 된 주체를 불러일으키고 움직이는 막연한 기억으로 용해된다. 주체가 그것으로부터 해방되었던 바로 그 질서, 즉 소외되지 않은 형태의 내면적, 외면적 자연은 이제 과거로서 등장한다. 하이데거에게서는 형이상학의 태고적 근원으로서, 푸코에게서는 인문과학의 고고학에서의 전환점으로서 등장한다. 조금 더 유행적으로 표현하자면 다음과 같다. "행복의 모습들은 신체의 리비도적 잠재력으로부터 얻을 수도 있지만, 그것으로부터 분리되어, 공생적 전체성과 자양이 되는 보호라는 태고적 상(像)을 포함하고 있는 모성적 자연으로부터 분리되어, 여성성과 혼합되어 있다는 사실이 행복의 근원적 상에 속하지만, 그것과도 분리되어, 상징들을 박탈당한 이성의 철학은 오직 자연, 신체와 여성의 저속성에 대한 지성적인 것의 원칙적 우월성에 대한 압도적 의식만을 산출할 뿐이다. (……) 철학은 이성에 전지전능한 능력, 무한성, 미래에 도래할 완전성을 부여한다. 이에 반하여 자연에 대한 유아적(乳兒的) 관계가 상실되었다는 것은 나타나지 않는다."[15]

어쨌든 근원에 대한 근대적 주체의 기억들은 니체의 후예들 중에서 더욱 일관성있는 사람들이 회피할 수 없는 물음을 대답할 수 있는 실마리로서 기능한다. 그것이 어떤 것으로 명명되던 간에, 이성의 타자에 관해 설화적으로 이야기되는 한, 그리고 담론적 사유에 대해 이질적인 이 타자가 철학사적, 학문사적 서술에 있어서 어떤 대비책도 없이 하나의 이름으로서 등장하는 한, 칸트가 개시한 이성비판의 수준이 질적으로 저하되면서 생기는 손실을 저 순진무

---

15) Böhme/Böhme(1983), 23쪽.

구한 표정이 메울 수는 없다. 하이데거와 푸코에게서는 타자의 대리인으로서의 주관적 자연은 사라졌다. 왜냐하면 그것이 프로이트와 칼 구스타프 융, 또는 라캉과 레비 스트로스의 개념들을 통해 개별적 무의식 또는 집단적 무의식으로서 그 어떤 학문적 담론에 순응하면, 주관적 자연은 더 이상 이성의 타자로서 천명될 수 없기 때문이다. 하이데거와 푸코는——추념적 사유 또는 계보학의 형식으로서——특수담론을 개시하고자 한다. 이 특수담론은 전적으로 비이성적이지 않으면서도 이성 지평의 바깥에서 수행되기를 요청한다. 이로써 모순의 장이 단지 옮겨갈 뿐이라는 점은 확실하다.

이성은 그 역사적 형태에 있어서 이성에 의해 배제된 타자의 관점에서 비판될 수 있다. 그렇게 되면 요청되는 것은 스스로를 능가하는 자기반성의 마지막 작용이다. 물론 그것도 "이성의 작용"인데, 이때 "—의"라는 주체적 소유격의 자리는 이성의 타자에 의해 점유되게 된다. 인식과 행위 주체의 자기관계로서의 주체성은 자기반성의 (주체-객체의) 이중적 관계로서 서술된다. 사고의 형태는 보존되고 있지만, 주체성은 오로지 객체의 자리에서 등장해야 된다는 것이다. 하이데거와 푸코는 이러한 모순을 비슷하게 처리한다. 즉 그들은 자기자신의 영역으로부터 이성을 배제하는 과정, 이성의 자기망명의 과정에서 이성에 이질적인 타자를 생산하도록 만든다. 이러한 작업은, 주체성이 동시에 실행하고 자기자신에 대해 이를 감추는 자기신격화에 대한 폭로적 전도로서 이해된다. 그러는 사이에 그들은 파편화된 종교적-형이상학적 질서개념들로부터 차용한 속성들을 스스로에게 부여한다. 반대로 이성에 대해 이질적이고, 또 이질적인 것으로서 이성과 연관되어 있는 (탐구의 대상인) 타자는 그릇되게도 주체성으로 대체되었던 절대자가 철저하게 유한화함으로써 생기는 결과이다. 이미 보여준 바와 같이 하이데거는 유한화의 차원으로서 시간을 선택하고, 이성의 타자를 시간적으로 액화된 익명적 근원의 힘으로서 생각한다. 푸코는 자신의 신체의 경험에 있어 공간적 중심화의 차원을 선택하고, 이성의 타자를 신체와 관련된 상호작용을 권력화하는 익명적 원천으로서 생각한다.

이와 같은 모순의 작업이 결코 모순의 해결을 의미하지 않는다는 사실을 우리는 이미 살펴보았다. 모순은 비범한 담론들의 특수지위로 물러날 뿐이다.

추념적 사유가 신비화된 존재에 속하는 것과 마찬가지로, 계보학은 권력에 속한다. 추념적 사유는 형이상학적으로 파묻혀 있는 진리에 접근할 수 있는 특권적 방식을 열어놓아야 한다. 계보학은 보이는 것처럼 퇴락한 인문과학의 자리를 대신해야 한다. 자신의 특권이 어떤 것인지에 관해 하이데거가 침묵함으로써 그의 후기철학의 장르를 어디에 맞춰 판단해야 할지 모르는 반면에, 푸코는 마지막까지 방법론적 아포리아를 피할 수 없다는 의식 속에서 지나친 요구를 하지 않고 자신의 작업을 추진하였다.

3

자신의 안으로 끌어들이는 내포적 이성과 자신의 밖으로 배제하는 이성의 공간적 비유가 폭로하는 사실은 그것들이 여전히 소위 급진적이라고 불리는 이성비판이 벗어나고자 하였던 주체철학의 전제조건에 여전히 묶여 있다는 점이다. 핵심적 폭력의 속성을 가지고 있다고 생각되는 이성만이 포괄하거나 또는 배제할 수 있을 것이다. 그렇기 때문에 안과 바깥은 각각 지배와 예속과 결합한다. 그리고 감옥의 문을 박차서 열어제침으로써 폭력적 이성을 극복하는 것은 규정되지 않은 자유로 이어질 뿐이다. 이성의 타자는 이렇게 폭력적 이성의 환영으로 머문다. 존재하고 있는 것을 있는 그대로 두는 방념과 헌신은 권력의 학대에 대항하는 반대권력의 반항과 마찬가지로 소유욕의 사슬에 묶여 있다. 의식철학의 패러다임을 가지고 모든 패러다임을 극복하고, 또 포스트모더니즘의 개활지로 탈출하고자 하는 사람은 주체중심적 이성과——인상깊게 그려진 이 이성의 지형학의——개념들로부터 벗어날 수 없다.

낭만주의 이래로 주체의 열광적 초월을 위해 거듭 신비적이고 심미적인 한계경험들이 요청된다. 신비주의자들은 절대자의 빛에 눈이 멀어, 눈을 감아 버린다. 무엇에 심미적으로 황홀해 있는 사람은 충격이 마비시키고 자극시키는 것에 스스로를 던져 버린다. 후자에서나 전자에서나 모두 동요의 원천은 규정될 수 없다. 규정될 수 없는 곳 속에서 오직 압도된 패러다임의 그림자 같은 윤곽만이, 즉 해체된 것의 윤곽만이 드러날 뿐이다. 니체로부터 시작하여 하이데거와 푸코에까지 지속되고 있는 이러한 상황에서 대상없는 각성의 자세가 발생한다. 규정되지 않은 채 고지된 미래의 진리들에 직면하여 발생한 흥분을 아무런 숭배 대상도 없는 숭배의 제식 행위를 통해 동시에 진정시키고 생생하게 하는 하위문화들이 이와 같은 흐름 속에서 형성된다. 종교적-심미적인 분위기를 지니고 있는 무아경과의 우스꽝스러운 놀이에 대한 관객은 특히 방향설정의 욕구라는 제단에 지성의 제물을 제공할 준비가 되어 있는 지성인들의 무리에서 발견된다.

그런데 이번에는 어떤 패러다임이 다른 패러다임을 통해 특정한 방식으로 부정될 때, 즉 이해될 수 있는 방식으로 평가절하될 때, 그 패러다임은 자신의 힘을 상실한다. 그것은 주체 소멸의 단순한 요청에 대해서는 저항한다. 그렇게 격렬한 해체의 작업도 자기의식의 패러다임, 즉 고독하게 인식하고 행위하는 주체의 자기관계의 패러다임이 다른 것을——상호이해의 패러다임, 즉 의사소통적으로 사회화되고 호혜적으로 서로를 인정하는 개인들의 상호주관적 관계의 패러다임을——통해 대체될 때 비로소 내세울 수 있는 결과를 제시한다. 그렇게 되면 주체중심적 이성의 지배적 사유에 대한 비판은 특정한 형식으로 등장한다. 다시 말해 서양의 "로고스중심주의"에 대한 비판으로서 등장하는데, 그것은 이성의 과다를 진단하지 않고 오히려 이성의 과소를 진단한다. 이 비판은 현대를 능가하는 대신에 현대에 내재하고 있는 반대담론을 다시 채택하여, 이 담론을 헤겔과 니체 사이의 절망적인 대결구도로부터 탈출시킨다. 이 비판은 또한 태고적 시원으로의 복귀라는 극단적 독창성을 포기한다. 그것은 데카르트로부터 칸트에 이르기까지 사용되었던 의식철학의 패러다임에 대항하여 현대적 사유의 반혁적 힘 자체를 해방시킨다.

서양적 로고스 우월성에 대한 니체적 비판은 파괴적으로 접근한다. 니체를 추종하는 이 비판은 신체와 결합되어 있는 말하고 행위하는 주체가 자신의 집의 주인이 아니라는 사실을 보여준다. 이 비판이 이로부터 도출해 내는 결론은 물론, 인식을 통해 스스로를 정립하는 주체가 사실은 선행적, 익명적, 초주체적 사건에——그것이 존재의 역운이건, 구조형성의 우연이건, 또는 담론구성체의 생산권력이건 간에——의존한다는 점이다. 독재적인 주체의 로고스는 영향력이 상당할 뿐만 아니라 혼란시키는 잘못된 특수화의 기형적 운명으로서 나타난다. 그러한 니체적 분석들이 일깨워놓는 희망은 항상 상당히 기대가 되는 미규정성의 동일한 성격을 가지고 있다. 주체중심적 이성의 요새가 언젠가 부서지게 되면, 권력에 의해 보호된——내면은 비어 있고, 외면은 공격적인——내면성을 그렇게 오랫동안 지탱해 왔던 로고스도 역시 스스로 붕괴한다. 그렇게 되면 로고스는, 그것이 무엇이든 간에, 자신의 타자에 복종해야만 할 것이다.

서양적 로고스 우월에 대한 다른——그렇게 극적이지는 않지만 즉석에서 검증할 수 있는——비판은 언어와 무관하고, 보편주의적이며, 신체가 없는 로고스의 추상들에서 시작한다. 이 비판은 상호주관적 상호이해를 일상언어적 의사소통에 선천적으로 부여된 목적(텔로스)으로서 파악하고, 서양적 사유의——의식철학적으로 첨예화된——로고스중심주의를 의사소통적 일상실천 속에 이미 항상 작용하고 있으나 선택적으로 퍼내어 사용하고 있는 잠재력의 체계적 축소와 왜곡으로 파악한다. 서양의 자기이해 방식에 의해 세계와 관계를 맺는 데 있어서 인간이 존재자를 만나고, 대상들을 인식하고 처리하며, 참된 언명을 하고, 의도를 실현하는 독점적 권리를 통해 특별한 지위를 획득하는 한, 이성은 존재론적, 인식론적 또는 언어분석적으로 오로지 이 차원들 중의 하나에 국한되게 마련이다. 이로써 세계에 대한 인간의 관계는 인지적으로 축소되며, 존재론적으로는 (표상될 수 있는 대상들과 존립하고 있는 사태들의 총체성으로서의) 존재자 전체의 세계로 축소된다. 인간은 또한 인식론적으로는 실존하는 사태들을 인식하거나 또는 목적합리적으로 행위할 수 있는 능력으로 축소되고, 의미론적으로는——환언적 판단명제들을 사용하는——사실을 확인하는 언명으로 축소된다. 물론 내면적 굴착을 통해 소유될 수 있는 명제적 진리 외에는 어떤 타당성 요청도 허용되지 않는다.

언어철학에서는——플라톤부터 포퍼에 이르기까지——이 로고스중심주의가 오직 사태를 서술하는 언어기능만이 인간의 독점이라는 주장으로 압축되었다. 인간이 소위 말하는 호소기능과 표현기능은(뷜러) 동물들과 공유하지만,

재현적 기능만은 이성에게 구성적이어야 한다. [16] 이에 대하여 최근의 동물생태학의 명증한 이론들은 이미——특히 인위적으로 교육을 시킨 침팬지들의 실험은——우리 인간의 사회문화적 생활형식에 고유한 것이 명제의 사용 자체가 아니라 명제적으로 구성된 언어의 의사소통적 사용이며, 또 그것이 삶의 순수 사회적 재생산의 단계를 구성한다는 점을 가르쳐 주고 있다. 우리가 판단 또는 명제의 분석적 차원을 떠나서 분석을 언어행위, 즉 명제의 의사소통적 사용에까지 확장하면, 우리는 곧 언어철학적으로 세 가지 기초적인 언어기능들의 동시근원성과 가치적 평등성을 볼 수 있다. 기초적인 언어행위들은 세 가지 요소들이 서로 결합되어 있는 구조를 보여준다. 서술(또는 언급)을 위한 명제적 구성부분, 인격상호 간의 관계의 수용을 위한 실행적 구성부분, 끝으로 화자의 의도를 표현하는 언어적 구성요소들. 서술, 상호인격적 관계의 산출, 그때그때 자신의 체험의 표현의 복합적 언어기능의 언어이론적 해명은 (1) 의미론과, (2) 의사소통이론의 존재론적 전제조건과, (3) 합리성 개념 자체에 대해 광범위한 의미와 결과를 가지고 있다. 여기서 나는 이 의미들을 그것이 (4) 도구적 이성비판의 새로운 방향을 설정하는 데 직접적으로 중요한 한에서만 암시하고자 한다.

1) 프레게로부터 시작하여 덤메트와 데이비슨에 이르기까지 발전되었던 진리의미론은——후설의 의미론과 마찬가지로——로고스중심적 가정에서 출발한다. 즉 단정적 명제의 진리연관은(그리고 의도의 실현을 지시하는 지향적 명제의 진리연관은) 언어적 상호이해의 성과를 설명하는 데 적합한 관점을 제시한다는 가정으로부터 출발하는 것이다. 그러므로 이 이론은, 어떤 명제가 참일 수 있는 제반 조건을 알면, 우리는 그 명제를 이해한다는 근본원리에 도달한다(지향명제와 명법명제의 이해를 위하여 이 이론은 "성공의 제반 조건"에 관한 지식을 요청한다). [17] 실용적으로 확장된 의미론은 이와 같이 언어의

---

16) K.O. Apel, *Die Logosauszeichnung der menschlichen Sprache. Die philosophische Tragweite der Sprechakttheorie* (Frankfurt/M., 1984).

17) E. Tugendhat, *Einführung in die sprachanalytische Philosophie* (Frankfurt/M., 1976).

사실모사적 기능에 고정되어 있는 점을 극복한다. 진리의 의미론과 마찬가지로 이 이론은 의미와 타당성의 내면적 연관관계를 주장하지만, 그렇다고 해서 타당성을 진리 타당성으로 축소시키지는 않는다. 세 가지 기초적 언어기능들에 부합하여, 모든 기초적 언어행위는 전체적으로 세 가지 상이한 타당성의 측면에서 반박될 수 있다. 청자는 어떤 화자의 표현 속에 주장된 언명의 진리 (경우에 따라서는 그 표현내용의 실존을 위한 전제조건) 또는 표현의 규범적 콘텍스트와 관련된 언어행위의 정당성 또는 화자의 표현된 의도의 진실성을(즉 의도한 것과 발언된 것의 일치를) 부정함으로써, 그의 표현을 전적으로 부정할 수 있다. 그렇기 때문에 의미와 타당성의 내면적 상관관계는 언어적 의미들의 전체 스펙트럼에 해당한다. 다시 말해 단언적 명제에 덧붙여 보충될 수 있는 표현들의 의미에만 해당하는 것이 아니라, 임의의 언어행위에도 역시 해당한다. 따라서 우리는 그 표현들이 타당한 것으로 수용될 수 있는 제반 조건들을 알면, 그 표현의 의미를 이해한다고 할 수 있다.

2) 그런데 확인적 언어행위뿐만 아니라 규제적, 표현적 언어행위들도 역시 타당성 요청과 결합되고 또 타당하다고 수용되거나 타당하지 않은 것으로 반박될 수 있다면, (오스틴을 제외하고는 분석철학에도 역시 결정적으로 중요한) 의식철학의 존재론적 근본개념성은 너무 좁은 것으로 증명된다. 주체가 자신의 표상들 또는 명제들을 가지고 관계를 맺는 "세계"는 그때까지는 대상들 또는 실존하고 있는 사태들의 총체성으로서 파악되었다. 객관적 세계는 참된 모든 단언적 명제들의 상관개념으로서 여겨졌다. 그러나 규범적 정당성과 주관적 진실성이 진리와 유사한 타당성 요청들로서 도입되면, 정당하게 규제되는 상호인격적 관계들과 부과될 수 있는 주관적 체험들을 위해서는 사실과 유사한 "세계들"이 요청되어야 한다. 즉 우리에게 3인칭의 입장으로서 마주치는 "객관적인 것"에 대해서만 "세계"가 요청되는 것이 아니라, 우리가 수신인의 입장에서 의무가 있다고 느끼는 "규범적인 것"과 또 우리가 1인칭의 입장에서 청중에게 폭로하고 숨기는 "주관적인 것"에 대해서도 세계가 요청된다. 모든 언어행위를 통해 화자는 객관적 세계에 있으며 동시에 사회적으로 공통의 세계와 주관적 세계에 있는 그 무엇인가와 관련을 맺는다. 그렇지만 로고

스중심주의적 유산은 존재론적 세계개념을 이런 방식으로 확장시키는 데 있어 나타나는 용어적 어려움에서 인지될 수 있다.

상호작용에 참여하는 사람들의 배후에서 상호이해과정의 분명한 콘텍스트를 형성하는 생활세계적 지시연관이라는 현상학적——특히 하이데거에 의해 발전된——개념은 마찬가지로 확장될 필요가 있다. 참여자들은 이 생활세계로부터 더 이상 승인된 해석의 틀만을 (명제적 내용에 자양분을 공급하는 배경지식) 얻어내는 것이 아니다. 그들은 이로부터 규범적으로 신뢰할 수 있는 관계의 틀과 (암묵적으로 전제되고 있으며 비언표적 행위들이 의존하는 유대성들) 사회화 과정에서 획득한 능력들을 (화자 의도의 배경) 길러낸다.

3) 우리는 우선 그르치기 쉬운 지식을 획득하고 사용할 수 있는 언어와 행위능력을 가지고 있는 주체들의 성질을 "합리성"이라고 명명한다. 의식철학적 근본개념들에 의해 우리가 어쩔 수 없이 지식을 오직 객관적 세계 내에 있는 어떤 대상에 관한 지식으로서만 이해할 수밖에 없다면, 합리성은 고독한 주체가 자신의 표상내용과 발언내용에 있어 어떻게 방향을 설정하는가에 따라 측정될 수 있다. 주체중심적 이성은 인식하고 목적합리적으로 행위하는 주체가 가능한 객체 또는 사태들의 세계와 맺는 관계를 구제하는 진리와 성공의 기준에서 자신의 척도를 발견한다. 우리가 이와는 반대로 지식을 의사소통적으로 매개된 것으로 파악하면, 합리성은 상호주관적 인정을 목표로 하는 타당성 요청들에 방향을 맞추는 책임질 수 있는 상호작용의 참여자들의 능력으로서 측정될 수 있다. 의사소통적 이성은 명제적 진리, 규범적 정당성, 주관적 진실성, 심미적 조화성에 대한 요청들의 직접적 또는 간접적 해결의 논증적 절차에서 자신의 척도를 발견한다. [18]

논증의 다양한 형식들의 상호의존에 있어서, 즉 논증의 화용론적 논리학의 수단을 통해 증명될 수 있는 것은 그러므로 합리성의 절차적 개념이다. 이 합

---

18) 알브레히트 벨머는 예술작품의 조화로움, 즉 소위 말하는 예술의 진리가 결코 진정성 또는 진실성으로 환원될 수 없음을 보여주었다. 이에 관해서는 A. Wellmer, "Wahrheit, Schein, Versöhnung. Adornos ästhetische Rettung der Modernität", L.v. Friedeburg, J. Habermas(Hrsg.), *Adorno-Konferenz 1983*(Frankfurt/M., 1983), 138쪽 이하.

리성의 개념은 심미적-표현적인 것뿐만 아니라 도덕적-실천적인 것을 포함함으로써 오직 인지적-도구적인 것에만 맞추어져 있는 목적합리성보다 풍부하다. 이 개념은 담화의 타당성 토대에 뿌리를 내리고 있는 이성의 잠재력을 설명해 준다. 이 의사소통적 합리성은 비강제적으로 동의하고, 합의를 이끌어낼 수 있는 담론의 함의들을 수반한다는 점에서 로고스에 관한 예전의 사상들을 상기시킨다. 이 담론을 통해 참여자들은 우선은 주관적으로 묶여 있는 자신들의 견해들을 합리적으로 동기유발된 이해를 위하여 극복한다. 의사소통적 이성은 탈중심화된 세계이해를 통해 표현되는 것이다.

4) 이러한 시각에서 보면 객관화된 자연의(그리고 사회의) 인지적-도구적 소유와 (목적합리적 자기주장이라는 의미에서의) 자기도취적으로 오만한 자율은 파생된 계기들에 불과하다. 이 계기들은 생활세계의 의사소통적 구조들, 즉 상호이해의 관계와 호혜적 인정의 관계들의 상호주관성에 대해 독립한 것이다. 주체중심적 이성은 분리와 찬탈의 산물이다. 그것도 사회적 과정의 산물이라고 할 수 있다. 이 과정 속에서 하위의 계기들은 전체의 구조를 자신에 동화시킬 수 있는 능력도 없으면서 전체의 지위를 차지한다. 호르크하이머와 아도르노는 스스로에게 과다하게 요구하고 자기자신을 물화하는 주체성의 과정을 푸코와 비슷하게 세계사적 과정으로 서술하였다. 그렇지만 쌍방은 이 과정의 더욱 심오한 역설을 인식하지 못하고 있다. 의사소통적 이성의 잠재력은 현대적 생활세계의 형태들 속에서 우선 방출되어야만 하고, 그렇게 함으로써 경제적 부분체계와 행정적 부분체계들의 해방된 명법들이 침해될 수 있는 일상실천에 역으로 작용을 함으로써 이 과정에서 인지적-도구적인 것이 실천적 이성의 억압된 계기들에 대해 지배할 수 있도록 도와줄 수 있어야 한다는 점에서 바로 이 과정의 역설이 존립한다. 의사소통적 이성의 잠재력은 자본주의적 현대화 과정 속에서 동시에 전개되고 왜곡되는 것이다.

두 과정의 모순적 동시성과 상호의존은——막스 베버가 실체적 합리성과 형식적 합리성을 대립시킴으로써 제시하였던——그릇된 대안이 극복되고 난 다음에야 비로소 파악될 수 있다. 합리성의 종교적-형이상학적 세계상들의——전통적 내용들과 함께——탈마법화가, 수단들을 목적합리적으로 조직하는 것을 넘어서 생활세계에 대해 구조형성적 영향을 행사할 수 있도록 모든 내용적 함의들과 능력을 박탈한다는 가정이 막스 베버의 대립에는 깔려 있다. 이와는 반대로 내가 주장하고자 하는 것은, 상호이해의 행위가 행위조정의 메커니즘의 역할을 담당함으로써 의사소통적 이성이 —— 이 이성이 가지고 있는 순수한 절차적 성격으로 말미암아 모든 종교적, 형이상학적 담보들로부터 벗어났음에도 불구하고 —— 사회적 삶의 과정과 직접적으로 연관되어 있다는 점이다. 의사소통적 행위들의 조직은 생활세계로부터 자원을 공급받고, 동시에 구체적 생활형식들을 재생산하는 매개수단을 형성한다.

그렇기 때문에 의사소통적 행위의 이론은 인륜적 생활연관이라는 헤겔적 사상을 (의식철학의 전제조건과는 상관없이) 재구성한다. 이 이론은 엄격한 내재성을 통해 존재역운과 구별되는 운명의 무근거적 인과성을 탈마법화한다. 침해된 의사소통적 생활연관의 유사자연적 역동성은 —— 존재사건 또는 권력사건의 "예측할 수 없는 것"과는 달리 —— 스스로 책임이 있는 운명의 성격을 지닌다. 물론 여기서 "죄와 책임"이라는 말은 오직 상호주관적 의미에서만 할 수 있다. 즉 의사소통적으로 행위하는 사람들이 자신의 개인적 책임능력에도 불구하고 공동체적 책임을 지도록 만드는 상호연관의 비자발적 산물이라는 의미에서만 그렇다. 그러므로 가까이 있는 지기들 중에서 일어나는 자살이 일종의 충격을 야기하는 것은 결코 우연이 아니다. 이 충격은 순간적으로 강인한 사람마저도 그와 같은 운명의 회피할 수 없는 공통성을 예감할 수 있도록 만든다.

4

의사소통적 행위이론에서는, 생활세계와 의사소통적 일상실천을 서로 결합시키는 순환과정이 마르크스와 서구 마르크스주의에 의해 사회적 실천에만 유보되었던 매개과정의 장소를 차지한다. 이러한 사회적 실천을 통해 역사적 상황에 처해 있는, 신체적으로 구현된, 그리고 자연과 대립하고 있는 이성이 자신의 타자와 매개되어야만 한다는 것이다. 이제 의사소통적 행위가 동일한 매개의 기능을 떠맡아야만 한다면, 의사소통적 행위의 이론은 단지 다른 종류의 실천철학을 서술한다는 추측을 불러일으킨다. 두 이론은 실제로 이성적 실천을 역사, 사회, 신체, 언어를 통해 구체화되는 이성으로서 파악해야만 하는 동일한 과제를 해결해야만 한다.

우리는 실천철학이 어떻게 자기의식을 노동을 통해 대체시키고 있으며, 또 생산의 패러다임의 사슬에 묶이게 되는가를 살펴보았다. 현상학과 인간학의 테두리 안에서 재생된 실천철학은——후설적 생활세계 분석의 수단들이 이 철학에 제공되고 있다——마르크스적 생산주의에 대한 비판으로부터 교훈을 얻었다. 이 철학은 노동의 위상과 가치를 상대화하며, 주관적 정신의 외면화와 상황에 의해 규정되는 이성의 시간화, 사회화와 구체화를 다른 주관-객관-관계 속에 가두어놓으려는 아포리아적 시도들에 참여한다. 이 철학이 현상학적-인간학적 사유수단들을 사용함으로써, 이 철학이 어떤 성과도 낼 수 없는 바로 그곳에서, 즉 실천을 이성적 구조를 가지고 있는 매개사건으로서 규정하는 과정에서 바로 실천철학은 독창성을 포기한다. 다시 말해 이 철학은 주체철학의 이원론적 근본개념들에 다시금 예속된다. 역사는 주체들에 의해 기획 투사되고 만들어지며, 이 주체들은 다시금 역사적 과정 속에서 던져지고 만들어진 존재로서 나타난다(사르트르). 사회는 제반 관계들의 객관적 그물로서 나타나는데, 이 그물은 규범적 질서로서 초월적 이해를 미리 가지고 있는 주체들 머리 위에 씌워진 것이거나(알프레드 슈츠) 아니면 도구적 질서로서 이 주체들 자체에 의해 상호작용적 객관화의 투쟁을 통해 산출된다(코제브). 주체는 중심적으로 자신의 신체에서 발견되거나(메를로-퐁티), 아니면 마치 하나의 대상을 대하듯이——중심에서 벗어나는 방식으로——자신의 신체와 물체로서 관계를 맺는다(플레스너). 주체철학적으로 예속된 사유는 이와 같은 이원론들을 결합시킬 수 없다. 그것은 오히려 푸코가 예리하게 진단한 바와 같이 아무런 대안도 없이 한 극에서 다른 극으로 옮겨갈 뿐이다.

실천철학의 언어학적 전회마저도 패러다임의 변화를 가져오지 못한다. 말하는 주체들은 언어체계의 주인이거나 아니면 목자들이다. 그들은 자신에게 세계를 혁신적으로 해명하기 위하여 의미창조적으로 언어를 사용하거나, 아니면 그들은 언어 자체에 의해 제공된 세계해명의——그들의 배후에서 변화하고 있는——지평 안에서 이미 항상 움직이고 있는 것이다. 즉 언어는 창조적 실천의 매개수단이거나(카스토리아디스) 아니면 차별적 사건이다(하이데거, 데리다).

카스토리아디스는 언어철학적 관점 덕택에 자신의 허구적 제도의 이론을 가지고 실천철학을 대담한 방식으로 확장할 수 있다. 사회적 실천의 사상에 다시 혁명적 폭파력과 규범적 내용을 부여하기 위하여, 카스토리아디스는 행위를 더 이상 표현주의적으로 생각하지 않고, 시적-조물주적으로 생각한다. 즉 절대적으로 새롭고 유일한 형태들의 무근원적 창조로서 생각하는데, 이들 형태들은 모두 각각 비교할 수 없는 지평을 연다. 현대성의——자기의식, 유대성을 통한 진정한 자기실현과 자기규정과 같은——이성적 내용을 보장하는 것은 언어창조적으로 허구적인 힘으로서 표상된다. 물론 이 힘은 위험스럽게도 아무런 근거없이 작용하는 존재와 가까워진다. 결국에는 (제도의) 주의주의(主意主義)적 "제정(Einsetzung)"과 운명론적 "보냄(Schickung)" 사이에는 단지 수사학적 차이만이 있을 뿐이다.

카스토리아디스에 따르면 사회는 초월적 주체성과 마찬가지로 생산자와 피생산자, 제정자와 피제정자로 분열된다. 이 과정에서 의미를 창시하는 "허구적인 것"의 흐름은 변화하는 언어적 세계상들로 흘러넘친다. 절대적으로 새롭고, 항상 다르며 유일한 의미총체성들의 존재론적 창조는 존재의 역운과 같이 일어난다. 이와 같은 역사적 진리들의 조물주적 작품화가 의식적으로 행위하고, 자율적이며, 자기자신을 실현하는 개인들의 실천이라는 혁명적 기획투사로 어떻게 실행될 수 있는가에 관해서는 알 수가 없다. 결국 자율과 타율은 어떤 사회의 자기투명성의 진정성을 통해 측정될 수 있다. 이 사회는 자신의 허구적 근원을 비사회적 투사들 밑에 숨기지 않고, 자신이 스스로를 제도화하는 사회라는 사실을 명백하게 알고 있다. 그런데, 도대체 이 지식의 주체는 누구인가? 카스토리아디스는 물화된 사회의 혁명화를 위한 근거로서 오직 실존주의적 결단만을 알고 있을 뿐이다. "왜냐하면 우리는 그것을 원하기 때문이다." 그렇지만 그는 다시금 다음과 같은 질문을 받아야 한다. 사회화된 개인들이 사회적 허구성에 의해 투입된 것에 지나지 않는다면, 이 급진적 의지의 주체인 "우리"는 누구란 말인가? 카스토리아디스는 짐멜이 시작한 곳에서 끝을 맺는다. 즉 생철학적이다. [19)]

이와 같은 결과는 카스토리아디스가 구조주의뿐만 아니라 해석학에서 차용하고 있는 언어사상으로부터 도출된다. 하이데거, 데리다, 푸코가 각각 자신의 방식대로 그러하듯이, 카스토리아디스도 역시 언어와 언급된 사물들 사이, 구성하는 세계이해와 구성된 세계내부적 사물 사이에는 존재론적 차이가 존립한다는 사실로부터 출발한다. 이 차이가 의미하는 바는 언어가 의미지평을 해명한다는 점이다. 이 의미지평의 안에서 인식하고 행위하는 주체들은 사태들을 해석하고, 사물과 인간을 만나며, 이들과의 교섭과정에서 경험들을 하게된다. 언어의 세계해명적 기능은 초월적 의식의 생산 업적과 유사한 방식으로 사유된다. 그렇지만 단지 형식적이고 초시간적인 성격은 제외된다. 언어적 세계상은 구체적 아프리오리이고, 역사적인 아프리오리이다. 그것은 내용적이고 가변적인 해석의 관점들을 확정한다. 구성적 세계이해는 특히, 주체들이 이와 같은 전이해의 맥락에서 해석된 세계 내의 상태들에 관하여 경험하는 것과 무관하며, 또 그들이 세계내부적인 사물들과의 교섭을 통해 배울 수 있는 것과 무관하다. 언어적 세계상의 초역사적 변화가 존재로서, 차연으로서, 권력과 또는 허구로서 사유되고, 신비적 구원의 경험과 심미적 경악과 생물 특유의 고통 또는 창조적 도취의 함의들을 가지고 있건 간에, 이 모든 개념들에 공통적인 것은 언어체계에 의해 전적으로 미리 결정된 세계내부적 실천의 결과로부터 언어의 지평형성적 생산성이 특이하게 분리된다는 점이다. 세계해명적 언어와 세계 내의 학습과정 사이의 어떤 상호작용도 배제되는 것이다.

이런 관점에서 실천철학은 어떤 형태의 언어학적 역사주의와도 날카롭게 구별된다. 실천철학은 사회적 생산을 유적 존재의 자기생산과정으로서 파악하고, 노동에 의해 이루어지는 외적 자연의 변형을 학습을 통해 자신의 본성을

---

19) 이에 관해서는 카스토리아디스에 관한 부언설명을 참조할 것.

스스로 변형시키라는 자극으로서 파악한다. 사회화된 생산자들이 역사적으로 형성된 자연을 해석할 수 있는 시각인 이념들의 세계는 그 자체 변형하는 활동과 연관된 학습과정에 의존하며 변화한다. 세계내부적 실천이 가지고 있는 이와 같은 세계형성적 효과는 결코 토대에 대한 상부구조의 기계적 의존성에 기인하는 것이 아니라 다음의 두 가지 단순한 사실에 기인한다. 이념들의 세계는 협동적으로 작업된 자연의 특정한 해석들을 비로소 가능하게 한다. 그러나 이념들의 세계는 그 자체 사회적 노동이 작동시키는 학습과정에 의해 영향을 받는다. 언어의 세계해명적 힘을 실체화하는 언어학적 역사주의와는 반대로, 역사적 유물론은――훗날 실용주의와 발생론적 구조주의와 마찬가지로――한편으로는 선행적 의미이해를 통해 세계내부적 실천을 가능하게 하는 세계상의 구조들과 다른 한편으로는 세계상의 구조들의 변화 속에 표현되는 학습과정 사이에는 변증법적 상관관계가 있다고 기대한다.

이와 같은 상호작용은 의미와 타당성의 내면적 상관관계로 환원된다. 이 상관관계가 물론 양자 사이의 차이를 없애는 것은 아니다. 의미가 타당성을 흡수해서는 안 된다. 하이데거는 의미지평의 해명을 너무 간단하게 의미있는 표현들의 조건들과 동일시하였다. 그렇지만 그것은 의미지평과 함께 변화하는 표현들의 타당성에 대한 조건들이다. 변화된 의미이해는 이 지평 안에서 만날 수 있는 것과의 경험과 교섭들을 통해 실증되어야 한다. 그렇지만 실천철학은 이러한 관점에서 가지고 있는 자신의 우월성을 충분히 이용할 수가 없다. 왜냐하면 우리가 앞에서 살펴본 바와 같이 그것은 생산의 패러다임과 함께, 진리 타당성과 효율성을 제외하고는 모든 차원들을 이성의 타당성의 스펙트럼으로부터 배제하기 때문이다. 그러므로 세계내부적 실천을 통해 학습되는 것은 오로지 생산력의 전개에만 축적된다. 이와 같은 생산주의적 개념전략을 통해서는 현대성의 규범적 내용을 더 이상 보완할 수가 없다. 기껏해야 이 규범적 내용은, 비난하는 투의 "부정의 변증법"을 실행함으로써 총체성으로 굳어진 목적합리성을 고립시키기 위해, 증명되지 않은 채로 요청될 뿐이다.

아마 이와 같이 곤란한 결론이 카스토리아디스로 하여금 사회주의의, 즉 유대성을 통한 자율과 자기실현을 가능하게 하는 생활형식의 이성적 내용을 의미창조적 조물주에게 위탁하게 하였을 것이다. 이 조물주는 의미와 타당성의 차이를 무시하며, 더 이상 자신의 피조물들의 세속적 실증에 의존하지 않는다. 우리는 실천개념을 노동으로부터 의사소통적 행위로 전환하면, 전혀 다른 관점이 생겨난다. 그렇게 되면 우리는 세계해명적 언어체계들과 타당성의 전체 스펙트럼에 퍼져 있는 세계내부적 학습과정들 사이의 상호의존을 인식할 수 있다. 이 학습과정은 더 이상 사회적 노동의 과정을 통해서, 그리고 궁극적으로 객관화된 자연과의 인지적-도구적 교섭을 통해서 통제되지 않는다. 우리가 생산의 패러다임을 포기하면, 우리는 모든 의미의 저장고에 대해서 의미와 타당성의 내면적 상관관계를 주장할 수 있다. 다시 말해 그 상관관계는 확연적 명제와 의도적 명제로 이루어지는 언어적 표현의 의미 부분에만 해당하는 것이 아니다. 진리와 효율성의 요청에 대한 반응을 요구할 뿐만 아니라 정당성과 진실성 요청에 대한 예/아니오 입장표명을 적지 않게 요구하는 의사소통적 행위에서는, 생활세계적 배경지식은 전체 범위에 걸쳐 지속적인 시험을 받아야 한다. 이런 점에서 세계해명적 언어체계의 구체적 아프리오리는(광범위하게 분화된 존재론적 전제조건에 이르기까지) 세계내부적 사물과의 교섭이라는 관점에서 간접적으로 수정되어야 한다.

이러한 사상은 의미와 타당성의 내면적 상관관계가 다른 측면에서 해체되어야 한다는 것을 의미하지 않는다. 오늘날 대부분 심미적 영역으로 후퇴한 의미창조적 능력은 진정한 의미에서 혁신적인 힘들의 우연적 사건을 포함하고 있다.

5

더욱 진지한 물음은 의사소통적 행위, 보편적 타당성 요청의 초월적 힘이라는 개념을 통해——역사적 유물론의 자연주의적 통찰과는 일치할 수 없는——관념론이 재건되는 것은 아닌가 하는 우려이다. 상호이해를 지향하는 행위의 매개수단을 통해서만 재생산되어야 하는 생활세계가 물질적 생활과정으

로부터 단절된다는 것인가? 물론 생활세계는 물질적으로 목표지향적 행위의
──이를 통해 구성원들 세계를 간섭한다──결과들을 통해 재생산된다. 그
러나 도구적 행위들은──공통적 상황정의와 상호이해과정들에 관한 다른 참
여자들의 계획과 결합되어 있는──계획들의 실행을 서술한다는 점에서 의사
소통적 행위들과 밀접하게 연관되어 있다. 이러한 과정을 통해 사회적 노동의
영역에서 획득한 문제해결들도 역시 상호이해지향적 행위의 매개수단에 연결
되어 있다. 그러므로 의사소통적 행위의 이론도 역시 생활세계의 상징적 재생
산이 역방향으로 물질적 재생산과 내면적으로 결합되어 있다고 전제한다.

타당성 요청을 지향하는 행위의 사상을 통해 상황적으로 규정되지 않는 순
수이성의 관념론이 다시 숨어들고, 초월적인 것의 영역과 경험적인 것의 영역
사이의 이원론이 다른 형태로 재생된다는 의심에 대처하는 것이 그렇게 간단
하지는 않다. 이미 하만(Hamann)은 칸트에 대하여 "이성의 순수주의"라는
비난을 제기하였다.

후차적으로 비로소 언어적 옷을 입는 순수이성이란 존재하지 않는다. 그것
은 본래부터 의사소통적 행위와의 연관관계와 생활세계의 구조 속에서 구현되
는 이성이다.[20)]

다양한 행위자들의 계획과 행위들이 언어의 상호이해지향적 사용을 통해 역
사적 시간과 사회적 공간에서 서로 결합되는 정도에 따라, 비판될 수 있는 타
당성 요청에 대한──그것이 설령 함축적이라고 할지라도──예/아니오의
입장표명은 일상실천에 대한 핵심적 기능을 획득한다. 타당성 요청의 상호주
관적 인정으로써 측정되는 의사소통적으로 추구되는 합의는 사회적 상호작용
과 생활세계적 콘텍스트의 결합을 가능하게 한다. 타당성 요청은 물론 이중의
얼굴을 가지고 있다. 요청으로서 그것은 모든 국지적 콘텍스트를 초월한다.
그것이 상호작용의 참여자들의 조정할 수 있는 합의를 유지해야 한다면, 타당
성 요청은 지금, 그리고 여기서 제기되어야 하며 동시에 사실로서 인정되어야
한다. 일반적 타당성의 초월적 계기는 모든 지역성을 파괴한다. 지금 그리고

---

20) 이에 관해서는 찰스 테일러의 자극을 받았음을 밝혀둔다. Charles Taylor, *Philoso-phical Papers*, Vol.1 and 2(Cambridge, 1985).

여기서 수용된 타당성 요청들이 가지고 있는 구속력의 계기는 이 요청들을 콘텍스트와 결합된 일상실천의 담지자로 만든다. 의사소통적 행위자들이 자신의 언어행위를 통해 상호적으로 타당성 요청들을 제기함으로써, 그들은 그때마다 반박될 수 있는 근거들의 잠재력에 의지한다. 따라서 무제약성의 계기가 실제적 상호이해의 과정의 안에 설치되어 있는 것이다. 요청된 타당성은 실제로 실행된 실천의 사회적 타당성과 구별되며, 또 그것은 실제적 합의의 토대로서 실천에 기여한다. 명제들과 규범들을 위해 요청된 타당성은 공간과 시간을 초월하며, 공간과 시간을 "제거한다". 그러나 이 요청은 그때마다 지금 그리고 여기서 특정한 콘텍스트 안에서 제기되고, 실제적 행위결과를 통해 수용되거나 또는 거부된다. 아펠은 현실적 의사소통공동체와 이상적 의사소통공동체의 결합에 관해 조형적으로 말하고 있다. [21]

　의사소통적 일상실천은 그 자체 반성된다. 물론 "반성"은 더 이상 객관화의 방식으로 자기자신과 관계를 맺는 인식주체의 문제는 아니다. 전언어적이고 고독한 반성의 자리를 의사소통적 행위에 장치된 담론과 행위의 중층구조가 대신한다. 왜냐하면 실제로 제기된 타당성 요청은 직접적으로 또는 간접적으로 이를 작업하고 또는 해결할 수 있는 논증들을 지시하기 때문이다. 가설적 타당성 요청에 관한 논증적 싸움은 의사소통적 행위의 반성형식으로서 서술될 수 있다. 그것은 주체철학의 근본개념들 속에 수용된 객관화의 강제 없이도 이루어질 수 있는 자기관계성이다. 다시 말해 반성적 차원에서 제안자와 반대자의 대립을 통해 상호주관적 관계의 근본형식이 재생산된다. 이 관계는 항상 어떤 수신인에 대한 실행적 관계를 통해 이미 화자의 자기관계를 매개한다. 이상적인 것과 현실적인 것의 긴장된 결합관계는, 특히 담론 자체에서 잘 나타난다. 참여자들은 논증에 참여함으로써 이상적 담화상황의 제반 조건들을 충분히 충족시킨다는 것을 서로 전제할 수밖에 없다. 그렇지만 그들은 담론이 배제된 모티브와 행위의 강제들로부터 결코 완전히 "순화될" 수 없다는 점을

---

21) K.O. Apel, Transformation der Philosophie(Frankfurt/M., 1973), Bd. Ⅱ 358쪽 이하. 이에 관해서는 헤세(M. Hesse)에 대한 나의 답변을 참조할 것. J. Thompson, D. Held(Eds.), *Habermas —— Critical Debates*(London, 1982), 276쪽 이하.

알고 있다. 우리가 순화된 담화를 전제하지 않고 생활할 수 없는 것처럼, 우리는 "순화되지 않은" 담화와 타협해야만 한다.

　다섯째 강의의 마지막 부분에서 나는 정당화의 콘텍스트와 발견의 콘텍스트, 타당성과 발생 사이의 내면적 결합이 완전히 붕괴되지 않는다는 점을 언급하였다. 정당화의 과제, 즉 참여자의 관점에서 실행된 타당성 요청의 비판은 마지막 단계에서 결코 발생론적 관찰과 분리되지 않는다. 그런데 이 관찰은 권력 요청과 타당성 요청의 혼합에 대한——3인칭의 관점에서 실행되는——이데올로기 비판으로 이어진다. 철학사는 플라톤과 데모크리토스 이래로 두 가지 상반된 충동에 의해 지배되어왔다. 하나는 추상화하는 이성의 초월적 권력과 지성존재의 해방적 무제약성을 가차없이 작업하는 데 반해, 다른 하나는 허구적인 이성의 순수주의를 유물론적 관점에서 폭로하고자 시도한다.

　이에 반하여 변증법적 사유는 그릇된 대안을 극복하기 위하여 유물론의 반혁적 힘을 사용하였다. 경험적인 것을 모두 이념들의 제국으로부터 추방하는 데 대해 변증법적 사유는——조소어린 투로——이념들의 배후에서 승리하고 있는 권력들과의 타당성 연관으로 되돌아감으로써 대응하는 것만은 아니다. 의사소통적 행위의 이론은 오히려 지식과 무지의 변증법을 성공하는 상호이해와 실패하는 상호이해의 변증법 속으로 포함시킨다.

　의사소통적 이성은 상호주관적 상호이해와 호혜적 인정의 구속력을 통해 타당성을 획득한다. 그것은 동시에 공동의 생활형식의 우주를 서술한다. 이 우주 안에서는 비이성적인 것이, 파르메니데스에 의하면 무지가——순전히 긍정적인 것으로서 무에 대해 지배하는——지식과 분리되는 것과 동일한 방식으로, 이성적인 것으로부터 분리되지 않는다. 야콥 뵈메(Jakob Böhme)와 이작 루리아(Isaak Luria)를 좇아 셸링은 오류, 침해, 기만은 이성이 없는 것이 아니라 전도된 이성이 나타나는 형식들이라고 정당하게 주장한다. 진리, 정당성과 진실성에 대한 요청의 침해는 이성의 끈이 관통하는 전체에 영향을 준다. 진리 속에 존재하고 있으며, 마치 밤과 낮과 같이 현혹의 어두움 속에 머물러 있는 다수들과 결별해야만 하는 소수를 위한 도피처와 바깥은 있지 않다. 모든 사람에 의해 요청되는 이성적 공동생활의 구조들의 침해는 모든 사람에게 똑같이 해당된다. 바로 이 점이 청년 헤겔이 인륜적 총체성으로써 말하고자 하는 의미이다. 그의 인륜적 총체성은 범죄자의 행동을 통해 침해되고, 오로지 소외에 대한 고통의 공유불가능성의 통찰을 통해서만 복원될 수 있다. 동일한 사상이 클라우스 하인리히로 하여금 파르메니데스와 요나와 대립하게 하였다.

여호와가 이스라엘 민족과 체결하는 결합의 이념 속에는 배신과 복수의 폭력의 변증법의 씨앗이 담겨 있다. "신과의 동맹을 지킨다는 것은 충실의 상징이며, 이 동맹을 깬다는 것은 배신의 모델이다. 신에게 충실하다는 것은——자기자신과 다른 사람에게서, 즉 모든 존재의 영역에서——생동력있게 만드는 존재 자신에게 충실한다는 것을 의미한다. 어떤 존재의 영역에서 이를 부정한다는 것은 신과의 동맹을 깨는 것과 자신의 토대를 배신한다는 것을 뜻한다. (……) 그러므로 다른 사람에 대한 배신은 자기배신이며, 배신에 대한 모든 저항은 자신의 이름으로 이루어지는 저항일 뿐만 아니라 동시에 다른 사람의 이름으로 이루어지는 저항이다. (……) 모든 존재자는 잠재적으로 '동맹의 동료'라는 사상은 배신에(그리고 나를 배신하고 자신을 배신하는 사람에) 대한 투쟁 속에 들어 있으며, 이 사상은 또한——파르메니데스가 지식인과 무지한 대중들 사이를 갈라놓음으로써 이미 서술한——스토아적 체념에 대한 유일한 평형추이다. 우리에게 익숙한 '계몽'의 개념은 배신에 대한 잠재적으로 보편적인 동맹관계의 개념이 없이는 생각할 수 없다."[22] 퍼스와 미드가 비로소 이와 같은 동맹관계의 종교적 모티브를 진리의 합의이론과 사회의 의사소통이론이라는 형태를 통해 철학적으로 중요한 자리로 부상시켰다. 의사소통행위의 이론은 이 실용주의적 전통을 따른다. 이 전통도 역시 헤겔이 범죄와 처벌에 관한 초기의 단편들에서 그랬던 것처럼 구약성서의 개념들로 서술될 수 있는 직관을 따른다. 실제 생활관계의 불안정한 와중에서 배신과 복수적 폭력의 변증법에 기인하는 모순이 싹튼다.[23]

---

22) K. Heinrich, *Versuch über die Schwierigkeit nein zu sagen* (Frankfurt/M., 1964), 20쪽. 이에 관해서는 K. Heinrich, *Parmenides und Jona* (Frankfurt/M., 1966)를 참조할 것.

우리는 의사소통적 일상실천에서 전제하는——그리고 초월론적 강요라는 의미에서 어쩔 수 없이 전제해야만 하는——비개연적 화용론적 전제조건들을 실제로는 항상 충족시킬 수 없다. 그렇기 때문에 사회문화적 생활형식들은 부정되고 동시에 요청되는 의사소통적 이성의 구조적 제한을 받는다.

그러나 의사소통적 행위를 통해 작용하는 이성은 상황에 의해 규정되는 외면적 제한에 예속되어 있는 것만은 아니다. 이 이성에 고유한 가능성의 조건들은 이성으로 하여금 역사적 시간, 사회적 공간, 생활중심적 경험들의 차원으로 분화할 것을 강요한다. 담화의 이성 잠재력은 따라서 그때그때마다 특수한 생활세계의 자원들과 결합되어 있다. 생활세계가 자원의 기능을 떠맡으면, 그것은 직관적이고 확고부동하며, 총체적인 지식의 성격을 갖게 된다. 이 지식은 자의적으로 문제화될 수 없으며, 이런 관점에서 보면 그것은 결코 엄격한 의미에서의 "지식"을 서술하는 것이 아니다. 배경적 가정, 유대성들, 사회화된 숙련기술들의 이와 같은 결합은 타당상 요청을 넘어서는 상호이해의 과정들이 가지고 있는 불일치의 위험에 대한 보수적 평형추이다.

상호작용의 참여자들이 자신들의 합의능력있는 발언들을 부양하는 자원으로서, 생활세계는 주체철학이 종합의 업적이라고 의식에 부여하였던 것에 해당하는 등가물을 형성한다. 여기서 생산의 업적은 물론 형식에 관련된 것이 아니라 가능한 상호이해의 내용과 연관되어 있다. 이런 점에서 통일성을 창립하는 초월적 의식의 자리에는 구체적 생활형식들이 들어선다. 문화적으로 생활화된 자명성들, 직관적으로 현재하고 있는 집단의 유대성들, 노하우로서 사용되는 사회화된 개인들의 능력들을 통해, 의사소통적 행위를 통해 표현되는 이성은 그때마다 특수한 총체성으로 성장한 전통들, 사회적 실천들, 신체와 연관된 경험들과 매개된다. 오직 복수의 형태로 등장하는 특수적 생활형식들은 물론 가족유사성의 조직과 그물을 통해서만 서로 밀접하게 결합되어 있는 것은 아니다. 그것들은 생활세계 자체의 공통적 구조들을 지시한다. 그러나 이와 같은 일반적 구조들은 오직 상호이해지향적 행위의——일반적 구조들은

---

23) H. Brunkhorst, "Kommunikative Vernunft und rächende Gewalt", *Sozialwiss. Literatur-Rundschau*, H(1983. 8/9), 7쪽 이하.

이 행위를 통해 재생산되어야 한다──매개수단을 통해서만 특수적 생활형식들에 각인된다. 이것은 이와 같은 일반적 구조들이 분화의 역사적 과정들을 통해 왜 강화되었는가 하는 점을 설명해 준다. 그것은 또한 생활세계의 합리화와, 의사소통적 행위 속에 선천적으로 주어진 이성의 잠재력의 점차적 전개에 이르는 열쇠이기도 하다. 이 역사적 경향은 동시에 자기파괴의 위협을 받고 있는 현대성의 규범적 내용을 역사철학의 도움없이 설명할 수 있다.

코르넬리우스 카스토리아디스 : "상상적 제도"

포스트구조주의가 현대적 생활형식들을 통틀어 비난하고 있는 것이 경청되고 있다는 점은 현대성의 기획을 마르크스주의적 사고의 선상에서 새롭게 서술하고자 하는 실천철학적 시도들이 설득력을 상실하였다는 사태와도 아마 밀접한 연관이 있을 것이다. 후설과 하이데거의 정신에서 실천철학을 재생시키려는 첫번째 시도는 청년 마르쿠제(Herbert Marcuse)가 감행하였다. 『변증법적 이성 비판』의 사르트르는 이 점에서 그를 따르고 있다. 카스토리아디스는 독특한 언어학적 전회를 통해 이러한 전통에 새로운 충동을 부여하였다. 60년대 중반부터 특히 동부유럽에서, 프라하, 부다페스트, 자그레브와 벨그라드에서 발전되었으며, 10년 동안 코르출라(Korčula)의 일요학파의 토론들을 활성화시켰던 실천철학적 관점들의 영역에서, 카스토리아디스의 저서는 핵심적 위치를 차지하고 있다. 카스토리아디스는 역사, 사회, 외면적 자연과 내면적 자연의 해방적 매개를 다시 한 번 실천으로써 사유하고자 하는 가장 독창적이고, 야심만만하며, 반성적인 시도를 실행하였다.

카스토리아디스도 역시 죽은 노동과 산 노동의 "모순"으로부터 출발한다. 자본주의는 "자신에 예속되어 있는 주체들의 본래적 의미에 있어서의 인간적 활동을 요청하고 동시에 이러한 활동을 탈인간화해야만 한다."[24] 자기자신을 스스로 관리하는 산업노동자들의 협동이 이때 탈인간화되지 않은 실천의 모델로서 기능한다. 그러나 카스토리아디스는 강조된 의미에서의 이러한 활동을 대상들의 작업과 기술적 생산이라는 실마리를 통해 발전시키지 않는다. 단순한 반사행위와 마찬가지로 도구적 행위도 역시 대조되는 한계의 경우를 형성하는데, 이 경우에는 자기활동으로서의 실천의 본질적 규정이 결여되어 있다. 양자의 유형에는 모두 행위가 예측할 수 있는 행동과정으로 축소된다. (아리스토텔레스와 마찬가지로) 카스토리아디스는 축소되지 않은 실천의 규정들을 정치적, 예술가적, 의학적, 교육적 실천의 예들에서 읽어낸다. 이 실천은 목적을 자기자신의 내면에 지니고 있으며, 수단의 목적합리적 조직으로 환원되지 않는다. 실천은 기획투사를 따르지만, 이것은 이론과 같이 적용에 선행하는 것이 아니라 앞질러 행하는 선취로서 실천적 실행과정을 통해 스스로 교정되고 확장될 수 있다. 실천은 그때마다 스스로 묶여 있는 생활실행의 총체성과 관련을 맺는다. 그렇지만 총체성으로서 그것은 대상화하는 접근방식에서 벗어난다. 그리고 실천은 끝으로 자신의 발생원천이기도 한 자율을 목적으로 한다. "추구되는 것은(자율의 발전은) 추구되는 수단과(자율의 실행과) 내면적 관계를 갖고 있다. (……) 물론 그것은 자신의 영역을 관통하는 인과관계의 구체적인 그물망을 고려해야 한다. 그럼에도 불구하고 실천은 작용방식을 선택함에 있어 결코 계산만을 따라서는 안 된다. 그것은 계산이 복잡하기 때문이 아니라, 계산이 정의상 결정적인 요소를——즉 자율을 고려하지 않기 때문이다"(129쪽).

카스토리아디스는 물론, 실천이 항상 자율적 존재인 타자를 향하고 있다는 규정을 다음과 같은 방향으로 철저하게 급진화함으로써 아리스토텔레스적 개념을 파괴한다. 즉 모든 사람을 위해 자율을 원하지 않고서는 어느 누구도 자율을 진지하게 원할 수 없다는 것이다(183쪽). 실천은 미래를 향해 있고 새로운 것을 산출한다는 그밖의 규정은 물론 현대적 의식에 빚을 지고 있다. 행위

---

24) C. Castoriadis, *Gesellschaft als imaginäre Institution. Entwurf einer politischen Philosophie*(Frankfurt /M., 1984), 31쪽. 아래의 본문에서는 이 텍스트의 쪽수만을 밝혀 인용함.

자가 발기자로서 주동하면, 그는 주어져 있는 모든 규정들을 초월하고 새로운 시작을 개시한다. 실천은 본질상 창조적이고, "철저하게 다른 타자"를 산출한다. 탁월하게 창조적인 것은 무엇보다도 카스토리아디스가 이론적 오해로부터 벗기고자 하였던 해방적 실천이다. 이 실천은 "현재 사회를 조직상 모든 사람의 자율을 지향하는 다른 사회로 변형하는 것을 목표로 한다. 그리고 이러한 변화의 실행은 사람들의 자율적 행위 자체에 근거하고 있어야 한다"(134쪽). 사회이론적 계몽도 역시 이러한 관심에 의해 인도되고 있다. 물론 혁명적 기획이 역사적 과정의 분석을 이끌고 있다. 그렇지만 우리는 역사를 항상 역사 속에서만 그리고 역사로부터만 인식할 수 있다. "이 두 가지 기획의——즉 이해와 변화의——마지막 연결점은 항상 살아 있는 역사적 현재 속에서만 발견될 수 있다. 만약 이 현재가 역사적 현재가 아니라면, 그것은 우리가 아직 만들어야만 하는 미래를 향해 나아갈 수 없을 것이다"(281쪽).

다시 말해 카스토리아디스는 마르크스주의적 독단론에 대항하여 해방적 정치의 근원적 의미를 찾아내기 위하여 현대적 시대의식에 대한 철저하게 해석학적인 자기해석을 수단으로 하여 아리스토텔레스적 실천개념을 갱신하고 있는 것이다. 그렇지만 카스토리아디스가 이러한 관점으로부터 정치철학과 사회이론을 발전시키지 않는다면, 이와 같은 실천의 행동주의적 해석은 결코 당시 제2국제노동자연맹에 반대하였던 칼 코르쉬의 입장을 넘어서지 못할 것이다. 이때 그에게 문제가 되는 것은 혁명적 실천의 특수 의미를 어느 정도 일반화하는 정치성과 사회성의 개념들이다. 어쨌든 한나 아렌트와 아주 유사하게,[25] 카스토리아디스는 제도들을 형성하는 대중이 아직 유동적인 역사적으로 드문 순간들에, 즉 새로운 제도들의 설립이라는 생산적 계기들에 주의를 집중한다. "사회적-역사적 지금에 관한 감동적이고 눈부신 상을 우리에게 제공하는 것은 다음과 같은 순간들이다. 제도화하는 사회가 제도화된 사회 속으로 침투해 들어오는 순간들, 제도화된 사회가 제도화된 사회의 도움으로 스스로 파괴되는, 즉 자기자신을 제도화된 다른 사회로서 창조하는 순간들이다. (……) 단지 보

---

25) J. Habermas, "H. Arendts Begriff der Macht", *Philosophisch-Politische Profile* (Frankfurt/M., 1981).

존만을 생각하고 있는 것처럼 보이는 사회도 역시 자기자신을 끊임없이 변화시킴으로써만 존립한다"(342쪽 이하).

카스토리아디스는 "정치적인 것"의 정상적 경우를 어떤 제도의 설립 행위라는 한계적 경우로부터 발전시킨다. 그리고 그는 이 한계적 경우를 다시금 심미적 경험지평에서——역사적 연속성을 파괴하고 돌발적으로 발생하는——순전히 새로운 것을 창립하는 망아적 순간으로서 해석한다. 이렇게 해야만 그는 사회의 재생산에 있어서 본질적으로 생산적인 핵심을 파헤칠 수 있다고 믿는다. 사회적 과정은 철저하게 다른 형태들의 생산이고, 레미우르고스적으로 스스로를 작품화하는 것이며, 항상 다른 방식으로 표본적으로 구현되는 새로운 유형들의 지속적 창조이다. 간단히 말해서 그것은 항상 새로운 "세계들"의 자기정립이며 존재론적 발생이다. 이러한 사상을 통해 후기 하이데거는 초기 피히테와 마르크스주의적으로 결합된다. 자기자신을 정립하는 주체의 자리에 자기자신을 제도화하는 사회가 들어선다. 여기서 제도화되는 것은 창조적 세계이해, 혁신적 의미, 의미들의 새로운 우주를 서술한다. 카스토리아디스는 이런 세계해명적 의미를 "핵심적으로 상상적인 것"이라고 명명한다. 이것은 역사적 시간의 화산으로부터 사회적 제도들로 흘러넘친 의미들의 마그마로서 산출된다. "역사적 행위와 의미 우주의 동시적 생성의 분리될 수 없는 통일성에서 나타나는 바와 같이, 생산적이고 창조적이며 또는 급진적인 상상력 없이는 역사는 가능하지도 않고 파악할 수도 없다"(251쪽). 상상적인 것은 삶의 양식을 규정하고, 어떤 사회, 어떤 시대의 "민족정신"을 규정한다. 카스토리아디스는 "실제적 요소들에 의해 사회에 지시되지 않은 의미가 세계와 자아를 근원적으로 차지하고 있다"고 말한다. 그것이 사회에 지시되지 않는 까닭은 "실제적 요소들에게 중요성을 부여하고 이 사회의 우주 내에서의 특권적 지위를 부여하는 것은 바로 이 의미이기 때문이다"(220쪽).

물론 그밖의 다른 것들은 모두 카스토리아디스가 세계의 제도화로서의 사회를 어떻게 세계내부적 실천과 같이 사유하는가에 달려 있다. 카스토리아디스의 관심은 유대성을 통한 진정한 자기실현과 자유를 가능하게 해야 하는 자기의식적, 자율적 생활방식에 있다. 그는 언어가 규범적으로 내용있는 실천개념과 결합할 수 있도록 언어의 세계해명적 기능을 개념화해야 하는 문제를 해결해야 한다. 그의 기초존재론적 사회개념은 상호주관적이고, 사회화된 개인들에게 책임지울 수 있는 실천의 여지를 남겨놓지 않기 때문에 카스토리아디스는 이를 해결할 수 없다는 것이 나의 논제이다. 궁극에는 사회적 실천이 상상적인 것으로부터 발생하는 항상 새로운 세계들의 제도화라는 익명적 흐름 속으로 해체된다.

실천개념을 생산주의적으로 좁히는 것에 반대하여 카스토리아디스는 말과 행위, 언어와 작위, 즉 레게인(legein)과 테우케인(teukein)의 동근원성을 정당하게 강조한다. 이 두 가지 차원에서 인간의 행위는 세계 내에 있는 그 무엇과 연관되어 있다. 즉 우리가 세계에서 만나는 것으로서 해석을 필요로 하고, 동시에 저항적이며 형성할 수 있는 재료와 연관되어 있는 것이다. 그렇지만 카스토리아디스는 사회가 "의지해야만" 하는 이 "일차적 층"에 대해 오직 객관적 세계의 개념만을 가지고 있을 뿐이다. 그때그때마다 사회적으로 제도화된 세계에 대해 반대 평형추를 제공하는 것은 자연 또는 존재자의 총체성이다. 그러므로 "만든다"는 작위는 실존하고 있는 사태들의 세계에 목적합리적으로 간섭하는 것으로 축소된다. 그리고 "말한다"의 언어행위는 그것이 도구적 행위의 기능범위에 대해 구성적인 한에서 사실을 확인하는 말의 논리적 의미론으로 축소된다. 레게인과 테우케인은 동일화하는 사유의 표현형식들이다. "레게인이 언어와 사회적 표상의 동일성 논리와 집합 논리를 구현하는 것과 같이, 테우케인을 통해서는 사회적 행동의 동일성 논리적, 집합 논리적 차원이 물질화된다"(442쪽). 따라서 세계에서 만날 수 있는 것의 자연적 실체는 아주 관습적으로 주체-객체-관계 속으로 정리되고, 표상될 수 있는 것 또는 생산될 수 있는 것으로서 생각된다. 그렇지만 카스토리아디스가 생각하고 있는 사회적 실천은 동일화하는 사유와 목적합리성의 구체화를 넘어선다. 그렇기 때문에 여기서 동일성 논리와 집합 논리의 능력으로서 등장하는 오성은 비록 이성의 빛을 받고 작용하지는 않는다고 할지라도, "상상적인 것"의 범람하는 의미충만에 의해 압도된다는 것이다. 주체철학적으로 파악된 객체들의 세계는 표상과 생산의 차원에서 오직 자연의 세계내부적 실체와의 접촉을 보장하는 뼈대이다. 그러나 이 접촉지구에서——레게인과 테우케인을 통해 매개되어——만나는 모든 것은 이미 선행적 의미지평의 안에서 해명되어 있다. 그리고 이 의미지평은 오로지 "상상적인 것"덕택에 이루어진다.

이 상상적 의미의 마그마의 폭력에 대하여 세계내부적 실천은 어떤 독립성도 획득할 수 없다. 왜냐하면 카스토리아디스가 사용하는 언어개념은 의미와 타당성의 차이를 허용하지 않기 때문이다. 하이데거에서처럼 의미론적 세계해명의 "진리"는 언명의 명제적 진리까지도 근거지운다. 그것은 언어적 표현들의 타당성을 미리 결정하는 것이다. 그러므로 세계내부적 실천은 어떤 학습과정도 유발시키지 못한다. 어쨌든 선행적 세계이해를 촉발시키고, 주어진 의미총체성을——적어도 자연과학적 인식과 생산력의 차원에서——파괴시킬 수도 있는 지식의 축적은 존재하지 않는다. "사회에 자연적으로 주어진 것이 항상 저항하는 것으로서, 그리고 형성할 수 있는 것으로서 다가오기는 한다. 그렇지만 저항하고 형성할 수 있는 것——그리고 그 방식은——그때그때마다 관찰되는 사회적 세계에 의존한다. 수소의 핵들이 융해될 수 있다는 것은, 다른 사회에 대해서는 아무런 의미도 없으며 오직 현재 사회에 대해서만 의미를 갖고 있는 하나의 언명이다"(581쪽). 어떤 사회가 왜 의미들의 특정한 지평을 제도화하는가 하는 것은 카스토리아디스가 질문의 대상이 없다고 거부할 수밖에 없는 물음이다. 예측할 수 없는 것의 출처에 대해서는 물을 수 없는 것이다(589쪽). 모든 세계의 제도화는 무(無)로부터의 창조이다(591쪽).

노동과 상호작용에 대한 세계해명적 상상력의 관계가 이런 방식으로 설정된다면, 자율적 행위는 더 이상 세계내부적 실천으로서 생각될 수 없다. 카스토리아디스는 세계내부적 실천을 오히려 사회적 조물주의 언어창조적, 세계기투적, 세계흡수적 실천으로 동화시킨다. 그렇게 되면 실천은 카스토리아디스가 정당하게 강조하고 있는 인간적 행위의 특성들을 상실하게 된다. 즉 유한한 조건들하에서 이루어지는 콘텍스트 의존적, 상호주관적 시도들의 특성들을 잃어버리게 된다. 실천의 유한성은 형성할 수 있는 외면적 자연의 저항뿐만 아니라 역사적, 사회적, 신체적 실존의 제한조건들로 환원된다. 새로운 세계해석들의 지속적 창조(creatio continua)와 존재론적 발생과 일치하는 실천은 스스로 역사적 시간과 사회적 공간을 기획투사하고, 가능한 제한조건들의 차원을 스스로 열어놓는다. 그렇지만 카스토리아디스는 제도화된 사회의 형태로써 자기자신을 스스로 제도화하는 사회의 무한한 작용성에 내면적 제한을 가하기 위하여 피히테의 학문론과 신(神)기원론으로부터 잘 알려진 사고형태들을 얻으려고 애쓴다. 자기자신의 객관화 속에서 스스로를 상실하는 정신의 표현주의적 모델에서와 같이, 존재론적 사회모델에는 자기소외라는 비용의 이면이 장치되어 있다. 존재론적 생성의 생산 흐름이 막히게 되면, 제도화된 사회는 자신의 원천에 대해 경직되고 고정된다. "사회의 소외 또는 타율은, 사회가 자기-제도화와 본질적 시간성으로서의 자신의 존재를 은폐하는 자기소외이다"(608쪽).

이러한 생각은 두 가지 의심스러운 결과를 가져온다. 카스토리아디스가 세계내부적 실천을 존재사로 실체화한 언어적 세계해명으로 동화시킴으로써, 그는 자율적 생활방식을——궁극적으로 카스토리아디스에게도 관건인 해방적 창조적-기획투사적 실천을——위한 정치적 투쟁의 장소를 더 이상 지정할 수 없다. 왜냐하면 그는 하이데거와 같이 행위자들을 세계내부적, 주체중심적 상실성으로부터 통제할 수 없는 것, 즉 스스로 자기자신을 제도화하는 사회의 근원적 사건에 대한 신비적 타율로 불러들여야만 하기 때문이다. 그렇게 되면 실천철학은 포스트구조주의의 다른 변형으로 역설적으로 전도시킨 것에 지나지 않을 것이다. 그렇지 않으면 카스토리아디스는 세계내부적으로 구제할 수 없는 사회적 실천의 자율을 근원적 사건 자체에로 옮겨놓아야 한다. 그렇지만 그렇게 되면 카스토리아디스는 절대적 자아를 언어의 세계해명적 생산성에다 예속시켜야 하며, 결국 사변적 의식철학으로 되돌아가야 한다. 항상 새로운 세계유형들을 스스로 탄생시키는 시작(詩作)적 조물주로서 사회를 인격화하는 것이 이에 맞을 것이다. 이렇게 되면 변신론의 문제가 다른 형태로 반복된다. 자기-제도화의 근원으로부터 제도화된 사회가 타락하게 된 책임을 조물주적 언어창조자 자신에게 묻지 않는다면, 도대체 누구에게 물어야 하는가?

조금은 현세적이기는 하지만 여전히 의심스러운 두번째 귀결은 피히테로부터 후설에 이르기까지 의식철학이 헛되이 해결하고자 하였던 문제의 복귀이다. 즉 고독한 의식의 전제조건으로부터 출발할 수밖에 없는 사회적 실천의 상호주관성의 설명이 그것이다. 카스토리아디스는 초기유아적 주체성의 핵심을 형성하는 개인적 무의식에 대해서도 "상상적인 것"의 두번째 흐름을 요청한다. "상상적인 것," 즉 본능에 인도되어 상징들을 창조하는 환상은 사회적 상상력의 세계형성적 매개수단으로서의 언어에 앞서 있다는 점이 여기서 드러난다. 정신분석학자 카스토리아디스에게 친숙한 전언어적——내면적 자연의——환상의 생산으로부터 그때마다 새롭고 유일한 사적인 세계가 산출된다. 이 사적인 세계는 유아적 발전과정에서 사회적으로 제도화된 세계와 충돌하며, 오이디푸스적 갈등이 해결되고 난 다음에는 결국 이 세계에 예속되게 된다. "상상적인 것"의 심리적 흐름들이 그때마다 자신의 주관적인 자연의 원천으로부터 발생한다. 사적인 세계들이 공적인 세계들과 경쟁하는 것과 유사한 방식으로, 이 흐름들은 사회로부터 발생하는 상상적인 것의 집단적인 흐름과 경쟁한다. 사회화된 개인들은 서로 진정한 의미에서 상호주관적 관계를 맺지 않는다. 사회적으로 제도화된 세계상 속에서 모든 것은——그것이 초월적 의식이라고 할지라도——선험적으로 미리 서로 이해된 것이다. 성장하는 개인들은 기존의 안정된 조화에 대항하여 자신의 사적인 세계를 단자로서 관철시키려고 시도한다. 개인과 사회를 매개할 수 있는 형태를 카스토리아디스는 제공할 수 없다. 사회는 유아적 단자를 파괴하고, 이를 덮어 변형시킨다. 사회적으로 제도화된 세계의 유형은 개인에게 각인된다. 사회화 과정은 수공업 생산의 모델에 의거하여 표상된다. 사회화된 개인은 생산되고, 뒤르켐에서처럼 단자와 사회의 구성원으로서 분열된다. "개인에게는 구별이 잘 되어 있는 사적인 세계와 공적인 세계의 확고한 장치가 되는"(498쪽) 저 오이디푸스적 분리를 카스토리아디스는 수수께끼라고 명명한다. "영혼이 무엇이고 사회가 무엇인가에 관해 완전히 눈을 감지 않는다면, 사회적 개인이 식물과 같이 자라나는 것이 아니라 사회에 의해 창조되고/만들어지는 것이라는 점을 간과할 수 없다. 그러기 위해서는 물론 영혼의 시초의 상태와 그 요구들과의 폭력적인 단절을 항상 필요로 한다. 즉 사회적 제도만이 항상 실행할 수 있는 단절을 필요로 하는 것이다"(514쪽). 심리내부적 갈등들은 사회적인 갈등들과 내면적으로 연관이 있는 것이 아니라, 영혼과 사회는 오히려 일종의 형이상학적 대립과 같은 관계를 가지고 있다.

우리가 미드(G. H. Mead)와 같이 사회화 과정 자체를 개인화로서 이해한다면, 개인과 사회의 매개과정은 덜 "불가사의"하다. 그렇게 되면 우리는 물론 논리적-의미론적 차원에 제한된 구조주의적 언어개념을 확장해야 하고, 또 언어를, 모든 상호작용의 참여자를 의사소통공동체의 구성원으로서 그 속으로 끌어들이며 동시에 냉엄한 개인화의 압박을 받고 있는 매개수단으로서 파악해야 한다. 언어행위에 있어서 문법적 문장들을 규칙에 맞게 사용하는 화용론적 전제조건들에는 물론 화자 관점, 청자 관점과 관찰자의 관점의 통합이 속하며, 또한 이 구조가 세계관점들의 체계와——이 체계는 객관적 세계를 사회적 세계, 주관적 세계와 병렬시킨다——결합되어 있다는 것이 속한다.[26]

우리가 이와 같이 화용론적으로 확장된 언어개념의 도움으로 실천의 개념을 의사소통적 행위의 의미에서 재정의한다면, 실천의 보편적 특징들이 레게인과 테우케인으로 제한되지 않는다. 즉 도구적 행위의 기능영역 안에서 만나는 자연과의 접촉을 위한——해석을 필요로 하는——제반 조건들로 국한되지 않는다. 그렇게 되면 실천은 오히려 의사소통적 이성의 영향 아래서 작용하게 된다. 이 이성은 상호작용의 참여자들에게 타당성 요청에 의거한 방향설정을 부과하고, 그렇게 함으로써 지식의 세계변혁적 축적을 가능하게 한다. 물론 의사소통적 행위에서도 특수적 생활세계적 콘텍스트들은 그때그때마다 구성원들이 공유하는 언어의 세계해명적 기능의 힘을 입는다. 그리고 언어체계는 자신의 도움을 받아 발생하는 표현들의 타당성의 조건을 확정한다. 그러나 이번에는 의미와 타당성의 내적인 상관관계가 대칭적이다. 어떤 표현의 의미는, 세계내부적, 세계소유적 실천에 있어서 타당성 조건들과 그에 상응하는 타당성 요청들이 충족되는지 아닌지를 미리 결정하지 않는다. 사회적 실천은 언어적으로 구성되지만, 언어도 역시 자신에 의해 해명된 지평의 안에서 만나는 것에 대해——이러한 실천을 통해——실증되어야 한다. 그러나 세계해명과

---

26) 이에 관해서는 J. Habermas(1983), 152쪽 이하를 참조할 것.

실증하는 실천이 세계에서 서로를 전제한다면, 의미창조적 혁신들은 학습과정과 매우 밀접하게 연관되어 있고, 또 양자는 상호이해지향적 행위의 일반적 구조들에 근거하고 있는 까닭에 생활세계의 재생산은 항상 이 세계 구성원들의 생산성 덕택으로 실행된다.

현대성의 규범적 내용

1

급진적 이성비판은 현대성과 결별하기 위하여 높은 대가를 치른다. 첫째 이 담론들은 자신이 서 있는 장소에 관해 어떤 정당한 설명도 제시할 수 없으며, 또 제시하려고도 하지 않는다. 부정의 변증법, 계보학, 그리고 해체는 우리가 오늘날 텍스트를 이해하는 데 기초로 삼는 범주들로부터——이에 따르면 현대적 지식이 결코 우연히 분화된 것이 아니다——벗어난다. 이 담론들은 명백하게 철학 또는 학문, 도덕이론과 법이론, 문학과 예술로 분류될 수 없다. 이들은 동시에 종교적 사유의——그것이 독단론적이든 아니면 이교도적이든 ——형식들로 돌아가기를 거부한다. 따라서 이론을 부정하기 위해서만 타당성을 요청하는 이 "이론들"과 학문작업 내의 제도화의 방식 사이에는 불일치가 존립한다. 이 담론들이 이해를 구하는 수사학적 태도와 그들이 제도적으로, 즉 아카데미적 강의의 틀 안에서 행하는 비판적 접근방식은 비대칭적이다. 아도르노가 진리 타당성을 모순적 방식으로 주장하든 또는 푸코가 명백한 모순으로부터 결론을 내리기를 거부하든, 하이데거와 데리다가 밀교적인 것으로 도망감으로써 또는 논리적인 것과 수사학적인 것을 융해시킴으로써 정당화와 근거지움의 의무로부터 벗어나든 상관없이, 항상 서로 일치할 수 없는 것들의 공생이 발생하며, 핵심에 있어서 "정상적" 학문적 분석을 거부하는 융합물이 생성된다. 우리가 연관체계를 바꾸고, 동일한 담론들을 더 이상 학문 또는 철학으로 다루지 않고 한 판(判)의 문학으로서 다룬다면, 다루기 힘든 물건을 단지 다른 장소로 옮겨놓는 것에 불과하다. 특정한 장소가 없는 담론들 속에서 자기관계적 이성비판이 어디에서나 이루어지고 또 아무 곳에서도 이루어지지 않는다면, 이 비판은 경쟁적 해석들의 공격에 거의 면역되어 있다. 그런한 담론들은 반증주의의 제도화된 척도들을 불안하게 만든다. 그러한 담론들은 논증이 이미 실패하였을 때에도 마지막 말을 허용한다. 즉 반대자가 전체 언어유희의 의미를 오해하였으며, 그런 방식으로 대답하는 것은 일종의 범주오류를 저지른 것이라고 마지막 결론을 내리는 것이다.

자신의 토대에 대해 가차없는 이성비판의 유형들도 역시 다른 측면에서 이와 유사하다. 이 유형들은 자신들이 간접적으로 주장하고 있는 "이성의 타자" 속에 포함시킬 수 있는 것을 넘어서는 규범적 직관들에 의해 인도된다. 현대성이 사물화되고 가치화된 삶의 상관관계, 기술적으로 통제할 수 있도록 만들어졌거나 또는 전체주의적으로 과장된 삶의 상관관계로 서술되든, 동질화되고 폐쇄적인 삶의 상관관계로서 서술되든 또는 그에 대한 밑고는 항상 복잡한 훼손과 숭고한 폭력행사에 민감한 특수한 감수성에 의해 고취된다. 이러한 감수성에는 훼손되지 않은 상호주관성의 그림이 각인되어 있다. 이 그림은 처음에는 인륜적 총체성으로 청년 헤겔의 머리에 떠올랐던 것이다. 공리공론의 형태로 도입된 반대개념들, 즉 존재와 주권, 권력, 차연과 비동일자의 개념들을 통해 이 비판은 분명 심미적 경험내용들을 지시하고 있다. 그러나 이 경험들로부터 추론되어 명시적으로 요청되고 있는 가치들, 즉 은총과 깨달음, 망아적 황홀, 신체적 통합성, 소망의 충족과 보호적 친밀성의 가치들은, 이 저자들도 역시 암암리에 —— 내면적 자연과 화해하는 것만은 아닌 —— 온전한 삶의 실천을 위하여 내세우고 있는 도덕적 변동을 메우지 못한다. 천명한 규범적 토대들과 은폐된 규범적 토대들 사이에는 불화가 존립한다. 이는 주체성을 변증법이 아닌 방식으로 거부하였다는 사실로 설명될 수 있다. 주체성이라는 현대성의 원리와 함께 대상화하는 자기관계의 해악적 결과들이 비난받을 뿐만 아니라, 주체성이 한때 해결되지 않은 약속으로서 가지고 다녔던 다른 함의들도 역시 비난된다. 즉 유대성에 의한 모든 사람의 공동적 자기규정이 모든 개개인의 진정한 자기실현과 결합할 수 있는 조건으로서 자기의식적 실천의 전망이 비난되고 있는 것이다. 스스로 자기자신을 확인하는 현대가 자기의식, 자기규정, 자기실현이라는 개념들을 가지고 한때 의도하였던 것이 바로 비난받고 있다.

현대적 생활형식들에 대한 총체적 부정은 이 담론들이 가지고 있는 다른 약점을 설명해 준다. 원리적인 것에 있어서는 흥미롭지만, 결과에 있어서 이 담론들은 분화되지 않은 채로 있다. 헤겔과 마르크스, 막스 베버와 루카치가 사회적 합리화의 억압적-이분적 양상들로부터 해방적-화해적 측면들을 구별하였던 기준들이 무뎌진 것이다. 이러한 측면들이 가지고 있는 모순적 연관이 드러날 수 있도록 이들을 분리시킬 수 있는 개념들도 이제는 비판되고 파괴된다. 계몽과 조작, 의식적인 것과 무의식적인 것, 생산력과 파괴력, 표현적 자기실현과 억압적 탈승고화, 자유를 보장하는 효과와 자유를 박탈하는 효과, 진리와 이데올로기――이 모든 계기들이 이제는 하나로 합쳐진다. 그들은 예컨대 파괴적인 기능연관 속에서 강제로 결합되는 것이 아니다. 즉 반대자들의 투쟁으로 점철된 모순된 과정에서의 비자발적 공범자들이 아니다. 차이들과 대립들은 이제 토대를 유실하여 붕괴되고, 비판은 총체적으로 관리되고, 계산되며, 분쇄된 세계의 황막한 회색빛 풍경 속에서 더 이상 두드러진 대비, 그림자, 양립적 색채들을 더 이상 찾아낼 수 없다. 물론 관리되어지는 세계에 관한 아도르노의 이론과 푸코의 권력이론은 공작(工作, Gestell)으로서의 기술에 관한 하이데거의 서술 또는 정치성의 전체주의적 본질에 관한 데리다의 서술들보다 더욱 생산적이고, 더욱 많은 정보를 가지고 있다. 그렇지만 이 모든 것들은 문화적 현대와 사회적 현대의 극도로 모순된 내용에 대해서는 무감각하다. 이와 같이 아무런 차이도 인식하지 않는 평준화는 현대적 생활형식들을 전현대적 생활형식들과 통시적으로 비교할 때 명백하게 드러난다. (육체적 노동, 물질적 생활여건, 개인적 선택 가능성, 권리보장, 형집행, 정치적 참여, 교육 등등의) 차원에서 대중들에게 요구하였던 높은 비용과 희생은 전혀 참작되지 않고 있다.

특기할 만한 점은 이성비판적 관점들 속에는 일상실천을 위한 체계적 자리가 마련되어 있지 않았다는 것이다. 실용주의, 현상학, 해석학적 철학은 일상적 행위, 언설, 공동생활의 범주들을 인식론적 지위에까지 올려놓았다. 마르크스는 일상실천을, 철학의 내용이 해방적 사회의 생활형식으로 분출되어야 하는 장소로 특징짓기까지 하였다. 그러나 니체는 추종자들의 시선을 너무나 비일상적인 것의 현상들에게로 돌려놓음으로써, 그들은 일상실천을 단지 파생된 것 또는 비본래적인 것으로서 경멸하며 간과한다.[1] 우리가 앞에서 살펴본 바와 같이 의사소통적 행위 속에는——서술, 상호인격적 관계, 주관적 표현 등의 세계내부적 언어기능들의 인지적-도구적, 도덕적-실천적, 표현적 계기들과 함께——세계의 언어적 구성이라는 계기가 하나의 징후를 형성한다. 현대에서는 이 계기들 각각으로부터 "가치영역들"이 분화되었다. 즉 한편으로는 예술, 문학과 세계해명이라는 축을 중심으로 취미문제를 특별히 다루는 비판이 있으며, 그리고 다른 한편으로는 세계내부적 학습과정이라는 축을 중심으로 진리문제와 정의문제를 다루는 담론들이 있다. 예술과 비판, 과학과 철학, 법과 도덕이라는 이 지식체계들은 더욱더 편협하고 엄격하게 하나의 언어기능과 하나의 타당성 측면에만 관여하면 할수록 그만큼 더 일상적 의사소통으로부터 멀어진다. 그렇지만 바로 이 추상화 때문에 그것들이 자동적으로 주체중심적 이성의 퇴락현상과 징후로 여겨져서는 안 된다.

니체주의에게 지식과 도덕의 분화는 예술의 시작(詩作)적-세계해명적 힘을 찬탈하는 동시에 이성이 형성되는 과정으로 보인다. 문화적 현대는 니체주의에게 구조적으로 자기자신을 지나치게 요구하는 주체중심적 이성의 전체주의적 특성들로 그려지는 공포의 제국이다. 이 그림에는 세 가지 단순한 사실들이 배제되었다. 첫째, 배타적 이성의 진정한 본성을 비로소 드러나게 하는 심미적 경험들 자체가 과학, 도덕과 마찬가지로 동일한 분화의 과정에 힘입고 있다는 상황이다. 둘째, 문화적 현대가 취미문제, 진리문제와 정의문제의 특

---

1) 이에 관해서는 일곱째 강의에 첨가된 부언설명 제4장을 볼 것.

수 담론들로 분화함으로써 거의 부인할 수 없는 지식의 성장을 획득하였다는 사실이다. 그리고 끝으로 무엇보다 중요한 것은, 이 지식체계와 일상실천 사이의 교환 양태들이 추상화로부터 얻어지는 이익들은 과연 생활세계에 파괴적으로 작용하는가 아닌가를 결정한다는 사태이다.

  개개의 문화적 가치영역의 시각에서 보면 일상생활의 징후는 "삶" 또는 "실천" 또는 "인륜성"으로 서술된다. 이들에게는 각각 "예술", "이론", "도덕"이 짝이 된다. 비판과 철학의 특수한 매개자 역할에 관해서는 우리가 이미 다른 맥락에서 언급하였다. 전자에게는 "예술"과 "삶"의 관계가 문제시되고, 후자에게는 "이론"과 "실천"의 관계 또는 "도덕"과 "인륜성"의 관계가 문제점 있는 것으로 여겨진다. 특수화된 지식을 매개하지 않고 일상생활의 사적인 영역과 공적인 영역에 적용하는 것은 한편으로는 지식체계들의 자율과 고유 의미를 위험에 빠뜨릴 수 있고, 다른 한편으로는 생활세계적 콘텍스트들을 침해할 수 있다. 오직 하나의 타당성 요청에만 특수화된 지식이 일상실천의 타당성 스펙트럼 전체와 콘텍스트와 무관하게 충돌하면, 생활세계의 의사소통적 내부 구조의 평형이 파괴된다. 어떤 복잡성 수준 이하에서 이루어지는 이런 종류의 침투와 간섭은 개별적 생활영역의 심미화, 과학화 또는 도덕화를 야기하고, 또 표현주의적 반대문화, 기술관료적으로 관철된 개혁 또는 토대주의적 운동 등과 같은 효과를 산출한다.

  물론 전문가 문화와 일상문화의 복잡한 관계를 통해, 사회적 합리화의 보다 뿌리깊은 모순들은 전혀 지적되지 않았다. 왜냐하면 이 과정에서 문제가 되는 것은 체계적으로 야기된 일상실천의 물화이기 때문이다. 나는 이 문제로 다시 되돌아가고자 한다. 이중적 의미에서 합리화된 생활세계를 염두에 두고 분화로의 첫걸음을 내딛자마자, 우리가 이 마지막 강의에서 다루고자 하는 문제가 의식에 떠오른다. 평준화하고 단순화하는 이성비판에 있어 탈분화의 작업들은 오로지 그 자체 규범적 직관에 의해 인도되고 있는 서술들을 수단으로 하여 계산될 수 있다. 이 규범적 내용은, 그것이 임의적인 것이 아니려면, 일상실천에 내재하고 있는 이성의 잠재력으로부터 획득되어야 하고 정당화되어야 한다. 우선은 잠정적으로 도입한, 주체중심적 이성을 넘어서는 의사소통적 이성의 개념은 자기관계적 이성비판의 모순과 단순화로부터 빠져 나와야 한다. 다른 한편으로 그것은 경쟁적 체계이론의 관점에 대항하여 자신을 주장해야만 한다. 체계이론은 합리성의 문제 자체를 도외시하고, 모든 이성개념을 고대 유럽의 방해물이라고 버려 버리며, 경솔하게 주체철학을(자신을 가장 극렬하게 반대하는 사람의 권력이론도 역시) 물려받는다. 이와 같은 이중적 대립전선은 이성개념의 재활성화를 이중적으로 위험한 사업으로 만든다. 이 작업은 두 가지 측면에서 조심해야 한다. 이성개념의 재활성화 작업은 주체중심적 사유의 두 가지 올가미에 다시 걸려들어서는 안 된다. 왜냐하면 주체중심적 사유는, 주변의 모든 것과 자신을 스스로 대상으로 만드는 도구적 이성의 전체주의적 특성들로부터뿐만 아니라 모든 것을 자신에게 동화시키고 궁극적으로는 전체적 차이들에 대한 통일성으로서 승리하는 내포적 이성의 전체주의적 특성으로부터 이성의 비강제적 강요를 해방시키는 데 실패하였기 때문이다. 실천철학은 현대성의 규범적 내용을 사회적 실천의 매개사건 속에 구현된 이성으로부터 얻고자 하였다. 의사소통적 행위의 근본개념이 사회적 노동의 개념을 대체하면, 이 개념 속에 장치된 총체성의 관점이 변화하지 않는가?

2

마르크스에 따르면 사회적 실천은 역사적 시간과 사회적 공간의 차원들로 확장된다. 그리고 그것은 우리를 둘러싸고 있으며, 또한 유적 존재의 역사를 우주적으로 포괄하는 즉자적 자연의 지평 안에서 서로 협동하는 개인들의 주관적 자연을 신체를 통한 간섭 속에서 객관화된 외면적 자연과 매개시킨다. 노동의 매개과정은 그러므로 세 가지 상이한 양상에서 자연과 관계를 맺는다. 체험된 주체들의 욕구본성(자연), 대상적으로 파악되고 작업되어지는 객관적 자연, 끝으로 노동 속에 지평과 토대로서 전제되고 있는 즉자적 자연과 관계를 맺는다. 이 과정에서 노동은 우리가 셋째 강의에서 살펴본 바와 같이 생산미학적으로 해석되고, 본질적 힘의 외화, 대상화, 소유로 나타나고 있다. 이에 따르면 자연의 자기매개과정은 이 과정 속에서 작용하고 활동하는 주체들의 자기실현을 자신 속에 수용한다. 양자는 모두 자기생산의 과정들이다. 그들은 자신의 생산품들로부터 스스로를 생산한다. 이러한 실천으로부터 산출되는 사회도 동일한 방식으로, 사회 속에 그리고 사회를 통해 창조된 생산력과 생산관계의 생산품으로 파악된다. 실천철학적 사고형태는, 처음에는 분명하게 서로 연관된 노동과 자연의 계기들을 자기관계적 재생산과정의 총체성 속에 동화시킬 수밖에 없다. 사회라는 대주체와 사회 속에서 활동하는 주체들의 재생산을 통해 스스로를 생산하는 것은 결국 자연 자체이다. 마르크스도 역시 헤겔적 총체성의 사유로부터 벗어나지 못한 것이다. 그러나 사회적 실천을 더 이상 일차적 노동과정으로 생각하지 않는다면, 사태는 변화한다.

의사소통적 행위와 생활세계라는 상보적인 개념들을 통해 규정들 사이의 차이가 도입된다. 이 규정들은——노동과 자연 사이의 차이와는 달리——보다 차원 높은 통일성의 계기 속에 흡수되지 않는다. 생활세계의 재생산은 물론 의사소통적 행위의 업적들로부터 자양분을 공급받고, 의사소통적 행위는 다시금 생활세계의 자원들에 의존한다.[2] 그러나 우리는 이러한 순환과정이 자기생산의 모델에 따라 자신의 생산품으로부터 생산하는 과정으로 생각해서는 안되며, 게다가 자기실현과 결합시켜서도 안 된다. 만약 그렇게 되면, 우리는 상호이해의 과정을——실천철학에서의 노동과정과 같이——매개의 사건으로 실체화하고, 또 생활세계를——반성철학에서의 정신과 같이——보다 높은 단계의 주체의 총체성으로 확장시키는 것이 될 것이다. 생활세계와 의사소통적 행위 사이의 차이는 하나의 통일성으로 재흡수되지 않는다. 이 차이는 생활세계의 재생산이 이제는 상호이해지향적 행위의 매개수단을 통해 인도되지 않고, 행위자들의 해석업적 자체에 부과되어지는 정도만큼 오히려 심화된다. 의사소통적 일상실천을 지탱하는 예/아니오의 결정들이 미리 주어진 규범적 합의로 환원되지 않고 참여자들의 협동적 해석과정 자체로부터 나오는 정도에 따라, 구체적인 생활형식들과 일반적인 생활세계 구조들은 분리된다. 복수로

---

2) 이에 관해서는 J. Habermas(1981), Bd. Ⅱ, 217쪽, 도표 23을 참조할 것.

등장하는 생활형식의 총체성들 사이에는 분명 가족유사성들이 존립한다. 그것들은 중첩되고 그물처럼 결합되지만, 다시 초월적 총체성에 의해 포괄되지는 않는다. 왜냐하면 다양성과 분산이 추상화의 과정 속에서 형성되어 나타나기 때문이다. 이 과정을 통해 특수한 생활세계의 내용들은 생활세계의 일반적 구조들로부터 점점 더 구별된다.

자원으로서 관찰하면, 생활세계는 제공된 언어행위의 요소들에 따라, 즉 언어행위의 명제적, 비언표적, 의도적 구성요소들에 따라 문화, 사회, 인격으로 분화한다. 의사소통적 행위자들이 세계 내의 그 무엇에 관하여 상호 의사를 나누면서 합의가능한 해석들을 조달하는 자원인 비축된 지식을 나는 문화라고 명명한다.[3] 나는 정당한 질서를(생활세계의 요소들이라는 협의의 의미에서) 사회라고 명명한다. 의사소통적 행위자들은 서로 상호인격적 관계를 맺으면서 그 질서로부터 집단 소속감에 기인하는 유대성을 창출해 낸다. 인격성은 습득한 능력을 표현하는 인위적 용어인데, 이 능력은 주체를 말할 수 있고 행위할 수 있게 만들며, 또 그렇게 함으로써 그때그때 주어진 콘텍스트 속에서 상호이해과정에 참여하여 변화하는 상호작용의 연관 속에서 자신의 동일성을 주장할 수 있도록 만든다. 이러한 개념 전략은, 사회가 집단들로 이루어지고 또 집단들은 다시 개인들로 구성되어 있다는——주체철학과 실천철학에 의해 명맥을 유지하고 있는——전통적 견해와 결별한다. 개인과 집단들은 단지 비유적인 의미에서 생활세계의 "구성원들"이다.

그렇지만 생활세계의 상징적 재생산은 하나의 순환과정으로 이루어진다. 생활세계의 구조적 핵심들은 그 자체 상응하는 재생산과정을 통해, 그리고 이 재생산과정들은 다시금 의사소통적 행위의 공헌을 통해 "가능해진" 것이다. 문화적 재생산은(의미론적 차원에서) 새롭게 등장하는 상황들이 기존의 세계상태와 연결되도록 보장한다. 문화적 재생산은 또 전통의 연속성을 보장하고, 일상실천의 상호이해 욕구에 충분한 지식의 응집성과 내부일치성을 보장한다. 사회적 통합은(사회적 공간의 차원에서) 새롭게 등장하는 상황들이 존립하고

---

3) 아래에서는 J. Habermas(1981), Bd. Ⅱ, 209쪽에서 행한 나의 서술에 의거한다.

있는 세계상태에 연결되도록 보장한다. 그것은 또한 정당하게 규제되는 상호인격적 관계들을 통해 행위들을 조종하고, 집단들의 정체성을 안정시킨다. 끝으로 구성원들의 사회화는(역사적 시간의 차원에서) 새롭게 등장하는 상황들이 기존의 사회상태와 연결되도록 보장한다. 그것은 후세대들이 일반화된 행위능력을 획득할 수 있게 하고, 개인적 생활사와 집단적 생활형식의 조화를 보증한다. 이 세 가지 재생산과정 속에서 합의능력 있는 해석의 도형들이 (또는 "타당한 지식"이) 재생되고, 정당하게 정리된 상호인격적 관계들과(또는 "유대성들") 상호작용의 능력들이(또는 "인격적 정체성들"이) 재생된다.

만약 이것이 ── 균형이 잡히고 안정된 ── 생활세계의 상징적 재생산에 대한 이론적 서술로서 받아들여진다면, 우리는 우선 사고의 실험을 통해 다음 문제에 접근할 수 있다. 전통으로 내려와 습관화되고, 확증되고 합의된 구체적 생활형식의 재고들이 안정된 재생산을 점차 보장할 수 없으며, 오히려 위험하게 얻어낸 합의들, 즉 의사소통적 행위자들의 협동적 업적 자체에 맡겨져야 한다면, 생활세계의 구조들은 어떤 방향으로 변형되어야 하는가?

이는 물론 이상화하기는 하지만 결코 자의적이지 않은 투영법이다. 왜냐하면 이와 같이 사유를 통한 실험을 배경으로 할 때 현대 생활세계의 실제적 발전성의 윤곽이 뚜렷이 드러난다. 복수로만 등장하는 생활형식의 총체성들이 그때그때 만들어내는 특수한 형세로부터 일반적 생활세계 구조들이 추상화된다는 것이다. 문화적 차원에서는 정체성을 보장하는 전통의 핵심들이 구체적 내용들로부터 분리된다. 일찍이 신화적 세계상 속에서는 전통의 핵심들이 구체적 내용들과 밀접하게 결합되어 있었다. 전통의 핵심들은 세계개념, 의사소통의 전제조건들, 논증의 절차들, 추상적 근본가치들 등등의 추상적 요소들로 축소된다. 사회의 차원에서는 특수한 콘텍스트들로부터 일반적 원리라는 결정물이 생겨난다. 이것들은 한때 원시사회에서는 특수한 콘텍스트들에 묶여 있었다. 현대사회에서는 특수한 생활형식들에만 맞추어져 있지 않은 법질서와 도덕의 원리들이 관철된다. 인격성의 차원에서는 사회화 과정을 통해 획득한 인지적 구조들이 가일층 문화적 지식의 내용들로부터 분리된다. 인지적 구조들은 처음에는 이 내용들과 함께 "구체적 사유" 속에 통합되어 있었다. 형식적 능력들을 연습할 수 있는 대상들은 점점 더 다양해진다. 우리가 이러한 경향에서 생활세계의 구조적 요소들이 획득하는 자유의 정도만을 고려한다면, 모든 것이 소모되어 없어져 버리는 소진점(消盡點)이 형성된다. 즉 문화에 있어서는 액화된, 다시 말해서 반성적이 된 전통들이 지속적으로 수정되는 상태가 생겨나고, 사회에 있어서는 정당한 질서들이 규범정립과 규범정당화의 형식적, 담론적 절차에 의존하는 상태가, 그리고 인격성에 있어서는 극도로 추상적인 자아-동일성의 위험한 자기조종의 상태가 생겨난다. 보장된 지식을 비판적으로 해체하고, 일반화된 가치들을 정립해야 하는 구조적 압박과, 자기통제를 통한 개별화에로의 구조적 압박이 발생한다(왜냐하면 추상적 자아-동일성들은 자율적 삶의 기투를 통한 자기실현에 의존하기 때문이다).

이와 같은 형식과 내용의 분리는 그밖에도 "이성적 실천"에 관한 유서깊은 규정들을 상기시킨다. 자기의식은 반성적이 된 문화의 형태로 다시 나타나고, 자기규정은 일반화된 가치와 규범들로, 그리고 자기실현은 사회화된 주체들의 발전된 개별화의 형태로 다시 나타난다. 그러나 생활세계의 구조적 핵심들이 분화과정에서 경험하는 반성성, 보편주의, 개별화의 증대는 이제 더 이상 어떤 주체의 자기관계의 차원에서 이루어지는 상승작용을 서술하는 데 적합하지 않다. 이 주체철학적 서술 속에서만, 사회적 합리화, 즉 사회적 실천의 이성적 잠재력의 전개는 사회적 대(大)주체의 자기반성으로서 표상될 수 있다. 그러나 의사소통이론은 이러한 사유형태 없이 지탱될 수 있다. 언어적으로 생산된 상호주관성의──점점 더 정교하게 짜여지는──그물망의 조건하에서 이제는 문화의 반성화, 가치와 규범들의 일반화가 일어나며, 사회화된 주체들이 첨예하게 개별화되고, 비판적 의식, 자율적 의사형성, 개인화가 증대되며, 또한 한때 주체들의 실천에 부과되었던 합리성의 계기들이 강화된다. 생활세계의 합리화는 분화와 압축을 동시에 의미한다. 즉 점점 예리하게 분화되는 문화, 사회, 인격의 구성요소들을 동시에 연결시키는 상호주관적 실들로 짜여진 직물 구조가 촘촘히 압축된다. 생활세계의 재생산양태는 물론 반성성, 추상적 보편주의, 개별화의 표어들로 특징지워진 방향 속에서는 직선적으로 변화하지 않는다. 합리화된 생활세계는 오히려 비판의 비연속적 수단을 통해 의미연관의 연속성을 보장한다. 그것은 개인주의적으로 개별화된 보편주의라는 위험한 수단을 가지고 사회통합적 상관관계를 보존한다. 그리고 그것은 극단적으로 개인화시키는 사회화를 수단으로 하여 계보학적 상관관계의 압도적 권력을 취약하고 부서지기 쉬운 일반성으로 승화시킨다. 분화된 생활세계의 구조들이 점점 더 특수화하는 생활형식들 속에서 더욱더 추상적으로 작용하면 할수록, 상호이해를 지향하는 행위의 이성적 잠재력은 오직 이러한 수단들을 통해서만 전개된다. 우리는 이 점을 다음과 같은 사유 실험을 통해 분명하게 보여줄 수 있다.

　문화적 재생산이 오직 비판을 통해서만 이루어진다고 할지라도, 의미론적 영역에서 연속성들마저 파괴되어서는 안 된다. 구조적으로 분화된 생활세계에 있어서, 언어적 상호이해의 부정적 잠재력의 전개는 텍스트들이 서로 결합하고――확신의 힘으로 살아가는――전통들이 지속할 수 있는 필연적인 전제조건이 된다. 마찬가지로 사회적인 공간에서는, 사회적 통합이 오직 추상적인 동시에 개인주의적으로 재단된 보편주의를 통해서만 이루어진다 하더라도, 호혜적 인정의 관계로서 결합된 상호주관적 그물망이 파괴되어서는 안 된다. 구조적으로 분화된 생활세계 내에 장치되어 있는 담론적 의사형성 절차는 모든 개개인의 이해관계를 동등하게 고려함으로써 만인의 사회적 상호결합을 보장하도록 되어 있다. 담론의 참여자로서, 대체할 수 없는 예 또는 아니오의 입장을 가지고 있는 개인은, 그가 협동적으로 진리탐구를 함으로써 보편적 공동체에 묶여 있다는 전제하에서만, 전적으로 자신에게 의존한다. 사회화의 과정들이 오직 극단적 개별화를 통해서만 이루어질 수 있다 하더라도, 인류의 역사적 연쇄과정에 들어 있는 일반성의 실체마저도 무로 해체되어서는 안 된다. 구조적으로 분화된 생활세계에서 처음부터 작용하고 있는 원리는 오직 원리로서 인정된다. 즉 개인들이 사회적으로 구성되는 것과 동일한 관계에서, 사회화는 반대로 개별화로서 실행된다. 사회화 과정에서 사용되는 상호이해지향적 언어 속에는 엄격한 개별화의 강요가 인칭대명사 체계를 통해 장치되어 있다. 그러나 동일한 언어적 매개수단을 통해서 동시에 사회화하는 상호주관성의 힘이 드러난다.

그러므로 상호주관성이론의 사유형태는, 왜 비판적 검증과 반증주의적 의식이 자생성적 성격을 떨쳐 버린 전통의 연속성을 강화시켜주기까지 하는가를 명료하게 설명해 준다. 또 그것은 왜 담론적 의사형성의 추상적-보편주의적 절차가 전통적으로 이제 정당화되지 않는 생활연관 속에서 오히려 유대성을 공고히 하는가를 설명해 준다. 그리고 그것은 개인화와 자기실현을 위해 확장된 공간이 고정된 사회화의 틀로부터 해방된 사회화 과정을 오히려 안정시키고, 알차게 해주는가를 납득시켜준다.

우리가 이러한 방식으로 현대성의 규범적 내용을——이 내용이 비록 실천철학의 의도에서 벗어나지는 않지만 그 개념들로부터는 벗어난다——다시 얻는다면, 한때 『계몽의 변증법』으로 결합되었던 세 가지 계기들은 물론 다시 분리된다. 주체성은 현대성의 원리로서 현대성의 규범적 내용을 규정해야만 한다. 동시에 주체중심적 이성은 인류적 총체성을 이분하는 추상화를 야기한다. 그렇지만 주체성으로부터 나와, 주체성의 편협함을 초월하는 자기반성만은 화해의 권력으로서 보존된다. 실천철학은 이러한 기획을 자기방식대로 차용하여 자기것으로 만들었다. 마르크스에게는 계급대립의 분석, 계급대립의 혁명적 극복과 축적된 생산력에 내재하는 해방적 내용의 방출이 근본개념적으로 결합된 계기들을 형성한다. 이러한 시각에서 보면 언어적으로 생산된 상호주관성의 구조들로부터 도출되고 생활세계의 합리화 과정에서 구체화된 이성개념은 그 자체 이성적인 실천이라는 역사적으로 사용된 개념에 대한 어떤 등가물도 제공하지 않는다. 사회를 파악하는 개별주체들을 포괄하는 자기관계적 대주체로 사회를 이해하는 실천철학적 관점을 포기하면, 위기의 진단과 극복을 위한 모델에 대한 상념들은 사라지며, 분열과 혁명의 모델도 사라진다. 의사소통적 행위에 선천적으로 주어져 있는 이성의 잠재력을 점진적으로 방출하는 것을 더 이상 거시적 의미에서의 자기반성으로 생각하지 않기 때문에, 현대성의 규범적 내용에 관한 이 규정은 위기진단의 개념적 수단도 아니며 또 위기극복의 방식을 미리 결정하지도 않는다.

생활세계가 합리화되는 정도에 따라 갈등없는 재생산과정의 개연성이 결코 증대하지는 않는다. 단지 갈등이 등장할 수 있는 차원의 수준이 달라진다. 생활세계구조들의 분화와 더불어 사회병리학적 현상들이 나타나는 형식이 ——
어떤 구조적 요소들이 어떤 측면에서 불충분하게 충족되는가에 따라서 —— 다
양해진다. 의미상실, 아노미적 상태들, 정신병리학들은 유일하지는 않지만 가
장 눈에 띄는 징후들이다. [4] 그러므로 대(大)주체의 분열이라는 모델 속에서
계급대립을 중심으로 묶을 수 있었던 사회병리학들의 원인들은 광범위하게 펼
쳐진 역사의 우연성들로 분산된다. 경제적, 관료제적 합리성의 형식들, 즉 합
리성의 인지적-도구적 형식들의 우세가 두드러진다는 점에서만, 현대사회의
병리학적 특징들은 형태를 갖춘다. 불균등하게 발전된 합리성의 잠재력들의 모
난 얼굴은 분열된 거대 주체의 자기매개의 순환과정이 막혀 버렸다는 사실을
설명에서 배제한다. [5]

　우리가 이러한 생각을 가지고 실천철학이 처음에 출발하였던 문제를 전혀
건드리지 못한다는 점은 분명하다. 우리가 이제까지 생활세계의 물질적 재생
산을 고려하지 않는다면, 예전의 문제수준에까지도 다다르지 못한다. 마르크
스는 "노동"을 근본개념으로 선택하였다. 그것은 시민사회의 구조들이 추상적
노동에 의해, 즉 시장을 통해 통제되고 자본주의적으로 평가되고, 경영적으로
조직된 이윤획득의 노동 유형에 의해 얼마나 점점 더 강렬하게 각인되고 있는
가를 그가 관찰할 수 있었기 때문이다. 이러한 경향은 그동안 명백히 약화되
었다. [6] 그러나 그로써 마르크스가 소외된 노동의 실체적 추상화에서 분석하

---

4) 이에 관해서는 J. Habermas(1981), Bd. Ⅱ, 215쪽, 도표 22를 볼 것.

5) 거부된 적대관계를 은폐하는 이데올로기들은 더 이상 집단의 허위의식 탓으로 돌
　 릴 수 없다. 이데올로기들은 체계적으로 왜곡된 일상적 의사소통의 원형으로 환원
　 된다. 담론의 외면적 조직이 다른 수로는 더 이상 은폐할 수 없는 압박을 담론의
　 내면적 조직으로 전이시켜 왜곡시킴으로써 의미와 타당성, 의미와 지향, 의미와
　 행위의 실행의 내면적 상관관계가 해체되는 곳이 바로 일상적 의사소통이다. 이에
　 관해서는 J. Habermas, "Überlegungen zur Kommunikationspathologie." *Vorstudien
　 und Ergänzungen zur Theorie des kommunikativen Handelns* (Frankfurt/M., 1984),
　 226쪽 이하. 그러므로 왜곡된 의사소통 속에서 헤겔의 분열된 인륜적 총체성과 마
　 르크스의 소외된 실천이 손상된 상호주관성의 형식으로 인식될 수 있다. 푸코의
　 담론분석 역시 바로 이 차원에서 형식화용론의 수단을 통해 보완되어야 한다.

6) C. Offe, "Arbeit als soziologische Schlüsselkategorie ? ", *Arbeitsgesellschaft* (Frankfur-
　 t/M., 1984), 13쪽 이하.

였던 사회병리학의 유형은 결코 사라지지 않았다.

3

　의사소통이론적 관점은 이상화하는 추상화를 희생해야만 현대성의 규범적 내용을 구조할 수 있는 것처럼 보인다. 순수 의사소통적 이성의 순수주의에 대한 의심이 다시 한 번 제기된다. 이번에는 물질적 재생산을 고려하지 않고 합리화된 생활세계를 추상적으로 서술하는 데 대한 의심인 것이다. 이런 의심을 약화시키기 위하여 우리는 의사소통이론이 다음 사실을 설명하는 데 기여할 수 있다는 점을 보여주어야 한다. 즉 시장의 형식으로 조직된 경제가 현대에서 어떻게 폭력을 독점하는 국가와 기능적으로 결합되어 있으며, 생활세계에 대해 규범으로부터 면제된 일종의 사회성으로서 독립하고, 또 체계보존에 근거를 두고 있는 자신의 명법을 생활세계의 명법에 대립시키는가를 설명하는 데 기여할 수 있음을 보여주어야 하는 것이다. 마르크스는 이와 같은 체계명법과 생활세계명법의 충돌을 처음으로 죽은 노동과 산 노동, 추상적 노동과 구체적 노동의 변증법적 형식으로 분석하였으며, 전통적 생활세계에 대한 새로운 생산방식의 침투에 관한 사회사적 자료를 가지고 인상적으로 서술하고 있다. 자본의 자기평가라는 독특한 논리를 통해 처음으로 명백해진 체계합리성의 종류는 물론 그동안 다른 행위의 영역들을 점령하고 있었다.

　생활세계들은 구조적으로 광범위하게 분화될 수 있다. 그것들은 각각 문화적 재생산, 사회적 통합, 사회화의 기능영역들을 전담하는 고도로 특수화된 부분체계들을(하위체계 부분들의 부분들을) 발전시킬 수 있다. 모든 생활세계의 복잡성은 상호이해 메커니즘의 적은 적재력으로 인해 좁게 제한되어 있다. 생활세계가 합리화하는 정도에 따라서 의사소통적 행위자들에게 부담지워지는 상호이해의 비용이 증가한다. 따라서 타당성 요청의 이중적 부정을 통해서만 구속 효과를 산출하는 의사소통이 안고 있는 불일치의 위험부담도 동시에 증가한다. 정상언어는 위험한 동시에 비용이 많이 들며, 성취능력에 있어 제한되어 있어 유동적이지 못한 행위 조정 메커니즘이다. 개별적 언어행위의 의미를 생활세계의 복잡한 의미지평으로부터 떼어놓고 생각할 수 없다. 그것은 상호작용 참여자가 직관적으로 알고 있는 배경지식과 밀접하게 연관되어 있다. 상호이해지향적 언어사용의 충만한 함의, 풍부한 기능과 변형능력은 일상실천의 의사소통능력을 자의적으로 확장하는 것을 결코 허용하지 않는——상호이해 지향적 언어의——총체성 연관의 이면에 불과하다.

생활세계들은 단지 제한된 범위의 조정 비용과 의사소통 비용을 물 수 있기 때문에 복잡성의 수준이 일정한 정도에 이르면, 파슨즈가 화폐의 예를 통해 연구하였던 것과 같은 특별한 종류의 특수언어가 일상언어의 부담을 덜어주어야 한다. 행위조정의 매체가 더 이상 모든 언어기능들을 위해 동시에 요구되지 않아도 된다면, 면책과 부담 경감의 효과가 나타난다. 일상언어의 부분적인 대체와 함께 의사소통적으로 조종된 행위와 생활세계의 콘텍스트와의 결합도는 약해진다. 이런 방식으로 풀려난 사회적 과정들은 "탈세계화"된다. 즉 총체성의 연관들과 상호주관성의 구조들로부터——이들을 통해 문화, 사회, 인격성은 서로 결합되어 있다——벗어나게 되는 것이다. 그와 같은 부담 경감을 위해서 특히 물질적 재생산의 기능들이 제공되는데, 그것은 물질적 재생산이 의사소통적 행위들을 통해 충족될 필요가 없기 때문이다. 물질적 실체의 상태가 변하는 직접적인 까닭은 객관세계에 목표지향적으로 간섭한 결과가 응집되어 나타나기 때문이다. 물론 이와 같은 목적론적 행위들도 조정을 필요로 한다. 즉 그것들은 사회적으로 통합되어야 한다. 그러나 통합은 이제 빈곤해지고 규준화된 언어를 통해 이루어질 수 있다. 이 언어는 기능특수적 행위들, 예컨대 상품과 직무의 생산과 분배를 조정하지만, 위험하고 비경제적인 상호이해과정의 비용 때문에 사회적 통합에 부담을 주지 않으며, 또 일상언어의 매개수단을 통해 문화적 전통이나 사회화의 과정과 역으로 결합하지도 않는다. 이와 같이 특수하게 암호화된 통제언어의 조건들로는 화폐라는 매개수단이면 족하다. 정상적 언어로부터 화폐는 (교환의) 규준적 상황들에 맞추어져 있는 하나의 특수암호로서 분화된 것이다. 이 특수암호는 생활세계의 자원들을 요구할 필요도 없이, 미리 장치되어 있는 (공급과 수용의) 선호체계의 구조를 토대로 행위결정들을 효율적으로 조정한다.

그러나 화폐는 특수한 방식으로 탈세계화된 상호작용의 형식들뿐만 아니라 ──화폐를 매개수단으로 하여 환경세계와의 관계를 처리하는── 특수기능적 부분체계의 형성을 가능하게 한다. 역사적으로 고찰하면, 내부적 교통뿐만 아니라 비경제적 환경들과의 (예를 들면 사적인 가계와 국가와의) 교환과정을 화폐적 경로를 통해 규제하는 경제체제가 자본주의와 함께 생성되었다. 한편으로는 임금노동의, 그리고 다른 한편으로는 조세국가의 제도화는 새로운 생산방식을 구성하는 요소였을 뿐만 아니라 경제체제의 내부에서 자본주의적 경영을 조직하는 구성요소이기도 하였다. 생산과정이 임금노동으로 환산되는 정도에 따라, 그리고 국가의 제도적 장치가 종사자의 세수입을 통해 생산과 역으로 결합되어 있는 정도에 따라 보충적 환경세계들이 형성된다. 한편으로는 국가의 제도적 장치는 대중매체를 통해 조정되는 경제체계에 의존되었다. 그런데 이러한 사실로 인하여 특히 관직과 인물에 결합되어 있는 권력이 조정적 매개수단의 구조에 동화되고, 또 권력이 화폐에 동화된다. 다른 한편으로 전통적 노동형식과 생활형식들은 경영의 형식으로 조직된 임금노동이 침투해 들어오면서 해체되었다. 농촌인구의 평민화와 도시에 집중되어 있는 그보다 몇 배 많은 노동계층의 프롤레타리아화는 체계적으로 야기된 일상실천의 물화를 보여주는 첫번째 표본이 되었다.

대중매체를 통해 이루어지는 교환과정과 더불어 현대사회에서는 자율적이 되어 버린 기능적 상관관계의 세번째 차원이 생겨난다. 다시 말해 그것은 단순한 상호작용을 넘어서고, 아직 생활세계적으로 수용되어 있는 조직형식들을 넘어서는 차원이다. 하부체계로 독립하여, 생활세계의 지평을 넘어서는 상호작용의 연관관계들은 규범으로부터 벗어난 사회성이라는 제2의 본성으로 굳어진다. 체계와 생활세계의 이와 같은 분리는 현대 생활세계 내에서는 생활형식들의 물화로서 경험된다. 이러한 경험에 헤겔은 "실정적인 것"이라는 개념과 이분된 인륜적 총체성이라는 개념으로 대응한다. 더욱 특수하게 마르크스는 소외된 산업노동과 계급대립에서 시작하였다. 물론 주체철학적 전제조건 때문에 두 사람 모두 체계적으로 통합된 행위영역의 고유 의미를 과소평가하였다.

이 행위영역들은 상호주관적 구조들로부터 분리되어 사회적으로 통합되고, 이제 생활세계의 내부에서 분화된 행위영역들에 어떤 구조적 대비물도 제시할 수 없다. 헤겔과 마르크스에게서 욕구의 체계 또는 자본주의적 사회는 추상화 과정으로부터 산출되지만 이 과정은 인륜적 총체성 또는 이성적 실천을 여전히 지시하고 또 이들의 구조에 예속되어 있다. 추상화는 보다 높은 차원의 주체가 자기관계와 자기운동을 함에 있어 아직 독립되지 않은 계기들이다. 물론 추상화는 다시 자기관계와 자기운동으로 흡수되어야 한다. 마르크스에게 있어서 이와 같은 추상화의 지양은 혁명적 실천의 형태를 띠고 있다. 혁명적 실천은 자본의 자기평가가 지닌 체계적 고유 의미를 파괴하고, 독립한 경제과정을 다시 생활세계의 지평으로 끌어들이며, 필연성 영역의 명령으로부터 자유의 영역을 구원한다. 생산수단의 사적 소유에 있어서의 혁명은 동시에 자본주의적 경제를 분화시켰던 매개수단의 제도적 토대들에 영향을 미쳐야 한다. 그 혁명은 가치법칙의 지배를 받고 경직되었던 생활세계에 다시 자발성을 되돌려 주어야 한다. 그렇게 되면 동일한 순간에 자본의 객관적 허상은 무로 해체된다.

체계적으로 물화된 행위영역들을 이렇게 정신 또는 사회의 자발적 자기관계 속으로 융해시키는 것은, 우리가 이미 살펴본 바와 같이, 이미 우파적 헤겔 제자의 첫번째 세대에서 강력한 반발에 부딪쳤다. 그들은 국가와 사회의 분화에 반대하여 사회체계와 국가적 주체 사이의 객관적 차이를 고집한다. 신보수주의적인 이들의 후예들은 이 명제를 이미 긍정적인 것으로 전환시키고 있다. 한스 프라이어(Hans Freyer)와 요아힘 리터(Joachim Ritter)는 문화와 사회의 사물화라는 역동성 속에서 오직 추구할 만한 가치가 있는 주관적 자유의 영역을 구성한다는 이면만을 본다. 겔렌 역시 이 영역이 사태에 적합한 모든 명법으로부터 방면된 공허한 주체성의 영역이라고 비판한다. 또한 루카치를 추종하여 물화의 개념을 고수하는 사람들마저도 서술에 있어서는 자신들의 반대자들과 점점 더 일치한다. 자기관계적 체계들의——우리가 영향을 미칠 수 없는——순환과정에 대해 주체들이 무력해진다는 사실이 그들에게 점점 더 강한 인상을 준다. 어떤 사람이 사회적 결정태라고 찬미하는 것을 다른 사람은 부정적 총체성이라고 비난하든, 또는 어떤 사람이 사태법칙성이라고 기술관료적으로 확정하는 것을 다른 사람이 고발하든, 그것은 아무런 차이도 없다. 이와 같은 사회적 시대진단의 경향은 수십 년 전부터 체계기능주의가 핵심으로 삼고 있는 요점을 향해 진행되고 있다. 체계기능주의는 주체들 자체를 체계로서 분해시킨다. 아도르노가 여전히 부정적-변증법적으로 고립시켜, 스스로 만든 운명이라고 확언하였던 "개인의 종말"에 체계기능주의는 말없이 봉인하고 있는 것이다. 니클라스 루만(Niklas Luhmann)은 상호주관성의 구조들이 붕괴되었고, 개인들이 생활세계로부터 분리되었으며, 인격적 체계와 사회적 체계들은 서로가 서로에게 환경세계라고 간단히 전제한다.[7] 마르크스가 혁명적 실천이 실패할 경우에 전제하였던 야만적 상태를 특징짓는 것은 생활세계가 사용가치와 구체적 노동으로부터 분리된 가치평가과정의 명법들 밑으로 완전히 포섭되는 것이다. 체계기능주의는 아무런 감동없이 이러한 상태가 이미 등장하였다는 사실로부터 출발한다. 그것도 자본주의적 경제의 침투영역에서뿐만 아니라 모든 기능체계들의 앞마당에서도 이미 그렇다는 것이다. 주변화된 생활세계는, 그 자체 매체들에 의해 통제되는 하부체계로 변하여 마치 뱀 허물처럼 의사소통적 일상실천을 벗어 버릴 때에만, 살아남을 수 있다는 것이다.

루만 식의 체계기능주의는 한편으로 주체철학의 유산을 물려받는다. 이 체계기능주의는 자기관계적 주체를 자기관계적 체계로 대체한다. 다른 한편으로 이 체계기능주의는 니체의 이성비판을 급진화한다. 생활세계의 총체성을 인용하면서 모든 종류의 이성요청을 폐지하는 것이다.[8]

---

7) 이에 관해서는 니클라스 루만에 관한 다음의 부언설명을 참조할 것.

8) 이성비판자들과 마찬가지로 루만 역시 니체의 후예에 속한다는 사실은 우리가 니체에 의해 실행된 단순한 이데올로기 비판의 총체화를 다시 한 번 주체철학적 관점에서 재현해 보면 더욱 잘 이해할 수 있다. 이 점에서는 허구와 진리에 관한 디터 헨리히(Dieter Henrich)의 고찰이 많은 도움을 준다. 자기관계적으로 작용하는 인식주체의 —— 필연적인 것으로 구성된, 자신의 기준에 의해 타당한, 내면적으로 일관성있는 —— 표상관계가 출발점을 이룬다. 이 "자신을 위한" 합리적 상관관계는 외면적 관찰자인 "우리에 대해서는" 하나의 허구적 세계로 폭로될 수 있다. 그것은 만약 이 허구세계가 이 세계에 선행하는 접근불가능한 콘텍스트에서 "인식으

루만이 상반된 이 두 가지 전통들의 반성내용을 퍼내어, 칸트와 니체의 사
상적 모티브들을 두뇌학적 언어유희를 통해 결합시키고 있다는 사실은 그가
사회의 체계이론을 정착시키고 있는 수준을 특징짓는다. 푸코가 초월적-역사
적 권력개념의 도움을 받아 담론구성체에 부여하였던 동일한 특성들을 루만은

로서가 아니라 오직 작용하는 방식의 도구로서만 서술되어야 한다면 그렇다. 이
세계를 필연적으로 구성되어 내면적으로 비판될 수 없는 합리적 의미연관으로 확
인하고, 또 비록 이 척도는 아니라고 할지라도 합리성의 척도를 소유함으로써만,
폭로하는 비판가는 허구적 세계에 거리를 둘 수 있다. "비판적 의도는 자신의 고
유한 권리를 요구하는 합리성이 결국 사심이 없는 한에서만 지배할 수 있다. 이런
한에서만 허구의 비판은 궁극적으로 비허구적 이성으로 다가갈 수 있는 길로서 타
당성을 가진다. 그런데 이러한 비판 형식은 합리성 자체와 결합되었던 모든 기대
들의 총괄개념에도 대항할 수 있다. (……) 그렇게 되면 이것은 허구 자체의 허구
적 작용을 정당화하는 근거지움의 새로운 형식이 된다." D. Henrich, "Versuch
über Fiktion und Wahrheit", *Poetik und Hermeneutik*, Bd. X (München, 1984), 513쪽.
   이런 행보를 무조건 취하는 총체적 이데올로기 비판가는 자신의 시도가 진리를
향하고 있다고 순진하게 생각할 수 없다. 그는 자신의 의식적 삶을 밑바탕에 놓여
있는 허구를 창조하는 생명권력의 생산성과 자유와 동일시한다. 그렇지만 바로 이
점에서 길이 갈라진다. 한편으로, 비판의 사업은 범죄적 힘을 가지고 자신의 자기
관계적 주체성의 폐쇄적 범위를 파괴하고 이 주체성에 대해 거리를 두는 모든 것
을 억압하고, 배척하고, 추방하는 허구적대적 이성 전체로 확장된다. 이 급진적
이성비판에 있어서는 진리 타당성이 오직 객관영역에서만 등장할 수 있다. 이성비
판 자체는 허구를 생산하는 생명력의 지평으로부터, 즉 심미적 경험지평으로부터
신뢰성을 확보할 수 있다. 모순적으로 실행되는 비판의 이와 같은 —— 인정하지는
않지만 데리다에까지 이어지는 —— 심미화에 대해 다른 대안이 물론 제시된다. 비
판의 의도 자체를 포기하기만 한다면, 우리는 이데올로기 비판의 둘째 단계에서
성취한 수준을 유지하면서 사유를 다른 방향으로 지속할 수 있다. 그렇게 되면 개
별적 관심은, 주체들이 그때그때 자기관계적으로 구성된 세계라는 삶에 기여하는
허구를 통해 어떻게 자신의 근원적 생산성과 자유를 관철시키는가 하는 문제에 모
아질 수 있다. 이 시도는 두번째 반성을 통해 해명된 "사건의 차원"을 즉시 이용
한다. "이 사건은 그 자체 순수하게 사실적이기는 하지만, 자신을 구성하기 위하
여 통찰이라는 환상을 필요로 하는 특성을 가지고 있다." D. Henrich(1984), 514
쪽. 허구를 부정하는 이성은 더 이상 대상이 아니다. 기능의 관점에서 긍정할 수
밖에 없는 자신의 허구를 가지고 또 이 허구로서 살아가는 주체들의 삶을 고양시
키는 자기보존의 생산이 이제 대상인 것이다.
   이는 동시에 의미있는 삶의 재생산에 구성적 역할을 하는 진리 타당성의 기능주
의적 긍정을 의미한다. 의미있는 삶의 재생산의 인식을 전문으로 하는 이론은 그
때그때의 인식주체의 인식관점과 연관된 —— 그 이상도 그 이하도 아닌 —— 바로

자기관계적으로 작용하고 의미를 작업해 내는 체계들로 옮겨놓는다.[9] 이성개념을 버리면서 이성비판의 의도마저 포기하기 때문에, 그는 푸코가 고발의 의미에서 의도하였던 모든 명제들을 단순히 서술적인 것으로 전환시킨다. 이런 측면에서 루만은 사회적 현대성에 대한 신보수주의적 긍정을 극도까지 밀고 나간다. 즉 포스트모더니즘의 변론인들이 어떤 방식으로로건 주장할 수 있었던 모든 것이 아무런 고발도 없이, 그리고 좀더 세밀하게 이미 미리 사유되어 있었던 반성의 경지에까지 이끌고 간다. 게다가 체계기능주의는 자신의 위상에 관해 어떤 설명도 할 수 없다는 비난을 받지도 않는다. 체계기능주의는 주저하지 않고 스스로를 학문체계에 소속시키며, "분과보편적" 주장을 가진 이론으로서 등장한다. 마찬가지로 우리는 체계기능주의에 대해 단순화와 평준화의 경향이 있다고 힐문할 수도 없다. 개념화의 힘, 이론적 환상, 작업능력의 관점에서 오늘날 비교할 수 없을 정도로 정치(精緻)한 루만의 이론은 기껏해야 이 이론의 "추상화의 이익"에 대한 대가가 너무 큰 것이 아닌가 하는 의심을 불러일으킬 뿐이다. 재개념화라는 지칠 줄 모르는 탐욕스러운 늑대는 다시 말해 "아직 복잡하지 않은"(복잡성 수준 이하의) 생활세계를 소화되지 않는 잔류물로서 배설한다. 체계기능주의는 전과학적 위기경험들에 대한 모든 접촉통

이 진리 타당성을 요구해야만 한다. 다시 말해 이론은 주체에 대해 타당성을 지닌 허구적 세계의 덕택으로만 스스로를 재생산하는 주체의 자기고양적 보장의 산물로서 이해되어야 한다. 우리가 임의의 주체를 생각하지 않고 고도로 전문화된, 즉 자기인식의 훈련을 받은 인식주체를 생각한다면, 관점주의가 가지고 있는 공포의 일부는 사라진다. 이 점은 대충 사회이론을 복잡성 축소에 의존하고 있는 사회의 부분체계의 업적으로서 상대화시키는 체계이론의 자기적용과도 맞아떨어진다. 루만은 바로 이렇게 행한다.

루만은 칸트와 니체의 통찰을 독창적 방식으로 결합시키기 위하여 생물학에서 입증된 두뇌학과 일반 체계이론의 근본개념을 이용한다. 자신의 초월적 지위를 상실하고 경험적 주체의 단계로 추락한 초월적 주체의 세계구성적 업적들은, 의미를 생산하기 위해 자기관계적으로 작용하고 또 자신의 환경세계를 재현할 능력을 가지고 있는 체계의 업적으로서 개념화된다. 진리와 환상의 차이가 의미를 잃어버린 주체들의 생명고양적 자기보존의 —— 허구를 생산하는 —— 생산성은 의미를 사용하여 환경세계의 복잡성을 극복하고 자신의 복잡성을 증대시키는 체계의 자기보존으로서 개념화된다. 이에 관해서는 루만에 관한 다음의 부언설명을 참조할 것.

9) 악셀 호네트가 이를 나에게 주지시켰다. A. Honneth(1985), 214쪽 이하.

로를 끊어 버리지는 않은 사회이론의 관심을 끄는 현상영역을 배제하는 것이다.

자본주의 경제와 관련하여 마르크스는, 매체를 통해 통제되는 경제체계와 함께 형성되는 체계분화의 새로운 수준과 이 체계를 제도화하는 계급특수적인 형식들을 구별하지 않았다. 마르크스에게 문제가 되는 유일한 징후는 계급구조들의 제거와 더불어 기능적으로 분화되고 물화된 상호작용 영역들의 체계적 고유 의미를 해체하는 것이었다. 루만은 보충적 오류를 저지른다. 새로운 수준의 체계분화에 직면하여 그는 화폐나 권력과 같은 조종수단들이 —— 이들을 통해 기능체계들은 생활세계와 분리하여 뚜렷이 형성된다 —— 다시 생활세계 속에서 제도화되어야 한다는 점을 간과하고 있다. 그렇기 때문에 매개수단들이 소유규범과 헌법규범에 근거하고 있다는 사실이 가진 계급특수적 효과들이 전혀 시야에 들어오지 않는다. 모든 사람이 모든 기능체계들에 동등하게 접근할 수 있다는 의미에서의 "내포"는 분화과정의 체계필연적 결과로서 나타난다.[10] 마르크스는 혁명이 성공하고 난 다음에는 체계적으로 독립된 기능연관들이 언젠가는 무로 사라져 버린다고 생각하는 데 반해, 루만은 생활세계가 기능적으로 분화된 현대사회에서 이미 모든 의미를 상실하였다고 파악한다. 사회적 현대화의 이중적 성격을 설명하는 체계명법과 생활세계명법의 융합과 대립이 이 두 관점에서는 사라진다.

내가 다른 곳에서 발전시킨 바 있는[11] 사회적 합리화의 모순들은 아주 단순화시켜 다음과 같이 요약할 수 있다. 생활세계의 합리화는, 이를 통해 화폐와 권력이라는 매개수단들이 제대로 제도화될 수 있기 위해서는, 특정한 수준으로 성숙해야만 한다. 계층화된 계급사회들의 국가 전체의 질서 지평을 넘어서 성장하는 시장경제와 관리국가라는 두 기능체계들은 우선 고대 서양사회의 전통적 생활형식들을 파괴한다. 서로 기능적으로 맞물려 있는 두 하위체계들의 자체 역동성은 —— 화폐화 과정과 관료제화 과정이 문화적 재생산, 사회적 통합, 사회화의 핵심영역들 속으로 침투해 들어가는 정도만큼 —— 이 두 하위체

---

10) N. Luhmann, *Politische Theorie im Wohlfahrtsstaat* (München, 1981), 25쪽 이하.
11) J. Habermas(1981), Bd. Ⅱ, 제8장.

계들을 가능하게 하는 현대사회의 합리화된 생활형식들에 역으로 작용한다. 매개수단의 형태를 띠고 있는 상호작용의 형식들은, 병리적 부대효과를 각오하지 않고서는, 기능상 의사소통지향적 행위에 의존하고 있는 생활영역들을 침해할 수 없다. 발전된 자본주의 사회의 정치체계 속에서는 타협 구조들이 분명히 나타나는데, 역사적으로 보면 이것들은 자본주의적 경제과정과 폭력을 독점하는 국가장치의 고유 의미와 복잡성의 증대에 대한 생활세계의 반응으로 간주될 수 있다. 위기에 빠진 사회국가적 타협에서 오늘날 분명히 노출되고 있는 선택들 속에 이와 같은 발생사는 그 흔적을 남기고 있다. [12]

선택적 대안들은 경제적 체계명법과 국가적 체계명법에 방향을 맞춘 정치논리가 규정한다. 매개수단을 통해 통제되는 두 하위체계들은——이들은 서로가 서로에게 환경세계가 된다——그럼에도 불구하고 상호간에 지성적 태도를 취해야 한다. 자신의 비용들을 번갈아 외부에 전가함으로써 자기반성 능력이 없는 전체체계에 부담을 주어서는 안 된다. 이와 같은 정치의 활동 영역 안에서는 국가와 경제라는 두 하위체계 간에 올바로 책정된 문제부담의 분배만이 문제가 된다. 어떤 사람들은 고삐풀린 경제의 고유 역동성 속에서 위기의 원인들을 보고, 또 다른 사람들은 경제에 부과되어 있는 관료제적 사슬에서 그 원인을 발견한다. 자본주의의 사회적 제약 또는 문제들을 계획적 관리로부터 시장으로 옮겨놓는 것이 이에 상응하는 치료법들이다. 한쪽 편은 화폐화된 노동력이, 그리고 다른 편은 관료제로 인한 개인 주도권의 마비가 체계적으로 야기된 일상적 장애의 원천이라 생각한다. 그러나 양측은 모두 보호를 필요로 하는 생활세계의 상호작용 영역이 사회적 현대화의 동인들, 즉 국가와 경제에 대해 오직 수동적 역할만을 한다는 점에서는 일치한다.

사회국가적 정통파들은 그동안 도처에서 퇴각하고 있다. 반면 신보수주의자들은 사회국가적 타협을 파기하거나 또는 적어도 파기의 조건들을 새로이 정의하려는 시도를 거침없이 감행하고 있다. 신보수주의자들은 자본의 가치평가의 제반 조건들을 추진력있게 개선하기 위하여 단기적으로 처지가 나쁜 사람

---

12) 이에 관해서는 오페의 분석을 참조할 것. C. Offe, "Zu einigen Widersprüchen des modernen Sozialstaates", Offe(1983), 323쪽 이하.

들과 배제된 사람들의 생활세계에 전가될 수 있는 비용들을 감수한다. 그들은 또한 전체 사회에 역으로 영향을 미칠 수 있는 위험들도 감수한다. 점점 더 광범위해지는 주변부에서 분화되어 나온 사회의 새로운 계급구조들이 형성된다. 경제성장은 처음으로 통제할 수 없는 나선형의 군비확장과 의도적으로 결합된 혁신력에 의해 유지되고 있다. 합리화된 생활세계의 규범적 고유 의미는, 그것이 비록 선택적이라고 할지라도, 더욱 많은 분배정의를 요구하는 고전적 요청들 속에 표현되지 않고, 소위 말하는 물질적 가치들의 넓은 스펙트럼에서 표현된다. 즉 자연적 토대의 보존과 고도로 분화된 생활형식들의 의사소통적 내부구조의 보존에 대한 관심 속에서 표현된다. 이렇게 체계명법들과 생활세계명법들 사이에 생겨난 새로운 접촉 면에서는 갈등이 재연되는데, 이 갈등은 기존의 타협구조들로는 해소될 수 없다. 체계지향적 정치의 낡은 규칙에 따라 과연 새로운 타협이 실행될 수 있는가 하는 물음이 오늘날 제기된다. 또는 체계적으로 야기된 그리고 체계적인 것으로 지각된 위기들에 맞추어진 위기경영이 이제는 체계의 조정요구를 지향하지 않고 체계와 생활세계 사이의 경계과정들에 방향을 맞춘 사회운동에 의해 대체될 수 있는가 하는 물음이 제기된다.

4

이런 질문을 던짐으로써 우리는 다른 요소, 즉 대규모로 위기극복을 할 수 있는 가능성과 접하게 된다. 한때 실천철학은 그 위기극복의 수단으로 혁명적 실천을 제공하기도 했다. 전체사회가 이제는 더욱 높은 차원에 있는――자기 자신을 아는――주체로서 생각되지도 않고, 규정되지도 않고, 실현되지도 않는다면, 마비된 거시주체를 위하여 이 주체와 더불어 이 주체에 영향을 주려는 혁명가들이 들어설 수 있는 자기관계의 궤도들이 없어진다. 자기관계적 거시주체가 없다면 자기자신에 대한 사회의 작용도 생각할 수 없을 뿐더러 사회적 총체성에 대한 자기반성적 인식도 역시 생각할 수 없다. 공공적 여론형성과 의사형성이라는 상위차원의 상호주관성들이 전체사회의 차원 높은 주체의 자리를 대신하게 되면, 이런 종류의 자기관계들은 의미를 상실한다. 과연 "자기자신에 대한 사회의 작용"을 말하는 것이 변화된 전제조건하에서 의미가 있는지 하는 물음이 제기된다.

자기작용은 한편으로는 사회가 자기이해의 과정에서 자기자신에 관한 지식을 형성하는 반성적 중심을 요청하고, 다른 한편으로는 부분으로서 전체를 위하여 행위하고 전체에 영향을 미칠 수 있는 실행적 체계를 요청한다. 현대사회들은 이 두 가지 조건들을 충족시킬 수 있는가? 이 조건들에 관하여 체계이론은 "중심기관이 없는"[13] 비중심적 사회상을 제시한다. 이에 따르면 뒷받침을 해주는 지주가 없는 생활세계는 경제, 국가, 교육, 과학 등등과 같은 기능적으로 특수화된 부분체계들로 분열된다. 말라빠진 상호주관적 관계들을 기능적 연관관계로 대체한 체계의 단자들은 자신들의 불안정한 평형상태가 사회 전체적으로 조절될 수 없음에도 불구하고 서로 대칭적 관계를 맺는다. 그들과 함께 작용하는 전체사회적 기능들 중의 어떤 것도 전체사회적 우선권을 가지지 못하기 때문에, 이 체계단자들은 상호적으로 균형을 유지해야만 한다. 부분체계들 가운데 어떠한 것도 위계질서의 최상부를 차지할 수 없으며, 계층화된 사회에서 한때 황제가 자신의 제국을 대변하였던 것처럼 전체를 대변할 수도 없다. 현대사회들은 더 이상 중심적 자기반성의 장치와 조정의 장치를 가지고 있지 않다.

체계이론적 시각에서 보면, 오직 부분체계들만이 —— 그것도 자기자신의 고유한 기능과 관련하여 —— 자기의식과 같은 것을 발전시킬 뿐이다. 여기서 전체는 오직 부분체계의 관점에서 그때그때 이 체계의 사회적 환경세계로서 반영된다. "그렇기 때문에 무엇이 존재하고 있고, 무엇이 타당한가에 관해 전체사회적으로 기능하는 합의를 얻어내기는 어렵고 또 본래 불가능하다. 합의로서 이용되는 것은 인정된 잠정협약의 형태로 기능한다. 그밖에도 본래 생산적이며 특수기능을 가진 종합된 현실들이 복잡성의 수준 위에서 존립한다. 그런데

---

13) Luhmann(1981), 22쪽.

개별적인 기능체계들이 각각 이러한 종합된 현실을 누릴 수는 있으나, 이것은 더 이상 집합체(congregatio corporum), 세계우주(universitas rerum)의 의미에서 세계의 총체성으로 합계될 수 없다."[14] "잠정협약의 과도상태"를 루만은 각주에서 다음과 같이 설명한다. "후설의 현상학이 '생활세계'라는 제목을 가진 이 과도상태에 구체적 아프리오리라는 최종적으로 타당한 출발의 토대를 부여한 것은 사회학적 토론에 지대한 영향을 미친 독특한 결정이었다." 생활세계에 일종의 "존재우선권"을 요청한다는 것은 사회학적으로 견지할 수 없다는 것이다.

후설적 선험주의의 유산은 다양한 형태의 사회현상학에게 하나의 부담이 될 수도 있다.[15] 그러나 의사소통이론적 생활세계의 개념은 초월철학의 담보로부터 해방되었다. 우리가 언어적 사회화의 근본사실을 고려하고자 한다면, 생활세계의 개념을 쉽게 포기할 수 없다. 모든 참여자들이 상호주관적으로 공유하고 있으며, 언어상황을 지향하고 또 신체중심적 근거를 가지고 있는 하나의 생활세계를 전제하지 않는다면, 상호작용의 참여자들은 조정력있는 언어행위를 실행할 수 없다. 단수이건 아니면 복수이건 간에 1인칭의 관점에서 상호이해 지향적으로 행위하는 사람들에게는 모든 생활세계가 의미연관과 지시연관의 총체성을 형성한다. 이 총체성은 역사적 시간, 사회적 공간과 의미론적 장소의 좌표체계에서 영점을 이룬다. 게다가 상호 충돌하는 다양한 생활세계들은 서로 이해하지 못한 채 병렬적으로 존립하고 있는 것은 아니다. 그들은 총체성들로서 자신들의 보편성 요청의 흐름에 따르며, 상호이해의 지평이 —— 가다머가 말하는 바와 같이 —— 서로 "융해될" 때까지 상호 간의 차이를 마모시켜 없애 버린다. 그렇기 때문에 훨씬 탈중심화된 현대사회 역시 의사소통적 일상행위 속에 자기이해의 잠재적인 중심을 가지고 있다. 기능적으로 특수화된 행위체계들 역시 생활세계적 지평을 넘어서지 않는다면, 이 중심이 직관적으로 미칠 수 있는 범위 내에 있게 된다. 이 중심은 물론 투사된 것이지만,

---

14) N. Luhmann, *Gesellschaftsstruktur und Semantik,* Bd. Ⅰ (Frankfurt/M., 1980), 33 쪽.

15) U. Mathiessen, *Das Dickicht der Lebenswelt* (München, 1984).

실제로 작용하고 있다. 상대를 앞서기도 하고 능가하기도 하면서 자신에게 동화시키고자 하는 다양한 중심의 총체성 기획들은 상호경쟁적인 중심점들을 생산한다. 집단적 정체성들 자체도 해석들의 물결 속에서 부침을 계속한다. 따라서 그것들은 자기반성이라는 안정적 중심보다는 오히려 불안정한 그물망의 상에 더욱 부합된다.

일상실천은 어쨌든——더 이상 대변적 자기서술이라는 전통적 형식들을 통해 자기자신에 관한 지식을 소유하고 있지 않은——비계층적 사회에서도 역시 자기이해와 정체성 형성의 자생적 과정을 위한 장소를 제공한다. 현대사회에서도 역시 여러 음향의 음울한 총체성의 기획으로부터 불명료한 공동의식이 형성된다. 이 의식은 특수한 주제와 정리된 작업을 수단으로 하여 압축될 수 있고, 더욱 분명하게 서술될 수 있다. 그것은 보다 차원 높고 압축적인 공론영역의 의사소통과정 속에서 더욱 커다란 명료성을 성취할 수 있다. 처음에는 서적 인쇄와 언론, 다음에는 라디오와 텔레비전과 같은 의사소통 기술들은 발언들을 임의로 선택한 콘텍스트에 사용될 수 있도록 만든다. 또 그것은 지방적 공론영역과 초지방적 공론영역, 문학적, 과학적, 정치적 공론영역, 정당 내의 공론영역이나 특수단체적 공론영역, 매체의존적 공론영역 또는 하부문화적 공론영역 등의 고도로 분화된 그물망을 가능하게 한다. 공론영역에서는 여론과 의사형성의 과정들이 제도화된다. 이 과정들은 아무리 특수화되었다고 할지라도 확산과 상호적 삼투를 목표로 한다. 경계들은 투과성을 가지고 있으며, 모든 공론영역은 다른 공론영역들을 향해 열려져 있다. 거의 은폐되지 않은 그들의 보편주의적 경향은 이 담론적 구조들에 기인한다. 모든 부분 공론영역들은 하나의 포괄적 공론영역을 지시한다. 이 공론영역 속에서 전체사회는 자신에 관한 지식을 형성한다. 서양의 계몽주의는 이런 경험을 작업하여 이를 자신들의 기획 규정 속에 수용하였다.

루만이 "전체사회적으로 기능하는 합의"라고 명명하는 것은 콘텍스트 의존적이며 반증될 수 있는 것이다. 즉 실제로 잠정적인 것이다. 그러나 이와 같은 전체사회의 이와 같은 반성적 지식은 존재한다. 그 지식은 단지 보다 차원 높은 공론영역들의 상호주관성 덕분에 존재하고 있으며, 그렇기 때문에 차원 높은 주체의 예리한 자기반성의 기준들을 더 이상 충족시킬 수 없다. 물론 그러한 자기이해의 중심은 사회가 자기자신에게 영향을 미치도록 하기에는 부족하다. 그러기 위해서는 공론영역의 지식과 충동들을 수용하고 실행할 수 있는 또 하나의 중심적 조정장치가 필요하다.

우리의 정치적 전통의 규범적 표상들에 따르면 민주주의적으로 정당화된 국가장치, 즉 군주로부터 국민주권으로 전환된 국가장치가 국가시민적 민중의 여론과 의사를 실행할 수 있다. 국가시민들 자신이 집단적 의식형성에 참여하지만, 집단적으로 행위할 수는 없다. 그렇다면 국가는 그렇게 할 수 있는가? "집단적 행위"는 국가가 상호주관적으로 구성된 사회의 지식을 사회의 자기규정으로 실행에 옮길 수 있다는 것을 의미한다. 그렇지만 우리는 체계이론적인 근거에서도 이러한 가능성을 회의해야 한다. 오늘날 정치는 실제로 기능적으로 분화된 부분체계들의 문제가 되어 버렸다. 그리고 이 부분체계는 다른 부분체계들에 비하여——중심적 조정을 위하여, 즉 총체성으로서의 사회로부터 나오고 다시 이 사회로 되돌아가는 자기작용에 필요한 정도를 넘어서는——자율을 소유할 수 없다.

현대사회에서는 상호주관적 자기이해의 (약한) 능력과 전체사회의 자기조직의 (결여된) 능력 사이에 분명히 비대칭 관계가 성립한다. 일반적 의미에서 자기작용의 주체철학적 모델과 특수한 의미에서 혁명적 행위의 헤겔-마르크스적 이해에 해당하는 어떤 등가물도 변화된 전제조건하에서는 존립하지 않는다.

제2차 세계대전이 끝난 이래로 노동당과 노동조합들이 사회국가적 기획의 실현과 함께 할 수 있었던 특수한 경험들을 등에 업고 이러한 인식이 널리 팽배하였다. 내가 여기서 말하고자 하는 것은 여기서 재건시기에 성공적이었던 사회국가적 입법에 수반되는 경제적 문제들이 아니다. 또한 나는 계획적 행정의 간섭권한과 간섭능력, 그리고 조정의 문제들을 말하는 것이 아니다. 나는 오히려 민주주의적으로 정당화된 국가권력을 인지하는 데 있어서의 특징적인 변화를 말하는 것이다. 이 국가권력은 자생적인 자본주의적 경제체계를 사회적으로 제한하려는 목표와, 특히 위기적 성장이 종속되어 노동하는 사람들의

418

실존과 생활세계에 미치는 파괴적인 부작용을 약화시킨다는 목표를 가지고 투입되어야만 했었다. [16] 능동적 국가는 경제의 순환과정에 간섭할 뿐만 아니라 시민들의 삶의 순환과정에 간섭한다는 사실을 사회국가의 변호인들은 별문제 없는 것으로 생각하였다. 개혁된 노동관계와 취업관계를 통해 시민들의 생활조건을 개선하는 것이 그들의 목표였다. 사회가 정치적-행정적 권력이라는 중립적 수단을 가지고 자기자신에게 작용할 수 있다는 민주적 전통의 사상이 그 밑바탕을 이루고 있다. 바로 이와 같은 기대가 무너진 것이다.

그동안에 법규범과 국가적, 유사국가적 관료제의 그물망이 점점 더 촘촘히 잠재적인 의뢰인들과 실제적인 의뢰인들의 일상을 덮어씌우고 있다. 일반적으로는 법률화와 관료제화에 관한, 그리고 특별하게는 국가 사회정책의 반생산적 효과와 사회봉사의 전문화, 과학화에 관한 확장된 논의들은 다음과 같은 점을 분명하게 보여주는 사태들에 주목하게 한다. 즉 사회국가적 기획의 실행에 사용되는 법률적-행정적 수단들은 결코 수동적이고 특성이 없는 매개수단이 아니라는 것이다. 오히려 사태의 개별화, 정상화, 감시의 제도적 운용이 이 기획들과 결합되어 있다. 물화시키고 주체화시키는 폭력을 푸코는 일상적 의사소통의 가장 정교한 모세관적 가지에 이르기까지 면밀하게 추적하였다. 규제되고, 분열되고, 통제되고, 분산된 생활세계의 변형들은 확실히 물질적 착취와 빈곤화의 명백한 형식들보다는 더욱 미묘하다. 그러나 심리적인 것과 신체적인 것으로 옮겨지고 내면화된 사회적 갈등들은 그렇다고 해서 덜 파괴적이지 않다.

오늘날 우리는 사회국가적 기획 자체에 내재하고 있는 모순을 본다. 이 기획의 실체적 목표는 평등하게 구조화된 생활형식들을 발전시키는 것이며, 이 생활형식들은 동시에 자기실현과 자발성의 활동공간도 열어놓아야만 한다. 그러나 새로운 생활형식들을 산출해야 한다는 것은 권력의 매개수단에 과다한 부담을 주는 것이 된다. 매체가 조정하는 기능체계들 중의 하나로 국가가 분화되고 난 다음에는, 그것은 더 이상 중심적 조정장치로——그 안에서 사회

---

16) 아래에서 나는 다음의 책에 실려 있는 책제목과 동일한 논문의 서술에 의존한다. J. Habermas, *Die Neue Unübersichtlichkeit*(Frankfurt/M., 1985).

가 자신의 능력들을 자기조직으로 종합할 수 있는——파악해서는 안 된다. 일반적 공론영역의——명료하지는 않지만 여전히 전체사회적으로 초점이 맞추어진——여론형성과 의사형성과정에 생활세계의 지평을 넘어서 독립적이 되어 버린 기능체계가 대립한다. 이 체계는 전체사회적 관점들에 대해 폐쇄적이고, 전체사회를 오직 부분체계의 관점에서만 지각할 수 있다.

관료제적으로 경직된 사회국가 기획에 대하여 역사적으로 냉정을 되찾으면서 "정치적인 것"에 관하여 새로운 동시에 입체경처럼 예리해진 시각이 발생한다. 오직 외형상 목적합리적으로 투입할 수 있는 권력매개수단의 체계적 고유 의미 외에도 다른 차원이 가시화된다. 복잡한 사회들이 규범적으로 자신으로부터 거리를 유지하고, 위기경험들을 집단적으로 처리할 수 있게 해주는 정치적 공론영역은 예전에 경제적 체계와 일정한 간격을 유지했던 것처럼 정치적 체계에 대해서도 일정한 거리를 둔다. 정치적 체계는 경제적 체계와 마찬가지로 문제점 있는 이중적 성격을 획득한다. 이제 정치적 체계 자체는 문제해결의 수단으로서뿐만 아니라 조정문제의 원천으로서 지각된다. 이로써 의식화되는 것은 조정문제와 상호이해 문제 간의 차이이다. 체계적 불균형과 생활세계의 병리학들 사이의 차이가 가시화된다. 즉 생활세계의 물질적 재생산에 있어서의 장애와 상징적 재생산에 있어서의 결손들 사이의 차이가 가시화된다. (동기유발의 결여 또는 정당화의 결여에 대하여) 완고한 생활세계의 구조들이 취업체계와 지배체계의 공급구조에서 야기할 수 있는 결손들과, 자신의 비용을 바깥으로 전가하는 기능체계들의 명법에 의한 생활세계의 식민지화 현상들 사이의 차이가 인식될 수 있다. 다시금 이러한 현상에서 드러나는 것은 조정업적과 상호이해의 업적들이 임의로 서로 대체될 수 없는 자원이라는 점이다. 화폐와 권력은 유대성과 의미를 살 수도, 강요할 수도 없다. 간단히 말해서, 냉철한 각성과정의 결과는 일종의 새로운 의식상태이다. 그런데 이러한 의식상태 속에서 사회국가의 기획은 어느 정도 반성적이 되어 자본주의적 경제뿐만 아니라 국가 자체를 길들이는 방향으로 나아가게 된다.

그렇지만 국가뿐만 아니라 간섭적 국가 자체도 "사회적으로 제한되어야" 한다면, 이러한 과제는 새롭게 정의되어야 한다. 사회국가 기획은 공공적 행정의 계획능력이 다른 하위체계의 자기조정 메커니즘에 자극적으로 영향을 줄 수 있다고 믿었다. 극히 간접적으로 이루어지는 이러한 "통제"가 이제 국가의 조직업적 자체에까지 확장되어야 한다면, 영향을 미치는 형태는 다시 간접적인 조종으로 규정되어서는 안 된다. 새로운 조정 잠재력은 오직 또 다른 하위체계에 의해서만 조달될 수 있다는 것이다. 설령 그와 같이 추후에 투입된 체계가 발견될 수 있다고 할지라도, 반복적인 실망과 냉철한 각성의 충격을 겪고 나면 다시금 다음과 같은 문제가 생겨난다. 즉 위기에 대한 생활세계의 지각들이 남김없이 완전히 조정의 체계연관적 문제들로 번역될 수는 없다는 문제가 발생한다.

그 대신 중요한 것은 체계와 생활세계의 교환과정에 저지선을 구축하는 것이고, 생활세계와 체계 사이의 교환과정에다 센서를 장치하는 것이다. 하여튼 고용체계의 가혹한 명법 또는 행정적 복지정책의 날카로운 부대효과에 대항하여 점진적으로 합리화된 생활세계가 보호되어야 한다면, 즉시 이와 같은 종류의 한계문제들이 제기된다. 자본주의적 노동시장이 노동력 있는 사람들의 생활사 위에 걸쳐놓은 체계적 속박, 성취하고 규제하고 감시하는 관청들의 그물망이 의뢰인들의 생활형식 위에 얽어놓은 체계적 속박, 그리고 자율적이 되어버린 핵무기 군비경쟁이 민족들의 삶에 대한 기대에 던져놓은 체계적 속박은 체계들이 더 잘 기능하는 법을 배운다고 해서 파괴되지 않는다. 오히려 여러 충동들이 생활세계로부터 기능체계의 자기조정 영역으로 흘러들 수 있어야 한다.[17] 그러기 위해서는 물론 자기조직적 자율적 공론영역들과 화폐와 권력을 통해 조정되는 행위영역들 간의 관계가 변화해야만 한다. 달리 표현하면, 사회적 통합의 차원에 있어서 새로운 권력분립이 요청되는 것이다. 유대성의 사회통합적 힘은 체계통합적 조정수단인 화폐와 권력에 대항하여 관철되어야 한다.

---

17) "사회결사적 조종이론"에 관한 빌케의 고찰이 특히 흥미로운 까닭은 저자가 자기생산적 체계들의 상호작용적 영향을 상호주관적 상호이행의 틀에 따라 분석하기 위하여 일관성없이 접근하기 때문이다. H. Willke, *Entzauberung des Staates* (Königstein, 1983), 129쪽 이하.

　나는 정당성을 획득하려는 목적에서 체계가 생산하고 유지하는 것이 아닌 공론영역들을 자율적이라고 명명한다. 일상실천의 미시영역으로부터 자생적으로 발생하는 농축된 의사소통의 중심들은 생활세계적 잠재력이 의사소통수단의 자기조직과 조기조직적 사용을 위하여 이용되는 정도에 따라서만, 자율적 공론영역으로 전개될 수 있으며, 또한 높은 차원의 상호주관성으로서 확립될 수 있다. 자기조직의 형식들은 집단적 행위능력을 강화한다. 물론 토대에 가까운 조직들은 체계로 독립된 형식적 조직들로 나아갈 수 있는 문턱을 넘어서는 안 된다. 만약 그렇게 되면, 이 조직들은 분명히 복잡성을 얻게 되지만, 그 대가로 조직목표들은 구성원들의 방향설정과 태도들로부터 이완하게 되고, 그 대신에 조직의 보존과 확장이라는 명법에 의존하게 된다. 우리가 현대사회 전체에 부과하였던 자기반성 능력과 자기조직 능력 사이의 비대칭은 여론형성과 의사형성과정의 차원에서 반복된다.

　기능적으로 분화된 부분체계들의 자기조정 메커니즘에 미치는 간접적 영향은 사회가 자기자신에게 목적지향적으로 작용하는 것과는 전혀 다르다는 점을 생각한다면, 이러한 비대칭이 반드시 장애가 되지는 않는다. 자기관계적 폐쇄성은 정치적 기능체계와 경제적 기능체계가 직접적 관여라는 의미에서의 여러 간접적 시도들을 느끼지 못하도록 만든다. 그렇지만 다시금 동일한 특성이 체계들로 하여금 자기반성의 능력을, 즉 자신의 활동에 대한 환경세계의 반응들을 지각하는 능력을 고양시키려는 목적을 가진 자극들에 대해서는 민감하게 만든다. 스스로 조직된 공론영역들은 권력과 지성적 자기제한의 영리한 결합을 발전시켜야 한다. 그런데 국가와 경제의 자기조정 메커니즘이 급진 민주주의적 의사형성의 목적지향적 결과들에 대해 민감해지도록 만드는 데 이 결합이 요청된다. 따라서 복잡성에 있어서 생활세계보다 우월하며 오직 간접적으로만 영향을 미칠 수 있는 두 하위체계들과(생활세계는 이 두 체계들의 업적에 의존한다) 생활세계 간의 경계문제로 인한 갈등 모델이(이 갈등은 그러나 생활세계에 의해 통제된다) 사회의 자기작용 모델을 대체한다.

　자율적 공론영역들의 강점은 오직 점진적으로 합리화된 생활세계들의 자원들로부터 나올 수 있다. 그 사실은 특히 문화, 즉 학문과 철학의 세계해명적,

자기해명적 잠재력에 해당되며, 엄격하게 보편주의적인 법사상과 도덕사상이 가지고 있는 계몽의 잠재력에 대해서도 타당하고, 끝으로 심미적 현대의 급진적 내용들에 대해서도 마찬가지로 타당하다. 오늘날 사회적 운동들이 문화혁명적 특성을 띠고 있다는 사실은 전혀 우연이 아니다. 그렇지만 여기서 모든 현대적 생활세계에 내재하고 있는 구조적 약점이 드러난다. 사회적 운동들은 뚜렷하게 드러나는 집단적 정체성들의 위협으로부터 추진력을 얻는다. 그러한 정체성들이 비록 특별한 생활양식의 특수주의에 묶여 있기는 하지만, 그들은 현대성의 규범적 내용을 자신의 내면에 받아들여야 한다. 즉 그때그때 특수한 것의 힘과 구체적 형태를 위태롭게 하는 반증주의, 보편주의, 주관주의를 수용해야 한다는 것이다. 프랑스 대혁명으로부터 탄생된 민주적 헌법 민족국가는 이제까지 세계사적으로 성공한 유일한 정체성의 구성체였다. 이 구성체는 일반적인 것과 특수적인 것의 계기들을 아무런 강제없이 서로 결합시킬 수 있었다. 공산당은 민족국가적 정체성을 대체할 수 없었다. 만약 더 이상 민족의 토대 위에 있지 않다면, 오늘날 보편주의적 가치지향성은 도대체 어떤 토대 위에 뿌리를 내려야 하는가? [18] 나토(Nato)로 결정화되는 대서양적 가치공동체는 국방장관들의 선전문구에 지나지 않는다. 아데나우어와 드골의 유럽은 단지 통상연합의 토대에 대한 상부구조를 제공할 뿐이다. 공동시장으로서의 유럽에 대한 반대로서 최근 좌파적 지식인들은 전혀 다른 초안을 기획하고 있다.

결연히 서양 합리주의의 유산을 받아들이는 이 전혀 다른 서양적 정체성에 관한 꿈은, 국제연합이 "제2의 미국혁명"이라는 깃발 아래 초기 모더니즘의 환상들로 후퇴하기 시작하는 시점에서 형성된다. 예전의 국가소설에서 그려진 질서의 유토피아들 속에서는 이성적 생활형식들이 자연의 기술적 지배와 사회적 노동력의 무자비한 동원과 기만적인 공생관계를 맺었었다. 행복과 해방을 이렇게 권력과 생산과 동일시한 것이 처음부터 현대의 자기이해를 혼란시켰

---

18) 이에 관해서는 J. Habermas, "Können komplexe Gesellschaften eine vernünftige Identität ausbilden?", *Zur Rekonstruktion des Historischen Materialismus* (Frankfurt/M., 1976), 92쪽 이하.

다. 즉 현대(성)에 대한 2백년 간의 비판을 불러일으켰던 것이다.

그러나 순전한 의미에서 유토피아적인, 동일한 지배의 제스처는 대중을 움직이는 풍자만화 속에서 여전히 지속되고 있다. 이데올로기 과학자들이 군사화된 우주공간의 음침한 환영들에 사로잡혀 다음 한판의 테크놀로지 승부를 위해 범세계적 자본주의라는 거인을 일으켜 세울 수 있는 혁신을 추진하는 데에는 별들의 전쟁에 관한 공상과학만으로도 충분하다. 스스로 야기한 체계적 강요로부터 벗어날 수 있는 탈출구의 비전을 경제성장, 군비경쟁, "낡은 가치들"의 갈등적 결합에 대립시킬 때에만, 그리고 합리화된 생활세계들 속에 축적된 현대성의 규범적 내용이 점점 더 복잡해지는 체계들 속에 방출될 수 있다는 혼란된 생각에 종지부를 찍을 때에만, 노후한 유럽은 다시 새로운 정체성을 획득할 수 있다. 생존 자체를 위해 시장에서 또는 우주에서의 국제적 경쟁력을 포기할 수 없다는 사실은 체계적 강요들이 응축되어 있는 일상적 확실성 중의 하나이다. 마치 힘의 놀이에 밑바탕을 이루고 있는 것이 사회적-다윈주의적 유희규칙이 아닌 것처럼, 모든 사람은 자신의 세력 확장과 간섭을 다른 사람의 세력 확장과 간섭을 들어 정당화한다. 현대적 서양은 이러한 심성이 이성의 자리를 차지할 수 있는 세계를 위한 정신적 전제조건과 물질적 토대를 만들어냈다. 이것이 니체 이래로 실행되고 있는 이성비판의 진정한 핵심이다. 서양이 아니라면 누가 자신의 전통으로부터 비전을 지닌 통찰과 에너지와 용기를 길어낼 수 있겠는가? 이 모든 것들은 체제보존과 체제고양이라는 맹목적 강요의——이미 오래전부터 이미 형이상학적이 아닌—— 초생물학적 전제조건들로부터 심성을 형성하는 힘을 얻어내기 위해 필요할지도 모른다.

부언설명

니클라스 루만 : 체계이론에 의한
주체철학적 유산의 전유

루만은 일반적 사회이론의 "개요"를 제시하였다. [19] 이로써 그는 자신의 이론적 기획을 개관할 수 있도록 수십 년 동안 지속되고 점차 확장되는 이론 팽창의 중간결산을 한다. 하여튼 우리는 이 이론에서 무엇이 진행되고 있는지 더욱 잘 이해할 수 있게 되었다. 루만의 시도는 콩트로부터 파슨즈에 이르는 사회이론의 학제적 전통과의 연결보다는 오히려 칸트로부터 후설에 이르는 의식철학의 문제사와의 접속을 찾는다. 예컨대 이 체계이론은 사회학을 보다 확실한 학문의 길로 인도하지 않는다. 그것은 오히려 결별한 철학의 후계자로서 제시된다. 이 이론은 주체철학의 근본개념과 문제설정들을 물려받으려고 하며, 동시에 주체철학의 문제해결 능력을 능가하고자 한다. 이 과정에서 실행되는 체계이론의 시각전환은 자기자신과 분열관계에 있는 현대성의 자기비판을 대상없이 만든다. 자기자신에 적용된 사회의 체계이론은 현대사회의 복잡성 증가에 대해 긍정적 태도를 취하지 않을 수 없다. 일정한 거리를 두고 주체철학적 유산을 변형시킴으로써 헤겔의 사망 이래로 현대성의 원리인 주체중심적 이성에 대해 제기된——이제까지 우리가 해명한——의심들로 말미암아

---

19) N. Luhmann, *Soziale Systeme* (Frankfurt/M., 1984).

노출된 유증자(遺贈者)의 문제들이 과연 체계이론으로 옮겨가는가 하는 물음이 나의 관심이다. [20]

1

　우리가 인공두뇌학적, 생물학적 연관관계에서 발전된 체계의 개념을 일정 수준을 유지하면서 데카르트로부터 칸트에 이르기까지 발전된 인식주체의 개념을 위하여 사용하고자 한다면, 다음과 같은 배열의 변화가 실행되어야 한다. 인식주체와——인식될 수 있는 대상들의 총체성으로서의——세계 사이의 내부-외부-관계는 체계-환경세계-관계로 대체된다. 주체의 의식활동과 연관된 문제는 세계인식과 자기인식이다. 이제 이 문제는 체계존립의 보존과 확장이라는 문제에 예속된다. 체계의 자기관계성은 주체의 자기관계성에 따라 모방되었다. 체계들은 자기자신과 관계를 맺지 않거나 또는 자기자신에 관한 반성적 확신 없이는 다른 것과 관계를 맺을 수 없다. 그렇지만 체계의 "자아"는 주체의 자아와 구별된다. 왜냐하면 체계의 자아는 칸트의 정식에 따르면 나의 모든 표상들을 수반할 수 있어야만 하는 통각적 "나는 생각한다"의 자아로 응축되지 않기 때문이다. 체계이론은 자기관계의 "자기" 또는 "자아"로부터 종합적 활동을 통해 산출된 자기의식의 동일성이라는 모든 함의들을 배제해야 한다. 자기관계성은 체계의 작용양태에 있어서의 개별적인 체계활동과 업적들을 특징짓는다. 그러나 점(點)과 같은 개별적 체계활동들로부터는——체계가 전체로서 자기자신을 현재화할 수 있고, 자기자신에 관해 자기의식의 형태로 알 수 있는——어떤 중심도 산출되지 않는다. 반성성의 개념은 이런 방식으로 의식의 개념으로부터 분리된다. 그렇게 되면 물론 사회문화적 삶의 단계를 특징짓는 자기관계성의 의식실체에 대한 등가물이 필요하다. 의식과

---

20) 수난에 익숙한 사람으로서 나는 물론, 이론을 오직 한 측면에서만 멋지게 서술한다면, 우리는 이론이 가지고 있는 풍요로움을 제대로 평가하지 못한다는 점을 알고 있다. 그렇지만 우리의 맥락에서는 이론의 이 측면만이 우리의 관심을 끈다.

일치하는 창발적(創發的, emergent) 업적으로서 루만은 "의미"라는 독특한 개념을 도입한다. 루만은 이 과정에서 상징적 표현의 의미가 보다 깊은 곳에 있는 의도를 지시하고 있다고 파악한 후설의 현상학적 서술을 사용한다. "의도"는 "의미"에 비하여 더욱 원시적인 개념이다. 마찬가지로 루만은 전(前)언어적 관점에서 "의미"를 체험과 행위의 지향성과 연관된 실행가능한 가능성들의 지시연관으로 정의한다. 이와 함께 의미를 작업하고 또는 의미를 사용하는 체계들이 자기의식의 능력을 가지고 있는 주체들의 자리를 대체한다.

의식철학적 사고형태들을 구조적 유추의 형태로 보존하고 있는 이와 같은 개념대체로부터 —— 칸트로부터 헤겔을 거쳐 마르크스에 이르는 사유운동의 배경에서 보면 —— 많은 것을 해명해 주는 계발적 귀결들이 나타난다. 첫번째 귀결은 초월적-철학적 관점의 경험주의적 전환과 연관된다. 물론 체계-환경세계-관계는 대체로 초월적 의식을 통해 구성된 세계의 전형에 따라 사유되었다. 자신의 환경세계와 경계지음으로써 체계는 이 환경세계를 자신에 대해 보편적인 의미지평으로서 구성한다. 그러나 의미의 생산작업을 하는 체계들은 단지 복수로만 등장한다. 체계들은 과도하게 복잡한 환경세계의 우연적 주변조건하에서만 생산되고 보존된다. 그리고 그것들은 경험적 주체들처럼 초월적 의식의 통일성 형식을 통해 선험적으로 조화를 이루고 있다. 초월적으로 근거지워진 한 세계의 자리에 다양한 체계상관적 환경세계들이 등장하는 것이다.[21] 체계이론가는 자신의 객관영역에서 다양한 체계-환경세계-관계들을 발견한다. 따라서 그에게는 초월적인 것과 경험적인 것의 구별이 의미가 없다.

두번째, 체계이론은 이러한 결정을 통해 헤겔이 그랬던 것과 유사한 방식으로 주관적 관념론의 한계를 넘어선다. 헤겔은 초월적 주체의 생성사의 시간적 차원에 접근할 수 있는 방법만을 발전시켰던 것은 아니다. 그는 자기의식의 근본구조가 인식주체의 영역을 넘어서 객관정신과 (절대정신)의 영역에서도 구현되어 있는 것으로 파악하였다. 주관정신만 주체성의 특성들로 특징지워지는

---

21) "모든 자기관계적 체계는 오직 이 체계가 스스로 가능하게 만드는 환경세계 접촉을 가질 뿐이다. 즉자적 환경세계는 존재하지 않는다." N. Luhmann(1984), 146쪽.

것이 아니라, 객관정신과(절대정신도) 역시 그렇다. 헤겔이 정신의 개념으로 그랬던 것처럼, 루만은 의미를 작업하는 체계의 개념을 가지고——의식을 정신적 체계로서 연구할 수 있었던 것과 유사하게——사회를 사회적 체계로서 연구할 수 있는 활동의 자유를 획득한다. 정신이 주관적 정신과 일치하지 않는 것과 같이, 의미를 작업하는 체계들은 의식에 의존하는 체계들과 일치하지 않는다. 다른 한편으로 경험주의적 전제조건들은 체계내부적 사건들과 체계환경세계 내의 사건들을 분명히 구별할 것을 요청한다. 그렇기 때문에 모든 체계들은 서로에게 환경세계를 형성하고, 체계들이 그때마다 극복해야만 하는 환경세계의 복잡성을 상호적으로 강화한다. 그러나 체계들은 주체들과 같이 보다 높은 차원의 체계의 집합체로 서로 결합하지는 않는다. 또한 그들은 총체성을 이루는 계기로서 처음부터 이 총체성 속에 얽혀 있는 것이 아니다. 이러한 관점에서 체계이론은 주관적 관념론으로부터 객관적 관념론으로의 이행을 반복 실행하지 않는다.

세번째, "실천"으로써 "자기의식"을 대체함으로써 정신의 형성과정을 자연주의적으로 전환시켰던 마르크스와의 유사점이 나타난다. 마르크스에 의하면 사회적 노동은 "유적 존재"와 환경세계로 객관화된 외면적 자연과의 신진대사 과정을 매개해야 한다. 이렇게 해야만 노동력의 소모로부터 출발하여 생산과 생산된 상품의 소비를 거쳐 노동력의 재활로 되돌아가는 순환과정이 유적 존재의 재생산적 자기생산으로서 생각될 수 있다. 체계이론은 이 순환과정을 자기생산(Autopoiesis)의 특별한 경우로 다룬다. 마르크스가 사회의 물질적 재생산에 타당하다고 보았던 것은 일반적으로 자기관계적 체계에도 타당하다. 체계에 사용된 모든 요소는 이 체계 자체에 의해 생산되어야지, 체계의 환경세계로부터 "사용할 수 있는 완제품으로서" 넘겨받을 수 없다. 의미를 작업하는 체계들의 작용이 가지는 자기관계성은 이러한 선상에서 자기생산이라는 실천적 의미를 획득하지, 자기현재화라는 이론적 의미를 갖지 않는다.

이런 전제조건에서 보면, 체계이론은 자신의 생성연관과 사용연관을 반성한다는 점을 마르크스적 사회이론과 공유한다. 체계이론적 인식활동은 사회과정의 부품과 기능으로서 반성된다. 물론 인식활동은 이 과정에서 사회적 과정을

428

자신의 대상으로서 삼는다. 그렇지만 마르크스 이론은 외면적, 내면적 자연의 폭력으로부터 해방함으로써 자기반성과 진리 타당성의 내면적 연관을 산출할 수 있도록 허용하는 이성개념을 고수한다.[22] 이에 반해 체계이론은 자신의 인식활동을 포함한 인식활동들을, 복잡성을 극복하는 체계활동 속에 흡수되도록 만들고, 그렇게 함으로써 인식으로부터 모든 무제약성의 계기를 박탈한다. 체계이론은 스스로를 기능적 분석으로서 이해하고, 이 방법으로 선택한 관계문제의 덕택으로 체계적 자기주장의 기능연관에 아무런 무리없이——즉 이러한 연관을 어떻게 해서든 초월하겠다는 의도와 초월할 수 있는 힘없이——관여한다고 생각한다.[23]

네번째, 철학적으로 반성된 체계 패러다임으로의 전환은 그밖에도 존재, 사유, 진리에 고정된 서양적 전통의 개념성을 수정하도록 만든다. 체계이론적 연구 자체가 스스로를 자신의 환경세계를 가지고 있는 하부체계로서 파악한다는 점을 우리가 분명히 인식한다면, 비-존재론적 관련틀이 분명해진다. 이 환경세계에서 관련된 체계-환경세계-관계들은 복잡성을 형성하는데, 체계이론은 이 복잡성을 파악하고 작업해야 하는 것이다. 이렇게 합리적으로 질서지워진 그리고 스스로를 유지하는 존재자 세계의 존재론적 전제조건, 인식주체와 연관되어 있고 표상될 수 있는 대상 세계의 인식론적 전제조건 또는 확연적 명제들과 연관된 실존하는 사태 세계의 의미론적 전제조건들은 단숨에 평가절하된다. 형이상학, 인식론 또는 언어분석에서 우주적 질서, 주체-객체-관계의 최종성 또는 명제와 사태들 사이의 관계의 최종성을 요청하는 모든 전제조건들은 아무런 논의도 없이 배제된다. 루만의 체계이론은 형이상학으로부터 초생물학으로 넘어가는 사유운동을 실행하는 것이다. "형이상학"이라는 표현이 우연히 생겨난 것과 마찬가지로, 우리는 "우리를 위한" 물리적 현상들의 대자성으로부터 출발하여 이 현상들을 캐묻는 사유의 의미를 이 표현에 부여할 수 있다. 마찬가지로 우리는 "그 자체를 위한" 유기체적 생명의 대자성으로부터

---

22) J. Habermas, *Erkenntnis und Interesse* (Frankfurt/M., 1968), 59쪽 이하.

23) 이 점에서는 루만이 니체를 따르지, 주체철학을 추종하지 않는다. 이에 관해서는 열두째 강의 각주 8을 참조할 것.

출발하여 이 생명을 캐묻는 사유를 "초생물학적"이라고 명명할 수 있다. 내가 여기서 말하고자 하는 것은 과다하게 복잡한 환경세계에 대항하는 자기관계적 체계들의 자기주장이라는——인공두뇌학적으로 서술된——근본형상들이다.

　체계 자체에 의해 유지되고 있는 환경세계에 대한 차이는 더 이상 물을 수 없는 최종적인 것으로서 설정된다. 스스로를 고양시키는 체계의 자기보존은 존재, 사유 또는 언명의 관점에서 규정된 이성을 대체한다. 이러한 입각점에서 루만은 자기주장의 권력을 주체에 집중된 이성의 잠재적 본질로서 폭로하고자 하는 이성비판을 추월한다. 비이성적인 것으로 해체된 이성이 체계합리성이라는 이름 아래 바로 이와 같은 기능을 수행한다고 고백한다. 이 이성은 체계보존을 위한 가능성의 조건들의 합동연주이다. 기능주의적 이성은 그 기능이 바로 복잡성을 감소하는 것으로 축소된 이성의 역설적 자기부정을 통해 표현된다. 초생물학적 관련틀이 형이상학, 초월철학과 의미론의 로고스중심적 결합을——언어기능과 타당성 요청으로부터 발전된 의사소통적 이론을 가지고 있는 의사소통이론과 같이——능가하는 것이 아니라 무시하기 때문에 그것은 축소된 이성이다. 이성은 다시 삶의 상부구조가 된다. "삶"이 "의미"의 조직이라는 수준으로 상승함에도 불구하고 이 점은 변하지 않는다. 왜냐하면 기능주의적으로 파악된 의미개념과 함께——앞으로 우리는 이 점을 보게 될 것이다——의미와 타당성의 내면적 연관이 해체된다. 그것은 푸코에서처럼 진리(그리고 타당성 일반)에게서 관심을 갖는 것은 오로지 "무엇을 진리로 간주함"의 효과뿐이다.

　끝으로 주체로부터 체계로의 이행은 우리의 맥락에서 중요한 다섯번째 귀결을 가지고 있다. 주체개념을 가지고 우리는 모든 가능한 자기관계에는 자기-지식을 통해 구성된 자아가 있다고 생각한다. 자기규정과 자기실현에도 역시 모든 정신의 운동들이 오직 자기의식에서 정점을 이루고 안정하게 만드는 저 구심력이 내재하고 있다. 체계가 자기관계에 있어서 "자기(자아)"의 자리를 차지하면, 자기-지식을 통해 전체를 하나의 중심으로 요약할 수 있는 가능성은 사라진다. 자기관계의 구조는 오직 개별적 요소에만 묶여 있다. 환경세계를 향해 열려져 있기도 한 체계의 폐쇄성을 자기관계의 구조는 하나의 중심을 통해서가 아니라 주변부와의 연결을 통해 보장한다. "자기지시라고 할 때의 '자기'는 결코 폐쇄적 체계의 총체성이 아니다. 그것은 결코——헤겔이 절대 자의 위치로 올려놓은 자기매개와 같은——"지시 자체가 아니다". "관건이 되는 것은 항상 자기생산을 담지하는 개방적 체계들의 구성연관의 계기들이다. (……) 여기서(부분적 또는 수반적) 자기지시에 관해 말할 수 있는 정당성은 아우토포이에시스적 자기생산의 가능성의 조건이 중요하다는 사실로부터 도출된다"(630쪽).

이와 같이 자기관계적 체계에는 자기가 없다는 무-자아성이 전체적으로 기능적 분화를 지향하는 사회의 비중심적 성격에서 반영된다. "그것은 전체가——우리가 그것을 국가라고 명명하든 아니면 사회라고 명명하든 간에——올바로 관찰될 수 있는 어떤 관점도 확정될 수 없다는 사실을 가져온다"(같은 곳). 현대사회의 통일성은 부분체계들의 관점으로부터 그때그때 다르게 서술된다. 전체사회적 체계가 가지는 자기의식의 중심관점은 이미 분석적 이유에서도 더 이상 있을 수 없다. 그러나 현대사회가 이성적 동일성을 형성할 수 있는 가능성을 가지고 있지 않다면, 현대(성)를 비판할 수 있는 어떤 연관점도 결여된다. 설령 우리가 아무런 방향없이 이러한 비판을 고수하려고 할지라도, 이 비판은 고대 서양적 이성개념을 이미 오래전에 넘어서 버린 사회적 분화과정의 현실로 말미암아 좌초하고 말 것이다. 물론 우리는 루만의 열정, 즉 제도화된 부분합리성들과 결합된 그의 현실감각 속에서 회의적인 헤겔우파로부터 겔렌에 이르기까지 이어졌던 지극히 독일적인 유산을 만나게 된다. 이 점을 다시 한 번 돌이켜 보기로 한다.

주체철학적으로 사유된 자기관계는 자기를 아는 주체의 동일성을 최고의 연관점으로서 전제하기 때문에, 칸트로부터 헤겔에 이르는 사유운동은 내면적 논리학에 의존한다. 동일성을 창립하는 종합과 이로써 파악된 다양성 사이의 차이마저도 궁극적으로는 동일성과 비-동일성을 포괄하는 마지막 동일성을 요청한다. 이것이 헤겔의 『차이 논문』의 주제였다. 동일한 개념적 관점에서 헤겔은 문화적, 사회적 현대의 근본경험을 평가하였다. 즉 고대 서양의 생활세계가 가지고 있는 사회통합적 활동능력에 대한 과다한 요구와 자본주의적 경제와 관료제적 국가 속에서 체계적으로 물화된 자기관계의 긴박성을 비판적으로 작업하였다. 이성이 종교의 사회통합적 역할을 대신해야만 한다는 화해철학의 근본 모티브는 동시대적 위기경험과 동시에 주체철학적 사유에 선천적으로 주어져 있는 경향성으로부터 생겨났다. 자기의식의 주체철학적 개념의 밑바탕에 놓여 있고, 처음으로 피히테에 의하여 작업되었던 대상화의 변증법이라는 문제파악의 도움을 얻어 시대진단이 이루어졌다. 자기반성은 모든 주체성의 자발적 원천으로서 대상의 형식으로부터 벗어나는 것을 대상으로 만들어야 하는 까닭에, 화해하는 이성은 대상화에 의한 인식주체의 자기관계라는 모델에 따라, 다시 말해 "반성철학적"으로 파악되어서는 안 된다. 만약 그렇게 되면, 유한한 능력이 절대적으로 설정되고, 이성의 자리는 우상화된 오성에 의해 찬탈될 것이다. 이 모델에 따라 헤겔은 정신적 삶과 사회적 삶의 추상화를 일종의 "실정적인 것"으로서 파악하였다. 이 추상화들은 오로지 철저한 자기반성의 방법을 통해서만 극복될 수 있어야 한다는 것이다. 즉 절대적 지식, 전체의 자기-지식을 자신의 텔로스로 하는 운동을 통해서만 극복될 수 있어야 한다.

주체로부터 체계로 방향을 전환함으로써 자기관계의 "자기"가 사라지기 때문에, 체계이론은 침해하고 억압하는 사물화의 작용과 일치하는 어떤 사고형태도 가지고 있지 않다. 자기관계의 주체철학적 개념 속에는 주체성의 사물화라는 오류 가능성이 구조적으로 주어져 있다. 이와 비교할 수 있는 범주오류는 체계가 자기자신을 환경세계로 오해할 수 있다는 것이다. 그러나 이러한 가능성은 규정적으로 배제되었다. 그리고 모든 체계형성과 결합되어 있는 배제의 과정들은 "배척" 또는 "추방"의 함의들을 지닐 수 없다. 체계가 자기자신을 형성함으로써 무엇인가에 대해 거리를 유지하여 자신의 환경세계로 만든다는 것은 아주 정상적인 과정이다. 역사적으로 고찰하면, 임금노동자 지위의 관철과 산업 프롤레타리아의 생성은, 그리고 중앙집중된 행정에 의한 전체인구의 구속이 결코 아무런 고통없이 실행된 것은 아니다. 그러나 체계이론은――비록 그러한 과정들을 문제화할 수 있다고 할지라도――현대사회가 특수한 부분체계의 관점으로 축소될 수 없는 위기지각의 가능성을 가지고 있다는 점을 부정해야만 한다.

기능적으로 철저하게 분화된 사회가 어떤 동일성도 소유하고 있지 않다면, 사회는 어떤 이성적 동일성도 역시 형성할 수 없다. "사회에 의해 야기된 환경세계문제들이 사회에 역으로 문제가 되는 한에서 이 문제들은 사회체계 속에 모사된다는 점, 즉 사회적 의사소통과정 속으로 들어올 수 있다는 점을 사회적 합리성은 요청해야만 한다. 이는 제한된 범위로 개별적인 기능체계들 속에서 일어난다. 그것은 마치 의학자들이 자신들에 의해 야기된 질병을 다시 관찰하게 되는 것과 같다. 그런데 더욱 전형적인 것은 기능체계가 환경세계를 통해 다른 기능체계들에게 부담을 준다는 사실이다. 특히 환경세계의 상호의존을 지각할 수 있는 사회적 하위체계가 결여되어 있다. 그러한 하위체계는 기능적 분화과정에서 있을 수 없다. 왜냐하면 그것은 사회 자체가 사회 속에서 다시 한 번 등장하는 것을 의미하기 때문이다. 분화의 원리는 합리성의 문제를 더욱 긴박하게 만들지만, 동시에 이를 더욱 해결할 수 없는 것으로 만든다"(645쪽). 루만은 이와 관련된 주체철학의 해결시도들을 조소어린 투로 거부한다. "단순한 심정을 가진 사람들은 여기서 윤리를 가지고 접근하고자 한다. 헤겔의 국가도 그리 낫지 않다. 그리고 혁명에 대한 마르크스의 희망도 별로 나을 게 없다"(599쪽).

우리는 앞에서(열두째 강의에서) 전체사회적 의식의 주체철학적 구성에 반대하는 이유들을 설명하였다. 만약 개인들이 보다 높은 차원의 전체라는 사회주체의 부분으로 이에 예속된다면, 개인들의 증대하는 운동공간과 자유정도와 같은 현대적 현상들을 올바로 자리매김할 수 없는 정합게임이 발생한다. 거시주체의 자기반성으로서 표상되는 전체사회적 의식도 역시 난제들을 제공한다. 분화된 세계에서는 사회의 총체성을 지향하는 수준 높은 인식은 기껏해야 특수화된 지식체계 속에서만 이루어지지, 자기자신에 대한 전체사회의 지식으로서 사회의 중심에서 이루어지지 않는다. 그렇지만 우리는 사회의 자기재현 개념을 포기하지 않도록 하는 대안적 개념전략을 살펴보았다. 우리는 공론영역들이 더욱 높은 단계의 상호주관성이라고 파악할 수 있다. 여기에서 동일성을 형성하는 집단적 자기귀속이 표현될 수 있다. 그리고 더욱 응축된 공론영역에서는 전체사회적 의식이 형성될 수도 있다. 그렇게 되면 이 의식은 주체철학이 자기의식에 요구해야만 하는 엄밀성 요청들을 더 이상 충족시킬 필요가 없다. 자신에 관한 사회의 지식이 집중되는 곳은 철학도 아니고 사회이론도 아니다.

항상 그렇듯이 불명료하고 내면에 있어 논쟁의 여지가 있는 공동의식을 통해 전체사회는 자기자신에 대한 규범적 거리를 유지할 수 있고, 위기지각에 대응할 수 있다. 즉 그것은 사회가 가질 수 있는 의미있는 가능성이 아니라고 루만이 부정하였던 것을 전체사회는 성취할 수 있다. "현대사회가 자신의 합리성에 대해 질의하게 되면, 그것이 무엇을 의미하게 될 것인지"는 루만에게 분명하다. 모든 반성의 행보를 통해 "합리성의 문제는 더욱 긴박해지고 동시에 더욱 해결할 수 없는 것이 된다." 그렇기 때문에 이 물음은 제기되어서는 안 된다. "합리성의 문제개요는 사회가 자신의 생존을 보장하기 위하여 이러한 형태의 문제들을 해결해야만 한다는 것을 의미하지 않는다. 생존을 위해서는 진화로 충분하다"(654쪽).

고도로 집적되고, 공론적으로 압축되었지만 생활세계와 가까운 여론형성과 의사형성의 과정들은 사회화와 개별화, 자기동일성과 집단동일성의 밀접한 결합을 드러낸다. 언어적으로 생산된 상호주관성의 개념을 가지고 있지 않은 루만은 그와 같은 내면적 결합들을 오직 전체 속에 포함되어 있는 부분들의 내포라는 모델에 의거하여서만 생각할 수 있다. 이러한 사고형태를 그는 "인본주의적"이라고 간주하고, [24] 이에 대해 거리를 둔다. 그런데 파슨즈의 예가 보여주는 바와 같이, 개념기술적으로 주체철학과 가깝다는 사실에서 암시되는 바는 고전적 모델을 단순히 모방하고 있고, 사회체계를(파슨즈에게서는 행위체계를) 심리적 체계들을 부분체계로서 포함하고 있는 전체로서 설정하고 있다는 점이다. 그러나 이로 말미암아 정당하게 비난되고 있는 주체철학의 결함

---

24) 루만은 "인본주의적 전통에서 인간이 사회질서의 내부에 있지 그 바깥에 있지 않다는 점을" 강조한다. "인간은 사회질서의 구성요소이며, 사회의 요소 자체로 여겨진다. 만약 인간이 개인으로 불려진다면, 그것은 그가 사회에 대해 더 이상 분해될 수 없는 최종 요소이기 때문이다." Luhmann(1984), 286쪽.

들이 체계이론으로 옮겨간다. 그렇기 때문에 루만은 그 이론전략적 범위을 분명히 인지하고 있는 해결책을 선택하기로 결심한다. "우리가 인간을(사회 자체의 부분으로서가 아니라) 사회의 환경세계의 부분으로 파악하면, 그것은 전통에 의한 모든 문제설정들의 전제조건들을 변화시킨다. 따라서 고전적 인본주의의 전제조건들도 변화한다"(288쪽). 그리고 반대로는 다음과 같다. "이 전제조건들을 고수하고 더불어 인간성의 관심사를 대변하려고 시도하면, 체계이론의 보편성 주장의 반대자로서 나서야 한다"(92쪽).

실제로 이와 같은 방법론적 반(反)인본주의는[25] 구체적인 부분들을 전체 속으로 포함시키는 실패한 사고형태에 반대하는 것이 아니라 "인간성의 관심사"에 반대한다. 그런데 인간성의 관심사는 전체와 부분에 관한 구체적 서술없이도 유지될 수 있다. 여기서 내가 "관심사"라는 말로 의도하는 바는, 현대사회를 개념화하는 것인데, 그것도 자기자신에 대해 전체적으로 규범적 거리를 유지하고 또 보다 차원 높은 의사소통과정을 통해 위기지각들을 처리할 수 있는 가능성을 근본개념을 선택함으로써 부정적으로 결정하지 않고서 개념화하고자 하는 것이다. 의사소통적 행위와 상호주관적으로 공유되는 생활세계가──심리적 체계와 사회적 체계와 같이 서로에게 환경세계를 구성하고 오직 외면적인 관계만을 유지하는──체계유형들 사이로 빨려 들어간다면, 이런 기능을 충족시킬 수 있는 공론영역의 구성은 물론 어떤 자리도 차지하지 못한다.

2

내각관청과 단자적으로 폐쇄된 로빈손과 같은 사람의 의식 사이의 서류 홍수는 사회적 체계와 심리적 체계를 개념적으로 분리시켜야 한다는 결정적 생각이 생겨난다. 이 과정에서 전자는 오직 의사소통에만 토대를 두어야 하고, 후자는 오직 의식에만 근거하고 있어야 한다.[26]

---

25) 겔렌의 작품을 규정하고 있는 규범적 반인본주의의 정서가 루만에게는 전혀 결여되어 있다.

심리적 체계와 사회적 체계의 추상적 분리 속에는 주체철학의 유산이 관철되고 있다. 주체-객체-관계는 체계-환경세계-관계와 마찬가지로 합의와 의사소통적으로 공유하고 있는 의미의 순수 언어적 상호주관성이라는 개념에 접근할 수 있는 가능성을 제공하지 못한다. 루만은 한편으로는 주관적 개별 관점들의 상호결합으로부터 상호주관성을 건립하는 것과——이는 피히테로부터 후설에 이르기까지 실행된 주체철학적 해결을 진화론적으로 변형시킨 것이다——, 다른 한편으로는 개별적 의식과 스스로 담지하고 있는 관점체계의 진화론적 동시근원성 사이에서 갈팡질팡하고 있다.[27]

고전적 사상이 적합한 언어이론적 근본개념들의 결핍으로 고통을 당하는 것과 마찬가지로 이 두번째 사상도 역시 고통을 당한다. 루만은 "의미"를 "의사소통"과 "의식"에 대한 중립적 개념으로 도입하는데, 그것도 의미가 의미작업의 다양한 유형의 양태로 갈라질 수 있는 방식으로 도입한다. 그렇지 않으면 의식과 의사소통의 토대 위에서 작업하는 체계들은 서로를 위하여 환경세계를 형성할 수 없을 것이다. 주체철학이 당시 그랬던 것처럼 체계이론이 비록 동

---

26) Luhmann(1984), 142쪽. "의미는 신체적 생활감정에 고정되어 있고 의식으로서 나타나는 연쇄에 부합할 수 있다. 그러나 의미는 다른 사람의 이해를 포함하고 의사소통으로 나타나는 연쇄에 부합할 수도 있다."

27) 여러 곳에서 루만은 심리적 체계가 진화론적 계열에서는 유기체적 체계와 사회적 체계 사이의 자리를 차지하며, 따라서 발생적으로는 사회적 체계보다 "앞선다"고 전제한다. 오직 심리적 체계만이 의식을 보유하고 있으며, 의식의 담지자인 인격들은 사회적 체계의 밑바탕을 이룬다(244쪽 이하). 이러한 모습은 특히 사회적 체계의 자기접촉반응과 관련된 생각과의 상관관계에서 생겨난다. 유아론적으로 설정된 행위자들 중의 한 사람이 일방적 자기확정을 함으로써 우연성의 불행한 순환과정으로부터 벗어남으로써 (Lewis의 의미에서) 사회적 질서가 생겨난다면, 사회적 체계에 참여하기 이전에 판단력과 결정력을 가지고 있는 인격들 또는 의식 담지자가 요청되어야 한다. 그렇게 되면 비로소 창발하는 사회체계가 "물리적-화학적-유기체적-심리적 현실"로부터 분리된다(170쪽 이하). 다른 한편으로 이 두 가지 체계유형들이 똑같이 의미작업의 창발적 업적을 통해 유기체적 체계로부터 구별되어야 한다면, 이 양자는 진화적 사다리에 있어 다른 디딤목에 서 있을 수 없다. 그렇기 때문에 루만은 다른 곳에서(141쪽 이하) 공동-진화(Ko-evolution)에 관해 말하고 있다. 이것은 한편으로는 의식에 그리고 다른 한편으로는 의사소통에 의존하는 의미작업의 체계들이 동시근원적으로, (환경세계에 있어) 상호적으로 서로를 전제하면서 형성되는 것을 의미한다.

일한 물음에 대해 구조적으로 유사한 대답을 제공하기는 하지만, 오늘날 사회이론은 변화된 논증상황에 직면하고 있다. 훔볼트의 정신과학적 전통에서뿐만 아니라 분석철학적 언어철학에서도, 그리고(미드와 레비 스트로스를 거쳐 사회이론에 지대한 영향을 미쳤던) 실용주의와 구조주의에서도 역시 주체들에 대해 선행하는 언어의 초주관적 지위가 밝혀졌다. 심리적인 것과 사회적인 것을 포괄하는 언어구조들을 두 개의 상이한 체계로 구분하는 이론이 자신에게 얼마나 커다란 부담을 지우는가 하는 것이 이러한 이론사적 배경에서 뚜렷해진다. 루만의 이론의 윤곽이 더욱 선명하게 나타나기 때문에, 우리는 이와 같은 근본결정으로 말미암은 부대문제들을 극복하기 위하여 얼마나 많은 에너지를 투입해야만 하는가를 알게 된다.

초주관적 언어구조들은 사회와 개인을 너무 밀접하게 결합시킨다. 의미가 동일한 표현들과 비판될 수 있는 타당성 요청들을 통해 생산된——행위자들 사이의 의사소통의——상호주관성은 다양한 심리적 체계들 사이뿐만 아니라 심리적 체계와 사회적 체계 사이를 결합시키는 너무 강한 꺾쇠일 수도 있다. 체계들은 오로지 외부로부터만 우연적으로 서로에게 작용할 수 있다. 이들의 교통에는 어떤 내면적 규제도 결여되어 있다. 그렇기 때문에 문화적 재생산, 사회적 통합, 사회화의 내면적 상호결합이 시야에서 사라질 정도로 루만은 언어와 의사소통적 행위를 우선 아주 작은 형태로 만들어야 한다.

언어적 표현에게는 현상학적으로 도입된 의미개념보다 하위의 지위가 부여된다. 언어는 오직 선행적 의미사건들을 상징적으로 일반화하는 데 기여한다. 이 일반화 작업은 체험의 흐름을 재인식할 수 있는 동일성들로 수량화한다(136쪽 이하).[28] 그밖에도 언어는 의식에 대해 이차적인 것으로 머문다. 담론적 사유를 포함한 고독한 영혼의 삶은 본래부터 언어를 형성할 수 있는 능력이 없다. 언어의 구조화는 구조화하면 즉각적인 의식과정의 흐름을 중간휴지를 통해 분절시키고, 이 과정에 에피소드를 형성할 수 있는 능력을 부여한다(367쪽 이하). 그렇지만 언어가 이를 넘어서 상호이해과정을 구성하지는 않는

---

28) 전(前)언어적 의미 역시 어떻게 지향적 의식구조에 앞서 질서지워질 수 있는지는 여전히 열려진 문제로 남는다.

다. 언어가 표상과정과 사유과정을 조직하는 데 참여하는 한, 언어는 결코 말의 내면화된 파생어로서 기능하지는 않는다(137, 367쪽). 이 명제들은 어느 것이나 지극히 논의의 여지가 많다. 이 명제들은 언어철학의 특수한 콘텍스트 속에 근거를 두고 있어야만 한다. 이러한 물음들은 아무튼 현상학적 암시나 또는 정의를 가지고 해결될 수는 없다.

물론 루만의 전략은 분명하다. 언어적 상징들의 활동과 업적이 전언어적 의식과정과 의미연관들의 분절, 추상화, 일반화로 그친다면, 언어 수단을 가지고 실행되는 의사소통은 특별히 언어적인 가능성의 조건들로부터 설명될 수 없다. 만약 언어가 더 이상 의미이해, 동일한 의미, 그리고 상호주관적 타당성을 가능하게 하는 하나의 구조로서 고려되지 않는다면, 의미동일적 표현들의 이해도 역시, 그리고 언어적 표현들의 타당성에 관한 합의(또는 불일치)도 역시, 그리고 상호주관적으로 공유되고 있는 의미 지시연관의 공통성, 즉 언어적 세계상 속에 재현된 생활세계에의 의사소통적 참여도 역시 언어분석적 방법으로는 해명될 수 없다. 언어적으로 생산된 상호주관성의 양상들은 오히려 스스로 생산된 인공물로서 의미를 작업하는 체계들의 상호작용적 반응으로부터 추론될 수 있다. 여기서 루만은 잘 알려진 경험주의적 사고형태를 사용한다.

예를 들면——언어이해의 수준 밑에서는——의미이해가 심리적 체계들의 상호 관찰로부터 생성된다. 이 체계들은 그들 중 모든 체계가 자기관계적으로 작용하며, 그렇기 때문에 그때그때마다 지각된 다른 것의 환경세계 속에서 스스로 나타난다는 점을 알고 있다. 이 과정에서 타자관찰과 자기관찰의 반영들이 자의적으로 반복되는 나선이 발전된다. 호혜적 관찰을 관찰함으로써 이해관점들 사이의 차이에 관한 이해가 형성된다. 의미의 이 사회적 차원은, 동일한 의미와 상호주관적으로 인정된 타당성 요청들을 중심으로 압축되고 의도된 대상 또는 말되어진 대상에 관한 합의 속에서 융해되는, 이해지평들의 일치를 통해 이루어지는 것이 아니다. 다양한 심리적 체계들 사이에는 어떤 공통적 제3자도 건립될 수 없다. 그것은 곧바로 자신을 자신의 체계적 관점 속에 묶어두고, 자신의 자아중심적 관점으로 후퇴하는——자기매개적으로 생성된

―― 사회체계일지라도 그렇다. "(상호적으로 서로를 관찰하는 자기관계적 체계들의) 교통에서 문제가 되는 몇몇의 관점에 대해서는 아마 정보처리능력으로 충분할 것이다. 체계들은 분리된 채로 있으며, 서로 융해하지 않으며, 서로를 예전보다 더 잘 이해하지 않는다. 그들은 하나의 "환경세계 내의 체계"인 다른 것에서 투입과 산출로서 관찰할 수 있는 것에 관심을 집중한다. 그리고 그들은 그때마다 자신의 관찰관점에서 자기관계적으로 배운다. 그들이 관찰하는 것에 그들은 자신의 행위를 통해 영향을 주도록 시도할 수 있다. 그리고 이와 같은 피드백에서 그들은 다시 배울 수 있다. 이와 같은 방식으로 창발적 질서는 생겨날 수 있다. (……) 우리는 이런 질서를 사회적 체계라고 명명한다"(157쪽).

사회적 체계들은 의사소통의 형식으로써 의미를 작업한다. 이를 위해 언어가 투입된다. 그러나 언어는 의미동일적 표현들을 제공하는 것이 아니라 오직 의미에 대한 기호들을 대체한다. 의미는 예전과 마찬가지로 견해관점들의 차이에 맞추어져 있다. 타자와 자아는 물론 "동일한 의미의 기호사용을 통해 동일한 것을 뜻한다고 생각하는 의견을 강화할 수 있다"(220쪽). 언어는 의사소통의 매개수단으로서 너무 낮게 규정되어서, 개별적 체계관점들의 자아중심주의를 높은 차원에 있는 초체계적, 상호체계적 공동관점을 통해 극복할 수 있도록 되어 있지 않다. 여러 체계들이 동일한 의미를 소유하지 않는 것과 같이, 상호이해가 엄격한 의미에서의 합의로 끝나지 않는다. 사회차원과 사태차원의 분리는 바로 사람들이 흔히 언어의 텔로스라고 간주하는 경향이 있는 것을 배제해야만 한다. 즉 우리가 어떤 사태에 관해 함께 성취할 수 있는 합의의 가능성의 관점에서 이 사태에 관한 나의 이해를 근거지우는 것을 배제한다. 그러므로 어떤 표현의 타당성도 역시 비판될 수 있는 타당성 요청의 상호주관적 인정에 근거해서는 안 되며, 그때그때마다 자아 또는 타자에게만 존립하는 합의에 근거한다. 자아가 무엇인가에 관한 합의를 통해 타자와 만날 수 있는 확고한 토대를 언어는 제공하지 못한다. "나의 합의는 너의 불일치와의 연관에서만 합의이다. 그러나 나의 합의가 너의 합의는 아니다. 이러한 충돌을(다시금: 사태의 차원에서) 궁극적으로 확고하게 보장할 수 있는 사태논증 또는 이성의 근거는 전혀 없다"(113쪽). 바로 이 점을 생각하게 만드는 사회차원과 사태차원의 혼합을 루만은 "인본주의의 주된 오류라고 간주한다"(119쪽).

이제까지 관찰된 수반문제들의 복합성은 상호이해의 초주관적 토대들을——타당성 요청의 토대 위에서의 의미동일적 표현들의 사용과 합의형성을——경험주의적으로 해체하여, 최소한의 언어개념을 가지고 언어적으로 생산된 상호주관성의 구조들을 간과하려는 것과 관련되어 있다. 개별적 의식과 사회는, 그들의 소통이 내면적 관계를 통해 규제되지 않을 때에만, 다시 말해 문화, 사회, 인격이 더 이상 생활세계의 구조들 속에서 내면적으로 연관되어 있지 않을 때에만, 서로를 위해 환경세계를 형성할 수 있는 개별체계의 자족성을 획득할 수 있다. 그렇지만 첫번째 문제가 작업되고, 심리적 체계와 사회적 체계가 오직 우연적으로만 서로 충돌할 수 있고, 외면적 관계로부터 파생하는 방식의 상호의존관계에 빠진다는 전제조건이 보장되는 즉시, 두번째 군의 복합적 수반문제가 뒤따라 발생한다. 왜냐하면 첫번째 단계에서 강제로 분리되었던 것이 점차적으로 다시 결합되어야 하기 때문이다. 개인과 사회, 개인적 생활사와 집단적 생활형식, 개인화와 사회적 구성의 결합은——우리는 이를 문화적 재생산, 사회통합, 사회화의 양태하에서 내면적으로 결합되어 있는 생활세계요소들의 공동작용으로부터 설명하였다——외면적 관계들의 결합으로부터 몇몇의 부가적 명제들의 도움을 받아 이해될 수 있어야 한다.

예를 들면 상호침투의 개념은 이런 목적에 기여한다. 여기서 상호침투의 개념은, 서로를 위하여 환경세계를 형성하는 두 개의 체계들이 자신들의 구조를 형성함에 있어 서로에게 의존하기 위하여 그와 같이 외면적인 관계의 자유 정도를 즉각적으로 제한한다는 사태를 뜻한다. "두 개의 체계들이 그때그때마다 다른 체계들에게 미리 구성된 자신의 고유한 복잡성을 투입함으로써 서로를 가능하게 할 때"(290쪽), 사회적 또는 인간 사이의 상호침투가 생겨난다. 이러한 생각의 도움을 받으면, 우리는 예컨대 친밀관계 또는 도덕적 기대들을 설명할 수 있다는 것이다. 그러므로 심리적 체계와 사회적 체계가 본래부터 서로 관련되어 있지 않다고 전제하면, 우리를 곤혹스럽게 만드는 모든 현상들이 설명되어야 한다. 예를 들면 이러한 전제조건하에서는 사회화 과정이 오직 심리적 체계의 자기업적으로서만 이해될 수 있다. "사회화는 항상 자기사회화이다"(327쪽). 개(인)성의 개념은 마찬가지의 난점들을 제공한다. 사회화와 개인화 사이의 내면적 상관관계가 분리되고 난 다음에, 규범적으로 내용있는 개인성의 개념은 오직 복사될 수 있는 "자기서술의 양식"으로서만 사용될 수 있다(360쪽 이하).

내가 여기서 단지 피상적으로만 상기시킬 수밖에 없는 개념형성의 전략은 이론이 유일한 근본결정으로 말미암은 수반문제들 속으로 점차 얽혀든다는 사실로부터 설명될 수 있다. 사회적인 것과 심리적인 것의 양태를 통해 루만은 동시에 유적 존재의 삶과 그 표본들의 삶을 분리시켜서, 두 측면의 내면적 상관관계가 언어적으로 구성된 생활형식들을 구성함에도 불구하고 삶을 서로에게 외면적인 두 체계로 배분한다. 물론 암시들은 논증과 반대논증들을 대신할 수 없다. 그러나 논증들이 교환될 수 있는 차원을 쉽게 확인할 수 없다. 이 체계이론은 저자가 스스로 이해하는 것과는 반대로 상대적으로 겸손한 형태의 하나의 학제에만 맞추어져 있는 "전공보편적" 이론과는 일치하지 않는다. 체계이론은 본래 사회학이 아니라 오히려 세계상의 기능들을 총족시키는 초이론적 기획들과 비교될 수 있다.

루만의 이론이 서양적 근대의 자기이해에 강렬한 영향을 주었고, 또 반대로 서양 합리주의의 특정한 전형을 선택적으로 반영하고 있는 전통을 재치있게 지속하고 있다고 나는 생각한다. 문화적, 사회적 합리화의 인지적-도구적 일면성은 인간과 그의 세계에 대한 객관주의적 자기이해를 정착시키려는 철학적 시도에서도 표현된다. 그 편협한 일면성은 처음에는 세계상들 속에, 그리고 다음에는 유물론적-물리주의적 세계상 속에 표현되었는데, 이 세계상들은 다소 복잡한 이론들을 통해 정신적인 것을 물체적인 것으로 환원시킨다. 영미계통의 나라들에서는 분석철학적 유물론이 오늘날까지 정신과 물체에 관한 논의들을 활발하게 계속하고 있다. 오늘날까지 물리주의적 또는 다른 과학주의적 확신들은 직관적으로 인식된 모든 것을 자연과학적 관점에서 낯설게 만들고 또 우리 자신을 객체들의 관점에서 이해하기를 요청한다. 물론 객관주의적 자기이해에 있어서 중요한 것은 이런저런 종류의 상세한 설명이 아니라 자연적 세계 태도를 전도시키는 일회적 행위이다. 그러므로 우리는 통상 생활세계의 지평 안에서 실행적으로 해명되는 모든 것이——세계외부적 관점으로부터——오직 자연과학적 모델에 따라 설명될 수 있는 무의미하고, 외면적이며, 우연적인 사건으로서 나타나도록 만드는 자기-대상화의 관점에서 생활세계를 습득하고 익혀야 한다는 것이다.

기계론, 생화학 또는 신경생리학이 언어와 모델들을 제공하는 한, 우리는 일반적 추상적 분류를 넘어설 수 없으며 또 정신과 물체에 관한 기초적 논의에 머물러 있어야 한다. 자연과학으로부터 유래하는 서술체계들은 일상경험으로부터 너무 멀리 떨어져 있어, 거리를 두고 대상을 낯설게 하는 자기서술들을——차별적인 방식을 통해 광범위하게——다시 생활세계 속으로 끌어들이는 데 적합하지 않았다. 이 점은, 일반적 인공두뇌학으로부터 발생하고 이 모델을 다양한 생명과학들에 적용함으로써 발전된 체계이론의 언어를 통해 변화한다. 지성활동으로부터 도출되고 유기체적 생명에 맞추어진 모델들은 고전적 기계론의 모델들보다는 훨씬 더 사회문화적 삶에 적절하다. 루만의 놀라운 이론적 번역작업이 증명하고 있듯이, 체계이론의 언어는 탄력적으로 사용되고 확장될 수 있어서, 생활세계의 미묘한 현상들을 객관주의적으로——단지 객관화하는 것만이 아닌 방식으로——새롭게 서술할 수 있도록 만든다. 자신의 패러다임을 가지고 있는 혁신적 사회이론들은 항상 사회 자체에 토대를 두고 있으며, 결코 과학체계에만 소속되어 있지 않았다는 점을 우리는 고려해야 한다. 그렇지만 체계이론이 생활세계 속으로 침투해 들어가고, 생활세계에 초생물학적 관점을 도입하는 정도에 따라 대상화의 효과가 이루어진다. 초생물학적 관점에서 생활세계는 스스로를 "어떤 환경세계 내에서 다른 체계들을 가지고 있는 환경세계 내의 한 체계"로서 이해하는 법을 배운다. 다시 말해 세계과정은 다름아닌 체계-환경세계-차이들을 통해서만 실행된다는 것이다.

주체중심적 이성은 이런 방식으로 체계합리성에 의해 대체된다. 이로써——우리가 이 강의에서 반추해 보았던——형이상학 비판과 권력비판의 형태로 실행된 이성비판은 대상을 상실한다. 체계이론이 학문체계의 안에서만 전문과학적 공헌을 하는 것이 아니라 자신의 보편성 요청을 가지고 생활세계

속으로 침투해 들어가는 정도에 따라 체계이론은 형이상학적 배경에 관한 확신들을 초생물학적인 확신들로 대체한다. 그러므로 객관적인 것과 주관적인 것 사이의 투쟁은 핵심적 요점을 상실하게 된다. 아마 언어적으로 생산된 상호주관성과 자기관계적으로 폐쇄된 체계라는 표어는 믿음을 상실한 정신-물체-문제의 자리에 들어선 논쟁의 논점들을 표현한다.

해 설

계몽의 변증법과 생활세계의 병리학

이진우

1

한때 번창하였던 하나의 낱말이 이제 변색하기 시작하였다. 물론 그것이 무르익은 성숙의 색깔인지 아니면 익기도 전에 이미 떨어져 버린 열매의 변질의 색깔인지는 여전히 알 수 없다. 여기서 말하고자 하는 것은 바로 "현대" 또는 "현대성"이라는 낱말이다. 근대라고도 불리는 이 낱말이 서양에서는 1968년 학생운동 이후 약 20여 년 간 뭇지성인들의 입에 숱하게 오르내렸다. 우리도 최근 몇 년 간 이와 같은 사상사적 조류에 휩쓸려 모더니즘과 포스트모더니즘의 논쟁에 편승하였다. 이러한 논쟁을 통해 모더니즘의 부정적 이면이 들추어졌으며, 급기야는 지속적인 현대화의 희생을 치르고서만 보존될 수 있는 "현대성"의 상태가 심각한 것으로 진단되고 있다. 전(前), 반(反) 또는 탈(脫) 등의 접두사를 달고 유통되는 이 낱말의 변용을 볼 때 우리는 현대와 현대성이 이미 중심을 잃고 방향을 상실하였다는 점을 인식할 수 있다. 그러기에 우리가 서 있는 정신사적 위치를 올바로 자리매김하고 새로운 방향설정을 할 수 있는 지적인 작업이 그 어느 때보다 필요하다.

도전받는 현대(성)를 적극 옹호하는 철학자로서 우리는 하버마스를 제일 먼저 꼽는 데 주저하지 않는다. 그러나 우리는 여기서 하버마스가 현재의 지성계를 움직이는 대표적인 철학자로 부상한 것이 포스트모더니즘에 대한 그의 반대입장 때문만은 아니라는 점을 주지해야 한다. 하버마스의 업적과 철학적 통찰력은 오히려——통상적 평가와는 달리——모더니즘과 포스트모더니즘 사이에 벌어지는 찬반의 비생산적 논의에 휘말리지 않고 일정 거리를 유지하면서 현대(성)의 정신사적 지도를 예리하게 그려내고 있다는 점에 있다. 하버마스는 여러 곳에서 특정한 시대로서의 현대(Moderne)와 한 시대를 시대로서 규정하는 규범적 방향으로서의 현대성(Modernität)이 자신의 주된 철학적 관심이라는 점을 분명히 밝히고 있다. 하버마스는 분명 현대성의 이론가이기는 하지만 현대성의 무비판적 옹호자는 아니다. 포스트모더니즘과 관련해서 하버마스를 거론할 때, 우리는 이 점을 특히 유의해야 한다.

우리는 오늘날 모더니즘과 포스트모더니즘을 일도양단할 수 없는 전환기에 처해 있다. 물론 하버마스는 이 전환기의 정신적 상황을 지배하고 있는 것은 "새로운 불투명성"이라고 진단하고 있다. 그렇다면 우리가 처해 있는 시대적 전환기의 정신적 불투명성은 어디에서 기인하는가? 하버마스는 이에 대해 현대성의 규범적 토대를 이루었었던 유토피아주의의 종말에 기인한다고 대답한다. 그러나 유토피아의 종말이 하버마스에게는 앞날을 예측할 수 없다는 염세주의적 입장을 의미하지도 않고, 또한 모든 유토피아에 내재하고 있는 전체주의적 경향에 대한 통찰을 역설적으로 표현하는 것도 아니다. 유토피아는 이 세계에서 기대할 수 있는 것이 아니라 다른 세계에서 이루어질 수 있다는 입장을 취함으로써 하버마스는 오히려 유토피아에 관한 한 전통주의를 대변한다. 다시 말해 인류역사의 규범적 방향을 설정하기 위해서는 유토피아가——그것이 아무리 반사실적이라고 하더라도——반드시 필요하다는 것이다. 다른 한편으로 하버마스는 현대적 유토피아주의를 이성비판적 관점에서 약화시킨다. 하버마스는 포스트모더니즘과는 달리 오늘날 유토피아적 동인과 에너지가 완전히 쇠퇴한 것이 아니라고 지적하면서, 임종을 맞이하고 있는 것은 특정한 형태의 유토피아, 즉 노동사회적 유토피아라고 강조한다. 시대적 전환국면에 있는 오늘날 오히려 미래지향적 유토피아가 있을 수 있으며, 그것은 바로 자신이 전개하고 있는 "훼손되지 않은 상호주관성의 형식적 양태"와 연관된 유토피아라고 주장한다. 유토피아의 관점에서 보면 하버마스는 이렇게 현대성에 대해 이중적 태도를 취하고 있다.

이와 마찬가지로 하버마스는 포스트모더니즘에 대해서도 무조건 반대의 입장을 표명하지 않는다. 하버마스는 포스트모더니즘을 배양한 사회적, 문화적 현상에 대해서는 이를 적극적으로 표방하는 사람들과 의견을 같이한다. 예컨대 현대건축이 문제되는 것은 현대미학이 잘못되었다거나 아니면 다른 탈현대적 미학으로 대체될 수 있기 때문이 아니라 현대예술이 체계적 의존성에 대해 무능력하기 때문이라는 의견에 하버마스도 동의한다. 다시 말해 현대예술은 다른 생활세계와 마찬가지로 절대화된 특정한 형태의 합리성에 의해 식민지화되고 있다는 것이다. 현대사회는 우리가 개괄하여 통찰할 수 있기에는 너무나 분화되어 있으며, 또한 사회적 현실을 작업해 내는 학문도 지나치게 분화되어 오히려 현실에 대한 인식을 불가능하게 만든다고 하버마스는 말한다. 포스트모더니즘이 표방하고 있는 "전체성으로부터 다원성으로"라는 명제는 말로만 존재하는 것이 아니라 현대인의 모든 생활영역에서 구체적으로 진행되고 있는 것이다. 포스트모던적 현상들은 사실 "불가해한 사회관계의 안개 속에서 행위의 가능성을 체계적으로 지워버림으로써 우리를 꼼짝 못하게 하고 우리를 수동적으로 만들며 무력감 속에 빠지게 하는 역사적 불가항력"을 분명하게 표출한다. 이와 같은 "체계"와 "생활세계"의 모순적 대립은 포스트모더니즘뿐만 아니라 하버마스에게도 역시 비판적 사유의 출발점을 이룬다. 현대와 탈현대의 양자가 해결하고자 하는 실제적인 문제는 동일하다. 다른 것이 있다면, 그것은 단지 현대성의 자기모순에서 비롯되는 포스트모던적 현상을 극복할 수 있는 사상적 대안이다.

여기서 우리는 세기전환기의 불투명한 문화적 현상에 대해 비판적 거리를 확보하기 위해서는 조금 더 균형있는 시각이 필요함을 알 수 있다. 그 첫걸음은 모더니즘과 포스트모더니즘을 대립시키는 불모의 정신을 떨쳐 버리는 일이다. 우리는 오히려 현대성을 변론하는 하버마스의 철학에서 탈현대적 성격을 밝혀내고, 현대와 결별하고자 하는 포스트모더니즘이 어떤 점에서 여전히 현대성의 패러다임에 묶여 있는지를 폭로해야 한다. 왜냐하면 현대성을 적극 옹호하는 하버마스나 탈현대를 조심스럽게 대변하는 리오타르나 모두 현대성의 병리현상을 진단하고 치유하고자 하기 때문이다. 하버마스의 반대자인 리오타르 자신도 현대는 결코 끝난 것이 아니라 탈현대로 넘어가고 있다고 말한다. 반대로 하버마스가 현대의 주체중심적 이성에 자신의 의사소통적 이성을 대립시킴으로써 "주관성으로부터 상호주관성으로의 패러다임의 변화를" 강력하게 요청한다면, 그것은 하버마스가 의사소통적 이성을 탈-현대적으로 이해하면서도 단지 포스트모더니즘이라는 표현을 피하는 것은 아닌가 하는 물음이 제기된다. 우리는 적어도 하버마스가 현대성을 담지하고 있는 의식철학에 문제가 있다는 사실을 인정하고 있음을 알 수 있다. 그뿐만 아니라 하버마스가 의식철학의 한계를 지적하고 이를 극복하고자 한다면, 그가 미완성이라고 파악하고 있는 현대의 기획은 결국 "탈현대적으로 변형될" 수밖에 없다고 우리는 예측할 수 있다.

어찌되었든 현대문화의 탈현대적 도전에 대한 하버마스의 응답은 현대의 한계를 명확히 인식하고 이를 극복할 수 있는 하나의 대안을 제시한다. 하버마스는 현재 우리가 직면하고 있는 정신적 불투명성을 현대의 탄생 이래로 계속되고 있는 현대성의 담론을 재구성함으로써 명료화할 수 있다고 확신한다. 이 재구성 작업에 관점을 제공한 것은 "신구조주의적 이성비판에 의한 도전"이라고 밝힘으로써 하버마스는 이중의 전략을 구사한다. 그는 한편으로 주체중심적 의식철학의 한계를 설정함으로써 현대성의 기획을 변론하고, 다른 한편으로는 포스트모더니즘의 이성비판이 자기모순적임을 폭로함으로써 상호주관성에 토대를 둔 담론이론이 주체철학으로부터 벗어날 수 있는 유일한 대안임을 증명하고자 한다. 다시 말해 그의 담론이론은 포스트모더니즘이 주장하는 다원성을 현대성의 본질인 보편주의와 결합시키고자 하는 시도이다. 이러한 그의 시도의 성공 여부를 우리는 "현대성의 옹호가 과연 주체의 결별과 양립할 수 있는가? 하는 물음으로 검토할 수 있다. 이 물음은 "과연 주체성을 전제하지 않고서도 현대성을 논할 수 있는가?"하는 물음으로 변형시킬 수도 있다. 이런 물음으로부터 출발하여 우리는 우선 하버마스가 이해하고 있는 현대(성)는 무엇이며 또 현대성의 대표적 패러다임인 의식철학의 한계와 모순이 무엇인가를 알아보고, 다음에 포스트모더니즘의 이성비판이 왜 자기모순적인가를 살펴본 다음, 끝으로 의식철학의 자기모순으로부터 벗어날 수 있다고 주장하는 담론이론의 핵심과 문제점을 논구하고자 한다.

2

『현대성의 철학적 담론』의 밑바탕에 깔려 있는 하버마스의 기본관심은 소위 말하는 의식철학의 패러다임과 결별하면서도 동시에 현대의 약속을 고수하는 데 집중되어 있다. 앞에서 지적한 바와 같이 하버마스는 현재 지배적인 시대정신으로 부상하고 있는 '포스트모더니즘과 거리를 두면서 동시에 의식철학으로 대변되는 근대적 전통과 결별하고자 한다. 만약 이와 같은 이중적 전략이 모순적이지 않다면, 의식철학을 극복하고차 하는 하버마스의 시도가 반드시 현대성과의 결별을 의미하지 않아야 한다. 우리가 이러한 전제를 받아들인다고 해도 하버마스는 현대성이 의식철학만으로 대변되는 것은 아니라는 점을 설득력있게 증명해야 할 부담을 안고 있다. 결국 의식철학에 대한 하버마스의 평가는 우리가 현대성을 어떻게 이해하는가 하는 문제와 직접적으로 연관되어 있다.

그렇다면 하버마스가 보전하고자 하는 현대는 어떤 현대이며, 또 그가 비판하고 있는 의식철학은 이에 대해 어떤 의미를 가지고 있는가? 이 물음에 대해 하버마스는 현대성을 반성적으로 사유하고 있는 헤겔과의 비판적 대결을 통해 대답하려고 시도한다. 하버마스는 헤겔이 전통과 분리되는 현대화의 과정을 철학적으로 문제화한 최초의 철학자라고 평가한다. 이런 의미에서 하버마스가 현대를 바라보는 시각과 관점은 거의 헤겔에 의존하고 있다고 할 수 있다. 헤겔과 마찬가지로 하버마스는 현대의 개념을 우선 역사적 맥락에서 하나의 시대개념으로 이해한다. 현대는 신대륙 발견, 종교개혁, 계몽주의, 프랑스 대혁명 등의 역사적 사건으로 시작하는 시대이다. 그러나 현대의 특성은 전통과의 단절에만 있는 것이 아니라 과학, 도덕, 예술을 서양에 고유한 합리화의 궤도로 발전시켰다는 데 있다. 과학과 기술의 발전, 종교의 세속화, 도덕과 예술의 자율화, 민주주의의 원리, 언론의 자유, 비판적 공론영역의 형성 등은 돌이킬 수 없는 역사적 결과이며 동시에 양보할 수 없는 가치가 되어 버렸다. 현대가 자기수정의 능력을 가지고 있으며 전통사회와는 달리 자기분화의 능력을 증명하고 있다는 사실은 이의의 여지가 없으며, 따라서 현대의 업적에 대한 하버마스의 변론도 역시 타당성을 가지고 있다. 오늘날 신성함의 상실을 한탄하는 사람이 있다면, 그는 과연 현대의 다원주의적 사회를 떠나 모든 사람에게 신성한 것을 강요하던 전통사회로 되돌아갈 것인가를 말해야 할 것이다. 노동의 철저한 합리화를 현대의 근본특성으로 비난하는 사람이 있다면, 그는 대개 노예들에 의해 수행되었던 수(手)노동이 기계화되고 자동화된 오늘날의 노동보다 훨씬 미미한 부담이었음을 증명해야 할 것이다. 현대의 특정한 현상들이 비판을 필요로 한다는 점이 분명하지만, 이러한 사실이 현대성 자체를 부정하지는 않는다. 왜냐하면 현대는 탄생할 적부터 이미 시대비판과 자기비판을 자신의 본질적 요소로 가지고 있기 때문이다.

하버마스는 바로 이 점에 착안하여 현대성을 규정한다. 그렇다면 현대는 왜 처음부터 자기자신에 대해 비판적 거리를 유지해야 하는가? 이 물음에 대한 대답은 곧바로 현대성의 철학적 담론과 직결된다. 현대는 한편으로 자연법적 질서에 대한 종교적 믿음에 의해 유지되었던 전체성의 파열을 의미하지만, 다른 한편으로는 종교의 세속화로 말미암은 사회의 분화와 합리화를 통해 인간의 해방능력이 축적된다는 진화적 발전에 대한 믿음을 표현한다. 현대의 철학적 담론은 이렇게 분화를 부정적으로 배척하지 않고 진화론적 관점에서 긍정적 발전의 계기로 정당화해야 한다는 시대적 당위성으로부터 발생하였다. 현대는 인류가 당시 처해 있던 역사적 상황에 대한 반성으로부터 시작하였다. 그렇기 때문에 자신의 시대에 대한 비판은 현대의 필연적 계기이다. 이러한 관점에서 보면 현대는 시대적 개념이고, 현대성은 현대가 현대로서 존립할 수 있는 근거에 대한 반성적 개념이다.

하버마스는 현대와 현대성의 연관관계를 두 가지 측면에서 서술한다. 첫째, 현대는 전통과는 완전히 다른 시대의 시작을 의미한다. 현대라는 낱말이 기독교적 전통에서는 본래 최후의 심판과 더불어 도래할 새로운 시대를 의미하였다는 점을 상기하면서, 현대는 바로 미래가 이미 시작하였다는 사실에 대한 확신을 표현한다고 강조한다. 바로 미래를 향해 열려 있는 시대이기 때문에 현대는 항상 새로운 것을 탄생시키는 현재와 더불어 매순간 반복되고 새롭게 시작한다는 것이다. 이런 맥락에서 보면 현대성은 전체 역사의 지평으로부터 자신이 처해 있는 지점을 확인하고자 하는 역사철학적 시각을 말한다. 그렇기 때문에 현대는 전통과의 단절을 지속적인 개혁과 혁신으로 이해해야 한다. 바꾸어 말하면 현대는 발전과 개혁을 위해서는 이미 실행한 전통과의 역사적 단절을 의식적으로 반복해야 한다는 것을 뜻한다. 둘째, 현대는 삶의 의미와 행위의 방향을 설정하는 데 모범이 될 수 있는 것을 아무것도 가지고 있지 않은 시대이다. 현대는 방향설정을 위한 척도를 다른 시대로부터 차용할 수 없는 까닭에 "자신의 규범성을 자기자신으로부터 스스로 창조해야 한다." 자기확인과 자기정당화의 욕구는 전통과 철저하게 결별해야 한다는 시대적 요청 속에 이미 내재하고 있는 것이다. 자연법적 질서의 붕괴에 직면하여 모든 것의 확고부동한 토대를 생각하는 나로부터 근거짓고자 하였던 데카르트의 시도도 역시 이와 같은 시대적 요청에 의한 것이다. 여기서 우리는 현대성이 한편으로는 사회의 분화를 촉진시키는 합리성과, 다른 한편으로는 분화된 사회에 척도를 제공하는 규범성과 내면적 관계를 맺고 있음을 알 수 있다.

현대성 —— 합리성 —— 규범성의 내면적 상관관계에서 보면, 현대성의 철학적 담론은 데카르트에서가 아니라 18세기말에 이르러서 비로소 시작한다. 현대성은 합리화에 의해 붕괴된 사회의 규범적 척도를 스스로 창조해야 하는 시대의 자기이해이다. 그러므로 현대성의 철학적 담론은 엄밀한 의미에서 바로 현대의 한계에 대한 자기비판에 다름 아니다. 바로 이 때문에 하버마스는 의식철학의 역사적 장소를 두 단계로 구분한다. 넓게 본 의식철학은 "데카르트로부터 칸트에 이르기까지" 발전된 패러다임을 말하지만, 철학적 담론으로서의 의식철학은 최근 2백여 년 동안을 지배하고 있는, 즉 칸트 이래의 패러다임을 의미한다. 하버마스는 칸트로부터 마르크스에 이르는 사유운동으로부터 발생한 문제에 의해 처음부터 그리고 끊임없이 자신의 이론적 관심을 규정해

왔다"고 말하고 있다. 그렇다면 칸트와 더불어 발생한 문제는 무엇인가? 칸트는 주지하다시피 현대세계를 순수이성, 실천이성, 판단력으로 구성된 사상적 건축물로 표현한다. 칸트는 전체 이성이 과학의 인지적 영역, 도덕의 규범적 영역, 예술의 표현적 영역으로 분화되었다고 파악한다. 그러나 칸트는 이와 같은 이성의 분화를 분열과 소외로 파악하지 않았기 때문에 분열된 영역을 다시 통일시키고 화해시켜야 할 욕구를 가지지 않았다는 것이다. 규범적 척도를 스스로 창조해야 하는 역사적 시대로서 현대를 파악할 때에만 화해가 철학적으로 문제된다는 것을 인식한 철학자는 두말할 나위도 없이 헤겔이었다. 헤겔의 관점에서 보면 칸트의 철학은 현대의 자기해석에 분명하지만, 칸트 자신은 현대의 역사적 성격은 파악하지 못하였다고 하버마스는 단언한다. 칸트철학에서 표현되고 있는 현대성이 바로 분열에 대한 시대적 자기인식이라고 한다면, 헤겔에 의해서 시작된 현대성의 철학적 담론은 분열의 문제점을 비판하고 화해의 욕구를 문제화하는 현대의 자기비판이다. 그러므로 현대성의 철학적 담론은——다른 말로 표현하면——분열과 통일, 소외와 화해의 변증법이라고 할 수 있다.

현대가 이렇게 자기자신을 반성적으로 비판하는 방식을 헤겔은 "주체성의 원리"로 파악한다. 주체성은 자기자신을 파악하기 위하여 스스로를 객체화하는 인식주체의 자기관계 구조를 의미한다. 여기서 우리는 자신을 역사적 시대로서 정당화해야 하는 현대와 자기인식을 위해 스스로를 객체로 만들어야 하는 주체 사이에 구조적 친화관계가 있음을 간파할 수 있다. 하버마스는 현대(성)가 인식주체의 자기관계 구조를 지칭하는 주체성의 원리로 특징지워질 수 있다는 헤겔의 관점을 근본적으로 받아들인다. 그렇다면 주체중심적 의식철학은 왜 문제가 되는 것인가? 여기서 우리는 주체성이 새로운 시대의 가장 순수한 표현에 지나지 않는다는 점에 주목하여야 한다. 현대를 특징짓는 개인주의, 비판의 권리, 행위의 자율성 등이 모두 주체성의 객관적 표현이며 결과이다. 모든 개인들은 자신의 권리를 주장할 수 있고, 다른 사람의 인정을 받기 위해서는 자신의 정당성을 증명해야 하고, 또 우리 모두는 자신의 행위에 대해 책임을 져야 한다는 현대사회의 원리는 사실 주체성에 근거하고 있다. 한 마디로 말하면, 현대사회의 특성인 분화는 주체성의 결과라고 할 수 있다. 그렇다면 주체성은 과연 자신으로 말미암아 분화된 사회의 규범적 척도를 스스로 창조할 수 있는가 하는 문제가 발생한다. 하버마스는 바로 이 점이 주체중심적 의식철학의 한계라고 지적한다. 주체성은 분화된 과학, 도덕, 예술의 영역을 근거지워야 할 뿐만 아니라 동시에 모든 역사적 전통으로부터 분리된 사회 구성체를 안정시킬 수 있는 규범을 창조해야 한다는 이중적 과제를 안고 있다. 그러나 하버마스는 분화된 "현대세계로부터 끄집어낸 주체성과 자기의식으로부터 현대사회에 방향을 설정할 수 있는 척도를 얻어내는 것"은 모순이라고 단정한다.

하버마스의 관점에서 보면 현대는 "자기자신과 불화의 관계"에 있다. 현대사회의 분화를 개념적으로 파악하고자 하는 시대비판은 필연적으로 주체성의 자기정당화로 연결된다. 헤겔은 주지하다시피 분열된 여러 영역들을 화해시킬 수 있는 힘으로 이성을 제시한다. 결국 헤겔은 분열과 소외를 극복하기 위하여 이와 같은 분열의 실정성을 객관화한 주체중심적 이성으로 되돌아갈 수밖에 없는 것이다. 다른 말로 표현하면 헤겔은 사회의 분화과정을 이성의 객관화로 파악하고, 동시에 객관화된 실정성들의 분열을 화해시킬 수 있는 힘으로 다시 이성을 절대화하는 것이다. 결국 헤겔은 "주체철학의 한계 내에서 주체성의 극복"을 사유하는 것이다. 그러나 하버마스는 현대적 주체는 본래부터 생활세계의 총체성으로부터 분리되어 객관적으로 이에 대립하는 주체이기 때문에 주체성으로 야기된 분화를 주체성으로 극복하고자 하는 것은 모순이라고 말한다. 주체성은 자신이 야기한 분열과 분화를 극복할 수 있는 이성으로서 자기자신을 절대화하지 않는 한 주체성으로 야기되는 문제를 해결할 수 없다. 그러나 주체성의 절대화는 한편으로 유한한 인간을 무제약자로 확대하는 오류를 저지르며, 다른 한편으로는——만약 우리가 세속화된 사회에 살고 있다는 사실을 인정한다면——결국 주체의 무한한 객관화와 사물화를 의미할 뿐이다.

주체중심적 의식철학에서 문제시하는 것은 결국 포스트모더니즘이 강도 높게 비판하는 주-객-분열의 이중적 자기관계이다. 하버마스는 인식주체의 이와 같은 자기관계를 "일면적 원리", "독백적 구조의 자기인식" 등의 표현으로 비판한다. 그렇다면 하버마스는 의식철학의 근본개념인 주체와 객체를 어떻게 이해하는가? 의식철학에 대한 하버마스의 견해와 평가를 드러내기 위하여 여기서는 그의 말을 직접 인용하기로 한다. "주관적 이성은 바로 주체가 가능한 객체로 수용할 수 있는 두 가지 기초적 관계를 규제한다. 주체철학은 존재하고 있는 것으로 표상할 수 있는 모든 것을 객체로 이해한다. 주체로 이해되는 것은 우선 객관적 태도에서 세계 내의 그와 같은 실체들과 관계를 맺는 능력과——그것이 이론적이든 아니면 실천적이든 간에——이 대상들을 지배하는 능력이다. 이에 해당하는 두 가지 정신의 속성은 표상과 행위이다. 주체는 존재하고 있는 그대로의 객체를 표상하거나 아니면 존재해야 할 바대로 객체를 산출하기 위하여 객체와 관계를 맺는다." 하버마스는 현대의 의식철학이 주체-객체의 이중적 모델에 사로잡혀 있다고 평가한다. 여기서 우리는 하버마스의 견해가 탈현대적 이성비판의 인식과 크게 다르지 않음을 알 수 있다. 그렇다면 하버마스가 탈현대적 이성비판에 대해 비판적인 입장을 취할 수밖에 없는 까닭은 무엇인가?

3

하버마스는 현대의 특성을 자기정당화와 자기비판의 내면적 결합이라고 파악하였다. 현대는 자기자신의 규범적 토대를 구축하기 위하여 끊임없이 자기비판과 자기혁신을 실행한다. 이 과정이 바로 하버마스가 현대성의 기획이라고 파악하는 계몽의 변증법이다. 헤겔은 바로 현대성의 담론을 개시함으로써 계몽의 변증법을 실행하였지만, 주체성의 원리를 절대화함으로써 결국 계몽의 변증법의 동인이 되는 시대비판의 힘을 박탈하였다고 하버마스는 결론을 내린다. 사회의 모든 영역을 통일하였던 절대자의 힘에 대한 믿음이 이미 상실되었다면, 통일의 힘으로서 설정된 주체성의 절대화는 전통사회의 종교적 힘을 복원하기는커녕 오히려 도구적 이성에 의한 세계의 객관화, 대상화, 사물화를 절대적으로 만들었을 뿐이다. 사실 현대사회는 인간다운 삶과 사회를 실현할 수 있는 유토피아적 에너지가 주체성의 원리에 내재하고 있다고 확신하였다. 과학과 기술은 자연과 사회를 이성적으로 통제하고 지배할 수 있는 확고한 수단이라고 여겨졌으며, 이러한 과학적 진보주의는 주체성의 원리에 토대를 둔 유토피아주의와 결합하였다. 그러나 바로 이러한 기대는 오늘날 명명백백한 증상들에 의해 흔들리고 있다. 핵에너지, 군사기술, 유전자공학, 정보기술 등은 모두 이중적 결과를 수반하는 기술들이다. "통제가 필요한 체계가 복잡해지면 해질수록, 반기능적 부대현상들의 개연성은 더욱더 증대한다." 과학과 기술에 의한 생산력이 파괴력으로 변하고, 기획의 능력이 장애의 잠재력으로 변할 수 있다는 것을 아도르노와 호르크하이머는 "계몽의 변증법"이라는 개념으로 이미 서술한 바 있다. 그러나 하버마스의 시각에서 보면 아도르노와 호르크하이머가 부정적 이성비판의 맥락에서 사용하는 "계몽의 변증법"도 역시 자기확신과 시대비판에 대한 현대성의 욕구에서 기인한다. 단지 탈현대적 이성비판은 헤겔과 같이 절대자를 설정하지 않고서 분화된 사회를 해명하고자 한다. 이런 맥락에서 하버마스는 "우리는 여전히 청년헤겔파의 동시대인으로 남아 있다"고 단언한다.

그렇다면 한때 현대를 발전시켰던 유토피아적 에너지가 파괴력으로, 개인의 자율이 상호의존의 그물망으로, 해방이 억압으로, 합리성이 비이성으로 변할 수 있다는 점을 지적하는 탈현대적 이성비판은 하버마스에게 왜 문제가 되는 것인가? 하버마스도 청년헤겔파적 시대의식으로부터 출발한 포스트모더니즘의 사회진단에 동의한다. 헤겔이 이성 속에서 현실을 정당화하려 하였다면, 청년헤겔파는 현실 속에서 이성을 발견하고 실현하려 하였다. 그렇기 때문에 현실 속에서 돌출하는 대립과 분열을 단지 의식의 자기관계 속으로 수용하는 절대정신의 숭고함은 청년헤겔파에 의해 부정된다. 그리고 청년헤겔파는 헤겔이 시간의 무한한 흐름 속으로 떨어져 버릴 것이라고 여겼던 "우연적" 존재들에 많은 의미를 부여한다. 예를 들면 포이어바흐는 내면적 본성과 외면적 자연의 "감각적 실존"을 강조하였고, 키에르케고르는 개인의 "역사적 실존"을 주장하였으며, 마르크스는 공동생활의 경제적 토대를 이루는 "물질적 존재"에 우선성을 부여하였다. 하버마스 역시 청년헤겔파에 의해 실행된 절대정신의 부정과 감각적 실존의 역사성과 물질성에 대한 긍정을 받아들인다. 그러나 하버마스는 인식관심이 이론에서 실천으로 바뀌었다고 해서 주체철학이 안고 있는 모순이 극복된 것은 아니라고 말한다. 예를 들면 마르크스는 의식을 노동의 개념으로 대체하지만 여전히 인식주체의 자기관계의 구조적 모순을 그대로 답습하고 있다는 것이다. 다시 말해 노동은 소외를 야기하지만 동시에 소외를 극복할 수 있는 해방의 힘을 내면에 가지고 있다는 마르크스의 생산 패러다임은 전체적으로 보면 헤겔의 의식철학을 실천철학적으로 계승하는 것이다.

마르크스의 실천철학적 이성비판이 의식철학의 변형에 불과하다면, 니체는 현대성의 담론의 방향을 근본적으로 바꿔놓는다. 니체의 현대성의 담론이 포스트모더니즘으로 진입하는 전환점을 이룬다고 하버마스는 평가한다. 그렇다면 니체의 이성비판은 어떤 점에서 이전의 현대성 담론과 근본적으로 다른가? 헤겔과 청년헤겔파는 한편으로 전통사회에서 종교가 담당하였던 통일의 힘을 이성이 할 수 있다고 전제하며, 다른 한편으로는 현대화의 제반 결함들은 오직 계몽의 철저화를 통해 보완할 수 있다고 믿었다. 헤겔전통의 이성비판은 근본적으로 현대의 이분과 분화를 자신의 내면에 있는 동력으로 치유할 수 있다고 전제한다. 이에 반해 니체는 주체중심적 이성을 다시 한 번 내재적으로 비판하는 것을 포기함으로써 "계몽의 변증법과 결별한다"고 하버마스는 지적한다. 사실 니체는 화해의 자기인식, 진리에의 의지, 해방적 자기실현 등으로 표현되는 이성이 가지고 있는 이면, 즉 권력에의 의지를 폭로한다. 이런 관점에서 니체는 현대성의 본질이라고 할 수 있는 계몽의 사유형태를 이성의 역사에 적용하지만, 이런 과정에서 결국 존재는 무로, 이성은 비이성으로 폭로된다. 따라서 하버마스의 관점에서 보면 니체는 분열과 소외와 같은 부정적 현상들을 이성발전의 계기로 파악하는 계몽의 변증법을 정면으로 거부하고 있는 것이다.

의식철학의 중심개념이 동일성이었다면, 니체에 의해 시작된 탈현대적 이성비판의 중심개념은 "차이"와 "타자"이다. 이성중심주의자들이 우연적인 것, 역사적인 것, 감각적인 것을 비본질적인 것으로 배제하였다면, 니체와 탈현대적 이성비판가들은 바로 이성에 의해 배척된 것, 즉 타자에 대한 인정없이는 세계를 해명할 수 없다고 주장한다. 이렇게 "이성의 타자(Das Andere der Vernunft)"가 탈현대적 이성비판의 중심을 차지한다. 그렇다면 니체는 이성을 비판할 수 있는 준거를 어디에서 찾는가? 니체는 계몽이 타파하였던 신화를 새롭게 부활시킴으로써 인륜적 총체성을 재생시킬 수 있는 통일의 힘을 예술에 다시 부여한다. 그러나 니체가 "철학의 목표와 미래"로 설정하는 예술은 현대의 분화과정을 통해 자율권을 획득한 표현영역으로서의 예술이 아니다. 니체의 예술은 바로 분화된 다른 영역과 구별되는 총체성으로서의 예술이다. 하버마스는 바로 이 점을 문제점으로 지적한다. 만약 분화가 현대성의 필연적 결과이며 전제조건이라면, 현대의 모순을 극복할 수 있는 예술은 당연히 분화에 의해 축적된 이성의 잠재력을 통합해야 한다는 것이다. 그러나 니체가 발전시키는 신화와 예술은 현대성으로 말미암은 분화의 저편에 있는 것이다. 이런 관점에서 보면 니체의 새로운 신화에는 계몽의 변증법의 추진력이 결여되어 있다는 하버마스의 주장은 당연하다고 할 수 있다.

그렇다면 반(反)계몽의 입장을 취하는 니체는 허무주의를 극복하기 위해 어떤 대안을 제시하는가? 하버마스에 의하면 니체는 새로운 시대에 대한 기대를 역사철학적으로 정당화할 수 없는 까닭에 "낭만주의적 메시아주의"를 변형시킨다. 니체에게 있어 모든 구원의 희망이 집중되어 있는 신은 주지하다시피 디오니소스이다. 여기서 우리는 니체가 왜 다른 신들을 제쳐놓고 디오니소스를 택하였가를 이해할 필요가 있다. 디오니소스는 "재귀를 목전에 두고 있는 부재(不在)의 신"이다. 디오니소스는 서양의 이성에 의해 배척되어 서양문화의 주변부에 맴돌고 있지만 언젠가는 되돌아와 원천적 힘을 재생시킬 수 있는 힘을 상징한다. 그렇기 때문에 디오니소스는 자신이 존재하고 있음을 항상 자신의 부재로 말미암아 야기되는 고통을 통해서만 부정적으로 인식시킬 수 있다. 현대성에 의해 부정되고 있는 것, 배척되고 있는 것, 결여되어 있는 것이 절박하게 느껴지면 느껴질수록, 디오니소스의 도래는 그만큼 더욱 확실해진다는 것이다. 여기서 우리는 니체가 현대성을 비판하는 전략적 관점을 이성의 바깥, 즉 이성의 타자에게서 찾고 있음을 알 수 있다. 새로운 신화에서 디오니소스는 원초적 통일성을 의미하며 동시에 현대성으로 말미암아 파괴된 이 통일성을 회복할 수 있는 메시아적 힘을 상징한다. 이런 맥락에서 보면 니체는 사실 현대성의 전제조건인 사회의 분열과 개체의 해방을 부정하는 것이다. 니체가 극복의 대안으로 제시하는 디오니소스적 예술은 "직접적"이다. 모든 주체는 완전한 자기망각의 상태에 이를 정도로 자신의 주체성을 고양해야만 원초적 통일의 상태에 도달할 수 있다는 것이다. 즉 현대성의 병인 존재망각은 디오니소스적 자기망각을 통해서만 직접적으로 치유될 수 있다고 할 수 있다. 그러므로 니체가 디오니소스를 통해 "모든 이성적 매개를 부정한다"는 하버마스의 지적은 정확하다. 니체와 더불어 현대성 비판은 처음으로 현대성이 가지고 있는 해방적 내용의 보존을 포기하고, 주체중심적 이성은 이제 이성의 타자와 대립하게 된다.

그러나 이와 같은 이성비판은 두 가지 관점에서 자기모순적이라고 하버마스는 지적한다. 우선 니체의 폭로적 이성비판은 비판의 척도를 심미적 현대의 근본경험으로부터 차용하고 있음에도 불구하고 예술을 이성의 지평 바깥에다 위치시킨다. 다시 말해 현대예술에 의해 예리해진 가치평가의 비판적 능력을 이성의 한 계기로 파악하지 않음으로써 예술이 적어도 절차적으로는 논증적 근거지움, 객관적 인식, 도덕적 판단과 연관되어 있다는 사실을 부정한다. 그러므로 예술이 디오니소스적인 것을 구현할 수 있는 순수한 "이성의 타자"로 실체화되는 다음 단계는 지극히 당연한 것이다. 즉 이성과는 전혀 다른 것을 설정함으로써 현대성을 전체적으로 비판하는 니체주의는 결국 이 비판의 토대였던 예술적 경험을 파괴하고 부정할 수밖에 없다. 왜냐하면 예술도 역시 현대성의 결과이기 때문이다. 결국 니체의 현대성 비판은 "자기자신의 토대를 공격하는 이데올로기 비판"의 수행적 모순을 저지른다고 하버마스는 결론을 내린다.

그런데 하버마스가 비판하는 이 두 가지 관점은 또한 니체적 이성비판의 두 전략을 형성한다. 한편으로 니체는 반형이상학적, 허무주의적, 회의주의적 태도를 취하지만 학문적 수단을 가지고 현대성을 비판하려 한다. 그러나 이 경우 현대적 예술경험으로부터 학문적 수단을 획득하는 이성비판이 정당성을 확보하려면 우선 이 예술철학의 타당성이 전제되어야 한다. 그렇기 때문에 니체는 철학의 정당성을 전제하지 않고서도 형이상학을 비판할 수 있는 다른 가능성을 탐구한다. 이 경우 니체는 형이상학을 비판할 수 있는 토대와 척도를 형이상학의 밖에서 구해야 하며, 또 주체철학의 발생원인을 소크라테스 이전의 철학까지 추적할 수 있는 특수지식을 가지고 있다고 전제해야 한다. 하버마스는 니체의 이성비판은 "회의적 과학자"와 밀교적 지식을 가지고 있는 "형이상학 비판가"로서의 이중성을 가지고 있다고 분석한다. 이런 관점에서 보면 후기 구조주의를 중심으로 이루어지고 있는 탈현대적 이성비판은 바로 이와 같은 니체적 이성비판의 두 가지 전략을 계승하고 있는 것으로 드러난다. 전자의 회의주의적 이성비판은 바타이유와 라캉을 거쳐 푸코에게로 이어지고, 후자의 형이상학 비판은 하이데거를 거쳐 데리다에게로 연결된다. 니체-바타이유-푸코의 이성비판은 이성의 타자를 실체화하지 않으면서 주체중심적 이성의 모순과 한계를 인간학적, 심리학적, 역사적 방법을 통해 비판하는 데 반해, 니체-하이데거-데리다의 이성비판은 이성의 타자에 대한 밀교적 지식을 전제함으로써 서양의 계몽주의적 전통을 파괴한다.

하버마스가 포스트모더니즘을 비판하는 가장 중요한 척도는 계몽의 변증법이다. 즉 현대의 특성은 분화와 동시에 분화에 의한 발전이라는 것이다. 따라서 분화의 병리현상만을 폭로하고 규범적 방향을 제시하지 못하는 회의주의적 이성비판도 정당하지 않으며, 분화 자체를 인정하지 않고 이성의 타자를 신비주의적으로 실체화하는 형이상학 비판도 역시 옳지 못하다고 하버마스는 비판한다. 아무런 필연적 연관도 없는 것처럼 보이는 우연적 사건들의 다양한 표출이 만약 현재의 포스트모던적 조건이라고 한다면, 이러한 분열을 이성의 계기로 파악할 수 있을 때 우리는 진정한 의미의 이성비판과 시대비판을 할 수 있다는 것이다. 그렇지 않다면, 우리는 "전면에 등장하는 세계 내의 우연성들을 지배하려 하지 않고 오히려 비밀스럽게 밝혀지는 세계해명이라는 우연성에 우리 자신을 내맡겨야 한다"고 하버마스는 말한다. 다시 말해 계몽주의와 현대성의 담론이 시작하였던 18세기말에 유토피아에 대한 기대가 역사적 진보와 함께 현세적 문제로 되었다면, 2백 년이 지난 지금 유토피아적 기대는 포스트모더니즘으로 말미암아 "세속적 성격을 상실하고 다시 종교적 형태를 띠기 시작하였다"는 것이다. 그러므로 시대비판이 이성의 발전으로 연결될 수 있기 위해서는 우리가 처해 있는 현실에 대한 내재적 관점이 필요하다. 하버마스는 이런 맥락에서 "순전히 초월적 입장을 제멋대로 참칭(僭稱)하는 탈현대적 사유"를 정면으로 거부하고, 역사의 발전에 의해 축적된 잠재력을 이성적으로 사용할 수 있는 목표와 방법을 마련하기 위하여 우리가 처해 있는 생활세계로 시선을 돌린다.

4

포스트모더니즘의 총체적 이성비판에 대적하여 현대성의 담론을 계승하고자 하는 하버마스의 전략은 바로 현대성이 탄생될 때부터 바로 "현대에 내재하고 있는 반대담론"으로 되돌아가는 것이다. 하버마스는 현대의 탄생과 동시에 현대화로 인한 부작용에 관한 철학적 성찰이 이루어졌다고 주장하면서 이를 "반대담론"이라고 명명한다. 즉 현대성의 담론과 더불어 시작된 이성비판은 이성의 능력에 관한 한계를 규정할 뿐만 아니라 동시에 "이성의 비용"을 보여주고자 하였다는 것이다. 현대성의 담론은 이렇게 이성의 능력을 규정하는 계몽뿐만 아니라 계몽이 가지고 있는 편협성을 계몽하는, 즉 계몽의 계몽을 포함하고 있다. 하버마스는 현대성에 내재하고 있는 도구적 이성의 총체화를 비판하는 포스트모더니즘의 시각에 전체적으로 동의하지만, 현대성을 비판하기 위하여 이성의 타자를 다시금 총체화하는 포스트모더니즘의 태도는 현대성에 내재하고 있는 반대담론을 간과하고 있다고 주장한다. 그렇기 때문에 하버마스는 이성의 타자를 전체화, 절대화하지 않고 주체중심적 이성으로부터 탈피할 수 있는 다른 탈출구를 찾기 위해서는 "현대성의 담론이 시작한 출발점으로 되돌아가야 한다"고 제안한다.

그렇다면 현대성의 담론을 재구성하는 하버마스의 전략이 과연 현대성의 패러다임인 의식철학을 극복하였다고 할 수 있는가? 하버마스는 이 물음에 대해 현대성의 담론이 시작하였던 역사적 갈림길에서 선택되었던 방향을 다시 점검함으로써 대답하고자 한다. 하버마스는 현대성의 특성을 일차적으로 자기확신의 욕구와 규범을 스스로 창조해야 하는 자기정당화의 요청으로 파악한다. 현대성의 담론은 이로 말미암은 시대비판과 자기비판의 내면적 관계라고 할 수 있다. 그런데 하버마스는 이러한 현대성의 담론을 지배하는 현대적 사유동기를 "탈형이상학적 사유, 언어학적 전회, 이성의 상황화, 실천에 대한 이론의 우선성의 전도 또는 로고스중심주의의 극복"의 네 가지로 파악한다. 자신의 철학적 방향을 서술하기도 하는 이 특성 중에서 우리는 "이성의 상황화(Situierung der Vernunft)"에 주목할 필요가 있다. 하버마스는 생활세계와 분리된 순수이성은 존재하지 않는다고 하면서, 이성을 항상 "역사, 사회, 신체와 언어를 통해 구현된 이성으로 파악해야 한다"고 주장한다. 칸트는 이성 비판을 이성의 고유한 관점에서 실행하였다. 그러나 이성(오성)을 스스로 제한하고 동시에 형이상학적인 것을 배제하는 이성의 문제점을 제시하기 위해서는 이 경계설정을 넘어서는 이성의 지평을 필요로 한다. 즉 순수이성의 관점에서 이성을 비판하려면 초월적 담론이 필수적이다. 칸트로부터 헤겔에 이르는 관념론의 발전과정은 바로 경험적인 것과 초월적인 것의 구별을 포함하는 초월적 담론의 과정이었다. 이성의 절대화는 바로 이와 같은 초월적 담론에 기인하며, 절대적 힘을 가지고 있는 이성만이 분화를 자신의 계기로 내포하거나 우연적 계기로 배제할 수 있다는 것이다. 이런 점에서 포스트모더니즘이 주장하는 이성의 타자와 배제의 모델은 여전히 초월적 의식철학의 전제조건에 묶여 있다고 하버마스는 주장한다. 하버마스의 관점에서 보면 초월적 자아와 세계내부적 경험적 자아 사이에는 어떤 매개도 있을 수 없다. 그러므로 이성비판과 이성의 재구성은 철저하게 역사적으로 규정된 생활세계 속에서 찾아야 한다는 결론에 도달한다.

생활세계에 대한 초월적 입장을 취하지 않으면서도 동시에 주체중심적 이성을 비판하려면 대상인식을 지향하는 의식철학의 패러다임을 언어능력과 행위능력을 가지고 있는 주체들의 상호이해를 추구하는 의사소통의 패러다임으로 대체해야 한다. 상호주관성의 패러다임은 한편으로는 세계의 분화를 이성발전의 계기로 파악하는 헤겔의 포괄적 이성을 부정하고, 다른 한편으로는 이성의 타자를 절대화하는 니체의 이성비판도 거부한다. 간단히 말해서 하버마스는 "절망적으로 대치하고 있는 헤겔과 니체 사이의" 중도를 택하고자 하는 것이다. 그러나 하버마스는 근본적으로 헤겔의 관점을 따른다. 왜냐하면 하버마스는 여전히 이성이 가지고 있는 통일과 화해의 힘을 믿기 때문이다. 그러나 하버마스가 생각하는 이성은 절대적인 것이 아니다. 하버마스의 의사소통적 이성은 생활세계 속에 내재하고 있는 것으로서 강요되지 않은 합리적 합의를 의미한다. 의사소통적 행위의 관점에서 보면 "의식철학의 전제조건과는 무관하게 헤겔의 인륜적 총체성의 개념을 재구성할 수 있다"는 것이다. 따라서 하버마스의 과제는 이성에 초월적 지위를 부여하지 않고서 분열된 인륜적 총체성을 회복할 수 있는 규범적 척도를 마련하는 것으로 집중된다. 다른 말로 표현하면, 이성의 계기들이 철저하게 분화된 포스트모던적 조건에서 이성의 통일성을 다시 획득하는 것이 하버마스 철학의 목표이다.

이 목표를 실현하기 위해 하버마스는 두 가지 전략을 사용한다. 한편으로 하버마스는 현대성의 필연적 결과인 사회적 분화를 인정한다. 현대사회가 생활형식과 이해관계에 따라 분화되고 또 더욱더 분화된다는 점은 우리가 받아들여야만 하는 진화론적 사실이라는 것이다. 복수의 형태로 등장하는 다양한 생활형식들의 다원주의는 현대사회의 포스트모던적 조건일 뿐만 아니라 현대인의 운명이다. 그러나 하버마스는 분화와 다원주의가 의사소통적 행위의 가능성을 무력화시키지 않는다고 강조한다. 다시 말해 "현대적 생활세계들은 분화되어 있으며, 또 전통에 대한 반성적 능력, 사회화된 주체들의 개별화, 법과 도덕의 보편주의적 토대가 부정되지 않을 정도로 분화되어 있어야 한다"는 것이다. 하버마스는 현대성의 업적인 분화에 내재하고 있는 "진화론적 가치"를 인정한다. 분화와 다원주의가 아무리 부정적 현상으로 비쳐진다고 할지라도 그것은 이성 발전의 계기로 파악되어야 한다는 것이다. 하버마스의 관점에서 보면 주체중심적 이성은 분화의 주체가 아니라 오히려 "분화와 찬탈의 산물"이다. 현대의 사회과정은 이성의 한 계기에 불과한 도구적 이성을 전체의 자리로 올려놓았다는 것이다. 그러나 만약 우리가 도구적 이성 또는 주체중심적 이성을 비판하면서 이성 자체를 포기한다면, 그것은 소뿔을 자르기 위해 소를 죽이는 것과 다를 바 없다고 하버마스는 말한다. 하버마스는 오히려 현대화 과정의 "심오한 역설"을 정확히 판단할 것을 제안한다. 의사소통적 이성의 잠재력은 우선 현대적 생활세계의 형태들을 통해 방출되지만, 분화된 하부체계들이 ── 예를 들면 경제와 행정의 하부체계들 ── 훼손 가능한 일상적 실천에 역으로 영향을 주는 과정에서 도구적 이성이 절대적 힘을 획득하였다는 것이다. 다시 말해 "의사소통적 이성의 잠재력은 자본주의적 현대화 과정을 통해 전개되고 동시에 왜곡된다". 결국 생활세계는 도구적 이성에 의해 식민지화되어 의사소통적 잠재력이 왜곡된 곳이지만 또한 합리적 합의의 가능성을 함축하고 있는 곳으로 드러난다.

여기서 우리는 생활세계가 "통일성을 확립하는 초월적 의식의 자리를 대신하고 있음"을 알 수 있다. 왜냐하면 생활세계는 상호이해를 추구하는 주체들의 의사소통적 과정의 "콘텍스트"뿐만 아니라 "자원"을 제공하기 때문이다. 우리는 일상적 담화상황에서 생활세계 내의 무엇인가에 관해 합의를 도출하기 위해 의견을 교환한다. 이 과정에서 생활세계는 의사소통의 지평을 형성하고, 또 의사소통의 참여자들이 합의를 도출할 수 있는 문화적 자명성의 자원을 제공한다. 의식으로부터 언어로의 패러다임의 전환은 생활세계의 이중성을 해명하는 데 있어 두 가지 이점을 가지고 있다. 한편으로 의사소통적 행위의 모델을 따르면, 인식주체가 자기자신과 자연과의 관계에서 취하는 객관화의 태도가 더 이상 특권을 갖지 못한다. 오히려 언어의 패러다임에 있어서는 세계 내의 문제에 관해 서로 의견을 교환함으로써 자신들의 행위계획을 조정하는 의사소통의 참여자들의 "실행적 태도"가 더욱 중요한 지위를 차지한다. 언어의 사용은 항상 타당성 주장을 지향하기 때문에 언어에 의해 매개되는 의사소통적 행위는 이성과 내면적 관계를 가지고 있다. 그러나 하버마스는 생활세계를 전체적으로 해명할 수는 없다고 단언한다. 만약 역사적으로 규정된 구체적 생활세계의 전체를 반성적으로 인식할 수 있다면, 그것은 의식철학을 답습하는 것에 다름 아니다. 그러므로 개인과 집단의 생활형식을 가능하게 하는 총체성으로서의 생활세계는 오직 "전반성적(präreflexiv)으로만 존재한다". 의사소통에 참여하는 사람들은 비록 생활세계에서 사용되고 있는 규칙에 관한 지식을 재구성할 수 있는 있지만, 항상 배경으로 남아 있는 생활세계의 자원과 콘텍스트는 전체적으로 파악할 수 없다. 이런 맥락에서 보면 담론이론의 목표는 "의사소통적 행위를 생활세계가 스스로를 재생산하는 매개수단으로서 파악할 수 있는 관점을 이론적으로 재구성하는 것"이다. 여기서 우리는 생활세계에서 이미 사용된 지식(언어규칙)의 재구성이 반성적으로 대상화된 지식, 즉 자기의식을 대체하고 있음을 알 수 있다.

다른 한편으로 의사소통적 행위의 패러다임은 현대의 병리현상을 치유할 수 있는 규범적 척도를 제시할 수 있는 이점을 가지고 있다. 현대의 병리현상은 과연 무엇인가? 하버마스는 생활세계의 관점에서 물질적 재생산과 상징적 재생산을 구별한다. 현대 자본주의에 있어서 물질적 재생산은 경제와 관료체계에 의해 이루어진다. 그런데 자본주의가 발전하면 할수록 이러한 체계는 더 이상 물질적 재생산의 영역이 아닌 곳으로 "흘러넘친다(overspill)"고 하버마스는 진단한다. 다시 말해 현대의 병리현상은 문화적 전통, 사회적 통합, 차후세대의 사회화와 같은 영역들이 물질적 재생산의 논리에 의해 식민지화되는 것을 의미한다. 하버마스는 이런 맥락에서 "위기에 처해 있는 것은 바로 생활세계의 상징적 재생산"이라고 천명한다. 왜냐하면 현대 자본주의 사회는 물질적 재생산에서 발생하는 위기를 생활세계의 병리화로 대처하려 하기 때문이다. 그러나 만약 생활세계의 병리화가 현대성의 필연적 결과라고 한다면, 어떻게 왜곡되고 굴절된 생활세계에 대한 초월적 관점을 제시하지 않고서도 현대의 병리현상을 치유할 수 있는 규범적 척도를 구축할 수 있는가 하는 의문이 제기된다.

여기서 하버마스는 생활세계에서 사용되는 언어에는 이미 이를 극복할 수 있는 가능성이 함축되고 있다고 전제한다. 하버마스의 관점에서 보면, 먼저 순수이성이 있고 차후에 언어가 첨가된 것이 아니다. 이성은 항상 의사소통적 행위와의 상관관계에서뿐만 아니라 생활세계의 구조 속에 구현되어 있다는 것이다. 언어에 의해 매개되는 의사소통은 타당성 주장과 연결되어 있기 때문에 "내재적"일 뿐만 아니라——즉 역사적 상황에 의해 규정될 뿐만 아니라——

초월적이다. "타당성 요청은 야누스적 이중성을 가지고 있다. 요청으로서 그 것은 모든 국지적 콘텍스트를 초월한다. 동시에 그것은 지금 여기서 제기되어 야 할 뿐만 아니라 실제로 인정되어야 한다." 의사소통적 행위자들이 서로 타 당성 주장을 한다면, 그들은 그때마다 서로 문제시할 수 있는 근거의 잠재력 에 의지해야 한다. 그러므로 실제의 의사소통과정에는 무제약성의 계기가 선 험적으로 장치되어 있다고 할 수 있다. 요청된 타당성은 비록 실제로 실행된 실천의 사회적 인정과는 구별되지만, 사회적 실천에 있어 실제적 합의의 토대 로서 작용한다. 그렇기 때문에 복수로서 등장하는 개별적 생활형식들은 생활 세계의 일반적 구조를 드러낸다고 하버마스는 주장한다.

결론적으로 하버마스는 생활세계의 일반적 구조가 언어에 의해 매개되지만 생활세계 전체가 해명될 수는 없다고 주장함으로써 담론의 필요성을 역설한 다. 하버마스는 현대성의 담론을 시작한 헤겔에 대해서는 이성을 생활세계에 의해 규정된 것으로서 약화시키지만, 포스트모더니즘에 대해서는 이성의 자기 비판이라는 현대의 반대담론을 계승한다. 하버마스는 "의식철학의 패러다임은 소진되었다"고 말함으로써 포스트모더니즘과 의견을 같이 한다. 그렇다면 의 식에서 언어적 의사소통으로 패러다임을 전환하면서 하버마스는 과연 주체철 학을 극복하였는가? 주지하다시피 하버마스는 현대성의 특성으로서 개인의 자율성을 제시한다. 개인의 자율성은 현대의 생성 원인임과 동시에 결과이기 도 하다. 그렇다면 현대의 병리현상은 오히려 ──푸코가 지적하는 바와 같이 ──체계의 논리가 생활세계의 영역에 침투해 들어감으로써 개인이 획일적으 로 전체화되고 주체성을 상실하는 데 있는 것은 아닌가? 하버마스가 발전시 키고자 하는 규범적 척도 역시 분화의 역사과정을 통해 축적된 잠재력이 주체 의 자율적 발전에 사용될 수 있는 방향을 의미하지 않는가? 이와 같은 물음 의 관점에서 보면 주체의 문제는 우리에게 여전히 과제로 남는다. 하버마스는 의식철학의 아포리아가 유한한 주체에 "무한한 힘을 요구하는 과제"를 부과하 였기 때문에 생겨났다고 주장하지만, 무한한 힘은 주체의 유한성과 일치할 수 없다는 점을 철저하게 사유한 것은 바로 의식철학의 선구자 칸트였다. 물론 하버마스는 이성이 가지고 있던 초월적 지위를 철저하게 생활세계 속으로 내면화함으로써 엄격하게 담론적인 이성의 자기제한을 실행하려 한다. 철저하게 분화된 현대사회에서는 어느 누구도 또 어느 영역도 본질적 통찰의 특권을 가질 수 없기 때문이다. 현대인은 단지 "반증 가능한 지식"만을 소유하고 있다. 물론 하버마스는 의식철학에서 가지고 있었던 주체의 절대적 지위를 상대화함으로써 주체-객체-이중화의 모순을 극복할 수 있는 단초를 제시한다. 그러나 하버마스는 현대사회의 극단적 분화로 말미암아 야기되는 규범의 공동화 현상으로부터 출발하여 어떻게 하면 상대화된 개인들이 보편적 도덕규범을 획득할 수 있는가 하는 "절차적 합리성"만을 지나치게 강조한다. 만약 하버마스의 담론이론이 현대의 병리현상에 대해 오직 형식적 보편주의밖에 내세울 수 없다면, 그도 역시 의식철학의 한계 안에 머물러 있는 것이다. 그러나 헤겔의 예에서 볼 수 있듯이 의식철학은 인식주체의 자기관계 구조를 해명하고자 할 뿐만 아니라 분열된 인륜적 총체성에 직면한 주체가 어떻게 하면 자신의 정체성을 형식적-내용적으로 확보할 수 있는가를 궁구한다. 다시 말해 행위의 가능성을 박탈하는 현대사회의 익명적 권력의 그물망 안에서 유한한 주체가 어떻게 자율을 획득할 수 있는가 하는 문제는 하버마스의 철학에서 간과되고 있다. 이러한 문제에 대답을 할 수 없다면 하버마스는 인식하는 주체를 말하는 주체로, 자기의식을 생활세계로 대체한 것에 불과하다는 비판을 면할 수 없다. 이런 점에서 보면 하버마스는 주체철학을 극복하였다기보다는 오히려 철저하게 분화된 생활세계의 관점에서 의식철학의 패러다임을 재구성하고 있다. 유한한 주체 —— 의식철학의 출발점이었으며 동시에 포스트모더니즘의 화두이기도 한 이 문제는 여전히 우리에게 숙제로 남는다.

이 름 찾 기

내 용 찾 기

474

지은이 **이진우**

연세대학교 독문과를 졸업하고
독일 아우크스부르크대학에서 철학 석사와 박사 학위를 취득했으며
아우크스부르크대학 철학과 전임강사를 역임했다.
계명대학교 철학과 교수 및 동 대학 총장, 한국 니체학회 회장 등을 역임했으며,
현재 포스텍 인문사회학부 석좌교수로 재직 중이다.
저서로『마키아벨리 정치사상에 나타난 권력과 이성』(Frankfurt/M. : Peter Lang, 1987),
허무주의의 정치철학, 니체에 의한 정치와 형이상학의 관계 재규정
(Berlin, New York : de Gruyter, 1992),
『탈이데올로기시대의 정치철학』(1993),『탈현대의 사회철학』(1993)이 있고,
엮은 책으로『포스트모더니즘의 철학적 이해』(1993),
옮긴 책으로『정치철학』(A. 바루치),『책임의 원칙 : 기술시대의 생태학적 윤리』
(한스 요나스)등이 있다.

현대성의 철학적 담론

지은이 위르겐 하버마스
옮긴이 이진우
펴낸이 전준배
펴낸곳 (주)문예출판사
신고일 2004. 2. 12. 제 2013-000360호
        (1966. 12. 2. 제 1-134호)
주 소 서울특별시 마포구 월드컵북로 6길 30
전 화 393-5681   팩 스 393-5685
이메일 info@moonye.com
블로그 blog.naver.com/imoonye

제1판 1쇄 펴낸날 1994년 11월 20일
제1판 재쇄 펴낸날 2021년 1월 10일

ISBN 978-89-310-0252-2 93160